Orator, Brutus, Topica, De Optimo Genere Oratorum

M. TULLII CICERONIS

ORATOR BRUTUS TOPICA

DE OPTIMO GENERE ORATORUM.

M. TULLII CICERONIS

ORATOR BRUTUS TOPICA

DE OPTIMO GENERE ORATORUM

CUM ANNOTATIONIBUS

CAROLI BEIERI

ET EDITORIS.

OPE

CODD. SANGALL. EINSIEDL. REG. ERLANG. VITEBERG.
EDD. VETT.

DENUO RECENSUIT

IO. CASP. ORELLIUS.

PRAEMITTITUR

EPISTOLA CRITICA

AD

IO. NIC. MADVIGIUM, v. c.

TURICI

TYPIS ORELLII, FUESSLINI ET SOCC.

MDCCCXXX.

EPISTOLA CRITICA

AD

IO. NIC. MADVIGIUM.

I. Ipso tertio ante obitum die optimus meus frater patruelis, Io. Conradus Orellius, uti ad extremum paene spiritum antiquitatis erat memor, monstravit mihi primum tuum libellum a Blochio, V. C., homine caro sibi, paullo ante dono acceptum, ac leniter, quemadmodum solebat, subridens, „Serva tu, inquit, hoc quidquid est muneris, donec convalescam;" ne tunc quidem, quae erga omnes, etiam coniugem, erat eius constantia, ulla appropinquantis mortis mentione iniecta. Sic igitur moribundi amici manibus traditam tuam, Vir praestantissime, curam primum cognovi, et, grato functus officio, mox studiose perlegi. Multa et egregia Ciceronem tibi debere alibi ultro testatus sum; iuvenili autem nescio cui ardori, interdum etiam asperitati tuae in eos, qui minus recte, ut tibi merito saepe videbatur, in critica disciplina versati essent, eo facilius ignoscebam, quod ipse adolescens olim calidior, eidem culpae aliquoties obnoxium me fuisse recordarer, donec diu adverso cum fato colluctatus eo pervenissem, ut hominum falsitatem atque stultitiam, temporum iniquitatem, superstitionem in dies gliscentem et quaecunque in disciplinis perversa sunt veritatique contraria, sine ulla iracundia despicere et contemnere liceret; ita tamen, ut libere obloqui manifestae aliorum pravitati atque errores impugnare nunquam extimescerem.

II. Multo igitur cum fructu lecto opusculo tuo, id unum saepenumero dolebam, alteram tamdiu nobis abs te invideri EMENDATIONUM partem et quotquot primae addere voluisses — nam non solum compluribus eiusdem moduli libellis, sed integris etiam voluminibus largam hodie quoque materiem praebere Tullium nostrum minime me fugiebat; — quum ecce mittis mihi EPISTOLAM tuam, in qua tum ope insignis illius Codicis Regii, tum ex ingenio permultos praeclare emendasti Verrinarum locos meosque haud paucos errores, qua te decebat, humanitate correxisti. Quid? quod ea fuit Fortunae benignitas, ut hanc alteram tuam scriptionem acciperem ipsis illis diebus, quibus absolvendum erat Ciceronis mei volumen quartum; unde breviter quidem, sed tamen quantum sufficiebat, egregiis tuis uti potui monitis. Iam, nisi omnia me fallunt, Codex ille tuus optimus est Regius 7774. A. ita in Catalogo eius bibliothecae descriptus:

„N. 7774. A. 1. *M. T. C. in Verrem orationes quarta et quinta.*

2. *Eiusdem de inventione libri duo.*

3. *Fragmentum de rhetorica.*

Is Codex nono seculo videtur exaratus."

Eodem autem codice usus esse videtur Vir doctus Seculi XVI., quem magnum Cuiacium fuisse suspicor, in margine Ed. Lambinianae 1566. Bernae nunc asservatae: mira est enim in plerisque consensio inter lectiones utriusque collationis et Bernensis et Havniensis, uti facile colliges ex hoc illius exemplo:

II. LIB. IV. §. 1. LAMBINUS: magnopere] CODEX: *magno opere* — fuisse; nego ullam] *fuisse; ullam* — textilem fuisse] *textili* — cum dico] *quom d.* — §. 3. cum apud] *quom a.* — improbissima] *improbissuma* — concedent] *concedunt* — optima] *optuma* — adventum istius] *istius adventum* — sic ornata] *ornata sic* — §. 4. perantiquum] *perantiquom* — ingeniosum] *ingenuosum* — intelligentem] *intellegentem* — Praxitelis] *Praxiteli* — artificum] *artificium* — Itaque] *Atque* — §. 5. et certe est. Item ante] Ms. R. (sic h. l. notatur, i. e. *Manuscr. Reg.*) *et certe item. Ante;* unde probo nunc Hervag.

lectionem: *et certe ita est. Ante.* — hosce deos] *hos deos* — praeterea duo] *duo praeterea* — maxima] *maxuma* — Polycletum] *Polyclitum* — quotidie] *cotidie* — §. 6. cum esset] *quom esset* — quid dico] *quod dico* — ac basilicas] *et b.* — quatridui causa] *quadridui causam* — §. 7. ab Heio de] *ab Helo e* — pervetus] *perventus* — domi suae habere] *habere domi suae* — haec impudentia? quae] *ista impudentia? quae* — cuiusquemodi] *cuiuscemodi* — ut iste] *ut hic* — sciebat: ad hereditatem] *sciebat in hereditate* — §. 8. O dii] *Di* — cum imperio ac securibus in provinciam] *in prov. cum imp. ac sec.* — omnia signa] *signa omnia* — §. 9. fore putarunt] *f. putaverunt* — mancipium putaverunt] *m. putarunt* — mancipium nisi] *nisi* — §. 10. si quid] *si quod* — Heius si id] *Heius id* — §. 11. oppresserit] *presserit* — ac semper] *et s.* — §. 12. Praxitelis] *Praxiteli* — Polycleti HS vi. Mil. et ıɔ.] *Polycliti* vi. *Mil.* ııı. ∞. — vendita sunt] *vendita. Sed rettulit* — Iuvat] *Iuvant* — isti] *ista* — Praxiteli ıɔ HS mc.] *Praxiteli HS* ∞ ıɔ. — emere] omittit Cd. — §. 13. nunquam enim si denariis quadringentis] *nunquam* x. cccc. — §. 14. non maximum HS cxx millibus venire] *maximum sestertium* xl. *venire* — pluris] *plures* — est enim finem] *est finem* — nisi libidini] *si l.* — neque magnitudine] *nec m.* — una cum ceteris] *una ceteris* — §. 16. tamen me, iudices] *tamen, iud.* — produxi cum prima] *prodixi* (sic) *prima* — si esset] *etsi esset* — dissimilis] *diss. esset* — signa illa] *i. s.* — esse, non] *non esse* — existimare] *existumare* — §. 17. Ennensi] *Hennensi* — huiusce] *huius* — est communis et privatae rei sociorum] *est m. muni arce soc.* — non tantopere] *non tanto opere* — penateis a te p.] *p. te p.* — §. 18. quotidie] *cotidiano* — Canephoras] *Canephoros* — repetundis] *repetendis* — ignominia afficeretur] *affic. ign.* — §. 19. te impetraturum] *impetr. te* — fac te] *facite* — nonne testes] *non testes* — navi faciundae] om. *faciundae* — minimum sit illis] *minimum idem ilis.* "Ισως *dem.* — §. 20. infameis] *infamis* — modiûm lx. millia empta] *modios* lx. *empta* —

quod hoc ipsum non] *quod ipsum non* — immuneis] *immunis* — §. 21. uti] *ut* — cum hostes] *quom h.* — Cicilia (sic)] *Cilicia* — §. 22. quum severa iudicia] om. *severa* — HS XVIII. millibus] HS *G̅I̅I̅.* — irati non fuerunt] om. *non* — §. 23. deportabantur] *deferebantur* — ac reconditum] *et r.* — in navim clam] om. *in navim* — faciendam] *faciundam* — §. 24. Verrea] *Verria* — hinc in] *quod in* — apud senatorium ordinem] *apud senatum* — §. 25. non modo in] om. *modo* — Pompeii] *Pompei* bis. — unquam commisit] Alii: *unquam alia comm.* — imminuendo] Alii: *in minuendo* — §. 26. vestram] *vestrum* — item incolis] *itemque i.* — §. 27. admurmuratio] *admiratio* — §. 28. ut haec] *ut hoc* — HS ɪↄↄ cɪↄ] HS ∞ *D.* — posses] *possis* — docere] *dicere* — tuam] *tui* — §. 29. Philarcho] *Philiarcho* — cum essem] *quom e.* — Tyndaritano] *Tundaritano* — Philarchus] *Philiarchus* bis. — istius tantam] Alii: *tuam t.* — deprehensum] *deprensum* — §. 30. tum cum iste] *tum iste* — secum ab illo] om. *ab* — §. 31. in tabulas retulit] *in tabulis refert* — quidquid esset] *quicque esset* — minitando] *minando* — §. 32. Vere mehercules hoc] *Verum mehercule hoc* — Lilybaetanum] *Lilybitanum* — hospitem meum et amicum] *amicum et hospitem meum* — Boëti] *Boëthi* — adventum] *adventus* — ferri] *ferre* — dixi me c. daturum] *dixi me* HS ∞ *daturum* — §. 33. mehercules] *mehercule* — accesserit] *accessit* — coeperit] *coepit* — deiicere] *deicere* — §. 34. incontinentiae] *continentiae* — in provincia praetorem] *praetorem in provinciam* — §. 35. uti Lilybaeum] *ut L.* — revertatur] *revertantur* — exposita fuerant] *exp. fuerunt* — in donatione] *in donationem* — §. 36. aliquot] *aliquit* — existimas hos iud.] *existimes hoc iud.* — iam etiam ante] om. *etiam* — multa apud amicos deposita] *multa dep. apud am.* — §. 37. Celio] *Coelio* — vasa argentea] omittit. — a L. Sylla] *ab L. Sulla* — Non tibi obiicio] *Num tibi obicio* — depeculatus] *depecuniatus* — iam perdito] *tam perd.* — si quid ab eo abstulisti] *siquid abstulisti* — At dices] *Dices* — HS M.] HS ∞. — et tamen] *tamen* — C. Marcellus] *G. Marcellus* — §. 38. ut furorem] *et fur.* — pocula duo quaedam] *pocula quaedam* — Heraclia] *Theriolia* — §. 39. propinquum suum] *propinquom suum* bis. — ab domo] *a domo* — est commotus] *commotus est* — argentum eripere] *eripere arg.* — ipse a Diodoro] *ipse D.* — vix tenere] om. *vix* — libidines] *lubidines* — §. 40. moverat] *commoverat* — illum in provinciam] *in prov. illum* — facinore] *facinoris* — deferri] *referri* — §. 41. Sthenio] *Sthennio* — §. 42. posse] *posset* — equuleos] *eculeos* — qui Q. Maximi] *que maxime* — equuleis] *eculeis* — §. 43. abs te solo] *a te s.* — §. 44. Cordio] *Curidio* — Cordius] *Curidius* — te praeda] *praeda te* — argentum habere] *habere arg.* — imperio ac potestate] *potestate atque imperio* — §. 45. quod HS LXXX millia divisoribus] *quod* CCC. *div.* — ac despicis] *et d.* — §. 46. se emisse] *emisse se* — de L. Papirio] *de Papirio* bis. — avulso] *evolso* (sic) — artificii] *artifici* — patera] *patina* — haec autem] *autem haec* — peraequa proportione] *per ea quae proportione* — §. 47. Siculos omneis] *omnis Siculos* — quoppiam (sic)] *copiam* — auferebant] *adferebant* — videantur] *videbantur* — consueverunt] *consuerunt* — §. 48. Nymphodoro] *Nymphiodoro* — eligat] *ille eligat* — sed ne domus quidem ulla] *s. ne d. q. nulla* — reperietur] *repperietur* — manum] *manus* — sigilla] *sicilia* — antea] *ante* — §. 49. Lucullo] *Locollo* — apposuerat] *adposuerat* — emblematis] *emblemate* — iste quasi festivum acroama] *hic tamquam fortiuom* (sic) *a.* — avellenda] *evellenda* — Tantummodo] *Tantum* — §. 50. transferendum] *afferendum* — primarium] *primum* — Centuripis] *Centuripinis* — §. 51. optima] *optuma* — ascendere noluit] *noluit accedere* — quae haberent] *quod h.* — §. 52. viderent - - dicerent] *videret - - diceret* — efferri sine thecis] *efferre s. th.* — de manibus] *e m.* — emblemata detrahuntur] *emblematum detrahebantur* — reverterunt] *revertuntur* — §. 53. etiam aliquid de privato] *etiam cum aliquid a pr.* — et illi] *et ii* — huiusmodi hominum] *eiusmodi h.* — Verre] *Verrem* — compilavit] *compilaverit* — ut possit] *ut posset* — aliquid illis] *illis aliquid* — atque hac tota de re audistis Archagathi] *R. Archagathi* — §. 54. testeis] *testis* — negotiatoresque] *negotiatores* — Syracusis] *Syracusanis* — eo conducit] *eos concludit* — magnam hominum] *magna homine* (sic) — opus his] *his opus* — illigabat] *inligabat* — scyphis] *scaphis* — includebat] *concludebat* — §. 55. audisse vos] *vos audisse* — pallio, tunica pulla] *pallio pullo* — aut vidisse aut audisse] *aut audisse aut vidisse* — §. 56. aliquammulti] *aliiquammulti* — cognorunt] *cognorit* (sic) — Is cum] *Et cum* — annulus] *anulus* — est et comminutus] *et comm. est* — in foro] *in forum* — et ei palam] *et palam* — dicet] *dicit* — §. 57. annulos aureos abstulisse] *anulos abstulisse* — quotiescunque] *quotienscunque* — Incredibilem rem] *Incredibile* — tam claram] *ita claram* — §. 58. epistola] *epistula* bis — exquisivit] *quaesivit* — Agrigento] *Agrigenti* — L. Titio cuidam] om. *cuidam* — comparare] *conparare* — textrinam] *textrinum* — §. 59. telarum] *telar.* — pecuniosus nec unus e vulgo, Lilybaei] *pecuniosus netilyso Lil.* — Ennae] *Etnae* — Megistus] omittit. — Vox] *Dies* — operas amici] *operam amici* — daret] *dare* — huiuscemodi] *huiusmodi* — §. 60. num cui] *nun cui* — negligens nimium] *neglegens nimium* — sed ad eiusmodi] *sed eiusmodi* — ditione] *dicione* — §. 61. Antiochi filios] *Antiochiae illos* — (Ad verba *Hi ipsi posteaquam temporibus rei publicae* nihil notavit Anonymus.) — §. 62. de his decumis] *de suis d.* — ac] *et* — namque] *nam* — omneis] *omnis* — §. 63. iste nihil] *nihil istum* — aliud quam id quod] *aliud quod* — apud illum] *apud eum* — §. 64. pervagatum] *pervulgatum* — etiam perfectum] om. *etiam* — atque pulcherrimum] *ac p.* — afferrent] *adferrent* — perciperent] *praeciperent* — §. 65. iste clamare] *clamare iste* — et plurimis] *et pulcherrimis* — Quod cum] om. *quod* — §. 66. rex ad istum] omittit. — quodque] *quod* — et vehementer] *ut vehementissime* — permoveri] *removeri* — ex eius] om. *ex* — in] *ad* — §. 67. affingere] *a lfingere* — deos] *ac deos* — clarissimo] *clarissumo* — possint] *iudices*, *possunt* — e provincia] *provincia* — §. 68. audierint] *audirent* — haec omnino] om. *omnino* — in re] om. *in* — audierint] *audient* — §. 69. quomodo] *quemadmodum* — §. 70. Q. Minucium Rufum] om. *Rufum* — et agere] *te ag.* — §. 71. candelabrum Iovis optimi maximi] *candelabrum Iovis* — collucere] *conlucere* — illustrari Iovis optimi maximi templum] *inlustrari templum* — Capitolii] *Capitoli* — fuisse religiosi] *rel. fuisse* — dii] *di* — est passus] *passus est* — §. 72. esse duxit] *duxit esse* — simulacrum Dianae] *D. simulacrum* — §. 73. Scipio cum] *cum Scipio* — Siculis] *Agrigentinis* — an populo] *anne p.* — §. 75. omnium hostis religionumque praedo] *omnium religionum hostis praedoque* — magistratibus iste] om. *iste* — id sibi] *sibi id* — tum petere] *cum petere* — interdum nomen P. Africani] *nomen interdum P. Africani* — domum] omittit. — §. 76. quicquid] *quidquid* — aliquanto] *aliquando* — et nobilissimum quemque] *quemque et nob.* — lamentatione] *lamentationibus* — §. 77. religione] *religio* — advocatos] *adductos* — Segestanas] *Segestae* — odoribusque] *odoribus* — prosecutas] *prosecutos* — §. 78. duas] *desuas* — §. 79. si etiam] *sed iam.* „*Comme les Jésuites la pyramide à Paris;*" adscripsit Anonymus. — publicis Segestanorum literis] *literis publicis Segest.* — adolescentem] *adulescentem* — alieno] *aliorum* — obtrivit - - monumenta] *obstruxit - - monumento* — sed] *sed id* — §. 80. neque solum] *nec solum* — patiere] *patieris* — etiam eorum] *eorum etiam* — defendes] *defendis* — asportandum] *adportandum* — in te sunt] *sunt in te* — appeto] *adpeto* — monumentorum] omittit.

Hic (§. 80.), quod magno opere dolendum, desinit collatio Bernensis, ex qua vides non multa quidem, sed tamen nonnulla emendari ac suppleri posse in tua. Sicubi vero minus plena videtur, id minime obliviscendum est, multas Cod. Regii lectiones receptas esse a Lambino, rursus reiectas a Bruto, cuius cum editione collatio Havniensis instituta est. Ex utraque autem didicisse mihi videor operae pretium facturum esse eum, qui praestantissimum illum Codicem Regium ea, qua par est, cura denuo contulerit. Eius rei autem nunc quum maxime spes mihi per amicum oblata est. Egregie vero alia ex parte nuper aucta esse subsidia emendandarum Verrinarum editis ab Angelo Maio reliquiis antiquissimi palimpsesti Vaticani, qui plerumque facit cum Regio, merito est cur nobis congratulemur. Ad has igitur copias prudenter inter se coniunctas aliquando exigenda et reformanda erit tota harum orationum lectio.

III. Iam proximo superiore anno novâ laetitiâ, mi Madvigi, me affecisti, tertia tua scriptione mecum communicata, qua docte et acute disputasti de Q. Asconii Pediani et aliorum veterum interpretum in Ciceronis orationes commentariis, id, quod caput rei est, egregie demonstrans, commentarios in Verrinas, qui Asconio adhuc tribuebantur, recentiori alicui Grammatico deberi; quam per disputationem rursus haud paucos et Tullii ipsius et interpretum istorum locos foede corruptos interpolatosve partim e Cdd. et Asconii editione principe, partim felicissima coniectura usus correxisti. Ego vero, eodem in curriculo strenue ut pergas et, quam primum licebit, libros de Finibus novis curis nobis expolitos tradas, etiam atque etiam opto: sic enim plurium coniunctis et studiis et subsidiis fiet, ut plerisque librariorum mendis tandem sublatis, maiore cum voluptate filii nepotesque nostri Tullium legant, quam nobis, qui illis semper turbamur atque impedimur, hodie concessum est.

Iam quod ad Asconium attinet, iamdudum ex omnibus, quae de eo scriptore e Poggio, Bandinio, Maio aliisque mihi innotuerant, ad eam opinionem perveneram*) omnes, qui ubique sunt, eius codices ex uno illo Sangallensi aliquando a Poggio invento ductos esse; quocirca, illum qui haberet, in ceteris nihil reperturum, nisi correctiones aliquot magis minusve probabiles, interpolationes autem novosque errores longe plures: omne

*) Jahn *Jahrbücher* 3, 4, p. 86.

igitur studium in eo esse reponendum, ut denuo investigaretur primarius ille codex; quod si haec spes me fefellisset, eo rem redactam esse, ut accuratissime exprimerentur Poggii ipsius, Barptolemaei de Monte Politiano et Sozomeni apographa; hoc si fieri non posset, deponendam fore omnem cogitationem de Asconio repetendo, nisi forte ad editionem principem redire vellemus. Iam vir quidam doctus, natione Germanus, integrum per mensem qui monasterii S. Galli codices triverat, Turici me quum viseret, anxie mihi de Asconio inquirenti, huius codicem etiamnunc illic exstare testatus, summa cupiditate eius nanciscendi me inflammarat. Anno igitur MDCCCXXVIII. S. Gallum quum me contulissem, primum meum fuit negotium, ut ex Ildephonso ab Arce, Viro reverendissimo et perdocto, quaererem, an inter codices, quorum cura ipsi commissa esset, Asconius asservaretur. Ille vero nihil eorum, quae Poggius aliquando eo in monasterio e tenebris produxisset, S. Galli nunc remanere mihi confirmavit; optime enim me scire, Quintilianum illum praestantissimum tristi belli civilis iure olim a meis civibus inde asportatum et nunquam restitutum; ceterorum, v. c. Valerii Flacci, Asconii, nullum usquam superesse vestigium. Deinde summa illa, qua omnes eruditos sibi conciliare solet, comitate volvendum mihi dedit indicem codicum adhuc superstitum a Kolbio, doctissimo S. Benedicti sodali, anno MDCCLIV. elaboratum, quo certior ea de re fierem. Praeterea, ne quid negligerem, pervestigavi etiam oppidanam bibliothecam; verum nullus ibi Asconius. Nuperrime autem apud nos reperi catalogum Codicum Sangallensium DXXVIII.*) tempore belli intestini MDCCXII. Turicum transportatorum, ab eruditissimo meo cive, Io. Iacobo Scheuchzero, compositum; quorum codicum longe maxima pars post pacem restitutam S. Gallum remissa est, ita ut apud nos vix alii memoria digni remanserint praeter Quintilianum illum, novis curis nunc a Meyero meo tractatum, Lucanum perbonum in

*) S. Galli nunc sunt MXCIII.

usum Cortii collatum, Statii Thebaidos antiquissimum, nondum excussum, Prisciani duos, unum Sedulii, praescriptionis iure iam nostros. Sed ne in his quidem a Scheuchzero recensitis Asconium memoratum vidi. Quocirca pro comperto nunc habeo, iamdudum interisse Sangallense exemplar uniceque recurrendum esse ad apographa Florentina, Ambrosiana et Pistoriense. Iam quum spes mihi affulserit fore, ut nanciscar optimi Codicis Poggiani accuratam collationem, quum praeterea collegerim plerasque editiones veteres, nominatim principem et Parisinam anni MDXXXVI., id saltem assecuturum me spero, ut inter ceteros antiquos Ciceronis interpretes aliquando uno volumine comprehendendos Asconium liberatum ab incredibilibus illis Manutii et Hotomani interpolationibus exhibeam; alius postmodum, atque in primis Wunderus, qui eum aliquando singulari cura illustraturus est, integritati quatenus fieri potest, eum restituet.

IV. Iam quid in duobus meis itineribus Sangallensibus egerim, breviter tibi enarrabo; magni tamen et prorsus novi nihil exspectato, etsi nonnulla, quae ad disciplinam nostram spectant, accuratius nunc explorata sunt. Primum igitur deverti in Villam Epponis ad amicissimum virum, Iosephum, liberum Baronem a Lassberg, edita Nibelungiade aliisque compluribus poësis Theotiscae monumentis clarum, in emendando post Fischerum *) Walthario, poëmate epico e Theotisco deperdito a Notkero in Latinum converso quum maxime occupatum. Ego quoque octo per dies ibi commoratus explorata varietate Codicum Caroloruhensis et Parisiensis, quae tum ex his, tum e coniectura in Fischeri recensione corrigenda essent, amici iudicio subieci; veluti v. 1153.:

Quo facto, ad truncos sese convertit amaros
Cum gemitu, circumque suum caput applicat, atque
Contra Orientalem prostratus corpore partem
Ac nudum retinens ensem hac cum voce precatur —

*) *De prima expeditione* Attilae *regis Hunnorum in Gallias ac de rebus gestis* Waltharii *Aquitanorum principis carmen epicum saeculi* VI. *ed.* F. C. I. Fischer. *Lipsiae*, *Suikert*. 1780. *Supplementum: ibid.* 1792. 4.

Ad v. 1154. „*circumque suum caput applicat*] Versus, quem me non intelligere ingenue fateor." Fischer. „Fortasse: caput suum applicat ad (circum) truncum aliquem." Biester. Sed per *truncos* Poëta intelligit cadavera decem heroum a Walthario interfectorum capitibus truncata: his igitur, religione nescio qua commotus, capita illa desecta rursus quum applicavisset, tum demum grates agit Deo propter victoriam simulque precatur, ut eos, qui in pugna occiderant, ille in caelestem sedem recipere dignetur. Legendum igitur e Codicum recens collatorum vestigiis: *Cum gemitu cuicunque suum caput applicat: — cuicunque* autem pro *cuique* vix offendet in poëta, qui aliquoties *equitem* usurpat pro *equo* ac similia complura habet non minus a vera Latinitate abhorrentia.

V. Praeterea contuli Codicem Lassbergianum Catonis et Laelii Italicum, membranaceum, Seculi XV. In Catone, quod mirere, erat optimis illis quattuor, Regio Sec. IX., Erfurtensi, Treverensi ac Basileensi, e quibus lectionem praecipue constitueram in Operibus Ciceronis, annumerandus; adeo cum iis in omnibus fere conspirabat, et in rectis et in pravis, v. c. in omittendis verbis §. 72. *Omnium aetatum certus est terminus;* qua omissione haec librorum familia ab aliis statim distingui potest. Hic autem Codex Lassbergianus quum manifesto sit originis Italicae, eo facilius nunc intelligimus, qui factum sit, ut Manutius, similibus usus, in permultis iam eam lectionem praeciperet, quam auctoritate quattuor illorum Cod. partim Gallicanorum partim Germanicorum denuo stabilire conatus sum. In Laelio autem, ut omnes, quos equidem accuratius novi, is quoque vulgarem lectionem referebat; nec quidquam auxilii sperandum, donec collati sint Codex Weingartensis Sec. X., ad quem aditus nondum mihi patefactus est, et alter Sec. XI., quem a Viro docto nuper Lipsiam allatum esse rescivi ex literis illustrissimi Hermanni: a quo codice multae, etiam audaciores, a Beiero meo commendatae omissiones verborum firmari dicuntur. Tantum igitur abest, ut huius libelli emendatio absoluta videatur, ut nunc demum eius rei, ut ita dicam, initium faciendum sit. Maximo opere autem optandum est, ut eruditi Batavi thesauros suos, in primis Leidenses, tandem recludant, vel singulis Tullii scriptis edendis, quales a doctissimo Bakio impatienter exspectamus libros de Legibus, vel saltem varias lectiones a se collectas publice nobiscum communicando, uti praeclaro exemplo fecit praeter te Wunderus noster. Habet praeterea Lassbergius meus libros de Finibus et Academicorum librum I., vulgaris lectionis, ut e collationis specimine instituto intellexi, Livii decadem tertiam, Quintilianum perbonum a Meyero collatum, Iuvenalem, Boëthium de consolatione et Sedulium: pulcherrime in membranis scripti sunt quattuor Codices, quos primo loco enumeravi, omnes Italici Sec. XIII-XV. Quod autem tempus supererat divisimus inter iucundissimos sermones atque inspiciendos ceteros eius Codices et ecclesiasticos, — Missalia dico atque Antiphonaria stupendae antiquitatis Sec. VIII. et IX. cum musicis signis nunc vix ulli mortalium notis — et Theotiscos, in quibus praeter Nibelungiadem eminet Wasserburgensis nuperrime a Lassbergio acquisitus, inter alia continens celebratissimum poëma *Ecken Usfart*, cuius unus hic codex adhuc innotuit, ceteris, e quibus ductae sunt editiones antiquae, iamdudum deperditis; Gallicos etiam aliquot, v. c. Parcivalium, quem paucis ante meum adventum diebus excerpserat egregius poëta Uhland, cui historiam poësis Theotiscae aliquando debebimus.

VI. In ipso deinde Monasterio S. Galli comiter receptus ab optimo sene Ildephonso ab Arce id primum negotii habui, ut diligentius examinarem Catalogos codicum iam Seculo IX. compositos compararemque cum similibus a Lassbergio meo acceptis. Etenim permagnam utilitatem praebent eiusmodi indices ad rectius cognoscendum statum literarum, qui certo aliquo tempore aliquem per tractum terrarum obtinuerit. Quid? quod ex iisdem codicum etiamnunc superstitum aetatem et originem accuratius interdum definire possumus vel etiam, deperditi nunc scriptores, quo seculo nondum interierint, discimus. Accipe igitur, amice, quae ex tribus eiusmodi catalogis, omissis, ut par erat, aliquot libris sacris et ecclesiasticis, excerpenda duxi:

A) E Cd. Sangallensi N. 728. Sec. IX. (*omnia sic:*)

LIBRI SCOTTICE SCRIPTI. Metrum Iuvenci. — Item Iuvenci metrum. Metrum Sedulii. — Arithmetica Boetii. — Metrum Virgilii. in vol. I. Eius glosa in altero. — Bedae de arte metrica.

BREVIARIVM LIBRORUM DE COENOBIO SCI GALLI CONF. XPI.

DE LIBRIS VETERIS TESTAMENTI cet.

ITEM DE LIBRIS NOVI TESTAMENTI cet.

DE LIBRIS BEATI GREGORII PAPE. — cet.

DE LIBRIS HIERONIMI PRBI.

DE LIBRIS SCI AUGUSTINI EPI.

DE LIBRIS SCI AMBROSII EPI.

DE LIBRIS PROSPERI EPI.

DE LIBRIS BEDAE PRBI.

DE LIBRIS YSYDORI EPI.

TRACTATUS origenis in genesin exodum et leviticum in vol. I.

Expositio pelagii super omnes eplas pauli in vol. I.

Item tractatus origenis super eplam ad romanos. Volumen optimum.

DE LIBRIS CASSIODORI.

DE LIBRIS EUSEBII. —

Gesta pontificum romanorum.

DE LIBRIS DIVERSORUM AUCTORUM.

(*Ecclesiastica nonnulla et historica medii aevi.* v. c. Iuliani Epi prognosticorum futuri seculi Libri III.)

DE LIBRIS ALCHUUINI.

DE REGVLIS SCORV PATRV.

DE VITA SCORV PATRVM.

DE VIRTVTIB. SEV. PASSIONIB. SCORV. APOSTOLORV VEL MARTIRV.

DE LEGIBVS

Lex theodosiana. Lex ermogeniana. Lex papiani.

Lex francorum. Lex alamannorum. In volumine I. — — Item INstitutiones imperatorum romanorum. Vol. I. *cet.*

LIBRI GLOSARUM. Volumina VIII.

OMELIE.

Liber fci clementis et eiusdem epistola ad iacobum aplum. (Etiamnunc Sangalli est.) — —

Orthographia capri. acroetii et bedae. in Vol. I. — —

Libri pastoris Vol. I. — —

DE METRIS.

Metrum iuvenci prbi et sedulii epi volumina IV.

Metrum aurelii prudentii libri VII. Vol. I.

Metrum aratoris in acta apostolorum Volumina II.

Metrum alcimi aviti epi. Libri VII. In vol. I.

Epigrammata prosperi vol. III. in quaternionibus cet.

— — DE LIBRIS GRAMMATICAE ARTIS

LIBRI PRISCIANI DE OCTO PARTIB. XVI.

Item eiusdem de constructione partium orationum (*sic*) libri II.

Item ad simachum de figuris numerorum liber I. Haec omnia in Vol. I.

Item partes Donati minores atque maiores. et Onorati de finalibus litteris. Et declinationes. Et commentarium Sergii in partes Donati. Et Ysidori liber. Et liber Capri de ortographia. Et Bedae de metrica arte. Haec omnia in Vol. I.

Item partes Donati minores atque maiores. et Bedae de metrica arte et Alchuini de octo partibus. Item Ysidori de octo partibus. et alia nonnulla in Vol. I.

Item metrum Iuvenci et Sedulii. Metrum Catonis libri IV. Partes Asporii. Item partes Donati grammatici. Item Ars Honorati grammatici. Diomedis de metro. Item Bedae prbi de metrica arte. Item partes Donati minores maioresque. Item tractatus Pompegii (*sic*) in Donatum et alia multa. Haec omnia in Vol. I.

Item Priscianus minor. Et Donati pars maior. Et V. declina. Coniugatiou. et Bedae de metrica arte. Isidori ars et cetera in Vol. I.

Alchuini de octo partibus orationum Vol. II. — —

Partes Donati maiores et minores. Grammatica Albini. Bedae de arte metrica et tropis atque scematibus. In codice uno.

Grammatica Adaloldi; in qua partes Donati et expositio Erchanberti super ipsas. —

Item Grammatica sine auctore. — —

Solini polihistor. — Volumen I. Alexandri Macedonis. Expositio Servii in Virgilium. „Volumen I. perditum est" *a sec. manu.*

Excerptum Iustini de Pompeio historiographo. In Vol. I. Lib. XLIV.

B) E Cdd. Sangallensi Sec. IX. N. 831. p. 182. post ecclesiastica nonnulla haec memorantur:

Virgilius libri II. Persii. Terentii II. Priscianus. Glossae. Sedulius. Boëthius. Statius. Iuvenalis. Periermeniae Apuleii. Commentum in cathegorias. Aratus. Isagoge II. Commentum Persii. Avianus. Boëthius de sancta trinitate. Disputatio Albini cum Karolo. Althelmi II. Commentum Virgilii. Passiones Sanctorum. Vita sancti Silvestri. Donatus.

C) Cdd. Constantienses circa annum MCCCXL. in indicem relati apud Lassbergium. v. c.: Liber Clementis qui dicitur Itinerarium (*Recognitiones Clementis.*) Historia tripartita de litera antiqua. Liber historiarum Philippicarum et totius mundi origines et terrae situs de litera antiqua. (*Iustinus et Solinus.*) Titus Livius de gestis Romanorum pontificum de litera antiqua. Negocius *(sic)* de re militari et gestis Romanorum imperatorum ab Augusto usque ad Theodosium. (i. e. *Vegetius et Aurelius Victor.*)

Liber gestorum Alexandri magni primi regis Graecorum. (i. e. *Iulius Valerius.*)

Liber de decem cordis. Compotus (*sic*) Graecorum.

Excerpta diversorum poëtarum Catholicorum.

Vita S. Lini Episcopi metrice composita.

Est ibi liber metricus magni poëtae (*Ausonius?*)

Item est in choro ecclesiae Constantiensis liber magnus qui vocatur Abecedarius. et continet derivaciones omnium vocabulorum et sic incipit: A litera. In omnibus gentibus et finitur in litera capitali V. Z. (Salomonis sive ut alii volunt Isonis Glossarium.)

D) E Codice Augiensi Sec. IX. nunc Lassbergii: Haec est summa librorum qui hic (*in Augia maiore s. divite*) habentur.

— — — Ambrosius de hystoria nabuchae. I. in quo et vegecius de re militari et questiones albini in genesim et gesta alexandri magni. — —

Textus VII. eplarum Pauli — — Postera pars ethimologiarum Ysydori. — Deflorata isydori Vo. I. in quo proverbia euagrii dicta eucherii glossa iunilii et visio uuettini et mulieris cuiusdam. Ethimologiarum isydori pars II.

Iulianus prognosticorum. III. tercium in quo diversae visiones. Naturalium rerum Vol. I. sine titulo auctoris. — — Recognitionum Clementis. Vo. II. — — Historia romanorum. I. — — Historia langobardorum. I. Gesta anglorum Vo. I. Solinus. I. — — Vegecius Vo. I. — — Persii et iuvenalis I. Ovidius de amatoria arte. I. Item Ovidii metamorfoseon. Silii et Stacii Vol. — — Macrobii lib. I. saturnalium conviviorum. Fortunati metrum in Vo. I. Kalcidius in thymeum platonis. I. libellus eplarum senecae et pauli. Eiusdem ad lucilium Vo. I.* ygini Vo. I. Categoriarum aristotelis Vol. I. Salustii catelinarium. I. Augustinus de musica. V. I. Claudianus de proserpina. I. Excerpta pompeii. V. I. Senece naturalium questionum. I. Victorinus de rhetorica. I. Hystoriarum pompeii trogi. I. Dialectica Augustini et boecii geometria. Aristotelis Vo. I. de VII. liberalibus artibus. — Iam quae maxime memorabilia videntur, separatim notabimus: Libri scotice scripti etiamnunc complures supersunt, veluti Evangeliarium Latinum; praeterea vidi Priscianum antiquissimum anglosaxonica, ut videtur Ildephonso, scriptura exaratum cum glossis lingua ignota, hibernica vel galica ut opinor, conscriptis, cuius generis nonnullas habet etiam Codex Boernerianus Epistolarum Pauli. — Ex libris apocryphis veteris ecclesiae vides conservatas esse et S. Galli et Augiae et Constantiae Recognitiones Clementis nova editione utique dignissimas, S. Galli etiam Hermae pastorem: uterque Cd. Sangallensis etiamnunc superest, uterque antiquissimis annumerandus. Ex poëtis Latinis animadvertes Ausonium Constantiae, si recte explicavi *librum metricum magni poëtae;* alius certe Sangalli est Ausonius N. 809. Sec. X., cuius *Mosellam* in Trossii usum contulit Mone; praeterea Silium Constantiae; — Aratus Cd. 831. qui sit, mox demonstrabitur; — ex historicis *Titum Livium de gestis Romanorum pontificum de litera antiqua* Constantiae, quocum si contuleris Cd. Sangallensem N. 728. *Gesta pontificum Romanorum* complexum, facile suspicaberis a Constantiensi librario vel duos scriptores diversos mire esse coniunctos, Titum Livium videlicet et alterum nescio quem de rebus gestis pontificum Romanorum, vel quum scribendum esset dumtaxat *Titus Livius de gestis Romanorum*, stultissime additum *pontificum* vocabulum; e grammaticis atque interpretibus Pompeium, etiamnunc S. Galli asservatum, nuper a Lindemanno editum, et Commentum Persii (Cd. 831.) Iam ex Catalogo Kolbiano constat anno circiter MDCCLIV. superfuisse Persium antiquissimum cum scholiis, qui nunc furto videtur ablatus, certe a nobis frustra quaesitus est. Id autem maxime mirabere, ne unum quidem scriptum Ciceronis in ullo horum indicum memorari, unde quae post Seculum IX. habuit Monasterium S. Galli, ea, nisi me fallit coniectura, e Bobiensi, quocum vetusta illi intercedebat necessitudo, videntur esse advecta: orationibus autem Ciceronis et scriptionibus philosophis semper caruit, nisi quod codex pulcherrimus, sed vulgaris Italicus Sec. XV. medii Tusculanarum, librorum de Finibus, de Natura deorum et de Divinatione nescio quando comparatus est. Nullam etiamtunc mentionem fieri vides eorum, quibus postea maxime inclaruit, Quintiliani, Valerii Flacci, Asconii Pediani; nullam Caesaris, Velleii Paterculi, qui tamen scriptor supererat in alio non longe dissito Benedictinorum monasterio, scil. Murbacensi; nullam denique

Valerii Maximi, Taciti, Curtii, Plinii utriusque, Suetonii, Gellii cet.

VII. Post haec ad Ciceronem me converti. Scilicet collatis superiore anno duobus codicibus librorum de Inventione, duobus item Topicorum, uno libelli de optimo genere oratorum, tertius restabat Topicorum mancus et alius orationum Verrinarum in oppidana bibliotheca asservatus; aliis enim vel temporibus vel manibus permittendum censebam codicem supra memoratum scriptorum aliquot philosophorum atque oppidanum librorum ad Herennium et de Inventione, satis antiquum, qui soli nondum a me sunt collati. Haenelius (*Catal. Libr. Mss.* p. 732.) hunc decimi seculi esse contendit; mihi aliquanto recentior videbatur; in eo autem errat, quod adiunctum esse tradit Boëthii commentarium in Topica Ciceronis; sunt eiusdem libri de topicis differentiis. Cramerus autem (*Haus-Chronik.* p. 184.) narrat eundem a Felsio V. C. professore et camerario Sangallensi aliquando collatum esse in usum Schuetzii; sed in huius viri clarissimi editione nullum eius rei reperitur vestigium.

In loco admodum controverso *ad Herenn.* 2, 23, 36. ex eo codice has notavi lectiones:

a sec. manu superscr.:
vel i || *saxeoque instare globo praedicant volubili*
Saxoque instar esse globosi posse dicunt volubilem. Volubilem ideo quia quo saxum - - eo cadere - - qui contra a fortuna negant ullam miseritatem esse, sed temeritate omnia regi autumant. Id magis verisimile esse aiunt - - velut Orestes modo fuit rex. factus est mendicus modo naufragio
interemptus a sec. m.
nempe res ita contigit. Ergo id non forte aut fortuna obtigit.

Qua occasione oblata dabo, quae in schedis Beieri mei reperi; qui usus est collatione Cd. Bernensis Sec. X., Turicensi tamen bonitate inferioris:

„Versu 2. pronomen *illam* ante *instare* volgo adiectum excludunt multi Codd.; ut Turic. Bernens. et antiquus laudatus in Iac. a Cruce Bononiensis *Annotatt.* C. 11. in Gruteri *Thesauro crit.* 1. p. 683. — *In* voc. *globoso* praeponit Cod. Bern., sed praepositio, ex qua ortum videtur pron. *eam* apud Lambinum, punctis suppositis notata est. Graeca Cebetis in *Tabula* comparavit iam Lamb. Bosius *Obss. miscell.* C. 28. p. 118. Vers. 3. Glossatores inculcant *eo*, alii ante *cadere* (ut Bern. et Turic.), alii post illud. Recte cum Lamb. omisit Schuetz. Bothio tamen corrigenti *Quia quo, ut saxum impulit fors, eo cadere Fortunam autumant*, favet quadam tenus Turic. lectio: *Quia - - eo cadere.* Vers. 4. pro *esse iterant* Lamb. *memorant.* Bothius *nil* pro *nihil*, quo relicto Schuetzius *se* non geminavit, sed semel tantum posuit. Vers. 5. Bothius *autem* mutavit in *illam*, quod pron. addit Lambinus. Vers. 7. Recte Schuetz cum Cdd. plerisque *negant* pro *negent.* Vers. 8. Volgatur: *miseriam esse ullam.* Bern.: *ullam miseritatem esse autumant id* (supra alia manu: *sed temeritate omnia regi*) *esse aiunt.* Turic. glossemate excluso: *negent ullam esse - - regi autumant.* Hoc verbum glossatori debetur: sed ex subiectis Ciceronis verbis revocavi *RES;* qua voce ante similes literas *RE* oblitterata, *OMNIS* abiit in *OMNI*, facta etiam verborum transpositione. Vers. 11. Primum voc. *Naufragio* est trisyllabum per synizesin. Bothio distinxit *nempe: ergo:* sed *nempe* i. e. quod *nimirum, scilicet*, hoc est, *haud dubie.*"

In exemplari autem suo, nunc meo, Ed. Ernestianae totum locum sic constituit Beierus:

Fórtunam insanam ésse et caecam et brútam perhibent philosophi
Sáxoque instare in globoso praedicant volúbili
'Ideo, quo saxum impulerit fors, cádere Fortunam aútumant:
Caécam ob eam rem esse iterant, quia nil cernat, quo sese ápplicet
'Insanam autem aiunt, quia atrox, incerta instabilisque sit;
Brútam, quia dignum átque indignum néqueat internóscere.
Súnt autem alii philosophi, qui cóntra Fortunám negant,

Ésse ullam, sed témeritate rés regi omnís aútumant.
'Id mage veri simile esse usus reápse experiundo édocet:
Vélut Orestes módo fuit rex, módo mendicus fáctus est:
Naúfragio res cóntigit: nempe érgo haud Fortuna óbtigit.

Praeterea Eclogae Boëthii a me olim Topicis subiectae corrigendae erant e duobus Cdd. antiquissimis Monasterii, quibus nunc accessit Einsiedlensis Sec. X. Totum autem hoc scriptum, quum misere ubique corrupta sit editio Basileensis anni MDLXX., maxime eruditorum manibus trita, edam cum ceteris Ciceronis Scholiastis e Cd. Einsiedlensi emendatum.

Quod autem ad Verrinarum Codicem attinet, est membranaceus formae quadruplicatae, foliorum CXXXVI., pulchre atque emendate scriptus, ut solent esse Italici Sec. XV., circa annum, ut arbitror, MCCCCXX. Ab Haenelio tamen (*Catal. Mss.* p. 732.) refertur ad Sec. XIII. In fine haec leguntur:

„Iste liber est Marci Nicolucii de Romeriis de Castilionearetino (*sic coniunctim*) quem propria manu scripsit in alma urbe Roma." Insunt et emendationes et variae lectiones partim versibus superscriptae, partim in margine appositae a secunda manu. Primo folio haec notantur manu Sec. XVI. ineuntis: *Cicerone* contra Verrem *è in istampa; vale poco; salvo chi volesse cose scritte a penna.* E quo miro iudicio confirmatur id quod saepe suspicatus sum, primis post inventam artem typographicam temporibus huiusmodi codicum multos a plerisque parvi aestimatos interiisse, eos praesertim, quibus usi erant ad editiones principes adornandas ipsi typographi. Atque ideo tam raro codices inveniuntur, qui editionibus illis in omnibus respondeant. Ipsa autem huius Codicis lectio quam proxime accedit ad eam, quam ex editione Veneta MCCCCLXXXIII. excerpsi; prorsus igitur refert familiam Italicam, ita ut ex toto isto codice vix unum aut alterum locum corrigi posse censeam. Id tamen lucrati sumus, ut melioris familiae libris, quorum praestantiam tu inter recentiores primus agnovisti, accuratiorem iis, quas adhuc habebamus, deterioris collationem opponere queamus atque singulis in rebus sciamus, quomodo seculis XIII-XV. Itali constitutas habuerint hasce septem orationes.

VIII. Tullianis, quae ipse tractare constitueram, absolutis ad ea me converti, quae maxime curiositatem illam expletura videbantur, qua affici solemus, ubi versamur in illustri bibliotheca a paucis adhuc explorata; nam quae ad ius civile Romanorum spectant, tum leges, quas dicunt Barbarorum, Theotisca omnia iam satis exhausta erant; e scriptoribus Latinis, quod sciam, nihil nisi Ausonius a Monio, Sallustius a Gerlachio meo, Ovidii Metamorphoseon codex haud optimae notae a Bachio, ab illustrissimo Niebuhrio Dositheus grammaticus nondum editus, excussi, Scholiastes Iuvenalis a Buergio quodam in Crameri usum descriptus erat; restabant etiamnunc alii Latini a nemine inspecti, restabant Codices sacri; nam scriptores Graeci profani nulli adsunt. Itaque ante omnia memini me esse ex parte etiam theologum, liberioris tamen sectae; simulque quum incidissem in praestantissimum Evangeliorum codicem Graecolatinum, in mentem venit, quo ardore, qua patientia in talibus, quos maximi faciebat, ante hos centum annos elaborasset divinus Bentleius:

Ego homuncio hoc non facerem? Ego vero illud feci ac lubens.

Hoc autem caput ut cum reverendissimo tuo Episcopo, Muentero V. C., cui tantum debent Inscriptiones meae nunc tandem feliciter ad finem perductae, communices, te vehementer etiam atque etiam rogo: is enim optimus talium rerum arbiter: nec minus hoc epistolae caput commendatum velim Hugio, cui nuper debui egregias illas Constantini Magni vindicias, et Schulzio Vratislaviensi, VV. CC.

Priusquam tamen ad rem ipsam accedam, quaestionem iisdem triumviris aliisque peritis harum rerum iudicibus propositurus sum, scilicet: utrum ex sequenti loco, qui satis probat grammaticis Constantinopolitanis curae fuisse eam criticae sacrae partem, quae constat in dignoscendis subditiciis scriptis a veris, rite colligi possit necne eosdem etiam versatos esse in constituendo emendandoqne librorum sacrorum contextu, unde fluxerit ea, quam inde a Griesbachio Constantinopolitanam recensionem sive potius familiam vocant?

Κρίσις ποιημάτων μὲν ἡ ἀκριβὴς γνῶσις τῶν ποιημάτων λέγεται. ταύτῃ τῇ ἠκριβωμένῃ γνώσει χρώμενος ὁ γραμματικὸς δεῖ γινώσκειν τὰ βιβλία τῆς ἐκκλησίας πάντα, τουτέστι τὴν παλαιὰν καὶ νέαν διαθήκην, ἵνα ὅταν ἀκούσῃ φωνὴν ξένην καὶ σύγγραμμα ἢ ποίημα ψευδές, μὴ δέξηται αὐτὸ ὡς ἀληθινόν, ἐπειδὴ ἔστιν εὐαγγέλιον κατὰ Θωμᾶν λεγόμενον. δεῖ δὲ διαγινώσκειν τον γραμματικὸν τὰ ὀνόματα καὶ τὰς φωνὰς τῶν εὐαγγελιστῶν, ἵνα μὴ ἀλλότριον καὶ ψευδὲς εὐαγγέλιον δέξηται. ἀλλὰ καὶ ὁμωνύμως ψευδῆ συγγράμματά εἰσιν, οἷον ἡ λεγομένη ἀποκάλυψις τοῦ ἁγίου Παύλου. οὐ γάρ ἐστι τοῦ ἁγίου Παύλου, ἀλλ' ἑτέρου, αἱρετικοῦ, τοῦ Σαμωσατέως, ὅθεν οἱ Παυλινιανοὶ κατάγονται. καὶ ἑτέρα ἀποκάλυψις ἡ λεγομένη τοῦ Θεολόγου. οὐ λέγομεν δὲ τὴν ἐν Πάτμῳ τῇ νήσῳ· μὴ γένοιτο· αὕτη γὰρ ἀληθεστάτη ἐστίν· ἀλλὰ τὴν ψευδώνυμον καὶ ἀλλοτρίαν. δεῖ δὲ τὸν γραμματικὸν καὶ τὰ Ἑλληνικὰ βιβλία γινώσκειν. εἰσὶ γὰρ καὶ ἐν αὐτοῖς ὁμώνυμα βιβλία ψευδῆ, οἷον ἡ ἀσπὶς Ἡσιόδου καὶ τὰ Θηριακὰ Νικάνδρου· ἑτέρων γάρ εἰσι ποιητῶν, ἐχρήσαντο δὲ οἱ συγγραφεῖς τῇ ὁμωνυμίᾳ Ἡσιόδου καὶ Νικάνδρου, ἵνα ἄξια κριθῶσιν ἀναγνώσεως.

Bekkeri *Anecdota Graeca* Vol. 3. p. 1165.

Iam Evangeliarium illud Graeco-Latinum Sangallense Sec. X. forma est quadruplicata; paginarum nunc 395.

Pag. 1. 2. Carmen Hilarii Pictaviensis de evangelio.

Pag. 3. 4. evulsae.

Pag. 5—8. Hic est primus prologus. BEATO PAPAE DAMASO HIERONIMVS. Novum opus facere me cogis *cet.*

Pag. 9—14. Canones Eusebii cum *κεφαλαίοις* Ammonianis.

Pag. 15—18. Incipit praefatio Hieronimi (sic) PBRI. in Math. Evang. Mattheus ex iudaea *cet.*

Pag. 19.:

secundum mattheum evangelii.
ΤΟΥ ΚΑΤΑ. ΜΑΤΘΑΙΟΝ ΕΥΑΓΓΕΛΙΟΥ. ΤΑ.
capitula
ΚΕΦΑΛΑΙΑ. Capitula (s. τίτλοι) sunt LXVIII.

Pag. 21—129. *ΕΥΑΓΓΕΛΙΟΝ. ΚΑΤΑ. ΜΑΤΘΑΙΟΝ.* Genealogia Christi tribus columnis.

Pag. 131.:

secundum marcum evangelii capitula
ΤΟΥ. ΚΑΤΑ. ΜΑΡΚΟΝ ΕΥΑΓΓΕΛΙΟΥ. ΤΑ. ΚΕ-ΦΑΛΑΙΑ. (XLIX.)

Pag. 133—191. *ΕΥΑΓΓΕΛΙΟΥ. ΚΑΤΑ ΜΑΡΚΟΝ.* Adest finis Evangelii huius Cap. 16. v. 9. seqq. Sed sic: *in margine nota:* q *Γ* —

timebant enim surgens vero mane
ΕΦΟΒΟΥΝΤΟ. ΓΑΡ. . ΑΝΑΣΤΑC. ΔΕ ΠΡΩΙ cet.
Duo puncta igitur post γάρ. Unus adscriptus est numerus sectionum Eusebianarum s. Ammonianarum ad v. 13. sic: CCXXXIIII.
Χ Γ
Sol.

Pag. 191. *ΤΟΥ. ΚΑΤΑ. ΛΟΥΚΑΝ. ΕΥΑΓΓΕΛΙΟΥ*
capitula.
ΤΑ. ΚΕΦΑΛΑΙΑ. (LXXXIII.)

Pag. 195—313. *ΕΥΑΓΓΕΛΙΟΝ ΚΑΤΑ. ΛΟΥΚΑΝ.*

Pag. 316. (ut numeratae sunt.) *ΤΟΥ ΚΑΤΑ ΙΩΑΝ-ΝΗΝ ΕΥΑΓΓΕΛΙΟΥ ΤΑ ΚΕΦΑΛΑΙΑ.* (XVIII.)

Pag. 318. ad finem: *ΕΥΑΓΓΕΛΙΟΝ ΚΑΤΑ ΙΩΑΝ-ΝΗΝ.* — Scriptura literis capitalibus minoribus; non habet nec spiritus neque accentus neque iota subscr.; ν ἐφελκυστικόν omnibus fere verbis additum: αι et ε frequentissime confusa: interdum λήμψεσθε — εἶπαν. Litera Σ semper *C*.

Specimen scripturae atque interpunctionis hoc esto:

qm quidem multi conati sunt
ΕΠΕΙ ΔΗΠΕΡ. ΠΟΛΛΟΙ. ΕΠΕΧΕΙΡΗΣΑΝ. ΑΝΑ-
ordinare narrationem de completis
ΤΑΞΑΣΘΑΙ ΔΙΗΓΗΣΙΝ ΠΕΡΙ ΤΩΝ. ΠΛΗΡΟ
in nobis rebus
ΦΟΡΗΜΕΝΩΝ. ΕΝ ΗΜΙΝ ΠΡΑΓΜΑΤΩΝ. ΚΑ-
sicut tradiderunt nobis qui ab initio
ΘΩΣ. ΠΑΡΕΔΟΣΑΝ. ΗΜΙΝ ΟΙ. ΑΠΑΡΧΗΣ.

ipsum viderunt et ministri fuerunt
ΑΥΤΟΠΤΑΙ ΚΑΙ ‖ *ΥΠΗΡΕΤΑΙ. ΓΕΝΟΜΕΝΟΙ.*
sermonis visum est et mihi adsecuto
ΤΟΥ. ΛΟΓΟΥ. ΕΔΟΞΕ, ΚΑΜΟΙ ΠΑΡΗΚΟΛΟΥ ‖
a summo omnibus diligenter ex
ΘΗΚΟΤΙ ΑΝΩΘΕΝ. ΠΑΣΙΝ. ΚΡΙΒΩΣ (*sic*). *ΚΑ-*
ordine tibi scribere optime dei amator theophile
ΘΕΞΗΣ. ΣΟΙ. ΓΡΑΨΑΙ. ΚΡΑ‖ΤΙΣΤΕ ΘΕΟΦΙΛΕ
ut cognoscas de quibus eruditus es
Η
ΙΝΑ. ΕΠΙΓΝΩΣ, ΠΕΡΙ, ΩΝ ΚΑΤΑΧΗΘΗΣ.
verbis veritatem.
ΛΟΓΩΝ ‖ *ΤΗΝ. ΑΣΦΑΛΕΙΑΝ.*

Scriptor fuit Latinus (v. Epigramma in fine:) sed Graeci sermonis haud imperitus. Codex omnino optimis illis a Griesbachio A—Z insignitis adnumerandus, notari poterit: *Γ.*

Versio interlinearis Sangallensis Cap. 1.

Evangelii Ioannis.

In principio erat verbum et verbum vel sermo erat apud deum et deus erat verbum. Hoc vel hic erat in principio apud deum. Omnia per ipsum facta sunt et sine ipso factum est nihil, quod factum est. In ipso vita erat et vita erat lux hominum. Et lux in tenebris lucet et tenebrae eam non comprehenderunt. Fuit homo missus a deo: nomen cui vel illi Iohannes. Hic venit in testimonium, ut testimonium perhiberet de lumine, ut omnes crederent per illum. Non erat ille lux; sed ut testimonium perhiberet de lumine. Erat lux vel lumen vera vel verum quae vel quod illuminat omnem hominem venientem in mundum. In mundo erat et mundus per eum factus est: et mundus eum non cognovit. In propria vel sua venit et sui eum non receperunt. quotquot vero receperunt eum, dedit eis potestatem filios dei fieri, credentibus in nomen eius: qui non ex sanguinibus neque ex voluntate carnis neque ex voluntate viri, sed ex deo nati sunt. Et verbum vel sermo caro factum est et habitavit in nobis, et vidimus gloriam eius gloriam quasi unigeniti a patre pleni gratia et veritate. Iohannes testatur de ipso et clamat dicens:

Hic erat, quem dixi, qui post me venturus est; ante me factus est; quia prior me erat; et de plenitudine eius nos omnes accepimus et gratiam pro gratia. Quia lex a Moyse data est; gratia et veritas per Iesum Christum facta est. Deum nemo vidit nisi vel praeter unigenitus filius. in sinu patris. Ipse enarravit. Et hoc est testimonium Iohannis, quando miserant Iudaei ex Ierosolymis sacerdotes et levitas, ut interrogarent eum: Tu quis es? Et confessus est et non negavit et confessus est: quia ego non sum Christus. Et interrogaverunt eum: Quid ergo? Helias es tu? Et dixit: Non sum. Propheta es tu? Et respondit: Non. Dixerunt ergo ei: Quis es? ut responsum demus mittentibus nos. Quid dicis de te ipso? Ait: Ego vox clamantis in deserto: parate vel dirigite viam domini: sicut dixit Esaias propheta. Et qui missi fuerant, erant a Pharisaeis et interrogaverunt eum et dixerunt ei: Quid ergo baptizas? tu si non es Christus neque Helias neque propheta. Respondit eis Iohannes dicens: Ego baptizo vos in aqua: medius autem vestrum stat, quem vos nescitis. Ipse est, qui post me venturus est: ante me factus est: cuius ego non sum dignus, ut solvam eius corrigiam calciamenti. Haec in Bethania facta trans Iordanem, ubi erat Iohannes baptizans. Altera die vel crastino vidit vel videt Iesum venientem ad se et ait: Ecce agnus dei, qui tollit peccatum mundi. Hic est, de quo ego dixi, qui post me venit vir, ante me factus est; quia prior me erat: et ego nesciebam eum, sed ut manifestaretur Israel, propterea veni ego in aqua baptizans. Et testimonium perhibuit Iohannes dicens: Quia vidi spiritum descendentem quasi columbam de caelo et mansit super eum: et ego nesciebam eum: sed qui misit me baptizare in aqua, ille mihi dixit: super quem videris spiritum descendentem et manentem super eum, hic est, qui baptizabit in spiritu sancto: et ego vidi et testimonium perhibui: quia hic est filius dei. Altera die vel crastino iterum stabat Iohannes et ex discipulis eius duo. Et respiciens Iesum perambulantem dicit: Ecce agnus dei. Et audierunt eum vel illo (*sic*) duo discipuli loquentem et secuti sunt Iesum. Conversus autem Iesus et videns eos sequentes dicit eis: Quid quaeritis? Qui dixerunt ei: Rabbi, quod dicitur interpretatum, magister: ubi manes vel habitas? Dicit eis: Venite et videte. Viderunt et venerunt, ubi maneret, et apud eum manserunt die illa. Hora erat quasi decima. Erat Andreas, frater Simonis Petri, unus ex duobus audientibus vel qui audierant ab Ioanne et sequentibus vel secuti sunt eum. Invenit hic primum fratrem suum Simonem, et dicit ei: Invenimus Messiam, quod est interpretatum Christus: et duxit eum ad Iesum. Intuitus autem eum Iesus dixit: Tu es Simon, filius Iona; tu vocaberis Cephas, quod interpretatur Petrus. In crastinum voluit exire in Galileam et invenit Philippum et dicit ei Iesus: Sequere me. Erat vero Philippus a Bethsaida, a civitate Andreae et Petri. Invenit*) Nathanael et dicit ei: Quem scripsit Moyses in lege et prophetae, invenimus Iesum, filium Ioseph a Nazareth. Et dicit ei Nathanael: A Nazareth potest aliquod bonum esse? Dicit ei Philippus: Veni et vide. Vidit Iesus Nathanael venientem ad se et dicit de eo: Ecce vere Israelita, in quo dolus non est. Dicit ei Nathanael: unde me noscis vel sti**)? Respondit Iesus et ait illi: Priusquam te Philippum vel Philippus vocaret vel vocantem, sub fico vidi te. Respondit Nathanael et dixit vel ait ei: Magister, tu es filius dei; tu es rex Israel. Respondit Iesus et dixit ei: Quia dixi tibi, vidi te sub arbore fici, credis. Maius his videbis. Et dicit ei: Amen, amen, dico vobis, a modo***) videbitis caelum

---

*) Verbo *ΦΙΛΙΠΠΟΣ* v. *Philippus* superscriptum non est. Scilicet in hoc ac similibus lectorem iuvare noluit *scholasticae* versionis scriptor.

**) Id est: *nosti*.

***) A barbaro hoc *a modo* derivatum est Bergomatum *amò* i. e. iamiam, nunc. cfr. Hand *Tursell.* I. pag. 287. et Vitalis Blesensis *Querolum* Lib. 1. v. 215. *Sardana qui fueras*, amodo *Paulus eris:* similiter alii mediae aetatis scriptores tunc a me triti, quum totus illis in temporibus versabar: cuius temporis ne nunc quidem me poenitet.

apertum et angelos dei adscendentes et descendentes super filium hominis.

Iam si conferas hanc interpretationem et cum Cd. Veronensi a Blanchinio edito repetitoque a Semlero in *Paraphrasi Ev. Ioann.* Halae 1771. usque ad Cap. 3, 16., ad quem locum usque mutilus est Cantabrigiensis, et cum Colbertino a Sabatierio edito et cum vulgata nova, ab his tribus aeque fere Sangall. atque admodum differre reperies: quamquam magna necessario similitudo intercedere debebat inter tres interpretes, quibus id unice propositum esset, ut verbum verbo redderent nec ullam prope rationem haberent verae Latini sermonis indolis. Simillima autem ratio est inter interpretationem interlinearem Pauli in Cod. Boerneriano exstantem et illam *antiquam*, quam e Cdd. Sangerman. et Claromont. desumpsit Sabatierius. Quomodo autem istiusmodi interpretationes, quales sunt Sangall. et Boerneriana, appellabimus? Certe ad Italam sive Antehieronymianam eas vix satis recte referas: minime enim hae ante Hieronymum compositae videntur; nec Vulgatae, quam dicunt, easdem annumerare licet. Nimium est enim inter utrasque discrimen. Sed, nisi omnia me fallunt, hanc habent originem, ut, qui eas scripserit potius quam elaboravit, in usum vocarit vel Italam aliquam forte fortuna superstitem vel ipsam Hieronymianam fortasse iam satis interpolatam: quod equidem potius existimo; praesertim quum praemittantur ipsius Hieronymi prologi. Hanc igitur quam proxime ille accommodavit ad singula verba contextus sui Graeci, eum videlicet ad usum, ut discipuli aliqua Graeci sermonis notitia imbuti ad intelligenda saltem sacrorum librorum verba, (sententias non dico) adiumentum haberent, quod singulis in locis, ubi, quod quidem saepe accidere debebat, incerti haererent, lexici vice consulerent. Totum igitur hoc genus, quod nondum satis excussum atque explicatum videtur, equidem prorsus separandum censeo ab Itala illa Hieronymi aetatem praecedente, cuius generis nuper incognitam antea S. Matthaei interpretationem nobiscum communicavit

Maius; verum autem nomen ei imponam versionum scholasticarum; quarum quidem nulla per se est auctoritas, nisi quatenus comparentur cum verbis Graecis sibi subiectis: maxima quum contra sit auctoritas illarum interpretationum, quae vere ad multiplicem illam Italam referri solent.

VARIETAS LECTIONIS.

Cap. 1. v. 7. Griesbachius Schulzii: πιστεύσωσι] Codex: πιστεύσωσιν (et sic fere semper ν ἐφελκυστικὸν ante consonantem. Semel noto.) — 9. ἀληθινόν] ἀληθεινόν. — 16. ὅτι ἐκ] καὶ ἐκ. — 17. Μωσέως] Μωυσέως. — 20. ἐρωτήσωσιν] ἐρωτήσουσιν. — οὐκ εἰμὶ ἐγώ] ἐγὼ οὐκ εἰμί. — 22. εἶπον] εἶπαν. — 25. οὐκ εἶ] οὐκ εἶς — οὔτε ὁ προφήτης] om. ὁ. — 26. ἐν ὕδατι] ὑμᾶς ἐν ὕ. — 27. ὁ ὀπίσω] αὐτός ἐστιν ὁ ὀπ. — οὗ] ὃς ἔμπροσθέν μου γέγονεν, οὗ. — 28. Habet Βηθανίᾳ. — 32. ὡς περιστεράν] ὡσεὶ π. — 40. ἴδετε] ἴδατε. — 42. οὗτος] αὐτός. — 43. ἐμβλέψας] ἐμβλέψας δέ. — 44. λέγει αὐτῷ] λ. αὐτῷ ὁ Ἰησοῦς. — 46. τοῦ Ἰωσήφ] om. τοῦ. — 47. Ναζαρέθ] Ναζαρέτ (h. l. paullo ante: Ναζαράθ (sic.) — 50. καὶ λέγει] καὶ εἶπεν. — 51. μείζω] μείζων (sic) — ὄψει] ὄψη.

Cap. 2. 3. λέγει κ. τ. λ.] λέγει ἡ μήτηρ αὐτοῦ τοῖς διακόνοις τοῦ Ἰησοῦ. Sed v. τοῖς διακόνοις erasa. Versio interlinearis: *dicit mater eius ministris Iesu ad eum.* — 4. λέγει] καὶ λέγει. — αὐτῇ ὁ Ἰησοῦς] om. ὁ Ἰησοῦς. — 17. ὁ ζῆλος] om. ὁ. Habet καταφάγεται. — 19. ὁ Ἰησοῦς] om. ὁ. — 22. ᾧ εἶπεν] A prima manu videtur fuisse ὅν. Versio interl. *quem.* — 23. Habet ἐν τοῖς Ἱεροσολύμοις.

Cap. 3. 2. Habet ἦλθε πρὸς αὐτόν. — 5. ἀπεκρίθη ὁ Ἰησοῦς] om. ὁ. — 12. πιστεύσετε] πιστεύσεται, et literae ε superscr. η. ut sit πιστεύσηται. — 18. κρίνεται] Versio interlin.: *iudicabitur.* — 19. Habet πονηρὰ αὐτῶν. — 24. μετὰ Ἰουδαίου] Habet sic; sed versio interlin. *cum Iudaeis.*

Cap. 4. 3. ἀπῆλθε πάλιν εἰς] ἀπῆλθεν εἰς. — 5. Habet Συχάρ. — οὗ] ὅ. — 8. εἰς τὴν πόλιν] om. τήν. — 14. οὐ μὴ διψήσῃ] οὐ μὴ δίψει (sic.) — 20. Habet ἐν τῷ ὄρει τούτῳ. — προςκυνεῖν δεῖ] δεῖ προςκ. — 21. πίστευσόν μοι] om. μοι. — 27. ἐθαύμαζον] ἐθαύμασαν. — 28. τὴν ὑδρίαν] om. τήν. — 30. Habet Ἐξῆλθον ἐκ. — 31. ἐν τῷ]-ἐν δὲ τῷ. — ἠρώτων αὐτόν] om. αὐτόν. — 35. Habet τετράμηνος. — 36. ὁ θερίζων] καὶ ὁ θ. — 37. ὁ ἀληθινός] om. ὁ. — 42. ὁ σωτήρ] om. ὁ. — 45. Habet ἅ. 46. πάλιν] πάλιν ὁ Ἰησοῦς. — 51. Habet ὁ Ἰησοῦς.

Cap. 5. 1. ἑορτή] ἡ ἑορτή. — 4. ἄγγελος γάρ] ἄγγελος γὰρ κυρίου. — 5. Habet καὶ ὀκτώ. — 7. Habet βάλῃ. — 8. ἔγειρε] ἔγειραι. — 11. ἀπεκρίθη] ὁ δὲ ἀπ. — 13. Habet ἰαθείς. — 14. χεῖρόν τί σοι] χεῖρόν σοί τι. — 15. ἀνήγγειλε] ἀπήγγειλεν. — 16. ὅτι ταῦτα] καὶ ἐζήτουν αὐτὸν ἀποκτεῖναι ὅτι αὐτά (sic.) — ἐγείρει] *ΕΓΕΡΕΙ.* Sed versio interlin.: *suscitat.* — 25. λέγω ὑμῖν] om. ὑμῖν. — 28. ἀκούσονται] ἀκούσωσιν. — 30. Habet τοῦ πέμψαντός με. — 35. Habet ἀγαλλιαθῆναι. — 36. ἃ ἐγὼ ποιῶ] om. ποιῶ. Versio interl.: *quae facio* (sine *ego*.) 37. με πατήρ] με ὁ πατήρ. — 42. ἐν ἑαυτοῖς] ἐν αὐτοῖς. — 43. λήψεσθε] λήμψεσθαι. — 44. παρὰ ἀλλήλων] παρὰ ἀνθρώπων. Versio: *ab hominibus.* — ζητεῖτε] *ΖΗΤΕΙ.* Versio: *quaeritis.* — 46. Μωσῇ] *ΜΩΣΕΙ.* — 47. πιστεύσετε] πιστεύσητε.

Cap. 6. 1. Habet πέραν τῆς θαλάσσης τῆς Γαλιλαίας τῆς Τιβεριάδος. — 2. τὰ σημεῖα] αὐτοῦ τὰ σ. — 3. τὸ ὄρος ὁ Ἰησοῦς] om. ὁ Ἰησοῦς. — 5. πρὸς τὸν Φίλιππον] om. τόν. — ἀγοράσομεν] ἀγοράσωμεν. — 6. ἔμελλε] ἔμελλεν (non ἤμελλε.) — 7. Habet βραχύ τι. — 8. Habet παιδάριον ἓν ὧδε, ὃ ἔχει. — 10. ἀνέπεσον] ἀνέπεσαν — οὖν οἱ ἄνδρες] omittit οὖν. Paullo post habet ὡσεί. — 13. ἃ ἐπερίσσευσε] περίσσευσεν om. ἅ. Sed versio: *quae superfuerunt.* — 16. ἐπὶ τὴν θ.] εἰς *ΤΙΝ* (sic.) — 17. Habet ἐμβάντες. — εἰς τὸ πλοῖον] om. τό. — 19. Habet ὡς σταδίους. — 22. εἰ μὴ ἕν] εἰ μὴ ἕν, ἐκεῖνο εἰς ὃν (sic) ἀνέβησαν (sic) οἱ μαθηταὶ αὐτοῦ. Sed memorabile (id quod sine exemplo in hoc Cd., nisi bis terve in nominibus propriis, *Philippus*, *Andreas*, verba *ΕΚΕΙΝΟ ΕΙΣ ΟΝ ΑΝΕΒΗΣΑΝ* versione sunt destituta; contra

vv. *ΟΙ. ΜΑΘΗΤΑΙ ΑΥΤΟΥ* superscribitur: *discipuli eius.* — πλοῖον] πλοιάριον. — 24. Habet: ἐνέβησαν αὐτοὶ εἰς τὰ πλοῖα. — 28. Habet: τί ποιῶμεν. — 29. ὁ Ἰησοῦς] om. ὁ. — 35. ὁ Ἰησοῦς] om. haec. — πεινάσῃ - - διψήσῃ] *ΠΙΝΑΣΗ - - ΔΙΨΗΣΕΙ.* — 37. τὸν ἐρχόμενον πρός με] τ. ε. πρὸς ἐμέ. — 38. καταβέβηκα] *ΚΑΤΑΒΗ* (sic.) — 39. τοῦ πέμψαντός με] τοῦ π. με πατρός. — ἀλλὰ ἀναστήσω αὐτό] ἀλλ' ἀναστήσω αὐτόν. — ἐν τῇ] omittit ἐν. — 40. τοῦτο γάρ] τοῦτο δέ. Versio: *haec autem est.* — τοῦ πέμψαντος με] τοῦ π. με πατρός. — 43. ἀπεκρίθη ὁ Ἰησοῦς] ἀπεκρίθη οὖν ὁ Ἰ. — 44. πρός με] πρὸς ἐμέ. — ἐν τῇ] om. ἐν. — 45. Habet διδακτοὶ θεοῦ. — πᾶς ὁ ἀκούσας] πᾶς οὖν ὁ ἀκούων. — 53. ἀμὴν ἀμήν] omittit alterum ἀμήν. — 54. μου τὴν σάρκα] τὴν σάρκα μου a prima manu; deinde correctum μου τὴν. σ. — τῇ ἐσχάτῃ] ἐν τῇ ἐ. — 55. Habet bis ἀληθῶς. — τὸ αἷμά μου] om. μου. — 56. μου τὸ αἷμα] μου αἷμα. — 62. ὅπου] *ΠΟΥ.* — 63. Habet λαλῶ. Versio interl.: *loquor vel locutus* (sic, omisso *sum.*) — 64. ὁ παραδώσων] om. ὁ. — 68. ἀπεκρίθην] ἀπεκρίθη οὖν. — 69. ἐγνώκαμεν, ὅτι σὺ εἶ ὁ ἅγιος τοῦ θεοῦ] ἔγνωμεν (sic), ὅτι σὺ εἶ ὁ Χριστός, ὁ υἱός τοῦ θεοῦ ζῶντος. — 70. ὁ Ἰησοῦς] omittit haec.

Cap. 7. 1. περιεπάτει] *ΠΕΡΙΠΑΤΕΙ.* — 8. οὐκ ἀναβαίνω] οὔπω ἀ. — 9. ταῦτα] ταῦτα δέ. — 16. Habet ἀπεκρίθη οὖν. — 21. ὁ Ἰησοῦς] om. ὁ. — 22. Μωσῆς] *ΜΩΥΣΗΣ.* Mox Μωσέως. — 23. Μωσέως] Μωυσέως. — 26. οὗτός ἐστιν ὁ Χριστός] οὗτός ἐστιν ἀληθῶς ὁ Χρ. — 27. ἔρχηται] ἔρχεται. Sed η superscr. — 28. διδάσκων ὁ Ἰησοῦς] omittit ὁ Ἰησοῦς. — 29. Habet ἐγὼ οἶδα. — 31. ἔλεγον ὅτι ὁ Χριστός] ἔλεγον Χριστός. — 32. οἱ Φ. καὶ οἱ ἀ. ὑπηρέτας] ὑπηρέτας οἱ Φ. καὶ οἱ ἀ. Vocab. ὑπηρέτας caret versione interl. — 33. Habet: εἶπεν οὖν ὁ Ἰ. — 34. εἰμί] Versio interl. *ubi sum*, non *eo.* — 39. Habet: οὔπω γὰρ ἦν πνεῦμα ἅγιον. In seqq. ὅτι Ἰησοῦς om. ὁ. — 40. τὸν λόγον] τῶν λόγων, Sed ο μικρὸν bis superscr., ut sit τὸν λόγον. Versio: *audientes sermonem.* — 41. ἄλλοι δέ] om. δέ] — 50. νυκτὸς πρὸς αὐτὸν] π. α. νυκτός. — 51. Habet: παρ' αὐτοῦ πρότερον. —

52. ἐγήγερται] ἐγείρονται. Πάλιν οὖν αὐτοῖς ὁ Ἰησοῦς ἐλάλησεν λέγων. Ita pag. 348. huius Cd. versu 5. Sed verba Πάλιν - - λέγων linea transversa sunt deleta. Tunc, omissâ prorsus pericopâ de adultera, spatium vacuum relictum est reliquae pag. 348. et pag. 349. spatium trium versuum: post quod continuat: Πάλιν οὖν αὐτοῖς ὁ Ἰησοῦς ἐλάλησεν λέγων (sic.)

Cap. 8. v. 14. Omittit ὑπάγω ad ὑπάγω. — 20. ἐλάλησεν] ἐλάλησεν ὁ Ἰησοῦς. — 25. τὴν ἀρχὴν ὅ, τι] τὴν ἀρχὴν ὅτι. Versio: *principium quod et loquor vobis.* — 26. λέγω] λαλῶ. — 28. ὅτι ἐγώ εἰμι] Versio: *quid ego sum.* — 31. μείνητε] ΜΕΝΗΤΕ. — 36. ἐλευθερώσῃ] ἐλευθερώσει. — 38. Habet: ἐγὼ ὃ εώρακα. et mox: ὃ ἑωράκατε παρὰ τῷ πατρὶ ὑμῶν. — 39. Habet: ἦτε - - ἐποιεῖτε ἄν. Versio: *essetis - - faceretis forsitan.* — 40. ἣν ἤκουσα] ἣν οὐκ ἤκουσα. Sed super οὐκ linea transversa; nec redditur Latine. — 42. εἶπεν] εἶπεν οὖν. — 44. Habet: ἐκ τοῦ πατρός. — 46. εἰ ἀλήθειαν] εἰ δὲ ἀλ. — 48, ἀπεκρίθησαν] ἀπ. οὖν. — 49. ἀτιμάζετε] Versio: *inhonorastis.* — 51. θεωρήσῃ] ΘΕΩΡΗ. — 52. Habet: γεύσηται. — 53. Habet: σεαυτὸν ποιεῖς. — 54. Ἰησοῦς] ὁ Ἰ. — θεὸς ὑμῶν] θεὸς ἡμῶν. Versio: *deus noster.* — 58. γενέσθαι ἐγώ] γενέσθαι. γενέσθαι ἐγώ. Versio: *antequam vel priusquam Abraam fieret fieret, ego sum.* — 59. ἱεροῦ.] ἱεροῦ. διελθὼν διὰ μέσου αὐτῶν καὶ παρῆγεν οὕτως.

Cap. 9. 8. ὅτι προσαίτης ἦν] ὅτι τυφλὸς ἦν. Sed versio: *quod caecus vel mendicus erat.* — 10. ἀνεῴχθησαν] ἠνεῴχθησαν. — Tum σου, non σοι. — 11. εἰς τὸν Σιλωάμ] εἰς τὴν κολυμβήθραν τοῦ Σ. — 15. μου ἐπὶ τοὺς ὀφθαλμούς] μου ἐπὶ τοὺς ὀφθαλμούς μου (*sic.*) Versio: *mihi super oculos meos.* — 17. ἤνοιξε] ἠνέῳξεν. — 20. ἀπεκρίθησαν] ἀπεκρίθησαν δέ. — 27. θέλετε ἀκούειν] om. ἀκούειν. — ἀυτοῦ μαθηταί] μαθ. αὐτοῦ. — 28. Μωσέως] Μωυσέως. — 32. ἤνοιξε] ἠνέῳξεν. — 36. Habet: καὶ τίς. — 39. εἰς κρίμα] εἰς κρίσιν. — 41. εἶπεν αὐτοῖς] καὶ εἶπεν α.

Cap. 10. 3. κατ' ὄνομα] κατὰ ὄνομα. — 5. ἀκολου-

θήσωσιν] *ἀκολουθήσουσιν*. — 8. *πρὸ ἐμοῦ*] om. haec. — 14. Habet: *γινώσκομαι ὑπὸ τῶν ἐμῶν*. — 16. *με δεῖ*] *δεῖ με*. — *ἀκούσουσι*] *ἀκούσωσιν*. Versio: *audient*. — *εἷς ποιμήν*] *καὶ εἷς ποιμήν*. Sed *καὶ* minoribus literis insertum ab eadem manu, quae exaravit versionem Latinam. Versio: *unum ovile vel pastorale et unus pastor*. — 22. *ἐν τοῖς Ἱεροσ.*] *ἐν Ἱεροσ*. — 23. *ἐν τῇ στοᾷ Σολομῶνος*] *ἐν στοᾷ Σολομῶνος*. — 26. *Ἀλλ' ὑμεῖς*] *Ἀλλὰ ὑ*. — 30. *ὁ πατὴρ*] *ὁ πατὴρ μου*. — 34. *εἶπα*] *εἶπον*. — 38. *πιστεύητε*] *πιστεύετε*. — *πιστεύσατε*] *πιστεύσετε*. — Habet: *ἐν αὐτῷ*. — 39. *πάλιν αὐτόν*] *αὐτὸν πάλιν*. — 40. *τὸ πρῶτον*] *τὸ πρότερον*.

Cap. 11. 2. *αὐτῆς*] *ἑαυτῆς*. — 11. *εἶπε καὶ μετά*] *εἶπεν. Μετά*. — *παραμυθήσωνται*] *παραμυθήσονται*. — *περὶ τοῦ ἀδ.*] *περὶ ἀδ*. — 21. *ἡ Μάρθα*] om. *ἡ*. — Habet: *ἐτεθνήκει*. — 24. *ἐν τῇ ἀναστάσει*] omittit haec. — 28. *λάθρα*] Versio: *silentio*. — 31. *οἱ ὄντες*] om. *οἱ*. — 32. Ut Griesb.: *αὐτοῦ εἰς τοὺς πόδας*. — *ἀπέθανέ μου*] *μου ἀπέθανεν*. — 33. *ἑαυτόν*] *ΑΥΤΟΝ*. — 35. *Ἐδάκρυσεν* - - *Ἰουδαῖοι*] omittit haec. — 39. *λέγει ὁ Ἰησοῦς*] *λέγει αὐτῇ ὁ Ἰ*. Sed *αὐτῇ* linea transversa deletum. — 40. *ὄψῃ*] *ὄψει*. — 41. *τὸν λίθον*] *τὸν λίθον οὗ ἦν ὁ τεθνηκὼς κειμένος*. Sed versio: *lapidem ubi erat*, ceteris omissis. — 42. *τὸν περιεστῶτα*] om. *τόν*. — 44. *κειρίαις*] *κηρίαις*. — 45. *οἱ ἐλθόντες πρὸς τὴν Μαρίαν*] *οἱ ἐλθ. μετὰ Μαρίας*. Versio: *qui venerant vel venientes cum Maria*. — *ἐποίησεν*] *ἐποίησεν ὁ Ἰησοῦς*. — 47. *τί ποιοῦμεν;*] *τί οὖν ποιοῦμεν;* — 48. *οὕτω*] *οὕτως*. — *πιστεύσουσιν*] *πιστεύσωσιν*. — 51. *ἔμελλεν*] *ἤμελλεν*. — *ὁ Ἰησοῦς*] om. *ὁ*. — 54. *μαθητῶν αὐτοῦ*] omittit *αὐτοῦ*. — 57. *δὲ καὶ*] om. *καί*.

Cap. 12. 1. *ἐκ νεκρῶν*] addit *ὁ Ἰησοῦς*. — 2. ut Griesb. — 5. *ἐπράθη*] *ΠΡΑΘΗ*. — 12. *ὁ ἐλθών*] om. *ὁ*. — *ὁ Ἰησοῦς*] om. *ὁ*. — 13. *ὁ βασ*. om. *ὁ* — 14. *ἐπ' αὐτό*] *ἐπ' αὐτῷ*. — 15. *θύγατερ*] *θυγάτηρ*. — 16. *ὁ Ἰησοῦς*] om. *ὁ*. — 17. *ὅτι*] *ὅτε*. Versio: *quando*. — 18. *διὰ τοῦτο καί*] om. *καί*. — *ἤκουσαν*] *ἤκουσεν*. — 20. *προσκυνήσωσιν*] *προσκυνήσουσιν*. — 26. *ἐάν τις ἐμοὶ* διακονῆ] καὶ ἐὰν ἐμοὶ διακονῆ τις. — 28. καὶ ἐδόξασα καὶ πάλιν δοξάσω] καὶ ἐδόξασα πάλιν. καὶ δοξάσω. Versio: *et clarificavi iterum et clarificabo.* — 34. ὁ ὄχλος] om. ὁ. — ὅτι δεῖ] om. ὅτι. — 35. ἐν ὑμῖν] μεθ' ὑμῶν. — μὴ σκοτία] μὴ ἡ σκοτία. — 40. ἰάσωμαι] ἰάσομαι. — 43. Habet: ἤπερ. *quam.* — 44. ἀλλ' εἰς] ἀλλὰ εἰς. — 48. κρίνοντα] κρίναντα. — 50. οὕτω] οὕτως.

Cap. 13. 4. διέζωσεν] περιέζωσεν. — 5. τῷ λεντίῳ] om. τῷ. — 7. Ἰησοῦς] ὁ Ἰησοῦς. — σὺ οὐκ] om. σύ. — 8. ὁ Ἰησοῦς] om. ὁ. — 23. Habet: ἐκ τῶν μ. — 25. ἐπιπεσὼν δέ] ἐπιπεσὼν οὖν. — ἐκεῖνος] ἐκεῖνος οὕτως. — 27. ὁ σατανᾶς] om. ὁ. — 31. ὁ Ἰησοῦς] om. ὁ. — 38. φωνήσει] φωνήσῃ.

Cap. 14. 3. καὶ ἑτοιμάσω] om. καί. — 4. Habet: οἴδατε καὶ τὴν ὁδὸν οἴδατε. — 7. Habet: ἐγνώκειτε ἄν. Versio: *cognovissetis utique.* — 11. Habet: ἐν ἐμοί. — 14. αἰτήσητε] αἰτήσητέ με. — 17. τὸ πνεῦμα] ΤΟΝ ΠΝΑ. eum lin. — μένει] ΜΕΝΕΙ. Versio: *manebit.* — ἔσται] ΕΣΤΕ. — 19. οὐκέτι θεωρεῖ] οὐ θεωρεῖ. Versio: *non videbit.* — 20. κἀγώ] καὶ ἐγώ. — 21. ὁ δὲ ἀγαπῶν με] Haec exciderunt. — 22. Habet: καὶ τί. — 23. ποιήσομεν] ποιήσωμεν. — 26. εἶπον] Versio: *dixero.* — 28. ὅτι πορεύομαι] ὅτι εἶπον πορεύομαι. — 30. Habet: ὁ τοῦ κόσμου ἄρχων καὶ ἐν ἐμοὶ οὐκ ἔχει οὐδέν. — 31. οὕτω] οὕτως.

Cap. 15. 6. αὐτά] αὐτό. — Habet: εἰς τὸ πῦρ. — 7. μείνητε ἐν ἐμοί] μείνητε ἐν ἐμοὶ ἐν ἐμοί. Versio: *manseritis in me in me.* Sed prius ἐν ἐμοί linea transversa del. — αἰτήσεσθε] αἰτήσεσθαι: ut saepissime αι pro ε, et ε pro αι. — 8. Habet: γενήσεσθε. — 11. Habet: μείνῃ. — 14. Habet: ὅσα. — 20. τοῦ λόγου, οὗ] τοῦ λόγου μου οὗ. — 21. ταῦτα πάντα ποιήσουσιν ὑμῖν] πάντα ταῦτα ποιήσωσιν ὑμῖν. — 26. ὅταν δὲ ἔλθῃ] om. δέ.

Cap. 16. 2. προςφέρειν] ΠΡΟΣΦΕΡΗ. — 3. Ut Griesb. — ἐμέ] με. — 4. μνημονεύητε] μνημονεύετε. — 7. Habet: ἐὰν γὰρ ἐγώ. — 12. ἔτι πολλά] ἐπὶ πολλά. Versio: *super multa.* — 13. Habet: εἰς πᾶσαν τ. α. — ἀλλ' ὅσα ἄν] ΑΛΛΟΣΑΝ. — 15. Habet: λαμβάνει. —

16. Ut Griesb. — ἔγνω] ἔγνω οὖν. — 23. ἐν τῷ ὀνόματι μου, δώσει ὑμῖν] δώσει ὑμῖν ἐν τῷ ὀν. μου. — 24. λήψεσθε] ΛΗΜΨΕΣΘΑΙ. — 25. ἀλλ᾽ ἔρχεται. — 27. ἐξῆλθον. Ἐξῆλθον] excidit alterum ἐξῆλθον. — 33. Exciderunt v. ἐν τῷ κόσμῳ θλῖψιν ἔχετε. Sed verbis ἀλλὰ θαρσεῖτε sua versione destitutis superscribitur: *verum pressuram habebitis.*

Cap. 17. 1. δοξάσῃ] δοξάσει. — 2. δέδωκας] ἔδωκας et mox δώσει. — 3. γινώσκωσι] γινώσκουσιν. — 11. Habet: ῷ. — 16. Ut Griesb. — 17. ἁγίασον] πάτερ ἅγιε ἁγίασον. — ἐν τῇ ἀληθείᾳ σου· ὁ λόγος] ἐν τῇ ἀληθείᾳ σου. Σοῦ ὁ λόγος. Versio: *In veritate tua. Tuus sermo.* Sed posterius Σοῦ punctis notatum est. — 19. Ut Griesb. — 20. Habet: πιστευόντων. Versio: *credentibus vel turis* (i. e. credituris). — 23. Habet: καὶ ἠγάπησας. — 24. ἔδωκας] δέδωκας.

Cap. 18. 1. Habet: τοῦ Κεδρών. „*torrentem Cedron.*" — 2. ὁ Ἰησοῦς] καὶ ὁ Ἰ. — 4. τὰ ἐρχόμενα] τὰ ἐπερχόμενα. — 8. ὁ Ἰησοῦς] om. ὁ. — 11. Habet: εἰς τὴν θήκην om. σου. — δέδωκε] ἔδωκεν. — 13. ἀπήγαγον αὐτόν] om. αὐτόν. — 20. ἐλάλησα] λελάληκα. Habet: ἐν συναγωγῇ. — πάντες] πάντοτε. Versio: *quo vel ubi semper vel tunc.* (Mira haec interpretatio inde orta est, quod in fine versiculi 6. paginae 384. est *ΠΑΝ.* initio versiculi 7. *ΤΟΤΕ*, super quo scriptum est: *vel tunc.* — 21. Habet: ἐπερωτᾷς. — τί ἐλάλησα] *ΟΤΙ ΕΛΑΛΗΣΑ.* — 24. ἀπέστειλεν] ἀπέστειλεν οὖν. — 25. ἠρνήσατο] ἠνήσατο οὖν. — 27. ὁ Πέτρος] om. ὁ. — 28. πρωΐα] πρωΐ. — ἀλλ᾽ ἵνα] om. ἵνα. — 29. Habet: εἶπε. Scilicet, ut semper in his; εἶπεν. — 32. τοῦ Ἰησοῦ] τοῦ Θεοῦ. Versio: *sermo dei.* — 33. εἰς τὸ πραιτώριον πάλιν] πάλιν εἰς τὸ πρ. — 37. ὁ Ἰησοῦς] omittit ὁ. — 40. ἐκραύγασαν οὖν πάλιν] *ΕΚΡΑΥΠΑΜΑΝΟΥ ΠΑΛΙΝ,* miro errore in codice a talibus ceterum immuni; superscriptum: *clamaverunt vel* ἐκραύγασαν *rursus.* Quod ex multis unum est indicium eum, qui Latinam scripsit versionem, ipsum Graece scisse.

Cap. 19. 4. ἐξῆλθε] ἐξῆλθεν οὖν. — 6. Habet: σταύρωσον αὐτόν. — 7. νόμον ἡμῶν] om. ἡμῶν. — ἑαυτὸν υἱὸν θεοῦ ἐποίησεν] ἑαυτὸν θεοῦ υἱόν ἐποίησεν. — 10. λέγει] λέγει οὖν. — 11. παραδιδούς] ΠΑΡΑΔΟΥΣ. — 12. Habet: ἔκραζον. — Habet: ἑαυτόν. — 13. τοῦτον τὸν λόγον] τούτων τῶν λόγων. Versio: *hos sermones*. — Habet: Γαββαθᾶ. Lat‛ne: *galbatha*. — 14. ὥρα δὲ ὡσεὶ ἕκτη] ΩΡΑ ΗΝ ΩΣΕΙ ΤΡΙΤΗ. Versio: *hora erat quasi tertia*. — 16. Habet: ἤγαγον. — 17. Post verba βαστάζων τόν evulsum est e Codice folium unum. Pergit Cap. 19. 35. ὅτι ἀληθῆ λέγει ἵνα ὑμεῖς (omisso igitur καὶ ante ὑμεῖς.) — 38. μετὰ δέ] om. δέ. — κεκρυμμένος] Sic etiam Cd.; sed versio Latina: *occulte*; quasi legisset κεκρυμμένως. — ἦλθεν οὖν] ἦλθεν δὲ οὖν. Versio: *Venit autem ergo*: δέ tamen lin. notatum. — 39. Habet: ὡς. — 40. Habet: ἐν ὀθονίοις.

Cap. 20. 2. τὸν κύριον] τὸν κύριόν μου. — 11. πρὸς τὸ μνημεῖον] πρὸς τῷ μνημείῳ. — κλαίουσα ἔξω] ἔξω κλ. — 14. ταῦτα] καὶ ταῦτα. — 15. ἔθηκας αὐτόν] αὐτὸν ἔθηκας. — 16. Habet: ἑβραϊστί. — 18. ἀπαγγέλλουσα] ΑΝΑΓΓΕΛΟΥΣΑ (sic.) Versio: *annuncians*. — 19. οἱ μαθηταί] οἱ μαθηταὶ αὐτοῦ. — 20. καὶ τὴν] ΚΑΙ ΚΑΙ ΤΗΝ. Versio: *et et latus*. — 23. Habet: ἀφίενται. — 24. ὅτε] ΠΟΤΕ. — 26. εἶπεν] εἶπεν αὐτοῖς. — 28. ἀπεκρίθη] καὶ ἀπ. — 30. τῶν μαθητῶν αὐτοῦ] om. αὐτοῦ.

Cap. 21. 1. μετὰ ταῦτα] ΜΕΤΑΥΤΑ. — 2. καὶ οἱ τοῦ Ζ.] καὶ τοῦ Ζ. superscr. οἱ. — 3. ἐνέβησαν] ἀνέβησαν. — 6. ἑλκύσαι] ΕΙΛΙΚΥΣΑΙ. — 11. ἐπὶ τῆς γῆς] εἰς τὴν γῆν. — ἰχθύων μεγάλων] μεγ. ἰχθ. — 13. ἔρχεται] ἔρχεται οὖν. — 15. ἀρνία] ΑΡΝΕΙΑ. — 22. Habet: σὺ ἀκολούθει μοι. — 25. οὐδὲ αὐτόν] ΟΥΔΑΥΤΟΝ. — βιβλία] βιβλία. Ἀμήν.

ΕΥΑΓΓΕΛΙΟΝ ΚΑΤΑ ΙΩΑΝΝΗΝ.

ΓΡΑΜΜΑΤΑ. ΓΡΑΙΚΓΕΝΩΝ ΚΑΤΑ ΣΚΗΜΑΤΑ. ΣΟΦΕ ΓΙΝΟΣΚΙΣ (sic omnia).

Cerne, labore meo, lingua pelasga patet.
Quisque velit sapiens sapientes gnoscere causas
Sensibus in sacris sentiat, artis opes.

IX. Theologis criticis reliqua tria huius codicis Evangelia, Psalterium Graecum antiquissimum, Fragmenta versionis Evangeliorum Italae, quae Ildephonsus ab interitu vindicavit, Evangeliarium Latinum Scotice scriptum et patrum ecclesiasticorum scripta examinanda erunt: nobis iam a sacris ad profana transire placet, nullo ordine servato, quo magis te delectet varietas. Ad codices antiquissimos Iustini, Solini, Hygini, Orosii, Prisciani in Monasterio custoditos et recentiores aliquot Italicos scriptorum Latinorum bibliothecae oppidanae excutiendos tempus haud suppetebat; sed quae potui pervestigare paucis nunc accipe. Patruelis meus, Io. Conradus Orellius, misere neglectum quum videret Dictyem Cretensem post corruptissimam Dacieriae editionem, quum tamen non sine causa propter miram istius antiquarii scriptoris Latinitatem multum aliquando operae in eo per occasionem illustrando atque emendando in aliorum scriptorum editionibus vel singularibus quoque in opusculis posuissent Perizonius, Burmannus, Oudendorpius, Cortius, Wopkensius, summus etiam Ruhnkenius interdum eius meminisset, novam ac meliorem eius editionem moliri decreverat; nihil tamen aliud effecit, quam ut margini Ed. Amstelaedamensis adscriberet Oudendorpii observationes per primum Appuleii volumen dispersas aliasque Burmanni in primis, collectis etiam aliquot editionibus vetustioribus, v. c. Veneta MCCCCXCIX., quibus ego addere potui principem Coloniensem sine anni nota (MCCCCLXX-MCCCCLXXV.), Cratandr. MDXXIX. et Gryphianam Lugduni MDLII. S. Galli autem duos ipse codices contuli; alterum Monasterii, originis Germanicae, Seculi IX. praestantissimum, alterum oppidanum, Italicum Sec. XIV. vel XV., quibus libri Bernensis Sec. XIII., amicissimi L. Usterii benignitate, accessit varietas. Egregiorum horum subsidiorum ope permulta in scriptore, si verba, non res, spectes haud sane contemnendo emendari posse satis iam perspexi. Nondum autem nancisci potui Iani Theocriti ab Hortis *Observationes in Q. Septimium* in *Hamburg. vermischter Bibliothek Bd. 3. Stück 5.*; quod opusculum si quis mihi impertierit, de toto meo incepto praeclare merebitur.

In Monasterii Codice Dictyi subiicitur Dares Phrygius ex recensione singulis fere versibus a vulgata abeunte; cuius generis alterum codicem Sec. X. Bernae exstare notum est ex Sinneri catalogo. In hoc tamen pessimo scriptore ut unquam aliter elaborem, quam ut novitatis causa lectionem Sangallensem exprimi iubeam, nulla profecto me coget necessitas. Dictys enim quum una cum Hegesippo, quem dicunt, sive Ambrosio, ac Sulpicio Severo in Sallustii praesertim imitatoribus numerandus sit aliosque antiquos sermonis Latini auctores, quibus nos nunc caremus, ante oculos habuerit, propter hoc ipsum studiis Latinorum philologorum minime indignus est; sed longe res aliter se habet in Darete illo et verbis et rebus aeque detestabili.

X. Senecae Ludi de morte Claudii Caesaris Cd. S. Gallensis Sec. X. N. 569. collatus cum Ed. Lipsii Antverpiae 1615. fol.; quae sola Sangalli praesto erat. Eas lectiones, quas e suis Cdd. recepit Ruhkopfius, asterisco signavi. — idus — *om.* Asinio - - Coss. — Nihil nec offensae nec gratiae — quaesiverit — * iuratores — in caelo aguntur — * quod viderit — occisum vidisset — certa clara — (*Habet:* tempora somni) — iussoque senescere — intellegi — idus Octob. — certam tibi — omnes poëtae — * curru Phoebus — * unam e tribus — seducit — pateris (nec *superscr. a sec. m.*) unquam tam diu cruciatus esset. — Quid huic et rei publicae invides? — errant et horam. — unquam illum — me hercules inquid — alter badae — stamine fuso — primos a carcere — * homini formosissimo — fecid illud plena manu — et ex eo desiit — quod an fecerit nescio — gaudium publicum — implicitam *a prima manu*. — πτόλις ἠδὲ τοκῆες. Claudius gaudet — minime fabro — cum illo tot — Luguduni — (*Habet:* Marci municipem) — natus est a Vienna — Luguduni — multis annis — Lugudunenses — debes. multa — ad hoc manu satis — tu: desine — Exprime — Romae sibi parem — et si qui a me — miseriarum contulerim — audirem. diem — * valde fortis licet tibi videaris, maluisses — in curiam impetum —

clausi — in illo Stoici — ab iovem qui quantum quidem in illos fuit — incesti. Silvanum — stude athenis — Romae, inquis — quod nunc Barbari — *ΜΩΡΟΥΈΥΕΙΛΑ ΤΟΥΓΥΧΗΙΝ* Tantum Iovi — Iam famam mimum fecisti — dicere sententiam — factus dictus — diespiternice pote filius — nummariolus. Hoc quaestu — ad hunc velle accessit — illi tetigit. Censet itaque in haec verba — Claudius et divum — Censeo uti divus — deus sit ita — sententiam vincere — adiebat — * sententiae suae loco dicendae — Ego, inquit, P. C. vos testes — nullum me verbum — et non possum — ornavi ut quid — itaque ad Messalae Corvini illam sententiam pudet imperii. Hic — qui vobis — quam canis adsidit — de tot ac talibus viris — referam. Nam etiam si sormea Graece — *EN-TYCON TON NYKNNAIHC* Iste (*om.* senescit) — * L. Silanum — in tua si aecuos futurus es — hoc ubi fieri — Volcano — istuc turpius — quod nescisti, quam quod occidisti. C. Caesarem — * persequi — hic et generum. C. Crassi filium — Tristionias — credet. dum tales — clarius respondi — * Appium Silanum — Magnum Pompeium et L. Silanum — uxorem suam Messalinam — vacationem dare — inter triginta dies — ad inferos a caelo. unde negant — impensa cura plane ut scires — tubicinum — omnis generis senatorum — animam habentes — revivescerent — *Omittit:* Fingite luctus — Saepe neutra — * viam tectam — compendiaria Narcissus — *Omittit:* Ille autem patrono - - - - morantem impulit.] — proclivia — iacebat Cerberus velut ait Oratius belua. — *Omittit:* sese - - - excutiens.] — pusillum perturbatur sub albam — habere adsueverat — non quem velis — magna voce Claudius inquit, venit et cum plausu (*om.* Caesar - - Ecce extemplo -) — C. Consilius — Cotta Tettius — fecerat. Ad Messalinam — * percrebuit — Convolant primi omnium — Amphaeus Pheronactus — quos Claudius omnes — Rofium (Rufium *a sec. m.*) pom filius — Saturninus Lusius — generi soceri — Quomodo huc — hic stellas — nomen eius recipiat — Senatores XXX. Equites R. CC. ceteros CCXXI. — *Omittit:* Exterritus - - defenderet.] — Incipit patronus velle — vetat et illum altera tantum parte — magis iniquum — dicerent sium diu laturam fecissent — *Omittit:* non unquam S. o. relevari] — ex veteribus — poenam constitui debere excogitandum illi laborem — spes sine effectu (*om.* fine et). — in servitutem. Coepit producere testes — adiudicatur C. Caesari Caesar. Illum eaco donatus Menandro — ut a cognitionibus esset (*omisso*: ei). DIVI CLAUDII. EXPLICIT. APOTHEOSIS. ANNEI. SENECAE. PERSATURAM. (*Omnia sic.*)

Iam ex hoc Codice Sangallensi, omnium, qui adhuc diligentius inspecti sunt, antiquissimo, nullus quidem ceterorum defectus expleri potest; adeoque omnes, qui ubique sunt, ex uno libro lacero iam casu vel dedita opera mutilato fluxisse novo nunc argumento demonstratur. Collato autem nostro Mss. cum editione novissima Ruhkopfii, qui undecim Cdd. usus est, hae in primis lectiones dignae visae sunt, quae in ordinem reciperentur:

Cap. I. *Nihil nec offensae nec gratiae dabitur*] pro Ruhk. *Nihil offensae nec gratiae dabitur*, et Lipsii *Nihil offensae vel gratiae dabitur.*

certa clara affero] pro Ruhk. *certa claraque a.*, aliorumque *certe clara a.* Ἀσύνδετον melius utique formularum sermonem refert: etsi, docente id Gronovio, plerumque apud scriptores additur copula *certa et clara*, *certa claraque.*

Cap. III. *seducit*] Firmat Cd. optimam Gronovii coniecturam; pro ceterorum *educit.* Sic miro casu quam idem summus criticus in *Observv. p.* 24. *Lips.* dedit ingeniosam, etsi vix veram, explicationem difficillimi loci Sall. *Catil.* 53, 5. *ac sicuti effeta parentum, multis tempestatibus haud sane quisquam Romae virtute magnus fuit* (nuper corrupti a Viris doctis in *effetae parentum* et *effeta parens tum*), scilicet ad v. *effeta* cogitatione supplendum esse e seqq. *virtute*, praeceperat librarius Cod. Regii 6089. Sec. XIII. scribens: *effeta virtute parentum.*

nec unquam meritum, ut tamdiu cruciaretur] Recepta est ab Rhenano audax haec interpolatio ex ed. Romana (1513) et usque ad Ruhk. propagata; qui quum in Cdd. suis eandem reperisset lectionem, quam exhibet Sg. *pateris nec unquam tam diu cruciatus esset,* ex ea, falsa constructione et prorsus infeliciter, fecit: *pateris? nec unquam tam diu cruciandus esset.* Vide ne in Cdd. corruptela hoc lateat: *pateris? nec unquam tam dirus cruciatus cesset?*

Quid huic et rei publicae invides?] Sic egregie Sg. pro vulgato: *Quid huic invides?* Vestigia verae lectionis, sed misere corruptae, servant Cdd. et Ed. princeps: *Quid huic invides et respondit.* i. e. *Quid huic invides et rei publicae?*

Cap. IV. Valde suspectum de interpolatione est v. *orditur* ex uno Lipsii codice insertum in istis: *fecit et plena orditur manu et,* quum etiam Sg. cum ceteris exhibeat *fecit illud plena manu,* quod rectum puto: *fecit illud,* scil. quod Apollo iusserat, et plena quidem manu. Paullo post scribam cum Sg. *et ex eo desiit* pro *et eo desiit.*

Quod an fecerit nescio] Salsius sic Sg., quam vulg. *Quid autem fecerit, nescio.* Sententia scil. haec exsistit e Sg.: „An *se* conspurcarit nescio: *omnia* certe, totam rem publicam vivus conspurcavit."

Cap. V. *πόϑι τοὶ πτόλις ἠδὲ τοκῆες; Claudius gaudet*] Egregie Sg. pro vulg.: *πόϑι τοὶ πτόλις; Ubi haec Cl. g.* Prorsus insolita est ellipsis *ubi haec* scil. *audiit.* Corrupta autem esse haec *UBI HAEC* e Graecis, nunc manifestum est. Accedit, quod in Cd. S. Amandi *ubi haec* deerat. In seqq. pessime Ruhkopf. (deformata scil. Gronovii coniectura *utcunque etiam Iunonia monstra domuerit:) ut qui etiam non Iunonia monstra timuerit.* Aptius huic loco esset: *ut qui etiam nova Iunonia* [vel *Iunonis*] *monstra timuerit.*

Cap. VI. *et imposuerat Herculi homini minime vafro*] Sic edebatur e certissima Iunii emendatione pro Cdd., etiam Sg., *fabro:* prorsus apposite ad Herculis personam, qualis describitur v. c. ab Aristophane in

Ranis; quid? etiam ab Euripide in Alcesti. Sed Ruhk. reduxit immanem Ed. principis interpolationem: *et imposuerat Herculi minimo discrimine fabulam.* — Scriptura Sg. *Luguduni*, *Lugudunenses* ab Inscriptionibus firmatur. Paullo post recte Sg. et tres Pariss.: *illo gestu solutae manus*, *ad hoc* cet, sine copula: *et ad hoc*, quam Ruhk. cum Gronovio in *sed* mutavit.

Cap. VII. Glossema *dicito* ex ed. Romana a Ruhk. intrusum recte respuit etiam Sg.

Cap. IX. *iam fama minimum fecistis*] Sic corrupte Ruhk. Non minus corrupte Lips. 1652. *iam fama nimium fecisti.* Rhenanus acute, ut solebat: *iam fama mimum fecit.* Ecce nunc Sangallensis: *iam famam* (leg. *fama*, casu vocativo) *mimum fecisti.* Hinc vide ne emendandus sit conclamatus ille locus Ciceronis *ad Attic.* 1, 7. *fabam mimum* (sic Cd. Medic. e correctione pro *minimum*, et Victor. Ern. *imum*) *futurum* leg. *famam.* Paullo post praeferendae videntur lectiones Sg. *Claudius et Divum* pro *Claudius divum*; *uti Divus* pro *ut D.*; *deus sit* pro *deus fiat*; *sententiam vincere* pro *sententiā vincere*; ut dicitur *sponsionem vincere.*

Cap. X. *Ego, inquit, P. C., vos testes habeo*] Sic recte Sg. Vulgo omittuntur verba *Ego, inquit.*

operibus ornavi ut . . . quid dicam, P. C., non invenio] Sic optime Sg. pro languidissima vulgata: *o. ornavi. Et quid dicam* cet. Scil. post *ut* Cd. nostri, statuenda est aposiopesis sic fere cogitatione supplenda: „ut omnia ab isto homine pessumdarentur." Memorabilis deinde est lectio *pudet imperii* pro ceterorum: *praecidit ius imperii:* etsi haud facile explicatu est, cur aut verba tam plana *pudet imperii* ex oratione Messalae fuerint repetenda tamquam flosculus aliquis insignis eloquentiae, aut corrupta sint in longe minus vulgaria. Itaque *pudet imperii* correxisse videtur librarius, quum ductus exemplaris sui haud expediret. Recte deinde Sp. *qui vobis* pro *qui nobis.* Postea rursus foeda est corruptela reducta a Ruhkopfio: *de tot actibus iuris;* equidem ego acquiescam in Sg.: *de tot ac talibus viris* a Claudio videlicet occisis. In fine capitis Sg. recte: *hoc ubi fieri solet?*, quum vulgo omittatur *ubi*.

Cap. XII. *et impensa cura, plane ut scires*] Etiam haec lectio Sg. praeferenda videtur vulgatae: *et impensa cura plenum, ut scires;* nam et elegans est inversio ista *plane ut scires*, quum langueat simplex *ut scires*; nec satis recte dici videtur *funus impensâ curâ plenum* pro *funere impensâ curâ facto*, quum contra ablativus ita poni posse videatur, *funus formosissimum et impensâ curâ* scil. celebratum. In seqq. sane Rhenani coni. *aeneatorum* pro *senatorum* et Schefferi *concentus* pro *conventus*, licet a nullis adhuc Cdd. firmatae, tamen optimae sunt.

Cap. XIII. *Antecesserat iam compendiaria Narcissus*] Sic Sg. omisso v. *via* post *compendiaria;* quo voc. sane facile caremus, quum praecedat *viam tectam*.

et magna voce, Claudius, inquit, venit] Sic Sg.; quum vulgo paene soloece legatur: *Et magna inquit voce: Claudius Caesar venit.* Voc. *Caesar* tamen retinendum erit. Paullo post elegantius Sg.: *Convolant primi omnium liberti* quam vulgo: *convolarunt primum omnium liberti*.

Cap. XIV. *postulat nomen eius recipiat*] Sic egregie Sg. pro vulg. *recipi*.

Erant qui dicerent, si uni Dii laturam fecissent cet.] Haec foede corrupta: nec melius Sg.: *dicerent sium diu laturam fecissent:* ex quo tamen, totius loci tenore sic iubente, in suspicionem adductus sum ita fere scripsisse Senecam: *Erant, qui dicerent, Tityum iam diu vultures pavisse, Tantalum siti periturum, nisi illi succurreretur, non unquam Sisyphon onere relevari* (hoc membrum a Sg. omissum tamen interpolatori vix debetur;) *aliquando Ixionis miseri rotam sufflaminandam.* Rectum autem in hac sententia esse verbum *pavisse*, nemo negabit, collato Ovidii *A. A.* 3, 35. *Quantum in te, Theseu, volucres Ariadna marinas Pavit, in ignoto sola relicta loco.* et de Tityo ipso Tibull. *Lib.* 1, 3, 75. *Porrectusque novem Tityus per iugera terrae Assiduas atro viscere pascit aves.* Maxime tum memorabilis et, ut mihi quidem videtur, vera est lectio Sg.: *Placuit novam poenam constitui debere, excogitandum illi laborem irritum:* pro vulg.: *Placuit novam poenam excogitari debere, instituendum illi laborem irritum.*

XI. Vetustus est error Codicis Florentini, quo usus est Elmenhorstius, tum a Beroaldo prolatus propagatusque a multis, etiam, quod mirere, a summo Scaligero ac Rutgersio, versibus iambicis conscriptum esse prooemium Asini aurei Appuleiani. Recte istud somnium explosum est post alios, v. c. Becichemum et Bernardum Philomathem Pisanum, ab Oudendorpio, qui primum in Iuntina priore eiusmodi versiculos deprehendit, „contra codicum, ut ait, auctoritatem", quum tamen Florentinus ille Elmenhorstii et in contextu, si recte intelligo illius annotationem, versus exhibeat et in scholio adiuncto eorum ratio explicetur. Ecce nunc in viginti quinque, si diis placet, iambicos versus exordium istud distributum reperi etiam in Cd. Bibliothecae oppidi S. Galli C. 13. Italico, chartaceo, Seculi XV. exeuntis, ita scilicet:

At ego tibi sermone isto Milesio
Varias fabulas conseram auresque tuas
Benevolas lepido susurro permulceam:
Modo si papyron Aegyptiam argutia
Nilotici calami inscriptam non spreveris
Inspicere et figuras fortunasque hominum
In alias imagines conversas et in
Se rursum mutuo nexu refectas ut
Mireris, exordior. Quis ille? Paucis.
Hymettos Attica et Isthmos Ephyrea
Et Taenaros Spartica, glebae felices
Aeternum libris felicioribus
Conditae, mea vetus prosapia est.
Ibi linguam Atthidem primis pueritiae
Stipendiis merui: mox in urbe Latia
Advena studiorum Quiritum indigenum
Sermonem aerummabili labore, nullo
Magistro praeeunte, aggressus excolui.

En ecce praefamur veniam, si quid
Exotici atque forensis sermonis rudis
Locutor offendero. Iam haec quidem ipsa
Vocis immutatio desultoriae
Scientiae stilo, quem accessimus,
Respondet. Fabulam Graecanicam incipimus:
Lector intende, laetaberis.

Sane error iste debetur Grammatico alicui Italo Sec. XIV. vel XV.

Hac autem occasione oblata enumerabo reliquos Codices Sangallenses oppidanos a me inspectos:

T. Livii historiarum decades tres. Vol. tria. Nicolaus de Salveldia MCCCCXLII. absolvit Patavii. Valeas qui legis. Fol. membr. P. 1—3. Codex pulcherrimus.

Senecae Tragoediae. Fol. membr. script. MCCCXCIII. a Georgio Niciensi, „discit dum iura Papie." P. 4.

Virgilius. Fol. membr. Sec. XV. P. 5.

Virgilius. 4. membr. Sec. XV. P. 6.

Virgilius. 8. Scriptus iussu et impensa Io. Camerarii Dalburgii per Io. Nicolai de Confluentia. Paduae a. domini MCCCCLXXVII. membr. nitidissimus. P. 7.

(Ab omnibus his tribus Virgilii Cdd. absunt Catalecta, Ciris, Culex cet.)

Iuvenalis Sec. XIV. 4. membr. P. 8.

Aemilius Probus (*Cornelius Nepos*) de excellentibus ducibus. Oratio Gregorii Corrarii Veneti Romanae Ecclesiae Protonotarii ad Sigismundum Romanorum imperatorem pro concilio Basileensi. 4. membr. Sec. XV. P. 9. Cd. nitidissimus.

Horatius cum excerptis e scholiis Acronis. 4. membr. Sec. XI. P. 10. Codex dignus, qui conferatur.

M. Tullius Cicero de inventione Lib. II. Ad Herennium Lib. IV. A. M. S. Boëthii Viri Cons. et Ill. de topicis differentiis Lib. III. 4. membr. Sec. XII. vel XIII. P. 11.

Ἡσιόδου ἔργα καὶ ἡμέραι. 4. membr. Sec. XV. P. 12.

M. Tullii Ciceronis Verrinae (de quo Cd. supra diximus.) 4. P. 13.

Dictys Cretensis fol. membr. Sec. XV. (ut mihi videbatur, Haenelio est Sec. XII.; sed profecto falsus est V. D.) P. 14. Initio haec leguntur: „Iste liber est meus Marchus Franchus."

Caesaris de bello Gallico Lib. VIII. et de bello civili Lib. III. membr. Fol. Sec. XV. Italicus, pulcherrimus. B. 11. Unicus hic videtur Caesaris codex per Helvetiam reperiendus et ne is quidem magni momenti critici; nullus certe quum exstet nec Turici nec Einsiedlae nec Basileae nec Bernae, cui rei publicae Gravisetus quidam donavit plerosque Bongarsii codices; ceteri Lugdunum Batavorum devenerunt, in his etiam Caesaris Mss. Nullam ergo gratiam referre queo Elberlingio tuo, qui iamiam praeclare meritus de summo illo scriptore maiora etiam aliquando praestabit: gratias ut meo nomine ei agas ob donatas mihi egregias illas Observationes criticas etiam atque etiam rogo.

Arator in Actus Apostolorum. 4. membr. Sec. XII. C. 15.

Liber Palladii de Agricultura. 4. membr. Sec. XIV. C. 18.

XIII. Cdd. Monasterii S. Galli 861. 862. Sec. IX. continent Servii Commentarium ad Aeneidos Lib. 6-12. Priora volumina iam dudum deperdita sunt. Primum scil. illud videtur fuisse P. Burmanni, litera B. insignitum, „quod olim fuit Abbatiae S. Galli et complectebatur Servii Scholia in Eclogas et Georgica." Alterum, quod ubi nunc sit ignoratur, continuisse videtur Scholia in Aeneidos libros sex priores. Speciminis causa contuli Lib. VII. v. 647. ad finem cum editione Lionis.

Cd. S. Galli: — si sacrilegus et contemptor deorum contra — nam ablepsiam — invenis. quorum hic nullam fecit commemorationem. Tyrrhenus *cet.* — eius filius. — fugisse. Tale enim aliquid Statius posuit: Vel — (*Habet:* aucta) — Turnus dederat — de Cere. — perit. post quam patrium repetere se sperarat imperium. *Patriis.* — et occisus est et sepultus — ingentem populi — (*Habet:* susceptos) — quem Avente — Aventinum appellaverunt — varias has — postea secutos — est dictus — (*Habet:* VIIII fuisse) — *Omittit:* Quomodo *centum* - - interim crescebant. — dicendo Aventinum — inlicite — sacerdote. Alibi — MIXTA. Micthisa Graece — Sed secundum — Laurentini territorium fuit — Gerion rex — ideo ternis membris — (*Habet:* Ebuso) — Ob hoc fingitur etiam — *Omittit:* Hunc Gerionem - - ossibus ferat. — sicut Anchisae. Unde apparet usurpasse Sallustium qui dixit Gerionis. — sui triumphi — ex quo Pompei — iuxta Bailas — (*Habet:* caulam - - eam) — qui locus Boaulia dictus est olim. nam hodie bauloe vocatur — A thirintha — ut gese — sarisae — dolon est — dum equos — humero torquens — venerant fratres — (*Habet:* vel Tiburnus) — Hi quidem diversas fecere civitates, unam tamen pariter condiderunt et eam Tibur de fratris maioris nomine nuncuparunt. Nunc ergo — dimisso ad civitatis custodiam Tiburno vel Tibure — mons cauli — catelli vocant — *Omittit* iuxta Tibur. — CORAS. cuius nomine civitas — eos fuisse significat — defectus: cedit silva. cedunt et virgulta fragore. cum utique a minore — (*Habet:* ex parte) — scripsit plenissime — diligenter possit agnosci — (*Habet*: accepi) — (*Habet:* et cum) — ut Ennius. Nate auspiciis illa i. r. (*sic:*) — debemus. quia antiquitas ipsa creavit errorem. Et plerique augent — efferre — factum est. Nam legimus *Laurentis* — fratre Lavinium — *Omittit:* Item a Latino Laurentum — ibi habundant. Illic erant — fratres in eodem luco qui divi — ante focum — resiliens — enixa est — abiecitque virgines — quia haud longe a fonte erat — Vulcani filium esse dixerunt — minoribus oculis — quam rem fumi plerumque facit acrimonia. Hic — et cum ludorum die vicinos — filium se — filium comprobaret — (*Habet:* coetus) — commoti populi vicini simul — Hinc ait Virgilius *omnis* — in spectaculis curiosa fuit — *Omittit:* Altum Praeneste - - montibus locatum — Dicimus enim — *Omittit:* ut: Quique - - aciem Praeneste — Gavi. populi diu — Unde *arva* — (*Habet:* locus) — fluvius et urbi proximus hic Virgilius eufoniam secutus

Anienem dixit. Nam — (Habet *hernae*) — Quorum quidam dux magnus — in saxosis — Unde loca Hernica dicta sunt et populi Hernici. — eius nomine in agnia (*sic*: *sed* nomine *linea transversa deletum.*) — ut sit antiptosis — *Omittit:* vicinus civitati - - agros irrigat. — dicit galerum — est pugnantibus — tectum esse congruum fuerat — calciamentum — unde isti transierant, ubi hoc calciamenti fuerat genus. — filius dictus est — quia nusquam — Ennius se commemorat originem — Domitorem — *Om.:* quod fuit - - Athenarum — Fescennium *a prima manu; a sec.* Fescenninum. — ab Ath. ducunt originem — (*Habet:* Halesus) — mutata. h. in. f. Falisci nominantur. Sic febris — Hormiae fuerant — dicit Faliscos quia — X. viris inde multa iura fetialia — accepit. quos habuerat. Nam — habuerunt — *arces.* Mons apud Arpinos (*Habet:* de quo Horatius - Soracte.) — deiecisse dicitur vectem ferreum rogatus sustulit (*mediis omissis.*) — LVCOSQ. CAPENOS. Vnde et (*mediis omissis*) — (*Habet:* Camenas) — ordinem. Hinc est saepe numero scripsi. hoc est ordine congruenter. Sicut decebat. racionabiliter. — sed nihil — pro aëre — arundo. Vnde nubes pro aëre accipiamus positas — Caystrum dicit — Caystri. Nam brevis est. Provinciam Asiam quando dicimus ut — (*Habet:* rauciores vocantur.) *Omittit:* Est autem -- $\varkappa. \tau. \lambda.$ — Sabinorum rex — susceptus partem urbis ad habitandum accepit — Claudia tribus — Nam post raptum Sabinorum (*sic*) et facta foedera inter Romulum et Sabinorum ducem Titum Tatium recepti — excepto in suffragii lationem. Nam magistratibus (*sic*) — Titi et Romuli — et Sabini a Romulo Romani vocati sunt — Haec Trebia dicta est postea — Tribulam dicimus apud quam Hannibal — Lucanus Cannarum — persona sua — etiam in sexto — lacus est iuxta — Rosolanus — a quodam consule in Narem vel Nartem fluvium — herbarum quin etiam suae provinciae transtulit (*mediis omissis*) — (*Habet:* mons in Sabinis) — Nomen proprium est montis — Himellae: Himella — sed Farfarus — in contentionibus — historiam per —

CLASSES. Ordines. equites. quia classes — Unde et tubam eorum classicam (*sic*) — quas quinque fuisse legimus saepius. — xv. Kal. Aug. deleto post triduum urbem vaserunt (*sic a pr. m. i. e.* invaserunt: *a sec. manu:* vastaverunt) excepto Capitolio. Sane Alia dicitur. cui propter metri necessitatem unam. l. addidit, ut Allia diceretur, sicut relliquias. Vnde apparet bene dixisse Lucanum Quas Aliae clades. — VIII. Kal. IAN. — trahere. H. D. frugum provincia. HINC (*mediis omissis.*) — Agamemnonis plerique nothum — auditoque — (*Habet:* a Perpenna) — fluvius iuxta — (*Habet:* Osci) — *Omittit:* Nam - - serpens. — (*Habet:* acuminibus quibusdam) — ad dominos reverti -- Putantur — quod flagello — est arpen — Lucanus. Arpen — Sebethridis. Hoc autem — Telon — patris — imperio — quos Telon — *Omittit:* quidam - - - nominatas. — (*Habet:* a Sarno) *Omittit:* Conon in - - - Nuceriam condiderunt. — *Om.:* sunt a S. condita. — CELEMNE. locus Campaniae est. Celemne — unde nunc Bella — *Omitttit:* Alii idem a Virgilio - - - ora iugo. — Alii volunt accipi moenia Abellae. ut sit sinalipha cum legimus moenia Abellae — *Omittit:* Quidam hanc - - Abellanos dictos. — *Omittit:* Cateiam quidam - - - hastae dicuntur. — (*Habet:* id est, raptim sublatus) — Aequiculam gentem — *Omittit:* qualitas — quia venabantur. Qui habebant — *Omittit:* [scilicet] — Hii ergo — Anguiciam — autem Marsorum *superscr. a sec. m.* isti — comptus frondibus festae — (*Habet:* [autem]) — nocens — ut spargere — sic modulor. LIQVIDI — (*Habet:* etiam alii) — *Omittit:* priore uxore — Pasifae — superduxit Hippolyto — de stupro illam — Ille hoc est Theseus Aegeum focam in litore. qua — *Omittit:* ab inferis — est medicinae — annis armenta — Aricia — cognomine — nomen (*sic*) est coniunctum — Atis — dixit — matre progenitus — (*Habet:* Tauros) — qui Pean — Peon — qui etiam fata — SOLVS. Solis — quod dicitur quibusdam artibus posse hominum *cet.* — ut solum — *Omittit:* Aevum; aevum - - Sol tangitur —

et ponit — agitur — (*Habet:* corpore) — iunguntur — quod tamen tunc observatur — ergo *Tam* — Io mutavit — Aristodis filium — diu vexata — in Isin mutata est — *Omittit:* sua - - - faciebat. — non tantum eius sed (*id est:* Ius.) — Densentur vero. denseo — quondam Corybantem — (*Habet:* Ardeatum) — *Omittit:* Ver sacrum autem - - - immolaturos. — zonam eius — quum antea — ostendit scutum militare quo — (*Habet:* amplam) — erant scuta depicta. Contra — Vnde parmaque — Nam consecratus est — *Omittit:* Cum ripae - - - pulsant. — qui Anxirus — Anxires dicta — fortuitu — alii Asturam legunt — oppidum est Satura et eius cognominis — verbis expositum sit flumen — postularunt — flores dicunt — Lucretius. florebat — *Omittit:* quod ei - - Fidis equo? — ARISTAS. Primas spicae partes. dictas ab eo quod primae arescant. — postea arma — si sic dictum accipimus — sexus miratur uterque — stupore quodam amore patefacto — Cretenses sagittas. — *Omittit:* quia hac - - - solent. — iacit trabeam —.

Vel ex parvo hoc specimine complura videbis corrigi posse in Servio, qualem nunc habemus. Quamquam autem longe emendatiorem exspectamus a Philippo Wagnero, vellem tamen conferri ab eo potuissent et haec duo volumina Sangallensia et quae Bernae exstant ad eam rem subsidia, curae in primis secundae Petri Danielis.

XIV. In Cd. Sangallensi N. 868. membranaceo Seculi XII. formae octuplicatae, tam minutis et ex parte evanidis literis scripto, ut sine microscopii ope vix legi possit, inest commentarius nondum editus in Horatii eclogas omnes.

Non sine labore haec qualiacunque specimina istius curae excerpsi:

Serm. Lib. 2., 3. 1. *Sic raro*] Haec satira solet vocari generalis reprehensio, eo quod Horatius hic non unum vitium tantum, sed diversa vitia reprehendere intendat: loquitur vero hic secundum Stoicam sectam: dicens videlicet quoslibet vitiosos, insanos; quod dicendo Stoici, licet in aliis pluribus indiscrete disputarent, non videntur in hac parte errare: si vero aliquis pro vitiato cerebro iudicatur insanus, multo plus pro vitiato animo insanus videtur vocandus. Et quia in hac parte doctrina Stoici non a veritate dissidet, hic cum eo consentit; sed quia haec doctrina ad Stoicum pertinet, non ipse Horatius in persona sua hic agit, sed Stoicum quendam Damasippum loquentem inducit: qui vitiosos insanire per ordinem ostendit. Ostendit vero in primis per personam Horatius segnes poëtas et promittentes, sed nihil explentes, insanire. Postea per personam Damasippi ostenditur ipse Stoicus insanus. Et hac partim ex responsione Horatii, partim ex verbis ipsius Damasippi, post mercator in persona eiusdem Damasippi ostenditur insanus; post avarus; post nimis largus; post alii vitiosi et sic incipit Damasippus de segni poëta: *Sic raro scribis*] id est, segnis es *cet.*

Epist. 1, 18, 1. *Si bene te novi*] Nimis asperos reprehendit per Lollium; qui Lollius dum cavere vellet, ne esset vel videretur adulator, cecidit in contrarium vitium, quod nunquam allocutus est amicum suum nisi aspere, reprehendendo etiam illa, quae nullo modo essent reprehendenda, quum tamen in pluribus et magnis vitiis ipse implicitus esset, quae ipse post notabit. Et sic incipit: *O Lolli liberrime:* hic nota totam intentionem. Ille enim dicitur nimis liber, qui non horret etiam bonos reprehendere. Si ego bene novi te, quod constat; tu professus te amicum alicuius, metues praebere non tantum adulatorem, sed etiam speciem, id est, similitudinem scurrantis et adulatoris, in quo, quasi dicit, bene facis, quia adulator est comparabilis meretrici; verus vero amicus matronae: quod sic dicit: amicus distabit infido scurrae, id est adulatori, ut, id est, sicut erit matrona dispar in quantitate meretrici: non enim tot oscula et tot blandimenta dat matrona, quot meretrix: atque etiam in illis quae facit est discolor in qualitate: quod lascivius osculatur et magis deliciose meretrix quam matrona: verum matrona plus diligit, quam meretrix: licet in gestu non tantum laboret. Ita verus amicus non tantum laudat, quam adulator; tamen plus amat, quam adulator. *Est huic*] De isto vitio, videlicet, adulatione caves: et bene facis; sed est quoddam aliud vitium diversum huic vitio prope maius *cet.* — —

Ibid. v. 35. *Pascit a. n.*] Id est auget per lucrum. *Ad imum*] id est ad ultimum erit Threx i. e. venientes de Thracia pauperes erant Romae facientes turpia officia, purgantes cloacas, ut Britones laudum agunt. *Aut aget*] i. e. ducet gaballum olitoris i. e. illius mercatoris, qui foetentes merces affert, sicut allecia, salem. Et est ab oleo, oles. *cet.* —

Iam ex mira ista doctrina, quae in explicatione et *Threcis* et *olitoris* sese prodit, probe perspicis, optime Madvigi, originem huiusce commentarii vix excedere ipsius codicis aetatem; adeo, ut scholas continere videatur Seculo XI. vel XII. in ipso S. Galli monasterio a professore aliquo poëticae artis habitas: indignas certe, quae a quoquam magno cum oculorum detrimento e tenebris, quibus haud immerito nunc obrutae sunt, aliquando protrahantur. Vix enim insunt in iis antiquae doctrinae e scholiastis melioribus, nunc deperditis, reliquiae. Contra magno opere laetor inventum tandem esse Virum doctissimum et accuratissimum, Ferd. Hauthalium, qui collatis permultis Cdd. emendandos sibi proposuerit Acronem et Porphyrium, quorum exacta et tractabili editione iamdudum aegre caruimus.

Cum hoc viro mihi peramico communicabo accuratum apographum integri Cd. Monacensis Porphyrionis Sec. X., quod mihi ante aliquot annos paravi: et ex quo, aliquo iam examine instituto, permulta in illo Scholiasta corrigi atque etiam, quae passim exciderunt, posse suppleri probe intellexi.

XV. Adeo nihil usquam esse absoluti atque perfecti, ut etiam quae optima viderentur et ex parte reapse essent perbona, novis tamen semper curis indigerent, tristi experimento rursus edocuit me Scholiastes Iuvenalis a Cramero V. Cl. Hamburgi MDCCCXXIII. editus.

Magno enim opere dolendum est editorem et doctissimum et ingeniosissimum misere deceptum esse ab imperito illo Sangallensi scriba, nunc fato functo, qui ei Codicem N. 870. membranaceum, formae quadruplicatae minoris, paginarum CCCXXVI. Sec. X. vel XI. ineuntis integrum transcripsit. Tot nimirum homo indoctus errores commisit, quibus nunc utilitas editionis Hamburgensis ceteroqui praeclarae admodum imminuitur, ut operae pretium me facturum censuerim, toto codice denuo, quam fieri potuit, accuratissime ad illam exigendo. Sed ne quis exaggerari a me rem iniquiusque iudicium ferri putet, necessarium duxi hic tibi exscribere, quae in interpretatione primae dumtaxat satirae vitia a Buergio admissa enotarim.

Crameri Pag. 20. „Sg. *eo tempore.*"] Lege: „Sg. *ea temporea:* super lit. *a* vocab. *ea* a sec. manu superscripta litera *o*, ut sit *eo;* et item a sec. manu in voc. *temporea* lit. *a* puncto notata ut delenda."

„et *erat* pro *etiam*"] Lege: „et *erant* pro *etiam*. Lit. *n* in verbo *erant* a sec. manu puncto notata."

„et deinde pro *histriones* habet *striones*" cet.] Lege: „a prima manu habet sic: *plustriones* uno vocabulo: a secunda manu *s* superscriptum, ut sit *plusstriones* uno vocabulo."

* (*quasi carptum se per figuras*] Sg. a prima manu: *quasi carptum se perfigurans;* a sec. lit. *n* puncto notata. Recte autem in hac Latinitate *se perfigurans* i. e. *se significans*.

Pag. 21. vers. 10. Sg. sic habet a prima m.: *Nota marginem feminino genere dicit. Ovidius masc.* cum lin. A sec. manu verbo *Nota* superscr.: *ndu* cum lineola.

Ibid. v. 18. *communicata cum eodem consilia*] Sg. habet: *communicata* (vitiose) *cum eodem consilio.*

qui adulteram puniens matrem] „Dele *qui.*" Cramer. Potius verba aliquot exciderunt post *matrem.*

est in Appia] „Sg. *Appiam.*" Cramer. Verum Sg. clare habet, ut vulgata: *est in Appia*, *in quo.*

aut in quo Ilia] „Sg. abest, *in*." Cramer. Immo Sg. clare habet: *aut in quo Ilia.*

* Pag. 23. vers. 1. *facultatem*] Sg. recte: *facultatum.* Praeterea sic: *magnarum Romae postea facultatum.*

Pag. 25. vers. 16. *delationem metuebant*] „Ante *metuebant* Schrevelius inserit *ita*." Cramer. Immo etiam Sg.: *delationem ita metuebant;* et recte quidem.

Ibid. v. 18. „Post *Latinus*, Schrev. insert *mimus*." Cramer. Immo etiam Sg. *Latinus mimus.*

* Pag. 26. v. 5. *non profuit*] Sg. *non proficit.*

Pag. 27. v. 11. *Heracleas. Aut columnas*] Sg. sic: *Heracleas, Herculis aut col.*

Pag. 28. v. 20. Accuratius sic Cd. Sg.: „*Qui bona donavit praesepibus*] Propter equos hoc dixit.

Et caret] Neronem tangit.

Ibid. v. 23. Lectio Sg. sic distinguenda: *Satyrice: nam habitu* cet.

Ibid. v. 26. Sg. sic: *lectica enim faciente* cet.

Ibid. v. 29. *In his rebus citatur*] Sg. sic: *In his rebus ccitat'*, cum lineola super *cc.*

Pag. 29. v. 1. *capiens*] Sg. sane vitiose: *sapiens.*

Ibid. v. 5. *venenum dixit*] Sg. *v. dicit.*

Ibid. v. 6. *rubetam*] *A rana est*] Sg. rectius sic: *rubeta rana est.*

Ibid. ad versum 71. Sg. sic: *Lucusta quaedam fuit in Galliis matrona venefica, quam Nero exibuit* (a sec. m. *h* superscr.) - - *quam etiam in familiaritate sua habuit - in satura.*

Pag. 31. v. 11. *Cluvienus delerus poëta*] Sic quidem Sg.; sed *de* ortum videtur ex *id e.* vel *i. e.* (id est); ut scripserit Scholiasta: *Cluvienus, id est, levis poëta.*

Ibid. v. 25. Sg. haec omnia sic habet: *alea quando In ellimsin dicit hoc. Hos animos enlipsis subauditur habuit.* Sed verba *In ellimsin dicit hoc* in rasura sunt scripta.

Pag. 32. v. 5. „Sg. rectius *et tesseras.*" Cramer.]

Sg. habet clare: *praebet tesseras*, non *praebet et tesseras*.

Pag. 33. v. 5. Haec omnia Sg. sic exhibet: *Sed libertinus. Arguit homines qui propter libidinem libertatem meruerunt: qui in libertinorum corpus tribus* (sic) *relati sunt qui cum hereditatem meruerint. pertusis auribus signa libertinorum celare non possunt. Natus. Messepotameni homines effrenatae libidinis sunt in utroque sexu. Salustius meminit.*

Pag. 34. v. 17. *aurum atque ambitio sum*] „Erade illud *sum.*" Cramer. Sg. sic: *aurum atque ambitiosu* (cum lin. super lit. *u*) *specimen virtutis;* unde legerim: *aurum atque ambitio sunt sp.*; etsi *sunt* a Scholiasta additum videtur Lucilii verbis.

Ibid. v. 25. *alienus nobilis est, tu pauper*] Sg. sic: *alienus nobilis esset pauper.*

Pag. 39. v. 26. *quietori sufferunt*] Sg. sic: *quieton-sufferunt;* id est, ni fallor: *quin etiam sufferunt.*

Pag. 40. v. 1. *totas*] Sg. *totos.*

Pag. 41. v. 2. *magno in pretio*] Sg. *in m. pretio.*

Ibid. v. 6. *si in conviviis aper*] Sg. *si in convivio cuiusdam aper.*

Ibid. v. 24. *a Bincio*] Sg. *ab incio.*

Pag. 42. v. 4. Sg. sic: *cum studiose equos aleret quadrigarios.*

Ibid. v. 19. Sg. *et sic ignem admoveri:* non *et sic ad i. a.*

Pag. 44. v. 29. *exstructis*] Sg. *structis.*

Pag. 45. v. 20. *tarde poenitet*] Sg. *tandem poenitet.*

Exstat in bibliotheca Universitatis Basileensis in codice chartaceo Sec. XV. formae quadruplicatae F. VIII. 5. commentarius nondum editus in Iuvenalem, cuius hoc habeto specimen:

Sat. XI. v. 181. „*Sed nunc.* Carpit eum, quia fenerator erat. Negotiis tui fenoris soles esse intentus, sed hodie *averte*, id est, exclude illa, ut laetus nunc sis convivio. *et gratam.* G ata est requies, quod curas expellit. *quando* pro quandoquidem. *licebit cessare*, id est, vacare voluptati. Nam dies natalicius est. *per totam diem.* Antiqui usque ad nonam horam de commodo rei publicae disputare solebant in Capitolio, et illa pars diei dies integer dicebatur. Unde Horatius *nec partem solido demere de die.* Prohibitum autem erat meretrices a lupanaribus prodire, ne iuvenes ad Capitolium venientes detinerentur. A nona vero in antris licebat voluptati vacare et prodibant meretrices, unde dictae sunt nonariae. Unde Persius: *Si cynico petulans vellat nonaria barbam.* In nataliciis autem licebat voluptati vacare." — Vides miram istam narrationem de nonariis petitam esse e Persii scholiaste ad Sat. I, 133. *Si cynico barbam petulans nonaria vellat.* Ceterum non tam antiquus videtur iste commentarius, quam e scholis alicuius professoris Italici Sec. XIV. vel XV. exceptus; diversus autem est a Mancinelli, Calderini, Vallae, Britannici similibus curis.

Eiusdem autem generis cum Basileensi Scholiaste Iuvenalis est Bernensis N. 233. fol. chartac. Sec. XV., ut constat e Sinneri Catalogo I. p. 501. Paullo antiquior Scholiastes, prorsus tamen diversus a Sangallensi et Pithoeano, est in Cd. olim P. Danielis, nunc Bernensi N. 61. A. membr. Sec. XI. et rursus N. 666. 8. membr. Sec. XII. Adeo autem minutis atque evanidis literis scriptus est uterque codex in membrana fulvum paene colorem referente, ut hodie non magis legi possit quam Scholiastes Horatii Sangallensis: praeterea non sunt nisi folia undecim in Cd. 61. A., duodecim in N. 666.

Commentarius in Satiram VII. sic incipit: *Et spes*] Divites, qui poëtas mendicare (*sic*) patiebantur et ipsos poëtas ob immensam multitudinem redarguit, ab ipso incipiens. — *Aganippe*] convallis Heliconis. *Clio* ponitur pro poëta. *Machaerae* id est, macellarii. *Alchinoen bachi* (sic) illius (vilis?) poëtae cet. — Oculis meis consulturus plura excerpere nolui. Alia huius Scholiastae specimina habes apud Sinnerum pag. 500. Rursus autem diversus a Scholiasta Bernensi est Vindobonensis Cd. phil. CCCXXCVII., cuius excerpta dedit Cramerus in *Chro-*

nicis domesticis pag. 209. seqq. Verbi causa pro iis, quae ibi pag. 214. satis copiose traduntur de *coliphiis*, Bernensis haec pauca habet ad Sat. 2, 53. „*Coliphia* genus panis azymi, unde athletae pascebantur, ut essent robustiores"; quae rursus differre vides a Pithoeanis.

Uterque autem commentarius et Sangallensis in Horatium et iste, qui fuit P. Danielis, in Iuvenalem satis demonstrat seculis etiam barbaris, nono puta usque ad undecimum, assidue scholas in utrumque poëtam habitas esse, in Gallia praesertim, ac fortasse in ipso monasterio S. Galli; similibus enim glossis, a Pithoeanis diversis, sed aeque inutilibus, ac Bernenses sunt, refertam vidi marginem Cd. Iuvenalis Sangallensis Sec. IX., quem excussi una cum altero oppidano, tertio Lassbergii, duobus insuper Basileensibus ac Turicensi.

XVI. Minime te fugit, quam contemptim locutus sit Buhle in *Arateis* Vol. 2. p. VIII. et p. 479. de antiquo illo scriptore mythologo, quem vulgo Caesaris Germanici Scholiasten nuncupant, etsi poëtae verba nusquam explicat, doctrinas dumtaxat astronomicas ac fabulas ad sphaeram spectantes enarrat. Nec sine iure aliquo, praeeunte ex parte Grotio, qui eundem ab Arateis suis exclusit, barbarum eum vocat atque corruptissimum parumque dignum, cuius emendationi quisquam unquam vacet. Attamen, quod ad postremum hoc iudicium attinet, philologum paullo aliter, ni fallor, iudicare decet de tenuioribus etiam antiquitatis reliquiis; — quae secula post sextum protulerunt, nunc nil moror — nam, ut in ipsa sermonis ruditate subsistam, nonne discere inde licet, quomodo paullatim depravata sit lingua Latina et ad interitum perducta? Equidem ego dum attentius lego et Iuvenalis et hunc Germanici Scholiasten et similia, tantum abest, ut irascar hominibus innoxiis suaeque aetatis sermone utentibus, ut saepe haud exiguam delectationem capiam ex istis veluti exspirantis Latinitatis ultimis vocibus ac simul nascentis Italicae linguae, mihi in primis carae, primordiis. Praeterea video scriptorem illum, quarti, ut opinor, seculi, habuisse etiam tunc libros, quibus aegre nos caremus, in primis Nigidii Figuli scripta; nec enim dolo malo usum puto, quum toties huiusce viri sententias et narrationes, a Rutgersio eius Fragmentis insertas, suum in commentarium retulit. Quid? quod omnino haud multum postponendum comperi simillimae Hygini curae. Rectissimum igitur consilium secutus Schaubachius, V. Cl., tum ex illis Nicolai Heinsii excerptis vetustissimi Cd. Leidensis ceterisque P. Burmanni schedis, de quibus verba fecit Buhle l. l., tum e propria coniectura hunc libellum accurate emendavit; quae cura publica luce sane perquam digna nunc custoditur in bibliotheca universitatis Lipsiensis a meque diligenter inspecta est tum, quum emendarem Ciceronis Aratea. Restant tamen alia quaedam subsidia, quibus futurus editor neglecti scriptoris commode sane A. van Staveren Mythologis aliquando addendi vix poterit carere; nam et ex editione principe a Victore Pisano Venetiis MCCCCLXXXVIII. curata, quae apud me est, nonnulla vidi in melius restitui posse ab Aldo sequentibusque editoribus corrupta, et in duobus Cdd. antiquissimis Sangallensibus, altero N. 902. post Dositheum grammaticum nondum editum, altero N. 250., in quo subiicitur Hygini poëticon astronomicon librorum IV. optimum exemplar, inest huius ipsius opusculi Epitome (cum hoc indice: ARATUS) ab homine Christiano in suarum scholarum usum composita. Exordia singulorum capitum is plerumque servavit, sed quae sequuntur misere fere sunt decurtata, adeo ut saepenumero ne verborum quidem sententia sibi constet. Magnam autem curam in id insumpsit homo insulsus, ut identidem discipulis inculcaret fictas a gentilibus poëtis esse fabulas de sideribus, veluti: Cap. 13. de Asinis: haec addit in fine capitis: „*Talis quippe exstitit gentilium socordia, qui deos suos non propriis armis nec viribus, sed asinorum rugitibus* (sic) *adeptos fuisse opinabantur victoriam.* Cap. 20. *Equus praeterea, quem quidam poëtarum falsissime arbitrantur in astra conlocatum esse.* Cap. 42. *Qui corvus ideo secundum gentilium deliramenta inter astra sedem promeruisse dicitur.* — Codex quidem Leidensis sive Heinsii ipse quoque in permultis abit a „Commento" cum Germanici Arateis in Sicilia reperto et a Pisano, patricio Veneto, primum edito; ita ut pro diversa eiusdem libelli recensione habendus sit. Alius Codex Basileensis memoratus Haenelio frustra nuper quaesitus est ab amicissimo Gerlachio. Diversarum autem istarum recensionum specimina haec habeto:

Editio princeps et Buhlii.	Recensio Schaubachii.	Codices Sangallenses.
Cap. 7. Haec corona dicitur esse Ariadnes, quam Liber astris intulisse dicitur, dum eius nuptias dii in insula Creta celebrarent, cogitans praeclaram facere, pro qua primum nova nupta coronata est. Sed qui Creticam (*Cretica* Buhle:) conscripsit, refert, quia quum Liber ad Minoëm regem venisset, ut Ariadnem filiam eius duceret uxorem, coronam donum (*dono* Buhle:) Ariadnae dedisse Vulcani opere factam ex auro et gemmis pretiosis, et talis fulgoris fuit, ut Thesea ex Labyrintho liberaret; quae post astris affixa est, quum in Naxon utrique venissent. Signum amoris eius crines ostendunt, et est stellis fulgentibus sub cauda Leonis. *cet.*	Haec corona dicitur esse Ariadnes, quam Liber astris intulisse dicitur, dum eius nuptias dii[1] in insula Dia[2] celebrarent, cogitans praeclaram facere, [pro] qua primum nova nupta coronata est, (quam acceperat ab Horis ac Venere[3]. Sed qui Cretica conscripsit, refert, [quia], quum Liber ad Minoëm regem venisset, ut Ariadnem, filiam eius, duceret uxorem, coronam dono[4] Ariadnae dedisse Vulcani opere factam[5] ex auro et gemmis pretiosis[6]. [Et] talis fulgoris fuit[7], ut Thesea ex Labyrintho liberaret, quae post astris affixa est, quum in Naxon utrique venissent. Signum amoris eius (et) crines ostendunt, qui fulgent sub cauda Leonis[8]. *cet.*	Coronam ideo inter astra conlocatam ferunt, quod a Vulcano facta auro et gemmis pretiosis ornata Ariathni (*sic*), filiae Minois regis, in munere apud Creten insulam donata fuerit, quum a Dionyso, qui et pater Liber, etiam Bacchus dicitur, nuberetur. Aiunt quoque et crines ipsius esse stellas, quae videntur sub cauda Leonis. *cet.*

1) *divi* Heinsii Cd. 2) ex Heinsii Cd. — *Creta* vulgo. 3) Haec ex Heinsii codice addidit Schaubach. 4) *donum*

Heinsii Cd. 5) *confectam* id. 6) omittit *pretiosis* id. 7) *gemmis. Ab eodem dono dicitur Thesea ex Labyrintho liberasse; tali fulgore fuit* id. 8) Sic Schaubach coniectura. — *esse et crinem eius, qui fulget* Heinsii Cd.

Editio princeps, Buhlii et Schaubachii recensio.	Codex Heinsii.	Codices Sangallenses.
Cap. 8. OPHIUCHUS. Hic est Serpentarius, qui super Scorpionem stat, tenens utraque manu serpentem: qui [1] ab astrologis dicitur fuisse Aesculapius filius Apollinis, qui quum [2] medicinae arte uteretur, mortuos fertur suscitasse. Quamobrem iratus in eum Iovis [3], domum eius cum [4] ipso fulminis ictu percussit. Rogatu autem Apollinis patris Iupiter ei arte sua rursus post obitum defuncto [5] animam restituisse ad vitam [6] et inter astra constituisse putatur.	Hic est qui super Scorpionem stat, tenens duabus manibus anguem, qui esse dicitur Asclepius, rogatu Apollinis patris ab Iove astris illatum, qui ab eo fulmine erat interfectus, quod esset indignatus Iupiter, eum arte sua rursus post obitum defunctis animas restituere ad vitam.	Ceterum Serpentarius, qui super Scorpionem constitutus est, tenens utraque manu serpentem ab Astrologis dicitur fuisse Asclepius. Qui dum medicina arte uteretur, mortuos fertur suscitasse. Quamobrem iratus in eum Iovis, domum eius fulminis ictu percussit. Ipsum vero Apolloni (*sic*) donasse et inter astra constituisse putatur.

1) v. *qui* Schaubach [ ]. 2) Abest *quum* ab Ed. principe. 3) Sic Editio princeps. *Iupiter* Buhle, Schaubach. 4) Sic Ed. princ. Schaubach. Omittit *cum* Buhle. 5) v. *defuncto* Schaubach [ ]. 6) v. *ad vitam* Schaubach [ ].

Sangallensis autem Arati brevior etiam exstat epitome in Cd. olim Sangallensi nunc Turicensi Statii Thebaidos Sex. X. C. 62. 282.: quae in Capp. illis sic habet:

Corona a Vulcano factam auro et gemmis paratam Ariatne *(sic)* filiae Minois fertur datam regis in Creta, quum a Dionisio *(sic)* qui et Liber pater nuberetur, et ideo posita est inter astra. Serpentarius, qui dicitur fuisse Asclepius medicus dum arte sua mortuos suscitaret, Iovis domum eius fulmine percussit; ipse autem Apollini datus inter astra est locatus. —

Sequentes locos e Turic. excerpo propter Virgilianorum mentionem; sic in *Inscriptt.* meis *Latinis* N. 1179. SILVANO CAELESTI ‖ Q. GLITIVS FELIX ‖ VERGILIANVS POETA ‖ D. D.

„Virgo, ut Hesiodus dicit, filia erat Iovis et Dianae, et vocabatur Iusta; nonnulli eam aiunt esse Cererem; quidam vero Fortunam, eo quod sine capite pingitur: Virgiliani aliter."

„Arietem ad ministrandum dicunt Frixae et Helli *(sic)* concessum a nubibus; transfretando autem eas, Hellen in mare proiecit; unde dicitur Hellespontus. Neptunus vero salvavit eam; quae genuit ei puerum Poonem *(sic)*. Frixus autem praefatum salvavit arietem; auream eius pellem accipiens, ante quam inter astra procederet: Virgiliani aliter sentiunt." Quasi ista esset secta quaedam.

XVII. Fragmenta Cd. Virgilii Sangallensis seculi quarti vel quinti literis uncialibus scripti.

Aeneidos I. v. 381—418.

	Ed. Iahn.	Codex:
v. 383.	convulsae:	CONVOLSAE
387.	haud	HAVT
„	coelestibus	CAELESTIBVS
388.	Vitales	VITALIS
389.	Atque	ADQVE
393.	laetantes	LAETANTIS
394.	lapsa	LABSA
395.	coelo	CAELO
398.	cinxere	CINCXERE
401.	dirige	DERIGE
407.	toties	TOTIENS
411.	gradientes-sepsit	GRADIENTIS-SAEPSIT
412.	multo	MVLTVM
414.	caussas	CAVSAS

Aen. I. v. 685—721.

685 et 687.	quum	CVM
686.	regales	REGALIS
687.	atque	ADQVE
692.	Irrigat	INRIGAT

v. 695. Ed. Iahn. Iamque:	Codex: IAMQ.
700. stratoque	STRATOQ. (sic ubique.)
701. *Habet:* DANTMANIBVSFAMVLI	
706. *Habet:* ONERANT - - PONVNT	
710. flagrantesque	FLAGRANTISQ.
716. implevit	INPLEVIT
719. At memor	ACMEMOR
721. tentat	TEMPTAT

Aen. III. v. 191—226.

193. coelum	CAELVM (sic semper.)
194. mihi	MI superscr. HI.
195. hiememque	HIEMQVE
199. abruptis	ABRVPTI
203. soles	SOLIS
204. noctes	*(evanidum)*
206. montes	MONTIS
207. remis insurgimus	REMISINSINSVRGIMVS
haud	HAVT
210. Accipiunt	EXCIPIVNT
211. Celaeno	CAELENO. Sed A superscr. litt. LE.
212. Phineïa	PINEIA
213. metu	METVS
214. haud	HAVT
222. Irruimus	INRVIMVS
224. toros	TORO *prima manus.*
225. lapsu	LABSV

Aen. III. v. 457—530.

461. quae	QVE (superscr. A.)
463. quae	QVE
465. naves	(sic etiam Cd.)
466. Dodonaeosque	DODONEOSQVE
468. comantes	COMANTIS
474. multo	MVLTOS. *sed correctum.*
482. moesta supremo	MAESTA SVPRAEMO
483. subtemine	SVBTEGMINE. Sed *G* lineola notatum.

v. 492. Ed. Iahn. affabar:	Codex: ADFABAR
499. fuerit	FVERIS
504. faciemus	FACIAMVS
515 et 518. coelo	CAELO

AEN. IV. v. 1—36.

6. Postera Phoebea	POSTEA PHEBEA. O tamen superscr. litt. HE. An *Postera* correctum sit, nunc discerni non potest.
8. unanimam	sic Cd. (non *unanimem.*)
alloquitur	ADLOQVITVR
28. sibi	SIVI

AEN. VI. v. 688—705.

694. quid	QVIT

Post v. 695. miro errore legitur v. 678. *Desuper*, in quo DEIN pro *dehinc*.

696. limina	LVMINA: sed correctum.
700. brachia	BRACCHIA
704. silvis	SILVAE

GEORG. IV. v. 345—362.

346. Vulcani	VOLCANI
347. Aque	ADQVE
348. fusis	FVSI
349. aures	AVRIS
351. Obstupuere	OBSTIPVERE
357. percussa	(sic Cd.)
360. At	AD

GEORG. IV. v. 559—566.

559. cultu	CVLTVS
563. Virgilium	VERGILIVM
566. te	TV.

Haec folia maxime propter antiquiorem scripturae rationem, quae sane multa habet, qualia a Virgilio ipso exarata esse videntur, contuli cum accuratissima inter recentiores editione. Ceterum ex hoc quoque specimine vides, Madvigi, quot quantaeque mendae irrepserint vel in antiquissimos codices seculorum quarti et quinti, in quibus scriptura seculi Augustei mire iam permixta invenitur cum quotidianis illius aetatis, qua ipsi conscripti sunt, erroribus. Propter hanc maxime causam, equidem etiam in posterum servabo eam scribendi rationem, quae per manus nobis tradita est inde a Manutiis, Stephanis, ac plerisque Sec. XVI. philologis, nil magni me lucraturum ratus e scriptura partim antiqua, partim, ut Persii vocabulo utar, *semipagana* Palimpsestorum Maii et similium Cdd., quam nunc nonnulli cum omnibus suis vitiis imitantur. Nam, si nobis in ista ratione constare volemus, illico cum his Sangallensibus fragmentis scribamus necesse est: *haut*, *adque*, *cincxere*, *derige*, *supraemo*, *Phebea*, *sivi*, *quit*, *bracchia* cet. — Ceterum miro casu factum est, ut etiam a paucis istis reliquiis Cd. Sangallensis vindicarentur ultimi Georgicon versus, temere à nonnullis in *νοθείας* suspicionem adducti. Quando autem, mi Madvigi, videbimus Virgilii poëmata ex sanis criticae legibus ad codices vera auctoritate praeditos exacta? An *manet nostros ea cura nepotes?*

XVIII. Quum in bibliotheca publica Bernensium inter multa illa, quibus ornata est, *κειμήλια* philologica asserventur etiam Petri Danielis Curae secundae in Pseudoplauti Querolum, operae pretium me facturum arbitratus sum, si religiose iis usus, veterem hanc comoediam, postremum a Philippo Pareo nec nimis bene tractatam, exinde autem prorsus neglectam accuratius nunc emendarem. Est autem haec fabula memorabile omnino monumentum infelicium illorum temporum, quae proxime praecesserunt funestissimum Romanae literaturae naufragium: et, quod maius est, in suo genere unicum, quum ea ex aetate nihil praeterea supersit, quod ad veteris comoediae Latinae imitationem referri possit: ac vel propterea digna videbatur, in quam aliquot horas subsecivas insumerem.

De scriptore quidem ipso nihil prorsus constat; nam quod Codices adhuc noti Plauti nomen prae se ferunt,

Palatinus autem Querolum cum ipsius Plauti fabulis coniunxit, eodemque nomine utuntur mediae quam dicunt aetatis scriptores nobis mox memorandi, nemo iam cum Barthio *Advers.* 44, 13. de Plauto aliquo iuniore cogitabit, quod ipsum parum esse probabile significarat iam Daniel: sed ex eo dumtaxat ortum videtur, quod scriptor in prologo Aululariam suam dicit *investigatam Plauti per vestigia.* Ambiguis autem istis verbis hoc tantum, nisi magno opere fallor, significaturus erat, se genus Plautinum universum imitari conatum esse, neutiquam vero aliquam Plauti ipsius fabulam vel certe Plauto aliquando tribui solitam, nunc autem deperditam, a se in solutam orationem esse translatam. Quod quidem fieri potuisse quis denegabit? Immo mirum fuerit, si nemo unquam in eiusmodi consilium inciderit, collatis iis, quae de Gordiano narrat Iulius Capitolinus (*Cap.* 3.): *Adolescens quum esset Gordianus - - poëmata scripsit, quae omnia exstant et cuncta illa quae Cicero ex Demetrio et Arato et Alcyonas et Uxorium et Nilum; quae quidem ad hoc scripsit, ut Ciceronis poëmata nimis antiqua viderentur.* Quod si enim nimis antiqua tunc videbantur etiam Ciceronis poëmata, cur non optime sese meriturum de suis aequalibus aliquis credere poterat, qui Plautum aliumve comicum veterem veluti renovasset? At vero si Querolum ipsum spectes, hanc opinionem statim reiiciendam esse facile mecum fatebere; nulla fere enim vetus Comoedia praeter Captivos v. c. quum sine amoribus constet, ab hac nostra prorsus sunt exclusi; et tamen festive sane induci poterat amica aliqua Queroli aut meretrix Mandrogerontem vel adiutura in praestigiis, quibus utitur, vel callide etiam delusura. Nec propter castitatem talibus illecebris abstinuisse censendus est noster, ut Aligerino vocabulo utar, *semipoëta* *), quum Pantomali sermoni subobscoena nonnulla immiscere minime sit veritus; sed reliqua illa pudicitia inde tantummodo orta est, quod quomodo amoribus exhilararet ar-

*) Sic Dantes Aligerius vocavit Henricum Septimellensem.

gumentum fabulae haud reperiebat. Quod argumentum etsi non omni caret festivitate, tamen adeo exile est ac tenue, ut haud paucis degressionibus molestisque interdum nugis opus fuerit, ne nimis cito tota comoedia finiretur, ante quam iustum nacta esset ambitum. Neque vero imitatus est personas et iocos Plautinos praeter perquam paucos, veluti Aululariae Plautinae I, 2, 21. *atque etiam hoc praedico tibi, si Bona Fortuna veniat, ne intromiseris:* quin potius Terentiana nonnulla et Tulliana quoque inseruit; in sermone etiam minime fuit antiquarius*), quemadmodum v. c. Q. Septimius et Pseudohegesippus sive Ambrosius; verum in plerisque, nisi ubi numerorum causa, quos sectatur, poëticis interdum vocabulis atque inversionibus utitur, vulgarem sive potius plebeiam suae aetatis consuetudinem retinuit, propter quod ipsum saepe nos admonuit eius Latinitatis, qua utique longe artificiosius a Petronio exposita est Trimalchionis coena. Ceterum haud raro in hoc Querolo inveniuntur loci, qui quamquam extra corruptelam positi videntur, adeo ambiguos atque obscuros sensus prae se ferunt, ut negari nequeat omnem eius rei culpam inesse in rudi et inaequali ipsius scriptoris stilo, quum tamen alia passim insint vere faceta et lepida.

Iam quod ad poëticos istos numeros attinet, apparet eos consulto quaesitos esse, ita, ut initio praesertim iambici versus similitudinem aliquam frequenter effingeret; unde factum est, ut Petrus Daniel in Curis secundis haec annotarit: „Haec praefatio ad Rutilium et, qui postea sequitur scriptoris ad populum prologus in sua metra et numeros distinguendus erat. Etsi enim *clodo pede*, id est, oratione soluta reliqua scripsit hic noster Plautus, haec tamen, quod puto et quod olfacere mihi videor, scripsit certa metri ratione; sunt enim senarii." Barthius quoque *Advers.* 4, 17. eam ob rem ludicrum Sergii

*) Quod genere neutro e Cdd. testimonio alicubi habet *thesaurum*, i., id ipsum haustum videri potest ex Plauti *Aulul. Prologo* v. 8 et 12. cfr. Goelleri Editionem.

Polensis testamentum cum Querolo comparat; neque prorsus abhorrent ab inficeto hoc genere Panegyricorum Latinorum aliquot et complures Appuleii loci v. c. exordium Asini aurei. Verum cito ipse scriptor his numeris defatigatus in sequentibus scenis longe rarius ad eos relabitur; adeo ut sub ipsum finem nullum iam eorum exstet vestigium. Fieri autem posse video, ut transponendo, addendo, demendo, immutando vocabula pleraeque scenae in varii generis versus iambicos, trochaicos, bacchiacos, omnes inter se sine ordine permixtos redigi possint, ita tamen, ut magna ac vix tolerabilis licentia in permultis sit concedenda. Verum quam maxime improbabile est ea aetate, qua haec fabula composita est, quempiam aut voluisse talia scribere aliis versibus quam senariis iambicis, quum paullatim invaluisset mira opinio Quintiliani I, 1, 99. plus gratiae habituras fuisse Terentii comoedias, si intra versus trimetros stetissent; aut etiam potuisse: immo hoc ipsum, potuisse tum eiusmodi artem exerceri tali in argumento pernego. Neque vero opponantur mihi Pervigilium Veneris ac metra aliquot Boëthii similia: quae et per se brevem habent ambitum et generis sunt lyrici.

Id quoque in dubitationem venit, utrum Christianus fuerit Queroli scriptor, an gentilis. Ad illud levissimam sane ob rationem propendebat Barthius *Advers.* 44, 13. verbis innitens praefationis: *Hinc ergo quid in vero sit, qui solus novit, noverit;* quasi vero a gentili scriptore haec de deo dici nequiverint. Mihi potius ipsa illa, in qua multus est, sacerdotum, mystagogorum, aedituorum derisio eiusmodi videtur, ut ad gentilem referri debeat eaque tempora tangat, quibus etiamtunc vigebat deorum cultus. Quae quum ita sint, quumque totus sermonis habitus nihil omnino prae se ferat, cuius exempla non possint afferri vel e coena Trimalchionis vel e scriptoribus secundi tertiique post Christum seculi, Tertulliano in primis ac Scriptoribus Historiae Augustae, non est cur cum Daniele propter unam illam Rutilii mentionem (quem is, nullo certo argumento allato, Numatianum,

Itinerarii scriptorem fuisse rebatur) ad Theodosiana tempora hanc fabulam detrudamus, quum, nisi omnia me fallunt, aliquanto sit antiquior, tertiique potius quam quarti seculi, vel certe seculi quarti ineuntis; nec propterea quod in Prologo se Graecorum disciplinas ait ore narrare *barbaro*, Gallum eum rite fecerimus; si quidem in istis satis, fateor, inscite imitatus est illud: *Plautus vertit barbare.* Id autem prorsus omni fundamento destitutum erat, quod Pareus aliquando Querolum nostrum tribuit Gildae Sapienti, qui floruit intra annos Christi CCCCXCIII. — DLXV. scripsitque *de excidio Britanniae librum querulum*, novissime editum a Gallandio Tom. XII. p. 191. seqq. Ipse autem Pareus a Reinesio admonitus Querolum nostrum minime tribui posse Gildae, suam opinionem ipse postea improbavit. (Vide Reinesii Epist. XXXIX. ad Bosium p. 175. laudante Fabricio in *Bibl. Lat.* ed. Ernestii Vol. 1. pag. 30.) Queruli tamen nomen, quo usus erat etiam Gildas, advertit iam P. Danielem, ut video ex eius Curis secundis, prima statim pagina, ubi e vetere Codice haec exscripsit: „*Incipit praefatio Beati Gildasii in libro de gestis Britanniae: Deus in adiutorium* cet. In fine sic legitur: *Explicit prologus. Incipit liber Queruli Beati Gildasii de miseriis et praevaricationibus ex excidio Britanniae: Britannia in extremo fere orbis limite*, cet." Merus item est error, quod Fuhrmannus (*Handbuch der class. Lit.* 3, pag. 62.) nostro scriptori LEPIDI nomen tribuit. Scil. exstat alia comoedia soluta oratione conscripta: *Lepidi Comici veteris Philodoxios ex antiquitate eruta ab Aldo Manuccio. Lucae.* ↀCIↃXXCIIX. 8. de qua vide omnino Renouard *Annales de l'imprimerie des Aldes sec. Ed.* Vol. 2. p. 156. Iam vero ex Alberti de Eyb *Margarita poëtica* Romae 1475. fol. 259 b. satis liquido de eius scriptore constat. Scil. „*Nunc aliquas*, inquit, *item extraordinarias Comoedias et quidem numero tres prosequendas ex ordine duxi: et in primis* Philodoxios, *quae est* Caroli Aretini, *sese offert comoedia admodum iocundissima.*" De *Carolo* autem *Marsup-*

pinio Aretino cfr. Tiraboschi *Storia della lett. Ital. Tom.* 6. *p.* 1593. *Ed. di Milano.*

Iam magno cum plausu exceptum esse frequenterque lectitatum praecipue ob falsum illud Plauti nomen Querolum variis ex testimoniis constat, quorum pleraque collegit iam P. Daniel. Sunt autem haec: I. Pseudoservius P. Danielis ad Virgilii Aen. 3, 226. Plautus in Querulo de anseribus: *Cuncti alas quatiunt diris cum clangoribus.* II. Liutprandus Ticinensis *Lib.* 1. *Cap.* 3. pag. 426. *ed. Muratorii*, locum affert Queroli, tacito tamen scriptoris nomine, quasi sua ipsius essent verba. III. Ioannes Saresberiensis in *Policratico Lib.* 2. C. 25. p. 119. *Ed. Lugd. Bat.* alium locum affert sub Plauti nomine. IV. Circa idem tempus (a. 1180) Vitalis Blesensis totum Querolum carmine elegiaco expressit, ut item Amphitryonem Plauti; cuius Amphitryonis nondum editi atque in deperditis habiti a Scriptoribus *Hist. literat. Gallicae.* Vol. 15. p. 131. duo exstant Codices in bibliotheca Bernensi. V. Vincentius Bellovacensis in *Speculo historiali Lib.* 6, 55., ubi de Plauto loquitur, haec habet: „*De omnibus autem Plauti comoediis ex illa sola, quae dicitur Aulularia* (scilicet nostra s. Querolus) *paucas morales et breves sententias excerptas hic inserui;* unde rite colliges hanc unam fabulam, quam vere Plautinam putabat, Vincentio praesto fuisse, ceteras etiamtunc ignotas. VI. Ex iisdem rursus sententiis a Vincentio excerptis potius quam ex Querolo ipso nonnullas selegit Landulphus Sagax de Columna in *Breviario historiali.* Pictavii 1479. 4. (Ebert *Lexicon bibliogr.* N. 1170. 2.) VII. Pauciores etiam quam Landulphus ex eodem Vincentii fonte dedit Albertus de Eyb in *Margarita poëtica* Romae 1475. fol. 206 b. Iam praecipuum subsidium, quod mihi subministravit bibliotheca Bernensis, fuit volumen miro modo quinque exemplaria principis editionis complexum, cuius index hic est:

QUEROLUS, ‖ ANTIQUA COMOEDIA, ‖ NUNQUAM ANTEHAC EDITA, ‖ quae in vetusto codice manuscripto ‖ PLAUTI AULULARIA inscribitur. ‖

Nunc primum a PETRO DANIELE Aurelio ‖ luce donata, et notis illustrata. ‖ Ad illustriss. amplissimumque Cardi-‖nalem Odonem Castilionaeum. PARISIIS, ‖ Ex officina Rob. Steph. Typographi Regii ‖ MDLXIIII ‖ CUM PRIVILEGIO REGIS. 8.

Quinti exemplaris indicem propria manu sic immutavit Daniel: QUEROLUS - - - Castilionaeum. Editio secunda ‖ Antverpiae ‖ Ex officina Christophori Plantini ‖ CIↃIↃLXVI ‖ CUM PRIVILEGIO. (Haec tamen nunquam prodiit.) Per quattuor exemplaria insunt annotationes atque emendationes utriusque Danielis, Petri et Francisci, item Scaligeri et Danaei; ita tamen omnia sese habent, ut ad perfectionem perducta nondum sint neque publici iuris facienda.

In eo autem exemplari, quod tertium locum in volumine Bernensi occupat, nullae sunt Danielis partes; sed Bongarsius in margine, nullis tamen additis iudiciis, accurate, ut videtur, enotavit varietatem Codicis Pithoeani; quo nunc primum mihi uti licuit ad constituendam Queroli lectionem. Danielis vero praefatio adiunctis in margine inferiore curis secundis ita se habet:

DE AUCTORE DISSERTATIO P. DANIELIS.

„De auctore huius comoediae, cur ea Plauti nomen praeferat, quo tempore conscripta sit, paucis disquirendum est. Accium quidem Plautum non esse, facile stilus arguit, et aperte profitetur auctor ipse in prologo, ubi hanc comoediam per vestigia Plauti investigatam esse ait. Verum fieri potest, ut auctori nomen Plauto vel Plautio fuerit, nec adulterina sit inscriptio: quomodo antea plerosque fefellit saepe communis error ex nominum similitudine atque affinitate natus. Magis tamen puto, Accii Plauti veteris comici nomen esse atque ab imperitis librariis adiunctum, aut ab ipso auctore adoptatum propter argumenti studiique comici similitudinem, vel per parodiam *). Sic enim incerti cuiusdam auctoris

*) „nisi mavis parodiam ad exemplar Aulularíae Plautinae effictum." Daniel in Curis sec.

Solinum imitantis opus nondum evulgatum penes me habeo, cui pro indice Solini polyhistoris nomen praescriptum est. Nemo vero ignorat, quod A. Gellius et Macrobius admonent, Plauti comici fabulas incertas et ambiguas semper fuisse. Unde facile est suspicari, hanc ipsam ei potius quam alii cuiquam adscriptam esse, quum praesertim dubitatio audendi facultatem, atque etiam auctori reticendi sui nominis occasionem daret. Vero enim simile est, quisquis tandem auctor ille fuerit*), quoniam totam pene fabulam versu satyrico scripserat, ne invidiam sibi pareret, nomen suum alieno supposito non adscripsisse. De tempore nihil adeo certi adferri potest. Quod si coniecturis locus est: Theodosii**) temporibus aut proximis scriptam, duabus de causis arbitror: primum, quod stilum Theodosiani seculi maxime redolet: deinde quod ad RUTILIUM inscripta est, si modo is sit Rutilius, quem seculo Theodosii fuisse constat, ut de illo optime coniicere mihi videor. Sed ut hae sunt coniecturae dumtaxat, quae temporis suffragio fortasse confirmari poterunt, sic in iis probandis minus laborandum esse duxi. Non erit autem supervacuum ea hic adiicere, quibus et antiquam fabulam, et apud antiquos commendabilem fuisse ostendemus. Refert enim huius locum Ioannes Saresburiensis***) Anglus lib. 2. Policratici, sive de nugis Curialium et vestigiis Philosophorum c. 25., auctor mea sententia non aspernandus, qui ante annos prope quingentos fuit. Praeterea eiusdem fit mentio in vetustissimo libro glossarum, quem mihi una cum hac comoedia suppeditavit amplissima Sancti Benedicti Floriacensis ad Ligerem bibliotheca, quod olim celeberrimum et primum totius Galliae collegium fuit. Denique non ita pridem incidi in quoddam vetustum fragmentum ex Compendiensium Franciscanorum coenobio, atque etiam nuperrime in antiquissimum codicem manu exaratum

*) „Gallus, ut puto." Daniel in Curis sec.
**) „Theodosii vel potius Constantini." Id.
***) „Salisberiensis." Id.

S. Victoris Parisiensis*), in quibus plurimas sententias huius fabulae excerptas et in unum collectas repperi, atque haec omnia sub Plauti nomine in Aulularia. Potuissem et multa eiusmodi fragmenta huius fabulae praecipue ex codicibus manuscriptis petere, si mihi diligentius investigandi liberum fuisset otium. Ceterum haec studiosis, quibus otii plus est, ut in eo se exerceant, disquirenda relinquimus. Iis autem viam sternimus, animos augemus, atque id sedulo peragendum etiam atque etiam rogamus."

Haec omnia singulis verbis ita scripseram, quum improviso necessitas orta est haec subiungendi.

Nihil scilicet quum negligendum censuissem, quod ad tam mirum scriptum emendandum pertineret, optimum amicum Ferdinandum Hauthalium Lutetiam profecturum rogaveram, ut si forte fortuna Queroli codices ibi reperisset, eos in usum meum conferendos curaret; atque is, ut promptissimus semper est ad amicorum optata explenda, precum mearum minime oblitus iamiam acceperat a V. C. Carolo Benedicto Hase, quem honoris causa nomino, Codicem Regium 8121. A. (olim Colbertinum 3352. itidemque, antiquato nunc numero, Reg. 10210. 3.) Seculi X. atque in eo erat, ut collationem inciperet, quum ecce alter meus amicus doctissimus, Ludovicus de Sinner cum eo communicat *Querolum sive Aulalariam incerti auctoris comoediam togatam. Recensuit et illustravit* S. C. Klinkhamer. *Amstelodami* MDCCCXXIX. nondum mihi visam: unde illico omne editionis a me parandae consilium abiiciendum erat. Sufficit enim, opinor, ut singulis seculis semel comoedia ista repetatur. Haud quaquam vero aegre id passus, virum, ut amici Parisiis mihi scribunt, perdoctum et acutum me hac in re levioris sane momenti praevertisse, nolui tamen committere, ut meus qualiscunque apparatus prorsus periret; quapropter hac occasione oblata, etsi Klinkhameri cura etiamnunc

*) „cui *Deflorata ex bonis auctoribus* titulus inest; item Lutetiae in collegio Sancti Gervasii." Id.

destitutus, ea, quae adhuc collegi, hic exhibere decrevi: urgent enim operae neque exspectare possum, donec illa Amstelodamo Turicum usque advehatur. Ita futurus aliquis editor utriusque nostrûm κατορθώματα coniûnget novisque augebit, alterius utrius errores sapienter devitabit.

Notae autem, quibus brevitatis causa usus sum, hunc habent significatum:

1. = Editio P. Danielis princeps ad Danielis codicem, paucis emendationibus exceptis, fideliter expressa.
2. = Cod. Pithoei a Bongarsio collatus.
3. = Cod. Palatinus sive Camerarii ex testimoniis Rittershusii et Gruteri.
4. = Editio Rittershusii: Heidelbergae, Commelinus 1595. 8. (Pleraeque annotationes sunt Danielis, suppresso tamen eius nomine, ita ut dumtaxat e comparatione editionis principis cum hac colligi possit, quid cuiusque proprium sit.)
5. = Editio Philippi Parei: Francofurti 1641. 8.
6. = Editio Pisaurensis in Collectione Pis. omnium poëmatum Tom. IV. p. 201. seqq. Pauca habet haec discrepantia in ordine maxime verborum a Parei recensione, quam tamen sequi se profitetur editor. Haec unde invecta sint, nescio.

Cd. S. Vict. = Excerptae sententiae in Codice S. Victoris.
Cd. G. = Excerpta similia Cod. Gervasiani.

Praefatio. honore] Ante hoc v. Daniel suspicatus est inserendum esse *me*. Melius Barthius *Advers.* 44, 13. pro *putas* legit *putans*. — *et honore* 2. ‖ illa rerum] ∾ *illa curarum* Rittersh. susp. Contra disputat Barthius l. l. ‖ manebit] Sic 2. 3. — *manebat* 1. 4. Nonnemini in mentem venit: *hinc manabit*. ‖ sumpsimus materiam] Sic 1. = *mat. sumps.* 2. 4. ‖ Sed quantum hoc] — *Sectandum hoc* Barthii susp. l. l. ‖ quid in] — *quod in* 3. ‖ urnam] = *ornam* 1. ubique. ‖ superinfusis] Sic 3. 5. — *insuper infusis* 1. 4. ‖ navem] — *navim* 2. ‖ defodit] Sic 2. prob. Dan. — *fodit* 1. 4. 5. — *domi infodit* Barthii susp. l. l. ‖ Oblitus dolo] Sic 3. — *o. doli* 1. 4. ∾ *oblitus dolis* 5. ex Ritt. susp. *obsitus dolis*.

Barthius *Adv.* 44, 13. sic legit ac distinguit: *senex ostendit oblitus doli. Parasitus* cet. ‖ navem] = *navim* 2. ‖ et puram facit] Gloss. videbatur Ritt. Recte defendit Grut., ut sit: „vacuam fecit." — *et puteum facit* Barthius *Adv.* 38, 9. mirâ coni. ‖ decipitur dolo] Sic 1. — *dolo decip.* nescio unde 4. 5. — *dolo decipi ratur* Barth. l. l. ‖ credidit] ∾ *credit* de Rittersh. susp. 5. Contra Dan. volebat: *putavit.* ‖ propulit] de Dan. susp. 5. — *protulit* 1. 4. — *proculit* Grut. susp. ‖ explosa] Sic 1. 4. ∾ *displosa* de Rittersh. coni. 5. ‖ perdidit; quum perisset, reddidit] Haec corrupta. ∾ *prodidit, quum reperisset, perdidit* Dan. susp. Praeterea in Curis sec. affert amici suspp. vel: *prodidit; quum perdidisset, reddidit;* vel: *prodidit; quum reddidisset, perdidit.* ‖ quidquid retulerit] Sic 1. 4. *qu. a re tulerit* 3. — *qu. autem retulerit* de Rittersh. coni. 5. ‖ violati] de Dan. C. 4. 5. — *violator* 1. 3. ‖ Exitus ergo] — om. *ergo* 4. ‖ atque merito] — om. haec vv. 2. ‖ Tuo] — *tui* Cd. Dan. ‖ illustri] Sic dedi de Dan. coni. — *illustris* 1. 4. 5. Ceterum ingeniosa est Barthii suspic. *Adv.* 44, 14.: *vir illustris;* ut *vir* absorptum sit a syllaba praeced. *ur.* ‖ incolumis] = *incolomis* 2. ‖

Prologus. Prologus] — *Poëta* 3. ‖ vos sp.] Sic 2. 5. prob. Dan. — *vobis* 1. 4. ∾ *a vobis* 3. ‖ noster] Dan. susp. 5. — *nostros* 1. 4. — *nostras* Barthius *Adv.* 30, 9. vetusta] — *vetustas* 6. ‖ inhumana voce] ∾ *inhumana vice* Barthii susp. ∾ *inhumanam vicem* Dan. susp. ‖ at rudem] Dan. susp. 5. — *ac r.* 1. 4. ‖ investigatam] — *investigatam et inventam* 2. ‖ Fabella] — *Fabula* 2. ‖ atque e contr.] Dan. susp. 5. — *atque contr.* 1. 4. ‖ ipse exponet] — *ille exponat* 3. ‖ Querolus an] — *Sed an Querolus an* 2. ‖ vestrum hinc] — *nostrum h.* 5. ‖ in agona] Sic scripsi. — *in agendum* 1. 4. — *ad agendum* Rittersh. susp. — *ad agona* de Melissi coni. 5.

Actus I. Scena I. ultro] Dan. susp. 5. — *ultra* 1. 4. ‖ bonis] de Grut. susp. 5. — *nobis* 1. 4. — *vobis* Ritt. susp. ‖ seriemque] = *atque seriem* 3. ‖ huius Queroli] Sic 1. 4. = *Queroli huius* 5. ‖ male] de Ritt.

susp. 5. — *malae* 1. 4. ‖ creditum] — *proditum* 6. ‖ Praedam qui] — *Pr. quoi* Barthius *Adv.* 30, 9. ‖ totumque reddet, qui parte contentus non fuit] Sic 2. — *totumque reddet, partem contentus fuit* 1. 4. — *totum qui reddit, parte incontentus fuit* 5. (*incontentus* proposuit Gruterus. — *totumque reddet, parte ni contentus fuat* Barthius *Adv.* 30, 9.) ‖ scientiam] ∾ *sententiam* 5. ‖ Fortunam clamitat] Fortasse *inclamitat.* ‖ Et quid] Fortasse *Ecquid.* ‖ ego nunc] om. *nunc* 2. ‖ subito hinc] Sic 1. = *hinc subito* 4. 5. ‖ hamigerum] cum Grut. 5. — *amigerum* 3. *armigerum* 1. (in Emendd. correctum *amigerum.*) 4.

Actus I. Scena II. nunc tibi] 1. 4. = *tibi nunc* 3. 5. ‖ Ecce - - Salve Querole] Exciderunt haec e 5. Tum 5. post *cui bono* literis inclinatis inseruit: *tot hominibus,* quod habebat 3. et Cd. Dan. a sec. manu. A 2. aberat gloss. ‖ prodesset] — *prodest* 6. — Misanthropus] — *Mesanthr.* 1. cum Cd. suo. ‖ debitum reposcis] Sic Cd. Dan. 2. 3. 5. — *debitumne poscis* 1. 4. ‖ Heia] Sic 2. *Hea* 1. 4. 5. ‖ age dic quid vis] Sic 1. 4. — *Age quidquid vis* 3. 5. ‖ ut si] om. *ut* 2. ‖ impune hic] Sic 2. 3. 5. = *hic imp.* 1. 4. ‖ me tu] = *tu me* 2. ‖ incolumes] = *incolomes* 2. ‖ abstine] „Alii *abstinc.*" Ritt. (sic.) *abshinc* notavit etiam Dan. ‖ Quodnam] cum Ritt. 5. — *quidnam* 1. 4. ‖ hoc est] — *est hoc* 6. ‖ Apagesis] — *Recede sic sanus sis* 2. ‖ Vero simile est esse] de Dan. susp. 4. — *vero similem esse* 1. 4. ‖ Ministeriis] Sic 3. 5. — *misteriis* (sic) 1. — *mysteriis* 4. ‖ Egomet iamdudum] Sic 1. 4. — *Ego i.* 5. ‖ agere te] = *te agere* 3. ‖ istud de meo] ∾ *istud demiror* Dan. susp. ingeniosa. Vulgatum tamen, si quis defendet, ita explicabit: „etiam istud est meum beneficium erga te, quod cet." ‖ nunc tibi] = *tibi nunc* 2. ‖ responderi] — *respondere* 2. ‖ satis aliisque multis] Sic 1. 4. ∾ *satis aliis quam multis* 2. — *tibi aliisque multis* Cd. S. Victoris. — *satis aliis quoque multis* de Ritt. coni. 5. ∾ *satagis aliisque multis* Dan. susp. ‖ assertio] ∾ *assertor* Dan. susp. ‖ ipse] Sic 1. — *ipsi* 4. 5. ‖

assensum] Sic Dan. coni., ut infra: *assensum accommoda.* — *sensum* Cdd. et Edd. ‖ fecisse te capitalia] = *cap. te fec.* 2. ‖ exciderunt] Sic Cd. Dan. 2. = *excidere* 1. 4. 5. ‖ Nusquam] — *nullum* 3. Fortasse erat: *nullum unquam.* ‖ Eho] Sic 5. — *Heo* 1. ‖ socios] Sic 5. — *soceros* 1. 4. Etiam *habuisti* corruptum videtur. Exspectabam certe „fefellisti, defraudasti" vel simile quid. ‖ generale] — *generalia* 2. ‖ hoc exaudiat] — om. *hoc* 5. ‖ iocularia] — *ioculare* 5. ‖ Quid] *quid pro quantum* 2. (gloss.) ‖ Iuravi saepe] — om. *saepe* 3. ‖ Fieri] „Videtur in 2. *ferri* legi." ‖ quod quum staret] ∞ *quod constaret* 2. 3. ‖ absolutum esse] — om. *esse* 5. ‖ peregi] Sic 3. a sec. manu. prob. Grut. — *peregisti* 1. 4. ‖ aerumnosus] — *erumnosus* 1. cum suo Cd. ‖ Id fateor] Sic 5. — *Et fateor* 1. 4. Fortasse: *Eh fateor.* ‖ qui novit, despicit] Exciderunt e 5. ‖ qui non novit] — *qui te non novit* 2. ‖ Quid si] Sic 1. coni. 4. — *quod si* Cd. Dan. 3. 5. ‖ Ne credideris] Sic 2. 3. 5. — *Credideris* 1. 4. Scil. in Cd. Dan. erasum erat *ne.* ‖ Visne tibi] *Visn' tibi* 1. 4. contra Cdd. ‖ non decipi, maxime] *n. despici m.* Dan. susp. Recte, opinor. ‖ fere] Sic 5. *ferre* 1. 4. ‖ Quer. Dic. - - ergo? Lar. Secundum] Sic distingui iussit Grut. In Edd. haec omnia Lari tribuuntur. ‖ Cum pare] Amicus Gruteri. 5. — *Compara* 1. 4. cum Cdd. ‖ tibimet] — *tibi* 4. ‖ tanto] Sic 2. a sec. m. (3.) 5. — *quanto* 1. ‖ Hoc ad Querolum non facit] Haec vv. Querolo videntur tribuenda. ‖ mecum] ∞ *malum* Dan. susp. ingeniosa. ‖ neque cuiquam, ut] Haec corrupta videbantur iam Grutero. 3. a pr. manu habebat *aut* pro *ut.* Sententia hoc fere requirit: „neque cuiquam sufficit, satis est, ut aliquem dicat pauperem." Verbum post *cuiquam* excidisse monuit etiam Dan. in Curis sec. supplens *licet.* (*nec cuiquam licet, ut* —) Minime tamen hoc v. huc quadrat. ‖ hui] — *huc* Cd. G. ‖ quanta] Sic Cd. G. Rittersh. 5. — *quantam* Cd. Dan. 3. — *quantum* 1. ‖ somnum] — *somnium* 1. 4. contra Cdd. ‖ adsignatur] — *assignantur* 1. 4. contra Cdd. ‖ nomina] de Ritt. coni. 5. *omnia* 1. cum Cdd. ‖ pauper es] om. *es* 3. ‖ agnosses]

Sic dedi de Dan. susp. — *agnosces* Cd. G. — *agnoscere*s Cett. ‖ nemini antehac] = *antehac nemini* 3. ‖ hoc iustum] = *iustum hoc* 2. 3. ‖ haec parva] Sic 5. — *hoc p.* 1. 4. ‖ succensesne] = *suscensesne* 1. ut saepe in Cdd. praesertim in Cd. Medic. Cic. Epp. ad Fam. Attamen in antiquissimo Cd. Plauti Ambrosiano in Maii *Fragm. Plaut.* p. 18. est *SUCCENSEAT*. ‖ iam istinc] — *nam i.* de Ritt. coni. 5. ‖ felicem] Sic 2. 5. — *facilem* 1. 4.; quod frustra defendit Barthius *Adv.* 30, 9. ‖ tibi est] — *tibi es* Cd. Dan. ‖ multi multos] de Ritt. coni. 5. — om. *multos* 1. 4. cum Cdd. — Isti peiores] ∾ *Isto p.* Barth. l. l. ‖ deperdant] — *perdant* 2. (— *quia qui depereant* Barthius l. l.) ‖ maxima] de Dan. coni. 5. — *maxime* 1. 4. cum Cdd. ‖ Numquid c. h. fuit] De Dan. coni. haec Lari tribuit 5. ‖ omnes] Sic 3. 5. — *homines* 1. 4. ‖ Ohe, consortes] — *Sed c.* 3. ‖ faciant] cum Ritt. 5. — *faciunt* 1. 4. ‖ tuere] aberat a pr. m. a 3. ‖ hic simile] — *huic s.* Dan. susp. ‖ facimus] — *faciamus* Dan. susp. — *facinus* cum Grut. 5. ‖ hoc egomet] — om. *hoc* 6. ‖ paullulum aurem] — *paullum a.* 6. ‖ numquidnam] — *numquid* 2. ‖ seque cum] *sedeatque cum* Dan. susp. Sed in Annott. Mss. recte monet: *habeat*, *teneat*, *possideat* ex formularum esse sermone. Omnino *seque cum suis* dictum videtur pro: *et se et sua*. ‖ videtur cet.] De Grut. susp. 5. ita haec distribuit, ut *Quid - - videtur* Laris sint, *Rursum - - redis* Queroli, *sed - - sanus es* rursus Laris. Sed sententia haec est: „Miror te iam nihil conqueri: per breve tempus tam sapiens fore mihi videris; mox rursus ad ingenium tuum (querulum) redibis." Futura *videbitur - - redibis* sane aptiora essent. ‖ Quare aliis] Sic 3. — *Quare alii* 1. 4. — *Quaere aliis* 5. ‖ Iam istud] — *Iam hoc* 4. ‖ inferior deterioribus] de Grut. coni. 5. *deterior inferioribus* Cdd. 1. 4. ‖ deflorare] cum Ritt. 5. — *deplorare* 1. 4. ‖ Placet] 3. a sec. manu. Item Dan. susp. 5. — *Placeat* 1. 2. 4. (— *Placeat, inquit, tibi optio aut electio* 2. in marg.) ‖ rumpere] — *erumpere* 5. ‖ et miserabili] Potest esse amarus iocus in curialium tunc temporis miseriam: alioqui corruptum iudicarem v. c. ex: *et miseria me leva.* Pro *in parte* Dan. aliquando *in arte* suspicatus erat. ‖ et exigere] — om. *et* 2. ‖ mihi liceat] = *liceat mihi* 3. ‖ non potentiam] — *et non p.* 3. ‖ praestari hoc] = *hoc praestari* 5. ‖ Ligerim] Sic „Alii" apud Ritt. — *Ligerem* 1. 4. — *Ligirim* 5. ‖ Quid tum] — *quid iam* de Ritt. coni. 5. ‖ in ossibus] ∞ del. *in* de Dan. susp. 5. ‖ Patus] Afferunt Nicetae dictum in Alexio Duca. ὥσπερ καὶ πλοῦτος πάτος (coenum), ὁ ἱερός, ὁ τοσοῦτος τὸ πλῆθος καὶ τὴν ἀγλαΐαν ἀπέραντος. ‖ appellaberis] — *appellaveris* 3. 5. ‖ Quis vos dixit] 1. 4. — *quid dixit* 3. a pr. manu: *dixet.* Hinc: — *quid! Vos dixet* (sic) 5. Intelligi posset hoc: *quis* (praesertim poëtarum) *non vos dixit liberas!* ‖ sim] de Ritt. coni. 5. — *sum* 1. 3. ‖ muneras quem maxime] = *quem max. mun.* 2. ‖ possumus, possumus] — omittit alterum *possumus* 5. ‖ Nihil est quod plus velim] — *Nihil plus quod velim* 2. ‖ refluos calceos] Sic 2. 3. 5. — *refl. carceres* 1. ∞ Omittit glossam Cd. S. Victoris, ut *refluos* ad cothurnos referatur. Hinc ego *calceos* [ ]. ‖ pulvis] — *et pulvis* 3. ‖ aestum - - brumam] — *aestu - - bruma* 2. — *aestum vestitum* Cd. S. Vict. (— *vestris* pro vestitis 5.) ‖ hiemes - - cancros] — *hiemes - - crancos* (sic) 2. — *hieme - - - cancro* cum amico Gruteri 5. Tum 1. 4. distinguunt: *in tubulis. Age, patere* cet. ‖ serium] — *serum* 3. ‖ nisi quod] — om. *quod* 3. 5. ‖ est] — *esset* de Grut. coni. 5. ‖ illorum] — *eorum* Cd. G. ‖ Aurum] — *curiam* Franc. Danielis susp. ‖ eruditus] Sic 3. Cd. S. Vict. 5. — *erudite* 1. 4. ‖ heredes] Sic 2. 3. 5. — *heroës* 1. ‖ Heia] *Hei* 3. ‖ nunc plane] — *plane nunc* 6. ‖ Briseïdem] Sic 4. 5. — *Breseïdem* 1. ‖ Ha ha he] *hae o* 2. ‖ cum illis] — *cum his* 2. 3. ‖ Si toto] *Scite tu* 3. ‖ Ast (*bis*)] Sic 2. — *At* Cett. ‖ disputatione] 2. 4. 5. — *disputione* 1. 3. ∞ *dispunctione* Dan. susp. Placet. ‖ mutabis] ∞ *mutaberis* Dan. dubia susp. — *mutabitur* 3. ‖ calamitas] — *o calam.* 2. ‖ tantum vobis] — *t. nobis* Cd. S. Vict. ‖ At quanto] Cd. S. Vict. 3. 5. — *Quantum* (om. *at*) 1. 4. ‖ non esse cet.] Sic 2. — *esse felicem non sinunt* Cd. S. Vict. — *inesse fel. sin.* 1. 3. 4. — *neminem esse fel. sin.* de Gruteri coni. 5. ‖ quis ille] *qualis ille est* E Cd. affertur in Dan. Cur. sec. — „*ille, totum est hoc infelicitas* 2. in glossa." ‖ huic] Sic 3. 5. — *hinc* 1. 4. ‖ meam mihi] = *mihi meam* 3. ‖ reperi] — *reperis* Dan. susp. ‖ esse te] om. *te* 3. 5. ‖ multum] — *nullum* 5. 6. ‖ Sane difficile] — *Sane si difficile* Barthius *Adv.* 28, 15. Sed manifesta est ironia. ‖ intelligis] — *intelliges* 6. ‖ Numquid rex] — *num quis rex* de Grut. coni. 5. ‖ Numquid amicus - - Nihil] Exciderunt haec e 5. 6. ‖ Atqui] — *Atque* 5. ‖ Et quemadmodum] — *Et quidem* 4. err. typogr. ‖ quod mihi] — *quem m.* 6. ‖ iuberesne] — *iubesne* 3. ‖ ne fortasse] — *ne forte* Dan. in marg., nulla auctoritate allata. ‖ nescius] Sic 1. 3. — *nesciens* 4. err. typogr. 5. ‖ Per fenestram - - - clausero] Exciderunt haec ex 5. ‖ nolim] — *nolim mihi* 5. ‖ constaret] *constares* 6. ‖ Quid ergo] — *quid ego* 3. ‖ Cuiquamne] Sic Dan. in marg. In idem incidit etiam Grut. — *cuiusquamne* 1. — *cui usquam* de altera Grut. coni. 5. ‖ nonne] — *non me* Dan. susp. — investigem] — *vestigem* 3. ‖ nescio. Ubinam illa est] Sic 1. 4. — *nescio. Ubinam est illa* 6. — *nescio nam. Ubi est illa* 5. ‖ de die] om. *de* 2. ‖ fuerat] Franc. Dan. volebat *non fuerat.* Sed sententia, in qua haesit etiam Gruterus, haec est: „interdictum mihi fuerat, ne opponerem me furibus, et, quod maius etiam magisque mirum est, ne eos excluderem."

Actus II. Scena I. numquodnam] — *numquidnam* 2. — *quidnam* 3. ‖ venor] „deludo vel decipio." 2. gloss. ‖ litteratos] — *veteranos* 3. in marg. — In contextu: — *ditteranos.* ‖ conditum] — „sive *saporem.*" 2. gloss. ‖ nocte hac vidi] = *hac nocte vidi* 5. ‖ hamati] — *amati* 3. — *circulati* glossa 2. ‖ aliqua] Sic 1. 4. — *alia* 3. 5. ‖ Ohe] — *Hohe* 3. ‖ funus videbam] Sic 1. — *funus vidi* 4. 5. ‖ illud 1. 4. 6. — *istud* 5. ‖ Insuper etiam] = *Etiam insuper* 4. 5. ‖ aurum illud] — *aurum illum* Cd. Dan. et 2. ‖ invenire] — *inveniri* 6. ‖ nosque qui] Sic

Franc. Dan. 4. 5. — *nos qui* 1. ‖ aediculam] — *aediculum* Cd. Dan. 2. 3. ‖ Ilignis] — *Iliginis* 1. ‖ hic fenestras] = *fenestras hic* 2. ‖ inermes] Franc. Danielis susp.: *immane.* ‖ interius] — *interim* 5. ‖ Alia - - via] Sic 1. 4. — *Aliam temptandum est viam* 5. nescio qua auctoritate. Videtur intempestive intulisse Lucretianam elegantiam. ‖ comitatis] „Hic prudentiae, alias pulcritudinis." Glossa 2. ‖ percurro cubilia] 2. et Cd. Dan.: *cubila.* Tum ex 2. notatur: *perourro* (sic). Fortasse: *percutio cubilia.* ‖ ac die] — *et die* 5. ‖ in recte] — Uno voc. *inrecte* 3. Dan. fluctuabat inter: — *an recte* et: — *MAND. Recte.* Fortasse nihil aliud fuit nisi: *tu recte.* ‖ Hoc etiam] 3. 5. — *Hoc iam* 1. 4.

Actus II. Scena II. hominem] Sic 3. 5. — *hunc hominem* 1. 4. ‖ quem vidi modo] — *quem vidimus* 2. ‖ novi] — *vidi* 3. ‖ quod vidi modo] — *quod vidimus* 2. ‖ exponit] Dan. in Curis sec. 4. 5. *exponet* 1. ‖ gesseris] — *gesserit* Cd. Dan. 2. 3. Emendavit Dan. ‖ qui est] — *qui es* 2. ‖ vacat] — *vocat* 5. ‖ aliquod] *aliquid* 2. ‖ quid vos audivi] om. *vos* 5. ‖ tuosque, mi sodes] — *tuosque misides* 3. 5. (— *tuasque Mysides* Grut. susp.) ‖ venias] Sic 2. 3. 5. — *venias, venias* 1. 4. ‖ amici exspectant] = *exspectant amici* 3. ‖ paulisper mane] = *mane paulisper* 3. ‖ abeat] Sic Dan. Cur. sec. 4. 5. — *habeat* 1. ‖ simul] — *sumul* 1. cum suo Cd. et 3. ‖ Atqui] Sic Dan. Cur. sec. 5. — *atque* 1. 4. ‖ Immo hercle] om. *hercle* 2. ‖ hoc nescio] scil. cuius sit loci. Sic 3. 5. — *hoc scio* 1. 4. ‖ iam hoc de Magis existimo] Sic Cdd. 1. 4. i. e. iam propter hoc nomen existimo eum de Magis unum esse. — *iam hoc te magis aestimo* ex coni. amici Gruteri 5. ‖ cognoscis] Sic 1. 4. 5. ∞ *recognoscis* 2.; quo verbo aliquoties utitur noster scriptor. Possis etiam scribere: *agnoscis.* (Pro *si omnia cognoscis* Scaliger volebat: *somnia cognoscit, κρίνει.* Sed sententia vulgatae manifesto haec est: primum praeterita tibi narrat, ut ipse, ea tecum recognoscens, iudicare possis de eius scientia rerum occultarum. ‖ Magnum] Sic 2. 3. 5. — *Magnum* 1. 4. ‖ hominem tu] = *tu ho-*

minem 3. ‖ paulisper non vacat] — *paulisper mane* 3. ‖ similiter] — *simileter* (sic) cum suo Cd. 1. ‖ ipsum id] Sic 3. — *ipsud* 1. 4. — *istud* Dan. susp. 5. ‖ ferulas] — *sphaerulas* Dan. susp. postea ab ipso improbata. Cogitandum de magica ferula, ῥάβδῳ. (*cum turbis ambulat*, scil. ut circulatores, quos vulgi turba comitatur.) ‖ hic deberet] — om. *hic* 2. ‖ de nobis] „pro *in nos*" Glossa 2. ‖ placeat] — *placet* 3. a sec. m. ‖ hunc esse divinum vel magum] — *esse hunc div. et m.* 3. ‖ disserat] — *disseras* 2. — *disserantur* 3.

Actus III. Scena I. Mandrogerus] ut supra, 1. 4. — *Mandrogere* 5., et sic in seqq. semper. Servavi Cdd. scripturam. ‖ vos volo] Sic 2. 3. — om. *vos* 1. 5. ‖ Mandrogerus] ut supra 1. 4. — *Mandrogere* 5. ‖ Quaenam? Fortasse novi] Sic Cdd. 1. 4. — *Quaedam fortasse novi* de Rittersh. inutili coni. 5. ‖ operam tuam] — *tuam operam* 6. ‖ disceptatione] — *disceptione* 3. (— *opus nunc disceptatione* 2.) ‖ facillima] Ex Rittersh. emend. 5. — *facilia* 1. 4. ‖ unum est] om. *est* 4. 5. ‖ de maioribus neque mihi dicere] Sic 1. — *de mai. dicere neque mihi dicere* miro errore 4. In Annott. Ritt. censet alterutrum v. *dicere* del. esse. Hinc 5.: — *de mai. dicere neque mihi.* ‖ effigies] — *effugies* cum suo Cd. 1. ‖ mitigare] de probabili Dan. coni. 5. *intueare* 1. 4. — *inturare* volebat Danaeus, haud improb. Daniele in Curis sec. ‖ gubernari] Dan. susp. in Curis. sec. — *gubernare* Cdd. et Edd. ‖ homines congregant] Sic 2. — *hom. non regant* 1. 4. — *hom. non regnant* 3. 5. ‖ medela] = *medella* 1. 4., ut Heinsius in Prudentio semper. ‖ evertant] Sic 3. — *evertat* 1. 4. 5. (— *everrant* volebat Dan. in Cur. sec.) ‖ Istis licet] — *Isti, licet* 5. ‖ quot] Sic 2. 4. 5. — *quod* 1. ‖ iubent] Sic 1. 4. — *iubet* 5. ‖ Et oracula] Sic 1. — *Oracula* om. *et* 3. 5. ‖ Ecquisnam] cum Grut. 5. — *Etquisnam* 3. — *Et quisnam* 1. 4. ‖ possit] — *possis* 5. ‖ vaga] — *varia* 4. err. typogr. ‖ Harpyiae] — *arpigiae* 2. 3. ‖ capita et colla] = *colla et capita* 2. ‖ et vale] Sic dedi de Scaligeri coni. — *et male* Cdd. et Edd. ‖ eligunt] Fortasse: *eliciunt.* ‖

cuncti] Sic 1. 4. — *cuncta* 5. — *cunctas* 6. ‖ vorant] — *vocant* 5. ‖ et limina] — *ac limina* 5. ‖ alvi des] Sic 1. — *alvides* iunctim 3. — *alvi densi* (sic) 2. ∞ *alvi desides* nescio cuius coni. apud Dan. (*γαστέρες ἀργαί.*) ∞ *aridae atque pandae manus* alia coni. apud eundem, „ut apud Sidonium Apoll. Lib. 3. Epist. 13. *Taceo femur aridum et pandum.*" — *albi dentes* de alia Dan. et Ritt. coni. 5. ‖ aeditui] — *aedituos* 6. (propter falsam distinctionem.) ‖ semper denos] — *se per denos* 2. ‖ perorare] — *orare* 3. ‖ vendunt; foris istis] Hoc quoque loco, ut alibi, distinctione declaravi sententiam. — *vendunt foris, istis* Edd. Sequentia *si parvo* cet. desumpta sunt, notante iam Daniele, ex Terentii *Eunucho* 1, 1, 30. (— *ut quanti* 2.) ‖ mihique] ∞ *mihi* 2. 3. ‖ prole cognitur] Sic 1. (2.) 4. — *prole cognoscitur* de Dan. prima coni. 5. ∞ *probe colitur* altera Dan. coni. in Curis sec. — *aditur; Querole, quam cognoscitur* Scaligeri coni. — *facilius* (a pr. manu: *facilifus*) *acbutur* (sic) *quam prolem cognitur* 3. ‖ puto] Sic 4. 5. — *poto* 1. (2.) ‖ affuisset] ∞ *affulsisset* Dan. susp. ‖ scribunt gesta, quae] ∞ *scribunt, gesta quae* distinguit 2. ‖ illic] — *illac* 3. ‖ corymbos] — *ronchos* de Turnebi coni. 5. ∞ *colymbos* i. e. *κυβιστήματα*, *saltationes*, volebat Scaliger. In alius exemplaris margine: „corymbos hic, ut puto, appellat, quod vulgo *marotte* dicimus, secundum interpretationem Scaligeri." ‖ pupillum] ∞ *popellum* Dan. susp. ‖ Harpyias] — *Arpigias* 2. ‖ volant] Fortasse: *vorant.* ‖ mensis] — *mensas* Margo Dan. ‖ istaec] — *ista haec* 2. ‖ alere] Sic 1. 4. — *valere* 3. prob. Grut. Recepit 5. Sed non coit cum seqq. *neutrum placet.* ‖ Noctivagos] Sic 2. 3. scil. Satyros, Panas. — *Noctivagas* 1. 4. 5., quod explicandum esset de Empusis. ‖ etiam] om. 3. ‖ celeres] — *et celeres* 3. ‖ panem domini] ∞ *panem deûm* Margo Dan. ‖ interrogastis] — *interrogasti* 3. ‖ istaec] — *ista haec* 2. ‖ aliqui] antique pro *aliquis*, quod habet Dan. in marg. Male deinceps: — *nascantur* 5. ‖ coli vel] — om. haec 3. ‖ contra] „*per contrarium.*" Glossa 2. ‖ Eho] Sic 5. —

Heo 1. 4. ‖ Mandrogerus] — *Mandrogere* 5. sicque semper. ‖ non licet] Sic 1. (2.) 4. — om. *non* 3. 5. ‖ estne] — *esne* 1. (— *estne adhuc aliquid quod* 2.) ‖ manet] — *mane* Margo Dan. ‖ Heus tu] — *Heus te* 2. ‖ tun] = *tune* 2. — *tu* 3. ‖ Quid horae cet.] Sic distribuuntur personae in 5. In 1. 4. excidit: Querol. ante v. *Nihil fefellit.* Nescio quis apud Dan. Cur. sec. sic volebat: Quer. *Di te - - nuncupamus?* Mand. *Inter - - tertiam.* Syco. *Nihil - - putes.* Querol. *Hem, quid igitur?* Mand. *Mars* cet. „Sed potior mihi mea videtur opinio Quer. excidisse ante v. *Nihil.*" Dan. ‖ inter sextam] ∾ *inter secundam* Margo Dan. ‖ respondisse hominem] = *hominem resp.* 2. (— *resp. homines* 6.) ‖ huic] scil. Querolo. — *hinc* Dan. susp. ‖ servulorum] — *famulorum* 2. ‖ Zeta] ∾ *Geta* Dan. susp. ‖ Iamiam] — *Iam* 2. 3. ‖ promito] — *promitte* 3. — *promitto* 5. ‖ Tibi] Sic Dan. coni. 5. — *Ubi* 1. 4. ‖ illic] Sic 2. — *illi* 1. 4. Sed archaismum hunc Queroli scriptori nolui tribuere. ‖ ibidem] — *ibimet* 6. nescio unde. ‖ excludit] Sic 2. 3. 5. — *exclusit* 1. 4. ‖ Si quosnam] ∾ *Sed quosnam* Margo Dan. ‖ nunc solum] Sic 2. 3. 5. — *non solum* 1. 4. ‖ iam nunc] = *nunc iam* 3. ‖ colloca] — *loca* Amicus Gruteri. ‖ fatum] Sic 1. 2. 4. — *factum* Cd. Dan. 5. ‖ momentis regi] Sic Dan. in Emendd. 4. 5. — *monentis rei* 1. — *imminentis rei* 2. ‖ Hora est; synastria istaec] Sic Dan. in Emendd. 4. 5. *hora est synastria, istaec* 1. sicque iunxit 2. addens gloss.: „*synastria i. e. constellationaria.* (— *ista haec* 2.) ‖ tecum sumus] — *tecum imus* Margo Dan. — *te sequimur* Pithoei susp. ‖ Ergo] ∾ *Ego* 2., ut volebat Dan. ‖ peracta] — *parata* de Grut. coni. 5. ‖ sit huic domui: nos] *sit. Huic domui nos* distinguit 2.

Actus III. Scena II. domi fuerit] = *fuerit domi* 2. ‖ destrui] Sic Dan. coni. 1. 4. 5. — *destui* (sic) Cd. Dan. ∾ *destitui* 2. 3. ‖ videat] — *viderit* 2. ‖ atque intr.] Sic 1. 4. — *aut intr.* 5. ‖ est autem] Sic 1. — *autem est* 4. 5. ‖ antelucandum] Sic 1. 4. (Item 2. cum gloss. „ante lucem surgendum.") ‖ sommum et metum] Sic

Cdd. 5. — *sommum et temetum* Dan. coni. 1., quam ipse postea improbavit. ‖ trepida perquisitio] Sic iung. — *turba trepida*, *perq*. 1. 4. ∾ *turba*, *trepidatio*, *perq*. de Ritt. coni. 5. ‖ mulio nec se regens] Fortasse: *mulio nec mulas nec se regens*. ‖ huic rei] — *hinc rei* Margo Dan. ‖ movere] ∾ *moveri* Ritt. susp. — *nova re* altera Ritt. susp. ‖ et tum litem intendit] — *et tum licet tendit* 3. ‖ Atque ut - - largitur diem] Exciderunt haec ex 5. 6. ‖ irarum caussas quaeritat] *irarum quaerit* om. v. *caussas* 3. ‖ quidquid libet] *quidlibet* 3. a manu sec. ‖ quale est] om. *quale* 3. ‖ Quisquamne] Sic 1. 4. — *Quisnamne* 5. ‖ Calidam] „vel *patenam*." (sic) 3. in marg. ‖ sunt hae] = *hae sunt* 2. ‖ contusum] — *contunsum* 3. ‖ possit moribus] = *moribus possit* 2. ‖ adulterium hoc] — om. *hoc* 3. 5. ‖ castrata suco] Sic Cdd. 1. 4. (In 2. est gloss.: „vino." — *castrata sacco* cum (Ritt. et) Grut. 5. Coniectura ducta est ex Plinii *H. N.* 14, 28. *sacco frangimus vires* (vini) et ibid. L. 19, 19. *inveterari vina saccisque castrari:* sed, ni fallor, in ipso prelo vinum colatur sacco sive saccatur, non in lagena: et omnino vv. *vetere* - - *novo* h. l. requirunt *suco*. ‖ pauxillum] Sic 2. 3. — *paxillum* 1. 4. 5. Sed significat: „etiam paullum illud argenti, quod habet, levibus tensum foliis sive laminis in salino v. c. vel in patinis, limari attenuarique semper credit." ‖ nullae sunt cet.] Sic Cd. Dan. 3. (*praestigiae* habet 5.) — *mille sunt praestigia* 1. 4. (5.) sicque, si fides collatori, 2. Sed illos Cdd. sequendos duxi, quia sententia haec esse videbatur: „In argento fortasse decipere herum possumus, unus quum eius sit color; sed in solidis aureis nil iuvant nos praestigiae; nam etsi mutare remutare tentamus aurum, tamen hoc mutari non potest. Saepe nobiscum dicimus: Has saltem tam gemellas formulas solidorum distingui non oportet cet. nihilominus etiam hic [in auro] quaeritur distantia cet." (Verbo *facimus* adscriptum „*i. e. dicimus*" in 2. ‖ in auro] Videtur gloss. v. *hic*. Cd. 2. sic distinguit: *quaeritur: in auro vultus*. ‖ patria] — *paria* 5. ‖ scripulos] Sic 3. = *scrupulos* 5. —

scriptulos Cd. Dan. 1. 4. ‖ sed mali] Sic 1. (2.) 4. — *sed et mali* 3. prob. Grut. 5. ‖ dicantur, si] — *dictantur, sic* 6. ‖ malo - - est] Exciderunt haec e 5. ‖ semperque] Sic 1. 4. — *semper* 5. ‖ tam stulti] — om. *tam* 5. ‖ quiescit] — *non quiescit* Franc. Dan. susp., quâ tamen perit iocus. ‖ splendoris] Sic Cd. S. Vict. 2. 4. 5. — *plendoris* 1. cum suo Cd. et 3. ‖ illud] ∞ *id* Cd. S. Vict. ‖ non quod publicet] i. e. non rem omnem, furta nostra manifestet. Sic 2. — omitt. *non* 1. 4. 5. (*plublicet* [sic] Cd. Dan.) — om. haec tria vv. Cd. S. Vict. ‖ domino] — *domino meo* Cd. S. Vict. — *domi* 3. ‖ latera] om. Cd. S. Vict. ‖ effusa] — *effossa* 2. ‖ obseramus] de Ritt. coni. 5. — *observamus* 1. 4. ‖ illis] om. Cd. S. Vict. — *Vae apud nos* Cd. G. ‖ servis - - de nocte abscideris] — *servis abstuleris* mediis omissis Cd. S. Vict. ‖ Quanti] ∞ *Quanti enim* 2. ‖ vesperi] Sic 2. — *vespere* Cett. ‖ Nunquam tibi, Querole, opus est, cum istaec omnia nos exercere tu aut tributum cogites] Haec corrupta. Sic 1. Ex 2. notatur: *ut ista haec* (om. *cum*) et: *autem* pro *aut*. (*autem* etiam 3.) Et: *cogitas* 3. a pr. m. — *opus est tecum istaec omnia nos exercere: tu ad tributum cogitas* 5. de Dan. priore coni. (in qua tamen Margini adscripserat *cogites*.) Idem autem Dan. in Curis sec.: „Potius legendum: *Nunquam tibi, Querole, opus est, ut quum istaec omnia nos exercemus, tu haud tributum cogites;* i. e. „tu cogites non esse nobis tributum istaec exercere." Fuitne?: *Numquidnam* [*tibi*,] *Querole, opus est tecum istaec omnia nos exercere? Tibi haud tributum cogites* scil. hoc ius servulorum tuorum. Vel: *Tu tuum ambitum cogites:* cfr. sequentia. ‖ Propter hoc] om. *propter* 3. ‖ clamabit] de Dan. emend. 5. — *clamavit* 1. 4. ‖ meus ille] Sic 2. 3. — *ems* (cum lin.) *ille* Cd. Dan. — *omnis ille* 1. 4. 5. ‖ nimis sit] Sic Margo Dan. — om. *sit* Cdd. et Edd. Sententia haec est: „nunquamne id obtinebo a vobis diis, ut herus meus adipiscatur immunitates illas officiorum curialium cet., quas ambit? Tum minus, spero, erit durus, quoniam postquam nactus est aliquis principis indulgentiam, ipsi sordidior solet videri abiectio, propter quam nunc tot molesta patitur ipse nosque tam dure vexat." (Verba *Accipienda* cet. desumpta sunt ex Terentii *Adelphis* 2, 1, 53.) ‖ istud] — *illud* 2. ‖ abiectio] — *obieetio* 5. err. typogr. ‖ circumforanus] Sic Cdd. 1. 4. = *circumforaneus* cum Ritt. 5. ‖ circumspectator] — *circumspector* 3. ‖ speculator] — *spectator* 3. ‖ salutet fastidientes] Sic Cd. S. Vict. 1. 4. 5. — *salutat fastidiantes* (sic) Cd. Dan. 3.

Actus III. Scena III. Mandrogerus] — *Mandrogere* 5. ‖ istaec] — *ista haec* 2. sicque semper. ‖ venit] ∾ *evenit* Ritt. susp. ‖ inclusimus] — *includimus* 3. ‖ monita] Sic Dan. in Emendd. 4. 5. — *non ita* 1. (2.) ‖ Mala haec] — om. *mala* 3. prob. Grut. ‖ istoc] Sic Cd. Dan. 2. 3. 5. — *istuc* 1. 4. ‖ foras] cum Ritt. 5. — *foris* 1. 4. ‖ cognatos, amicos] — *amicos*, *cognatos* 2. ‖ ipsam bonam] *ipsamque bonam* 4. solus contra Cdd. ‖ non habebis] Sic 1. 4. — *num hab.* 3. 5. ‖ ipse] — om. 2.

Actus III. Scena IV. Mandrogerus] — *Mandrogere* 5. ‖ Istud iam sequitur] Cum Cdd. 1. 4. — *Istud, quod iam sequitur* de mala Ritt. susp. 5. ‖ Mandrogerus] — *Mandrogere* 5. ‖ inspexero] — *intellexero* 3. a pr. manu. ‖ Pro] = *Proh* 5. ‖ servantur] Sic Cdd. 1. ∾ *asservantur* 4. 5. ‖ frequentantur] Sic 2. 3. 5. — *frequentur* cum Cd. suo 1. ‖ celeri] ∾ *celeriter* Margo Dan.

Actus III. Scena V. quae nos] Sic 3. 5. — *quod nos* 1. 4. ‖ ossibusque] — *ossibus* 3. ‖ Non; sed] — om. *Non* 2. ‖ et libere] om. *et* 5. ‖ quod nosti bene] Sic 1. 4. = *bene quod nosti* 5. ‖ occoeperat] Sic 3. 5. — *coeperat* 1. 4. ‖ hoc quod fores] Sic 1. (2.) 4. ∾ *hoc? fores* 3. 5. ‖ clausas] *clausas esse* 3. ‖ divinam rem] = *rem divinam* 2. ‖ Zeta] ∾ *Geta* Margo Dan. ‖ Silentium est] — om. *est* 5. ‖ adest] Sic 5. — *est* 1. 4. ‖ Eamus huc] — *E. hinc* Margo Dan. ‖ quod nosti] Sic 2. 5. — *quam n.* 1. 4. ‖ duce] — *ducere* 2. ‖ intercludi] = *interclaudi* 3.

Actus IV. Scena I. SARD. Sumite] ∾ *SYCOF.*

Sumite 2. ‖ tristitiam] ∾ *tristia* Marg. Dan. ‖ vere] — *vero* Cd. S. Vict. ‖ pauper] ∾ *paulisper* de ingeniosa Ritt. coni. 5. ‖ Nae te] ∾ *Tene* Margo Dan. ‖ ego] — *ergo* 2. ‖ sequor] *sequar* 2. ‖ Iamiam omnia recognosco] *Iam recognosco* om. *omnia* 3. ‖ varia] An *vana?* ‖ mutavere] Sic Cdd. 1. 4. — *muta vere* divise 5. ‖ haec est] = *est haec* 2. 3. ‖ quo iam] de Gruteri coni. 5. ∾ *quonam* 1. coni. — *quoniam* Cd. Dan. 2. 3. ‖ Meticulosus] — *Metuculosus* cum suo Cd. 1. (supra idem: *fortona.*) ‖ Hem me miserum! Hem me miserum] ∾ *Heu* — *heu* de Ritt. coni. 5. Semel tantum habet: *Hem me miserum* 3. Semel: *Heu me m.* 6. ‖ in faucibus] — *in faucibus haeret* 3. ‖ istud] Sic 2. — *illud* 1. 4. 5. ‖ diris] *duris* 3. ‖ fragrat] cum Ritt. 5. — *flagrat* 1. 4. ‖ ranciscere] = *rancescere* Margo Dan. ‖ graculae] Sic Cdd. 1. 4. Habet hanc formam Glossar. Henr. Stephani 1573. Col. 322. *gracula*, *κολοιός*. Vulgarem: *graculo* cum marg. Dan. et Ritt. in Annott. praetulit 5. ∾ *arculae* Alia margo Dan. e Festo p. 35. *Amst.*: *ARCULA dicebatur avis, quae in auspiciis vetabat aliquid fieri;* ubi Scaliger volebat: *Arciva.* ‖ Ego in laqueos] — om. *Ego* 2. ‖ conscidit] Sic 3. 5. — *conscendit* 1. 4. ‖ crura ipsa] — *crura ipse* 5. err. typogr. ‖ ne defunctus] Sic 1. 4.; in hac Latinitate partim prisca partim decrepita accipi potest pro *ne defunctus quidem*, nisi cum Marg. Dan. legendum: ∾ *nec defunctus:* ut infra Cd. Dan. a pr. manu: *ne bonam* pro *nec bonam.* — *defunctusne male* 5. ‖ agelasto] Post h. v. (in Cd. Dan. et) 3. gloss. irrepsit: *sine risu minimo stans.* ‖ desines] Sic 2. 3. 5. — *desinens* 1. 4. (— *desinis* Margo Dan.) ‖ Et quid] Lege: *Ecquid.* — *Hei quid* Gruteri susp. ‖ ludamus] Recepi Pithoei certam emendationem. — *laudemus* 1. 4. 5. cum Cdd. ‖ et virgas] = *ac v.* 4. 5. ‖ isti illam] Sic 2. 3. 5. om. *illam* 1. 4. ‖ inruas] Sic 1. 4. — *ruas* 3. 5. ‖ vides] Sine interrog. 1. 4. ∾ Cum interrog. Margo Dan. — *violes* cum amico Gruteri 5. ‖ Zeta] ∾ *Geta* Margo Dan. ‖ hinc potius] Lege: *hinc ocius.* ‖ recipio] Sic 2. 3. 5. — *recipiam* 1. ‖ nec bonam] — *ne bonam* Cd.

Dan. a pr. manu. ‖ ad ianuam] — *ad hanc ianuam* 3. 5. ‖ sevoca] — *evoca* Margo Dan. ‖ celeriter huc] — om. *celeriter* 3. ‖ quidquid] Sic 2., ut volebat Dan. 5. — *quid* 1. 4. — *quod* 3. ‖ exhorrescet] cum Grutero 5. — *exhorrescit* 1. 4. ‖ erravimus, et non semel] Haec ita deformata *erravimus, sed n. s.* 5. [ ]. Sunt etiam in 3. ‖ Sed quid ego nunc? Solum] Sic distinguit 2. — *Sed quid ego? Nunc solum* Cett. ‖ restat nunc] Hoc *nunc* del. censebat Marg. Dan. Delevit 5. ‖ Ibo] — *Ideo* 2.

Actus IV. Scena II. pondere] de Dan. (in Curis sec.) et Ritt. susp. 5. — *pondera* 1. 4. ‖ adipisci] *adipisci se* Margo Dan. ‖ ubique] — *ubi* Cd. S. Vict. ‖ faveat] — *foveat* 3. ‖ Mandrogerontem illum] — *Mandrogerum ante illum* 3. ‖ codicillos] — *codicellos* 2. ‖ fiet] ∾ *flet* Margo Dan.

Actus IV. Scena III. flere] cum Marg. Dan. et Ritt. 5. — *fleri* 1. — *fieri* Cd. Dan. ‖ bonum] Fortasse: *donum.* ‖ ubi] de Dan. coni. 5. — *ibi* 1. 4. ‖ At quid] de Dan. coni. 5. — *Aut quid* 1. 4. ∾ *At qui* 6. ‖ mathematicumque] Margo Dan. Ritt. susp. 5. — *mathematicum* 1. 4. ‖ sese] Sic 1. 4. — *se* 5. ‖ ut opponerem] Inseruit haec 5. de Ritt. sententia. Absunt a Cdd. 1. 4. ‖ plane illud] — om. *illud* 5. ‖ omnia bona] = *bona omnia* 2. 3. ‖ falleretur sic] = *sic falleretur* 2. 3. ‖ Arbiter? meos ut] de Ritt. sententia 5. — *Arbiter meus, ut* 1. 4. — *Arbiter mi, ut* 3. a pr. m. — *Arbiter meo, ut* 3. a sec. m. ‖ hominem] — *homine* Cd. Dan. ‖ evenerunt] de Ritt. coni. 5. — *venerunt* 1. 4. ‖ huc Ritt. 5. *hic* 1. 4. ‖ exibit] de Ritt. coni. 5. — *exibet* (sic) cum Cdd. 1. 4.; quod Dan. interpretabatur: *exhibet.* ‖ urnae illius] — *illius urnae* 6. ‖ isti] Sic 1. 4. — *illi* 5. ‖ retineam] ∾ *retineamus* Dan. susp. ‖ sequentur] Sic dedi de Dan. susp. — *sequuntur* Cdd. (= *secuntur* 2.) — *sequantur* de alia Dan. susp. 5.

Actus V. Scena I. Ave, mi Q.] — *Veni, Q.* 3. ‖ si vivo] Sic 2. 3. 5. om. *si* 1. 4. ‖ expilasti] Sic 1. (2.) 4. — *exspoliasti* 3. 5. ‖ hodie meum] — om. *hodie* 3. ‖ Nam] Sic 2., ut volebat Rittersh. — *non* cum interr. 1. 4. — *num* 5. ‖ adseveres] Sic 1. 4. — *adsereres* 5. ‖ bimulum] Sic 1. 4. — *trimulum* ridiculo errore 5. ‖ quam coheredem esse] *quam herede essem* (sic) 5. ‖ Salutem. Dicit. Filio.] Sic 1. 4. — *Filio. Salutem. Dicit.* 5. ‖ vel per] — om. *per* 3. ‖ Mandrogerontem] — *Mandrogerum* 3. a sec. m. ‖ sic fides] cum Ritt. 5. — *si fides* 1. 4. ‖ opera] — *opora* 1. cum Cd. suo. ‖ in summam] — *in summa* Margo Dan. ‖ si libuerit] — Gloss. videbatur Danieli. ‖ nobiscum! Missa istaec face] Sic scripsi cum Marg. Danielis. *nobiscum* scil. egisti. — *nobiscum missa istaec tace* Cdd. Dan. et 3. Ex 2. nihil notatur. Hinc Dan. fecit: *nobis commissa istaec tace* (1. 4.) nulla constructione. — (idem etiam: *taces* in marg.) *nobis commissa istaec esse tace* 5. (scil. *esse* ante v. *tace* inserit 3.) ‖ aliquod thesaurum] Sic 1. = *thesaurum aliquod* 2. ∾ *thesaurum aliquem* 4. ∾ *thesaurum aliquando* de Ritt. coni. 5. (v. Forcell.) ‖ Et aurum] — *At aurum* 6. ‖ fidem] Sic (de Dan. susp.) 5. — *fidem equidem* 1. 4. ‖ lusisti] de Ritt. susp. 5. — *solvisti* 1. 4. Mox ante *Dis gratias*, 1. 4. notant: *MAND.*, ante *Di te: QUER.* Personas de Gruteri sententia sustulit 5. ‖ explicui] — *explicavi* 6. ‖ Mandrogerus] — *Mandrogere* 5. ‖ manus tuas] v. *tuas* de Ritt. sententia inseruit 5. Abest a Cdd. 1. 4. ‖ *thesaurum - - nostrum* Sic Cd. Dan., quod constantiae causa praetuli. ∾ *thesaurus - - noster* (2.) Edd. ‖ pedem, nisi restitues] Sic 1. 4. — *pedem; restitue* 5. deceptus sequente Ritt. annotatione. Mox *infitias* 2. ‖ inquam] de Dan. susp. 5. — *inquit* 1. 4. ∾ om. hoc verbum 3. ‖ restitue] Sic 2. 3. 5. — *restitues* 1. 4. ‖ Hac per] — *Hic per* 6. ‖ codicillorum] *codicellorum* 2. ‖ praescriptionem] Ex Dan. emend. 4. 5. — *perscriptionem* 1. ‖ O tempora] — *O patria! o tempora* 2. ‖ per Deos iuro, ipsum] Sic 3. 5. — *per Deos, ipsumque* (om. v. *iuro*) 1. 4. ‖ proieci tuas] — *tuas proieci* 6. ‖ Mandrogerus] — *Mandrogere* 5. ‖ ARB. Praesto] An haec Pantomalo tribuenda sunt? ‖ Mandrogerus] — *Mandrogere* 5. ‖ praestigiae] Sic 5. = *praestigia* 1. 4. ‖ huc] de Ritt. coni. 5. — *huic* Cd. Dan. 3. — *hinc* 1. 4. ‖ dispicis] — *me dispicis* 2. ‖

gratiam] — *gratias* 3. ‖ dicis] — *dicetis* 2. ‖ compilasti] „vel *spoliasti*." 2. ‖ ab istoc] Sic 2. — *abstoc* (sic) 1. 4. — *abs hoc* 5. ‖ nunquam te celeriter] Haec corrupta. Melius, nec tamen sincere, Cd. S. Vict. *nunquam tu celeriter*. — *nunquam te celerites* de Dan. susp. 5., quasi a v. frequentativo *celeritare*. — *nunquam te scelera celeriter* Gruteri susp. Fortasse fuit: *nunquam tu celeriter i usque*, vel: *nunquam te excites* sive *irrites*. ‖ vera est] — *est vera* 6. ‖ illius defuncti] = *def. illius* 2. 3. ‖ reconduntur] Sic recte Cdd. 1. 4. — *recondantur* de Ritt. susp. 5. ‖ Mandrogerus] — *Mandrogere* 5. sicque infra. ‖ Iuro per Deos] — *Iuro Deos* 5. ‖ paululum in iudicio] = *in iud. paul.* 2. ‖ eiusmodi] — *huiusmodi* 6. ‖ constat] Sic 1. 4. — *constet* 2. (3. a sec. manu.) 5. ‖ utrum dixero] — *utrum utrum dixero* de Ritt. coni. 6. ‖ Dicam] — *Dico* 3. ‖ quid in aula quid] Sic 1. ∞ del. alterum *quid* 4. 5. Si alterutrum inducendum, malim deletum prius. ‖ Ego interim non proposui] Sic 1. 4. ∞ del. *non* cum 3. a pr. manu 5. — *iterum* pro *interim* Cd. Dan. a prima manu, retento tamen, ut videtur, *non*. — *Ego intentionem non proposui:* — *Ego interim rem proposui:* — *Ego integram rem pr.* variae suspp. in Margg. Dan. ‖ quod] Sic 2. — *quid* 1. 4. 5. ‖ res ipsa] — om. *ipsa* 3. ‖ acquiescis] — *acquiescit* 4. err. typogr. ‖ ita sese res] Sic (2.) 1. 4. — *ita sic se res* Cd. Dan. 3. — *ita se res* 5. ‖ sustulisti] — *tulisti* 2. 3. ‖ Nam si te ingredimur] Sic corrupte (2.) 1. 4. — *Nam si ingredimur* 3. 5. ∞ *Non litem ingredimur*, vere, puto, Dan. in Curis sec. ‖ temptandum est via] Corruptum videbatur in Curis primis Danieli ceterisque Edd. Sed in Curis sec. Dan. id defendit, Graecum comparans πειρατέον ὁδῷ, „via et ratione"; „prudenter ac tranquilla mente." ‖ Quodnam] — *Quidnam* 2. ‖ Iamiam] — *Iam* 3. ‖ convincar nefas] — *convincar. Nefas!* (exclamatio). 2. ‖ circuitione rem geris] Sic recte Cdd. 1. 4. — *circuitione rem quaeris* supervacanea Dan. suspicio, ex qua parum intellecta 5. fecit: — *circuitionem quaeris*. ‖ asseritur] — *apeeritur* (sic vitiose) 5. ‖ nil] Sic 1. 4. = *nihil* 2. 5. ‖ illic erat] — *pondus* post haec excidisse ratus est Ritt. ‖ Magus] — *Mage* 5. (qui omnes istos vocativos *Mandrogere* cett. contra Cod. etiam Palatinum (3.) videtur introduxisse.) ‖ illius urnae] = *urnae illius* 2. 3. ‖ omnia sibi] — *sibi omnia* 6. ‖ praestigiis] — *praesidiis* 2. ‖ certus] Sic 1. 4. — *certis* sine auctoritate 5. ‖ thesaurum] Sic cum Cdd. 1. 4. — *thesaurus* cum Grutero 5. ‖ Ac si] *has habuisset* 3. a pr. manu. — *an si* 3. a sec. manu. ‖ illuc] de Ritt. coni. 5. — *illic* 1. 4. ‖ tibique] ∞ *tibi* 3. ‖ non noveras] — om. *non* 2. ‖ te etiam] om. *te* 3. ‖ Mandrogerus] — *Mandrogere* 5. ‖ agnosco ingenium lep., agnosco plane] Sic Cdd. 1. — Exciderunt e 4. verba: *agnosco ing. lep. — agnosco ingenium lep.; plane* om. altero *agnosco* 5. ‖ tales - - dilexit] cum Grut. 5. — *talem - - dilexit* 3. et Margo Dan. — *talem - - dixit* 1. 4. ‖ Hem] Sic 2. 3. 5. — *He* 1. 4. ‖ fuisse te scio ‖ = *te fuisse scio* 2. — *fuisse nescio* 3. ‖ elegantem] Sic 2. 4. 5. — *eligantem* 1. ‖ ne permiseris] — *ne miseris* 3. — *ne siveris* Grut. susp. ‖ tibi reliquit] — om. *tibi* 3. ‖ Servilianum] — *et Serv.* 2. ‖ ad legem] ∞ *adlegem* (= *allegem* verbum, cum interrog.) cum 3. volebat Gruterus. ‖ Porciam] — *Portiam* 2. ‖ Fufiam] — *Fusiam* 2. 3. ‖ parum] Cd. Dan. a pr. m. 3. 5. — *parvum* 1. 4. ‖ iure] Sic 2. — *iura* 1. 4. 5. — *iuris* 3. ‖ illi sunt] — om. *illi* 6.

Actus V. Scena II. Nos quoque] Sic 3. 5. — *nosque* 1. 4. ‖ tris (= *tres* 2.) edaces domus] Sic 1. 2. 4. (Ex 3. nihil notatur.) — *TPIS KAI DECA* (sic prorsus:) 5. ‖ pro merito] — om. *pro* 6. ‖ Mandrogeronte] — *Mandrote* 3. ‖ victum] Sic Margo Dan. — *victus* Cdd. et Edd. ‖ solidi unius, de] de Dan. coni. 5. — *solidi illius, de* Cdd. 1. 4. ‖ et tumor] — om. *et* 5. ‖ bessem] Sic 5. = *bissem*, ut saepe est in Cdd., 1. 4. ‖ aposiae] Sic Cdd. — *apoziae* de Dan. sententia 5. (In Curis sec. cogitabat Dan., annon scribendum esset: ∞ *aporiae*, quum in Vetere Lexico invenisset haec: „*Aporia:* anxietas, taedium, vulnus, stimulus, abominatio.

Aporiari: tribulari. *Aporia:* fluxio, derivatio, sordes.") ‖ hoc est, excoctionis] Gloss. hoc videbatur iam Danieli. ‖ contemplatione] de Dan. coni. 5. — *contemplationis* Cdd. 1. 4. ‖ infixis] ∞ *inflictis* Margo Dan. — *defixis* 3. ‖ summoto] Sic 2. — *summo* 1. 4. 5. ‖ criminali] — *criminari* Cd. Dan. et 3. ‖ inspicientum] = *inspicientium* 2. ‖ luxu] Sic 2. 3. 5. — *loxu* 1. ‖ commodum placuit] — *commodum complacuit* 3. ‖ protinus] Sic 2. 5. = *protenus* 1. 4. ‖ inveniat] Sic 1. 4. ∞ *inveniet* 5. ‖ defecerit] ∞ *decesserit* Margo Dan. ‖ inter hominum liberorum et aequalium lasciviens turba] Haec vel manca vel corrupta. De Dan. susp. 5.: *inter se hominum* cet. Dan. praeterea proposuerat: *interim*, *interea*, *interdum hom.* At in Curis sec.: *inter hominum l. et ae. lasciviam turba;* sed ne ex hoc quidem commoda exsistit sententia. ‖ a patrono vel servo patroni] — *a patroni* (sic; cett. omissis) 5. err. typogr.

XIX. Quintiliani quoque, quae feruntur, declamationes, ut in alio genere Querolus Pseudoplauti, ad eas antiquitatis reliquias sunt referendae, quas secundarias rite dixeris. Deperditae si essent, nemo magno opere eas desideraret; nunc, quum exstant, nec prorsus eas negligere possumus, nec tamen magna cum voluptate iis immoramur. Devorandae igitur sunt. Quo in genere scriptorum sequens aliqua philologorum aetas, ut habeat, quid agat, prudenter spero, ita elaborabit, ut paret primum editiones quam maxime accuratas*), ut qui velit ac debeat, totis studiis in eas incumbat; sed pauci semper hi erunt; ceteris lectoribus eadem philologorum secta ita prospiciet, ut continua potissimum, sed brevi, enarratione exponat, quid declamator iste (ut in hoc nunc subsistamus) conferat historiae et rerum gestarum et morum

---

*) Vix enim dici potest, quam negligenter sit constituta lectio declamationum istarum in Ed. Burmanni, quam optimam dicunt. Quam parum porro fidendum sit etiam annotationibus, antequam ad ἀρχέτυπα sua corrigantur, ipse experientia edoctus sum. Quocirca in hoc scriptore expoliendo erit ad laureolam satis iuveni alicui docto.

ac religionum; quibus adiunget, quae paucissima licet de singulis personis ab eo traduntur: latior iam campus erit explicandi ea, quae ad iuris civilis scientiam spectant, ita ut iure consultus facili opera, quaecunque suam disciplinam iuvare aliquatenus possunt, ea in disputatione inveniat. Nimirum creaverant sibi declamatores isti ius aliquod, ut ita dicam, scholasticum; mire mixtum et e Graecis legibus et e Romanis et ex ipsorum arbitratu confictis; cuius tamen iuris declamatorii semina a veritate non prorsus abhorrentia curiose investiganda sunt ICto historico, ne, quae suprema lex est nostrarum disciplinarum, quidquam ab eo negligatur. Verum his nondum satisfactum erit editoris officio; etenim seliget is praeterea, si placuerit, γνωμολογίαν Quintilianeam; insunt enim in plerisque futilibus sententiae nonnullae Romano ore dignissimae; grandes, fortes, magnanimae; quibus in scholis saltem utentur magistri: quod genus ab avis nostris nimis fortasse frequentatum, nimis rursus nunc nos negligimus: quamquam vel mihi paene puero a primis Sallustii verbis *Omnis homines qui sese* . . . miram quandam impulsionem datam esse recordor, quae, nisi fallor, nondum prorsus vim suam amisit. Sed deridebunt haec eruditi, alia qui unice volent; neque ego contra dico, immo quantum in me est exhortor futurum editorem, ut studiose excerpat, quae ad grammaticam disciplinam pertinent, atque ut ante omnia elaboret glossarium, quod dicunt, ubi quisque quod libet quaerat, reperiat, non reperiat. Etenim, vere ut dicam, ex hoc genere scriptorum secundi, tertii, quarti etiam ordinis longe equidem mallem ut quam copiosissime locupletaretur Forcellinus (cui, unius aetatis homini, primaria opera insumenda erat in scriptores et optimos quosque et antiquiores, etsi minime spernenda praestitit etiam in deterioribus excerpendis) hoc, inquam mallem, quam ut referciretur subtilitatibus ac difficilibus nugis nostrorum temporis Grammaticorum, quorum multiplex opera et in plerisque vana praeludere tantummodo videtur verae ac certae Grammaticae Latinae illorum κατορθώματα conservanti, errores silentio praetermittenti, qualis fortasse pronepotibus nostris destinata est. At, cur tandem haec deblateras? inquit. Idcirco dumtaxat, quia dum verso Bernense exemplar Pithoeanae editionis (Lutetiae MDLXXX.) istarum declamationum occupatus in Taciti dialogo de oratoribus ab incredibilibus corruptelis nuper illatis accurate repurgando, incido in *Almari* RANCONETI, Iureconsulti Burdigalensis, viri acutissimi emendationes a Bongarsio margini adscriptas; e quibus quae maxime memorabiles videbantur, hîc in usum futuri editoris excerpsi. Insunt in iis nonnullae, quas Aerodius iam habet in margine, aliae, in quas postmodum, ut fit, inciderunt itidem Schultingius et Gronovius, quae fortuita consensio magnum semper est veritatis argumentum; aliae denique adhuc incognitae; quarum omnium documentum hoc qualecunque exstare volui, horas dum aliquot subsecivas ipsis declamationibus Quintilianeis non sine fructu insumo. Accipe ergo haec, mi Madvigi, et, si placet, horis item subsecivis diiudica. Ad alia enim utrumque nostrum vocat et studium et brevissimum vitae spatium.

Ed. Pith.	Ed. Burm.	
p. 28.	p. 456.	virgines competebant] Ranc. *virgines complures petebant*
29.	457.	plus saepe] Al. *plus semper*
»	»	nobis adfert] *nobis adferet*
»	»	tum omnium, quas singulis facitis, iniuriarum] *tum omnium, quam singulis facitis, iniuriae.*
»	»	istius etiam moror] *istius immoror*
30.	458.	Comitia nostra] *Comitia vestra*
31.	459.	respiciunt] *recipiunt*
34.	461.	causas habeat] *c. habet*
35.	463.	apud quos dicit] *a. q. dicite*
»	»	periculosis] *privatis*
36.	464.	nec enim scriptum] *n. e. secretum*
38.	465.	pietatem in causa] *pietatem causam* Ranc., ut Schulting.

Ed. Pith.	Ed. Burm.	
p. 38.	p. 464.	litem iniustam conditione] *l. iniusta c.*, rursus ut Schulting; et Gronov. p. 502.
69.	495.	sententiam formabit] *sententia formabitur;* quod tribuitur Brissonio.
»	»	in qua malint] *in quam m.*
72.	497.	ceterum quidem] *ceteroquin;* quod affert Pith.
76.	501.	quomodo in ceteris] *quum in c.* Ranc., ut Schult.
»	»	quis tamen] *quis tum*
»	»	hoc esse pro re publica] *hoc esse pro civitate, esse pro re publica*
78.	503.	ac potestati] *ac populi potestati;* prorsus ut Gronovius.
»	»	adhuc animi] *adhuc inimici*
80.	504.	Illic mihi] *Illinc mihi*
»	»	has inimicitias] *hae inimicitiae*
83.	508.	ad formam] *ad formulam*, ut margo Aerodii.
85.	510.	consolaberis] *consuleris*
90.	514.	frequenter etiam honestissima] *fr. causam honestissimam*
95.	519.	et idem] *et item*
98.	521.	non inde ceciderunt] *non impune ceciderunt*
100.	522.	dolore multo] *dolore invito*
104.	526.	Ponamus cet.] *Ponamus enim debitorum sine sponsore rationem: ut opinor, detracto aere alieno* cet.
109.	531.	ad delictum] *ad vindictam*
132.	552.	ius sacerdotis] *ius sacerdotii*
»	»	quam sacerdotis] *quam sacerdotii*
171.	590.	non casu eos] *non casu duos?* Al. *nos.* Fortasse: *binos*
172.	»	et istas innocentes manus committite] Al. *mitis* (pro *committite*). Fortasse: *et istas innocentes manus committis*

Ed. Pith.	Ed. Burm.	
p. 185.	p. 604.	potest videri novitium] Al. *non vitium*. Ranc.: *non ultimum*.
186.	»	posteriore testamento] Al. *primo*. Ranc.: *postremo*.
»	»	non esse velut testamentum] *n. e. ultimum t.*
187.	605.	ut proxima] *ut postrema*
196.	615.	apud nos nihil nostro animo] *apud vos nihil vestro animo*
203.	621.	Est autem communis cura aliis controversiis] *Est autem commune cum aliis c.*
204.	622.	Furore] *hic furore*
208.	625.	iam prompta] *iam propria*
»	»	ut natura dignum sit] *ut n. d. est*
»	»	quam mirum esse aliquem qui pereat (sic Pith. Burm.: qui deserat] Al. *qua* Al. *nimirum*. Ranc.: *quia nimirum esse aliquem oportet qui pereat.*
»	»	Non utique periit lex: quare?] *Non utique contra legem peto*
209.	627.	Erratis] *Errastis*
211.	628.	si contigisset felicitati] *si c. civitati* Ranc., ut postmodum Gronov.
212.	629.	In eo quod quaerimus cet.] *In eo quod quaeritur, quid sit dementia, definit et* cet.
»	»	quo reus *Pith.* quod reus *Burm.*] *qui reus* Ranc.
213.	»	separata] Al. *separatim*
215.	631.	tam inimicus fuit cet.] *tam inimicus rei publicae fuit, ut periclitari eventu* (deleto *ex*) *pugnae unius civitatem suam vellet*. Ranc. Praestat Gronovii ratio: *tam iniquus - - civitatem summamque rem publicam v.*
217.	633.	iaceat in turba] Al. *iactat*. Ranc.: *iactatur*, ut Aerodius.

Ed. Pith.	Ed. Burm.	
p. 219.	p. 634.	Ante omnia cet.] *Ante omnia enim testamento non est cautum, quoi solvam*
221.	637.	dilationis] *delationis*
»	»	hic infamiae vides poenam] Al. *infamia* Ranc.: *hic infama;* (verb.) *vides p.*
223.	638.	propositorum animorum] *propositum animorum*
246.	659.	serit virtutum] Al. *sedit.* Ranc.: *dedit*
262.	674.	iustum debet cet.] *ius tum debet iudex sequi proximum.*
264.	676.	necesse sit] *necesse esset*
265.	677.	licebat, constituitur] *l., constituetur*
»	»	neque ideo conscripta] *neque ideo non conscripta*
267.	678.	si alterum occisuri] *sed alii te occ.*
269.	681.	qua rerum] Al. *quam r.* Ranc.: *quantum r.*
»	682.	quanto istud] *quanti i.*, ut Schulting. et Gronov.
279.	691.	ille iuvenis] *ille et iuv.*
280.	692.	Ira actus me in] *Mirantur me;* ut de Brissonii sententia Aerodius.
281.	693.	antequam adulterum] Al. *adulterium*
»	»	sine ulla conventione] *s. u. conditione*
»	»	sed quatenus] *sed quando*
»	»	Stari voce mea sit aequum conventione pactorum. Quod quale fuit?] Al. *iure - - actum.* Ranc.: *Stari in re mea sit aequum conventione. Pactum porro quale fuit?*
283.	694.	quin dicturus fuit] *q. d. fuerit.* Ne illum quidem soloecismum emendavit Burmannus.
»	695.	Num alioqui] *Num alicui*
»	»	parte agri mei] *parte agri mea*
299.	710.	id scribere] *ita scriberc*, ut postea Gronov.

Ed. Pith.	Ed. Burm.	
p. 303.	p. 744.	quo partem] *quod partem*
328.	740.	ut pecuniam cet.] *ut petitor excidisse formula, quum aliter, quam potuerit, egerit, dicatur.* (fere ut Brissonius.)
345.	755.	Horum enim primum cet.] *Horum enim trium* (ut Aerod.) *iam verba signavi: illorum quattuor aeque signabo?* (Vide, ne hic quoque ut alibi v. c. apud Tacit. *Dial. de Or.* 16 et 23 leg. sit *significavi* - *significabo.*
346.	756.	corpus efficeres] *corpus efficerent*
363.	773.	Quidni non abdicaret] *Quid abdicaret*
»	»	gravet in parricidium causa] *graves* (verbum) *in parricidii causa*
364.	»	ad preces decurrere, non ad venena] Al. *advena.* Ranc.: *ad preces decurrere non audeo;* prorsus ut postea Gronov.

Manibus meis trivi illud quoque Bernense exemplar editionis Aërodianae Parisiis MDLXIII., in quo summus Cuiacius margini adscripsit permultas correctiones tum ex Pithoei editione, tum e Codice aliquo, ut videtur, tum ex proprio ingenio petitas. Ex utraque cura vides, Madvigi, quanto opere divini illi Sec. XVI. ICti desudarint in isto qualicunque scriptore legendo atque emendando; unde minus etiam, cur nunc tam neglectus iaceat, intelligo. Certe uterque liber Bernensis futuro editori minime erit negligendus. Ego vero ad alia nunc propero.

Ex quo autem haec, tardantibus saepe operis, typis exscribi coepta sunt, duo pergrata mihi oblata sunt munera. Primum, mense Aprili haec mihi scripsit I. Bake, Vir Clarissimus: „Quum superiori anno afferretur Madvigii Epistola critica scripta ad te, statim et agnovi libri praestantiam et quam possem diligentissime de eo in quinto volumine Bibliothecae referendum esse iudicavi. Feci, et censura superiori aestate conscripta sub huius anni initium exiit in quinti Voluminis parte prima, quam in Helvetiam missam esse spero." (*Ego nondum vidi.)* Feci tum mentionem Codicis Leidensis, de quo saepius verissime suspicatum esse Madvigium ostendi, dixique me istius Codicis cum Regio comparandi collationem tibi destinare mittendam. Et sane praeter illas Verrinas et Divinationem insunt aliae orationes haud sine fructu a me collatae. Quantum eius absolvi nunc non mittam ad te, sed ipse afferam." Quod insperatum donum gratissimo nunc animo exspecto. Paullo post accepi novam et accuratissimam collationem Codicis Regii ipsius ab erudito iuvene Hanhartio, Basileensi, intercedente Gerlachio meo, institutam. Ita, spero, fiet, ut omnia dubia, quae adhuc remanebant, de eius lectione amoveantur, satisque sit fundamenti, cui innisus potero, quoad nunc licebit, emendare Verrinas; qua in re permagnum semper erit meritum et Bakii et tuum, mi Madvigi. Multa et praeclara exspecto item a Zumptio, cuius cura nondum ad nos allata est. Haec scripseram Kalendis Iuniis MDCCCXXX.

His ipsis autem diebus felici itinere quum huc advenissent VV. CC. Bake, Geel et Hamaker insigni benignitate usus Bake iam meus attulit mihi accuratissimam collationem Cod. Leidensis Verrinarum de signis et de suppliciis aliarumque nonnullarum orationum Tullianarum; pluraque etiam tres illi viri optimi atque humanissimi mihi polliciti sunt, ita ut, quod vix sperare ausus eram fore, ut unquam mihi recluderetur aditus ad Leidensis bibliothecae thesauros, post hoc sincerae amicitiae foedus initum pro certo iam magna mihi subsidia inde ventura promittere possim iis, qui meliora in dies de Cicerone meo merito et postulant et exspectant. Latissimus enim adhuc patet campus emendandi ea, quae aut deliqui imprudens aut melioribus adiumentis etiam tum destitutus, corrigere non potui. Inter felicissimos autem et iucundissimus vitae meae dies post eos, quos cum Wolfio et Hermanno transegi, hos numero, quibus una fui cum Bakio, Geelio, Hamakero. „*Manibus date lilia plenis* talibus diebus vos, o Parcae, vitae deae:" sic, novo utique significatu, mihi est precandum. Speciminis autem gratia dabo propediem selectas aliquot Ciceronis orationes, in quibus Verrinam illam utramque, scholarum in primis usui accommodatas.

Alterum est, quod supplementi loco hîc adiungere iuvat. Videlicet quum strenua cum cura Gerlachius meus iam designatus bibliothecarius, denuo quaesisset codicem Arateorum Caesaris Germanici cum vetere Scholiasta*), tandem eum reperit mihique illico Turicum transmisit. Scriptus est seculo IX. vel X. ineunte, forma quadruplicata, fol. XLV.; tribus paginis dumtaxat scriptura, quam vocant Anglosaxonicam, reliquis Langobardica. In fine haec leguntur a manu longe recentiore: „Honorabili Domino ac patri suo (sequitur nota mihi aeque inextricabilis ac Faeschio, pristino huius Cd. possessori) Fuld. Eccl. abbati . . . Decanus totusque eiusdem Eccl. conventus paratam ac devotam obedientiam:" ex quibus coniectura fieri potest eum in monasterio Fuldensi exaratum vel certe aliquando asservatum esse. Insunt figurae constellationum rudi artificio delineatae, ita tamen ut manifesto vestigia retineant imitationis antiquissimarum picturarum, quibus iam apud ipsos Romanos, ni fallor, solebant exornari ista Aratea. Ex horum autem lectione Fulda-Basileensi studiose enotata perspexi multa iam emendari posse in corruptissimo etiamnunc poëmate, meliore utique sorte perquam digno; idque aliquando praestare conabor, quum inspexero etiam Cdd. Bernensem et Einsiedlensem. Maximum autem pretium Cd. Basileensis in eo continetur, quod habet versus a Burmanno solo editos. Iam vero quod ad Scholiastam attinet, hic Codex per totum scriptum rursus permultum differt et a Cd. Leidensi et a vulgata et ab Epitomis Sangallensibus ac Turicensi: modo brevior est vulgata, modo longior atque uberior; et in iis quoque quae communia habet cum vulgata saepissime verba ipsa atque eorum ordo ab illa differunt. Speciminis loco hîc

*) In Haenelii V. C. *Catalogis Mss.* p. 638. b. mire sic notatur: „Claudii Caesaris, Germani, versio Horatii c. comm.; membr."

caput XI. exhibeo consulto servatis omnibus ipsius Cd. erroribus:

Recensio Schaubachii:	Codex Basileensis:
Ad adspectum [autem] Bootis Virgo constituta est, [quae Erigone dicta est] quae inter Leonem et Libram in zodiaco locum tenet. Hanc Hesiodus Iovis et Themidis filiam esse dicit, nomine Iustitiam[1]. Hunc secutus Aratus dicit, quod, quum esset immortalis in terra[2] morabatur et, a virorum aspectu se subtrahere solita, cum feminis consulto ludere et conversari videbatur, et ab iis Iustitia vocabatur[3] et nondum inter homines nequitiam neque navigationem fuisse, sed illam [in terris moratam] aequitatem hominibus praestitisse eo seculo, quod aureum dicebatur. Sed postquam insecuti homines ab aequitate recesserunt[4], illa cum iis minus[5] conversata est; postquam vero hominum mores in deterius versi sunt, in toto[6] se e terris abstulit et in ea parte caeli habitavit, qua et nunc moratur[7]. Nonnulli dicunt eam[8] esse Cererem, eo, quod spicas teneat, alii Atargatin, quidam vero Fortunam[9]. Nigidius de Virgine ita refert: Virginem Iustitiam dici sive Aequitatem, quae ab hominibus recesserit et ad immortales merito transierit. Nam, quum inter mortales conveniret, omnibus locis conciliabulisque solitam consistere et praecipere hominibus, ne temere a iustitia et aequitate discederent, eosque, quamdiu[10] monitis eius obedirent, diu in vita sine cura et sollicitudine futuros; sed, quum negligentius aequitatem observantes in insidias declinarent cupiditate[11] et avaritia alter alterum deciperet, ab hominibus discessisse et digna caelesti numero immortale praemium	*Absunt haec:* Ad adspectum - - - - locum tenet. *a Cd. Basileensi.* Hanc hesiodus iovis et themidis filiam esse nomine iustitiam quae cum mortalibus in terris morabatur virorum aspectu se abstinere solitam cum feminis consultam ludere nondum inter homines nequitiam neque navigationem fuisse sed omnia terra morata vitam alere aequitatemq. eis praestitisse eo saeculo quod aureum dicebatur sed postquam minutae quiessent homines minime cum eis conversatam postquam vero hominum mores in deterius versi in toto se e terris abstulit et in ea parte caeli habitavit qua et numeratur alii dicunt eam esse cererem quod spicas teneat alii atargatin alii fortunam ob quam rem sine capite astris refertur. Nigidius de virgine ita refert virginem iustitiam dedici sive aequitatem quae ab hominibus recesserit et ad immortales merito pervenerit. Cum inter mortales conveniret omnibus locis conciliabulisque solitam consistere et praecipere hominibus ne temere ab aequitate atque iustitia discederent quam diu mortales monitis obedissent tamdiu vitam sine cura ac sollicitudine futuros sed cum neglegentius aequitatem observarent insidiasque declinassent cupiditate et avaritia alter alterum deciperent ab hominibus dis-

pietatis possidere[12]. Habet autem stellas in capite unam nimis obscuram[13] (propter quod sine capite astris infertur[14]) in singulis humeris singulas, in unaquaque ala [obscuras] duas; ex iis[15], quae sunt in dextra ala a parte humeri, est clara una, quae vocatur Vindemiator; in[16] singulis cubitis singulas, in singulis manibus singulas; illa, quae dextra, clarior est et vocatur Spica; in tunica obscuras sex; in singulis pedibus singulas. Sunt omnes decem et novem.

1) *Editio princeps:* iustam 2) in terris 3) iusta vocatur 4) diminuti homines a veritate quieverunt 5) cum eis minime 6) versi in toto 7) qua enumeretur 8) Nonnulli autem eam 9) Fortunam pro eo quod sine capite astris infertur 10) discederent: qui quamdiu 11) observantes declinarent insidiisque cupiditate 12) possedit. *Quae in Cd. Basileensi sequuntur de Icario et Erigona simillima* Hygini Fab. CL. *absunt ab Editione principe et Schaubachii recensione.* 13) obscuram nimis unam 14) *Omittit h. l.* propter quod sine capite astris infertur *Ed. princeps.* 15) ex eis 16) clara una; et in *cet., omissis verbis:* quae vocatur Vindemiator. — Ex toto hoc specimine rursus vides, mi Madvigi, qua libertate in constituendis libris scholasticis, qualis hic sane fuit, posterioribus Romani imperii temporibus versati sint ludorum magistri, pro suo arbitratu multa omittendo, immutando; ita ut felices nos praedicemus necesse sit, quod in scriptores longe praestantiores, Ciceronem, Sallustium, Livium, qui tamen non minus in scholis tractabantur, eadem licentia grassata non est. Quae quum mecum reputo, fit interdum, ut non longe

cessisse digna caelesti numero immortale praemium pietatis possedit sunt qui aliter memorent erigonen atheniensem micari filiam fuisse quod cum liber inventum suum vinum suavitate inter mortales inlustraret veritum ne cum civibus suis obtulisset et saporis nobilitatem aebrietatem iocunditatis arbitrarentur maleficium persuasit icario amicissimo sibi ut is inferret in civitatem quam vellet hoc est vinum quod est libens animo icarius tulit et distribuit in attice hi capti nobilitate vini languore subito vacillantes veriti ne non augendae voluptatis sed inminuendae valetudinis id est sensum sibi sublatum commoti vino praecordiaq. transpulsi icarium interfecerunt quod pro iucundissimo praemio est adeptus contra morem patris erigone cum miserando ululatu mortem requirens canis leni vestigio eam accensam ad matris corpus perduxit quae eius corpus sepelit ipsa quae se in hymeto monte contulit tibique sibi laqueo mortem adscivit tum dicitur liber a iove petisse propter quod icarius pater erigones fuisset siderum signis nobili daretur ad ea quae virgines athenienses quotannis diem festum instituerunt aras quos nos latine dicimus ideo quia illam pendentem qui iactari conspexerunt quod est apud grecos ΦEPECEM ex quo factum est ut solioscillo lactarentur homines carius autem pater virginis nominatur stella arcturus quae cum exoritur spurcissimas tempestates mari terreque efficit quod meminit sibi pro beneficio exsitium fuisse a mortalibus. canis autem carii qui ululans ante pedes pendentis virginis mortuus est astrum cyon nominatur quam nos canstellam (*a sec. m.:* canis stellam) nominamus qui ob can-

abhorream a Klinkhameri sententia Querolum nostrum a Scholastico aliquo ex ligata iu solutam orationem consulto esse conversum: quamquam etiamnunc sunt quae vetent, quo minus hanc opinionem omni dubitatione deposita sequar. Attulerunt autem nunc mihi praestantissimi illi Batavi amici Bake, Geel, Hamaker, Klinkhameri Querolum. Ipsi Klinkhamero summas gratias ago; eumque, strenue ut pergat in haec studia incumbere, ultro exhortor. Ingenium certe ei minime deest.

dem causam qui exoritur summam pestilentiam mortalibus portat virgo figuratur stellis .xviiii. in càpite obscuram nimis .I. in singulis umeris singulas in sinistra ala obscuram. In dextra abumeris et ad altera Inna vocatur protrygeter in singulis cubitis singulas In singulis manibus in ultimis primis In sinistra claria quod vocatur spica in tunica stellae obscurae sex in singulis pedibus singulae summa xviiii.

Quod pag. XIV. scripsi a *Notkero*, velim emendes: „ab Eckehardo primo." Utrumque Sangallensis monasterii incolam imprudens confudi. Pag. XXV. gratam mentionem inieci doctissimi et in me benignissimi Muenteri, qui etiam tunc, quum illa scripsi, inter vivos versabatur iamiam disciplinis ereptus, nobis lugendus. Ave, anima pia!

Tu autem, mi Madvigi, vale et me ama.

Scribebam Turici, Kalendis Octobribus. MDCCCXXX.

DIS. MANIBVS

ET

AETERNAE. SECVRITATI

CAROLI. BEIERI

CRITICI. CICERONIANI

IO. CASP. ORELLIVS

AMICVS

S. T. T. L.

M. TULLII CICERONIS
ORATOR AD M. BRUTUM.

„*Potest non solum aliud mihi ac tibi, sed mihi ipsi aliud alias videri.*"

Orator. §. 237.

LECTORI BENEVOLO S. D. EDITOR.

Duplex Codicum Oratoris esse genus, alterum mutilorum, integrorum alterum primus, quod sciam, animadvertit Lagomarsinius, in Bandinii *Catal. Codd. Latt. Bibl. Med. Laur.* Tom. 2. p. 494. „Integros quidem, pergit, qui ullam satis insignem antiquitatem prae se ferrent, hoc est, qui ante seculum XV. scripti viderentur, nullos usquam neque a me repertos, neque a Victorio potuisse reperiri confiteor." — Scilicet eam ob causam, quod eo demum seculo integer Orator repertus est. „Rem narrat, (verba sunt Lagomarsinii) Blondus Foroliviensis in *Italia illustrata* pag. 346. *Ed. Basil.* 1559.: „*Gasparinus* (Barzizius) *Bergomensis, grammaticus rhetorque celeberrimus, Venetiis meliori solito doctrina nonnullos erudivit, plurimos ad ea imitanda studia incitavit - - quum Philippus, Mediolanensium Dux tertius, Gasparinum Bergomo subditum hominem invitum Mediolanensibus edocendis Padua et Venetia evocavit; ubi id maxime adiumenti studiis eloquentiae attulit, quod repertus Laudae a summo viro Gerardo Landriano, tunc ibi Episcopo* (gessit autem Laudensem episcopatum Landrianus, auctore Ughellio, ab anno MCCCCXIX. ad MCCCCXXXVII.) *multis maximisque in ruderibus codex Ciceronis pervetustus et cuius literas vetustiores paucissimi scirent legere, ad eius perveniens manus interitum evasit. Continebat is Codex praeter Rhetoricorum novos et veteres, qui habebantur, tres quoque de Oratore integerrimos, Brutum de oratoribus claris et Oratorem ad Brutum M. Tullii Ciceronis. Unde liberatus est bonus ipse vir Gasparinus ingenti, quem assumpserat, labore supplendi, quoad poterat, librorum de Oratore defectus, sicut diu ante in Quintiliani Institutionibus multo labore suppleverat. Et quum nullus Mediolani esset repertus, qui eius vetusti codicis literam sciret legere, Cosmus quidam egregii ingenii Cremonensis tres de Oratore libros primus transcripsit: multiplicataque inde exempla omnem Italiam desideratissimo codice repleverunt. Nos vero, quum publicis patriae tractandis negotiis adolescentes Mediolanum adissemus, Brutum - - primi omnium mirabili ardore ac celeritate transcripsimus; ex quo primum Veronam Guarino, post Leonardo Iustiniano Venetias misso, omnis Italia exemplis pariter est repleta.* — Nec vero est, cur de huius narrationis veritate quidquam dubitemus, etsi falsa quaedam in ea inesse suspicatus est Ernestius tum in *Praefat.* p. XIII., tum in Fabricii *Bibl. Lat.* T. 1. p. 148. seqq.; quamquam in Barzizii Epistola (*Opp.* p. 215.) de unius Oratoris exemplo „*pro illo vetustissimo ac paene ad nullum apto*" Gerardo Landriano remisso sermo est. Certa enim res est nec Bruti Cdd. antiquiores exstare nec vero librorum de Oratore integrorum: qua de re omni consule Lagomarsinii eruditam disputationem l. l. Constat autem Oratorem repertum esse ante annum MCCCCXXIII., quum hunc annum prae se ferat *Plut.* L. *Cd.* XVIII. (*Bandini* l. l. p. 510.) Mutili vero Cdd. adhuc noti ultra Sec. XIII. non ascendunt; quippe quum antiquissimus inter omnes — mihi notos semper dico — sit Mediceus *Plut. L.* Cd. I. Sec. XIII. deinde Gud. 2. Eberti 201. sive Schuetzii Gu. 3. Sec. XIV. in Gallia exaratus; denique Ambrosianus *Part. infer.* E. 81. item Sec. XIV. Duo alii mutili Ambrosiani *Part. sup.* E. 127. et O. 158. ambo sunt Sec. XV. Iam truncis his Cdd. desunt omnia a §. 1—91. *aliquantoque robustius;* pro quibus habent *multoque robustius*, Erlangensis habet haec ipsa duo verba, sed post haec casu quodam, ut opinor, evulso folio in eius archetypo, pergit inde a §. 100. extremis verbis *subtiliter et magna*; (hi Cdd. *subtiliter et alta.*) Deinceps habent omnia usque ad §. 191. *Quod enim*, quae sine ullo defectus indicio statim excipiuntur verbis §. 231. *in eodem semper versetur* usque ad finem. Ex uno igitur eodemque Cd. antiquissimo sic mutilato hi omnes manarunt.

Ex Laudensi autem Cd. duplex rursus ortum est genus Cdd.; nam vel integra describebant apographa scholae Barzizianae, vel eo contenti erant, ut supplerent defectum utrumque Cdd. mutilorum ex integris; cuius generis pro certo novimus ipsum illum Cd. Medic. *Plut. L. Cd.* I. partim Sec. XIII. partim in capitibus scil. Laude repertis Sec. XV. exaratum. Quid? quod mature iam videntur e mutilis receptae esse lectiones in integri apographa, eodem fere modo quo critici recentiores utrumque genus permiscuerunt.

Iam Codd. mutili, sed nunc certe, deperdito iam Cd. Laudensi, antiquiores, adhuc hi sunt collati:

1. Vetus Caroli Stephani in eius Ed. 1555. admodum diligenter excussus.

2. Erlangensis a Beiero accuratissime collatus ad Meyeri editionem; quo Cd. ego primus usus sum; atque ita quidem, ut ex integra eius lectione primum manifestata sit tota horum ipsorum Cdd. indoles, quae ex eclogariis perspici nunquam satis potest. Eam autem ipsam ob causam universam eius varietatem in fine Oratoris exscripsi.

3. Gu. 2. Eberti 201., cuius multa excerpta dedit ex Heusingeri collatione Schuetzius in Ed. maiore. Ipsi est Gu. 3., ut supra adnotavi; sed insigni errore, in Capitibus I.—IV. e Gu. 3., qui iis caret, affert lectiones aliquot: ibi igitur substituendum erit pro *Gu.* 2. 3.: *Gu.* 1. 2.

4. 5. 6. Excerpta admodum pauca Cd. Pithoeani, qui idem videtur cum Vetere Stephani; item Palatinorum

duorum, primi et secundi, apud Gruterum: quibus addendi sunt Cdd. aliquot Lambini; complura enim is ex interpolatis ascivit. Habebat tamen etiam unum alterumve integrum.

Codices autem integri, quibus uti potuerunt Critici inde a Grutero, hi sunt Seculi omnes XV.:

1. Einsiedlensis chartaceus forma quadruplicata, scriptus intra annos MCCCCXL. et MCCCCL. ab Alberto de Bonstetten*), illius Monasterii Decano, quem ex summa benignitate Illustrissimi Principis Abbatis Coelestini et Reverendissimi Meinradi Kaelinii domi meae summo cum otio conferre potui. Continet is complura Opuscula et Epistolas Francisci Petrarchae; duas Controversias sive Invectivas Sallustii et Ciceronis; Praecepta et Institutiones rhetoricas Casparini Pargamensis *(sic)* i. e. Gasparini Barzizae s. Barzizii Bergomatis; Epistolas scholasticas incerti scriptoris Seculi XV., Epistolas aliquot Plinii, Epistolam Plutarchi ad Traianum imperatorem (ex Ioannis Sarisberiensis *Policratici Lib.* V. *Cap.* 1. cfr. Fabricii *Biblioth. gr. ed. Harles. Vol.* 5. p. 192.) M. Tullii Ciceronis de Inventione Lib. II., item ad Herennium Lib. IV. „Ao. Dni. 1442. die 7a. Ianuarii Indict. 5. Concilii Basileensis anno VI." (Haec de solis his libris de Inventione et ad Herennium valent: non

---

*) „*Der Dekan* Albert von Bonstetten *war von der Linie der Bonstetten, welche sich zu Bern niederliess, um die Mitte des XV. Jahrhunderts. Sein Vater hatte die Tochter des Schultheissen* Adrian von Bubenberg *geheirathet. Bei Kaiser* Friedrich III. *und* Maximilian I. *stand er in Gunsten; er erhielt den Titel* Comes Palatinus *und kaiserlicher Capellan. Man hat von ihm eine ungedruckte* Descriptio Helvetiae, *welche auch viele historische Nachrichten enthält. Siehe* Hallers Schweizerbibl. I. N. 669. *Ein Auszug daraus steht im* Schweizerischen Museum, December 1783. *Seine* Historia Austriaca *ist nach dem Geschmack der Zeit mit genealogischen Fabeln angefüllt. Eine* Geschichte des Burgundischen Krieges *beendigte er* 1477., *also gleich nach dem Ende des Krieges.* Haller Bd. V. N. 206. *Man hat auch einige* Heiligengeschichten *von ihm. Ueber seine Bildungsgeschichte ist nichts bekannt. Er lebte noch Anfangs des* XVI. *Jahrhunderts.*" Haec debeo amicitiae optimi collegae, Henrici Escheri, V. Cl., Professoris Historiae nostro in Carolino.

enim uno eodemque anno omnia, quae Cd. continet, scripta sunt.) Epistolam Petri Pauli Vergerii de Iustinopoli ad D. Lodovicum Imolae Dominum; Partitionem philosophiae et scientiarum ad eam spectantium; M. Tullii Ciceronis de Oratore librum; eiusdem Paradoxa; Collectionem Proverbiorum quorundam Hincmari; Franc. Petrarchae de conflictu curarum suarum librum; Notamina quaedam ad Graecam linguam scripta per Albertum de Bonstetten.

Iam quod ad Oratorem attinet, codicem istum Einsiedlensem omnium adhuc collatorum optimum esse diuturno usu comperi: ubique enim fere praebet meliores lectiones a Meyero primum repertas praesertim in Vitebergensi, nonnullas habet suas et proprias merito vulgatis anteferendas, et liber est tum a glossematis, tum a multis imperitiae erroribus, qui deformant vel ipsum Vitebergensem, nec unquam declinat ad genus illud mixtum, cuius exemplar exhibet Dresdensis. In eo uno postponendus est Vitebergensi, quod nimis pronus est in omittenda et singula vocabula, quae minus necessaria fortasse videbantur scriptori ceteroqui admodum perito, et versus integros maxime inter eadem vel similia verba. Errores autem, quos proprios habet Einsiedlensis, eiusmodi sunt, ut neminem facile decipere possint, unde consulto pleraque eius generis reieci in varias lectiones separatim ex eo enotatas: e quibus, ut id quoque significem, collata Meyeri editione, id praesertim apparebit, ubi in pravis lectionibus consentiat aut cum Cdd. et Edd. vett. ab illo collatis, aut propriis, ut fit etiam in optimis Cdd., erroribus sit inquinatus. Iam vero, quum eodem in Codice insit Gasparini Barzizae Rhetorica, admodum probabile est, Tullii quoque Oratorem hunc ductum esse ab Alberto de Bonstetten e scholae Barzizianae exemplari sincero, ab aliquo Barzizae discipulo non sine cura exarato. Barziza autem mortuus est Anno 1431.

2. Einsiedlensi proximus est bonitate, in nonnullis, ut significavi, praeferendus etiam Vitebergensis, scriptus Romae anno 1432., id est, decem circiter annos post

inventum ἀρχέτυπον Laudense. Pauca habet glossemata et ea maxime Einsiedlensis ope facile agnoscenda, sed longe minus peritus Latinaeque consuetudinis gnarus fuisse videtur scriptor Milo de Carraria Patav[in]us ex Magnatum genere, quam Albertus nostras. Negligenter Cd. Viteb. contulit Ernestius; accuratissime Meyerus.

3. Monacensis Seculi XVI., scriptus, ut perhibent, in usum Petri Victorii, sed admodum negligenter ac vitiose. Nullam propriam habet auctoritatem; adminiculi dumtaxat instar mihi fuit ad melius perspiciendam Cdd. integrorum indolem.

4. Oxoniensis, negligentissime collatus, ita ut ex silentio Editorum singulis in locis nihil omnino colligi queat.

5. Dresdensis, diligenter collatus a Meyero. Est ex eo genere mixto, quod in multis a nescio quo immutatum videtur e lectione Cdd. mutilorum; magna igitur cum cautione eo utendnm esse vidi nec facile adductus sum, ut ex eo solo quidquam novarem.

6. 7. Excerpta Gud. 38., Eberti N. 200., Schuetzii Gu. 1., et 12. 13. Aug., Eberti N. 199., Schuetzii Gu. 2. non excurrunt ultra Cap. XXVII. Nam quod pag. 197. Schuetzius laudat Gu. 2. merus est error typographicus. Ad reliquam huius libri partem perpaucas lectiones Gud. 38. exhibet Schneiderus in Epistola ad Langerum Wetzelii *Bruto* praemissa.

8. 9. 10. 11. 12. Excerpta pauca Cdd. Memmiani et Palatinorum quattuor (3. 4. 5. 6.) apud Gruterum. Memmianus idem fortasse fuit cum uno eorum, quos aliquoties laudat Lambinus.

Praeterea memorantur Cd. Borromaei a Manutio; Cd. Lovaniensis „optimus" a Lipsio *Var. Lectt.* 2, 7. et Carrione *Antiqq. Lectt.* 2, 12.; Cd. Alexandri Glorierii a Mureto *Var. Lectt.* 12, 20.; Cd. Harleiensis apud Pearcium Oliveti ad §. 80.; Cdd. Goerenzii V. C. *de Finn.* 3, 2, 4.; Cdd. aliquot Regii apud Leclercquium; de quorum paucissimis excerptis nullum iudicium ferre audeo.

Iam, ut de diversa duplicis istius Cdd. generis indole disputemus, manifestum est Cdd. mutilos omnes ita inquinatos esse interpolationibus consulto factis, ut vix decem verba deinceps legantur, in quibus non eiusmodi corruptela aliqua compareat. Sed duplex rursus est genus huius varietatis; alterum veritatis interdum habet speciem fallacissimam idque antiquius videtur et nescio quo consilio inductum ab aliquo ludi magistro sive rhetore, qui vel emendare elegantioremque reddere ipsum Tullium vel variare saltem eius orationem studeret. Certius tamen ea de re iudicari tunc demum poterit, ubi collatus erit aliquando Cd. inter mutilos antiquissimus Mediceus *Plut. L. Cd.* 1. Sed quatenus has interpolationes nunc novimus, vix tribui possunt Seculo XIII., quo ille exaratus est; verum ad rhetorem aliquem fortasse Gallicanum Seculi quarti aut quinti referendae videntur. Scilicet tale quid

— — *brevibus Gyaris et carcere dignum*

facile in mentem venire poterat hominibus Iulii Victoris atque Pompeii Grammatici similibus. Alterum autem in his Cdd. varietatis genus adeo pravum et vitiosum est, ut sensum prorsus pervertat, adeoque saepe primis grammaticae disciplinae legibus adversetur. Hoc utrum medio demum aevo alius magistri stultitiâ, an librariorum tantummodo stupore in hos Cdd. irrepserit, in medio relinquam necesse est. Nihilominus in quisquiliis istis ineptissimae lectionis insunt aliquot, sed paucae, veri reliquiae vel saltem vestigia, in integris Cdd., ut fit, obliterata (cfr. §. 94. 118. 237., ut de aliis taceam.) Hi vero, et in primis Einsiedlensis ac Vitebergensis, in plerisque veriorem exhibent lectionem; liberi fere sunt ab interpolatorum ineptiis atque erroribus illis ridiculis, quibus refertum est alterum genus. Attamen id ante omnia tenendum est, ubi in lectionibus aut per se probabilibus aut in talibus, quae ex solis Cdd. pendent, velut varietas inter particc. *et* et *ac*, *quod* et *quia*, et ordo verborum, ubi, inquam, inter se consentiunt contra Ernestianam lectionem vulgatam Cdd. vere integri (Eins.

Viteb.) cum Cdd. interpolatis omnibus inter sese simillimis, magnum id esse praeiudicium de vera Ciceronis manu. Vix enim casu exsistere poterat eiusmodi consensio, sed credibile est Cd. Laudensem ipsum eandem habuisse lectionem cum Cdd. interpolatis, in aliis demum obliteratam. Sed ab hac consensione, ut ante dixi, excludendus est Dresdensis.

Eo confidentius autem de tota hac re pronuntiare licet, quum Quintilianus 9, 1, 37. inseruerit Oratoris §. 134—139.; quo in loco maxima debet esse auctoritas Cd. Turicensis. Diligenti autem eius examine instituto, reperi hinc quoque confirmari omnia ea, quae supra de indole utriusque familiae Cdd. disserui. Nimirum in plerisque Cd. Turicensis conspirat cum Cdd. integris ac sinceris, in primis cum Einsiedlensi et Vitebergensi; in paucis tamen inclinat ad lectionem mutilorum et in ceteris vitiatorum; in quibusdam autem solus veram lectionem in utroque genere Cdd. depravatam servavit. Quod ut manifestius appareat, speciminis loco saltem §. 134. et 135. ex utraque lectione comparatas exhibebimus.

Lectio nostra.

Et reliqua ex collocatione[1] verborum quae sumuntur quasi lumina magnum afferunt ornatum orationi: sunt enim similia illis, quae in amplo ornatu scenae aut fori appellantur insignia, non quod sola ornent, sed quod excellant. Eadem ratio est horum, quae sunt orationis lumina et quodammodo insignia; quum aut duplicantur iteranturque verba, aut breviter commutata ponuntur, aut ab eodem verbo ducitur saepius oratio aut in idem coniicitur, aut utrumque, aut adiungitur idem iteratum, aut idem ad extremum refertur: aut continuenter unum verbum non eadem[8] sententia ponitur; aut quum similiter vel cadunt verba vel desinunt: aut

Lectio interpolata Erlang.

Et reliqua ex collocatione verborum quae sumuntur quasi lumina, magnum afferunt *ornamentum*[2] orationi: sunt enim similia illis, quae in amplo ornatu scenae aut fori appellantur insignia, non *quia* sola ornent, sed *quia*[3] excellant. Eadem ratio est horum, quae sunt orationis lumina et quodammodo insignia; quum aut duplicantur iteranturque verba *omnia*[4], aut breviter commutata ponuntur, aut ab eodem verbo ducitur saepius oratio aut *in eodem*[5] coniicitur, aut *in*[6] utrumque, aut adiungitur idem iteratum (*iteratim* Vet.) aut idem ad extremum refertur; aut *continetur*[7] unum verbum non *in* eadem sententia ponitur, aut quum similiter vel cadunt verba vel desinunt; aut multis modis contrariis relata contraria; aut quum gradatim sursum versum[10] reditur; aut quum demptis coniunctionibus dissolute plura dicuntur; aut quum aliquid praetereuntes, cur id faciamus, ostendimus; aut quum corrigimus nosmet ipsos quasi reprehendentes; aut si est aliqua exclamatio[11] vel admirationis vel conquestionis[12]; aut quum eiusdem nominis casus saepius commutantur.

Sed sententiarum ornamenta maiora sunt; quibus quia frequentissime Demosthenes utitur[14], sunt qui putent[15] idcirco eius eloquentiam maxime esse laudabilem. *cet.*

quum sunt[9] contrariis relata contraria, aut quum gradatim sursum *versus* reditur (*redditur* Gu. 3.) aut quum demptis coniunctionibus dissolute plura dicuntur; aut quum aliquid praetereuntes, cur id faciamus ostendimus; aut quum corrigimus nosmet ipsos quasi reprehendentes; aut si est aliqua exclamatio vel admirationis vel conquestionis; aut quum eiusdem nominis casus saepius *commutatur*[13].

Sed sententiarum ornamenta maiora sunt; quibus quia frequentissime Demosthenes utitur, sunt qui putent idcirco *eam*[16] eloquentiam maxime esse laudabilem. *cet.*

1) *collatione* vitium Eins. et Viteb. casu habet etiam Turic. 2) *ornatum* Turic. et Cdd. sinceri. *ornamentum* interpolatorum ex eorum genere est, quod decepit etiam Criticos, h. l. Schuetzium. 3) Duplex *quia* ex eo genere potest censeri, quod casu potius, quam certo consilio immutatum est. 4) *omnia* ex interpolatione consulto facta. 5) *in eodem* mutatio prorsus perversa. 6) *in* ex interpolatione repudiata a Turic. Eins. et Viteb. 7) *continetur* ex pessimo errore. 8) *non eadem* Turic. (et alii Cdd. Quintil.) *in* e vetusto additamento inserunt Cdd. etiam sinceri. 9) *quum sunt* interpolatio de industria facta decepit Stephanum, Lambinum, Schuetzium. 10) Rectiorem scripturam servavit Turicensis. 11) *exclamatio* veram lectionem servarunt Turic. et Cdd. interpolati. Est igitur ex eo genere, ubi sequendi sunt. — *explanatio* Eins. Viteb. 12) *conquestionis* ex mea quidem sententia rectius interpolati et Eins. quam *questionis* (vocabulo nondum satis firmato aliis auctoritatibus) Turic. et Viteb. 13) *commutantur* Turic. Eins. Monac. — *commutatur* perverse Cdd. ceteri et integri et mutili. 14) *utatus* (sic) Turic. a pr. manu, id est, *utatur* Eins. Dresd. Monac.; Cdd. interpolati et Viteb. consentiunt in *utitur*. 15) *putent* recte ex mea quidem sententia Turic. Eins. et Cdd. interpolati; certe Erlang. — *putant* Ceteri Cdd. integri praeter Einsied. prob. Meyero. 16) *eam* pravâ immutatione Cdd. interpolati. Sic in brevissimo hoc loco omnis generis lectionum habes exempla satis luculenta.

Iam quod ad Editiones pertinet, principes accuratius notae scil. Veneta utraque, Mediolanensis, Ascensiana prima referunt fere Cdd. integros eius generis, cuiusmodi sunt Einsiedlensis et Vitebergensis; etsi in his quoque Editionibus est quaedam licentiae varietas; iam vero sequens aetas Aldinarum, Iunt. Ascens. sec. Cratand. Hervag. Victor. Man. plura praesertim in ordine verborum*) ascivit vel e Cdd. mutilis, vel e mixtis, cuius generis memoravimus Dresdensem; ita tamen, ut insignes illae interpolationes et corruptelae Cdd. mutilorum etiam tunc reiicerentur. Harum ipsarum vero magnam partem non sine gravi detrimento huius libri e Vetere suo primus recepit Carolus Stephanus, maiore utique cum iudicio Lambinus; pleraeque autem earum in marginem reiectae sunt in pessimis illis Repetitionibus Lambinianis, quas festinatâ operâ aliquot in locis refinxit Gruterus partim e Cdd. suis, partim e Victoriana sive potius in rhetoricis ex Rob. Stephani nondum ad Victorianam confirmata editione; Gruteri rursus lectionem tum e Veneta prima et Mediolanensi magis quam e Cd. suo Vitebergensi longe meliore, tum ex ingenio reformavit Ernestius, neglecto tamen prorsus Schirachio, qui, etsi leviter tota re defunctus, aliquot certe in locis veras lectiones recepit e Lambino et Gruteri copiis, ne memoratas quidem Ernestio. Iam vero Schuetzius quum nactus esset collationem Heusingerianam Gu. 3., is ignarus et Veteris Stephani et Lambini, permultas lectiones fallacissimas ab illis iam receptas, tum alias aeque falsas ex eodem fonte haustas, tum suas coniecturas haud paucas Ernestianae lectioni substituit; atque ego ipse, nondum satis perspecta vera Cdd. utriusque familiae indole in prima editione partim a Vet. Stephani, partim a iudicio Stephani, Lambini et Schuetzii me decipi passus sum, ita tamen, ut, vere dicam, maiore certe cum cautione ea in re versarer, quam decessor meus.

Verum inter Editores omnes nemo melius meritus est de hoc libello, quam Meyerus meus, qui collatis tribus Cdd. familiae sincerae et Edd. vett. quam plurimis, atque

*) Sic Erlangensis collatio et Excerpta Gu. 3. mihi demonstrarunt, ad hoc genus referendas esse v. c. has lectiones Aldinarum, Iu. Crat. §. 140. *laudum mearum.* §. 142. *domus floruerunt.* §. 149. *ut fiat quasi.* §. 155. *consuetudo licentiam.* Sic §. 159. insana lectio *et ne multis quidem* est iam in Mediolanensi, quae ipsa, etsi sinceros Cdd. pressius sequitur, in quibusdam facit cum interpolatis. Interpolationes autem illae haud paucae, quae propriae sunt Aldinae tertiae (1533.), a Viri docti arbitrio potius quam a Cd. aliquo profectae videntur.

subacto iudicio examinatis omni lectionis varietate et coniecturis opinionibusque editorum praecedentium, egregiam nobis obtulit editionem. Palmaris autem illa fuit amici nostri sententia: pag. 57. ad Cap. 29.: „Equidem non audeo fere quidquam recipere e Gu. 3. vel Vet. Steph., (id est Cdd. mutilis sive interpolatis) quum singula prope verba Ciceronis in his Cdd. aut plane perversa ant de industria mutata videantur." — quibus in verbis involuta est omnis nostra de iisdem Cdd. et de tota huius libri critica ratione disputatio.

Iam quum nactus essem tum praestantissimum illum Cd. Einsiedlensem, tum Schedas Caroli Beieri optimae frugis plenas cum collatione Cd. Erlangensis ab eodem amico instituta, nihil antiquius habui, quam ut adornarem novam editionem, qua prioris meae errores corrigerentur totusque libellus eum in modum emendaretur, qui, novis subsidiis repertis, merito nunc ipsum requiritur. Duplicis autem generis sunt Schedae Beierianae; elaboratiores alterae meam post editionem conscriptae usque ad Cap. 27., alterae breviores et inchoatae in omnibus magis quam perfectae; dignae tamen semper egregii illius critici et ingenio et doctrina. Optimi autem editoris, Meyeri, rationem nondum habere ille poterat; in multis tamen utrique convenit. Praeterea novissimum editorem Billerbeckium, in multis vel falsis prorsus vel levibus ubi aliquando recto esset usus iudicio, minime negligendum esse duxi: prorsus enim nihil spernendum ei, qui rei ipsi, id est, disciplinae, non personis deserviret, iamdudum perspexeram. Sed in constituenda lectione, quae praecipua pars erat consilii mei, ita nunc versatus sum, ut praeter ceteros Codices sequerer Einsiedlensem ac Vitebergensem ab iisque ibi tantummodo abirem, ubi manifesta id fieri iuberet necessitas. Qua ratione inita factum nunc est, ut mea recensio in rebus maximis minimis ab Ernestiana distet locis fere ccxxx. Et quamvis molesta opera me levasset summa Meyeri industria in conferendis Edd. vett., ipse tamen eas, quae praesto erant, Venetam alteram (1492.), Ascensianam utramque aliasque, ubi opus erat inspexi, unde supplementa aliquot addita sunt curis Meyerianis.

Id autem consulto spectavi, ut Meyeri cura cum hac mea continenter comparanda esset Ciceronis studioso neque ullo modo illi quidquam detraheretur. Praeclara enim multa habet sua et propria, quae in meam transferri nec poterant neque debebant; varietatem dico integram Cdd. et Edd., locos Rhetorum Graecorum Latinorumque similes, interpretationes locorum difficilium, observationes consuetudinis et grammaticae Latinae; quibus omnibus nemo carere potest, qui huic libello vel accuratius legendo vel interpretando vel rursus edendo operam erit daturus.

In notis Codicum id sedulo cavendum erit, ne quis confundat *Vet.* i. e. Veterem Stephani cum *Vit.* sive *Viteb.*, Vitebergensi. Ceterae omnes facillimam habent explicationem petendam e Meyeri Ed. p. xix. seqq.

In margine interiore ponitur primum Ernestii lectio literis, quae antiquae dicuntur; tum Lambiniana integra literis inclinatis; cuius duplex est genus: alterum idque sine uncis Editionis ipsius sincerae 1566. non semper memoratum in margine Repetitionis 1584.; alterum cum uncis et literâ *b.* praeterea notatum huius ipsius marginis 1584., quae rursus exhibet vel ipsas lectiones Ed. 1566., vel Lambini curas secundas (notatas sic: *Lamb.*) vel *Al.* „Alii", qua sub nota haud raro veniunt lectiones Ed. 1566. a nobis sine () exhibitae nec e margine *b.* bis positae; vel *Fort.* Fortasse; quarum pars certe videntur ipsius Lambini suspiciones nec receptae neque in adnotationibus propositae; vel denique *V. C.* i. e. Vetus Codex: quod genus notavi: *e Cd.*

Quod autem ego ad magis etiam expoliendum hunc libellum praestare non potui, id in eo versabitur, ut ante omnia comparentur plures etiam Codices, unde lectionis veritas in dies magis elucescat amoveanturque errores nobis non perspecti. Praeter ceteros autem digni sunt qui conferantur tum antiquissimus ille Mediceus *Plut. L. Cd.* I.; e quo solo certiore ratione poterit iudicare sequens aetas de interpolationum genere toto; tum is, quem scripsit Poggius: Medic. *Plut. L. Cd.* XXXI. (*Bandini* l. l. p. 516.) et tertius ille anni MCCCCXXIII. exaratus a Iac. Ant. Curlio: Medic. *Plut. L. Cd.* XVIII. — Id autem per se intelligitur, omnes meas suspiciones, interpretationes atque sententias de lectionis veritate olim propositas, sed in secundis his curis haud repetitas nunc prorsus a me reiici, etsi id non semper διαῤῥήδην significatum est.

Addenda nunc habeo haec:

§. 26. [*sensim incendens iudices*] Similis est difficultas loci *Caelianae* §. 25. utrum, quod praefero, legendum sit: *oratio ad animos vestros sensim ac leniter accederet*, an *oratio animos v. s. ac l. accenderet.*

§. 32. De difficillimo loco egregie sic disputavit Bake meus *Bibl. crit. novae* V. 1. p. 179.: „In Oratore 9, 31. Cicero, quum prius dixisset nihil a Thucydide transferri posse ad forensem usum, quaerit, *quis porro unquam Graecorum rhetorum a Thucydide quidquam duxit?* non tamen oratores intelligens, sed dicendi magistros: moneo propter Ernestum, qui secus intellexisse videtur. Nempe quod Cicero affirmat de iis, quos cognovit, nos fere confirmari videmus eorum silentio rhetorum, qui post fuerunt. Sed quae mox dicuntur, ancipitem viris doctis continere sententiam visa sunt, ibid. 32. *nec vero si historiam non scripsisset, nomen eius exstaret, quum praesertim fuisset honoratus et nobilis.* Complures requisiverunt *nomen eius non exstaret*, aut *non nomen eius exstaret;* quasi hoc voluerit Cicero, etiam si historiam non scripsisset Thucydides, nihilominus exstaturum fuisse nomen eius, nam fuisse honoratum et nobilem. Sed hanc affirmandi formam excludit universa disputatio Ciceronis: *nunquam est numeratus orator: ne nomen quidem eius exstaret, nisi historiam scripsisset.* Minus etiam Orellius probandus, qui sic explicare videtur (*scil. in Ed. mai.*): *quamvis fuisset honoratus praesertim, non exstaret nomen eius, nisi.* Nempe *exstare nomen* eius dicitur, qui ut in hoc genere Thucydides, propter orationis praestantiam laudatur et commendatur in rhetorum disciplina, cuius auctoritas memoratur. Et certe si nihil scriptum reliquisset, nulli poterant ei honores, nulla nobilitas talem auctoritatem vindicare. Hanc igitur putidam explicationem deseramus oportet. Sensum hunc esse puto: quoniam historiam scripsit, propterea nomen eius exstabat apud rhetores, commendabatur quippe etiam splendore et rerum gestarum fama. Nimirum ex ea negatione, unde orditur sententia, quaeque formam magis, quam id quod enuntiandum erat, attingit, in postremis verbis affirmatio haec intelligenda est, *ut nunc videmus exstare propterea etiam, quod honoratus.* — Late patere hanc breviloquentiam pluribus demonstrare exemplis nunc non attinet. Uno defungamur, *pro Milone* 10, 28. de Clodii itinere, *nullis impedimentis*, *nullis Graecis comitibus*, *ut solebat* i. e. contra quam solebat: quam negationem pro hodiernarum linguarum consuetudine sic collocaremus: *nec*, *ut solebat*, *ullis Graecis comitibus*: similique transpositione cogitanda planius illa intelligentur: *et vero*, *si historiam non scripsisset*, *honoratus praesertim et nobilis*, *nomen eius non exstaret.*"

§. 73. *Magnus est locus hic*] Haud male Giese V. C. ad ll. *de Divin.* p. 211. delendum censet verbum substantivum, retento v. *hic*.

§. 153. Certa sedes verborum καὶ χερσὶ καὶ κόμαισι est in Euripidis *Hecuba* v. 837., ita ut illa *palm' et crinibus* fortasse desumpta sint ex *Hecuba* Ennii.

Ad *Bruti* §. 167. cfr. de C. Titio Weicherti V. C. doctissimum et eximium opus *de Poët. Lat. cet. vitis* p. 372.

Ibid. §. 180. Weichert l. l. p. 425. praefert vulgatam scripturam *C. Gorgonium* alteri a me e Cdd. de Bentleii iudicio nunc receptae *C. Gargoninm.* Equidem hanc etiamnunc tueor partim ob mirabilem consensum Cdd. aliquot Bruti et Horatii *Serm.* 1, 2, 27., partim, quia probabilius videtur librarios *Gorgoni* assuetos ex poëtis, quos triverant, lit. *a* primae syllabae in *o* mutasse quam contra. Quamquam video, sine novis atque indubitatis auctoritatibus rem ad liquidum perduci non posse.

Ibid. §. 237. Scripturam *L. Turius* defendit Weichert l. l. p. 97. et §. 259. cum Pighio legit *C. Erusio* pro *C. Rucio.*

M. TULLII CICERONIS

AD

M. BRUTUM ORATOR.

Utrum difficilius aut maius esset negare tibi saepius 1
idem roganti, an effficere id, quod rogares, diu multumque- 1
que, Brnte, dubitavi. Nam et negare ei, quem unice
diligerem cuique me carissimum esse sentirem, praesertim
et iusta petenti et praeclara cupienti, durum admodum
mihi videbatur et suscipere tantam rem, quantam non
modo facultate consequi diffficile esset, sed etiam cogitatione
tione complecti, vix arbitrabar esse eius, qui vereretur
reprehensionem doctorum atque prudentium. Quid enim 2
est maius, quam, quum tanta sit inter oratores bonos
dissimilitudo, iudicare, quae sit optima species et quasi
figura dicendi? Quod quoniam me saepius rogas, aggrediar,
grediar, non tam perficiundi[1] spe quam experiundi vo-

Ernestius. 1) perficiendi
Lambinus. vers. 8. *eius esse* 13. *perficiendi - experiendi*

§. 1. [*aut maius*] Lectio *ac maius* Ven. 2. et quae eam fere sequitur, Tulichii, non videtur nisi correctio falsae Cd. Monac. *an maius.* Pro *dubitavi:* — *disputavi* Eins., sed in marg. veram habet lectionem. Tum idem: ∞ *carissimum me esse.* Or.

§. 2. [*Quid enim est*] Orellius aliis emendandum relinquit *Quid est enim?* Sic *de Or.* 1, 12, 51. Hic tamen in dubio ponimus, an *est* potius insititium sit, ut suspicamur ibid. 8, 31. pr. *N. D.* 1, §. 1., ubi certe omittit Cod. Guelph. in vv. *quid est enim temeritate turpius.* Cfr. tamen *Or.* 34, 120. Beier. Hoc nimirum significare volebam, inanem insumi operam in transponendas particulas *enim*, *autem*, *etiam* ac similes, item, addo nunc, in eiiciendum et inserendum verbum substantivum, nisi ubi optimi quique Cdd. mutationem vulgatae suadent. Or.

[*perficiundi* - - *experiundi*] Sic aliq. Codd. (Viteb. Eins. Dr. Gu. uterq.) praeter Edd. Crat. Hervag. Man. pro volg. formis in *iendi*, quas cum Orellio probat O. M. Müller in

luntate. Malo enim, quum studio tuo sim obsecutus, desiderari a te prudentiam meam, quam, si id non fecerim, benevolentiam.

3 Quaeris igitur idque iam saepius, quod eloquentiae genus probem maxime et quale mihi videatur illud, cui nihil addi possit, quod ego summum et perfectissimum iudicem. In quo vereor, ne, si id, quod vis, effecero

Iahni *Annal. philol.* Vol. 2. p. 94. Priscam formam Cicero quidem videtur usurpasse in vv. puris cadentibus in *io* aut *ro;* itemque in formularum solennium verbis quibusdam cadentibus in *bo*, *co*, *do*, *go*, *ro*, *to*, v. c. *pro Scauro* 2, 4. *moriundum; de Re publ.* 2, 14. *conveniundi;* 24. *gerundis;* 39. Cod. Vatic. a manu pr. *disserundi.* Cfr. Ruddimanni *Institt. grammatt. ed. Lips.* 1, p. 305. n. 28. Beier. Tota haec quaestio mere est orthographica. (Eiusdem generis est, quod statim sequitur *magno opere*, Cdd. *magnopere;* vani enim sunt, qui in his discrimen quaerunt.) Nihilominus nunc Codices secutus sum; in priore Ed. cum Lambino dederam *perficiendi* - - - *experiendi;* nimis enim ridiculum videbatur Ern. *perficiendi* - - - *experiundi.* Eadem forma sane ubique retinenda erit in formulis *scribundo adesse*, *finibus regundis*, *flando feriundo*, *duumviri iuri dicundo*, *rebus repetundis*, *iudicibus reiiciundis* cet. Sic Oudendorp ad Appuleium T. 1. p. 491. e Cdd. edidit *oneri ferundo*, haec annotans: „passim cum antiquis gerundia effert Appuleius v. c. in *Deo Socratis* p. 691. *causa dicunda.*" Or.

§. 3. [*cui*] Gu. 3. (ex falsa numeratione Schuetzii.) Item Dresd. Ven. 1. 2.) Norimb. *quo.* Id pro *quoi* accipit Orellius. Cfr. Quintil. 1. *Inst.* 7, 27. Beier. — *quo*, particulam probabat Heusing., male, meo quidem iudicio. Mecum autem, *quo* ex antiquiore scriptura *quoi* ortum esse censente, me tum quidem inscio, fecit Tulichius *quoi* integrum exhibens. Eins. autem: — *ad quod nihil addi possit.* — *cui nihil addi potest* Viteb. Idem contra §. 8. *percipi possit* pro *p. potest.* Or.

[*perfectissimum*] Ruhnk. ad *Rutil.* p. 200. *sed a perfectissimis*] propositâ optimâ coni. *peritissimis* ita pergit: „Negat quidem Pompeius Grammaticus, cuius specimen Mallio Theodoro subiecit Cl. Heusingerus p. 67. *perfectior*, *perfectissimus* recte dici. Sed subtilior, quam verior haec est observatio. Ipse Cicero *Orat.* 1. cet. „Consule omnino, quae de hac re notavi ad libellum *de optimo genere oratorum* §. 6., ubi satis probavi Ciceroni abiudicandum minime esse superlativum *perfectissimus*, neque propterea h. l. fortasse emendandum *summum et perfectum;* ut est sane *de Orat.* 1. §. 131. *ad ipsa summa atque in omni genere perfecta:* — *pro lege Manil.* §. 39. *in summo atque perfecto oratore.* Or.

eumque oratorem, quem quaeris, expressero, tardem studia multorum, qui desperatione debilitati experiri id[1] nolent[2], quod se assequi posse diffidant. Sed par est omnes 4
omnia experiri, qui res magnas et magno opere expetendas concupiverunt. Quod si quem aut natura sua aut illa praestantis ingenii vis forte deficiet aut minus instructus erit magnarum artium disciplinis, teneat tamen eum cursum, quem poterit. Prima enim sequentem honestum est in secundis tertiisque consistere. Nam in poëtis non

E. 1) *Abest* id 2) nolint
L. 4. *magnopere* 5. *concupivere*

[*experiri*] Additum volgo sane cum emphasi quadam pron. *id* delevit cum (Med.) Nor. Ernestius. Verbum illud absolute ponitur 1. *Leg.* 4, 12. et pron. demonstrativum saepe inculcatum reperitur ante relativum. Beier. Sed Cdd. satis id defendunt. Recte igitur restituerunt Sch. et Meyerus; iidemque et Beier cum Eins. etiam *nolent* pro *nolint* Viteb. Gu. 2. Ern., quod significaret, iam tunc, quum Cicero eorum studia tardaret, eos noluisse id experiri; satis id quidem perverse. Tum: — *quod assequi posse* Eins. Mon. cfr. *ad Famil.* 1, 7, 10. Or.

§. 4. [*deficiet*] Lectio Viteberg. *destituet deficiet* non tam interpolatori tribuenda est, quam librario illi, qui primus descripsit Cd. Laudensem, in quo prope evanido, non satis distingui poterat, nisi omnia me fallunt, utrum *destituet* legendum esset, an *deficiet:* id quod postea praevaluit, firmatum etiam ab Eins.; nec a me loco movebitur, etsi alterum quoque verbum habet, quo se tamquam rarius, sed utique Tullianum, tueatur. Paullo ante Eins. cum cett. Cdd.: = *magnopere.* Or.

[*aut minus*] Schuetzius facile addidit *si* e V. D. coniectura, quam commendaverant *Litterar. universar. indices critici Halenses* a. 1813. m. Decemb. n. 294. p. 679.; cautius repudiaverat Gernhard in *litter. diar. critt. Ien.* a. 1811. n. 195. Pron. alio casu iterandum subauditur II. *Offic.* 6, 21. pr. Cfr., quem Perizon. ad Sanctii *Min.* I, 18, 1. et III, 14, 1. laudavit, locum Salustii in *Iug.* 101. Beier. (Cfr. *Topica* §. 93. *aut sine*, ubi Valla, Asc. *aut si sine.* Hoc quidem loco particula *si*, etiam ex meo sensu, oppositionem efficeret minus iustam.) Pergit Beier: „Ad prox. cfr. Varro *L. L.* IV. p. 5. Bip. *Quod si summum gradum non tetigero, tamen secundum non praeteribo.* Horat. Epp. I, 1, 28-32. cum commentario Obbarii."

[*Nam in poëtis non Homero*] (Asc. 2.) Crat. Herv. *Non enim in p. H.*, ut existat negationum quaedam ἐπαναφορά proxumis etiam deinceps sententiis sic exordientibus: *Nec vero — Nec solum — Nec.* Facile scribendi compendia *N. en.*

Homero soli locus est (ut de Graecis loquar) aut Archilocho aut Sophocli aut Pindaro, sed horum vel secundis vel etiam infra secundos. Nec vero Aristotelem in philosophia deterruit a scribendo amplitudo Platonis, nec ipse Aristoteles admirabili quadam scientia et copia ce-
2 terorum studia restinxit. Nec solum ab optimis studiis excellentes viri deterriti non sunt, sed ne opifices quidem se [*ab*[1]] artibus suis removerunt, qui aut Ialysi,

E. 1) *Abest* ab

accipi potuerunt pro *Nam*, tumque sententiae vi efflagitante denuo inseri *non;* quae sic sententiam exordiens, similes turbas concivit *pro Milone* 1, 2. pr. Beier. Cdd. omnes noti, etiam Eins. Ox. et Gu. 2. 3. (Schuetzii pag. 134.), contra quam ratus est Meyerus, et Edd. vett. habent *an*, cui tamen hic locus est nullus, non *nam*. *Nam* igitur ex non mala coniectura legitur primum in Iunt. 2. Altera rursus coniectura est Asc. 2., quae placuit Beiero, non mihi. Nam *enim* vix locum habet post praecedens *enim;* dein compendium eius hoc est in Cdd. et Edd. vett.: .*n*., non *en*. Videndum autem aliis erit, an aliorum coniecturae *Nam* mea praestet *Sane;* ex utroque *An* nasci poterat; sed facilius ex v. *sane*. Utique hoc quidem loco particula *nam* mihi videtur haud nimis apta. Similes autem turbas in voc. *Sane* vide ad *Famil.* 3, 5, 5. *Sane vellem*, Md.: *an sane vellem*. Or.

§. 5. [*scientia et copia*] Nemo hic, qui facillimus erat error, *scientiae copia*, ut plerique *Tusc.* 1, §. 7. Cfr. *Topica* §. 3. *restrinxit* cum aliis male etiam Eins. Or.

[*deterriti*] Consulto idem verbum repetit. Schuetzii *deducti* post v. *deterruit* nimis esset tenue, praeterquam quod omni caret probabilitate critica. Statim in v. *non sunt* negationem, quam delendam censebat, non tamen delevit Ern., recte tuitus est Meyerus omninoque et de hoc loco et de toto genere egregie disputavit. Rationem ab eo allatam etiam loci mihi noti firmant. Duos nunc subiiciam Plinii *Epp.* 8, 7. et 20., quos nuper observavi. Idem ac Meyerus significarat magis, quam enucleaverat hunc ipsum locum Oratoris tractans et adversus Ern. defendens etiam Censor Ienensis 1818. N. 73. Or.

[*artibus*] Lamb. (et Schuetz in Ed. mai.) *ab artibus*. Facile *AB* proxume ante *AR* potuit negligi. Sed praepositionem non desideramus. Beier. Doctius etiam Meyerus amandavit nos ad Ruhnk. ad *Vellei.* 2, 32, 5., quo loco est *remotoque mari loco*, et a Ruhnk. affertur hic ipse *Orat.* locus, et alius Suetonii *Tib.* 42. iubemurque conferre interpretes. Quos ubi inspexeris, videbis optimum eorum, Oudendorpium, amandare nos ad Burmannum; isque Suetonii eum usum esse satis confirmat, simul autem adnotat in Ciceronis loco a Casaubono

quem Rhodi vidimus, non potuerunt aut Coae Veneris pulchritudinem imitari. Nec simulacro Iovis Olympii aut Doryphori statua deterriti reliqui minus experti sunt, quid efficere aut quo progredi possent: quorum tanta multitudo fuit, tanta in suo cuiusque genere laus, ut, quum summa miraremur, inferiora tamen probaremus.

allato *Verr.* 2, 5, §. 80. *amoeno sane et arbitris remoto loco* ab omnibus nunc legi *et ab arbitris:* neque mihi nunc ulla eius loci varietas nota est, nisi quod video a Nizolio item afferri: *et arbitris.* Deest igitur *ab* in nescio qua Ed. vetere. Ceteris in locis Tullianis constanter est *remotus ab aliquo*, nam quod Nizolius affert ex *Orat. pro Domo* §. 22. *M. Catonem tribunatu tuo removisses*, ablativus est instrumenti, „per tribunatum tuum, operâ tribunatus tui", non „a tribunatu tuo." Praeterea in talibus ignoramus semper, utrum Lambinus secutus sit felix suum ingenium, an codicem nobis ignotum. Id quoque velim animadvertas, in loco isto Verrinarum *AB*, nescio qua in editione, rursus excidisse ante *AR.* Equidem cum [ ] *ab* inserui. Or.

[*Ialysi* cet.] De *Ialyso*, heroe, Protogenis tabula v. Plutarch. in *Demetrio* p. 898. c. 22. Plin. XXXV. c. 10. sect. 36. §. 20. cum interpp. Fronto *ad M. Caesarem* cet. l. II. *Epist.* 2. p. 42. ed. Rom. Gesneri *Chrestom. Cicer.* c. 23. n. 7. de *Coa Venere* III. *Offic.* 2, 10. de *Phidiae Iove Olympio* praeter Pausan. V. 10-12. e recentioribus Ern. Henr. Toelken *Obss.* Gottingae 1812. 8. editas, postquam Volkelii a. 1794. 8. Lipsiae, et Siebenkesii a. 1795. 8. Norimbergae prodierant libelli: *Ueber den Tempel und die Statue des Iupiter zu Olympia. Doryphorus* erat *statua Achillea*, i. e. *nuda tenens hastam ab epheborum gymnicis exemplaribus* interprete Plinio XXXIV. c. 5. Cfr. Georg Gottlieb Boerneri *de statuis Achilleis* libellus. Lipsiae. 4. Beier.

[*miraremur* - - *probaremus*] Norimb. *miremur* sane error est typogr., eadem quum retineat *probaremus;* est tamen eiusmodi error, qui rem accuratius ut examinaremus, nos excitavit; unde consulto in Ed. prima huic lectioni signum hoc : ∞ : praeposuimus. Id scil. per se intelligebatur, tum leg. esse *miremur* - - *probemus;* quod aeque rectum est ac vulgatum; etsi probe scio, interpretando effici posse, ut ex imperfectis quoque istis eliciatur generalis sententia. Verba tamen sic ambiguitate non carent; nam vv. *miraremur* - - *probaremus* non minus significare possunt: „ut quum ego (Tullius) summa illa artificum opera, Ialysum v. c., spectarem, ea mirarer, inferiora tamen probarem": id quod h. l. pravum esset. Utrumque autem tempus in Cdd. et Edd. vett. frequentissime confundi compertum habeo. Hic autem, quod semper recordemur necesse est, uno cum Codice ἀρχετύπῳ nobis res est. Or.

6 In oratoribus vero, Graecis quidem, admirabile est, quantum inter omnes unus excellat. Attamen, quum esset Demosthenes, multi oratores magni et clari fuerunt et antea fuerant nec postea defecerunt. Quare non est, cur

§. 6. [*vero*] Hanc partic., cui Gu. 2. substituit *autem*, editoribus (post Goerenz *de Finn.* 1, 19.) suspectam tuetur O. M. Müller l. c. p. 94. Infert haec part. argumentum primarium, cuius vim intendit *quidem*. Beier. Cum Müllero et Meyero retineo nunc particulam *vero*: satis firmatam a Vit. Eins. Dresd. ac consulto ideo quoque positam, ne male iungeretur *In oratoribus Graecis quidem*; nam haec *Graecis quidem* velut separatim posita sic sunt explicanda: „quod quidem de Graecis praesertim valet, quum inter Latinos nemo adhuc inter omnes aeque excellat, atque inter illos Demosthenes." Id autem verissimum est, quod observavit Goerenz *de Finn.* p. 10. *etiam*, *enim*, *autem*, *vero* saepenumero confundi: nec vero, ubi variant libri inter *autem* et *vero*, idcirco semper de interpolatione cogitandum; quamquam negari non potest haud raro a librariis intrusas esse istas particulas adversativas, ubi consulto scriptor eas omiserat, quo magis vivida evaderet oratio. Incredibile est autem, quam saepe in hoc erratum sit etiam a Criticis. v. c. in illis §. 8. *quod neque oculis neque auribus neque ullo sensu percipi potest*, *cogitatione tantum et mente complectimur*, ubi oppositio ipsa magis elucet particula adversativa ante *cogitatione* omissa, non talem quidem, sed quod fere peius est, *quod* inculcavit Schuetzius. De singulis igitur locis singulatim iudicandum erit. Statim Cd. Oxon. om. *inter omnes*. Contra Eins. a pr. manu: — *inter omnes quidem unus excellat Demosthenes. Ac tamen cum esset Demosthenes.* Sed deletum postea *quidem* et prius *Demosthenes*. Or.

[*Attamen*] ꝏ *Ac tamen* Cdd. plerique etiam Eins. Med. Asc. pr. Schuetz. Meyer. Beier.; Viteb. tamen videtur retinere vulgatum *Attamen*. Id fatendum est, inde ab Aldo saepe *Ac tamen*, quod vitiosum nonnullis videbatur, etiam contra Cdd. in *Attamen* esse mutatum; contra quod ego ipse in Cdd. recentioribus praesertim aliquoties observavi constanter poni *Ac tamen*, ubi meliores et antiquiores alterum habent. Sic scribebant *Acticos*, *Actice*, ut Eins. habet §. 23. Hoc igitur loco satius esse duxi sequi Viteb. et Oxon. ceteris cum Edd., quum non videam, prorsus necessarium cur sit *Und doch*, reiiciendum *Aber doch*, „nihilominus tamen." Eandem autem rationem secutus sum etiam *ad Famil.* 7, 23, 1. 7, 26, 2. 8, 2, 1. ubi ipse Md. *ac tamen.* Saepe Cic. *et tamen* (*Verr.* 2, 2, 49.), non *ac tamen.* Or.

[*et antea fuerant*] Haec vv. O. M. Müller l. l. pag. 95. tuetur contra gentilis sui C. N. E. Mülleri *Progr.* Zullichaviae a. 1817. editum interpretaturque sic, ut nec ipse Demosthenes deterritus esse nec alios deterruisse dicatur, com-

eorum, qui se studio eloquentiae dediderunt, spes infringatur aut languescat industria. Nam neque illud ipsum, quod est optimum, desperandum est et in praestantibus rebus magna sunt ea, quae sunt optimis proxima.

L. 1. *aut spes*

parato C. 30, 105. Beier. Scil. C. N. E. Müller vv. ista sic impugnarat: „Haec verba h. l. mihi non videntur apta. Cicero enim in universum probare vult, viros excellentissimos praestantissimis in quoque genere et h. l. in primis praestantia Demosthenis non deterritos fuisse. Quomodo autem fieri poterat, ut oratores, qui ante Demosthenem fuerant, non deterrerentur eius praestantia? Itaque, nisi omnia me fallunt, illa verba vel a Ciceronis negligentia, vel quod multo veri similius est, a librariorum incuria et temeritate profecta sunt." Contra disputat O. M. Müller: „*Der Sinn ist vielmehr augenscheinlich so zu fassen: Demosthenes strebte nach dem gröfsten Ruhme in der Beredsamkeit, obgleich er unter seinen Zeitgenossen eine grofse Anzahl ausgezeichneter Redner sah, und es auch früher schon viele dergleichen gegeben hatte; so wie es auch später ebenfalls nicht an ihnen fehlte.*" Sed quomodo tria ista verba *quum esset Demosthenes* significare possint, Demosthenem summam eloquentiae laudem affectasse, adeo ut haec praecipua sit clausulae sententia, reliqua autem membra, quae apud Ciceronem ex ipsius constructionis lege primariam constituunt sententiam, illi subiungantur, equidem non video. Immo sententia manifesto haec est: „Attamen, quamquam in uno dumtaxat Demosthene extitit tandem vera summi et perfecti oratoris imago, multi nihilominus et inter eius aequales magni fuerunt oratores, et antea fuerant, nec postea defecerunt cet." Certe si Cicero h. l. minus eleganter scripsisset: *ut etiam antea fuerant*, nunquam, ut opinor, in h. l. haesisset C. N. E. Müller. Or.

[*studio eloquentiae se dediderunt*] Sic Schuetzius cum Gu. 2. Ceteri *se studio eloq.* Cfr. *Offic.* I, 21, 71. *de Or.* III. 15, 57. Beier. Sed *de Off.* l. l. est: *doctrinae sese dediderunt*, non *se*, et *de Or.* l. l. *ei studio se excellentissimis ingeniis homines dediderunt;* neuter locus igitur probat propter nescio quam necessariam legem ordinem Gu. 2. adsciscendum esse: immo in hoc quoque varietatem placuisse Tullio uterque demonstrat cum nostro. Tutius igitur sequemur ceterorum consensum. Or.

[*dediderunt, spes*] Post *dediderunt* verborum serie continuata facile negligi potuit part. *aut*, quae a Lamb. proxumis praeposita displicet Orellio. Sed bene se haberet *non* – *aut* – *aut* pro *neque* – *nec.* Sic hoc membrum concinnius fit ad seq. *nam neque et.* Beier. Quid? si hanc ipsam concinnitatem consulto vitavit Cicero? Praeterea, si cum Beiero receperis *aut* Lambinianum, ista: *spes infringitur*, *languescit industria* tamquam duo diversa ponentur, quum tamen hoc potius illius sit consequens. Atque omnino talia contra Cdd.

7 Atque ego in summo oratore fingendo talem informabo, qualis fortasse nemo fuit. Non enim quaero, quis fuerit, sed quid sit illud, quo nihil possit esse praestantius, quod in perpetuitate dicendi non saepe atque haud scio an nunquam[1], in aliqua autem parte eluceat[2] aliquando,
8 idem apud alios densius, apud alios fortasse rarius. Sed ego sic statuo, nihil esse in ullo genere tam pulchrum, quo non pulchrius id sit, unde illud ut ex ore aliquo quasi imago exprimatur, quod neque oculis neque auribus neque ullo sensu percipi potest, cogitatione tantum et mente complectimur. Itaque et Phidiae simulacris, quibus nihil in illo genere perfectius videmus, et iis[3]

E. 1) unquam 2) elucet 3) his
L. 5. *unquam* a. (*nunquam* b.) 12. *his*

nunc quidem notos recipienda non sunt. Mox *in praestantibus rebus* primus habet Aldus; e coni., ut opinor, sed optima. Ambigua est scriptura Eins.: *pntibus* cum lineola. Sed ceterorum Cdd. et Edd. vett.: *et in praesentibus res* nullam rectam admittit explicationem. Eadem varietas est *ad Famil.* 1, 9. §. 2. Or.

§. 7. [*possit esse*] Sic *de re publ.* I. 23. *quo nihil possit esse praeclarius*, sed h. l. Gu. 2. 3. *esse possit:* quae varietas utrumvis suspectum faceret alio quidem sententiarum nexu. Beier. *esse possit* etiam Eins. Dresd. Guelf. 1. 2. Vict. Or.

[*haud scio an nunquam*] Sic de Lamb. suspic. in marg. ed. a. 1584. Cum relicuis O. *an unquam.* Utraque formula negationem illa quidem continet; sed an Cicero usus sit hac negationem significandi ratione, dubium me reddidit Matthias. V. *de Or.* 2, 4, 18. *de Leg.* I, 21, 56. f. In Optativo *eluceat* observa attractionem, ut I. *de Off.* 21, 72. Beier. Post egregiam de h. l. disputationem Handii *Tursellin.* I. p. 328. ex Eins. a prima manu, ex margine Asc. sec. (in qua inter Edd. id primum reperi), Iuntina sec. Marg. Lamb. 1584. cum Schuetzio et Beiero ego quoque recepi *nunquam* pro ceterorum *unquam.* Omnes autem recentiores, Sch., Meyerus, Beier Cdd. (etiam Eins.) lectionem *eluceat* Ernestianae coniect. *elucet* recte praetulerunt. Or.

§. 8. [*videmus*] ἀορίστως pro *videre possumus.* Beier. Memorabilis sane, etsi falsa, erat septem certe Edd. vett. (nam sic etiam Nor. et Asc. pr. praeter eas, quas affert Meyer. Item Eins. a sec. manu.) lectio: — *vidimus.* Unice rectum *videmus*, scil. omnes, qui eas spectare possumus. *Vidimus* ad ... num Ciceronem eiusque per Graecia itinera referretur. Paullo post *iis* correxi ex Eins. (*hiis*) Cd. Monac. et Gryph. 2. Quod §. 9. pro *in eaque defixus* Margo Lamb., sine Lambini

picturis, quas nominavi, cogitare tamen possumus pulchriora. Nec vero ille artifex, quum faceret Iovis for- 9
mam aut Minervae, contemplabatur aliquem, e quo similitudinem duceret, sed ipsius in mente insidebat species
pulchritudinis eximia quaedam, quam intuens in eaque
defixus ad illius similitudinem artem et manum dirigebat.
Ut igitur in formis et figuris est aliquid perfectum et 3
excellens, cuius ad cogitatam speciem imitando referuntur ea, quae sub oculos ipsa non[1] cadunt; sic

E. 1) *Abest* non

L. 5. (*in eamque* Al. b.) 8. *excogitatam* 9. Abest *non*

tamen nomine, habet *in eamque defixus* adversatur Tullii consuetudini. Or.

§. 9. [*in formis et figuris*] Meyer ex Ven. sec. et Tulich. cc *in formis et in figuris.* Nullam tamen video h. l. oppositionem inter *formas* et *figuras;* nec *figurae* plus sunt quam *formae;* nec ulla propria est auctoritas duarum istarum Edd. vett.; id quod in talibus semper spectandum est. Or.

[*quae sub oculos ipsa non cadunt*] De h. l. Beier in Schedis sic disputavit: „Schwierig und unsicher ist, wenigstens für den Rec., das Urtheil über Herrn Or. Vertheidigung der Negation in der allerdings bedenklichen Stelle c. III. §. 9. „quae sub oculos *ipsa non* cadunt", wo sämmtliche Herausgeber seit Vettori, auch Olivet *non* weggelassen hatten, wahrscheinlich nicht ohne alle handschriftliche Zustimmung, obgleich Herr Or. das Gegentheil versichert. Aber wenigstens scheint *non* in dem nach Olivet's Ausg. verglichenen Oxforder Codex und in einem Wolfenbüttler zu fehlen. Wenn es nicht hinzu gesetzt wird: mufs man *imitando* in activer Bedeutung zugleich mit *referuntur* auf einerley Subject, nämlich auf *ea*, beziehen (etwa nach dem Beyspiele; *hominis mens discendo alitur et cogitando*): so dafs hier sich der Sinn ergäbe: *ad cuius cogitatam speciem, dum eam imitantur* oder *imitari videntur*, also *tamquam imagines* (εἰκόνες) *referuntur* (d. i. *cum cuius specie comparantur*) *ea.* Nicht nöthig wäre es, aufser *non* dann auch *ipsa* (d. i. unmittelbar) zu tilgen, da dieses Pronomen blofs auf einen Gegensatz hindeutet, indem es so viel ist als *secus quam ista species vel idea.* Wird aber *non* beybehalten: so bezieht doch Rec. nicht, wie Herr Orelli in den *Addendis* Vol. II. p. 587., die Worte *ad cuius cogitatam speciem imitando referuntur ea* auch auf den kunstsinnigen Beschauer eines Meisterwerks (denn ein solcher würde kaum passend *imitator* genannt); sondern blofs auf den Künstler, welcher nach dem allgemeinen und eben darum in der Wirklichkeit nirgend darstellbaren, der Einbildungskraft nur unbestimmt, wie in unerreichbarer Ferne vorschwebenden Urbilde (τῷ τοῦ εἰκασθέντος γένει, der Pla-

perfectae eloquentiae speciem animo videmus, effi-
10 giem auribus quaerimus. Has rerum formas appellat

tonischen Idee) in seiner Seele ein bestimmtes Muster oder Vorbild des zu schaffenden Werkes entwirft. Dieses παράδειγμα, *cogitata species* von etwas Vollkommenem und Vollendetem, was in einem wirklichen Abbilde dargestellt wird, welches allein αἰσθητόν, ὁρατόν, φαινόμενον ist, muſs andererseits, in Rücksicht auf sein ewiges ἀρχέτυπον, selbst wieder als μίμημα τυπωθὲν ὑπ' αὐτοῦ oder ὁμοίωμα betrachtet werden. Denn zwischen Gott und einem menschlichen Künstler ist nach Platon der Unterschied: Gott hat die Ideen selbst geschaffen und schaut sie unmittelbar an. Der menschliche Künstler aber vermag nur in dem Zustande des Enthusiasmus die Erinnerung an das Reich der im reinen Sonnenglanze übersinnlicher Schönheit strahlenden Urbilder zu beleben. S. Phaedros p. 247. C. 250. A. B. Doch scheint einer solchen Erklärung, wodurch sich *non* allenfalls rechtfertigen lieſse, besonders der folgende §. entgegen zu seyn."

Abstrusam huius loci sententiam longe melius quam ego aliquando feceram, explanavit Meyerus, quem consule. Est scilicet haec: „Ut igitur in formis et figuris a summis fictoribus pictoribusque elaboratis inest utique aliquid perfectum et excellens (*etwas Ideales*), quod cogitatione dumtaxat percipitur, et quo ipso artifex, singulas dum formas imitatur (*während er darstellt*, nicht: *nachahmt*), exprimere studet *ea, quae sub oculos ipsa non cadunt*, id est, pulchri ἰδέαν aeternam sibi insitam, quam secutus atque imitatus solum potest efficere illud quod cogitantibus nobis perfectum apparet in singulis eius operibus contemplandis; nec tamen propterea unquam totum opus vel perfectissimum universam pulchri ἰδέαν amplectitur atque exprimit: sic etiam perfectae eloquentiae ἰδέαν animo videmus, effigiem (*die völlige Verwirklichung dieser Idee*) nusquam reperimus, sed semper desideramus (hoc enim est „*auribus quaerimus*", non ut accepit Victorius) etiam in optimis eloquentiae exemplaribus. Ad πρότασιν cfr. infra §. 101. et ex parte etiam *Topica* §. 27. Praeterea iuvat apponere verba divini illius artificis Raphaëlis Urbinatis in Epistola ad Comitem Castilioneum: *Lettere pittoriche* Milano 1822. *Vol. 2. p. 23.* „*Nostro Signore con l' onorarmi m' ha messo un gran peso sopra le spalle. Questa è la cura della fabbrica di S. Pietro. Spero bene di non cadervici sotto, e tanto più quanto il modello che io n' ho fatto piace a sua Santità, ed è lodato da molti belli ingegni.* Ma io mi levo col pensiero più alto. Vorrei trovar le belle forme degli edifici antichi, nè so se il volo sarà d'Icaro. *Me ne porge una gran luce Vitruvio, ma non tanto che basti. Della Galatea mi terrei un gran maestro, se vi fossero la metà delle tante cose che VS. mi scrive; ma nelle sue parole riconosco l' amore che mi porta, e le dico che, per depingere una bella, mi bisogneria veder più belle, con questa condizione che VS. si trovasse meco a fare scelta del*

ἰδέας[1] ille non intelligendi solum, sed etiam dicendi gravissimus auctor et magister, Plato: easque gigni negat et ait semper esse ac ratione et intelligentia contineri: cetera nasci occidere, fluere labi, nec diutius esse uno et eodem statu. Quidquid est igitur, de quo ratione et

E. 1) ideas
L. 1. *ideas*

meglio. Ma essendo carestia e di buoni giudici, e di belle donne, io mi servo di certa idea che mi viene nella mente. *Se questa ha in sè alcuna eccellenza d'arte, io non so; ben m' affatico d' averla.*"

Raphaël igitur Tullianis verbis ita scribere potuisset: „Insita quadam utor pulchri forma (ἰδέᾳ), quae sub oculos ipsa non cadit, quamque cogitatione tantum et mente complector. Hanc imitari studeo in operibus meis omnibus, et in picturis et in aede S. Petri exstruenda, eo scil. fine ut in iis sit aliquid perfectum et excellens sive cogitata species illius ἰδέας (*ein Gedankenabbild jenes Urbildes*). Oculis enim vel totum opus vel eiusdem partes cernimus; illud autem quod in eo est excellens (*ideal*) animo tantum videmus. Hoc igitur perfectum ut assequar, ego, dum aliquid imitor, animi oculis continuo intueor ἰδέαν ipsam nunquam prorsus ulla effigie exprimendam." Iam videamus de singulis: *excogitatam* Edd. vett. usque ad Lamb. reiicitur a Cdd. Manifesto autem propter constructionem vv. *ad cogitatam speciem* referuntur ad vv. *aliquid perfectum et excellens*, non ad ἰδέαν ipsam: (*die geistige Anschauung dessen, was in dem einzelnen Kunstwerke ideal ist;* nicht: *die Anschauung der Idee des Schönen selbst*). Pro *imitando* prorsus necesse non est, ut legatur *in imitando:* sic tamen interpretandum: v. *non* habent Cdd. noti (etiam Eins.), neque ex miseris excerptis Gu. 2. et Oxoniensis rite colligitur ab iis abesse: delendum suaserunt Victorius *Var. Lectt.* XI., 14., et Lambinus; quo deleto sententiam Victorius hanc esse dicit: „Quae sub oculos ipsa cadunt, id est τὰ ὁρατά, referuntur ad speciem illam cogitatam, cuius ipsa tamquam imago sunt: cogitatam enim speciem vocat ἰδέαν νοητήν, id est, quae cogitatione et mente percipitur: eodem modo ideam eloquentiae mente complectimur, effigiem vero ipsius auribus sentimus." Non animadvertit autem Victorius, quod reservatum fuit O. M. Müllero, tum v. *ipsa*, (etsi nunc callidius quam verius a Beiero defensum) simul esse eiiciendum: quam propter causam (ut de sententia ipsa taceamus) prorsus improbabilis fit Victorii coniecturà, a seqq. praeter me ac Meyerum approbata. Nulla enim ratio excogitari potest, cur in hac parte libri a glossematis satis libera aliquis inculcasset vv. *ipsa non.* Or.

§. 10. [ἰδέας] Etiam sine auctoritate Graece scribendum erat. Me secutus est Meyerus. Or.

via disputetur, id est ad ultimam sui generis formam speciemque redigendum.

11 Ac video hanc primam ingressionem meam non ex oratoriis[1] disputationibus ductam, sed e media philosophia repetitam et eam quidem tum[2] antiquam tum subobscuram aut reprehensionis aliquid aut certe admirationis habituram. Nam aut mirabuntur, quid haec pertineant ad ea, quae quaerimus; quibus satisfaciet res ipsa cognita, ut non sine causa alte repetita videatur; aut reprehendent,
12 quod inusitatas vias indagemus, tritas relinquamus. Ego autem et me saepe nova videri dicere intelligo, quum pervetera dicam, sed inaudita plerisque: et fateor me oratorem, si modo sim aut etiam quicunque sim, non ex rhetorum officinis, sed ex Academiae spatiis extitisse: illa enim sunt curricula multiplicium variorumque ser-

E. 1) oratoris 2) cum
L. 4. *oratoris* (Margo *oratoriis* Al.) 5. *cum*

§. 11. [*ingressionem meam*] — om. *meam* Eins. Or.

[*oratoris disputationibus*] Genitivus obiecti quamvis possit defendi positus pro *disputationibus de Oratore* ut 1. *Nat. D.* c. 12. pr. *in deorum opinione*, probamus tamen quod VV. DD. cum Strebaeo maluerunt adiectivum. Noluimus tamen cum Isdem reponere *oratoriis* pro contracta ablativi forma *oratorís*, quae casu servata est etiam in *Bruto* 89, 305.; quo exemplo eandem reposuerim equidem ib. 90, 309. f. Sic est in cod. palimps. lib. 1. *de rep.* c. 17. *proprís.* Alia vide apud Maium in *indice* p. 354. Beier. Ego cum Schirachio, Sch. et Meyero scripsi *orătoriis.* Or.

[*tum antiquam, tum*] Al. *quum — tum.* At hic nullus reprachensionis nexus indicatur, immo potius varietas quaedam aliorum alia de causa repraehendentium. Beier. Cum Beiero secutus sum Cd. Viteb. cet. Meyerus quidem meus *quum — tum* (Eins.) haud male sic fere explicat: quum antiquam, tum, quia antiqua est, etiam suboscuram. Vana omnino erat Sch. suspicio *et eo quidem*, quae prave significaret: *ideo eam esse antiquam, quia e media philosophia repetita sit.* Mox Eins.: — *ut non tam alte* cet. unde fortasse alii facient: — *ut non sine causa tam alte* cet. Or.

§. 12. [*et fateor*] Respicit haec et seqq. Quintil. X, 1, 81. (Schuetzius et Meyerus addunt: XII, 2, 23.) et Tacitus *dial. de Or.* 32. Deinceps nescio an transponendum: *Illa enim curricula sunt.* Mox post *primum* sequitur *sed*, quum exspectaretur *deinde.* Beier. — *quidquid sim* Ven. 1. ut *Pet. Cons.* 1, 2. *Offic.* T. 2. p. 296. Beier voluerat: *illa sunt enim c.* Sed omnes

monum, in quibus Platonis primum sunt impressa[1] vestigia. Sed et huius et aliorum philosophorum disputationibus et exagitatus maxime orator est et adiutus. Omnis enim ubertas et quasi silva dicendi ducta ab illis est nec satis tamen instructa ad forenses causas: quas, ut illi ipsi dicere solebant, agrestioribus Musis reliquerunt.
Sic eloquentia haec forensis spreta a philosophis 13
et repudiata multis quidem illa adiumentis magnisque caruit, sed tamen ornata verbis atque sententiis iactationem habuit in populo nec paucorum iudicium reprehensionemque pertimuit. Ita et doctis eloquentia popularis et disertis elegans doctrina defuit.

Positum sit igitur in primis, (quod post magis intel- 4
ligetur) sine philosophia non posse effici, quem quaeri- 14
mus, eloquentem: non ut in ea tamen omnia sint, sed ut sic adiuvet ut palaestra histrionem: — parva enim

E. 1) impressa sunt
L: 15. *sint omnia*

istiusmodi transpositiones sine Cdd. factae neque criticum decent nec quidquam iuvant. Or.

[*sunt impressa*] Hunc ordinem praebent etiam Viteb. et Eins. probavitque cum Meyero Beier. — *impressa sunt* Ern. Or.

[*et exagitatus*] „excitatus et exercitatus est, nimirum et apud Graecos et apud Romanos. Sic *de Orat.* III. 16. *exagitare dicendi exercitationem.*" Billerbeck. Insignis est iste error Viri D., quum utroque loco *exagitare* sit „explodere, improbare, reiicere," ut recte exponit Forcellinus, vel, si mavis, „impugnare." Monui, ne quis adolescentum deciperetur. Tum Eins.: = *ducta est ab illis, nec tamen satis.* Or.

[*reliquerunt*] Ex uno Viteb. Meyerus recepit *reliquere.* Ut supra §. 4. *concupivere* Lamb. infra §. 25. *ascivere* rursus Meyerus e Nonii duabus Edd. vett. Sed haec forma Ciceroni abiudicanda, historicis relinquenda est. Cfr. nos in Scholis Wolfianis ad *Tuscul.* 2, §. 4. et *Verr.* 2, 1, 15. 2, 3, 59. Or.

§. 13. [*quidem illa*] Mallem *illa quidem.* Nam etiam 23, 76. quidam transposuerunt *quidem illa;* itemque Tulichius 14, 44. Vide Annott. ad II. *Offic.* 6, 21. f. Beier. = *quidem illa magnisque adiumentis* Eins. Or.

§. 14. [*omnia sint*] O. M. Müllero l. c. p. 96. placet cum Lamb. transponi *sint omnia*, ut *de Or.* II. 53, 215. pr. *Ad Fam.* XV, 14. *De Legg.* II. 10, 24. Volgatae (etiam Eins.) favet *Somn. Scip.* c. 7. (*De rep.* VI. c. 23. pr.) et Seneca *Consol. ad Polyb.* 26. Beier.

magnis saepe rectissime conferuntur; — nam nec latius
neque[1] copiosius de magnis variisque rebus sine philo-
15 sophia potest quisquam dicere; si quidem etiam in Phaedro Platonis hoc Periclem praestitisse ceteris dicit oratoribus Socrates, quod is Anaxagorae physici fuerit auditor: a quo censet eum, quum alia praeclara quaedam
et magnifica didicisset, uberem et fecundum fuisse narumque[2] (quod est eloquentiae maximum), quibus orationis
modis quaeque animorum partes pellerentur. Quod idem
de Demosthene existimari potest, cuius ex epistolis intel-
16 ligi licet, quam frequens fuerit Platonis auditor. Nec
vero sine philosophorum disciplina genus et speciem
cuiusque rei cernere neque eam definiendo explicare nec
tribuere in partes possumus nec iudicare, quae vera,
quae falsa sint; neque cernere consequentia, repugnantia
videre, ambigua distinguere. Quid dicam, de natura
rerum, cuius cognitio magnam orationis suppeditat co-

E. 1) nec 2) gnarumque
L. 2. *nec*

[*nec latius neque copiosius*] Sic dedi cum Eins. Kob. Asc. pr. favetque corruptela Viteb. Gu. 2. *atque cop.* Quantum enim observavi, Tullius non minus quam Lucretius solet alternari inter utramque formam. Vel, si mavis cum Dresd. Gu. 2. 3. legas: *neque latius nec cop.*, qui particularum istarum ordo frequentior, nec tamen constans. v. Cort. ad *Sall.* p. 189. Or.

§. 15. [*Periclen*] Sic Gu. 3. (Schuetzii) Volgo *Periclem.* Beier. *Periclen* placebat etiam Frotschero. Sed tum illico recipiamus §. 5. e Cd. Dresd. *Aristotelen.* ex eodem §. 172. *Naucraten.* Tum: — *si quidem - - dicat* Eins. Vit. Dresd. Edd. vett. Or.

[*a quo - - - fecundum fuisse*] H. e. „extitisse" vel „factum esse." Beier. Sic optime refutavit Sch. suspicionem *didicisse, tum uberem.* Eins. omittit *quaedam.* Statim Meyerus praetulit Lambini *narumque.* Recte; cfr. infra §. 158. Sic *navitatem* praebet Cd. Medic. *ad Famil.* 10, 25. Or.

[*animorum partes pellerentur*] Simplex hoc verbum de animo usurpatum offensioni fere ubique fuit librariis. Hinc h. l. Eins. prorsus corrupte *appellerentur;* speciosius Ald. sec.: — *impellerentur;* prorsus ut *Partitt. Oratt.* §. 4. vulgata est lectio: — *ad impellendos animos;* sed ex optimis Cdd. Gryphiano et Viteberg. restituendum: ∾ *ad pellendos animos.* Or.

§. 16. [*nec tribuere in partes*] Quod Lambinus proposuit *nec genus tribuere in p.*, ex interpretatione est, non emendatio. Or.

[*orationis*] Ven. 1485. Med. Ascens. *oratoris;* unde Schuetz. post Ernestum coni. *oratori;* edidit autem *orationi* (cum Ald. 2.

piam, de vita, de officiis, de virtute, de moribus sine multa earum ipsarum rerum disciplina aut dici aut intelligi posse?[1] Ad has tot tantasque res adhibenda sunt ornamenta innumerabilia, quae sola tum quidem trade- 17
bantur ab iis, qui dicendi numerabantur magistri. Quo fit, ut veram illam et absolutam eloquentiam nemo consequatur, quod alia intelligendi, alia dicendi disciplina est et ab aliis rerum, ab aliis verborum doctrina quaeritur. Itaque 18
M. Antonius, cui vel primas eloquentiae patrum nostrorum tribuebat aetas, vir natura peracutus et prudens, in eo libro, quem unum reliquit, *disertos* ait se vidisse multos, *eloquentem* omnino neminem. Insidebat videlicet in eius mente species eloquentiae, quam cernebat animo, reapse[2] non videbat. Vir autem acerrimo ingenio (sic enim fuit) multa et in se et in aliis desiderans, ne-

E. 1) potest 2) re ipsa
L. 3. *potest* 14. *reipsa* (sic) (Margo e Vet. Cd. ut nos.)

Gryph. 2.) Neutrum probamus. Cfr. *Tusc.* II. 11, 27. V. Goerenz ad Ciceronem *de Finn.* II. 9, 27. 35, 118. pr. IV. c. 15. f. V. 15, 43. Beier. Sane Cdd. optimi Eins. Vit. Dresd. firmant *orationis*. Or.

[*intelligi posse*] Hanc codicum (etiam Eins. et Vit.) lectionem me secuti recte restituerunt amici Meyerus et Beier. Hic in Schedis: posse *ziehe auch ich vor wegen der hier im Synathroesmos herrschenden Epanaphora der Praeposition* de, *welche einen ununterbrochenen Zusammenhang der Rede erfordert.* Falsissimam lect. vulgatam, a Lambino introductam: *Quid dicam de natura rerum — — — copiam? de vita — — — de moribus? sine multa — — — intelligi potest?* retinuit Billerbeck. Sed quum ea in lectione v. *de natura rerum — — — de moribus* pendeant e v. *dicam*, verbis *dici* et *intelligi* nihil remanet, quo referantur; in nostra vero lectione iungenda sunt *dici aut intelligi de natura rerum* cet. Ac prorsus necessaria esset saltem particula interrogandi ante v. *sine multa.* Idem Billerbeck pessime: „dici potest: *kann man wohl reden*, intelligi *verstanden werden:*" quum sit: *kann darüber etwas gesagt und richtig gedacht*, *eingesehen werden?* Or.

§. 17. [*ab iis* cet.] — *ab hiis quoque dinumerabantur* ex male intellecto scribendi compendio Eins. Or. De facto discidio quasi linguae atque cordis cfr. *de Or.* III. c. 16. Beier. Recte in seqq. Eins. *ab aliis rerum*, quum ipse Viteb. habeat *ab his rerum.* Or.

§. 18. [*primas eloquentiae*] Gloss. *partes* addunt Viteb. et Edd. aliq. antiquae. Or.

[*reapse*] Sic margo Lamb. 1584. Volgo *re ipsa.* Ista vox

minem plane, qui recte appellari eloquens posset, videbat.
19 Quod si ille nec se nec L. Crassum eloquentem putavit, habuit profecto comprehensam animo quandam formam eloquentiae, cui quoniam nihil deerat, eos, quibus aliquid aut plura deerant, in eam formam non poterat includere. Investigemus hunc igitur, Brute, si possumus, quem nunquam vidit Antonius, aut qui omnino nullus unquam fuit: quem si imitari atque exprimere non possumus, quod idem ille vix deo concessum esse dicebat, at qualis esse debeat, poterimus fortasse dicere.

20 Tria sunt omnino genera dicendi, quibus in singulis quidam floruerunt: peraeque autem (id quod volumus) perpauci in omnibus. Nam et grandiloqui, ut ita dicam, fuerunt cum ampla et sententiarum gravitate et

L. 9. *attamen*

contracta ex *re ea ipsa*. Vide *de rep.* l. I. 2. l. II. 39. Reapse palmam tribuere eloquentiae L. Crasso, secundum ab eo M. Antonium collocare Cicero videtur Laelio Bisciolae *Horar. subseciv. T.* I. *Lib.* II. *c.* 21. De utroque oratore v. Wetzelii Appendix I. ad Obss. in *Brutum* germanice scriptas p. 269-286. Beier. *Reapse* praetuli ego quoque, quia in marg. 1584 affertur e Codice. Cfr. Oudendorp *ad Appul.* T. I. p. 779. Tum *ad Famil.* 9, 15, 1., ubi ex: *reapse ex literis* in Cratandrina factum est: *re ipsa apsens literis*, et *Laelii* §. 47. Or.

§. 19. [*putavit*] — *putabat* Eins. Tum idem Cd.: = *ille idem*. Or.

[*at qualis*] Lamb. lectionem: — *attamen qualis* multae habent Edd. vett., sed in nullo Cd. adhuc inventa est. Or.

§. 20. [*gravitate*] i. e. δεινότητι. Schuetzii correctionem *granditate* reiecit H. A. Burchardi in *Animadvv. ad Cic. Orat.* Berolini 1815. 8. p. 9. cum eoque Ch. D. Beck in *Diar. litt. Lips.* 1816. N. 78. p. 622. (Recte scil. Burchardi inter alia: „Immo magis (quam vulgata) me offenderent ista: *grandiloqui* fuerunt cum ampla sententiarum *granditate*.") Ad v. *quod ipsum* in parenthesi a nobis posita intellige e superioribus *fuerunt*. Sic Plautus *Cist.* 1, 3, 1. *Utrumque haec et multiloqua et multibiba est anus.* In Schedis haec addit: „*der ganze Satz* quod ipsum - - - et terminata *sollte durch Parenthesenzeichen eingeschlossen seyn, da er die Rede unterbricht, und den vorangehenden Worten die ihm nachfolgenden* et contra tenues *entgegen stehn.* Beier. Sane et nescio cuius apud Lamb. susp. *quorum ipsorum* et Bipont. ac Schuetzii *in quo ipso* et interpolatio Gud. 2. *quod ipsum - - - terminata sunt consecuti* reiiciendae sunt. Or.

maiestate verborum, vehementes varii, copiosi graves,
ad permovendos et convertendos animos instructi et parati: — quod ipsum alii aspera, tristi, horrida oratione
neque perfecta atque[1] conclusa, alii lêvi[2] et structa et
terminata: — et contra tenues, acuti, omnia docentes
et dilucidiora, non ampliora facientes, subtili quadam et
pressa oratione limati; in eodemque genere alii callidi, 6
sed impoliti et consulto rudium similes et imperitorum:
alii in eadem ieiunitate concinniores, id est, faceti, florentes etiam et leviter ornati. Est autem quidam inter- 21
iectus inter hos, medius et quasi temperatus, nec acu-

E. 1) neque 2) laevi
L. 4. *neque* Ib. *instructa* 7. *et limata* 10. *interiectus*, *intermedius* a. (b. ut nos.)

[*neque perfecta atque conclusa*] Sic Eins. Vit. Dresd. Cfr. Goerenz *ad Finn.* p. 195. — *neque concl.* Cett. Or.

[*lévi*] E Cod. Ox. *lévi* scripsi pro *laevi* sensu eodem. Beier. Sic etiam Cd. Eins. et Santenius *ad Terentianum* p. 241. — *leni* male Vit. Dresd. Mon. Mox Cdd. lectionem *instructa* pro Ern. coni. *structa* reduxit Meyerus. Rectius Beier hanc defendens laudavit Cap. 44. Adde §. 232. *bene structam collocationem*, et *de opt. gen. or.* §. 5. *sed etiam verborum est structura quaedam* cet. Significatum optime explicavit Ern. in *Clavi*. *Instructa* autem h. l. et molestum est post praecedens *instructi* et propter ipsum significatum non tolerandum: *instruere* enim *orationem*, *quaestionem* (*Topica* §. 92., ubi vide nos), *causam*, *litem* est argumenta ac testimonia conquirere apteque inter se collocare, qua de re hic sermo non est. Mox Eins. habet vitium Med. Kob.: — *pressa ratione limata*, unde L.: — *et limata*. Tum cum Mon. Ven. 1. Med. Eins.: — *inconsulto*. et solus: — *concinni*, *id est*, *florentes et leviter ornati* om. *etiam*. Or.

[*leviter ornati*] Meyerus scripsit *laeviter ornati*; quae tamen iungi posse nondum mihi persuasit. Sed *leviter* (Eins. Viteb.) prima brevi, *ornati*, est, ut recte Billerbeck, *leicht*, *nur obenhin*, *ein wenig*: ita scil., ut ne nimius sit ornatus ideoque vel molestus fiat vel ineptus. Or.

§. 21. [*interiectus inter hos medius*] Haec non praedicati, quippe quod verbo *est* praemisso contineatur, sed subiecti loco sunt. Neque *medius* explicandi gratia apponitur. Noli igitur haec cum O. M. Müllero distrahere sic interpungendo: *Est — — — inter hos; medius — — — temperatus; nec — — — superiorum; vicinus — — — excellens; utriusque — — — expers.* Item in Schedis: — *in den Worten* inter hos, medius *wünsche ich das Komma weg; denn* medius *ist keine erklärende Apposition, sondern der vollständige Subjectsbegriff ist:* inter-

mine posteriorum nec flumine utens superiorum, vicinus[1] amborum, in neutro excellens, utriusque particeps, vel utriusque (si verum quaerimus) potius expers. Isque

E. 1) ut cinnus
L. 1. *fulmine* Ib. *ut cinnus*

iectus inter hos medius. Beier. Mihi etiamnunc tria videntur membra: *interiectus inter hos*, *medius*, *temperatus*. Cfr. modo *de opt. gen. or.* §. 2. *alios eis interiectos et tamquam medios*. Idem hic locus demonstrat falsam esse lectionem etiam Eins. et Viteb. *interiectus intermedius*. Or.

[*fulmine*] (Sic Cdd. noti, etiam Einsied.) h. e. singulari orationis vi et gravitate. Cfr. *ad Fam.* IX. 21. pr. *verborum fulmina*, et infra 9, 29. Beier. Omnes reliquerunt Ernestium e Nonio in v. *Cinnus* reponentem ∞ *flumine*, pro qua tamen lectione afferri potest *Orat.* §. 53. et 66. ubi *fluens* oratio opponitur *acri*. *De Orat.* 2, §. 188. *tantum est* flumen *gravissimorum optimorumque verborum;* rectius autem opponitur *flumen acumini*, quam *fulmen*. Praeterea quaero, num Cic. alibi metaphorice usus sit v. *fulmine* in num. singulari? Nunc igitur sequor Ernestium, quamquam fortasse mihi opponentur seqq. *in dicendo fluit*. Or.

[*vicinus*] (Sic Eins. Vit. Dresd.) Lectio *ut cinnus* debetur Nonio p. 59. *Merc.* v. *cinnus*. Eidem p. 43. (v. *concinnare*) est *potionis genus ex multis liquoribus confectum;* Arnobio V. post med. p. 174. (218. Herald.) *adoris potio, cyceonem quem nuncupat Graecia*. V. Ern. *Clavis* s. v. In Philoxeni glossis, ubi est *cinnus*, νεῦμα, leg. suspicor μίγμα. (Immo γεῦμα. Or.) Convenit haec lectio supradicto *quasi temperato:* quam tamen rudiorem generis medii notionem Cic. statim corrigit adiectione. Ceterum potui comparatur oratio per metonymiam pro ipso oratore, poculi ministratore. Idem 21, 70. dicitur *temperator*. Ern. malebat *velut cinnus*. Vocabula maiusculis literis et simplici *N*, ut olim solebant scribere, exarata facile legi poterant *VICINUS*, ut est in Cic. Codd. Sic c. 32. pr. *vicinam eius atque finitumam*. Et hanc, ut videtur, lectionem secutus est Gellius VII. 14. *medius in confinio est, utriusque modi particeps*. Deinceps legebatur *in neutro;* praepositionem abiecit cum Nonio Lamb. Beier. Si Viri docti tantummodo Grammatici illius, non omnium pessimi, auctoritate moti lect. *ut cinnus* probant, non satis tuto mihi facere videntur, qui illi de veterum scriptis facile credant, quem sexcentis locis aliud egisse, quum in horum lectione versaretur, constat. Sylburgius. Omnes Codd. noti (etiam Einsied.) habent *vicinus;* nisi quod Monac. Sec. XVI. *cinnus* omisso tamen *ut*, ac, ni fallor, hoc ipsum e Nonio, qui saepe peioribus Cdd. Ciceronis usus est, quam sunt nostri, veluti in v. *lactuosae* p. 130. *Merc.* monstrum vocabuli nobis obtrudit, pro *actuosae* in hoc ipso Oratoris libro §. 125. Recte autem de h. l. iudicasse arbitror Sylburgium, Schneiderum in *Ep. ad Lange-*

uno tenore, ut aiunt, in dicendo fluit nihil afferens praeter facilitatem et aequabilitatem, aut addit aliquos ut in corona toros omnemque orationem ornamentis mo-
dicis verborum sententiarumque distinguit. Horum sin- 22
gulorum generum quicunque vim in singulis[1] consecuti sunt, magnum in oratoribus nomen habuerunt. Sed quaerendum est, satisne id quod volumus effecerint.

Videmus enim fuisse quosdam, qui iidem ornate ac 7
graviter, iidem versute et subtiliter dicerent. Atque

E. 1) vim [singulis]
L. 2. *facultatem et aequalitatem* 5. *vim singulis* 8. *et*

rum p. LII. et Schuetzium; quorum rationibus hanc addo, admodum inficetam atque rusticanám esse totam hanc *cinni* similitudinem, et Cicerone, in hoc praesertim scripto elegantissimo, prorsus indignam. Quantopere autem excuset et quasi mitiget duriora atque humilia vide §. 235. *ut in proverbio est*, (*etsi humilius dictum est*, *tamen simile est*) *scopas*, *ut ita dicam*, *mihi videntur dissolvere.* Hic autem simpliciter eum dicturum fuisse *ut cinnus*, nunquam adducar, ut credam. Meliora doceri debebant *cinni* fautores vel ex loco illo a Beiero allato. Quod autem idem, quasi cum Lambino, ex Nonii auctoritate deleturus erat *in*, insigne rursus est exemplum, quam saepe Lambino tribuantur, de quibus ille nunquam cogitavit. Nam nec in Ed. 1566. nec in Marg. 1584. neque in *Adnott.* ullum eius rei est vestigium. Notatur duntaxat in marg. Gothofredi, a Nonio illud omitti. Eam omissionem Lambino ascripsit Schuetzius. Or.

[*in dicendo fluit*] = *fluit in dicendo* Eins. Or.

[*ut in corona toros*] i. e. lemniscos. V. Ern. *Clav.* in voc. p. 796. et Hier. Mercurialis *Var. Lectt.* III. c. 9. Pro partibus in ambitu coronae collectioribus ac rigidiusculis accipit Paschalius *de coronis* II. 12. ad fin. et X. 17. p. 622. Sed in Philoxeni glossis vett. *torus* explicatur ὠλένη, ergo i. q. ὠλενίς, ἐλλεδανός. Beier. Paullo ante *facultatem* etiam Eins. Viteb. Dresd., de qua perpetua confusione cfr. Henr. Stephani *Castigg. Cic.* p. 107. *Facilitatem*, Manutii ac recentiorum lectionem probabat etiam Lamb. Or.

§. 22. [*vim in singulis*] Sic egregie iam Hervag. et Camer. Rursus Meyerus e Cd. Viteb. prob. Mosero in *Heidelb. Jahrb.* 1827. p. 804. — *unum ex singulis* Eins. — *vim singulis* Cett. ante Sch. nullâ sententiâ. — *vim singuli* legit ex Borromei libro Manutius; rursus Sch. coni. probata aliquando mihi et Beiero; quam etiamnunc, etsi meliore lectione reperta, defendit Billerbeck. Or.

[*ac graviter*] Sic etiam Eins. = *et gr.* Vit. Lamb. Meyerus. Mox Eins.: ∞ *ac subtiliter.* Or.

utinam in Latinis talis oratoris simulacrum reperire possemus! Esset egregium non quaerere externa, domesti-
23 cis esse contentos. Sed ego idem, qui in illo sermone nostro, qui est expositus in Bruto, multum tribuerim Latinis, vel ut hortarer alios vel quod amarem meos, recordor longe omnibus unum anteferre Demosthenem, qui vim accommodarit ad eam, quam sentiam, eloquentiam, non ad eam, quam in aliquo ipse cognoverim. Hoc nec gravior extitit quisquam nec callidior nec temperatior. Itaque nobis monendi sunt ii, quorum sermo imperitus increbuit, qui aut dici se desiderant Atticos aut ipsi Attice volunt dicere, ut mirentur hunc maxime, quo ne Athenas quidem ipsas magis credo fuisse Atticas: quid enim

L. 8. (*cognorim* b.) 11. *increbruit*

§. 23. [*recordor longe*] — *recordor me longe* non tam Gothofredi est lectio, ut ait Meyerus, quam comparet in contextu Ed. 1584. Optime autem de hac pronominum omissione disputavit Hand ad *Wopkens* p. 12. Tum Eins.: *Demosthenem vim accommodare ad eam.* Or.

[*in aliquo*] h. e. *in alio quo.* Opponuntur inter se *quam cognoverim* et *quam sentiam.* Frustra igitur nónnemo suspicatur corrigendum *ipse cognoverit.* Alioqui scriptum oportebat *cognovisset.* Beier. Recte sic Beier refutavit O. M. Mülleri et Billerbeckii suspicionem *cognoverit.* Or.

[*temperatior*] ∞ *temperantior* Eins. Monac. Fuit, quum hanc formam ubique magis probarem. Sed *temperatior* est etiam apud Caelium *ad Famil.* 8, 15, 1. Vellei. 2, 20, 2. et rem conficit *ad Attic.* 9, 11. *homo temperatus et prudens.* Cfr. etiam infra §. 175. *intemperatius;* ac de simili forma *toleratior* Gronovium *Obss.* 1, 14. p. 92. — Difficilis in primis est optio *Paradox.* 3, §. 21. ubi pro: *nec temperante temperantiorem* Cd. Einsiedlensis nuper a me collatus et Basil. habent: *nec temperato temperatiorem.* — *ad Fam.* 10, 1, 1. *intemperantissimi* Medic., — *intemperatissimi* Recentiores. Utraque tamen forma apud Cic. agnoscenda. Or.

[*quorum sermo imperitus increbuit*] Brewerus interpres Germanicus refert ad exempla, quae isti ediderint inscitarum orationum satis multa. Sed *sermo* spectat ad hanc ipsam eorum, quae deinceps castigatur, professionem. Alii cum Edd. vett. scribunt *increbuit*, quibus favet analogia in vv. *piguit*, *putuit.* Cfr. Ruddimanni *Instt. Gr.* 1. p. 230 et 255. Nos cum Lamb. sequimur analogiam verbb. *macrui*, *nigrui.* Cfr. Oudend. ad *Suet. Iul.* c. 79. p. 124. Mencken *Obss. ling. Lat.* p. 476. *Miscell. Critt.* ed. Friedemann et Seebode 1. p. 69. Goerenz. ad *Cic. de Legg.* II. 26, 66. Beier. Ego praetuli

sit Atticum, discant eloquentiamque ipsius viribus, non
imbecillitate sua metiantur. Nunc enim tantum quisque 24
laudat, quantum se posse sperat imitari. Sed tamen eos studio optimo, iudicio minus firmo praeditos docere, quae sit propria laus Atticorum, non alienum puto.

Semper oratorum eloquentiae moderatrix fuit audito- 8
rum prudentia. Omnes enim, qui probari volunt, voluntatem eorum qui audiunt intuentur ad eamque et ad eorum arbitrium et nutum totos se fingunt et accommodant. Itaque Caria et
Phrygia et Mysia, quod minime politae minimeque ele- 25
gantes sunt, asciverunt aptum suis auribus opimum quoddam et tamquam adipatae dictionis genus, quod eorum vicini non ita lato interiecto mari Rhodii nunquam probaverunt, Graecia[1] autem[2] multo minus, Athenienses

E. 1) Graeci 2) *abest* autem
L. 12. *adipatum* 14. *Graeci autem*

increbuit cum Eins. Viteb., Meyero, Frotschero, (qui laudat Heindorfium ad *Horat. Sat.* 2, 5, 93.) Struvio *Lat. Decl. u. Conj.* p. 225. et Mosero in censura Ed. Meyerianae p. 804.: „*Uebrigens scheint es uns seltsam, daſs Cicero sollte* increbrui *gesagt haben, wenn er nachdrücklich reden wollte, und* increbui *ohne Nachdruck.*" Mox recte reiecit Schuetzius lect. Eins. Dresd. Gu. 1. Mon. Edd. vett. *quo Athenas quidem ipsas magis credo fuisse Atticas* probatam Schneidero *ad Langer.* p. XIII. — *quo Ath. q. i. magis non credo f. A.* Viteb. Frequentissime autem turbant Cdd. in formula *ne - - quidem.* Or.

[*ipsius viribus*] id est, eloquentiae viribus. Memorabilis, nec tamen vera est lectio Eins.: *illius viribus* cum glossemate: *viribus Demosthenis.* Or.

§. 25. [*adipatae*] Al. *adipale.* Nos sequimur Nonium C. 2. N. 4. in v. *adipatum* cum Turnebo *Adverss.* II. 7. et Laelio Bisciola *Horar. subsec.* T. I. Lib. II. c. 9. Tralatum voc. est a cibis. Similiter constructio variatur 25, 86. *actio non tragica nec scenae.* Lib. 1. *de rep.* 29. pr. Horat. *Sat.* 1, 2, 10. Vid. Perizon. ad Sanctii *Minerv.* 1. c. 18. n. I. et III. 14. n. I. ibique Bauer n. c. p. 687. Ruddimanni *Instt. Gramm.* II. p. 344. ss. Beier. Recte etiam Meyerus et Billerb. praetulerunt *adipatae;* quod videntur habere Cd. Oxon. et Mon. Frotscher et Moserus commendant ∞ *adipale*, vocab. Arnobianum, quod habent Eins. Dresd. Gu. 1. 2. Lamb. dedit *adipatum.* E mira correctione semidocti hominis est Viteberg. *opipar.* Or.

[*Graecia*] Sic Schütz e Gu. 2. Accedit optumus Cd. Goerenzii ad III. *Finn.* 2, 4. pr. Vulgo *Graeci autem*, quae a Grutero atque Ern. expuncta particula abesse videtur a Gu. 1.

vero funditus repudiaverunt; quorum semper fuit prudens sincerumque iudicium, nihil ut possent nisi incorruptum audire et elegans. Eorum religioni quum serviret orator, nullum verbum insolens, nullum odiosum ponere audebat.
26 Itaque hic, quem praestitisse diximus ceteris, in illa pro Ctesiphonte oratione longe optima summissius a primo, deinde, dum de legibus disputat, pressius[1], post sensim incendens[2] iudices, ut vidit ardentes, in reliquis exultavit audacius. Attamen[3] in hoc ipso diligenter examinante

E. 1) summissus — — pressus 2) incedens 3) Ac tamen
L. 6. *summissus* err. typogr., ut videtur. 8. *incedens*

et molesta est, quum statim sequatur part. *vero* gradationi inserviens. De *Atticismo* docte disputavit Io. Gottfr. Hauptmann, Haynens. Lipsiae 1737. 4. Beier. *Graecia* habent etiam Eins. et Dresd.; placuit Frotschero quoque. (Vit. *Graeci autem.*) Recte Goerenz: „Vulgo *Graeci;* sed praecesserat *Caria*, *Phrygia*, *Mysia;* et Cic. variationem amat." Praeterea mihi displicet oppositio *Graeci*)(*Athenienses;* rectius sane *Graecia*, Graecorum natio)(Atheniensium populus. Quod autem Grut. tacite expunxit v. *autem*, a Cdd. etiam Eins. Vit. Dresd. et Oxon. servatam, nec imitari neque adeo commendare debebant recentiores. Cfr. *de Orat.* 1, 16, 70. *verborum* autem *licentia liberior*, *multis* vero *ornandi generibus* cet., quem locum affert Hand *Tursell.* 1, p. 566. Ex silentio autem Schuetzii de Gu. 1. nihil colligi potest, quum is excerpta tantum lectt. Cdd. dedisse videatur. Tum Eins.: — *incorruptum et elegans audire.* Or.

§. 26. [*summissius* — — *pressius*] Scil. *agit* v. *dicit*, ut C. 21. f. Hanc librorum (etiam Eins.) scripturam sequitur Brewerus. Orellius autem cum Lamb. et Ern. correxit *summissus*, deinde cum Ern. *pressus*, quod iam a Victore Pisano inventum nescio qua fide testatus sit Schuetz. Rectius vero pro volg. *sensim incedens*, *iudices ut vidit* cet. idem et Or. e libris (Gu. 2. Mon. Oxon.) *incendens iudices*, *ut v.* Cfr. *de Orat.* II, 45, 188. f. 190. f. Beier. Certe in Ed. Victoris Pisani *Venetiis* 1492. fol., quam ipse habeo, et in contextu et in commentario est *summissius* — — *pressius*, idque nunc restituendum erat cum Meyero. Contra retinui *incendens* satis firmatum et a Cdd. et a locis simillimis, quos attulerunt Beier et Schütz (*Orat.* §. 132.): nam nullam rectam gradationem equidem invenio in *summissius*, *pressius*, *sensim incedens*, quum *sensim incedere* manifesto minus sit et tranquillius significet orationis genus quam *pressius agere.* Favet autem nostrae lect. etiam Eins. etsi leviter corruptus: — *sensim intendens*, *iudices: intendere* autem sic absolute dictum Ciceronianum non est. Or.

[*Attamen*] Sic Vit. Mon. Lamb. cfr. §. 6. ∞ *Ac tamen* Eins. Cett. — *dura* pro *dira* etiam Eins., solito errore. Or.

verborum omnium pondera reprehendit Aeschines quaedam et exagitat illudensque dira, odiosa, intolerabilia esse dicit. Quin etiam quaerit ab ipso, quum quidem eum beluam appellet, utrum illa verba an portenta sint: ut Aeschini ne Demosthenes quidem videatur Attice dicere. Facile est enim verbum aliquod ardens (ut ita 27
dicam) notare idque restinctis iam animorum incendiis irridere. Itaque se purgans iocatur Demosthenes; negat in eo positas esse fortunas Graeciae, *hoc an illo verbo usus sit*[1], huc an illuc manum porrexerit. Quonam igitur modo audiretur Mysus aut Phryx Athenis, quum etiam Demosthenes exagitetur ut putidus? Quum vero inclinata ululantique voce more Asiatico canere coepisset, quis eum ferret? aut potius quis[2] non iuberet auferri?

E. 1) *hoc an illud verbum dixerit* 2) quis potius
L. 2. *dura* 9. *Graeciae* ' *in hoc in eum* ' *huc*, a. (*Graeciae*, *hoc an illud locutus sit*, *huc*, b.) 14. *quis potius*

§. 27. [*Facile*] — *Futile* Eins. Or.

[*negat*] O. M. Müller l. l. p. 96. adversante Ambrosio *in Lucam* II. 2. p. 1296. *Mab.*; ed. Froben. T. V. p. 24. (*Si orator illorum*, *qui phaleras sermonum sequuntur*, *negat in hoc fortunas positas esse Graeciae*, *hoc an illo verbo usus sit*, *sed rem spectandam putat* cet.), auctor fit corrigendi vel *nec negat* vel *sane*; nimirum ut non simpliciter sententiam significet Cicero Bruto, Demosthenis lectori assiduo atque admiratori, sed ut verbo tenus ipsam vim exprimat *ioci*, id est, ironiae apud Demosth. *Or. pro Ctesiph. p.* 305. *Vol.* 1. *ed. Reisk.* πάνυ γὰρ παρὰ τοῦτο (οὐχ ὁρᾷς;) γέγονε τὰ τῶν Ἑλλήνων. Post v. *positas* ed. Nor. omittit *esse*, quod sic supprimitur *Offic.* III. 2, 9. pr. *De rep.* 1. c. 33. pr. Beier. Supervacanea certe est utraque Mülleri suspicio, satisque monstrant et Ambrosius l. l. et Augustinus *contra Crescon.* L. II. init. laudatus Meyero, Tullium ipsum dedisse *negat*. Mox cum Sch., Meyero et Beiero adscivimus supplementum ex Ambrosio petitum *hoc an illo verbo usus sit*, posthabito altero Strebaei, Fr. Gryphii et Ern. *hoc an illud verbum dixerit*. Insigne hoc est documentum, omnes Cdd. huius prioris partis ex uno fluxisse, quod in eo quum casu excidissent verba ista vel similia, in nullo adhuc reperta sunt. Nobbe sic edidit: — *Graeciae* [*in hoc*] *num huc an illuc manum porrexerit*. Eins. locum corruptum sic exhibet: *Graecie in hoc in eum an hac an illuc manum p.* Deinceps cum Eins. Vit. (Dresd.) scripsi *potius quis* pro *quis potius*. Tum Eins.: — *Ad Acticorum* (sic) *aut res teretes*. Or.

9 Ad Atticorum igitur aures teretes et religiosas qui se
28 accommodant, ii sunt existimandi Attice dicere. Quorum genera plura sunt; hi unum modo quale sit suspi-
cantur. Putant enim qui horride inculteque dicat, modo
id eleganter enucleateque faciat, eum solum Attice dicere.
29 Errant, quod solum: quod Attice, non falluntur. Istorum enim iudicio, si solum illud est Atticum, ne Pericles quidem dixit Attice, cui primae sine controversia
deferebantur; qui si tenui genere uteretur, nunquam ab
Aristophane poëta fulgere, tonare, permiscere Graeciam
dictus esset. Dicat igitur Attice venustissimus ille scriptor ac politissimus Lysias, (quis enim id possit negare?)
dum intelligamus hoc esse Atticum in Lysia, non quod
tenuis sit atque inornatus, sed quod nihil habeat insolens
aut ineptum. Ornate vero et graviter et copiose dicere
aut Atticorum sit, aut ne sit Aeschines neve Demosthenes
30 Atticus. Ecce autem aliqui se Thucydidios esse profitentur, novum quoddam imperitorum et inauditum genus.

L. 3. *quale id cumque sit* 10. *fulgurare*

§. 28. [*quale sit*] i. e. „*nur von Einer Gattung des Atticismus, und deren Beschaffenheit haben sie einige Ahndung.*" Mirum est in hoc v. *quale* haesisse Lamb. coniicientem *quale id cunque sit* et Burchardium, qui volebat, *quod tale sit.* Or. Burchardi suspicionem refutavit etiam Beckius l. l. In proximis Schirach inutili distinctione *horride inculteque dicta* ad perpetuitatem orationis, *eleganter enucleateque dicta* ad singula quaedam refert. Immo *horrida* sunt, quae nullo ornamento singulari distincta sunt, opposita *nitidis:* cfr. Quintil. X. 17. Beier.

§. 29. [*fulgere*] Crat. Man. Lamb. Sch. in Ed. mai.: *fulgurare*, ut Quintil. II. 16. f. (qui cfr. XII. 2. p. 729. c. 10. p. 754. ed Capperon.) et Plin. 1. *Epist.* 20. post med. Cum recepta lectione compara Vellei. Pat. II. 64, 3. Sequens zeugma *venustissumus ille scriptor ac politissumus* noli virgula ante *ac* interposita disiungere cum O. M. Müllero l. l. p. 94. Beier. Etiam Moserus praefert *fulgurare*, vel pro senario habenda suadet vv. *Fúlgere* (media brevi) *tonare*, *permiscere Graeciam.* Sane eiusmodi versiculus obliquus legitur *Orat.* §. 147. *versus*, *qui vetat Artem pudere proloqui*, *quam factites.* Nolim tamen nisi summa urgente necessitate tales versiculos agnoscere, nedum componere, ut fecit Beier *Offic.* 2, §. 77. Ceterum *fulgere* constans est Cdd. lectio, etiam Eins., qui mox habet: *politissimus ille ac venustissimus scriptor;* in marg.

Nam qui Lysiam sequuntur, causidicum quendam sequuntur, non illum quidem amplum atque grandem, subtilem et elegantem tamen et qui in forensibus causis possit praeclare consistere. Thucydides autem res gestas et bella narrat et proelia graviter sane et probe, sed nihil ab eo transferri potest ad forensem usum et publicum. Ipsae illae conciones ita multas habent obscuras abditasque sententias, vix ut intelligantur: quod est in oratione
civili vitium vel maximum. Quae est autem in hominibus 31
tanta perversitas, ut inventis frugibus glande vescantur? An victus hominum Atheniensium beneficio excoli potuit, oratio non potuit? Quis porro unquam Graecorum rhetorum a Thucydide quidquam duxit? — At laudatus est ab omnibus. — Fateor: sed ita ut rerum explicator prudens, severus, gravis: non ut in iudiciis versaret causas, sed ut in historiis bella narraret: itaque nunquam est numeratus orator: nec vero, si historiam 32
non scripsisset, nomen eius extaret, quum praesertim

L. 6. *usum forensem* 18. *nomen eius non extaret*

autem vulgatum ordinem. §. 30. idem *nec qui* cum Vit. pro *et qui*. Or.

§. 31. [*severus*] i. e. qui severitatem quandam verbis et orationis quasi maestitiam sequitur. Cfr. 5, 20. 16, 53. Vel *severus* censetur et gravis Thucydides, quippe cui *ἱστορία φιλοσοφία ἐκ παραδειγμάτων*. Goerenz ad II. *Acad.* 45, 139. intelligit *religiosum in vero enarrando;* non male ille quidem, sed propositae notationi, quasi a *saeva veritate* dicatur, adversatur primae syllabae mensura. cfr. Doederlein *Synonymen* 1. p. 78. Beier. Sic contra Sch. coni. *sincerus* (cfr. Brut. c. 83.) recte disputavit Beier. Or.

§. 32. [*nomen eius*] Speciosius ante haec vv. Ern., quocum facit O. M. Müller p. 96., add. censuit *non*, quasi absorptam, quam, probante Goerenzio ad *Acad.* II. 9, 27. f. Lamb. et Schuetzius post haec. *Κακοφωνία* illa Schuetzio odiosa, si ulla est, alibi etiam reperitur. Vide ad *Offic.* 1, 61. p. 143. Negationem tamen alteram hanc repudiat cum Brewero Orellius, *quum praesertim* accipiens pro *quamvis*. Commode, si modo legeretur ante *nisi* pro *si-non*, et *praesertim* (i. q. *prae ceteris* post *quum* pro *licet*) proxume ante adiectiva collocatum esset. Sed tum adiectum hoc membrum et otiosum esset et vix cum sententiae veritate conciliandum. Refutantur hic ineptiae diversa laudis et gloriae genera confundentium. Ampliandum

fuisset honoratus et nobilis. Huius tamen nemo neque verborum neque sententiarum gravitatem imitatur: sed,

tamen propter plusqpf. *fuisset*, quod tempus conditionale ita ut ad affirmatum v. *extaret* referretur, pro *fuerit* positum foret per attractionem. Beier. Negationem inserendam contra Cdd. notos putant etiam Moserus et Billerbeck. Cdd. mecum secutus est Meyerus. Falsitatem prioris meae interpretationis nunc ipse agnosco. Nam negari nequit in omnibus locis, ubi apud Cic. legitur *quum praesertim*, id disiungi non posse, immo totam semper afficere sententiam: cfr. *de Finn.* 2, §. 25. *quum praesertim in eo omne studium consumeret.* — *Verr.* 1, §. 40. *quum praesertim planum facere multis testibus possim.* — *Verr.* 2, 2, 113. *quum praesertim essent multa praeclara.* — *Verr.* 2, 2, 155. *quum praesertim ex ea provincia condemnati sint complures. pro Sex. Roscio* C. 24. initio: *quum praesertim deorum immortalium iussu - - - id fecisse dicantur*: — *ad Famil.* 2, 6, 2. *quum praesertim confiderem;* — *ad Famil.* 3, 8, 6. *quum praesertim mihi usu venturum non arbitrarer;* — *ad Famil.* 5, 2, 40. *quum praesertim non deberent esse obligati;* — *ad Famil.* 3, 10, 10. *quum praesertim eas ad me is literas miserit;* — *ad Famil.* 6, 7, 1. *quum praesertim adhuc stili poenas dem.* — *ad Famil.* 8, 6, 2. *quum praesertim is sit. de Offic.* 2, 16, 56. *quum praesertim neque necessitati subveniatur. de Rep.* 1. C. 13. *quum praesertim, si haec ignoremus, multa nobis et magna ignoranda sint.* Item Tacitus *Dial. de Oratt.* Cap. 10. et 24. (Dubius interdum ordo, quum variatur in Mss. Sic *Paradox.* 3, §. 25. pro *praesertim quum* Cd. Eins. *quum praesertim.*) Hinc h. l. minime construere licet: *quum fuisset praesertim honoratus* cet.; nec ullum in his exemplis verum inest significatus discrimen inter *praesertim quum* et *quum praesertim.* Negatione recepta, sententiae sic continuabuntur, ut fere voluit O. M. Muellerus: „*itaque nunquam est numeratus orator;* non tamen hoc ideo dico, quod minus honorifice de eo sentiam; nam, etiam si historiam non scripsisset, nihilominus nomen eius extaret et celebraretur, quia in rep. fuit admodum honoratus et nobilis." Verum, ut tunc essent verba Cic. ipsa constituta, rectus cum praecedd. nexus, notante iam Brewero, utique desideraretur. Quocirca nunc discedo in sententiam amicissimi Bakii ipsius verbis expositam in praefatione ad hunc librum. Scil. hoc dixit Cicero, e lectione Cdd. negationem haud agnoscentium: „et vero, si historiam non scripsisset, nomen eius non exstaret, ut nunc exstat atque eo magis etiam celebratur, quod honoratus fuit et nobilis s. princeps civitatis Atheniensis." — Paullo post memorabilis est Lamb. susp.: *neque verborum granditatem neque sententiarum gravitatem:* sed h. l. ego zeugma agnosco. Tum Eins.: — *nemo verborum sententiarumve gravitatem;* nimio brevitatis studio.

quum mutila quaedam et hiantia locuti sunt, quae vel sine magistro facere potuerunt, germanos se putant esse Thucydidas. Nactus sum etiam, qui Xenophontis similem esse se cuperet: cuius sermo est ille quidem melle dulcior, sed a forensi strepitu remotissimus.

Referamus igitur nos[1] ad eum, quem volumus, in- 33
choandum et eadem eloquentia informandum, quam in
nullo cognovit Antonius. Magnum opus omnino et ar- 10
duum, Brute, conamur: sed nihil difficile amanti puto.
Amo autem et semper amavi ingenium, studia, mores
tuos. Incendor porro quotidie magis non desiderio solum (quo quidem conficior) congressus nostros, consuetudinem victus, doctissimos sermones requirens tuos,

E. 1) nos igitur
L. 6. *nos igitur*

[*Thucydidas*] Genit. *Thucydidis* placet Fischero ad Plat. *Phaedon.* C. 57. 37. Sic Edd. Iunt. Crat. Sed pro lectione *Thucydidas* (sic Eins. Dresd.) Ferrarius quoque *Emendatt. in Philipp.* XI. pr. p. 128. ed. Lugd. 1552. ad libros antiquos provocat. Cfr. 26, 90. pr. Beier. Quaestionem diremerat iam Lambinus. Ceterum Eins. corrupte: *germanos se puntes* (cum lin.) *faciunt se Thucydidas.* Or.

§. 33. [*Referamus igitur nos*] Sic Eins. Vit. Dresd. Gu. 1. 2. Victor. Sch. in Ed. mai. Pro altera vv. structura Beier laudat Goerenz ad I. *de Fin.* p. 85. *Acad.* II. 8, 23. p. 50. Sequendi erant Cdd. Ceterum mira est suspicio Billerbeckii haec omnia §. 33-36. casu huc esse transposita et collocanda post §. 20. Quomodo enim in Cic. haec toleranda essent?: *Investigemus hunc igitur, Brute, si possumus, quem nunquam vidit Antonius, aut qui omnino nullus unquam fuit: quem si imitari atque exprimere non possumus — at qualis esse debeat, poterimus fortasse dicere. Referamus igitur nos ad eum, quem volumus, inchoandum et eadem eloquentia informandum, quam in nullo cognovit Antonius.* Or.

[*inchoandum*] Sic Eins. = *incohandum* Viteb. non improb. Schneider *lat. Gr.* 1. p. 205. notante Meyero. Vide Gesneri *Thesaur.* in v. p. 1040. Seebodii *Bibl. crit.* 1823. p. 1100. et Ang. Mai ad Cic. *de Rep.* 1. C. 35. in f. Beier. Item Osann ad *Tacit. Dial. de oratt.* C. 33. *Eadem*, pro quo Sch. in Ed. mai. de Ern. susp. dedit *ea demum*, est idem fere atque *ea ipsa.* Or.

[*ingenium, studia*] Latuit Brewerum, (*deinen Character, deine Studien*) quo haec sensu iuncta essent. Vide 15, 48. *Ingenium* a virtutis indole distinguitur 13, 41. De orthographia *cotidie, cotidianus* v. annotatt. ad *or. pro Tullio* §. 54. Beier. — *Incendiosior porro q. - - sermones quaero* Eins. Or.

sed etiam incredibili fama virtutum admirabilium[1], quae
34 specie dispares prudentia coniunguntur. Quid enim tam distans quam a severitate comitas? Quis tamen unquam te aut sanctior est habitus aut dulcior? Quid tam difficile, quam in plurimorum controversiis diiudicandis ab omnibus diligi? Consequeris tamen, ut eos ipsos, quos contra statuas, aequos placatosque dimittas. Itaque efficis, ut, quum gratiae causa nihil facias, omnia tamen sint grata, quae facis. Ergo omnibus terris una Gallia communi non ardet incendio: in qua frueris ipse te, quum in Italiae luce cognosceris versarisque in optimorum civium vel flore vel robore. Iam quantum illud est, quod in maximis occupationibus nunquam intermittis studia doctrinae; semper aut ipse scribis aliquid aut me vocas
35 ad scribendum! Itaque hoc sum aggressus statim Catone absoluto: quem ipsum nunquam attigissem tempora timens inimica virtuti, nisi tibi hortanti et illius memoriam

E. 1) admirabili fama virtutum incredibilium
L. 1. *admirabili fama virtutum incredibilium* 7. (*pacatosque* Al. b.) 9. *ex omnibus*

[*incredibili fama virtutum admirabilium*] Sic iam Veneta prima. Receperunt Sch., Meyerus, Beier. Mirum est autem et Eins. et Viteb. et Dresd. exhibere perversam lectionem ceterorum *admirabili fama v. incredibilium.* Tum Eins. *studio coniung.* pro *prudentia coni.* et: *Quis autem hac aetate te aut sanctior aut dulcior est habitus*, mira μειώσει. Sed vera lectio est in marg. Or.

§. 34. [*sint grata*] = *grata sint* Eins. Or.

[*omnibus terris*] Schuetz cum Lamb. praeponit *ex;* qua praepositione non magis opus, quam 1. *de Rep.* 45. pr. De Bruti administratione laudata v. Plutarchus in *vita* C. 6. extr. Beier. Gulielmius videtur voluisse: *una Gallia communi nunc non ardet incendio*, etsi apud Grut. deest negatio; et Eins. a sec. manu: *communi iam ardet i.;* nec tamen opus est isto supplemento. Olivetus construebat: *una Gallia non ardet incendio communi omnibus terris;* sed ne hoc quidem placere potest, quum *omnibus terris*, nisi revera excidit *ex*, aliter quam absolute accipi non debeat. Tum *quantum illud*, omisso *est*, et *studium doctrinae* Eins. Or.

§. 35. [*tempora inimica virtuti*] *tempora* dici de ipsis hominibus eorumque moribus ac studiis observat Guil. Leon. Mahne in *Epicrisi censurarum bibl. crit.* Vol. 3. P. 3. p. 34. Beier. Verba *Catone absoluto* recte iam Strebaeus explicarat de laudatione Catonis Uticensis; eumque secutus est Schuetzius.

mihi caram excitanti non parere nefas esse duxissem. Sed testificor me a te rogatum et recusantem haec scribere esse ausum. Volo enim mihi tecum commune esse crimen, ut, si sustinere tantam quaestionem non potuero, iniusti oneris impositi tua culpa sit, mea recepti; in quo tamen iudicii nostri errorem laus tibi dati muneris compensabit.

Sed in omni re difficillimum est formam (qui[1] χα- 11
ρακτὴρ Graece dicitur) exponere optimi: quod aliud aliis 36
videtur optimum. Ennio delector, ait quispiam, quod non discedit a communi more verborum: Pacuvio, inquit alius; omnes apud hunc ornati elaboratique sunt versus, multa apud alterum negligentius. Fac alium Accio[2]: varia enim sunt iudicia ut in Graecis nec facilis explicatio, quae forma maxime excellat. In picturis alios horrida, inculta, abdita et opaca: contra alios nitida, laeta, collustrata delectant. Quid est, quo prae-

E. 1) quae 2) Attio
L. 13. *multo* 14. (*Attio* Al. b.)

Ecce nunc Billerbeckius de Catone maiore s. libro de senectute adolescentibus interpretatur. Sed talia missa faciemus in posterum, nisi prorsus necessaria videbitur eorum refutatio. Haud intelligo, quomodo Eckhard in *Dissertat.* infra a Beiero laudata p. 9. probare potuerit errorem Ven. 2. Tulich. *mihi coram excitanti.* Errorem Dresd. *recusandum* habet etiam Eins.; idem autem cum Viteb. ∞ om. *esse* ante v. *ausum.* Or.

§. 36. [*formam*, *qui χαρακτὴρ*] Ioh. Frid. Eckhard in Prolus. Isenac. a. 1780. 4. *Einige Nachricht von einer seltenen Ausgabe des Redners von dem Cicero* p. 10. affert hanc lectionem (Ven. 2. L. Sch.) ex Tulichii ed. Lipsiensi comparatque huius attractionis in reciprocis tantum notionibus ideoque in definitionibus usitatae exempla in *Somn. Scip.* §. 4. extr. et 6. ad finem. (*de Rep.* VI. 13 et 15.) Liv. III. 34. sub f. Beier. Vide in primis Meyerum. — *quae* Ern. cum Ven. 1. — *quod* retinent Eins. Viteb. Dresd. Cfr. Ernestium ad *Topic.* §. 45. et 79. Or.

[*ait quispiam*] Cfr. Frotscheri *Epistolam* p. XIII. — *negligentius* scil. composita. Multis placebit Lamb. lectio *multo apud alterum negligentius.* Attamen de Ennio vix quisquam dixerit *omnes* versus apud eum multo negligentius esse compositos quam apud Pacuvium. Deinde praetuli cum Eins. Vit. Edd. vett. *Accio* alteri scripturae *Attio.* Verba *abdita et* absunt ab Eins. nec tamen ideo in suspicionem adducenda. Idem autem solus inter Cdd. nunc accuratius notos habet lect. veram Ald. sec. Lamb. Seqq.

scriptum aliquod aut formulam exprimas, quum in suo quodque genere praestet et genera plura sint? Hac ego religione non sum ab hoc conatu repulsus, existimavique in omnibus rebus esse aliquid optimum, etiam si lateret, idque ab eo posse, qui eius rei narus[1] esset, iudicari.

37 **Sed quoniam plura sunt orationum genera eaque diversa neque in unam formam cadunt omnia: laudationum, scriptionum et historiarum et talium suasionum,**

E. 1) gnarus
L. 2. *quidque* (Al. b.) 3. *depulsus* 9. *suasionum, historiarum et tulium scriptionum*

alios - - alios delectant. In seqq. memorabilis est lectio Crat. Lamb.: *Quid est, quod* i. e. „Quid iuvat exprimere", etsi accedo Billerbeckio praeferenti: *Quid est, quo* i. e. „Quomodo exprimas." Eins.: ∾ *Quid est enim quo* cet. idem: *aliquod optumum.* Praeterea nota Lambini *depulsus*, quod ex eorum genere videtur, quae tacite e Cdd. is assumpsit. Or.

§. 37. [*orationum*] — *orationis* Eins. — [*in unam formam cadunt omnia*] i. e. ei conveniunt. Cfr. 27, 95. Quintil. II, 18, 132. Beier.

[*scriptionum et historiarum et talium suasionum*] Speciosissima est Lambini transpositio recepta a Lall., Meyero et Billerbeckio: *suasionum et historiarum et talium scriptionum;* nec nimis audax videri debet in scripto ex uno dumtaxat codice ad nos propagato, quum praesertim supra viderimus contra Cdd. certe recens collatos cum Edd. aliquot vett. similiter transponendum esse *incredibili fama virtutum admirabilium* pro *admirabili fama virtutum incredibilium.* Accedit, quod v. *scriptionum* nimis indefinitum videtur, nec statim perspicitur cur *suasionibus* annumeretur Isocratis Panegyricus. Iam vero ubi contuleris Dionysii Halic. *Artem rhetoricam C.* 9. §. 12. *Vol.* 5. p. 357. *Reiske:* *ἀλλὰ καὶ πάλιν ὁ Πανηγυρικὸς Ἰσοκράτους τοιοῦτόν τι βιβλίον ἐστὶ καὶ ὁ Φίλιππος Ἰσοκράτους καὶ ὁ περὶ τῆς ἀντιδόσεως· ἐν γὰρ τοῖς τρισὶ τούτοις βιβλίοις ἐγκώμια διέρχεται· —— ἀλλὰ τοῖς μὲν Ἀθηναίων ἐγκωμίοις καὶ τοῖς Φιλίππου συμβουλὴν ὑποθέμενος, τὸ εὐπρεπὲς τοῦ ἐγκωμίου ἐπραγματεύσατο καὶ πεποίηται ὥσπερ πάρεργον συμβουλῆς τὸ ἐγκώμιον κ. τ. λ.:* hunc igitur locum ubi contuleris, recte ad suasiones referri videbis Isocratis Panegyricum similiaque sophistarum scripta. Nec vero in Lambiniana collocatione satis intelligitur, cur Panegyricus Isocrateus cet. seiungatur a *laudationibus*, quasi esset tertium aliquod genus et a laudationibus et a suasionibus diversum. Iam vero *scriptiones* aliter explicari nequeunt, quam cum Strebaeo et Schuetzio scripta philosopha, scil. ἐξωτερικά, ornatu oratorio instructa. In v. *et historiarum*, quae suspecta erant Lambino, cogitan-

qualem Isocrates fecit Panegyricum multique alii, qui sunt nominati sophistae, reliquarumque rerum formam, quae absunt a[1] forensi contentione, eiusque totius generis, quod Graece ἐπιδεικτικὸν nominatur, quod quasi ad inspiciendum delectationis causa comparatum est, non complectar hoc tempore: non quo negligenda sit; est enim illa quasi nutrix eius oratoris, quem informare volumus ét de quo molimur aliquid exquisitius dicere. Ab 12

E. 1) ab
L. 2. *formam* transponit ante v. *non complectar*

dum in primis de *concionibus* apud historicos tam frequentibus ceterisque historiae ornamentis atque luminibus rhetoricis. Ceterum operae pretium est inspicere ipsam Lambini annotationem; ipse enim animi pendebat, utrum recte correxisset necne. Or.

[*reliquarumque rerum*] Substantivum *rerum* melius abforet, arbitro Schuetzio. Sed incommoda hic videtur ellipsis vocabuli e superioribus supplendi *orationum*, pro quo paullo indefinitius dicitur *rerum*. Beier. Aeque ac Schuetzius in h. l. aliquando, sed immerito, ipse haesi in *Sestianae* §. 67. *Pompeius restitit auctoritate sua reliquis rebus; de praeteritis questus est*, ubi exspectabam *reliquis sceleribus* vel simile quid. Sed in casibus praesertim obliquis Cic. solet dicere, *reliquarum rerum*, *reliquis rebus* pro neutris eiusdem formae cum masculinis, et propterea σολοικοφανέσι. Pro *ab forensi* Meyerus ex Viteb. Ven. 2. *a forensi* sicque etiam Eins. Lamb. Or.

[*quod quasi* cet.] Difficilis est quaestio, utrum *quod* sit pronomen; uti saepe duo pronomina relativa sic sine copula sibi succedunt, ubi diversa eorum est ratio ad substantivum, quo referuntur; ut hic altero nomen tantum Graecum *generi* annectitur, altero eiusdem *generis* exhibetur definitio: eiusmodi autem duplex pronomen relativum saepe displicuit et librariis et criticis; cfr. *Topica* §. 6. *de Legg.* 1, 27. 3, 38. *de Nat. D.* 3, §. 70. *de Divin.* 2, §. 92. *Cato* §. 59. *Offic.* 2, §. 81. —; an particula *ideo quod*, an denique cum Mediol. Tulich. Sch. et Beiero legendum sit *quia quasi*. Sic in *Topicis* §. 93. e Cdd. leg. *depulsio criminis* quoniam *Graece* στάσις *dicitur*, *Latine appelletur status* pro *quae Graece*. — *qua quasi* a pr. manu videtur habuisse Eins., ut Mon. Ven. 1. 2.; nunc *qua* deletum et *quasi* in *quod* mutatum. Tum idem: *aspiciendum*. Or. [*ad inspiciendum delectationis causa*] i. q. ad ἐπίδειξιν i. e. *ostentationem*. Obscuravit Brewer. Beier.

[*non quo*] Miro casu hic tantum Ven. 2. et Tulich. habent *non quod:* quod longe frequentius apud Cic. Or. De abrupta post *non negligenda sit* oratione, quae *C.* 13. §. 42. *extr.* demum in girum redit, v. Matthiam *de Anacol.* in Wolfii *Analectis* 2, 2. p. 3. Beier.

hac et verborum copia alitur et eorum constructio et
38 numerus liberiore quadam fruitur licentia. Datur etiam
venia concinnitati sententiarum, et arguti certique et
circumscripti verborum ambitus conceduntur, de industriaque non ex insidiis, sed aperte ac palam elaboratur,
ut verba verbis quasi dimensa[1] et paria respondeant, ut
crebro conferantur pugnantia comparenturque contraria,
et ut pariter extrema terminentur eundemque referant in
cadendo sonum; quae in veritate causarum et rarius
multo facimus et certe occultius. In Panathenaico autem
Isocrates ea [*se*[2]] studiose consectatum[3] fatetur: non
enim ad iudiciorum certamen, sed ad voluptatem aurium
39 scripserat. Haec tractasse Thrasymachum Chalcedonium
primum et Leontinum ferunt Gorgiam, Theodorum inde

E. 1) demensa 2) *Abest* [*se*] 3) consecutum
L. 7. *conferant* - - *comparentque* 14. *Gorgiam Leontinum ferunt*

[*verborum constructio*] non est *fabricatio* verborum, ut Brewer accepit, sed i. q. *structura* C. 44. Cfr. 60, 202. extr. Beier.

§. 38. [*non ex insidiis* cet.] — *non ea insidiis sed aperte ac p.* Eins. Or.

[*dimensa*] Sic (Viteb.) Lamb. cum Ed. 1497. probante Schellero. Volgo *demensa.* (quod e Nonio praetulit Meyerus. — *remensa* Eins.) Cfr. 43, 147. pr. *Parad.* 3. extr. *Quintil.* 9, 4, 85. (p. 193. *Bip.*) *in dimensione pedum orationis.*) De ipso hoc genere Dionys. *Art. rhet.* 1, §. 8. Beier. Mox Cdd. noti et Edd. vett. *conferant* – *comparentque* primum correctum vel a Manutio vel a Gryph. sec. Or.

[*In Panathenaico*] Perverse Brewer cum aliis *fatetur, se in Pan.* cet. Goerenzius ad I. *Finn.* 10, 33. extr. tuetur Ernestii lectionem *studiose consecutum*, contractionem duorum vocc. in unum Schuetzio tribuens, qui seiunxit potius *studio se*, ut exprimeretur σπουδῇ. Respicit h. l. et 13, 42. Quintilianus X, 1. p. 223. *Bip.*: *omnes dicendi Veneres sectatus est.* Beier. Beierus recepit in exemplari suo Sch. coni. *studio se.* Quod eandem lect. ex Asc. sec. affert Meyerus, id casui potius tribuendum quam certo alicui consilio; *studio* enim est in extremo versiculo, in sequente *se* omisso divisionis syllabarum signo, ut statim in eadem Ed. versiculo seq. *tractas*, in tertio *se* pro *tractas:se.* Similiter Schellerus *Obs.* p. 36. Editioni Kobergerianae 1497. tribuit *studio se;* in meo certe exemplari est *studiose.* Equidem facio cum Handio ad *Wopkens* p. 14. „Nec deesse facile potest ob hanc vim (maiorem) *se* Orat. §. 38. sive scribamus cum Aldo (2. et Lamb.) *ea se studiose* (quod recepi) sive de Ern. susp. *studiose se.* Id, quod

Byzantium multosque alios, quos λογοδαιδάλους appellat
in Phaedro Socrates: quorum satis arguta multa, sed
ut modo primumque nascentia minuta et versicolorum[1]
similia quaedam nimiumque depicta. Quo magis sunt
Herodotus Thucydidesque mirabiles: quorum aetas quum
in eorum tempora quos nominavi incidisset, longissime
tamen ipsi a talibus deliciis vel potius ineptiis afuerunt.
Alter enim sine ullis salebris quasi sedatus amnis fluit,
alter incitatior fertur et de bellicis rebus canit etiam
quodammodo bellicum: primisque ab his (ut ait Theophrastus) historia commota est, ut auderet uberius quam
superiores et ornatius dicere. Horum aetati successit 13
Isocrates, qui praeter ceteros eiusdem generis laudatur 40
semper a nobis, nonnunquam, Brute, leniter[2] et erudite

E. 1) versiculorum 2) leviter
L. 3. *versicolorium* 14. *leviter*

Meyerus e C. 69, §. 230. affert, ipsum habet *se* cet." — *consecutum* est in Edd. vett. etiam Asc. 1., fortasse etiam in Gu. 1. nec tamen ab Ern. et Goer. praeferri debebat exquisitiori verbo, quod praebent Eins. et Cdd. Meyeri. Quod paullo post Lamb. scripsit *Georgiam Leontinum ferunt*, fecit contra frequentissimum usum Cic., ex quo patria hominis nomini praeponitur, *Ponticus Heraclides*, *Phalereus Demetrius* cet. Or.

§. 39. [*versicolorum*] Sic Viteb. Lamb. Heindorf ad *Plat. Phaedr.* p. 316. *versiculorum* retinet Eins. Vide omnino Meyerum; quem contra plurimis verbis disputat Billerb., non ita tamen, ut efficiat recte iungi *versiculorum similia* et *nimium depicta*. Beier haec adnotavit: „Lambinus coniecit *versicolorum* (edidit *versicolorium*): haud improbabiliter, si comparaveris c. 19. extr. (ubi Cicero h. l. respicit) 44, 149. extr. Similiter Isocrates in *or. ad Philipp.* p. 128. l. 26. ed. Wolf. coniunxit τὰς περὶ τὴν λέξιν εὐρυθμίας καὶ ποικιλίας. Volgatae tamen patrocinatur Cicero C. 51, 172. et C. 52. Schuetzius pro *depicta* a sensu postulari arbitratur *astricta;* sed in *Lex. Cic.* II. 2. p. 58. *nimiumque depicta* mire interpretatur *allzuängstlich abgezirkelt*. cfr. Brut. C. 37. extr. *in verbis pingendis*. Haec delectationis aucupia ipsis λογοδαιδάλοις videbantur *deliciae* vel *festivitates* §. 176. Ciceronis iudicio derogat Quintil. 9, 4. p. 178. et 10, 1. p. 214. *Bip.* Deinde *canere bellicum* paullo alio significatu dicitur quam in *Philipp.* VII, 1, 3. pro *irritare ad bellum*. Extremo hoc capite respici videtur ad Theophrasti τέχνην ῥητορικήν. V. Meursii *Theophrastus* §. CLXVII." — Pro *primisque ab his* Eins.: ∾ *primisque ab hiis* (*iis*). Or.

§. 40. [*leniter*] E Cdd. Dresd. Gu. 1. 2. repositum pro

repugnante te: sed cedes[1] mihi fortasse, si, quid in eo laudem, cognoveris. Nam quum concisus ei Thrasymachus minutis numeris videretur et Gorgias, qui tamen primi traduntur arte quadam verba vinxisse: Theodorus autem praefractior nec satis (ut ita dicam) rotundus: primus instituit dilatare verbis et mollioribus numeris explere sententias. In quo quum doceret eos, qui partim in dicendo, partim in scribendo principes extiterunt,
41 domus eius officina habita eloquentiae est. Itaque ut

E. 1) cedas

L. 1. *credas* 4. *iunxisse* (Margo, ut nos.) 4. *Thucydides leviter* (Eins.) a Schuetzio et Meyero recepit etiam Beier. Probarat iam Muretus apud Olivetum et cfr. *ad Famil.* 3, 11, 4. *te leniter accusans*, alii *leviter*. Ridicule autem Eins. *crudeliter* pro *erudite*. Or.

[*cedes*] Sic coni. Ern. pro *credas* (Eins.) (Recepit *cedes* Sch. Ern.: *cedas.*) Cd. Viteb. *credes*. Beier. Rectius sane futurum praecedit futurum exactum. Or.

[*verba vinxisse*] Sic duo Cdd. Lambini. Grut. Sqq. Meyerus autem reduxit lect. Eins. Viteb. et Edd. ante Grut.: *iunxisse*, haec observans: „*Iunguntur* verba, *vincitur* oratio." Apud Quintil. tamen 8, 6, 61. *fit hians oratio*, *si ad necessitatem ordinis sui verba redigantur*, *et*, *ut quodque oritur*, *ita proximis*, *etiam si* vinciri *non potest*, *alligetur*. Atque hic omnino sermo est non de simplici verborum iunctura legibus grammaticis consentanea, sed de numerosa oratione, qua in re alibi quoque *vinciendi*, *constringendi* verbis utitur. cfr. *de Orat.* 3, §. 190. Infra §. 77. *verba quasi verbis coagmentare*. cfr. *Brut.* §. 34. Or.

[*Theodorus*] Recte hanc Ern. coni. cum Schuetzio retinuit Meyerus atque ita defendit, ut ego non videam, quid iure possit contra dici. Thucydidis enim mentio hic prorsus absona; Theodectes autem, Isocratis, non Aristotelis discipulus (infra C. 51.) hic locum habere nequit; id tamen demonstrat aliquando non pervulgatum illud nec facile corruptioni expositum Thucydidis nomen hic lectum esse; iam ut infra §. 172. *Theodectes* corruptus est etiam in Viteb. in *Theodotes* (sic), sic contra evenire poterat in v. *Theodorus*, ac corruptelae tandem substitui a recentiore grammatico *Thucydides*, cui apta putaret verba „*praefractior nec satis rotundus*." Quamquam prorsus similibus argumentis usi contra Meyerum disputant Billerbeck et Beier: hic quidem ita: „Ab Ernestio et Sch. *Thucydidi* substituitur *Theodorus;* a Nonio 1. 297. (in v. *Rotundum*) *Theodectes*. Theodorus ille λογοδαίδαλος hic vix potuit dici *praefractus nec satis rotundus:* (nos tamen eum comparare non possumus nec cum Thrasymacho et Gorgia, nec cum Isocrate. Or.) quod idem recte agnovit Schirachius cadere in Thucydidem modo ante cum iisdem sophistis com-

ego, quum a nostro Catone laudabar, vel reprehendi me a ceteris facile patiebar, sic Isocrates videtur testimonio Platonis aliorum iudicia debere contemnere. Est enim (ut scis) quasi in extrema pagina Phaedri his ipsis verbis loquens Socrates: „Adolescens etiamnunc, o Phaedre, Isocrates est: sed quid de illo augurer, lubet dicere. Quid tandem? inquit ille. Maiore mihi ingenio videtur esse, quam ut cum orationibus Lysiae comparetur. Praeterea ad virtutem maior indoles, ut minime mirum futurum sit, si, quum aetate processerit, aut in hoc orationum genere, cui nunc studet, tantum, quantum pueris, reliquis praestet omnibus, qui unquam orationes attigerunt; aut, si contentus his non fuerit, divino aliquo animi motu maiora concupiscat. Inest enim
turâ philosophia in huius viri mente quaedam." Haec 42
de adolescente Socrates auguratur. At ea de seniore scribit Plato et scribit aequalis; et quidem exagitator omnium rhetorum hunc miratur unum. Me autem, qui Isocratem non diligunt, una cum Socrate et cum Platone errare patiantur. Dulce igitur orationis genus et solutum et effluens, sententiis argutum, verbis sonans est in illo

L. 16. *Isocrate Socrates* 19. *et Platone*

paratum. Etenim *densitas sententiarum*, quae Thucydidi conceditur *de Orat.* II. 13, 56. 22, 93. *Brut.* 7, 29. 17, 66., *facit concisam quoque orationem: subsistit enim omnis sententia ideoque post eam utique aliud est initium. Unde soluta fere oratio et e singulis non membris, sed frustis collata*, ut ait Quintilianus VIII. 5, 27. De Isocratis discipulis v. *de Orat.* II. 13, 57. 22, 94. *Brut.* 8, 32."

§. 41. [*a nostro Catone*] Vide *ad Famil.* XV. Ep. 4. §. 24. ss. Beier.

§. 42. [*cum Socrate et cum Platone*] Alteram praepositionem cum exemplaribus quibusdam, ut (Ven. 1.) Lamb., expungi iussit Reisigius *Coniectan. in Aristoph.* L. 1. p. 242. Beier. Codices retinent, (nisi quod in Eins. *cum* superscriptum est versui:) ac frequentius in talibus omittitur a scribis, quam intruditur; et significantior est repetitio, [paullo scil. minus quam: *et cum Socrate et cum Platone*, quo tamen nimis utrumque ab altero segregasset. Or. Deinde Brewer *sententiis argutum* refert ad sensum, qui subesse dictis intelligatur; sed spectantur potius *verborum ambitus concinni*, ut 12, 38, 39. *De opt. gen. or.* 2, 5. Beier.

epidictico genere quod diximus, proprium sophistarum, pompae quam pugnae aptius, gymnasiis et palaestrae dicatum, spretum et pulsum foro. Sed quod educata huius nutrimentis eloquentia ipsa se postea colorat et roborat, non alienum fuit de oratoris quasi incunabulis dicere. Verum haec ludorum atque pompae: nos autem iam in aciem dimicationemque descendamus.

14 Quoniam tria videnda sunt oratori, quid dicat, et
43 quo quidque loco, et quo modo; dicendum omnino est, quid sit optimum in singulis, sed aliquanto secus atque in tradenda arte dici solet. Nulla praecepta ponemus, (neque enim id suscepimus) sed excellentis eloquentiae speciem et formam adumbrabimus: nec, quibus rebus ea paretur, exponemus, sed qualis nobis esse videatur.
44 Ac duo breviter prima; sunt enim non tam insignia ad maximam laudem quam necessaria et tamen cum multis paene communia.

L. 7. *veniamus*

[*in illo epidictico genere*] Recte Goerenz *de Finn.* p. 171. et 455. et in primis Meyerus contra Schuetzium, Burchardium meque defenderunt v. *genere*, quod agnoscit etiam Eins. Videndum etiamnunc, an Graecis literis h. l. sit scribendum, ut placuit etiam O. M. Muellero. Dativis scil. Graecis pro ablativis Latinis, praesertim cum praepositt., ut aliter fieri fere nequibat, utitur Cicero etiam *ad Attic.* 5, 21. *nullo nostro εὐημερήματι.* Ibid. *de ἐνδομύχῳ probo.* Cum Goerenzio, quem laudat, facit Beier praetereaque annotat recte Schuetzium virgulâ distinxisse post *diximus.* Tum: — *nutrimento* pro *nutrimentis*, et: *oratoris incunabulis* omisso *quasi* Codex Eins. Or.

[*haec ludorum*] scil. *literariorum;* non, ut Brewer accepit, *certaminum sollemnium.* Cfr. 15, 47. pr. *de Orat.* 1, 18, 81. extr. *Pompae* (dictioni sophisticae) opponitur *acies* (veritas causarum) ib. II. 22, 94. Beier. Recte ille quidem; cfr. §. 47. *declamatorem de ludo.* Mox *iam* in suo exemplari cum Gu. 1. 2. Monac. Sch. in Ed. mai. expunxit Beier: mihi retinendum videtur, etsi suspectum fit etiam ex Eins. lectione *nos autem nunc.* Deinde mirum est omnes Cdd. notos (etiam Eins.) habere *veniamus*, non *descendamus*, quod e Ven. 1. asciverunt post Ern. cuncti. Videndum etiam atque etiam, ne elegans correctio substituta sit veritati. Or.

§. 43. [*tradenda*] — *tractanda* Eins. Or.

§. 44. [*sunt enim non tam*] — om. *non* Eins., ut Viteb. a pr. manu. Or.

Nam et invenire et iudicare, quid dicas, magna illa quidem sunt et tamquam animi instar in corpore, sed propria magis prudentiae quam eloquentiae: [*quae* [1]] qua tamen in causa est vacua prudentiâ? Noverit igitur hic quidem orator, quem summum esse volumus, argumentorum et rationum locos. Nam quoniam, quidquid est 45
quod in controversia aut in contentione versetur, in eo aut sitne, aut quid sit, aut quale sit, quaeritur; sitne, signis; quid sit, definitionibus; quale sit, recti pravique partibus: quibus ut uti possit orator, non ille vulgaris, sed hic excellens, a propriis personis et temporibus semper, si potest, avocat controversiam. Latius enim de genere quam de parte disceptare licet: ut, quod in universo sit probatum, id in parte sit probari necesse.

E. 1) *Abest* [quae]
L. 3. *eloquentiae. quae tamen causa* (*al. quae enim causa* Al. b.)

[*quid dicas*] — *quid et quo loco dicas* ex ingenio Schuetz. compar. 16, 51. pr. Quintil. 8. prooem. §. 9. Sed opus non videtur additamento; nam scriptor hîc primum caput, a quo ipso alterum pendet, tractare incipit; vide *de Orat.* II. 27, 120. Adversatur correctioni etiam ipse Quintil. III. 3, 6. *Cicero quidem in Rhetoricis iudicium subiecit inventioni.* Ad seqq. *qua tamen in causa* intell. „iudiciali, quae in controversia aut in contentione versetur." Beier. Statim ex Ven. 2. Tul. Meyer dedit *quidem illa* contra Cdd. In seqq. Cdd. lectionem *qua tamen in causa est vacua prudentia?*, v. *prudentia* pro nominativo habens cum Schuetzio ita exposueram, ut esset: „qua tamen in causa est otiosa, supervacanea, inanis prudentia?" Nunc vereor, ut haec explicatio conveniat cum Cic. consuetudine. Itaque cum Anonymo Oliveti et Meyero v. *prudentiâ* censeo esse ablativum. Sed, ut alii critici iamdudum haeserant in isto ἀσυνδέτῳ, sane praefractiore ac minime rotundo, ego quoque excidisse aliquid reor. Proxime ad veritatem accesserunt Melanchthon proponens *quae tamen qua in causa* cet. et Acidalius ad *Velleium* p. 1103. *Ruhnk.*: *quae tamen in qua causa* cet. (Eidem praeterea in mentem venerat: *si qua tamen in causa*) Sed simplicior etiam videtur medela, quam cum [] exhibui. Ceterum Heinrichio omnia ista *qua* - - *prudentia*, pannus videbatur a librario assutus, ut disco e Moseri censura. At voc. *vacua* vix videtur interpolatoris esse. (— *qua tamen in causa vacua prudentia* omisso *est* Eins.). Ad sententiam cfr. *Brut.* §. 23. Tum idem Eins.: = *hic igitur.* Or.

[*rationum locos*] E coniectura *actionum l.* substituentem Schuetzium sequuntur interpretes Hauffius et Brewer. Sed librorum lectionem defendit Burchardi eiusque censor Beckius in *Diar. Lips.* 1816. p. 622. Beier.

46 Haec igitur quaestio a propriis personis et temporibus ad universi generis orationem traducta appellatur θέσις[1]. In hac Aristoteles adolescentes non ad philosophorum morem tenuiter disserendi, sed ad copiam rhetorum, in utramque partem ut ornatius et uberius dici posset, exercuit: idemque locos (sic enim appellat) quasi argumentorum notas tradidit, unde omnis in utramque partem
15 traheretur oratio. Facile igitur hic noster, (non enim
47 declamatorem aliquem de ludo aut rabulam de foro, sed doctissimum et perfectissimum quaerimus) quoniam loci certi traduntur, percurret omnes, utetur aptis, genera-

E. 1) thesis
L. 2. *thesis* 11. *aptis generatim, discet ex quo emanent* (Ut nos Lamb. b.)

§. 46. [*quaestio a propriis personis et temporibus*] Cum Ven. 1. Med. Meyerus transposuit ∾ *a propriis temporibus et personis*, cuiusmodi variationes sunt sane ex usu Cic. — Cdd, tamen sequendos existimavi. Tum memorabilis est lectio Nizolii et Purgoldi: ∾ *ad universi generis rationem*, probata etiam Schuetzio. cfr. §. 125., indicante Meyero. Or.

[*appellatur θέσις*] Schuetzius ex ingenio *Graece app. θ.* Ad rem cfr. *Brut.* 93, 322. *Finn.* IV, 4, 10. Beier. Pro *in hac* Gu. 2. *in hoc* probatum Billerbeckio; sed manifesto refertur ad v. *θέσις.* — *non philosophorum more* Eins. Or.

§. 47. [*utetur aptis - - loci*] Haec ut insititia notavit Schuetzius, probavitque suspicionem suam et Hauffio et Brewero, non mihi. Deinceps correxit *sed idonea exquiret*, quod non recte potuisset dici *omnia seliget.* Dissentit Burchardi. Ad alterum membrum *et seliget* intellige *inde* vel *ex iis.* In praeceptis diligentiae inculcandis alibi quoque Cicero paullo verbosior est v. c. I. *Offic.* 18, 59. extr. De *inveniendi locis* v. *Partitt.* 31, 109. *Locus communis* de testamentorum auctoritate in exemplo laudatur I. *de Orat.* 57, 245. Beier. Ego quoque nunc video, nihil mutandum esse in verbis *sed omnia expendet et seliget.* Priorum verborum *utetur aptis* lectio sic a Lipsio constituta est e Cd. Lovaniensi (*Var. Lectt.* 2, 7.) itaque explicata: „Orator percurret omnes locos, e quibus argumenta duci possint, nec tamen sine delectu utetur omnibus, sed dumtaxat accommodatis ad causam et aptis; generatim etiam aliquando et universe de re dicet et a propriis personis ac temporibus ad universi generis tractationem orationem avocabit, ex quo fonte emanant et oriuntur communes illi, qui appellantur, loci." Eins. sic habet, ut fere Cdd. Meyeri: *quaerimus ut quoniam loci certi traduntur percurrat omnes utatur aptis gradatim dicat ex quo emanent* cet. Paullo post Eins.: = *omnibus in causis*, quae tamen elegan-

tim dicet: ex quo emanant etiam, qui communes appellantur loci. Nec vero utetur imprudenter hac copia, sed omnia expendet et seliget. Non enim semper nec in omnibus causis ex iisdem eadem argumentorum momenta sunt. Iudicium igitur adhibebit nec inveniet solum 48
quid dicat, sed etiam expendet. Nihil enim est feracius ingeniis, iis praesertim, quae disciplinis exculta sunt. Sed ut segetes fecundae et uberes non solum fruges, verum herbas etiam effundunt inimicissimas frugibus, sic interdum ex illis locis aut levia quaedam aut causis aliena aut non utilia gignuntur; quorum ab oratoris iudicio delectus magnus adhibebitur. Quonam modo[1] ille in 49

E. 1) Alioqui quonam modo: *et continuatur interrogatio usque ad v. obstabit.*

L. 4. *nec ex iisdem* 5. *ergo* 6. Abest *est* 7. *his* 9. *etiam herbas* 12. *dilectus* - - *Alioqui quonam modo.*

tior, ut videtur, collocatio saepe debetur librariis, et omittit *eadem*, ut Cdd.-Meyeri. Or.

§. 48. [*Nihil enim*] *est* volgo additum excludit Gu. 2. (Dresd. Lamb. Meyer.) Gu. 1.: *Nihil est f.* Schuetzius: *nihil est enim f.* Paullo post *non utilia* sunt: „cum aliquo malo coniuncta." Cfr. II. *de Orat.* 76, 308. et ad §. 49. cfr. indidem II. 72., 92. nec non illustre Antonii exemplum: *ibid.* Capp. 48. ss. denique cum h. l. §. 50. contende ex illo II. 77, 313. ss. Beier. Etiam Meyer delevit v. *est*, quod re vera est in Eins. et ut videtur etiam in Viteb.; non video igitur, cur damnandum sit: pronuntiabant *enimst*. Or.

§. 49. [*Quonam modo* cet.] Sic cum Cdd. notis, etiam Eins. Palatt. et Meyeri, constituendus nunc mihi videtur locus: videlicet quemadmodum in seqq. mixta quodammodo cum exclamatione interrogatio est *Iam vero ea quae invenerit, qua diligentia collocabit?* sequiturque responsio *Vestibula nimirum honesta - - faciet*, sic hoc quoque loco eandem orationis formam agnosco: interrogat *Quonam modo ille in bonis haerebit et habitabit suis?* Respondet: *Aut molliet - - obstabit.* In his enim omnibus, quae h. l. enumerat, continetur iste *delectus magnus*, quo qui utitur, in bonis suis haeret et habitat. (*frei waltet.*) Quod si ἀσύνδετον improbandum videatur, nihil potuit fieri facilius, quam ut excideret ex uno illo archetypo *igitur* vel *ergo*, quorum compendium saepenumero in Cdd. ipse hoc vidi $\overset{g}{i}$ et $\overset{g}{e}$, unde haud raro utraque particula est vel confusa vel omissa: ut fuerit *Quonam igitur modo*, ut §. 27. Iam vulgata haec est: *Alioqui quonam modo*, et continuantur interrogationes usque ad finem clau-

bonis haerebit et habitabit suis? Aut molliet dura, aut occultabit, quae dilui non poterunt, atque omnino opprimet, si licebit, aut abducet animos, aut aliud afferet, quod oppositum probabilius sit, quam illud quod obstabit.

50 Iam vero ea, quae invenerit, qua diligentia collocabit? quoniam id secundum erat de tribus. Vestibula nimirum honesta aditusque ad causam faciet illustres: quumque animos prima aggressione occupaverit, infirmabit excludetque contraria: de firmissimis alia prima ponet, alia postrema inculcabitque leviora. Atque in primis duabus dicendi partibus qualis esset, summatim bre-
16 viterque descripsimus. Sed, ut ante dictum est, in iis[1]
51 partibus (etsi graves atque magnae sunt) minus et artis est et laboris.

Quum autem, et[2] quid et quo loco dicat, invenerit, illud est longe maximum, videre quonam modo. Scitum est enim, quod Carneades noster dicere solebat, Clito-

E. 1) his 2) *Abest* et
L. 1. *ut molliet* - - *ut occ.* - - *ut abd.* 12. *his* 15. *autem, quid*

sulae. eamque primum reperi in Ascens. sec. Ceterae antiquiores, item Victor. cum Cdd. notis non agnoscunt v. *alioqui*: agnoscit Oxoniensis, si fides collatoribus, quae tamen hoc ipso loco in ceterorum aperto consensu exigua videtur aut nulla. Sed, quod maius etiam est, Hand in *Tursellino* 1. p. 235. demonstravit eam particulam omnino Tullianam non esse: quocirca, ea merito deleta, totum locum sic scrib. censet: *Quodammodo ille* et cetera usque ad v. *obstabit* sine interrogatione; in qua tamen ratione equidem omnem cum praecedd. nexum desidero, et omnino languidior evadit oratio. Quid? quod tropus ille *in bonis suis haerere et habitare*, qui nostra in ratione satis scite explanatur verbis propriis, in Handiana his sine explicatione aequiparatur, ipsaque vis verborum *haerebit et habitabit* mirum in modum infringitur v. *quodammodo.* — *ut molliet dura*, *ut occultabit* Eins. a pr. manu. (in seqq. *aut*); verum a manu sec. correctum *aut m. d. aut occ.* Ceterum pro *obstabit* Ern. volebat *obstet* vel *obstabat.* Or.

§. 50. [*erat de tribus*] — *erit de tr.* Eins. Mon. Or.

§. 51. [*in iis partibus*] Sic Eins. — *his* Cett. Or.

[*et quid et quo loco*] Sic cum Eins. Dresd. Mon. Victor. Meyerus: qua ratione duo antea separatim tractata, aptius nunc iunguntur. Ceteri om. prius *et*, qua omissione nihil frequentius est. Or.

machum eadem dicere, Charmadam autem eodem etiam modo dicere. Quod si in philosophia tantum interest, quemadmodum dicas, ubi res spectatur, non verba penduntur: quid tandem in causis existimandum est, quibus totis moderatur oratio? Quod quidem ego, Brute, ex 52
tuis literis sentiebam, non te id sciscitari[1], qualem ego in inveniendo et in collocando summum esse oratorem vellem, sed hoc[2] mihi quaerere videbare, quod genus ipsius orationis optimum iudicarem. Rem difficilem, dii immortales, atque omnium difficillimam! Nam quum est oratio mollis et tenera atque[3] ita flexibilis, ut sequatur quocunque torqueas: tum et naturae variae et voluntates multum inter se distantia effecerunt genera dicendi. Flumen aliis verborum volubilitasque cordi 53
est, qui ponunt in orationis celeritate eloquentiam. Di-

E. 1) scitari 2) id 3) et
L. 6. *scitari* 8. *id* 11. *et*

[*eodem etiam modo dicere*] Scita est Schuetzii coni. *quodam etiam modo* deleto v. *dicere;* cui tamen recte adversatur ipse ille, ad quem provocat, Goerenzius ad *Acad.* II. 24, 76., Burchardi huiusque censor Beckius itemque Brewer. Beier. Rectissime cum Burchardio, cuius rarissimo libello uti non potuit amicus meus, Meyer vindicavit exposuitque h. l. lectionem Victor. Lamb. Ern. Burchardii verba p. 13. haec sunt: „Carneades duos illos (suos) discipulos inter se comparat, sed ita, ut se ipso tamquam exemplo utatur. Clitomachus, ait, eadem atque ego dicit; Charmadas (hoc nomen praebent Dresd. Monac.) vero non modo eadem dicit atque ego, sed eodem etiam modo atque ego (i. e. pari eloquentia.)" De duplici scriptura *Charmadas* et *Charmidas* (quam h. l. commendabat Victorius *Var. Lectt.* 32, 24. cfr. Goerenz ad *Acadd.* 2, 6, 16. p. 37. Is in Cicerone praefert *Charmadas.* Eins. h. l. habet *Carnadam.* Or.

§. 52. [*non te id sciscitari*] Sic e Viteb. Oxon. (Ven. 2. Tul.) recte Meyerus pro Ceterorum, etiam Eins., *scitari.* Idem mavult *non id te.* Cfr. tamen Frotscherum p. XIII. De auctoritate Cdd. in restituendo v. *sciscitari* hic quoque, ut saepissime, errat Billerbeck. Sed cur hunc refutamus? Mox ex Eins. dedi: *sed hoc mihi* pro *sed id mihi.* In seqq. mirum est ab omnibus servatum esse rectum *quum est oratio*, ita, ut nemo habeat *quum sit oratio;* quae res tot tantasque turbas excitavit *de Nat. D.* I, 1, 1. Tum Eins.: *atque ita flexibilis*, quod recepi pro Ceterorum *et ita fl.* Est enim ex usu Ciceronis variatio ista coniunctionum copulativarum. Or.

stincta alios et interpuncta intervalla, morae respirationesque delectant. Quid potest esse tam diversum? Tamen est in utroque aliquid excellens. Elaborant alii in lenitate et aequabilitate et puro quasi quodam et candido genere dicendi. Ecce aliqui duritatem et severitatem quandam verbis et orationis quasi maestitiam sequuntur; quodque paullo ante divisimus, ut alii graves, alii tenues, alii temperati vellent videri, quot orationum genera esse diximus, totidem oratorum reperiuntur.

17 Et, quoniam coepi iam cumulatius hoc munus augere,
54 quam a te postulatum est, (tibi enim tantum de orationis genere quaerenti respondi etiam breviter de inveniendo et collocando) ne nunc quidem solum de orationis modo dicam, sed etiam de actionis: ita praetermissa pars nulla erit; quandoquidem de memoria nihil est hoc loco di-
55 cendum, quae communis est multarum artium. Quo modo autem dicatur, id est in duobus, in agendo et in eloquendo. Est enim actio quasi corporis quaedam eloquentia, quum constet e voce atque motu. Vocis mutationes totidem sunt, quot animorum, qui maxime

L. 1. *alios, interpuncta* 5. *Ecce alii*

§. 53. [*intervalla*] Notabile est hanc vocem omitti ab Eins. Sed cfr. §. 56. Or.

[*lenitate*] — *levitate* Eins. Ven. 1. Nor. Tul. prob. Lamb. *in*, a Cdd. notis omissum, insertum videtur e coniectura, sed necessaria, apud Nizolium, Lamb. Seqq. Or.

[*et puro quasi quodam et candido*] Hic quoque consulto retinui Cdd. nunc notorum ordinem, quia et in v. *puro* et in v. *candido* agnosco metaphoram, molliorque videtur verborum iunctura. Si quid mutandum, sequendus potius erit Meyerus e Ven. 1. Med. reponens *et puro et quasi quodam candido*, quam Beier, cui placuit ordo Marg. Lamb.: *et puro quodam et quasi candido*, laudanti §. 25. *opimum quoddam et tamquam adipatae* cet. Addit Beier: „comparatur oratio rivo: nam ὕδωρ λευκὸν laudatur Athenaeo II. 13." In seqq. *Ecce aliqui* M. Caelium Rufum significari putavit Ellendt *hist. eloq.* p. 113., notante iam Meyero. Or.

[*quodque paullo ante divisimus*] i. e. „quam - - divisionem proposuimus." A Schuetzio substituente *diximus*, deinceps autem *genera divisimus*, suppresso infinitivo *esse*, recte dissentit Burchardi. Beier. Mox Eins.: — *oratorum esse reperiuntur*. Or.

§. 54. [*ne nunc quidem solum*] — *nec nunc solum* Eins. Or.

voce commoventur. Itaque ille perfectus, quem iamdudum nostra indicat oratio, utcunque se affectum videri et animum audientis moveri volet, ita certum vocis admovebit sonum: de quo plura dicerem, si hoc praecipiendi tempus esset aut si tu hoc quaereres. Dicerem etiam de gestu, cum quo iunctus est vultus: quibus omnibus dici vix potest quantum intersit, quemadmodum
utatur orator. Nam et infantes actionis dignitate elo- 56
quentiae saepe fructum tulerunt et diserti deformitate agendi multi infantes putati sunt, ut iam non sine causa Demosthenes tribuerit et primas et secundas et tertias actioni. Si enim eloquentia nulla sine hac, haec autem sine eloquentia tanta est; certe plurimum in dicendo potest. Volet igitur ille, qui eloquentiae principatum petet, et contenta voce atrociter dicere et summissa leniter et inclinata videri gravis et inflexa miserabilis.
Mira est enim quaedam natura vocis, cuius quidem e 57
tribus omnino sonis, inflexo, acuto, gravi tanta sit et tam suavis varietas perfecta in cantibus. Est autem etiam in dicendo[1] quidam cantus obscurior, non hic e

E. 1) in dicendo etiam
L. 1. *perfectus ille* 20. *in dicendo etiam*

§. 55. [*iunctus*] — *vinctus* Eins. Nullus nuper collatorum habet ordinem Lambini *perfectus ille.* Mox Eins.: = *vix dici.* Or.

§. 56. [*Nam et infantes* cet.] Hic, ubi Viteb. ceteroqui perbonus, misere corruptus est (*nam et infantum actiones* cet.) veram lectionem praebet Eins., ut saepenumero. Statim *reputati* Viteb. Hunc quoque Italismum non agnoscit Eins. Idem mox omittit *dicere*, quo verbo tamen carere non possumus; omnino is Cd. in hac omittendi etiam necessaria consuetudine haud raro peccat. Sic statim §. 57. abest ab eodem v. *perfecto.* Or.

[*inflexa*] Schuetzius pro arbitrio corrigentem *flexa* sequitur Hauffius, adversante ipso Cicerone comparato l. II. *de Orat.* 46, 193. Iidem in proximis *inflexum sonum* interpretantur *medium quoddam* (canentis) *inter acutum et grave.* Sed est προςῳδία περισπωμένη, ut apud Arnob. I. post med. p. 44. *Herald.* (al. 35.) *Quid officit* – – *utrumne quid grave an hirsuta cum asperitate promatur; inflectatur quod acui, an acuatur quod oportebat inflecti?* Beier.

§. 57. [*etiam in dicendo*] Sic Eins. Dresd. Mon. Ven. 2.

Phrygia et Caria rhetorum epilogus paene canticum,
sed ille, quem significat Demosthenes et Aeschines,
quum alter alteri obiicit vocis flexiones: [dicit[1]] plura
etiam Demosthenes, illumque, saepe dicit voce dulci et
58 clara fuisse. In quo illud etiam notandum mihi videtur
ad studium persequendae suavitatis in vocibus. Ipsa enim
natura, quasi modularetur hominum orationem, in omni
verbo posuit acutam vocem nec una plus nec a postrema
syllaba citra[2] tertiam: quo magis naturam ducem ad
59 aurium voluptatem sequatur industria. Ac vocis bonitas

E. 1) dicit *sine* [ ] 2) ultra
L. 3. *Obiicit plura Aeschini Dem.* (*Obiicit plura etiam Aeschini Dem.* Lamb. b.) 7. (*moderaretur* Al. b.) 10. *vocis quidem bonitas*

Tul. Vict. (— om. *etiam* Vit. Med.) — *in dic. etiam* Ceteri, incerta auctoritate. Or.

[*canticum*] Soliloquium ab histrione per cantum pronuntiatum. Vide Wolff *de Canticis in Rom. fabb. scenicis* Hal. 1824. 4. pag. 3. seqq. Ad seqq. respicit Quintil. *Institt.* XI. 3, 168. Beier.

[*dicit plura etiam*] Auctore Ern. delere malui *dicit*, quam cum Schuetzio mutare in *et huic.* Lamb.: — *Obiicit plura etiam Aeschini Demosthenes;* quae interpolatio placuit Schirachio, detrahenti modo *Aeschinis* nomen. Beier. Verum hic vidisse videtur Ern., quocirca *dicit* [ ] ego cum Nobbio. Totum membrum vix haberi potest subditicium cum Meyero. Consentaneum enim erat, ut significaretur in Aeschine plura etiam reprehendenda fuisse, neque sine iure, quam in oratore illo perfectiore. Cd. Eins. locum controversum mance sic exhibet: — *et Aeschines, illumque saepe dicat* (sic) *voce d. et cl. fuisse.* Or.

§. 58. [*modularetur*] Sic Cdd. noti, etiam Eins. — *moderaretur* Margo Lamb. Cfr. infra §. 182. Or.

[*citra tertiam*] Scilicet in vv. primitivis. Sed quum acuatur prima syllaba vocum *fácere*, *fácinus*, *mémor*, *mémorem*, *ácus*, acuetur eadem in *fácinoris*, *fácinoribus*, *mémoribus*, *mémoria*, *áculeus.* Beier. Favet Beieri sententiae pronuntiatio Italorum in vv. *cápitano* a verbo *capitare*, *óccupano*, *desíderano*, *abbéverano*, *togliéndosene* ac similibus. Recte etiam Billerbeck refutavit Ern. coni. *ultra.* Male Eins. *nec una plus a postrema* cet. Tum idem: *quo magis naturam ducem sequitur ad aurium voluptatem sequatur industria.* Manifestum est in eius archetypo vocabulo *sequatur* superscriptum fuisse *sequitur;* haud malâ emendatione, nisi forte malis *sequetur.* Sic statim *persequatur* Eins., *persequeretur* Viteb. pro recto *persequetur.* Or.

§. 59. [*Ac vocis bonitas quidem*] Sic Eins. Viteb. Dresd.

quidem[1] optanda est: non est enim in nobis, sed tractatio atque usus in nobis. Ergo ille princeps variabit et mutabit; omnes sonorum tum intendens tum remittens persequetur gradus idemque motu sic utetur, nihil ut supersit in gestu. Status erectus et celsus: rarus incessus nec ita longus: excursio moderata eaque rara: nulla mollitia cervicum, nullae argutiae digitorum, non ad numerum articulus cadens: trunco magis toto se ipse moderans et virili laterum flexione, brachii proiectione in contentionibus, contractione in remissis. Vultus vero, 60
qui secundum vocem plurimum potest, quantam afferet[2] tum dignitatem tum venustatem! In quo quum effeceris, ne quid ineptum aut vultuosum sit, tum oculorum est quaedam magna moderatio. Nam ut imago est animi vultus, sic indices oculi: quorum et hilaritatis et vicissim tristitiae modum res ipsae, de quibus agetur, temperabunt.

Sed iam illius perfecti oratoris et summae eloquen- 19
tiae species exprimenda est: quem hoc uno excellere, 61
id est, oratione, cetera in eo latere, indicat nomen

E. 1) *vocis quidem bonitas* 2) *affert*
L. 3. *et omneis* 10. (*in remissionibus* Fort. b.) 11. *affert* 14. *magna quaedam*

Ven. 2. = *Ac vocis quidem bonitas* Ceteri praeter Meyerum, qui e Monac.: = *Ac vocis quidem optanda est bonitas:* quae correctiones durioris, ut putabant, collocationis consulto videntur esse factae. Sed unam notionem continent vv. *vocis bonitas*, unde recte post ea poni poterat v. *quidem*, ut est in optimis adhuc notorum, Eins. et Viteb. Tum vide, ne in seqq. *atque usus in nobis* exciderit v. *est*, ut in Eins. excidit in his *non est enim in nobis;* habet enim: — *non enim in nobis.* Or.

[*nihil ut supersit*] Schuetzius inseruit *desit aut;* quasi vero hoc non lateat in affirmatione illa *motu sic utetur*. Ad seqq. cfr. *de Orat.* III. 59, 220. 222. sq. Quint. XI. 3, 119-122. Beier. Deinde: — *nullaque mollitia* Eins. Mox *in remissionibus* pro *in remissis* non tam ipsius Lambini, quam nescio cuius apud Lamb. erat suspicio. Or.

§. 60. [*afferet*] Sic Eins. Vit., ut *variabit*, *utetur*. Cett. *affert*. Or.

§. 61. [*id est*, *oratione*] Adiectum hoc emblema delevi cum Schuetzio, qui tamen fallitur in eo, quod nec Victorem Pisanum hoc legisse putat. Beier. Recte servarunt et Meyer et Billerbeck. Or. In fine §. *dicendi maxima vis* idem est, quod „maxima earum rerum, quae sunt in oratore, scil.

ipsum. Non enim inventor aut compositor aut actor haec complexus est omnia, sed et Graece ab eloquendo ῥήτωρ et Latine *eloquens* dictus est. Ceterarum enim rerum, quae sunt in oratore, partem aliquam sibi quisque vindicat: dicendi autem, id est, eloquendi maxima vis soli huic conceditur.

62 Quamquam enim et philosophi quidam ornate locuti sunt, (si quidem et Theophrastus divinitate loquendi nomen invenit et Aristoteles Isocratem ipsum lacessivit et Xenophontis voce Musas quasi locutas ferunt et longe omnium, quicunque scripserunt aut locuti sunt, extitit et suavitate[1] et gravitate princeps Plato) tamen horum oratio neque nervos neque aculeos oratorios ac forenses
63 habet. Loquuntur cum doctis, quorum sedare animos malunt quam incitare, [*et*[2]] sic de rebus placatis ac minime turbulentis docendi causa, non capiendi loquuntur, ut in eo ipso, quod delectationem aliquam dicendo aucupentur, plus nonnullis quam necesse sit facere videan-

E. *Abest* et suavitate 2) *Abest* [*et*]
L. 5. *vendicat* 12. (*et ubertate et gr.* Lamb. b. Ut nos, a.) 15. *incitare: siquidem de rebus*

dicendi facultas." 21, 69. *Vis omnis oratoris* est „consummata virtus oratoris." Utroque loco errarunt interpretes. Beier.

§. 62. [*et philosophi quidam*] Non sequitur *et sophistae et historici*. V. infra §. 65. et C. 20. Matthiam *de Anacoluthis* l. l. p. 6. Beier. Versiculum Meyero laudatum emendatiorem sic dant Schirach et Moserus: αἰσχρὸν σιωπᾶν, Ἰσοκράτην δ' ἐᾶν λέγειν. De difficultate huius narrationis chronologica v. Matthiae *Fragm. Eurip. Vol.* 9. *p.* 286. Or.

[*et suavitate et gravitate*] Sic Mss. Lamb. Palat. quintus. Lamb. Sch. Meyer. Beier. — om. *et suavitate* Ceteri, etiam Eins. Rectius illud videtur supplementum quam Nizolii *et copia dicendi* et alterum Lambini in *Adnott.* propositum *et ubertate.* Or.

§. 63. [*et sic* cet.] Sic scripsi coniectura. Vulgo abest *et*, quod facile excidere poterat inter *e* et *s*: qua tamen omissione intolerabilis fit lectio. Gu. 1. omittit v. *sic de* et posterius *loquuntur*, unde de Sch. suspicione Billerb. delevit *sic* et *loquuntur*: qua in ratione praefractior fit oratio, maxime in illo *ut*, nec v. *sic* neque *ita* praemisso. Meyerus autem haec omnia *sic de rebus* - - *loquuntur* tamquam subditicia [ ]. At verba ipsa elegantiora sunt, quam ut interpolatori tribui queant. Cd. Eins. habet eandem corruptelam ac Monac. et

tur. Ergo ab hoc genere non difficile est hanc eloquentiam, de qua nunc agitur, secernere. Mollis est enim 64
oratio philosophorum et umbratilis, nec sententiis nec verbis instructa popularibus, nec vincta numeris, sed soluta liberius: nihil iratum habet, nihil invidum, nihil atrox, nihil miserabile [1], nihil astutum: casta, verecunda, virgo incorrupta quodammodo. Itaque sermo potius quam oratio dicitur. Quamquam enim omnis locutio oratio est, tamen unius oratoris locutio hoc proprio dignata [2] nomine est.

Sophistarum, de quibus supra dixi, magis distin- 65
guenda similitudo videtur, qui omnes eosdem volunt flores, quos adhibet orator in causis, persequi. Sed hoc differunt, quod, quum sit iis [3] propositum non perturbare animos, sed placare potius, nec tam persuadere quam delectare, et apertius id faciunt quam nos et crebrius, concinnas magis sententias exquirunt quam probabiles,

E. 1) mirabile 2) proprie signata 3) his
L. 6. *mirabile* 10. *proprio signata* 14. *his*

Ven. sec.: — *fide placatis* cet. Mox idem: *delectationem aliquam dicendi.* Or.

§. 64. [*verbis instructa popularibus*] Gu. 1. 2. (item Eins. et Edd. aliq. vett.) *popularis.* Bene, si abfuerit *instructa.* Post haec pro *mirabile* malui *miserabile*, i. e. „*quod ad fletum possit adducere*", ut est in Bruto 93, 322. Cfr. *Orat.* 17, 56. extr. 38, 131., ubi nemini attentiori scrupulum iniiciet, quod ibi additur *est faciendum etiam*, *ut* — — *iudex* — — *contemnat*, *admiretur.* Item *de Orat.* II. 47, 196. 51, 206. 52, 211. III. *Nat. D.* 24, 62. in Cdd. confunduntur vv. *miserandum* et *mirandum.* Beier. Manutii lectionem *miserabile* merito etiam ab O. M. Muellero commendatam cum Beiero recepit Meyerus, quos secutus sum. cfr. §. 56. Et habet *miserabile* a secunda manu Eins. Lect. *vincta numeris* firmant Eins. Viteb. — Edd. ante Lamb. *iuncta.* Or.

[*proprio dignata*] Sic Meyerus, prob. Mosero, e Nonio p. 281. Merc. in v. *dignatus.* Ceteri *proprio signata* (— *proprio nomine signata est* Eins.) praeter Ern., qui coni. *proprie signata.* Sed ideo quoque praetuli Nonii lectionem, quia *signare nomine*, quod per se spectatum placere poterat, repugnat tamen ceterae Ciceronis consuetudini; quamquam, si unquam sic ei loqui placuisset, vix semel dumtaxat ea formula usus esset. Ceterum cfr. passivo significatu *complexa esse* Sex. Rosc. §. 37. Or.

§. 65. [*adhibet*] Ed. Omniboni (Norimb.) *adhibebit.* Sen-

a re saepe discedunt, intexunt fabulas, verba altius[1]
transferunt, eaque ita disponunt ut pictores varietatem
colorum, paria paribus referunt, adversa contrariis, sae-
20 pissimeque similiter extrema definiunt. Huic generi
66 historia finitima est, in qua et narratur ornate et regio
saepe aut pugna describitur: interponuntur etiam conciones et hortationes, sed in his tracta quaedam et fluens
expetitur, non haec contorta et acris oratio.

Ab his non multo secus quam a poëtis haec eloquentia, quam quaerimus, sevocanda est. Nam etiam poëtae
quaestionem attulerunt, quidnam esset illud, quo ipsi
differrent ab oratoribus. Numero maxime videbantur
antea et versu: nunc apud oratores iam ipse numerus
67 increbuit[2]. Quidquid est enim, quod sub aurium men-
suram aliquam cadit, etiam si abest a versu, (nam id
quidem orationis est vitium) numerus vocatur, qui Graece

E. 1) apertius 2) increbruit
L. 1. *apertius* 14. *increbruit*

tentia haec est: „*Est quaedam in Sophistis atque oratoribus difficilior ad distinguendum similitudo;* ut loquitur II. *de Orat.* C. 53. pr. Beier. Mox *iis* ex Dresd. Meyerus, sicque Eins. Or.

[*altius transferunt*] Pro librorum lectione *apertius*, invito Burchardio, (qui exponit *audacius*, *impudentius:*) Schuetzius correxit *audacius*, coniectura ducta ex 60, 202. Indidem poterat *liberius*. Sed sponte se obtulit *altius*. Cfr. 25, 82. Beier. In eandem igitur atque ego coni. incidit nondum visa mea editione Beier, eamque probavi etiam Mosero: quo facilior fui nunc ad eam recipiendam: hoc enim *apertius* post praecedens *apertius id faciunt* omnino tolerari nequit. Sic autem est corruptum *altius: aptius*, *apertius*. Statim Eins. corrupte: *varietates colores*. Or.

§. 66. [*in his - - Ab his*] *in hiis - Ab hiis* Eins. Or.

[*quaestionem attulerunt*] i. e. „materiam suppeditarunt quaestioni a grammaticis et rhetoribus tractandae." Errarunt h. l. interpretes. Ceterum in primis memorabilis Godofr. Hermanni *de differentia prosae et poëticae orationis disputatio.* Lips. 1803. 4. et I. C. T. Ernesti *comment. de elocut. poëtt. Latt. luxurie* in Beckii *Actis seminar. reg. Lips.* Vol. II. p. 134. seqq. Beier.

[*iam ipse numerus*] i. e. praeter ea, quae oratoribus cum poëtis communia sunt, *iam ipse* quoque *numerus*. V. Goerenz ad 1. *Finn.* 13, 43. Beier. Haec disputavit contra Sch. suspic. *ipsos* reiectam iam a Burchardio. *increbuit* etiam Eins. Or.

ῥυθμὸς dicitur. Itaque video visum esse nonnullis Platonis et Democriti locutionem, etsi absit a versu, tamen,
quod incitatius feratur et clarissimis verborum luminibus
utatur, potius poëma putandum quam comicorum poëtarum: apud quos, nisi quod versiculi sunt, nihil est
aliud quotidiani dissimile sermonis. Nec tamen id est
poëtae maximum, etsi est eo laudabilior, quod virtutes
oratoris persequitur, quum versu sit astrictior. Ego 68
autem, etiam si quorundam grandis et ornata vox est
poëtarum, tamen in ea quum licentiam statuo maiorem
esse quam in nobis faciendorum iungendorumque verborum, tum etiam nonnullorum voluntati[1] vocibus magis
quam rebus inserviunt. Nec vero, si quid est unum
inter eos simile, (id autem est iudicium electioque verborum) propterea ceterarum rerum dissimilitudo intelligi
non potest: sed id nec dubium est et, si quid habet

E. 1) voluptati
L. 10. (*tamen quum in ea* Fort. b.) 12. *tum etiam voluptati* (*tum etiam auditorum voluptati* Lamb. b.)

§. 67. [*quod versiculi*] Var. lect. apud Hervag. 1534.: *quod quidam versiculi:* cfr. 12, 39. *versiculorum similia quaedam.* Beier. Sed ibi nunc dedi *versicolorum:* et utriusque loci longe diversa est ratio, etsi a nonnullis hic ipse advocatur ad defendendam lectionem *versiculorum:* ibi scil. de sophistis, h. l. de poëtis comicis loquitur. Or.

§. 68. [*etiam si*] — *etsi* Eins. Or.

[*ornata vox est poëtarum, tamen in ea*] Schuetzius maluit *in eis.* Sed seq. *quam in nobis* dicitur pro *quam in nostra* per comparationem synecdochicam, ut 13, 40. pr. 41. *Isocrates cum orationibus Lysiae comparetur.* Deinceps *voluntas* est corruptum nonnullorum iudicium ut 8, 24. Coniecturae Schuetzii *nonnulli aurium voluptati* adversatur, quod adiectum legitur *rebus inserviunt*, arbitris Burchardio et Beckio l. l. p. 622. Cfr. Gruter. Sed, dissuadente Burchardio, propemodum assentimur Schuetzio parentheticam adiectionem *id autem - - verborum* tamquam glossatoris emblema eliminanti. Modo enim Cicero similitudinem in *grandi et ornata voce* agnoverat. Extremo capite observa attractionem *explicandus* ut 9, 27. 29. Beier. Burchardio et Beiero obsecutus Cdd. (etiam Eins.) lectionem *voluntati* substitui coniecturae Aldi: — *voluptati;* pro qua fortasse afferent §. 162. *voluptas eorum, quibus probari volebamus.* Vocabulo *nonnullorum* eosdem fere significare videtur, quos *Tuscul.* III. §. 45. contemptim vocat *hos Euphorionis cantores.* Pro *inter eos simile* Manutius ma-

quaestionis, hoc tamen ipsum ad id, quod propositum est, non est necessarium. Seiunctus igitur orator a philosophorum eloquentia, a sophistarum, ab historicorum, a poëtarum explicandus est nobis qualis futurus sit.
20 Erit igitur eloquens (hunc enim auctore Antonio
69 quaerimus) is, qui in foro causisque civilibus ita dicet,
ut probet, ut delectet, ut flectat. Probare necessitatis
est: delectare suavitatis: flectere victoriae. Nam id unum
ex omnibus ad obtinendas causas potest plurimum. Sed
quot officia oratoris, tot sunt genera dicendi: subtile
in probando, modicum in delectando, vehemens in fle-
70 ctendo: in quo uno vis omnis oratoris est. Magni
igitur iudicii, summae etiam facultatis esse debebit moderator ille et quasi temperator huius tripertitae varietatis. Nam et iudicabit, quid cuique opus sit, et poterit, quocunque modo postulabit causa, dicere. Sed est eloquentiae sicut reliquarum rerum fundamentum sapientia. Ut enim in vita, sic in oratione nihil est difficilius quam quid deceat videre. Πρέπον appellant hoc Graeci: nos dicamus sane decorum. De quo praeclare et multa

L. 1. (*quod nobis prop.* Fort. b.) 3. (*locutione seu loquentia* Fort. b.) 20. (*et praeclare multa* Al. b.)

lebat *inter nos s.* i. e. inter poëtas et oratores: sed idem significat *inter eos.* Verba *id autem* minime glossematis speciem habent, ut vidit iam Burchardi. (Pro *ad id* Eins.: — *ad hoc.*) Recte porro lect. *explicandus* contra Ern. suspic. *explicandum* defendit Beier. Paullo ante *loquentia* mira est suspicio non tam Gothofredi, quam in Marg. 1584. proposita atque ducta e Valerii Probi coniectura Sallust. *Cat.* 5. *satis loquentiae* pro Sallustiano *satis eloquentiae.* (— *ac poëtarum* Eins.) Or.

§. 69. [*dicet*] — *dicit* Eins. Tum idem: *in quo vis om. uno.* Or.

§. 70. [*huius trip.*] — *illius trip.* Eins. Tum idem: — *sed etiam eloquentiae.* Contra *est* omittitur a Dresd. Deinde Eins.: — *sicut aliarum rerum.* Or.

[*praeclare et multa*] Strebaeus et Schuetzius: *et praeclare m.* Particulae transpositionem tuetur Goerenz ad V. *Finn.* 13, 37. extr.; sed ad 1, 7, 25. p. 33. eandem deleri iusserat. Videtur scriptor sic exorsus, ut si continuaturus fuisset: *et existumantur cognitione dignissuma.* Eadem ratio in positu particc. *quum - - tum* 20, 68. pr. Beier.

praecipiuntur et res est cognitione dignissima. Huius ignoratione non modo in vita, sed saepissime et in poëmatis et in oratione peccatur. Est autem, quid deceat, 71
oratori videndum non in sententiis solum, sed etiam in verbis. Non enim omnis fortuna, non omnis honos, non omnis auctoritas, non omnis aetas, nec vero locus aut tempus aut auditor omnis eodem aut verborum genere tractandus est aut sententiarum, semperque in omni parte orationis ut vitae, quid deceat, est considerandum: quod et in re, de qua agitur, positum est et in personis et eorum, qui dicunt, et eorum, qui audiunt. Ita- 72
que hunc locum longe et late patentem philosophi solent in officiis tractare (non quum de recto ipso disputant: nam id quidem unum est;) grammatici in poëtis, eloquentes in omni et genere et parte causarum. Quam enim indecorum est, de stillicidiis quum apud unum iudicem dicas, amplissimis verbis et locis uti communibus, de maiestate populi Romani summisse et subtiliter! Hic 21
genere toto, at persona alii peccant aut sua aut iudicum

L. 18. (*subtiliter dicere* Fort. b.)

[*poëmatis*] — *poëmatibus* (Eins. Cd. Reg. 7703.) Viteb. Ven. 1. Med. Cfr. Charis. p. 112. *Putsch.* „Cicero in oratore *poëmatis* dixit, pro Gallio autem *poëmatorum*." Meyer.

§. 71. [*et in personis et eorum* cet.] Meyerus ex parte cum Iulio Victore: *et in personis eorum, qui dicunt, et in eorum.* Sed lubrica res est e pessimo illo rhetore mutare Cdd. (etiam Eins.) lectionem, etsi laudabili studio omnia ex eo attulit editor. Or.

§. 72. [*non quum - - unum est*] Haec a Schuetzio uncis inclusa vindicare videtur ipse Scriptor 22, 73. 1. *Offic.* 3. pr. cfr. *Orat.* 23, 98. s. c. 40. Idem Vir doctus expulit *eloquentes*, ut in eorum locum succederent *rhetores.* Illos defendit Burchardi, probabilius Goerenzius ad 1. *Acad.* 2, 5. p. 8. In *Bruto* 91, 315. *rhetor* dicitur *summus orator* et *disertissimus.* Ibid. 97, 332. *Pammenes, vir longe eloquentissimus Graeciae.* Beier. In verbis *apud unum iudicem* v. *unum* male omittit Eins. Or.

[*de maiestate P. R.*] i. q. *de Romani imperii dignitate atque gloria* in orat. *pro lege Man.* §. 11. Cfr. huius libri 29, 102. extr. Nimis restringunt interpretes ad *crimen laesae maiestatis.* Beier. Ex Iunt. 2. Crat. Gryph. 1. Meyerus dedit *de maiestate vero P. R.*, quod necessarium non puto. Est

aut etiam adversariorum, nec re solum, sed saepe verbo: etsi sine re nulla vis verbi est, tamen eadem res saepe aut probatur aut reiicitur alio atque alio elata verbo, in
73 omnibusque rebus videndum est, quatenus. Etsi enim suus cuique modus est, tamen magis offendit nimium quam parum. In quo Apelles pictores quoque eos peccare dicebat, qui non sentirent, quid esset satis. Magnus est locus hic, Brute, quod te non fugit, et magnum volumen aliud desiderat: sed ad id, quod agitur, illud satis: Quum hoc decere, (quod semper usurpamus in omnibus dictis factis minimis maximis[1]) quum hoc, in-

E. 1) dictis et factis, minimis et maximis
I.. 1. *sed saepe etiam verbo: etsi enim sine re* 8. *esset hic locus* 11. *dictis et factis, minimis et maximis*

enim ex eo genere, ubi omissa partic. adversativa oppositionem auget. Tum idem ex Ven. 1. Tul. *et summisse*, utrumque etiam contra Eins. Or.

[*sed saepe verbo*] — *sed etiam saepe v.* Eins. — *sed saepe etiam* Aldd. Asc. sec. Lamb. Contra Cdd. Meyeri ut nos. Or.

[*etsi enim sine*] *enim* Lamb. (et Sch.) adiecit. Victorius *et sine*, nempe neglecto compendio: *si .n. sine.* Beier. — *etsi sine re enim* Meyerus; contra dicente Frotschero p. XIV., qui *enim* abesse posse recte iudicat. Mihi displicet etiam propter sequens *etsi enim suas;* nec habent Cdd. nunc noti. Mox *reicitur* Eins. Viteb., ut passim in huius libri Cdd. melioribus supersunt vestigia antiquioris scripturae diligenter a Meyero enotata; ex quo colligitur antiquissimum sane fuisse Cd. Laudensem. Or.

§. 73. [*Magnus est locus hic*] Sic Var. lect. apud Hervag. Manut. Strebaeus. Ern., Sch. Volgo *esset.* Lamb. *esset hic locus.* Fr. Gryph. *M. est et hic l.* Cfr. *de Orat.* II. 27, 119. *Philipp.* II. Cap. 11. fin. *de Nat. D.* I. 8, 19. II. 10, 26. *de Finn.* IV. 26, 73. Ovid. *Metam.* XIII. 205. Seneca *de constantia* 18. *Immensum est, si velim.* Ruhnken. ad *Vellei.* 2, 42. pr. Ramshorn *L. Gr.* p. 410. Beier. Idem *ad Laelium* §. 17. sic: *Magnus* [*esset*] *locus* [*hic*], quum Viteb. omittat *hic* et §. 75. similiter om. verbum subst. *Magnum opus et arduum;* sed praestat prior ratio, quam nunc, praesertim accedente Var. Hervag. et quum *est* in *esset* corruptum videam etiam §. 76. in Dresd., ego quoque secutus sum. Or.

[*dictis factis minimis maximis*] Bis copulam proscripsi in his *et f.* — *et max.* exemplo Cod. optumi, laudati Goerenzio ad 1. *Leg.* 9, 26. p. 38. a. Beier. Idem recte fecit Meyerus. Mirum tamen ab uno dumtaxat Cd. Goerenzii elegantiam istam praeberi, dummodo eius rei auctor fidem mereatur. Saepe-

quam, decere [dicimus, illud non decere, et id][1] usque-
quaque quantum sit appareat, in alioque ponatur aliud-
que totum sit, utrum *decere* an *oportere* dicas; oportere 74
enim perfectionem declarat officii, quo et semper utendum est et omnibus, decere quasi aptum esse consenta-
neumque tempori et personae: — quod quum in factis
saepissime tum in dictis valet, in vultu denique et in[2]
gestu et incessu; contraque item dedecere: quod si
poëta fugit ut maximum vitium, qui peccat etiam, quum
probi[3] orationem affingit improbo stultove sapientis; si
denique pictor ille vidit, quum in[4] immolanda Iphigenia

E. 1) *Haec sine* [ ]. *et pro* dicimus, dicamus. 2) *Abest* in 3) probam 4) *Abest* in

L. 1. Absunt [ ] inclusa. 7. Abest *in* 10. *probam* 11. Abest *in*

numero enim equidem dubitavi non minus de innumerabilibus illis Goerenzii Codicibus, quam de Codicibus Ursini. Iniuria fortasse; sed filii nostri, spero, aut nepotes scient aliquando, illis quid tribuendum sit; ego certe scio, quas lectiones Cratandro tribuerit Vir doctus, in Cratandrina saepe a me non repertas. Or.

[*dicimus illud non decere et id*] Haec vv. Lamb. auctoritate Mss. fretus, recte delevit; misere enim turbant sententiarum nexum: *hoc decere* subst. accipiendum τοῦτο τὸ πρέπειν s. πρέπον. Glossema quum in v. *non decere*, tum maxime in v. *dicimus* sese prodit, quod occultaverunt Ern. et Sch. coni. *dicamus* scribentes. Probavi Lambinianam sententiam et Meyero et Billerbeckio. Apparet sic unam dumtaxat periodum esse a vv. *Quum hoc decere*, usque ad vv. *esse tractandas;* protasis ter assumitur *Quum hoc decere* – – *quum hoc*, *inquam*, — *sed quum hoc tantum sit;* apodosis est *orator viderit.* Contra Beier: „Mihi a verbis *quod si poëta* incipere videtur apodosis coniuncte elata; in qua pron. relativum est pro demonstrativo positum, ut 14, 45. *quibus ut uti possit orator* cet. —" Or.

§. 74. [*tempori et personae*] Meyerus e Ven. 1. 2. Med. dare volebat *et tempori* cet. cfr. tamen §. 45 et 46. Or.

[*et in gestu*] Sic e Vit. Ven. 1. 2. Med. Meyerus. Ceteri, etiam Eins. om. *in.* Or.

[*probi orationem*] Sic praeclare Viteb. Ceteri omnes, etiam Eins. *probam*; hoc autem propter manifestam ad sequens voc. *orationem* accommodationem pro corruptela habendum est potius, quam illud, quod respondet seqq. *improbo stultove sapientis.* Omnino latissime patet istud accommodationum genus, etsi a criticis nonnullis nondum agnitum. v. c. §. 72. pro *alio elata verbo*, Eins. habet: — *alio elato verbo.* Or.

[*quum in immolanda*] Sic recte Viteb., ut suspicatus erat

tristis Calchas esset, maestior Ulixes[1], maereret Menelaus, obvolvendum caput Agamemnonis esse, quoniam summum illum luctum penicillo non posset imitari; si denique histrio, quid deceat, quaerit, quid faciendum oratori putemus? — sed quum hoc tantum sit, quid in causis earumque quasi membris faciat, orator viderit: illud quidem perspicuum est, non modo partes orationis, sed etiam causas totas alias alia forma dicendi esse tractandas.

22 Sequitur, ut cuiusque generis nota quaeratur et for-
75 mula. Magnum opus et arduum, ut saepe iam diximus: sed ingredientibus considerandum fuit, quid ageremus, nunc quidem iam, quocunque feremur, danda nimirum vela sunt. Ac primum informandus est ille nobis, quem
76 solum quidam vocant Atticum. Summissus est et humilis, consuetudinem imitans, ab indisertis re plus quam opinione differens. Itaque eum qui audiunt, quamvis ipsi infantes sint, tamen illo modo confidunt se posse dicere. Nam orationis subtilitas imitabilis illa quidem videtur esse existimanti, sed nihil est experienti minus. Etsi enim non plurimi sanguinis est, habeat tamen succum aliquem oportet, ut, etiam si illis maximis viribus
77 careat, sit (ut ita dicam) integra valetudine. Primum

E. 1) Ulysses
L. 1. *Ulysses* 8. (*dicendi forma* Al. b.) 19. *quidem illa*

Ern., qui h. l. ipsum suum codicem inspicere neglexit. Scil. est *bei der Opferung*, non vero: *über die Opferung*. Ceteri om. *in*, ut saepissime ante haec gerundia ac participia cfr. §. 81. *in transferendis*, ubi Ven. 1. Med. om. praepositionem. Item *Topica* §. 49. Facilius etiam ante syllabas *in*, *im*. cfr. *Topica* §. 27. *ad Famil.* 2, 1, 1. *quis est tam in scribendo impiger?* , ubi *in* omittitur a Mediceo, Victorio, Graevio, Benedicto. Sic infra §. 117. *genus universum in species* ex Eins. Vit. Dresd. excidit *in* propter literas praecedentes. Statim *Ulixes* Eins. Viteb. Or.

[*quum hoc tantum sit*] In Eins. deletum est *tantum* ac superscriptum *totum*. Idem retinet *quasi*, quod, ut in hoc verbo saepissime fit, omittit Viteb. Or.

§. 76. [*illa quidem*] Sic Eins. Viteb. Dresd. Meyerus cum Ven. 1., aliis Edd. vett. et Lamb. *quidem illa*. Or.

igitur eum tamquam e vinculis numerorum eximamus.
Sunt enim quidam, ut scis, oratorii[1] numeri (de quibus
mox agemus) observandi ratione quadam, sed alio in
genere orationis, in hoc omnino relinquendi. Solutum
quiddam sit nec vagum tamen, ut ingredi libere, non
ut licenter videatur errare. Verba etiam verbis quasi
coagmentare negligat. Habet enim ille tamquam hiatus
et concursus[2] vocalium molle quiddam et quod indicet
non ingratam[3] negligentiam de re hominis magis quam
de verbis laborantis. Sed erit videndum de reliquis, 78
quum haec duo ei liberiora fuerint, circuitus conglutina-
tioque verborum. Illa enim ipsa contracta et minuta
non negligenter tractanda sunt, sed quaedam etiam negligentia est diligens. Nam ut mulieres esse dicuntur

E. 1) oratori 2) hiatus concursu 3) ignoratam *err., typogr.*
L. 2. *quidem* 8. *hiatus concursu* 9. (*hominis de re magis* Fort. b.)

§. 77. [*eum tamquam*] Nescio qui apud Lamb. *eam* scil. orationis subtilitatem. Post *coagmentari* dicuntur verba, ut in *Bruto* 17, 68., quae tam apte componuntur, ut vitetur *hiatus concursu vocalium.* Quintil. IX. 4, 37. et Iul. Victor c. 20. p. 99. *Rom.: hiatus et concursus* h. l. legerunt, ut esset figura ἓν διὰ δυοῖν, „hiatus concurrentium vocalium, sive concursus hiulcus", ut III. Orat. 43, 171. Apud Victorem deest *quiddam.* Beier. In exemplar suum Beier recepit Quintilianeam lect. *hiatus et concursus;* quae mihi quoque placuit; vix enim dicere potuit: „propter ipsum concursum vocalium hiatum illum habere molle quiddam"; ac facile, quum casu excidisset *et*, emendabant *concursu.* Eins., ut solet, omittit voc. controversa; habet enim sic: — *tamquam hiatus vocalium.* Sed manifesto lectio vulgata similem prorsus exhibet errorem, qualem §. 216. sustuli edens cum Rufino et Cd. Einsiedlensi *gravitate sua et tarditate* pro absurda lectione: — *gravitatis suae tarditate.* Supra nunc recepi lectionem Oxon. Dresd. Mon. Iu. Asc. 2. Crat. Gryph. Man. Lamb. (qui tamen in *Annott.* eam improbat:) *oratorii* pro *oratori* (Eins.) Rectius enim dicet: „de oratoriis numeris mox agemus", quam simpliciter: „de numeris agemus." Inter verba *ingratam negligentiam* e Iulio Victore Meyerus inseruit *quandam;* quo v. tamen facile caremus post *quidam*, *ut scis* - *ratione quadam* - *solutum quiddam* - *molle quiddam.* Accedit sequens *quaedam etiam negligentia.* Or.

§. 78. [*duo ei liberiora*] — om. *ei* Eins. Or.

[*negligentia est*] Hic *est* (ἔστι, non ἐστί) non pati videtur apostrophum, ut alibi, sed facere hiatum. Ad seqq. cfr.

nonnullae inornatae, quas id ipsum deceat: sic haec subtilis oratio etiam incompta delectat. Fit enim quiddam in utroque, quo sit venustius, sed non ut appareat. Tum removebitur omnis insignis ornatus quasi margaritarum;
79 ne calamistri quidem adhibebuntur. Fucati vero medicamenta candoris et ruboris omnia repellentur: elegantia modo et munditia remanebit. Sermo purus erit et Latinus: dilucide planeque dicetur: quid deceat, circum-
23 spicietur. Unum aderit (quod quartum numerat Theophrastus in orationis laudibus) ornatum illud, suave et affluens: acutae crebraeque sententiae ponentur et nescio unde ex abdito erutae; atque in hoc oratore dominabitur[1]. Verecundus erit usus oratoriae quasi supellectilis.

E. 1) dominabuntur

L. 4. (*margaritorum* Al. b.) 7. (*munditiee* Al. b.) 10. *ornamentum* 11. *ponentur, nescio* 12. *dominabuntur.*

Plauti *Mostell.* 1, 3, 131. Mox nihil est lectio *quasi id ipsum* Cdd. Gruteri. Monac. Ven. 1. 2. Med. Schirachii. Deinde Frotscher probavit lect. apud Nonium *nec calamistri quidem.* ἀσύνδετον tamen elegantius; et saepissime Cdd. praesertim recentiores et Edd. Sec. XV. *nec - - quidem* pro *ne - - quidem;* in quo saepe frustra argutati sunt Critici nostrae aetatis. Or.

§. 79. [*aderit*] Vitio Vit. Dresd. Edd. vett. *aberit* inquinatus est etiam Eins. Mox idem: — *quod Theofrastus quartum numerat.* Or.

[*ornatum illud*] ∾ *ornamentum illud* Codex Lambini, Ven. 2. Tul. Asc. 2. Lamb. Meyerus. Retinui lectt. Cdd. meliorum, etiam Einsiedlensis. Nihili sunt coni. Schuetzii *solutum* et altera nescio cuius, *oratorium.* Mox restitui lectionem Cdd. Eins. Vit. Oxon. Dresd., tum Ven. 1. Med. Asc. 1. Vict. Man. *dominabitur;* quod refertur ad *ornatum illud, suave et affluens*, ita scil., ut vv. *acutae - - - erutae* quasi in parenthesi posita sint. Prorsus similis est locus indicatus iam a Manutio, *de Orat.* 1, §. 60. *num admoveri possit oratio ad sensus animorum atque motus vel inflammandos vel etiam exstinguendos, quod unum in oratore dominatur* cet. Minus placet, quod eidem Manutio praeterea in mentem venit: *atque in hoc orator dominabitur,* vel omisso *hoc, atque in oratore dominabitur.* Infelix est etiam O. M. Muelleri susp.: — *quae in hoc - dominabuntur.* Coniecturam autem *dominabuntur* a Lamb. ac recentioribus cunctis praelatam reperi primum in Ascens. sec., insuper apud Nizolium: — *atque haec in oratore dominabuntur;* et in Ald. sec.: — *atque hoc in oratore dominabitur.* Fortasse tamen leg.: *atque id* (i. e. id genus totum) *in hoc or. dominabitur.* Or.

Supellex est enim quodammodo nostra, quae est in or- 80
namentis, alia rerum, alia verborum. Ornatus autem verborum duplex: unus simplicium, alter collocatorum. Simplex probatur in propriis usitatisque verbis, quod aut optime sonant aut rem maxime explanant[1]; in alienis aut tralatum[2] aut factum[3] aliunde ut mutuo, aut factum ab ipso aut novum, aut priscum et inusitatum. Sed etiam inusitata ac prisca sunt in propriis, nisi quod

E. 1) sonat - - explanat 2) translatum 3) aut sumptum
L. 1. (*enim est* Fort. b.) 6. *et sumptum uliunde ut mutuum - - ut novum*

§. 80. [*verborum duplex*] — om. *verborum* Eins. Vit. Mox: — *collatorum* Eins. Or.

[*simplex*] Scil. verbum *probatur* huiusmodi, *quod* cet.; vel hoc pron. relat. positum est pro *si*. Schnetzio quum inepte subaudiri videretur *ornatus*, correxit *simplicium*. Eleganter sane. Beier. Recte reiecit *simplicium* Burchardi: *simplex* scil. per brachylogiam dictum est pro: „id, quod ornatum constituit simplicium verborum, maxime perspicitur placetque in propriis" cet. Hinc cum Lambino scribendum videbatur *sonant - - explanant*, quam probam lectionem ex Cdd. nunc notis praebet solus Eins., sed a Lamb. quoque in aliquo suorum videtur reperta esse. Malui enim haec referre ad *propria usitataque verba*, et *quod* pro particula causali habere quam pro pronomine relato ad v. *simplex*. Num enim potuit dicere: „simplex verbum probatur in propriis verbis - - quod (verbum) aut optime sonat - ? Or.

[*aut factum aliunde* cet.] In difficili hoc loco cum Meyero nunc codices (etiam Eins.) secutus sum. Eidem vero atque Handio *Tursellin*. 1. p. 278. placet: *aut tralatum et factum aliunde et mutuo*, („*mutuo* refertur ad *tralatum*", ait Handius:) *aut factum ab ipso et novum* (sic Pearcius, rursus Sch. coni. Beier.) cet. Iam Lamb., Pearcii, Sch. *et sumptum*, Ern. *aut sumptum*, etsi per se rectum est, caret tamen probabilitate. Attamen etiam Beier *et sumptum* reposuit in suo exemplari, haec addens: „*factum* potuit nasci etiam e voc. *tractum; sed* insolentius dicatur *tractum aliunde mutuo*." — Haud prorsus necessariam iudico lect. *factum ab ipso et novum*, quum in Cdd. lect. *aut novum* duplex quasi genus distinguatur factorum scil. ab ipso, et haud ita pridem factorum ab aliis. Iam vero, quum etiam in priore membro Cdd. habeant *aut factum*, ut taceam *tralatum aliunde* rectissime dici, non aeque recte *factum aliunde*, (etsi zeugmatis ope hoc quoque aliquatenus defendi posse video) neque satis apte a Billerbeckio comparari *facere pecuniam*, *divitias* cet., id quaero: a quonam tandem *factum*, si neque ab ipso nec ab aliis eius

81 raro utimur. Collocata autem verba habent ornatum, si aliquid concinnitatis efficiunt, quod verbis mutatis non maneat manente sententia. Nam sententiarum ornamenta, quae permanent, etiam si verba mutaveris, sunt illa quidem permulta, sed, quae emineant, pauciora.

Ergo ille tenuis orator, modo sit elegans, nec in faciendis verbis erit audax et in transferendis verecundus et parcus in priscis, reliquisque ornamentis et verborum et sententiarum demissior; tralatione fortasse crebrior, qua frequentissime sermo omnis utitur non modo urbanorum, sed etiam rusticorum: si quidem est eorum *gemmare vites*, *sitire agros*, *laetas esse segetes*, *lu-*
82 *xuriosa frumenta*. Nihil horum parum audacter, sed

L. 8. *et parcus: in priscis reliquisque* (In marg. ut nos.) 9. *translatione* (et sic semper.)

aequalibus? id quod sibi vult in Codicum lectione alterum illud genus: *aut factum ab ipso aut novum* — (ab hoc sane diversum) —? Nec probari potest lectio Cd. Harleiensis apud Pearcium Oliveti: — *aut factum ab ipso novum*. Quamquam autem, ubicunque possum, abhorreo a crudeli illo secandi atque urendi remedio, hic tamen, ubi cum uno Cd. ἀρχετύπῳ nobis res est, haud prorsus inepte agere mihi videor, si Manutii iudicium secutus, ex seqq. hic casu praeceptum et intrusum *aut factum* suspectum saltem reddere conabor, ita ut fuerit: *aut tralatum aliunde*, *aut factum ab ipso aut novum*, *aut priscum et inusitatum*. Sic etiam grata varietas inerit in tribus istis membris, pro nimia illa concinnitate Handianae rationis. Or.

§. 81. [*quae permanent* cet.] — *quae permanent*, *sunt illa quidem multa*, (sic), *etiam si verba mutaveris*, *sed* cet. Eins. Or.

[*et parcus in priscis*, *reliquisque*] Meyerus huic Rivii emendationi ex veterrima Ed. ductae, a Cd. Memmiano apud Grut. confirmatae et inde a Grutero receptae ceterorum Cdd. (etiam Eins.) et Edd. vett. substituit lectionem: *et parcus*, *et in priscis reliquisque:* sed cum Billerbeckio equidem intelligere nequeo, quomodo aliquis possit esse *in priscis demissior*. Or.

[*sitire agros*] Recte Scheller repudiat, quod legitur in ed. Ven. prob. Ern. (item Dresd. Gu. 1. Med. Sch.) *lascivire*, glossema proximorum. cfr. Quintil. VIII. 6, 6. *Necessitate rustici dicunt* gemmam *in vitibus* (*quid enim dicerent aliud?*) *et* sitire segetes. Columella III., 11, 9. *solum siticulosum*. Beier. Sequendi sane nunc erant Eins. et Viteb., quibuscum *sitire* restituit etiam Meyerus. Or.

§. 82. [*parum*] Schuetzius ex ingenio *partum*. Sed sententia haec est: „Quidvis horum satis illud quidem audacter,

aut simile est illi unde transferas, aut, si res suum nullum habet nomen, docendi causa sumptum, non ludendi
videtur. Hoc ornamento liberius paullo quam ceteris
utetur hic summissus: nec tam licenter tamen, quam si
genere dicendi uteretur amplissimo. Itaque illud inde- 24
corum (quod quale sit, ex decoro debet intelligi) hic
quoque apparet, quum verbum aliquod altius transfertur
idque in oratione humili ponitur, quod idem in alta[1] deceret. Illam autem concinnitatem, quae verborum col- 83
locationem illuminat iis[2] luminibus, quae Graeci quasi
aliquos gestus orationis σχήματα appellant, (quod idem
verbum ab iis[3] etiam in sententiarum ornamenta transfertur) adhibet quidem hic subtilis, (quem, nisi quod
solum, ceteroquin recte quidam vocant Atticum,) sed
paullo parcius. Nam sicut in epularum apparatu a ma-

E. 1) alia 2) his 3) his
L. 8. *alia* 10. *his* 12. *his*

sed tamen excusationem habet: nam cet." Recte iam expli-cuerat Ern. Beier. Pariter Burchardi, Meyerus, Frotscher reiecerunt *partum*. Pro *est illi unde* Eins. nonnisi: *est unde*. Idem pro *uteretur*: — *utatur*. Or.

[*in alia*] Schuetzius in Ed. 1. correxerat *in alta* e 57, 192. extr. Contra 27, 44. Gu. 3. peccat *alta* pro *alia plane fit oratio*. Ferri tamen potest h. l. *alia*. Beier. Meyerus recepit Manutii et Sch. lect. *alta*, repudiatam a Burchardio et Billerb.; quae tamen mihi quoque necessaria videtur. Or.

§. 83. [*iis luminibus*] Sic Eins. (*hiis*) Man. prob. Meyero. Ceteri *his*. Similiter ego in seqq. correxi ex Eins. *hiis*. Eins. om. *etiam* ante v. *in sententiarum arg*. Or.

[*ceteroquin recte*] Sic Eins. Dresd. Ven. 1. Med. L. Seqq. Meyerus ex Viteb. recepit *cetera recte*, contra usum Cic., qui nunquam sic ut poëtae et posteriores v. c. Tacitus *Germ*. 29. et 45. Atque ubivis fere in Cdd. corruptum inveni *ceteroqui*; v. c. *de Nat. Deor*. 1, 21, §. 60. *ceteroqui doctus*, al. *cetera*, *cetera quoque*, *cetera quam*. *ad Famil*. 6, 19, 1. pro *ceteroqui mihi locus* Cratandr. habet: *ceterum is mihi quidem locus; ibid*. 9, 10, 3. *ceteroqui*, alii *cetera qui*. *ad Attic*. 16, 4, 1. *ceteroque* Medic. a pr. m. *ceteraque* a secunda. Statim *si ut* Eins. Viteb. Dresd. Edd. vett. haud prorsus improbatum Ernestio, frequentissimus est librariorum error. cfr. *de opt. gen. orat*. §. 23., ubi contrario errore multi *sicut spero*, pro *si*, *ut spero*. Tum Eins. Vit. Dresd. *apparatu magnificentia* om. *a*. Or.

gnificentia recedens non se parcum solum, sed etiam ele-
84 gantem videri volet, eliget quibus utatur. Sunt enim pleraque apta[1] huius ipsius oratoris, de quo loquor, parsimoniae. Nam illa, de quibus ante dixi, huic acuto fugienda sunt, paria paribus relata et similiter conclusa eodemque pacto cadentia et immutatione literae quasi quaesitae venustates, ne elaborata concinnitas et quoddam aucupium delectationis manifesto deprehensum ap-
85 pareat. Itemque si quae verborum iterationes contentionem aliquam et clamorem requirent, erunt ab hac summissione orationis alienae: ceteris promiscue poterit

E. 1) pleraeque aptae
L. 2. *eligetque* 6. Abest *quasi* 8. *manifeste*

[*non se parcum solum*] Cave pro *non solum non* accipias cum Brodaeo *Miscell.* 8, 14. in Gruteri *Thes. crit.* T. IV. p. 53. Beier.

§. 84. [*sunt enim pleraque apta*] Sic Lamb. Rursus Ern. suspicio, Burchardi, Meyerus partim etiam e Dresd., qui habet *pleraque* omisso *apta;* (Eins. proxime ad verum: *pleraque apte.*) Item Beier, qui haec annotavit: — „*pleraeque aptae*] Si sana est lectio, *parsimoniae* dicuntur plurium numero, ut Plauto *Trinumm.* 4, 3, 21. Ingeniose Schuetzius correxit *Non sunt enim peraeque apta* scil. *lumina* vel *orationis* σχήματα. Non tamen apparet qui isto loco exciderit *non;* magis, si sic scriptum fuerit: *Sunt* · *n.* *n̄.* i. e. *enim non peraeque apta.* Aegre tamen tum carueris adiectione voc. *omnia.* Cfr. 5, 20. pr. Praeterea in sententia omnino negativa abundabit proximum pron. *ipsius*, quod compensat comparativam copulam quoque. Insuper eandem elicias sententiam e faciliore Lamb. emendatione: *Sunt enim pleraque apta* cet. Sic enim in seqq. exceptioni praemissae concessio par pari respondet pro eo, quod haec illi opponi debuerat hunc in modum: *Nam licet illa* – – *fugienda sint* cet: *tamen ceteris poterit uti.* Sic ad prima §. 84. verba respicitur §. 86. *sed pleraque ex illis convenient.* Idem Schuetzius transposita partic. *quasi* legi mavolt: *quoddam quasi aucupium;* sed *quasi quaesitae* dicuntur „aperte quaesitae." Huc referas *admirationem*, de qua vide ad Herenn. IV. c. 6. pr. — Haec Beier. Voc. *quasi* mitigat tralatum *quaesitae;* nec explicari potest *aperte*, neque vero del. est cum Lambino, tamquam e geminatione seqq. syllabarum *quaesi* ortum. In seqq. nota formam controversam *manifeste* Edd. aliq. vett. (Ven. 1. Med.) retineri etiam a Lambino. Eins. habet *manifesto*, Or.

uti, continuationem verborum modo relaxet et dividat utaturque verbis quam usitatissimis, tralationibus quam mollissimis: etiam illa sententiarum lumina assumet[1], quae non erunt vehementer illustria. Non faciet rem publicam loquentem, nec ab inferis mortuos excitabit, nec acervatim multa frequentans una complexione devinciet. Valentiorum haec laterum sunt nec ab hoc, quem informamus, aut expectanda aut postulanda. Erit enim ut voce, sic etiam oratione suppressior. Sed pleraque 86
ex illis convenient etiam huic tenuitati, quamquam iisdem ornamentis utetur horridius: talem enim inducimus. Accedet actio non tragica nec scenae, sed modica iactatione corporis, vultu tamen multa conficiens: non hoc, quo dicuntur os ducere, sed illo, quo significant ingenue, quo sensu quidque pronuntient. Huic generi orationis aspergentur etiam sales, qui in dicendo nimium quantum 87
valent: quorum duo genera sunt, unum facetiarum, alterum dicacitatis. Utetur utroque: sed altero in nar-

E. 1) assumat
L. 16. *mirum quantum*

§. 85. [*verborum modo*] ∞ *modo verborum* Eins.; tum idem: — *nobilissimis* pro *mollissimis*. Or.

[*assumet*] Sic Lamb. Sch. Ceteri *assumat* (Eins.), ut cohaereat cum praecedente modo. Ad seqq. cfr. Quint. IX. 2, 29. *Illa adhuc audaciora et maiorum, ut Cicero existimat, laterum fictiones personarum, quae προσωποποιΐαι dicuntur:* et XII. 10, p. 381. *Hic orator* (scil. grandiloquus) *et defunctos excitabit, ut Appium Caecum;* (Cic. pro Caelio c. 14.) *apud hunc et patria ipsa exclamabit* (Catil. 1, 7, 18.) *aliquandoque Ciceronem in oratione contra Catilinam in senatu alloquetur* (C. 11.) *Acervatim* spectat ad συναθροισμὸν s. *congeriem* (Quintil. 8, 4, 27.): quo multa κατὰ μερισμὸν enumerantur, ut in eiusdem orationis exordio. Beier. Verba *etiam illa sent. lumina assumet* respondent illis *ceteris promiscue poterit uti;* ergo necessarium est futurum, reiectum rursus a Meyero. Ceterum cfr. *Topica* §. 45. Mox: — *non faciat* Eins. Or.

[*etiam oratione*] Meyerus ex Med. Tul. (contra Cdd. (etiam Eins.) et Iul. Victorem) = *oratione etiam*. Or.

§. 86. [*Accedet*] Sic L. Rursus Ern. coni. Sch. Beier. — *accedit* Meyerus cum Cett. et Cdd. Or.

§. 87. [*aspergentur etiam sales*] Cfr. *de Orat.* 1, 34. 159. Tum Lovaniensis quoque Codex (cum duobus Lambini, Eins. Vit. Dresd.) *nimium quantum* teste L. Carrione *Antiqq. Lectt.* II.

rando aliquid venuste, altero in iaciendo mittendoque ridiculo, cuius genera plura sunt: sed nunc aliud agimus.
88 Illud admonemus tamen, ridiculo sic usurum oratorem, ut nec nimis frequenti, ne scurrile sit: nec subobsceno, ne mimicum: nec petulanti, ne improbum: nec in calamitatem, ne inhumanum: nec in facinus, ne odii locum risus occupet: neque aut sua persona aut iudicum aut tempore alienum. Haec enim ad illud indecorum refe-
89 runtur. Vitabit etiam quaesita nec ex tempore ficta, sed domo allata, quae plerumque sunt frigida. Parcet et amicitiis et dignitatibus, vitabit insanabiles contumelias, tantummodo adversarios figet, nec eos tamen semper nec omnes nec omni modo. Quibus exceptis sic utetur sale et facetiis, ut ego ex istis novis Atticis talem cognoverim neminem, quum id certe sit vel maxime
90 Atticum. Hanc ego iudico formam summissi oratoris,

L. 14. (*salibus* Fort. b.)

C. 12. extr. in Gruteri *Thes. crit.* T. III, 2. p. 46. Gr. *ἀμήχανον ὅσον.* Alii (Ald. 2. Man. L.) *mirum quantum.* Beier. Meyerus ex Iulio Victore malebat *aspergantur.* Sed dominantur hic futura nec grata esset varietas: — *erit - convenient - accedit - aspergantur - utetur.* — *mirum quantum*, quod Meyerus primum in Ald. sec. reperit, sine varietate est apud Livium 2, 1, 11. Or.

[*mittendoque*] Schuetzii coniecturam ∞ *remittendoque* recepturus erat Beier, recepit Billerbeck; eademque mihi haud displicet; quamquam dubitatio alia remanet: scil. annon *mittendo* corruptum sit ex: *immittendo*: alibi sane illa duo v. iunguntur v. c. *Paradox.* 4, §. 28. *iactam et immissam - iniuriam*, ubi tamen fuit, qui vellet *emissam.* Or. — *sed nunc aliud agimus* i. e. valeat: cfr. 22, 73. *de opt. gen. or.* 3, 7. *pro Mur.* 16, 33. Variatis verbis eadem haec eloquitur Quintil. IV, 3, 42. Beier.

§. 88. [*frequenti* cet.] — *frequens nec scurrile* Eins. Or.

[*subobsceno*] Vide Meyerum laudantem Varronem *L. L.* VII. p. 372. Speng. Beier praeferebat scripturam *subobscaeno.* Re vera Inscriptiones constanter habent *scaena*, *scaenici.* — *mimicum*, in quo voc. plerique Cdd. sunt corrupti (*inimicum*), recte Eins. exhibet. Idem male: — *locus risum* et *aut in sua persona.* Pro *sunt frigida* (Eins.) Meyerus ex Ven. 1. 2. Med. Tul.: = *frigida sunt.* Tum notanda lectio Lamb. in Marg. 1584. *salibus* pro *sale.* Or.

sed magni tamen et germani Attici: quoniam quidquid est salsum aut salubre in oratione, id proprium Atticorum est, e quibus tamen non omnes faceti. Lysias satis et Hyperides, Demades praeter ceteros fertur, Demosthenes minus habetur, quo quidem mihi nihil videtur urbanius, sed non tam dicax fuit quam facetus. Est autem illud acrioris ingenii, hoc maioris artis.

Uberius est aliud aliquantoque robustius quam hoc 91
humile, de quo dictum est, summissius autem quam illud,
de quo iam dicetur, amplissimum. Hoc in genere nervorum vel minimum, suavitatis autem est vel plurimum.
Est enim plenius quam hoc enucleatum: quam autem
illud ornatum copiosumque summissius. Huic omnia 26
dicendi ornamenta conveniunt plurimumque est in hac 92
orationis forma suavitatis. In qua multi floruerunt apud
Graecos, sed Phalereus Demetrius meo iudicio prae-

L. 2. *est sanum in oratione* 11. *nerv. est vel m. suav. haud scio an pl.*

§. 90. [*quidquid est salsum aut salubre*] Ope Cd. Lambin. *sanum* pro *salsum aut salubre.* Recte Schuetzius et Meyerus laudarunt Quintil. 6, 3, 18. *Nam et Cicero omne, quod salsum sit, ait esse Atticorum.* Mox *id proprie* Eins. Oxon. Or.

§. 91. [*suavitatis autem est vel plurimum*] Speciose sane Schuetzius correxit *sanguinis*, qui *sanguis* aptius opponatur *nervis*. Cfr. 22, 76. *de opt. gen. or.* 3, 8. Sed quae sequitur sententiae repetitio *plurimumque in hac orationis forma suavitatis* firmat potius volgatam lectionem, quam suspectam reddit. Alioqui tentari posset *sanitatis*: cfr. 26, 90. Magis Lambini placet emendatio *suavitatis haud scio an plurimum.* Beier. Lambini lectio unde ducta sit nunc scimus, scil. ex interpolato C. Stephani codice, (cuius et Gu. 3. et Erl. lectiones incipiunt a §. 91.) Is scil. habet: *non minimum suavitas haud scio si vel plurimum.* Schuetzii rationem reiecit etiam Burchardi. Ceterum fateor egregie mihi placere Beieri coni. *sanitatis*, in quam incidit etiam Billerbeckius. Nam si pro prioris sententiae repetitione haberi debent seqq. *plurimumque est in hac orationis forma suavitatis*, est sane insignis βαττολογία. Pro *summissius* Schuetzius in Ed. mai. *remissius;* de qua audaci coni. Burchardi recte ita: „Mox nihil attinuit inferre *remissius*, quum vel §. 90. plane eodem sensu legatur: *summissi oratoris* aliisque in locis." Or.

[*omnia dicendi*] Post v. *omnia* excidisse videtur Schuetzio *fere.* Sed v. §. 96. pr. Eadem sunt §. 95. pr. *verborum lumina.* Beier.

stitit ceteris; cuius oratio quum sedate placideque loquitur, tum illustrant eam quasi stellae quaedam tralata verba atque immutata. Tralata ea dico, ut saepe iam, quae per similitudinem ab alia re aut suavitatis aut inopiae causa transferuntur. Mutata, in quibus pro verbo pro-

L. 2. *translata* et sic semper.

§. 92. [*oratio - - loquitur*] Hanc προσωποποιΐαν defendit Walch in *Emendd. Liv.* p. 204. et Wagner, qui abstractum pro concreto positum observat in Seebodii *Archiv.* 1. *Jahrg.* 3. *Heft.* p. 434. cfr. Astii in *Platon. Politiae L.* 1. *C.* IV. *Commentar.* p. 394. item *de Legg.* 1. p. 644. A. ἀφορισάμενος ὁ λόγος οὗτος - - βούλοιτ' ἂν - - προςαγορεύειν. *Loqui* adverbiis *sedate placideque* multo quam *dicere* aptius est. Purgoldo tamen h. l. corrigenti *labitur* favere videntur superiora de Herodoto 12, 39. cfr. nos ad *Offic.* T. 1. p. 274. Beier. Purgoldi ingeniosam coni. recepit Schuetz., probaruntque Goerenz ad *Acad.* II. 15, 47. ad II. *de Fin.* 29, 88. et Frotscher, qui Goerenzium appellat. Or.

[*tralata*] Sic et h. l. et §. 94. *tralationes* Ern. improbante et Orellio, qui nescio qua fide edidit *translata*, et Muellero l. l. p. 94., qui id adeo negligentiae imputat. Sane quidem neglexit corrector recentiorem formam h. l. obtrudere pro prisca, quam ubique revocavimus. Beier. Scripturam antiquiorem, quam in *Topicis* quoque praebent optimi quique Cdd., et antiquiss. Frontonis *Ed. Rom.* p. 246. ubique secutus sum, etsi Eins. Viteb. Dresd. Mon. alteram habent. Quid? quod Cd. Mediceus *Epp. ad Fam.* etiam *traferre* exhibet, ut *traducere* cet. et *Lib.* 3, 8, 4. *tralatitium*, non ut est in recentioribus Edd., *translaticium.* Mox Eins. perverse: *quae ut saepe iam per s.* Or.

[*ab alia re*] i. q. 24, 80. *aliunde.* Ne lectionem Cdd. Regiorum, quae est etiam in Var. Herv. (item Dresd. Mon.) *ad aliam rem* praeferas, vetat adiectio *inopiae causa.* Beier. In Censura Ed. meae haec praeterea habet: „de Orat. 3, 41, 167. *finden wir zwar:* Sumpta re simili verba eius rei propria deinceps *in rem aliam* transferuntur. *Allein dort ist* in *wegen der voranstehenden Worte eben so nothwendig, als in unserer Stelle* ab alia re *wegen des Folgenden*, inopiae causa. *Daher ist auch* XXIV. 80. tralatum *erklärt durch den Zusatz* et sumptum aliunde, ut mutuo."

[*mutata*] Recte Schuetzius correxit *immutata;* cfr. *de Orat.* III. 43, 169. *Arcessitum* apud Quintil. XII. 10. p. 1096. ed. Burm. non, ut Schirachio visum, idem significat, sed *altius repetitum et nimis quaesitum.* Beier. *Immutata* praetulerunt etiam Goerenzius *Finn.* p. 642., cuius Cdd. duo habebant corrupte *imitata*, et Frotscher: nec quidquam opponi potest nisi amare Cic. saepe etiam in talibus eiusmodi va-

prio subiicitur aliud, quod idem significet, sumptum ex
re aliqua consequenti. Quod quamquam transferendo 93
fit, tamen alio modo transtulit, quum dixit Ennius,
arce et urbe orba sum: alio modo, pro patria *arcem*
dixit[1]; et *horridam Africam terribili tremere tumultu*

E. 1) *arcem et urbem orbas:* alio modo, si pro patria arcem dixisset
L. 4. *si pro patria* 5. *arcem et urbem dixisset*

rietatem, quae nostro usui repugnet. Sic statim §. 93. *immutat - - summutantur.* Hinc nondum potui recipere. Or.

[*subiicitur aliud*] In his vv. iam latet *proprium*, quod Schuetzius post *proprio* iteravit. Aliter dicitur *de Orat.* III. 42, 167. *proprium proprio commutatum.* Beier. Schuetzii coni. recte refutarat iam Burchardi. Or.

§. 93. [*arce et urbe orba sum*] „*arce et urbe orbam*] Sic Orellius (e corruptela Vet. Steph. Gu. 3. *arcent urbem orbam:* et Monac. *arcem et urbem orbam:*). Nubem amplexus est post Gruterum et Schirachium Burchardius Cdd. Palatinorum striblígines: *ardent urbem orbam* scil. Galli. Idem tamen nutans propinat Heinrichii pravam coniecturam *ardentem urbem orbam.* Deinceps Gruterus, ut constaret error, coniecit: *si patriam ardere dixisset.* Orellius haec tum transponendo, tum corrigendo coniungere voluit cum superioribus sic: „*dixit E.* arce et urbe orbam, *pro patria* arcem *dicens: et alio modo* horridam cet." At vero in priore exemplo non *arcis*, sed *orbae* vocabulum tralatum est. *Et* ante *alio modo* nescio cuius auctoritate inseruerit Orellius. Beier. Hoc quidem *et* errori originem debet. Iam vero Lambinus, Reizius, Schuetzius et Meyerus sic scripserunt: *dixit Ennius* arce et urba orba sum: *alio modo, si pro patria* arcem et urbem *dixisset* cet.; (in quo membro Sch. Ernestii lect. retinuit: *a. m. si p. p.* arcem *dixisset:*) qua in ratione, ut amicus meus optime demonstravit, et facilis et verissima inest emendatio *arce et urbe orba sum* pro Eins. Vit. Dresd. et Edd. (praeter Lamb. ac Sch.) *arcem et urbem orbas*, e *Tuscul.* 3, 19, §. 44. petita. Alterum autem lectionis Lamb. membrum *alio modo, si pro patria* arcem et urbem *dixisset*, equidem approbare nequeo: id enim quaero, dixeritne Ennius, an non dixerit *arcem et urbem* pro patria? Mihi quidem videtur dixisse; si quidem in pedestri sermone nemo dixerit *arce et urbe careo*, sed *careo patriâ*, vel *urbe* simpliciter. Quid multa? In Ennii verbis *arce et urbe orba sum*, ut recte docuit Billerbeckius, duplex est tralatum, alterum (metaphora) *orba* pro *priva*, alterum (metonymia) *arce et urbe* pro *patria.* Quomodo igitur Cic. dicere potuit, *si - - dixisset?* Neque enim audiendus est Billerbeckius v. *dixisset* sic defendens: „*Cicero musste den Coniunctiv* dixisset *gebrauchen, weil Ennius* arce et urbe *konnte wörtlich verstanden haben. Denn eine Fürstin kann ihre Hauptstadt verlieren, ohne schon dadurch das ganze Vaterland ein-*

quum dicit, pro Afris immutat Africam. Hanc ὑπαλλαγὴν rhetores, quia quasi summutantur verba pro verbis: μετωνυμίαν[1] grammatici vocant, quod nomina transferuntur.
94 Aristoteles autem tralationi et[2] haec ipsa subiungit et abusionem, quam κατάχρησιν vocant, ut quum *minutum* dicimus animum pro *parvo*, et abutimur verbis propinquis, si opus est, vel quod delectat vel quod decet. Iam quum fluxerunt continuae plures[3] tralationes, alia plane fit oratio. Itaque genus hoc Graeci appellant ἀλληγορίαν, nomine recte, genere melius ille, qui ista omnia tralationes vocat. Haec frequentat Phalereus

E. 1) hypallagen - - metonymiam 2) *Abest* et 3) plures continuae
L. 1. *hypallagen - - metonymium* 4. *translationi haec* 5. *catachresin* 8. (*Iam quum confluxerunt* Fort. b. Maximopere placet mihi. Or.)

zubüssen." Quasi vero Andromacha arce dumtaxat et urbe privata, aliam vel minimam partem regni Troiani retinuisset! Est igitur scribendum, ut edidi, *alio modo pro patria* arcem *dixit;* nec quidquam attinet, ut hic cum Lamb., Reizio et Meyero inculcetur *et urbem:* quoniam metonymia magis inest in v. *arce*, quam in altero *urbe.* Iam *dixisset* habent Cdd. noti omnes; sed id facile per geminationem oriri poterat ex *dixit et;* coniunctivo autem introducto, nil magis erat consentaneum, quam ut inculcaretur in plerisque *si;* non tamen in omnibus; nam ecce, quod praeclarum veritatis est testimonium, Dresd. et Monac. omittunt *si.* Quibus fretus coniecturam meam recipere ausus sum. Or.

[*immutat*] i. q. „immutando ponit." Beier. Nihil est Palatt. duorum *immutate* probatum Grutero et Schirachio. Statim cum Sch. et Meyero Graece scripsi ὑπαλλαγήν, μετωνυμίαν. Miro casu Eins. praebet pravum Stephani: — *summittantur*, ex eo credo annotatum a Gulielmio ac probatum Grutero. Or.

§. 94. [*et haec ipsa*] *Et* accessit e Gu. 3. Respondet ei alterum *et* insequens. Beier. Saepissime primum hoc *et* excidit, ut in Eins. Viteb. Dresd. §. 100. *humilia* pro *et humilia.* Paullo post Vetus Steph., i. e. genus interpolatum solum, ut aliquoties, servavit veram lect. *decet* pro *licet* Eins. Vit. Dresd. Mon. Edd. ante Steph. et Lamb. Or.

[*Iam quum fluxerunt*] *Iam confluxerunt* Palatt. duo, Gu. 3., unde Gryph. (ut volebat Gruterus,) atque Schirachius: ∞ *Iam quum confluxerunt.* cfr. *de Orat.* III., 41, 166. Statim *continuae plures* Eins. Vit. Ven. 1. 2. Med. Tul. Aldd. Vict. Lamb., Meyerus pro *plures continuae* Crat. Grut. Ern. Sch. Or.

[*Itaque genus hoc*] *Itaque hanc* Sch. coni. in Ed. 1. receptam reiecit Goerenzius ad *Finn.* II. 11, 33. p. 171. Beier.

maxime suntque dulcissima, et quamquam tralatio est
apud eum multa, tamen immutationes nusquam crebriores.
In idem genus orationis (loquor enim de illa modica ac 95
temperata) verborum cadunt lumina omnia, multa etiam
sententiarum: latae eruditaeque disputationes ab eodem
explicantur et loci communes sine contentione dicuntur.
Quid multa? e philosophorum scholis tales fere evadunt:
et nisi coram erit comparatus ille fortior, per se hic,
quem dico, probabitur. Est enim quoddam etiam in- 96
signe et florens orationis pictum et expolitum genus, in
quo omnes verborum, omnes sententiarum illigantur lepo-

L. 6. *inducuntur* 9. *Est etiam quoddam insigne et florens, p. et exp. orationis genus*

§. 95. [*explicantur - - dicuntur*] ἀορίστως dicta accipit Goerenzius ad I. *Acadd.* 2, 6. p. 11. Schuetzius cum Gu. 3. *explicabuntur - - dicentur.* (Memoratu tamen dignum videtur etiam apud Iulium Victorem p. 108. praeterito altero verbo, esse *dicentur.* Or.) Eleganter vero Lamb. et Olivetus *inducuntur;* ut alibi *induci* dicitur sermo vel controversia v. c. *pro domo* 34, 92. Mox Sch. argutatur in part. *fere*, quae idem valet quod *plerumque.* Sequens *etiam* neque pro *item* neque pro *praeterea*, sed pro *adeo* dicitur, nisi mutaveris cum Lambino: *Est etiam quoddam insigne.* Beier. Speciosam suam coniecturam *inducuntur* Lambinus defendit locis *de Invent.* 2, §. 48. et 49. *pars locorum communium - - inducitur - - raro inducendis locis communibus.* Sed tamen Iulius Victor *communes loci sine contentione dicentur.* Tum Lamb. revera: *Est etiam quoddam insigne*, quod ego notare neglexi; Meyerus autem ei tribuit: *Est enim qu.* cet. Noster ordo est in Eins. Vit. Ven. 2. cet. retentus ab Ern. Meyero placuit lectio Asc. 2. Crat.: *Est enim quoddam insigne etiam.* Alii aliter, nemo tamen prorsus omittit *etiam*, nisi Dresd.; Man. autem eidem substituit *et: Est enim quoddam et ins.* Nec probabili ratione v. *etiam*, quod eiectum volebam, Billerbeckius ita defendit: „Non de alio quidem genere, sed de alia eiusdem generis specie nimis picta et expolita — sermo est." Ubinam enim et quorum rhetorum ista fuit species? Manifesto per totam §. de uno illo modico et temperato loquitur genere, non de diversis eiusdem formis, nisi forte cum O. M. Muellero legas: — *florentis orationis*, quod tamen ipsum parum est veri simile. Nihilominus tamen *etiam* recte se habere nunc video; scil. *orationis* hoc pictum genus, quo utebantur quidam *etiam in foro*, opponitur quodammodo simillimo picto atque expolito generi, quo philosophi nonnulli utebantur *in scholis.* Mox: — *effluxit* Eins. Or.

res. Hoc totum e sophistarum fontibus defluxit in forum, sed spretum a subtilibus, repulsum a gravibus in
ea, de qua loquor, mediocritate consedit.
27 Tertius est ille amplus copiosus, gravis ornatus, in
97 quo profecto vis maxima est. Hic est enim, cuius ornatum dicendi et copiam admiratae gentes eloquentiam
in civitatibus plurimum valere passae sunt, sed hanc eloquentiam, quae cursu magno sonituque ferretur, quam
suspicerent omnes, quam admirarentur, quam se assequi
posse diffiderent. Huius eloquentiae est tractare ani-
98 mos, huius omni modo permovere. Haec modo per-
fringit, modo irrepit in sensus; inserit novas opiniones,
evellit insitas. Sed multum interest inter hoc dicendi
genus et superiora. Qui in illo subtili et acuto elaboravit, ut callide arguteque diceret, nec quidquam altius
cogitaret: hoc uno perfecto magnus orator est, si non
maximus; minimeque in lubrico versabitur, et, si semel
constiterit, nunquam cadet. Medius ille autem, quem
modicum et temperatum voco, si modo suum illud satis
instruxerit, non extimescet ancipites dicendi incertosque
casus: etiam si quando minus succedet, ut saepe fit,
magnum tamen periculum non adibit. Alte enim cadere

L. 16. *profecto*

§. 97. [*passae sunt*] Scil. quadam quasi vi coactae; nam *primo propter insolentiam reclamabant*, ut ait *de Invent.* I. C. 2. Speciosior quam verior videtur unius Viteb. lectio a Meyero recepta *fassae*, reiecta etiam a Billerbeckio. Eins. habet *passae*. Or.

[*quam se assequi posse diffiderent*] Nescio an respexerit h. l. Quintilianus XI. C. 1, 93. Beier.

§. 98, [*subtili et acuto*] = *acuto et subtili* Eins. Or.

[*hoc uno perfecto*] Al. *profecto*. Beier. Scil. Monac. Edd. vett. aliq. Lamb. Nostra lectio firmatur ab Eins. Vit. Or.

[*constiterit*] *Consistendi* verbum non tam ab histrionibus (ut ait Ern.), quam e palaestra ductum est, ut 9, 30. *pro Tullio* 35. Beier. Recte idem verbum explicavit Schirachius ad illa §. 30. *qui in forensibus causis possit praeclare consistere.* Mox in illis: *Medius ille* om. *medius* Eins. Or.

[*etiamsi*] Contraxi volgo dirempta: *etiam*, *si*. Beier. Nostra ex ratione virgula tantum delenda erat. Or.

[*Alte - - cadere non potest*] Proverbialiter dicitur; ut

non potest. At vero hic noster, quem principem poni- 99
mus, gravis, acer, ardens, si ad hoc unum est natus
aut in hoc solo se exercuit aut huic generi studet uni
nec suam copiam cum illis duobus generibus temperavit,
maxime est contemnendus. Ille enim summissus, quod
acute et veteratorie dicit, sapiens iam, medius suavis,
hic autem copiosissimus, si nihil est aliud, vix satis sanus videri solet. Qui enim nihil potest tranquille, nihil
leniter, nihil partite, definite, distincte, facete dicere,
praesertim quum causae partim totae sint eo modo, partim aliqua ex parte tractandae: si is non praeparatis
auribus inflammare rem coepit, furere apud sanos et
quasi inter sobrios bacchari vinolentus videtur.

Tenemus igitur, Brute, quem quaerimus, sed animo. 100
Nam manu si prehendissem, ne ipse quidem sua tanta
eloquentia mihi persuasisset, ut se dimitterem. Sed in- 28
ventus profecto est ille eloquens, quem nunquam vidit
Antonius. Quis est igitur is? Complectar brevi, dis-

L. 3. *studuit* 4. *copiam illis* 6. *sapiens: iam medius* 12. *coeperit* 13. *videbitur*

I. *Offic.* 21, 73. Apollodorus Comicus: *Ἡ δὲ μεσότης ἐν πᾶσιν ἀσφαλέστερα· Ὄγκου δὲ μεγάλου πτῶμα γίγνεται μέγα.* Beier.

§. 99. [*studet*] Scil. etiamnunc, posteaquam antea in hoc solo se *exercuit*, nec unquam - - temperavit. — *studuit* Gu. 3. Steph. L. Sch. Beier; ex interpolatis recipiendum non erat. Mox etiam Beier del. *cum* cum Gu. 3. Lamb. Sch. Recte defendit Meyerus, laudans *Somn. Scip.* C. 5. *acuta* cum *gravibus temperans.* Habet Eins. Or.

[*sapiens iam*] i. e. *protenus* sapiens videbitur. Sin cum Lamb. distinxeris ante *iam*, idem erit, quod *porro.* Idem extr. h. §. *coeperit* - - *videbitur.* Beier. Ita iam Steph., sic, ut aliquoties, notans in *Var. Lectt.: coeperit*] Prius *coepit. videbitur*] Prius *videtur.* quae tamen ipsa cum similibus procul dubio e Cd. suo, non e coniectura immutavit. *videbitur* etiam Vit. a sec. m. Per se minime displicet Steph. lectio. Notabiles dein suspicc. Meyeri *nihil facete* et Ernestii *is si* et Eins. lectio *praeparatis animis* pro *praeparatis auribus.* Or.

§. 100. [*sed animo. Nam manu si*] Sic Mediol. Steph. L. Ern. Sch. — *sed animo, non manu. Si pr.* Eins. Vit. Dresd. Ven. 1. 2. Vict. Hinc Meyerus coni.: ∞ *sed animo, non manu. Manu si.* Sane ingeniose. Ceteri tamen Cdd. nostram firmare videntur lectionem; certe nihil contra affertur e

seram pluribus. Is est enim[1] eloquens, qui et humilia subtiliter et magna graviter et mediocria temperate potest
101 dicere. Nemo is, inquies, unquam fuit. Ne fuerit. Ego enim, quid desiderem, non, quid viderim, disputo, redeoque ad illam Platonis, de qua dixeram, rei formam et speciem, quam, etsi non cernimus, tamen animo tenere possumus. Non enim eloquentem quaero neque quidquam mortale et caducum, sed illud ipsum, cuius qui sit compos, sit eloquens: quod nihil est aliud nisi eloquentia ipsa, quam nullis nisi mentis oculis videre possumus. Is erit igitur eloquens, (ut idem illud iteremus) qui poterit parva summisse, modica temperate, magna graviter
102 dicere. Tota mihi causa pro Caecina de verbis interdicti fuit: res involutas definiendo explicavimus, ius civile laudavimus, verba ambigua distinximus. Fuit ornandus in Manilia lege Pompeius: temperata oratione ornandi

E. 1) Is enim est
L. 1. *Is enim est* 11. *illud idem* 13. *Cecinna*

Gu. 3. Vet. Steph. Mon. Oxon. (*prendissem* Eins. Tum idem et Mon.: *quis est igitur? sed complectar.*) Or.

[*Is est enim*] Sic Eins. Vit. Dresd. Ven. 1. 2. Vict. Meyer. = *Is enim est* Cett. Or.

[*et magna*] ∾ *et alta* Gu. 3. Vet. Steph. Erl. Sch. Beier. Verissime tamen de toto hoc genere iudicavit Meyerus. Nisi enim diversas lectionis familias pravo consilio permiscere volumus, alteram interpolatam, Vet. Steph. Gu. 3. et Erl. sequi non debemus, nisi in iis locis, ubi ea familia manifesto meliora casu quodam servavit. Sic h. l. minime necessarium fuit *alta* corrigere. cfr. §. 101. iterum: *magna graviter*, et quidem cum v. *ut idem iteremus.* Or.

§. 101. [*Ne fuerit*] Veram hanc lectionem servarunt inter nostros Eins. Vit. Vide Meyeri varietatem. Statim perversissime Eins.: *quam etsi animo cernimus, tamen animo tenere non possumus.* Or.

[*Non enim eloquentem*] Opponitur *eloquentia ipsa.* Non opus est Schuetzii coniecturis (scil. addendum esse *qui vixerit* sive *qui fuerit.*) Neque obstat principium huius capitis. Ibi enim additur *ille*, *quem nunquam vidit Antonius.* Beier. Sic nec mea opus est suspicione *non enim unum eloquentem*, etsi *unum* post *enim* facile excidere poterat. Sed dixisset potius, ut opinor, *unum aliquem.* At confer §. 112. Mox pro *aliud nisi* solita permutatione peiorum Codicum *aliud quam* habet etiam Erl. Or.

copiam persecuti sumus. Ius omne retinendae maiestatis
Rabirii causa continebatur: ergo in omni genere amplificationis exarsimus. At haec interdum temperanda et 103
varianda sunt. Quod igitur in Accusationis septem[1]
libris non reperitur genus? quod in Aviti? quod in Cor-
nelii? quod in plurimis nostris defensionibus? quae
exempla selegissem, nisi vel nota esse arbitrarer vel
posse eligere, qui quaererent. Nulla est enim ullo in

E. 1) quinque
L. 2. *ergo omni* 4. *quinque*

§. 102. [*persecuti*] — *prosecuti* Eins.

[*Ius* - - *maiestatis*] Ipse orator *pro Rab.* 1, 3. explicat *summum in consulibus imperium*, *summum in senatu consilium:* et 2, 4. *bonorum consensionem contra improborum furorem et audaciam*, *extremis rei publicae temporibus perfugium et praesidium salutis;* τήν τε ἰσχὺν καὶ τὴν ἀξίωσιν τῆς βουλῆς. Dio Cassius 37, 26. Aliter Schirachius. Beier.

§. 103. [*haec interdum temperanda*] Hoc est, omnia tria genera dicendi miscenda. Perperam interpretes de unius generis, ampli illius, copia accipiunt. cfr. 21. 70. pr. Beier.

[*in Accusationis septem libris*] Retinui nunc hanc lectt. Cdd. notorum omnium sincerorum atque interpolatorum, Edd. ante Lamb.; item Grut. Oliv.; quam defenderunt Schirachius et Meyer. ∞ *quinque* Lamb. E. Ern. Sch.; cui lectioni sane favet ipse Cicero infra §. 167. *in quarto Accusationis;* §. 210. *in Accusationis secundo* - - *in quarto Accusationis;* ita, ut dubium etiamnunc remaneat, utrum h. l. Grammatici, qui septem solebant Verrinarum libros numerare, *quinque* in *septem* mutarint, an contra Cicero ipse hoc dumtaxat loco quinque libris adnumerarit Divinationis et Actionis primae duos. Undenam autem noverat Ern. *septem* esse a Barzizio? Certe ii quoque Cdd., qui non e Barzizii exemplo ducti sunt, velut Erl., habent *septem.* — Mox perpetua confusione *in pluribus* pro *in plurimis* Vit. Ven. 1. 2. Med., non vero Eins. Or.

[*vel posse eligere*] Sana haec lectio defenditur ab Eins. Vit. Dresd. Mon., recteque meam in Ed. priore lectionem aspernatus est Meyerus. Scil. paucis cum varietatibus haec est lectio Cdd. trium interpolatorum Vet. Steph., Gu. 3. Erl. (do nunc Erl.): *nisi vel his nota esse, qui accusarentur aut defenderentur vel per se possent legere.* Hinc Sch. in Ed. 1. *vel ipsi possent eligere;* ego cum Vet. Stephani *vel per se possent eligere*, similique ac Schuetzius et ego, sed tamen aliquanto minori errori obnoxius Beier: — *vel ipsos posse eligere*] haec adnotans: „Addidi v. *ipsos.* Gu. 3. *opes possent legere.* Hinc Sch. *ipsi possent eligere.* Non spreverim equi-

genere laus oratoris, cuius in nostris orationibus non sit aliqua si non perfectio, at conatus tamen atque adum-
104 bratio. Non assequimur; at quid deceat videmus. Nec enim nunc de nobis, sed de re dicimus: in quo tantum abest, ut nostra miremur, ut usque eo difficiles ac morosi simus, ut nobis non satisfaciat ipse Demosthenes; qui quamquam unus eminet inter omnes in omni genere dicendi, tamen non semper implet aures meas: ita sunt avidae et capaces et semper aliquid immensum infinitum-
29 que desiderant. Sed tamen, quoniam et hunc tu orato-
105 rem cum eius studiosissimo Pammene, quum esses Athenis, totum diligentissime cognovisti neque eum dimittis

L. 3. *Si non* 10. *tu et hunc*

dem ipsum illud *legere* cfr. 38, 132." — De verbo tamen *eligere* noli dubitare. Intelliguntur „loci selecti, in quibus haec virtus maxime elucet," sive Tulliano nomine, *eclogarii.* Vide *ad Attic.* 16. *Ep.* 2. Scilicet omnes in eo erravimus, quod sani et recti aliquid in manifesta interpolatione quaesivimus. Or.

[*laus, oratoris*] In meam coni. *laus oratoria*, quam etiam nunc veram censeo, diu ante me inciderat Bentleius in Curis secundis ad *Tuscul.* 1. C. 3.; id quod tunc ignorabam, ut sancte affirmare possum. *oratoris* cum Gu. 3. (et Sch. in Ed. 1.) omittit etiam Erl. sic: *eius laus cui.* Hinc immerito etiam Beier [ ] *oratoris.* Ex eodem genere interpolationis est: *Si non assequimur* Cdd. Regg. Gu. 3. Sch. in Ed. 1. Paullo ante *et, adumbratio* Eins. Or.

[*at quid deceat videmus*] Unice vera est haec lectio Aldd. Asc. 2. L. Ern. Sch., etsi turbant Cdd. v. c. Viteb.: *at quidquid deceat v.* et Eins.: *at quid si quid deceat v.* Quod si quid in hoc latet, aliud non est, nisi quod exstat in Ven. 2. Tul. Margine Asc. sec. Iunt. 2. ∞ *at quid sit quod deceat v.*, nec mihi displicet. Utraque scil. lectio significat: „saltem, quid deceat, et video ego nec unquam a decoro aberravi, etsi perfectus non sum orator." Falsa autem est lectio, quam ex Beieri collatione exhibet Erl.: — *at si quid deceat*, quam eandem Meyerus elicuit e Dresd. *atqui si quid deceat* et Gu. 3. *atque si quid deceat;* ea enim nimis limitatur Cic. oratoria virtus, quum vix aliud significet quam: „at, an quid deceat, videmus." Praeterea cfr. §. 123. *probabo eum, qui quid deceat videbit.* Or.

§. 104. [*non satisfaciat*] Schuetzius suspicatur ante haec vv. excidisse *interdum.* Satis iam sententia limitatur, quum mox sequatur *non semper.* Nec Quintilianus X. 1, 24. favet correctioni; quem in locum vide Frotscheri *Obss. crit.* Lips.

e manibus et tamen nostra etiam lectitas, vides profecto illum multa perficere, nos multa conari: illum posse, nos velle, quocunque modo causa postulet, dicere. Sed ille magnus: nam et successit ipse magnis et maximos oratores habuit aequales. Nos magnum fecissemus, si quidem potuissemus, quo contendimus, pervenire in ea urbe, in qua (ut ait Antonius) auditus eloquens nemo
erat. Atqui si Antonio Crassus eloquens visus non est 106
aut sibi ipse, nunquam Cotta visus esset, nunquam Sulpicius, nunquam Hortensius. Nihil enim ample Cotta, nihil leniter Sulpicius, non multa graviter Hortensius. Superiores magis ad omne genus apti, Crassum dico et Antonium. Ieiunas igitur huius multiplicis et aequabiliter in omnia genera fusae orationis aures civitatis accepimus, easque nos primi, quicunque eramus et quantulumcunque dicebamus, ad huius generis dicendi[1] audiendi

E. 1) [dicendi]

1826. p. 33. (nunc Lib. X. editionem.) Beier. Erl. *etiam ipse Dem.* perpetua interpolatione. Notandum in seqq. in v. *inter omnes in omni genere* ex Beieri collatione sane quam accuratissima Erl. non omittere v. *in omni*, ut fecerunt Vet. Steph. et Gu. 3. Sic differunt interdum etiam interpolati Cdd. Omissionem verborum necessariorum dubitanter probabat Schuetzius. Aliquando interpolatores solent etiam delere, ut Erl. v. *meas* post *aures*. Paullo ante Viteb. pro v. *ac morosi* habet *et morosi*. Sed Eins. retinet *ac;* et saepius *ac* in *et* mutatum, quam contra. Tum Eins. Dresd. *et saepe aliquid* male pro *et semper aliquid*. Or.

§. 105. [*nostra etiam*] Sic etiam Eins. = *etiam nostra* Dresd. Or.

[*magnum fecissemus*] — *nos nimis magnum f.* Manut. fortasse e lect. Cdd. interpol. (Erl.): — *Nos non minus magnum.* Otiosa est Muelleri susp.: — *Nos nimirum m.* Reizii suspicionem *magni fuissemus* recte refutat Meyerus, laudato Horatio, *Serm.* 1, 10, 20. *At magnum fecit.* Adde Ciceronis ipsius exemplum: *Verr.* 2, 3, 42. *magnum te fecisse arbitrabere.* Statim mira interpolatione Erl.: — *ut Antonius dicere auditus est*, pro *ut ait Antonius.* Idem similes habet per totam §. 106. cum Vet. Steph. et Gu. 3. Or.

§. 106. [*aut sibi ipse*] Goerenzius ad I. *Acad.* 2, 7. p. 13. maluit *aut si sibi ipse.* Sic negatio verteretur in affirmationem. Beier.

[*generis dicendi audiendi*] Idem fuit h. l. et Interpolatorum (Gu. 3. Erl.) et Criticorum (Ern. Sch. Beier.) iudicium v.

107 incredibilia studia convertimus. Quantis illa clamoribus adolescentuli diximus de supplicio parricidarum! quae nequaquam satis defervisse[1] post aliquanto sentire coepimus: *Quid enim tam commune quam spiritus vivis, terra mortuis, mare fluctuantibus, litus eiectis? Ita vivunt, dum possunt, ut ducere animam de caelo non queant: ita moriuntur, ut eorum ossa terra non tangat*[2]*: ita iactantur fluctibus, ut nunquam alluantur*[3]*; ita postremo eiiciuntur, ut ne ad saxa quidem mortui conquiescant*, et quae sequuntur. Sunt enim omnia sicut adolescentis non tam re et maturitate quam spe et expectatione laudati. Ab hac indole iam illa matura:

108 *Uxor generi, noverca filii, filiae pellex.* Nec vero hic erat unus[4] ardor in nobis, ut hoc modo omnia dice-

E. 1) deferbuisse 2) terram non tangant 3) abluantur 4) unus erat
L. 2. *patricidarum* 3. *deferbuisse* (Margo, ut nos.) 7. *terram non tangant* 12. *laudata - - etiam indole iam* 14. *unus erat*

dicendi esse delendum; sed, quod Lamb. distinctione significavit, v. *audiendi* pertinet ad v. *studia.* Mox cum Meyero dedi *defervisse* ex Eins. Vit. Dresd. Mon. pro *deferbuisse.* Eins. om. *satis.* Or.

§. 107. [*de supplicio parricidarum*] Uti paullo ante annotavimus complura, etsi verissima, inducta esse ab Interpolatoribus, sic h. l. omittunt haec Cdd. interpolati Gud. 3. Erl., tres Gruteri. Placuit omissio Beiero: „Ultima haec, inquit, quae a Cdd. nonnullis absunt, Schuetzius retinuit, ut evitaret eosdem exitus. Facile tamen cum Schirachio interpretem agnoscas. Respicit h. l. Quintilianus XII. 6, 4. Mox Ern. et recentiores cum nonnullis libris (Eins. Erl.) *terram non tangant.* Sed iidem *pro Rosc. Am.* 26, 72. *terra non tangat.* Ut hoc ad sepulturam gleba iniecta, sic ad expiationem referri possit *abluantur;* quam volg. lectionem sequuntur Hauffius et Brewerus." — *alluantur* Eins. Dresd. Mon. recte vindicasse videtur Meyerus, praetulitque Beier. — *abluantur* habent Vit. Vet. Steph. Erl. Tum Eins.: — *rei maturitate.* Or.

[*laudati*] est, qui laudari solet et meretur. Quae Schuetzio (in Ed. mai.) placuit lectio *laudata* (Vit. Gu. 3. Vet. Steph. Erl. Lamb.) nimiae foret iactationi. Cfr. Cic. apud Servium ad *Aeneid.* VI. 877. *Causa difficilis laudare puerum, non enim res laudanda, sed spes est.* Beier. Prorsus sic etiam Meyerus rectam lect. Eins. *laudati* defendit. Or.

[*ab hac indole iam*] Lectionis Steph. et Lamb.: — *ab hac etiam indole iam* insunt vestigia in Erl.: — *ab etiam indole iam.* Or.

§. 108. [*hic erat unus*] Sic Cdd. et sinceri Eins. Viteb.

remus. Ipsa enim illa pro Roscio iuvenilis redundantia multa habet attenuata, quaedam etiam paullo hilariora, ut pro Avito, pro Cornelio compluresque aliae. Nemo enim orator tam multa ne in Graeco quidem otio scripsit quam multa sunt nostra, eaque hanc ipsam habent, quam probo, varietatem.

An ego Homero, Ennio, reliquis poëtis et maxime 30
tragicis concederem, ut ne omnibus locis eadem conten- 109
tione uterentur crebroque mutarent, nonnunquam etiam ad quotidiani[1] genus sermonis accederent: ipse nunquam ab illa acerrima contentione discederem? Sed quid poëtas divino ingenio profero? Histriones eos vidimus, quibus nihil posset iu suo genere esse praestantius, qui

E. 1) quotidianum
L. 10. *quotidianum*

Dresd. Mon. et interpolati Gu. 3. Erl.; tum Vict. Sch. — *hic unus erat.* Cett. Or.

[*omnia diceremus*] Alterum ordinem *diceremus omnia* adhuc dumtaxat in uno interpolato Gu. 3. repertum cum Schuetzio praetulerunt Goerenzius ad *II. Acad.* 14, 43. p. 85. et Beier. Or. „Mox Tullianae breviloquentiae audacia ita offendit Schuetzium, ut suspicaretur legendum *illa* (scil. oratio) *pro Roscio in iuvenili redundantia.* Continuo *ut* pro *at* (etiam Eins. et Erl.) restituit Ernestius. (Iamdudum idem fecerat Lamb.) *pro Avito* Var. Lectt. apud Herv. *pro Rabirio.* Beier. Pro *redundantia* Eins. *abundantia*, sed in marg. meliorem habet lect. Or.

[*compluresque*] ∾ *complures* Erl.; quod per se haudquaquam spernendum, quum a tertio membro saepissime, non tamen semper absit copula. — *quam pluresque* Eins., quod nihili vocabulum esse docuit inter alios Zumpt *Berliner Jahrbücher* 1928. p. 369. nam et apud *Sallust. Catil.* 19. tolerari non debet. Mox Meyerus *tam multa orator* e Ven. 1. 2. Med. Tul. contra Cdd. notos, etiam Eins. et Erl. Or.

[*quam multa sunt nostra*] Videtur Noster non de orationum solum, sed de omnium librorum suorum numero loqui. Alioqui facile vanitatis convinceretur a se ipso. Vide *Brut.* 17, 65. de Catonis orationibus cfr. I. *Offic.* 1, 3. Beier. — *eamque* (sic) *hanc ipsam, quam probo, habent var.* Eins. Or.

§. 109. [*et maxime*] ∾ om. *et* Eins. Viteb. (— *maximis* Eins.) Meyerus recte e Dresd. *quotidiani* pro Cett. (etiam Eins. Erl.) *quotidianum*, quod ortum ex accommodatione ad v. *genus; quotidianus sermo* aliquoties est apud Cic. (v. modo Nizol.) verbi causa supra §. 67. Or.

[*eos vidimus*] Falsam lect. *videmus* habent h. l. Cdd. tres

non solum in dissimillimis personis satisfaciebant, quum tamen in suis versarentur, sed et comoedum in tragoediis et tragoedum in comoediis admodum placere vidimus:
110 ego non elaborem? Quum dico me, te, Brute, dico. Nam in me quidem iampridem effectum est, quod futurum fuit. Tu autem eodem modo omnes causas ages? aut aliquod causarum genus repudiabis? aut in eisdem[1] causis perpetuum et eundem spiritum sine ulla commutatione obtinebis? Demosthenes quidem, cuius nuper inter imagines tuas ac tuorum, (quod eum credo amares) quum ad te in Tusculanum venissem, imaginem ex aere vidi, nihil Lysiae subtilitate cedit, nihil argutiis et acumine Hyperidi, nihil lêvitate[2] Aeschini et splendore ver-
111 borum. Multae sunt eius totae orationes subtiles, ut contra Leptinem: multae totae graves, ut contra Aeschinem falsae legationis, ut contra eundem pro causa Ctesiphontis. Iam illud medium quoties vult arripit, et a gravissimo discedens eo potissimum delabitur. Clamores tamen tum

E. 1) iisdem 2) lenitate
L. 7. *iisdem* 13. *lenitate*

Meyeri, Eins. et Erl.; infra recte Eins. Vit. et Erl. *vidimus*, ubi Dresd. rursus *videmus*. Alteram corruptelam *audimus* (Ven. 1. Med.) Ern. non improbabat, dummodo legeretur *audiimus*. Tum Eins.: = *nihil in suo genere esse posset*. Or.

§. 110. [*Quum dico me*] — *Me quum dico* Gu. 3. Erl. Sch. in ed. mai.; perversa παρισώσει. Mox Eins. omittit *quidem* ante v. *iam pridem*. Manutius: *Tu aut eodem*. Or.

[*eisdem*] Sic (Eins.) Gu. 3. Volgo *iisdem*. Schuetzius expunxit *et* ante *eundem*. Sed iungi possunt haec *perpetuum et sine ulla commutatione*. — Quem quis magni faceret, eius effigiem inter imagines maiorum colere solitum discas tum e seqq. tum a Tacito *Ann.* XVI. 7. pr., ubi v. Lipsium. Beier. In verbis *perpetuum et eundem* Schuetzius *et* quum delevisset, [ ] Nobbe. Or.

[*lévitate*] Sic Meyerus e Ven. 2. (*levitati* Eins. Ven. 1.) prob. Mosero, pro ceterorum *lenitate*. Ceterum totum locum corrupte sic exhibent Eins. (Dresd.): *nichil Lysiae subtilitati credit* (sic) *nichil arg. et acumini Hyperidis, nichil levitati Aeschinis*. Or.

§. 111. [*multae totae*] Sic Dresd. Erl. Steph. L. Seqq. — *multae et totae* Eins. Vit. Mon. (non Vet. Steph., ut ait Meyerus.) Aldd. Victor. cet. = *quotiens* Eins. Vit. Or.

[*discedens*] Recepi *descendens* e Schuetzii optima coniectura

movet et tum in dicendo plurimum efficit, quum gravitatis locis utitur. Sed ab hoc parumper abeamus, quan- 112
doquidem de genere, non de homine, quaerimus: rei potius, id est, eloquentiae vim et naturam explicemus. Illud tamen, quod iam ante diximus, meminerimus, nihil[1] nos praecipiendi causa esse[2] dicturos atque ita potius acturos, ut existimatores videamur loqui, non magistri. In quo tamen longius progredimur, quod videmus non te haec solum esse lecturum, qui ea multo quam nos, qui quasi docere videamur, habeas notiora: sed hunc librum etiam si minus nostra commendatione, tuo tamen nomine divulgari necesse est.

Esse igitur perfecte eloquentis puto, non eam solum 31
facultatem habere, quae sit eius propria, fuse lateque 113
dicendi, sed etiam vicinam eius atque finitimam dialecti-

E. 1) nil 2) *Abest esse*
L. 10. *qui ea docere* 12. *necesse esse divulgari (necesse est divulgari* Lamb. b.) 15. *ac*

pro *discedens;* qui provocat ad *Partitt.* C. 12. pro C. 4. §. 12. Beier. Prorsus necessaria emendatio nondum visa est, etsi haud displicet. Or.

§. 112. [*nihil nos*] Sic Vet. Steph. (scil. *nihil non*) Eins. Ven. 2. Steph. L. Beier. Cett. *nil;* quae contractio, si optimis auctoritatibus aures praebemus, minus placuit Tullio. Or.

[*esse dicturos*] Recte e Cdd. suis (item Eins. et Erl.) *esse* restituit Meyerus abiectum cum Ven. 1. Med. ab Ernestio et Sch. Or.

[*longius progredimur*] „nunc ipsum." Cdd. interpolati Gu. 3. Vet. Erl. et ex melioribus Dresd., qui tamen saepius ad illos declinat, speciosam habent lectionem *longius saepe progr.* receptam a Sch., Meyero, Beiero. Eins. *saepe* haud agnoscit. Tum Eins. et Erl.: — *non te hoc solum.* Or.

[*docere videamur*] Gu. 3. *docere videmur* (*videmus* Erl.) Et solet sic variatis verborum modis constructio distingui. Beier. Non tamen in suum exemplar recepit *videmur.* Lectionem Steph. Lamb. *qui ea docere* e Vet. Steph. desumptam esse docet corruptela Erl. *qui ea docemus videmus.* Mox Ern. susp. *necesse esse* reiecit Meyerus, laudato Bremio ad l. *de Fato* p. 80. Ceterum Lamb. revera habet *necesse esse divulgari*, non *necesse est d.*, ut ait Meyerus. Posterior haec lectio est in Marg. Lamb. Or.

§. 113. [*non eam solum*] Schuetzius e Gu. 3. (et Erl.) *tantum*, quae part. perraro negationi additur. Beier.

[*atque finitimam*] Sic etiam Einsied. = *ac f.* Viteb. Mon. Lamb. Or.

corum scientiam assumere. Quamquam aliud videtur
oratio esse, aliud disputatio, nec idem loqui esse, quod
dicere: attamen utrumque in disserendo est. Disputandi
ratio et loquendi dialecticorum est[1]: oratorum autem
dicendi et ornandi. Zeno quidem ille, a quo disciplina
Stoicorum est, manu demonstrare solebat, quid inter
has artes interesset. Nam quum compresserat digitos
pugnumque fecerat, dialecticam aiebat eiusmodi esse:
quum autem diduxerat et manum dilataverat, palmae illius
114 similem eloquentiam esse dicebat. Atque etiam ante hunc
Aristoteles principio artis rhetoricae dicit illam artem
quasi ex altera parte respondere dialecticae, ut hoc videlicet
differant inter se, quod haec ratio dicendi latior
sit, illa loquendi contractior. Volo igitur huic summo
omnem, quae ad dicendum trahi[2] possit, loquendi ratio-

E. 1) sit 2) tradi
L. 1. *Quamquam enim aliud videatur esse oratio* 3. *dicere: et quamquam disputandi ratio et loquendi dialecticorum sit: oratorum - - - ornandi, attamen utrumque in disserendo est*

[*loqui esse*] ∾ *esse* cum Gu. 3. del. Sch. et Beier. Meyerus [ ]. Videtur habere Erl. Hoc loco retinet Eins., sed omittit prius *esse* post v. *oratio*. Neutrum ego delebo. Or. „*Loqui* est quasi a Gr. λογεῖν i. q. λέγειν. Ergo magis ad intellectum pertinet. *Dicere* a δείκειν i. q. δεικνύναι, sensum magis tangit." Beier. Pro *et loquendi* Man. *et eloquendi*. Meyer. Tum *disserendi ratio* pro *disputandi ratio* Eins. idemque: *oratorum autem et dicendi*. Or.

[*dialecticorum est*] Sic scripsi: ut sexcenties, hic quoque e scriptura *dialecticorumst* ortum est *dial. sit*. Or. „*Sit* nisi insititium iudicaris, ante vocc. *disputandi ratio* cum Schuetzio addenda part. *ut*. Idem Lambini coniecturam falso in Ed. min. retulit et cum Gu. 3. contraxit in seqq. *dilatarat*. De Zenonis similitudine hac cfr. *Finn*. II. 6, 17. Beier, qui in suo exempl. *sit* [ ]. Or.

[*eiusmodi esse*] — *huiusmodi esse* Eins. Mon., et pro *palmae illius*: — *palmae eius* Eins. Or.

§. 114. [*Atque etiam ante tum*] Schuetzius cum Gu. 3. omisit *etiam*. Vv. *ex altera parte respondere* exprimunt Gr. ἀντίστροφον εἶναι. Errarunt nostrates interpretes. Beier. Exspectabas *Ante hunc - - dixit;* sed praesens quoque tempus, utpote de libro etiamtunc exstante, rectum est. Or.

[*trahi*] i. e referri, adhiberi; omnem *loquendi* sive dialecticam rationem, qua quidem orator in dicendo uti possit, omissis scil. spinosioribus dialecticorum argutiis. Hanc Cdd.

nem esse notam: quae quidem res (quod te his artibus eruditum minime fallit) duplicem habuit[1] docendi viam. Nam et ipse Aristoteles tradidit praecepta plurima disserendi et postea qui dialectici dicuntur spinosiora multa pepererunt. Ergo eum censeo, qui eloquentiae laude 115
ducatur, non esse earum rerum omnino rudem, sed vel illa antiqua vel hac Chrysippi disciplina institutum. Noverit primum vim, naturam, genera verborum et simplicium et copulatorum: deinde quot modis quidque dicatur: qua ratione verum falsumne sit iudicetur: quid efficiatur

E. 1) habet
L. 2. *habet* 5. *(repererunt b.)* 6. *rudem oportere*

notorum (etiam Eins.) lect. post Schuetzium restituit Meyerus. Aliter alter meus amicus: „*tradi*] Sic Ern. cum Ven. 1. et Tulichio, probante Eckhardo in *Prolus.* supra citata p. 10. et convenit haec lectio seqq. *habet docendi viam.* — *tradidit praecepta* - - *disciplina.* Beier. Verum h. l. non de institutione, sed de usu ipso dialecticae disciplinae sermo est. Or.

[*duplicem habuit*] i. q. accepit ex disciplinis philosophorum. Sic Cdd. sinceri, Eins. Vit. Dresd. Mon. (non Vet. Steph.) Edd. ante Steph., qui e Cd. suo interpolato, quocum facit Erl. et, ut videtur, Gu. 3.: — *habet.* — Eum autem omnes secuti sunt Or.

[*spinosiora*] Spinosiora Peripateticis pepererunt Stoici, maxime Chrysippus. v. *Finn.* IV. 3, 6. 7. 4, 9. Stoicorum *dumeta* aspernatur Noster *Acad.* II., 35, 112. *N. D.* I. 24, 68. Iidem eximie dicuntur *dialectici Tuscul.* IV, 5, 9. Beier.

§. 115. [*rudem*] Lamb. additamentum *oportere* recte repudiat Meyerus, laudato Hermanno ad *Viger.* p. 745. — om. *rerum* Eins. Ven. 2. Or.

[*institutum. Noverit*] Sic Eins. Ven. 1. Vict. Grut. Ern. — *institutam. Nov.* Viteb. — *eruditum. Nov.* Dresd. ∞ *institutus noverit* Gu. 3. Erl. Aldd. Iu. Ascens. sec. Lamb., Sch., Meyerus, Beier. Difficilis est optio. Nihilominus hic quoque Cdd. sinceros sequi malui, Einsiedlensem (ac leviter corruptum Viteb.) quam interpolatos. Praeterea verbo *Noverit* melius nova videbatur incipi comprehensio; ut est §. 44. *Noverit igitur hic quidem orator.* Eins. *Noverit primo.* — (Ceterum ego meque secutus Meyerus falso Lambino tribuimus gloss. *antiqua Aristotelis.* Error inde natus est, quod famulus oscitans, quum mihi legeret Lambini contextum, pronuntiavit etiam v. *Aristoteles* a Viro d. Sec. XVI. superscriptum in exemplari meo.) Male Eins. Dresd. Edd. vett. *eo quoque* pro *e quoque.* Or.

e quoque, quid cuique[1] consequens sit quidque[2] contrarium: quumque ambigue multa dicantur, quomodo quidque eorum dividi explanarique oporteat. Haec tenenda sunt oratori (saepe enim occurrunt); sed quod[3] sua sponte squalidiora sunt, adhibendus erit in iis[4] explicandis quidam orationis nitor.

32 Et quoniam in omnibus, quae ratione docentur et
116 via, primum constituendum est, quid quidque sit (nisi enim inter eos, qui disceptant[5], convenit, quid sit illud, de quo ambigitur, nec recte disseri nec unquam ad exitum perveniri potest): explicanda est saepe verbis mens nostra de quaque re atque involutae rei notitia definiendo aperienda est, si quidem est definitio[6] oratio, quae, quid sit id, de quo agitur, ostendit quam brevissime. Tum, ut scis, explicato genere cuiusque rei videndum est, quae sint eius generis sive formae sive partes, ut in eas tri-
117 buatur omnis oratio. Erit igitur haec facultas in eo,

E. 1) quod cui 2) quodque 3) quia 4) his 5) disceptent 6) definitio est

L. 1. *quod cuique* - - *quodque* 4. *quia* 5. *his* 9. *disceptent*

[*quid cuique*] Sic Eins. Gu. 3. Erl. Oxon. Sch. Beier. Leviter corrupti Vit. Dresd. cum Edd. vett. etiam Lamb.: *quod cuique*. — *quod cui* Vict. Grut. Ern. — *quid cui* Man. Meyerus. Or.

[*quidque*] Sic Erl. Man. Sch. in Ed. min. — *quidve* Gu. 3. Sch. in Ed. mai. — *quodque* Eins. Ceteri. Or. „Malui *quid contrarium*; cfr. Goerenz. ad *Acad.* I., 5, 19. pag. 31." (qui tamen probavit *quidque*.) Beier. — *dicentur* pro *dicantur* Eins. Or.

[*sed quod*] Sic Dresd. Hoc, ut saepe, corruptum in *sed quo* Eins. Vit. Ven. 1. 2. Med. Tul. Tum correctum in *sed quia* Erl. Edd. omnes. Paullo post cum Eins. (*hiis*) *iis* scripsi pro *his*. Or.

§. 116. [*disceptant*] Sic Gu. 3. Erl. Man. Sch. Meyer. Beier. — *disceptent* Cett. etiam Eins. Or.

[*involutae rei notitia*] — *involuta rei notitia* Eins. Vit. a sec. manu. Gu. 3. Erl. Sch. 2. Recte refutavit Meyerus laudato C. 29. §. 102. Adde in primis *Topic.* §. 9. *Notio* volebat Schirach., ut *Tuscul.* 4, §. 53. Or.

[*est definitio*] Sic Eins. Vit. Dresd. Erl. Ven. 2. Vict. L. = *definitio est* Cett. Mox: *sive forma* cum Vet. Steph., ut fere in omnibus, etiam Erl. Recte Meyerus laudavit *Topic.* 3, 14. Or.

§. 117. [*Erit igitur*] = *Erit ergo* Erl. Or.

quem volumus esse eloquentem, ut definire rem possit, neque id faciat tam presse et anguste quam in illis eruditissimis disputationibus fieri solet, sed quum explanatius tum etiam uberius et ad commune iudicium popularemque intelligentiam accommodatius. Idemque etiam, quum res postulabit, genus universum in species certas, ut nulla neque praetermittatur neque redundet, partietur ac dividet. Quando autem aut quomodo id faciat, nihil ad hoc tempus, quoniam (ut supra dixi) iudicem esse me[1], non doctorem volo. Nec vero dialecticis modo sit instructus, 118
sed habeat omnes philosophiae notos ac[2] tractatos locos. Nihil enim de religione, nihil de morte, nihil de pietate, nihil de caritate patriae, nihil de bonis rebus aut malis, nihil de virtutibus aut vitiis, nihil de officio, nihil de dolore, nihil de voluptate, nihil de perturbationibus animi et erroribus, quae saepe cadunt in causas, sed

E. *1)* me esse *2)* et
L. 9. *tempus pertinet* 11. *et*

[*quum explanatius*, *tum etiam*] Schuetzius in Ed. mai. e Gu. 3. (non Erl.) *tum expl.* De harum particc. ratione v. Goerenz ad I. *Finn.* 10, 34. pr. Beier.

[*ac dividet*] — *et dividet* e Viteb. Meyerus. Sed aliquoties in hanc partem peccat Viteb.; v. c. §. 104. pro *ac morosi* habet *et morosi* non receptum a Meyero. H. l. Eins. et Erl. habent *ac.* Mox Gu. 3. Erl. Sch.: — *quando autem id faciat aut quomodo.* (— *id facias* Eins. Vit. Venetae.) Interpolationem autem Steph. Lamb. haud dubie e Vet. Steph. petitam *nihil ad hoc tempus pertinet* non agnoscit Erl. Or.

[*esse me*] Sic Eins. Vit. Dresd. Gu. 3. Erl. Vict. L. Sch. Meyerus. — *me esse* Ven. 1. 2. Aldd. Grut. Ern. Beier vero haec annotavit: „Subtraxi additum volgo *esse.* Cfr. I. *de Or.* 19, 84. *qualem se ipse optaret.*" Iam tunc scil. verbo substantivo apud Ciceronem infensior erat amicus meus idque eiiciebat, ubi variare eius sedem in Cdd. et Edd. vett. videbat. Or.

§. 118. [*dialecticis*] — *a dialecticis* Vet. Erl. Tum propter consensum utriusque generis Cdd. Eins. et Erl. scripsi *ac tractatos.* Or.

[*de morte*] *de more* Gu. 3. Erlang. Schuetz. Ego in Ed. mai. Beier. Contra quam lectionem ita disputavit Meyerus, probante Mosero: „Scripsisset Cicero, si hoc voluisset, *de moribus.* Similis nostri locus est *de Orat.* 1. 15. *Sin quae res inciderit*, *in qua de natura*, *de vitiis hominum*, *de cupiditatibus*, *de modo*, *de continentia*, *de dolore*, *de morte dicendum sit* cet."

ieiunius aguntur, nihil, inquam, sine ea scientia, quam dixi, graviter, ample, copiose dici et explicari potest.

33 De materia loquor orationis etiam nunc, non de ipso[1]
119 genere dicendi: volo enim prius habeat orator rem, de qua dicat, dignam auribus eruditis, quam cogitet, quibus verbis quidque dicat aut quomodo. Quem etiam,

E. 1) ipso de
L. 4. *rem prius habeat or.*

Recta sane argumentatione; attamen, quod ad primum attinet, ego cum Schuetzio per *morem* intellexeram ἔθος, morem *maiorum* in primis, non τρόπους. Deinde in l. l. *de Orat.* recte v. *de morte* posita sunt post v. *de dolore;* hic autem mira compositione post v. *de religione*, id quod me prorsus admonebat de ἐσχατολογίᾳ Christianorum hominum. Praeterea tres alios locos attulit Beier: *Orat.* 4. §. 16. *de Orat.* 1, 10, 42. ubi de *moribus* est sermo, non de *more;* nihil igitur ad hunc l. Sed *de Orat.* 1, 11, 48. *neque sine legum*, moris, (alii: *morum*) *iuris scientia*, *neque naturâ hominum incognita ac* moribus, *in his ipsis rebus satis callide versari potest;* ubi sive *moris* sive *morum* leges, ἔθος vel ἔθη manifesto significantur. cfr. Parad. 4, §. 27. *mos patrius.* Alias rationes opposuit Burchardius: „Ego plane non video, quomodo mos maiorum inter philosophiae locos referri possit, qui ab omnibus, atque ab ipso Cicerone in *Topicis* C. 5. dicatur pars esse iuris civilis. Male autem transponerentur verba *nihil de morte* post illa *nihil de dolore*; saepissime enim Tullius opponit sibi dolorem et voluptatem ut maxime contraria. Sed neque post voc. *officio* transponenda sunt; nam sermonis continuatio satis edocet non mortem quamcunque, neque tamquam malum hic significari, sed eam, quam subire atque oppetere vel religio vel pietas vel patriae caritas postulet." — Iam vero *de more* h. l. neutiquam significat, oratori disputandum esse de singulis rebus, quae continentur more, sed dumtaxat de dignitate atque auctoritate moris universe per se spectati. Esset igitur „de vi religionis et moris." Nec v. *mors* simpliciter sic positum significare potest mortem propter religionem, pietatem, patriae caritatem obitam. Nihilominus rectam esse lectionem Eins. et Cdd. Meyeri *de morte* demonstrat in primis *Paradox. Prooem.* §. 3. *Cato enim dumtaxat de magnitudine animi*, *de continentia*, de morte, *de omni laude virtutis*, *de diis immortalibus*, *de caritate patriae stoice solet - - dicere.* Ceterum *de officiis*, ut est supra §. 16. Vet. Gu. 3. Erl. Or.

§. 119. [*de ipso*] Sic Viteb. Mon. Erl. Lamb. — *ipso de gen.* Aldd. Grut. Ern. Sch. Meyerus, quae Aldi videtur correctio. Mirae autem tot transpositiones: *de g. ipso* Ven. 1. 2. Med. — *genere de ipso* Eins. Dresd. Mon. Victor. Or.

quo grandior sit et quodammodo excelsior, (ut de Pericle dixi supra) ne physicorum quidem esse ignarum volo. Omnia profecto, quum se a caelestibus rebus referet[1] ad humanas, excelsius magnificentiusque et dicet
et sentiet. Quumque illa divina cognoverit, nolo igno- 120
ret ne haec quidem humana. Ius civile teneat, quo egent causae forenses quotidie. Quid est enim turpius

E. 1) referret *err. typogr.*

[*de Pericle*] Supra 4, 15. pr. Proxima interpretabere e I. *de Rep.* c. 17. Beier. *ut* ante ista verba omittunt Eins. Dresd. Tum: = *ignarum esse* Eins. Deinde *refert* idem cum Edd. vett. Vict. Idem Eins.: — *et magnificentius*, Or.

§. 120. [*Quumque illa divina*] De copulae vi transeundi vide Goerenz ad *Finn.* I. 9, 29. extr. II. 9, 26. Beier. Scil. Vet. Gu. 3. Erl. Sch. in Ed. mai.: — *quum illa*. Erl. praeterea: — *cognorit*. Tum Meyerus e Mon. Med. Tul. *volo ne ignoret*, quae potest esse correctio corruptelae: *nolo ne ignoret* Vit. Dresd. Ven. 1. 2.; sed paene soloeca; deberet enim esse: *volo non ignoret*. Sed, ut video ex Eins. corruptela: *volo* (a prima manu videtur fuisse *nolo*) *ne ignoret haec quidem* hic quoque error natus est e particulis *ne - - quidem*, in quibus plus quam credibile est, ubique fere haeserunt turbasque concitarunt librarii. Nostram lectionem, quam ego reperio primum in Ascens. sec., firmat Erlang. Or.

[*quotidie*] Sic etiam Eins. Non ausus sum recipere cum Meyero memorabilem lect. Cd. Monac. *quotidiano*, quamquam antiquiorem hanc formam vix fieri potest, quin agnoscamus apud Cic., quum *Verr. Act.* II. 4, 8, §. 18. etiam Cd. Reg. (non tamen Palimps. Vat.) sic habeat, *de Rep.* I. 6. apud Nonium p. 501, quem locum affert Meyer, (Fronto *Maii Ed. Rom.* p. 416. e Charisii Cd. Neapolit.) collatis Bentleio ad *Terent. Heaut.* 4, 5, 6, Ruhnkenio ad *Ter.* l. eundem et in primis ad *Rutil.* pag. 11. Similis est controversia de voc. *hesterno*. Cfr. ante omnes Madvig *Epist. crit.* p. 60. Sed Codicis Monac. nulla per se est auctoritas, quum scriptus sit demum Sec. XVI. Alterutrum igitur factum est, ut vel casu v. *quotidie* accommodarit ad pron. *quo*, vel ut e Nonii loco hic quoque consulto rariorem formam Ciceroni obtruserit, ut *cinnum* §. 21. Ideo autem recipi h. l. nequit, quia in fine clausulae hoc vocabulum vix posuisset Cicero propter similitudinem exitus hexametri. Nam, etsi prima syllaba per se brevis est, ita tamen in pronuntiando acuebatur, ut longae vicem impleret, uti novimus e Catullo 68, 65. *flagrantem quotidiana* et e frequentissima Inscriptt. et Cdd. scriptura *cottidie*, *cottidianus*. — Pro *Quid est enim* Dresd. solita varietate *Quid enim*. Contra *enim* omittitur ab Eins. Mox *sed etiam* pro *sed et* debetur Einsiedlensi, Gu. 3. Erl. Recte, ut nunc censeo, receperunt Sch., Meyerus, Beier. Or.

quam legitimarum et civilium controversiarum patrocinia suscipere, quum sis legum et civilis iuris ignarus? Cognoscat etiam rerum gestarum et memoriae veteris ordinem, maxime scilicet nostrae civitatis, sed etiam[1] imperiosorum populorum et regum illustrium: quem laborem nobis Attici nostri levavit labor, qui † conservatis notatisque temporibus, nihil quum illustre praetermitteret, annorum septingentorum memoriam uno libro colligavit. Nescire autem, quid ante[2] quam natus sis acciderit, id est semper esse puerum. Quid enim est aetas hominis, nisi memoriâ rerum veterum cum superiorum aetate contexitur? Commemoratio autem antiquitatis exemplorumque prolatio summa cum delectatione et auctoritatem orationi affert et fidem.

E. 1) et 2) antea
L. 2. (*iuris civilis* Al. b.) 4. *et* 11. *nisi cum ea, memoria.*

[*imperiosorum*] *Imperiosi* dicuntur populi vocabulo Enniano, de quo v. Maium ad I. *de Rep.* 2. Not. 11. De Attici *Annalibus* cfr. Brut. 3, 13. Beier. Vulgaris ratio est *ad Famil.* 5, 17, 3. *in nostra civitate et in ceteris, quae rerum potitae sunt.* Pro *conservatis* Gulielm. volebat *coacervatis.* Longe melius Matthiae in Cic. *Oratt. selectis.* Vol. 2. p. 379.: ∾ *observatis*, quod verum puto: etsi Schirachius annotavit: „*Conservat* ille tempora, qui quidque in historia suo loco ponit." Pro *nihil quum* Erl. minus eleganter *quum nihil. Ante quam* cum Lamb. dedi ex Eins. et Viteb., quos in talibus sequor, tum etiam Gu. 3. Erl., pro *antea quam.* Or.

[*Quid enim est*] Beier *de Offic.* T. 2. p. 277. contra Cdd. notos voluerat *Quid est enim.* Postea ipse suam suspicionem damnavit, ut video et ex Schedis et ex libro eius. Or.

[*memoriâ* cet.] Vide Ed. meam maiorem et Meyerum, qui mecum facit. Verum ante me viderant etiam Manutius et Burchardi, id quod tunc ignorabam. Beier contra suum in exemplar recepit Schuetzii Ed. min. lectionem *nisi ea memoria rerum veterum cum superioribus contexitur.* Novus nunc error accedit ex Erl.: — *nisi ea memoria rerum veterum cum superiori aetate contexitur.* Sententiam sic interpretatus est Manutius: „Quid est aetas hominis, nisi cum superiorum aetate contexitur? Quomodo autem contexitur? Memoriâ rerum veterum." et Burchardi: „*Denn was ist das Zeitalter (Leben) Eines Menschen, wenn dasselbe nicht durch das Andenken und die Geschichte der alten Begebenheiten mit dem Zeitalter der Vorwelt in Verbindung gesetzt wird?* Nostram autem lectionem tuentur Eins. Vit. Dresd. Palatini. Ven. 1. Med. Man. Grut. Ern. Mox: = *affert orationi* Erl. — *praebet*

Sic igitur instructus veniet ad causas: quarum habebit 121
genera primum ipsa cognita. Erit enim ei perspectum
nihil ambigi posse, in quo non aut res controversiam
faciat aut verba. Res aut de vero aut de recto aut de
nomine: verba aut de ambiguo aut de contrario. Nam
si quando aliud in sententia videtur esse, aliud in verbis,
genus est quoddam ambigui, quod ex praeterito verbo
fieri solet, in quo, quod est ambiguorum proprium, res
duas significari videmus. Quum tam pauca sint genera 34
causarum, etiam argumentorum praecepta pauca sunt. 122
Traditi sunt, e quibus ea ducantur, duplices loci: uni
e rebus ipsis, alteri assumpti. Tractatio igitur rerum
efficit admirabiliorem orationem, (nam ipsae quidem res
in perfacili cognitione versantur.) Quid enim iam sequi-

L. 5. *verba autem aut* 11. *pauca tradita sunt, e quibus ducantur duplices l.* a. (*pauca tradita sunt: e quibus ea ducantur, dupl. l.* Lamb. b.)

orationi Eins. Ordinem vocabulorum eundem esse vides, sed error manifestus est Eins., non tamen indoctus. Or.

§. 121. [*genera primum*] Sic etiam Eins. et Erl. = *primum genera* ex uno Viteb. Meyerus. Or.

[*verba aut de ambiguo*] „Si auctoritate Cdd. scripsit Lamb. *verba autem aut de a.*, non male fecit. Nam Cicero non respuit coniunctionem verborum *autem aut.*" Hand *Tursellin.* 1. p. 567. Sane Lamb., quum Steph. e Vetere suo dedisset *verba autem de amb.*, falsam hanc lect. ex ingenio correxit. Nostram habent Eins. et Cdd. Meyeri. Mox Erl.: — *videtur in sententia esse.* Tum idem cum Med. Tul.: — *in quo quidem quod.* Pro *res duas:* = *duas res* Eins. Or.

§. 122. [*pauca sunt. Traditi* cet.] Falsam lect. Vet. Palatt. 1. 2. receptam a Steph. et Lamb. *pauca tradita sunt, e quibus ducantur duplices loci* habet etiam Erl. Rectam contra praebent Eins. et Cdd. Meyeri. Or.

[*admirabiliorem*] Lepide iocatur Schuetzius ambigui exemplo nos perplexos efficiens, quum in Ed. 1. e Gu. 3. (item Erl.) receperit *admirabilem* positivo gradu, in Ed. 2. autem ex eodem libro *mirabiliorem.* Ecquae ambigui controversia excogitari potuit mirabilior? Ceterum postulante sententiae nexu cum seq. ratione indicavi parenthesin. Latuit autem Hauffium *tractationem rerum*, quae sine philosophia recte fieri non potest, hic opponi simplici *cognitioni rerum* scil. in facto positarum, quas facillume patronus discere potest a cliente in cubiculo suo, vel in loco ipso, de quo lis est. cfr. *Fragm. Orat. pro Scauro* 2, 7. §. 26. Ideoque haec *sine arte* appellantur in *Partitt.* 14, 48. De his autem, quae artis

tur, quod quidem artis sit, nisi ordiri orationem, in quo aut concilietur auditor aut erigatur aut[1] paret se ad discendum; rem breviter exponere et probabiliter et aperte, ut, quid agatur, intelligi possit; sua confirmare, adversaria evertere; eaque efficere non perturbate, sed singulis argumentationibus ita concludendis, ut efficiatur quod sit consequens iis, quae sumentur ad quamque rem confirmandam; post omnia perorationem inflammantem restinguentemve concludere? Has partes quemadmodum tractet singulas, difficile dictu est hoc loco: nec enim
123 semper tractantur uno modo. Quoniam autem non quem doceam quaero, sed quem probem: probabo primum eum, qui, quid deceat, videbit. Haec enim sapientia maxime adhibenda eloquenti est, ut sit temporum personarumque moderator. Nam nec semper nec apud omnes nec contra omnes nec pro omnibus nec omnibus eodem
35 modo dicendum arbitror. Is erit ergo eloquens, qui ad

E. 1) ut

sunt, cfr. Quintil. IX. 2. p. 130. 133. *Bip.* Beier. Recte Meyerus vindicavit suorum Cdd. et Eins. comparat. *admirabiliorem.* Or.

[*in quo*] scil. ordiendo orationem. Erl. *in qua.* Or.

[*erigatur*] scil. ad audiendum. Cfr. *Brut.* 54, 200. 84, 290. *Acad.* II. 4, 10. Male a Brewero refertur ad animum augendum. Beier. Malam Ern. coni. *ut paret* post Schuetzium et me reiecerunt etiam Meyerus et Beier. — *dicendum* male Eins. Dresd. Edd. vet. Or.

[*adversaria evertere*] Memorabilis, nec tamen recipienda est lectio Erl. *adversarii.* Hoc scil. significaret ea tantum argumenta evertere, quae ab adversario afferuntur. Sed plus est *adversaria* evertere, quia hoc ea quoque amplectitur, quae in mentibus atque opinione iudicum vel omnino deliberantium adversari possunt oratori. Pro *eaque efficere* Eins.: — *ea efficere.* Or.

[*perorationem - - concludere*] i. e. extremum orationis suae facere; adhibita peroratione orationem concludere: cfr. *Sestianam* 65, 136. pr. et huius libri 62, 211. pr. Schirachius habuit pro simili pleonasmo, quo coniugata iunguntur, *perorationem perorare.* Certe Quintiliano VI. 1. *peroratio* eadem dicitur *conclusio.* Schuetzius e coniectura rescripsit: — *omnia peroratione animos inflammantem restinguentemve concludere* coll. *de Orat.* I. 14, 60. 51, 219. Beier. Recte etiam Burchardi reiecit Sch. coni. Or.

§. 123. [*Is erit ergo*] — *Is igitur erit* Erl. Tum *ad quod-*

id quodcunque decebit, poterit accommodare orationem. Quod qunm statuerit, tum, ut quidque erit dicendum, ita dicet, nec satura. ieiune nec grandia minute nec item contra, sed erit rebus ipsis par et aequalis oratio. Prin- 124
cipia verecunda, non elatis incensa verbis, sed acuta sententiis vel ad offensionem adversarii vel ad commendationem sui. Narrationes credibiles, nec historico, sed prope quotidiano sermone explicatae dilucide. Deinde si tenuis causa est, tum[1] etiam argumentandi tenue filum et in docendo et in refellendo, idque ita tenebitur, ut, quanta ad rem, tanta ad orationem fiat accessio.

E. 1) Dein si tenues causae, tum
L. 5. *intensa* (*intenta* Al. b.) 9. *Dein si tenues causae*

cunque Med. Norimb. Crat. „Placet haec per Graecismum attractio": annotavit Beier, nec tamen delevit suo in exemplari v. *id* satis firmatum ab Eins. et Cdd. Meyeri. Or.

[*satura*] Non a colore Schirachius, sed a lance repetere debebat metaphoram. Beier.

§. 124. [*incensa*] Sic Eins. Vit. Dresd. Erl. Vet. Palatt. Grut. Ern. Cum Schirachio, Burchardio, Beiero, qui conferri iussit §. 99. *non praeparatis auribus inflammare rem*, et Billerbeckio nunc praetuli *incensa*, reiecta altera lect. *intensa* Gu. 3. Ven. 1. 2. Med. Vict. Man. Lamb. Sch. Meyer., quum praesertim, notantibus Forcellino et Burchardio, haec forma vix sit Tulliana, unde iam in Marg. 1584. proponitur *intenta*, i. e. inflata, tumida, ut explicavit Nizolius. Or.

[*explicata dilucide*] *dilucidae* Meyerus recepit ex Med. Crat. Sic etiam Erlang. Sed cfr. eodem prorsus positu *de Divin.* I. §. 117. *ea ratio, quae est de natura deorum a te secundo libro explicata dilucide;* et *dilucide* praebent Eins. Codicesque Meyeri. Or.

[*Deinde si tenuis causa est*] Sic egregie Viteb., ut in seqq. singulari numero est *causa*. Vulgata lectio *dein si tenues causae* orta est ex compendio *e* cum lin. pro *est;* deinde *tenuis* in *tenues* mutatum. Mira autem h. l. corruptela Eins. raro talibus erroribus inquinati: *dilucide. Divisimus clare: tam etiam.* Or.

[*idque*] Copulae cum pronom. iunctae vim *et sane* tribuit Goerenzius ad II. *Acadd.* 13, 42. p. 80. Sententia haec est: „Servandum hoc praeceptum eatenus, ut cum rerum pondere augeatur orationis gravitas. Cfr. nos ad *or. pro Tullio* 6. p. 13. a. Beier. Sic refutavit lect. *id quod* e Gu. 3. receptam a Sch. in Ed. mai. Ceterum Eins.: — *itaque id tenebitur.* — *causa ea* Cdd. noti contra Lambini *ea causa.* Tum falso Eins. Ven. sec.: *causa et natura.* Or.

125 Quum vero causa ea inciderit, in qua vis eloquentiae possit expromi, tum se latius fundet orator, tum reget et flectet animos et sic afficiet ut volet, id est, ut causae natura et ratio temporis postulabit.

Sed erit duplex omnis eius ornatus ille admirabilis, propter quem ascendit in tantum honorem eloquentia. Nam quum omnis pars orationis esse debet laudabilis, sic ut verbum nullum nisi aut grave aut elegans excidat, tum sunt maxime luminosae et quasi actuosae partes duae: quarum alteram in universi generis quaestione pono, quam (ut supra dixi) Graeci appellant *θέσιν*: alteram in augendis amplificandisque rebus, quae ab eisdem *αὔ-*
126 *ξησις* est nominata. Quae etsi aequabiliter toto corpore orationis fusa esse debet, tamen in communibus locis maxime excellet: qui communes sunt[1] appellati, quod videntur multarum iidem esse causarum, sed proprii sin-

E. 1) *Abest* sunt
L. 1. *ea causa* 4. (*temporis ratio* Al. b.) 15. *appellati sunt eo quod*

§. 125. [*omnis eius*] Schuetzius expulit v. *omnis*. Malim equidem *orationis eius* i. e. eiusmodi vel talis. *Orationes* et *omnes* ex compendio confundi observat Heinrichius ad *or. pro Scauro* p. 45. b. Beier. In suo exemplari is [] v. *omnis*; quod quid h. l. significet, neque ego exputare possum. Sane placet Beieri coniectura ingeniosa. Or.

[*ascendit*] Schuetzius edidit *escendit*, quum e Gu. 3. enotatum reperisset *descendit*. Sed videatur ipse V. D. in *Lex. Cic.* s. v. *Ascendo*. Beier. *conatus* mire pro *ornatus* Cdd. interpolati, Vet. Gu. 3. Erlang. = *in tantum honorem ascendit* Eins. Or.

[*actuosae*] *Quasi actuosae partes* dicuntur, quia *motus est in his orationis atque actus*, ut ait Quintilianus IX. 2. p. 131. *Ed. Bip.* — *αὔξησις* est, *quae rem dicendo supra fert quam fieri possit:* 40, 139. *veritatis superlatio:* II. *de Orat.* 53, 203. Beier. Cfr. etiam Wopkens *ed. Hand.* p. 58. Mirum Nonii errorem *iactuosae* in nullo adhuc Cd. repertum nemo probavit praeter Robortellum in *Grut. Thes. crit.* II. C. 45., notante Meyero. Or.

§. 126. [*aequabiliter*] — *aequaliter* Eins. Mon. Vet. Gu. 3. Erl. Tum: = *orationis corpore* Eins. Or.

[*communes sunt appellati, quod*] Sic nunc scripsi cum Meyero, praesertim quum ex Beieri accuratissima collatione Erl. h. l. habeat verbum substantivum. Ceterum Meyeri annotatio, in qua insunt aliquot errores typographici, ex meis

gularum esse debebunt. At vero illa pars orationis, quae est de genere universo, totas causas saepe continet. Quidquid est enim illud, in quo quasi certamen est controversiae, quod Graece κρινόμενον dicitur, id ita dici placet, ut traducatur ad perpetuam quaestionem atque ut[1] de universo genere dicatur: nisi quum de vero ambigetur, quod quaeri coniectura solet. Dicetur autem non 127
Peripateticorum more (est enim illorum exercitatio elegans iam inde ab Aristotele constituta), sed aliquanto nervosius et ita de re communia dicentur, ut et pro reis multa leniter dicantur et in adversarios aspere. Augendis vero rebus et contra abiiciendis nihil est, quod non perficere possit oratio: quod et inter media argumenta faciendum est, quotiescunque dabitur vel amplificandi vel minuendi locus, et paene infinite in perorando.

Duo sunt, quae bene tractata ab oratore admirabilem 36
128

E. 1) *Abest* ut
L. 1. *Ac vero* 16. *sunt etiam*

certe editionibus sic corrigenda est: — *communes appellati, quod* (Eins.) Norimb. Asc. prim. Vict. Man. Ern. — *communes appellati, eo quod* Ven. 2. Iu. Asc. sec. Crat. — *appellati sunt, eo quod* Steph. (e Vet. suo) Lamb. Orell. in Ed. pr. — *eo quod* praebent etiam Gu. 3. (an *sunt* quoque, de eo non satis constat:) et Erlang., qui statim omittit v. *iidem esse.* Or.

[*id ita dici placet*] Quidam libri vulgati non habent verbum *dici;* quod tamen mihi necessarium videtur. Lambinus. Omittit *id* Eins. Or.

[*atque ut*] Sic Eins. Vit. Dresd. Gu. 3. (Erl.) Edd. vett. Lamb. Sch. 2. Meyerus. Beier. — om. *ut* Man. Grut. Ern. Paullo post *ambigitur* e Vit. Vet. Ven. 1. cet. praetulit Meyerus: sicque habet Erl. — *ambigetur* Lamb. Ern. firmant Eins. Dresd., ideoque retinui. Rarius omnino praesens in futurum mutatur a librariis, quam contra. Or.

§. 127. [*sed aliquanto nervosius*] Haec volgo ad antecedens v. *dicetur* trahebantur. Post ea distinguebatur duobus punctis, quae suadente concinnitate sustulimus. In consequentibus opponuntur inter se *commendatio* vel *purgatio* et *laesio*, ut dicuntur Quintiliano IX. 2. p. 130. *Bip. Superlationis* autem pars *extenuatio* est. Beier. — *aspera* Eins. Viteb. Edd. vett. Tum Eins. corrupte: *quod et per intermedia argumenta:* et: *quotienscunque* Eins. Vit. Erl. Or.

§. 128. [*Duo sunt*] Sic Eins. Vit. Dresd. Ven. 1. Man. Grut. Ern. Admodum abrupte. ꟹ *Duo sunt etiam* Aldd. Cr.

eloquentiam faciant: quorum alterum est, quod Graeci ἠθικὸν vocant, ad naturas et ad mores et ad omnem vitae consuetudinem accommodatum; alterum, quod iidem παθητικὸν nominant, quo perturbantur animi et concitantur, in quo uno regnat oratio. Illud superius come, iucundum, ad benevolentiam conciliandam paratum: hoc vehemens, incensum, incitatum, quo causae eripiuntur; quod quum rapide fertur, sustineri nullo pacto potest.
129 Quo genere nos mediocres aut multo etiam minus; sed magno semper usi impetu saepe adversarios de statu omni deiecimus. Nobis pro familiari reo summus orator non respondit Hortensius. A nobis homo audacissimus Catilina in senatu accusatus obmutuit. Nobis privata in causa magna et gravi, quum coepisset Curio pater respondere, subito assedit, quum sibi venenis ereptam me-
130 moriam diceret. Quid ego de miserationibus loquar?

E. 1. *faciant* 2. *naturam* 7. *hoc vero veh.* 16. *(commiserationibus* Al. b.)

Steph. L. Sed hoc supplementum languet. *Duae res sunt enim* Vet. Gu. 3. Erl. (qui postea *tractatae.*) E quo Sch. coniecturâ per se haud malâ, sed parum probabili: *Duo restant;* eam tamen recepturus erat Beier. Or.

[*ad naturas*] Sch. e Gu. 3. Erl. (Ven. 1. 2. Med. Lamb.) scripsit *ad naturam.* Sic etiam C. 40. extr. §. 139. Ed. Ven. substituit *naturaeque imitatio.* De hac cfr. IV. *ad Her.* c. 50. praecipue §. 65. Beier. Scil. diversas hominum *naturas* intelligit, ut §. 139. Nihil igitur mutandum, nec Beier recepit *naturam.* Pluralem habent Eins. et Cdd. Meyeri. Eins. autem *et mores* pro: *et ad mores.* — *id quo* pro *in quo* Eins. Venetae. — *nullo modo* Eins. pro *nullo pacto*, frequenti confusione; sed *pacto* est in margine. Or.

§. 130. [*de miserationibus*] Margo Lamb. *commiserationibus.* Sed cfr. C. 38. pr. *de Orat.* II. 196. De pluribus patronis ibid. 77, 313. Asconii argumentum orat. *pro Scauro*, et Taciti *Dial. de or.* C. 38. pr. Respicit h. l. Schol. Ambros. ad *or. pro Plancio* C. 31. Mox indicavi parenthesin. Respondent sibi *qualiacunque* - - *sed.* Beier. Cum Vet. etiam Erl. *usi sumus.* Eins.: = *perorationem tamen mihi.* Tum in eodem *dolore* deletum et superscriptum: — *labore*, pessimo quidem consilio. Optime Meyerus defendit lect.: *me enim ipsum poenitet* multam post dubitationem retentam etiam a Beiero. Ita scil. scripserunt Ern. Sch. Meyerus e lect. Vet. Erl. Pith. Palatt. duorum *me ipsum poenitet* (quae ipsa placebat Schirachio et

quibus eo sum usus pluribus, quod, etiam si plures dicebamus, perorationem mihi tamen omnes relinquebant;
in quo ut viderer excellere, non ingenio, sed dolore
assequebar. Quae qualiacunque in me sunt; (me enim
ipsum poenitet quanta sint:) sed apparent in orationibus,
etsi carent libri spiritu illo, propter quem maiora eadem
illa, quum aguntur, quam quum leguntur, videri solent.
Nec vero miseratione solum mens iudicum permovenda 37
est, (qua nos ita dolenter uti solemus, ut puerum infan- 131
tem in manibus perorantes tenuerimus, ut alia in causa,
excitato reo nobili, sublato etiam filio parvo plangore
et lamentatione complerimus forum) sed etiam est faciendum, ut irascatur iudex mitigetur, invideat faveat, contemnat admiretur, oderit diligat, cupiat satietate afficiatur, speret metuat, laetetur doleat: in qua[1] varietate
duriorum Accusatio suppeditabit exempla, mitiorum defensiones meae. Nullo enim modo animus audientis aut 132
incitari aut leniri potest, qui modus a me non tentatus

E. 1) qua in
L. 5. *ipsum non poenitet* 12. *compleremus* 15. *qua in*

Billerbeckio) et vulgata firmata ab Eins. et Cdd. Meyeri: — *me enim ipsum non poenitet*, quam olim perperam ego defenderam. Ceterum Margo Lamb. *me enim poenitet.* Denique Eins. solito ex vitio omittit v. *eadem* ante v. *illa.* Or.

§. 131. [*miseratione solum*] — *miseratione sola* Eins.

[*reo nobili*] An Sestio? v. *Orat. pro eo* 69. 144. 146. Beier. Verum Sestii filius non erat *parvus*, sed *praetextatus* iam: unde rectius Billerb. intelligit de Flacci filio. v. *Orat. pro Flacco* in fine. Male Eins. *repleremus* pro *complerimus;* in quo rectam lectionem servarunt Veneta prima, Mediol. reductam ab Ern. Seqq. pro ceterorum (etiam Cdd. Meyeri) *compleremus.* Or.

[*sed etiam est faciendum*] Sic Eins. Cdd. Meyeri. E Gu. 3. et Erl. Sch. ac Meyerus: = *sed est fac. etiam.* Contra Beier (secutus Goerenzium ad *Legg.* p. 237.) ad *Orat. pro Tullio* §. 8. p. 16. et in exemplari suo del. *etiam.* Mox etiam Erl. cum Vet. Steph. pro v. *satietate efficiatur* miram habet lect. *rideat* ortam ex aeque falsa *taedeat* Gu. 3. Tum *in qua var.* Eins. Viteb. Mon. Venetae. Mediol. pro Erlang. et recentiorum: = *qua in v.* Or.

§. 132. [*incitari*] Lambinus volebat *irritari.* Sed cfr. *Brut.* 23, 89. Beier. Pro *non tentatus* Erl. *tentatus non.* Or.

sit: dicerem perfectum, si ita iudicarem: nec in veritate crimen arrogantiae extimescerem; sed (ut supra dixi) nulla me ingenii, sed magna vis animi inflammat, ut me ipse non teneam; nec unquam is, qui audiret, incenderetur, nisi ardens ad eum perveniret oratio. Uterer exemplis domesticis, nisi ea legisses: uterer alienis, vel Latinis, si ulla reperirem, vel Graecis, si deceret. Sed Crassi perpauca sunt nec ea iudiciorum: nihil Antonii, nihil Cottae, nihil Sulpicii: dicebat melius quam scripsit
133 Hortensius. Verum haec vis, quam quaerimus, quanta sit, suspicemur, quoniam exemplum non habemus, aut si exempla sequimur, a Demosthene sumamus, et quidem perpetuae dictionis ex eo loco, unde in Ctesiphontis iudicio de suis factis, consiliis, meritis in rem publicam aggressus est dicere. Ea profecto oratio in eam formam, quae est insita in mentibus nostris, includi sic potest, ut maior eloquentia non requiratur.

38 Sed iam forma ipsa restat et χαρακτὴρ[1] ille, qui di-
134

E. 1) character

L. 9. (*quam scribebat* Fort. b.) 17. *ne requiratur quidem* 18. *character*

[*extimescerem*] Iunge cum v. *dicerem;* neutiquam vero, quo Brewerus retulit, cum *si.* Nec displicet, quod est in Gu. 3. (Vet. et Erl.) *pertimescerem* cfr. Cap. 3. extr. Sed 28, 98. adfuit *non extimescet.* Beier. *extimescerem* firmant Cdd. sinceri Meyeri et Eins. Or.

[*Crassi perpauca sunt*] i. e. Crassi, a quo huius virtutis oratoriae exempla sumi possent, perpaucae extant orationes; Antonius nullas reliquit scriptas: cfr. *de Orat.* II. 20, 8. Interpretes haec parum intellexerunt. Dicebat melius quam scripsit item Galba, de quo v. in *Bruto* C. 24. Graeca autem inculcantes ridentur *Offic.* I. §. 111. Beier. *sunt* post *perpauca* om. Erl. Pro *scripsit* Margo Lamb. malam habet coni. *scribebat.* Pro *Hortensius,* — *Antonius* Erl. Or.

§. 133. [*suspicemur*] (— *suspicamur* Vet. Erl.) *suspicemur* Interpretes accipiunt pro *possumus suspicari*, quum dicatur pro *suspicio nobis sufficiat.* Beier. Pro Cdd. sincerorum, etiam Eins. *non requiratur* Gu. 3. Erl. Vet. St. Lamb.: — *ne requiratur quidem.* Or.

§. 134. [*debeat esse*] Sic Eins. Vit. Dresd. Edd. vett. Vict. Meyer. Vulgatam *esse debeat* habet Erl., qui paullo ante om. v. *ipsa*, ab aliis transpositum, sed etiam Eins.: *forma ipsa.* Or.

citur; qui qualis debeat esse, ex iis ipsis[1], quae supra dicta sunt, intelligi potest. Nam et singulorum verborum et collocatorum lumina attigimus, quibus sic abundabit, ut verbum ex ore nullum nisi aut elegans aut grave exeat, ex omnique genere frequentissimae tralationes erunt, quod eae propter similitudinem transferunt animos et referunt ac movent huc et illuc; qui motus cogitationis celeriter agitatus per se ipse delectat. Et reliqua ex collocatione verborum quae sumuntur quasi lumina magnum afferunt ornatum orationi: sunt enim similia illis, quae in amplo ornatu scenae aut fori appellantur insignia, non quod sola ornent, sed quod excellant.

E. 1) esse debeat ex ipsis
L. 1. *esse debeat*

[*ex ipsis*] pro *ex iis ipsis* positum observat Goerenzius ad II. *de Finn.* 28, 93. p. 261. Beier. *ex his* Gu. 3. Erl., quod ipsum non displicebat Goerenzio l. l.: sed necessario h. l. requireretur *ex iis*, ut dedit Sch. in Ed. mai. Lambini *ex iis ipsis*, per se ipsum sane rectissimum, coniecturae dumtaxat deberi videtur. Post me idem recepit Meyerus. Ceterum de universa hac quaestione, utrum *ipsum* cet. ponatur pro *id ipsum* necne, et ubi illud locum habeat, subtiliter disputavit Hand ad *Wopkens* p. 391. Mihi, vere ut dicam, h. l. magis arridet *ex iis ipsis*, quam *ex ipsis*, etsi firmatum ab Einsied., Vit. et Dresd. Illud enim haud animadvertit Hand, et facillime plerisque in locis *id* ante *ipsum* cet. excidere potuisse, ut excidit *illi* ante *ipsi* in solo Gu. 3. §. 145., ut *Tuscul.* 4, §. 58. Cd. Rehdig. prorsus similiter habet *in ipsis* pro Wolfii *in iis ipsis*, quod nunc praefero Ceterorum *in his ipsis*; et pronos fuisse Italos librarios ad mutandum pron. *is* in *ipse* suam consuetudinem in pronom. *esso* secutos. Statim Eins.: = *potest intelligi*. Tum idem: — *et movent* pro: *ac movent*. Or.

[*Et reliqua* cet.] Haec omnia *Et reliqua - - - eloquentiae magnitudo* exscripsit Quintil. 9, 1, 37., in cuius loci lectione constituenda consulto negligentius versatus est Spalding. Nos Cod. Quintil. Turic. (T.) iterum contulimus. — *collatione* Eins. Viteb. antiquissimum esse vitium monstrat T., ipse quoque ita exhibens. Or.

[*ornatum*] Satis firmatur a T. et Cdd. sinceris Oratoris, etiam Eins. — *ornamentum* Gu. 3. C2d. Regii. Erl. Med. Sch. Consulto iteravit Tullius vocabulum proprium *ornatum - - ornatu*. Sic *templorum ornatum* dixit Livius 22, 32, 6. Or.

[*ornatu*] De *ornatu fori* v. I. *in Verr.* 22. 58. ibique Asconium. Idem significatur I. *Nat. D.* 9, 22. Usum particc.

135 Eadem ratio est horum, quae sunt orationis lumina et quodammodo insignia: quum aut duplicantur iteranturque verba, aut breviter commutata ponuntur, aut ab eodem verbo ducitur saepius oratio aut in idem coniicitur, aut utrumque[1], aut adiungitur idem iteratum, aut idem ad extremum refertur: aut continenter unum verbum non eadem[2] sententia ponitur: aut quum similiter vel cadunt verba vel desinunt: aut multis modis contrariis relata contraria: aut quum gradatim sursum versum[3] reditur: aut quum demptis coniunctionibus dissolute plura dicuntur: aut quum aliquid praetereuntes, cur id faciamus, ostendimus: aut quum corrigimus nosmet ipsos[4] quasi

E. 1) aut in utrumque 2) non in eadem 3) versus 4) nosmet ipsi
L. 5. *aut in utrumque* 7. *in eandem sententiam* 8. *aut quum sunt contrariis* 9. *versus* (*tenditur* Al. b.)

non quod pro *non quo* docet Matthiae ad *orat. pro Rosc. Am.* 48, 141. Beier. Cfr. nos in Wolfii Scholis ad *Tuscul.* 2. §. 64. — Erl. cum Gu. 3. *non quia* frequenti in h. v. errore. Or.

§. 135. [*breviter commutata*] Gesnerus et Ern. volebant *leviter;* quo significatu sane hic accipiendum *breviter*, etsi eius usus vix aliud exemplum apud Cic. reperies. Nam de *brevitate literae* (*Herenn.* 4, 21, 29.), ut nunc video, h. l. vix cogitari potest. E poëtis aliquot exempla collegit Schirach. Or.

[*aut utrumque*] Sic T. Eins. Vit. Dresd. Sch. Meyerus. — *aut in utrumque* Cett. cum Erl. Or.

[*non eadem sententia*] Post *non* expunxi *in* cum Quintiliani IX. 1, 38. Mss. Alm. et Voss. 3. Alioqui cum Lamb. scribendum *in eandem sententiam.* Beier. Eandem cum Beiero rationem, fretus auctoritate T., recte secutus est Meyerus. Eins. et Erl. servant *in.* Sic *de Finn.* 2, §. 78. *eo esse animo*, Codex Lassbergianus et Victorius *in eo esse animo* e gloss. Mox interpolationem *aut quum sunt contrariis* receptam a Steph. Lamb. et Sch. ex Vet. Steph. Gu. 3. habet etiam Erl. Pessime autem Nobbe ex duabus his lectionibus tertiam effinxit: *aut quum* [*multis*] *contrariis.* Or.

[*sursum versum*] Sic T.; ut recte scripsit Lamb. *Oratt. Partitt.* C. 7. Ceteri, etiam Eins.: — *sursum versus.* Notabilis Gulielmii susp. *receditur* pro *reditur.* Or. Notant quidam docti viri, in his Rivius, quosdam libros habere *sursum versus tenditur.* Lambinus. Nullus Cdd. nuper collatorum hoc vitio inquinatus est. Or.

[*nosmet ipsos*] Sic etiam T., Eins. et Erl. Contra Cdd. notos *nosmet ipsi* praeferebat etiam novissime Beier, appellans Ern. annotat. ad h. l., suam ad *Offic.* T. 1. p. 247. et

reprehendentes: aut si est aliqua exclamatio vel admirationis vel conquestionis; aut quum eiusdem nominis casus saepius commutantur[1].

Sed sententiarum ornamenta maiora sunt: quibus quia 136
frequentissime Demosthenes utitur, sunt qui putent idcirco eius eloquentiam maxime esse laudabilem. Et vero

E. 1) commutatur

Fr. Wagneri disputationem de pronomine *Ipse* in Seebodii *Archiv. Erster Jahrg. 4. Heft.* p. 648. seqq. Rectior fuit sententia Meyeri ac Frotscheri in *Ep. crit.* p. XV., qui laudat Matthiae ad *Or. pro Murena* C. 3. pr. Or.

[*exclamatio*] — *explanatio* Eins. Vit. Ven. sec. Or.

[*conquestionis*] Sic Eins. Erlang. Med. Aldd. Iu. Vict. Seqq. Miro sane casu accidit, ut h. l. Cd. Turic. Quintil. item C2d. Lambini, Vit. Mon. (sinceri igitur) habeant *questionis* (vel, ut Dresd. Ven. 1. 2.) prave *quaestionis:* unde Meyerus recepit *questionis*, vocabulum alibi nondum repertum nisi h. l. in aliquot Cdd. et *Brut.* §. 142., ubi Lamb. correxit *conquestionibus. questionis* reiecit etiam Moserus in Censura. Saepissime *con* compendio scriptum omittitur, ut §. 138. *vertat* pro *convertat* rursus Tur. Sic hoc quoque loco *cqois* cum lineola Eins. literis *cq* ligatis. Paullo post Cd. Turic. (hic: *saepe commutantur.*) Mon. Edd. vett. et me secutus item Meyerus *commutantur* pro Cett. (Vit. Dresd. Erl.) *commutatur.* Rectam lectionem *commutantur* firmat nunc etiam Eins. Or.

§. 136. [*utitur*] — *utatur* Eins. Dresd. Mon. — *utatus* T. a pr. manu. Or.

[*sunt qui putent*] Sic T. Eins. Erlang. Edd. inde ab Aldd. — *putant* Vit. Dresd. Mon. Edd. vett., quod reduxit Meyerus prob. Mosero, qui laudat Schwarzii *Commentationem philologico-criticam in Cic. de Offic. Lib.* 1. *locos quosdam.* Ulmae 1820. p. 7-11. Subtiliter sane is defendit *ad Famil.* 1, 9, §. 25. nostrae Ed. sive §. 81. Bengel., ubi ipse Cd. Medic., Victorii utraque editio, et Beng. habent: *Sunt qui putant;* correctum in *putent* in Ed. antiquiss. mea, item a Lamb. et sequentibus praeter Beng. *ad Famil.* 7, 3, §. 5. (§. 19. Beng.) ubi Ed. Neapolitana 1474., Victorii prima, Beng. habent *Sunt enim - - - qui putant;* verum Cd. Medic., Editio Victorii altera *putent.* Iam ex illustri hoc exemplo colligere licet, etiam in simplici *sunt*, *qui putent* — alia enim res est formularum, *sunt alii*, *nonnulli* cet. *qui putant.* adiecto scil. subiecto — quamquam cfr. Matthiae ad *orat. pro Sex. Roscio* §. 35. *tres sunt res - - quae obstent;* — sed in simplici illo librarios pro lubitu suo mutasse coniunctivum in indicativum sibi utique magis familiarem. Vix enim est, ut putemus, altero loco Cic. ipsum indicativum, altero coni. antetulisse. Statim: = *maxime laudabilem esse* Eins. Or.

nullus fere ab eo locus sine quadam conformatione sententiae dicitur: nec quidquam est aliud[1] dicere nisi omnes aut certe plerasque aliqua specie illuminare sententias: quas quum tu optime, Brute, teneas, quid attinet nominibus uti aut exemplis? Tantummodo[2] notetur
39 locus. Sic igitur dicet ille, quem expetimus, ut verset
157 saepe multis modis eadem et in una re haereat in eademque commoretur[3] sententia: saepe etiam ut extenuet aliquid: saepe ut irrideat: ut declinet a proposito deflectatque sententiam: ut proponat, quid dicturus sit: ut, quum transegerit iam aliquid, definiat: ut se ipse revo-

E. 1) nec aliud quidquam est 2) tantum 3) modis eandem et unam rem et haereat in eadem commoreturque

L. 1. (*Enimvero nullus* Lamb. b.) 2. (Al. *inducitur* b.) Ib. *aliud est* 3. *quam omnes* 7. *una in*

[*dicitur*] Sic T. Vit. Erl. Ald. 2. Man. L. Ern. Sch. ∞ *edicitur* Eins. Dresd. Man. Edd. vett. Meyerus. cfr. Ochsneri *Eclogas Ed. tert.* p. 225., qui sane h. l. *edicere* non probat. Et ego secutus sum optimam Turic. auctoritatem: nec credo dici posse *locum edicere*. De utroque autem verbo in primis est conferendus Oudendorp *ad Appul.* T. 1. p. 772. Similis quaestio est de v. *emoneo* et *moneo: ad Famil.* 1, 7, 9. — *educitur* Iu. 2. Gryph. 2. Hinc in Marg. Lambin.: — *inducitur*. Or.

[*nec quidquam est aliud*] Sic T. Eins. Vit. Dresd. Gu. 3. Erl. Edd. vett. Vict. Meyerus; meliore sane ordine quam qui placuit Aldo ac Seqq. (praeter L.) *nec aliud quidquam est*. Or.

[*nisi omnes*] Meyerus e Vit. Ven. 2. Tul.: ∞ *nisi aut omnes*. Fateor tamen in tota hac particula maximi me facere Turic. Quintil., quocum facit Erl. Contra Eins. Dresd. Ven. pr.: — *nisi quam aut omnes*. Or.

[*tantummodo*] Sic T. Gu. 3. Erl. Edd. aliq. vett. Lamb. — *tantum* Einsied. Cett. Utrumque voc. confunditur etiam *Verr.* 2, 4, 49. Or.

[*locus*] Male Schuetz correxit *modus*, (ut animadvertit etiam Burchardi.) Itidem modo dictus est *locus* pro capite rei, ut C. 21, §. 72. pr. 48, 162. Beier.

§. 157. [*modis eadem* cet.] Sic cum T. aliisque Cdd. Quintiliani Schirachius, itemque tres Codices et Rivium secutus Lambinus ac Meyerus, nisi quod hi: = *una in*, quae praeposit. transpositio rarior est apud Cic. Probabat etiam Beier. Vulgatam multis nominibus vituperandam, v. c. propter collocationem v. *eandem et unam* praebet Erl. — *eadem ut unam in rem haereat et in eandem commoretur sententiam* Eins. Vit. Dresd. Mon. Palatt. poster. De ceteris Cdd. et Edd. turbis

cet: ut, quod dixerit[1], iteret: ut argumentum ratione concludat: ut interrogando urgeat: ut rursus quasi ad interrogata sibi ipse respondeat: ut contra ac dicat accipi et sentiri velit: ut addubitet, quid potius aut quomodo dicat: ut dividat in partes: ut aliquid relinquat ac negligat: ut ante praemuniat: ut in eo ipso, in quo reprehendatur, culpam in adversarium conferat: ut saepe cum 138
iis, qui audiunt, nonnunquam etiam cum adversario quasi deliberet: ut hominum sermones moresque describat: ut muta quaedam loquentia inducat: ut ab eo, quod agitur, avertat animos: ut saepe in hilaritatem risumque[2] convertat: ut ante occupet, quod videat opponi: ut comparet similitudines: ut utatur exemplis: ut aliud alii tri-

E. 1) dixit 2) risumve
L. 1. *dixit* 11. *risumve* 12. *quod putat*

v. Meyerum. Paullo post Tur. a pr. manu *deflectat* pro *deflectatque;* a secunda ∞ *et deflectat.* Tum Eins.: — *et quum transegerit.* Or.

[*dixerit*] Sic T. Alii Cdd. Quintil. Schirach. Meyer. Recte sane. — *dixit* Cett. etiam Einsied. et Erl.; hic autem cum Gu. 3., quem Schuetzius et Beierus secuti sunt, omittit *quasi* (post v. *rursus*) hoc loco minime otiosum. Notabilis est lectio Cd. Regii 7704.: *contra quam dicat;* sed tamen ab interpolatore profecta, qui ignorabat et post similitudinis verba *idem*, *aeque*, *pariter*, et post dissimilitudinis *alius*, *contra* poni particulam *ac.* — *ac sentiri* Viteb. — *et sentire* Eins. Venetae. Tum Turic.: — *relinquat et neglegat:* et — *praemoneat* pro *praemuniat.* Pro *conferat* Eins.: — *transferat.* Or.

§. 138. [*qui audiunt*] — *qui audiant* Eins. Or.

[*sermones moresque*] Sic omnes Cdd. Oratoris, etiam Eins. et Erlang. cfr. *Laelii* §. 66. *sermonum atque morum.* Post Schuetzium e Quintil. Beier quoque suo in exemplari recepit: = *mores sermonesque.* — *risumque* ex ed. Ven. et Med. aeque ac Meyerus praetulit Beier ceterorum (etiam Erl. et Turic. hic scil. *risumve vertat*) *risumve:* quod qui defendent, sic explicabunt: „ut in hilaritatem, vel, quod maius etiam est magisque anceps, in risum convertat." Ecce etiam Eins. praebet *risumque.* Quod pro *videat* Gu. 3. Erl. Lamb. aliique habent *putat*, merus error videtur, etsi a nescio quo in marg. Ed. Ven. in *putet* correctus non displicebat Ernestio. Turic. sic: *ut occupet* (om. *ante*) *quod videat opponioni:* Estne hic merus error, an latet in eo *oppositum iri?* quod futurum saepissime corruptum vidi in Cdd. cfr. *ad Att.* 5, 15, 3. Tum *utatur* omisso *ut* Eins. Vit. Dresd. et: — *aliis tribuens* Eins. Or.

**buens dispertiat: ut interpellatorem coërceat: ut aliquid
reticere se dicat: ut denuntiet, quid caveant: ut liberius
quid audeat: ut irascatur: etiam ut obiurget[1] aliquando:
ut deprecetur: ut supplicet: ut medeatur: ut a proposito
declinet aliquantum[2]: ut optet: ut execretur: ut fiat
139 iis, apud quos dicet, familiaris. Atque alias etiam dicendi quasi virtutes sequetur[3]: brevitatem, si res petet:**

E. 1) ut irascatur etiam: ut obiurget 2) aliquantulum 3) sequatur
L. 2. *caveat* 6. *dicat*

[*ut interpellatorem coërceat*] Sic, ut videtur ex Meyeri *annotat.*, Dresd. — *ut interpellet*, *oratorem coërceat* Eins. Vit. Mon. Ven. 1. 2., unde Meyerus ingeniosâ coniecturâ, probatâ etiam Mosero: ∞ *ut interpellet*; *ut interpellatorem coërceat.* Affert *de Orat.* 3. §. 205. *similitudo et exemplum digestio*, *interpellatio*, *contentio*, *reticentia;* et Quintil. 9, 2, 2. *praemunitio*, *similitudo*, *distributio*, *interpellatio*, *interpellantis coërcitio*, *contentio*, *purgatio*, *laesio:* ex quo loco in l. l. *de Orat.* 3, §. 205. post *interpellatio* similiter inseri iussit Schuetzius *interpellantis coërcitio.* Mallem sane in Cd. aliquo reperta esset Meyeri lectio; nunc autem obstant Turic. Erl. Dresd.; ita ut Eins. Vit. Mon. lectio erroris casu orti suspectissima maneat; Quintiliani autem duplex membrum *interpellatio*, *interpellantis coërcitio* compositum videtur partim nostro e loco, partim ex illo *de Orat.* 3, §. 205. Simili ex causa in seqq. v. *ut medeatur* ideo suspecta facta sunt quibusdam, quia deesse videbatur alterum oppositionis membrum *ut laedat*, quod utique inest in v. *laesio*, *de Orat.* 3, 205. et Quintil. l. l. Recte paullo post Meyerus vindicavit lectionem *caveant* C2d. Lambini, Vit. Mon. cet. contra alteram *caveat* T. Eins. Dresd. Erl. cet. (— *et denuntiet* male Eins. Vit.) Or.

[*ut irascatur: etiam ut obiurget*] Sic distinxi cum Turic. Lamb.; quia maius est obiurgare ipsos iudices, quam irasci; ipsaque collocatio *etiam ut*, *facile ut*, *vix ut*, *nihil ut* frequentissima est apud Cic. Pro *medeatur* Purgold volebat *minetur.* Recte Meyerus significavit *de Orat.* 3, §. 205. *purgationem* et *conciliationem.* Sed: — *ut supplicet*, *ut medeat*, *ut medeatur* (sic) Eins. ac similiter Monac. Ven. pr. Hinc fortasse aliquis emendabit: — *ut s.*, *ut laedat*, *ut medeatur;* non ego. V. supra. Or.

[*aliquantum*] Sic T. Eins. Vit. Dresd. Erl. Lamb. Hand *Tursell.* 1. p. 256. = *aliquantulum* Cett. Recte locum explanavit Meyerus ex l. *de Orat.* 3, §. 202. et 205. Or.

§. 139. [*atque alias*] — *atque in alias* Eins. Vit. Dresd. Or.

[*quasi virtutes*] *quasi* excluditur ap. Quintil. l. l. a Codd. Colb. Goth. et Ed. Iens. Eandem particulam §. 137. volgo ante vv. *ad interrogata* infartam sustulit Gu. 3. Beier. Debet haec Schirachio, cui item *quasi* h. l. erat suspectum: sed frequentissime librarii vv. *tamquam*, *quasi*, *velut*, quas

saepe etiam rem dicendo subiiciet oculis, saepe supra feret quam fieri possit: significatio saepe erit maior quam oratio: saepe hilaritas, saepe vitae naturarumque imitatio. Hoc in genere (nam quasi silvam vides) omnis eluceat oportet eloquentiae magnitudo.

Sed haec nisi collocata et quasi structa et nexa ver- 40
bis ad eam laudem, quam volumus, aspirare non possunt. 140
De quo quum mihi deinceps viderem esse dicendum, etsi
movebant iam me illa, quae supra dixeram, tamen iis,
quae sequuntur, perturbabar magis. Occurrebat enim,
posse reperiri non invidos solum, quibus referta sunt
omnia, sed fautores etiam mearum laudum, qui non censerent eius viri esse, de cuius meritis tanta senatus iudicia fecisset comprobante populo Romano quanta de nullo, de artificio dicendi literis tam multa mandare. Quibus si nihil aliud responderem, nisi me M. Bruto negari roganti noluisse, iusta esset excusatio, quum et amicissimo et praestantissimo viro et recta et honesta
petenti satisfacere voluissem. Sed si profitear[1] (quod 141

E. 1) profiterer
L. 12. *laudum mearum* 13. *(esse viri* Lamb. b.)

otiosas putabant, abiecerunt; v. *quasi* ideo quoque, quia scribebatur *qi* cum lineola, ut est semper in Eins. Retinent Tur. Eins. Statim *sequetur* T. Gu. 3. Erlang. cum Lamb. Sch. Meyero recepit etiam Beier suo in exemplari: — *sequatur* Cett. praeter Eins., qui: — *sequitur*. — *videas* Eins. Viteb., Venetarum lectionem habet Tur. a secunda manu. Or.

§. 140. [*esse dicendum*] = *dicendum esse* Eins. Or.

[*etsi movebant iam me illa*] Sic etiam Erl. Recte autem Meyerus et Moserus (*Symbol. Spec. alt.* p. 14.) refutarunt meam coniecturam *etsi non movebant tam me illa* ductam e corruptela Eins. Vit. Dresd. Mon. Oxon. Ven. 1. 2. Vict. al.: — *etsi non movebant iam me illa*. Prudentius ex hac lect. Moserus fecit: ∞ *etsi commovebant iam me illa*. Statim *tamen his* e Vit. Edd. vett. Meyerus. Eins. recte: *iis*. — *laudum mearum* cum Gu. 3. etiam Erl. Tum Eins.: — *nisi M. Bruto* om. *me*. Or.

§. 141. [*si profitear*] Omnes recens collati (Eins. Viteb. Dresd. Mon. Erl.) firmant hanc lectionem contra Ern. coni. *profiterer:* quae sane necessaria esset, nisi tandem Meyerus in egregio Cd. Vit. veram lectionem *reprehendet* invenisset pro ceterorum *reprehenderet*. Mox: = *praecepta dicendi* Eins. Or.

utinam possem!) me studiosis dicendi praecepta et quasi vias, quae ad eloquentiam ferrent, traditurum: quis tandem id iustus rerum existimator reprehendet[1]? Nam quis unquam dubitavit, quin in re publica nostra primas eloquentia tenuerit semper urbanis pacatisque rebus, secundas iuris scientia? quum in altera gratiae, gloriae, praesidii plurimum esset: in altera praescriptionum[2] cautionumque praeceptio, quae quidem ipsa auxilium ab eloquentia saepe peteret, ea vero repugnante vix suas
142 regiones finesque defenderet. Cur igitur ius civile docere

E. 1) aestimator reprehenderet 2) persecutionum
L. 3. *aestimator reprehenderet.* (*existimator* b.) 5. *in urbanis* 7. *persecutionum*

[*existimator*] Sic recte Meyerus e Vit. Dresd. Idem praebet optimus Eins. — *extimator* Erl. — *aestimator* Cett. *existimator* est, qui de veritate et mendacio iudicat; *aestimator*, qui suum cuique rei pretium statuit. Utrumque saepissime simul locum habet. Mox Viteb. e gloss. *primas eloquentia partes.* Or.

[*urbanis*] Lamb. *in urbanis.* Praepositio fere ubique adiicitur v. c. *Offic.* I, 34, 122. *et in bellicis et in civilibus officiis.* Item II. 13, 46. pr. 19, 66.; itaque hic aegre ea caremus. Beier. Mihi quoque placet Lambini lectio. *pacatis rebus* per se rectum esset; sed *urbanis pacatisque rebus* durissimum atque inusitatum est. Praeterea saepissime *in* excidit. Or.

[*praescriptionum*] Sic egregie Viteb. Cfr. Petri Fabri *Semestr.* Lutetiae Paris. 1570. Lib. I. p. 226.: „*Quamobrem adibatur olim ad Iurisperitos: ii consultoribus et clientibus suis ut* respondere, *ut* cavere, *ita* scribere *et* praescribere *iura*, *formulas*, *actiones dicebantur.* - - Scribendi *autem et* cavendi *et* respondendi *verba* - - *ICtorum esse propria nos idem addocet Cicero*, *ubi de Servio ICto:* „*Servius hic nobiscum hanc urbanam militiam* respondendi, scribendi, cavendi *plenam sollicitudinis ac stomachi secutus est.*" (*pro Murena* §. 19.) Ceteri *persecutionum*, (mirum huius voc. potius, quam alterius *praescriptionum* compendium, quod typis imitari non possum, habet Eins.) quod quidem vocabulum erat ἅπαξ λεγόμενον apud Cic. nec satis recte componitur cum v. *cautionum.* Contra *praescribendi* et *cavendi* verba ubique iunguntur. Invenitur autem v. *persecutio* apud posteriores ICtos significatu, cui nullus hic locus est: v. *De verb. signif. tituli Pandect. et Cod. ed.* Cramer. p. 85. „Persecutionis *verbo extraordinarias persecutiones puto* (Ulpianus est, qui loquitur:) *contineri*, *ut puta fideicommissorum*, *et si quae aliae sunt*, *quae non habent iuris ordinarii exsecutionem.* Quocum consentit Gaius II., 278.: *Fideicommissi nomine semper in simplum* persecutio *est.* Re-

semper pulchrum fuit, hominumque clarissimorum discipulis floruerunt domus: ad dicendum si quis acuat aut adiuvet in eo iuventutem, vituperetur? Nam si vitiosum est dicere ornate, pellatur omnino e civitate eloquentia. Sin ea non modo eos ornat, penes quos est, sed etiam universam rem publicam: cur aut discere turpe est, quod scire honestum est: aut, quod nosse pulcherrimum est, id non gloriosum est[1] docere? — At alterum facti- 41
tatum est, alterum novum. — Fateor: sed utriusque rei 143
causa est. Alteros enim respondentes audire sat erat, ut ii, qui docerent, nullum sibi ad eam rem tempus ipsi seponerent, sed eodem tempore et discentibus satisface-

E. 1) *Abest* est
L. 2. *domus floruerunt*

pugnat igitur consuetudini et Latinae et in primis ICtorum explanatio Billerbeckii: „*Vorschrift*, *Klagen vor Gericht zu führen*, *und sich dabei gegen Beeinträchtigungen Anderer sicher zu stellen*. Iam h. l. restituto v. *praescriptionum* idem faciendum videtur *de Orat.* I. §. 251., ut scribatur *praescribitur* pro *perscribitur*. Contra ibidem §. 250. et *ad Attic.* 4, 18, 2. servandum est *perscriptionibus* contra aliorum *praescriptionibus*. Or.

§. 142. [*hominumque clarissimorum*] Usitatius erat dicere *virorumque clarissimorum*; itaque notandus est hic locus. Lambinus. Hinc in marg. Gothofredi: — *virorumque*. Or.

[*floruerunt domus*] = *domus floruerunt* Erl. Aldd. Crat. Lamb. Ut supra §. 140. lectio *laudum mearum*, sic haec quoque cum aliis tenue monstrat vestigium, quomodo e Cdd. interiectis inter sinceros atque interpolatos multa ducta sint in Edd. Aldinis earumque asseclis, cuius ipsius generis medii ex parte est Dresd. Or.

[*gloriosum est*] Addidi *est* ex Dresd. Mon. Vet. Erl. cum Steph. et Lamb. Nullam habebat offensionem *turpest*, *honestumst*, *pulcherrimumst* cet. Contra Beier in suo exemplari delevit *est* post *pulcherrimum*, item cum Gu. 3. et Sch. post *factitatum*; servavit deletum a Schuetzio post *honestum*. Or.

§. 143. [*Fateor: sed*] — omittit haec duo verba Eins. Or.

[*sibi - - ipsi*] i. e. sponte vel pro arbitrio suo, nullis exspectatis feriis. In re dubia nihil ausus sum mutare. Gu. 3. (Vet. Erl.) alterum pronomen excludit. Burchardi coniecturam *ipsis*, occupata iam a Schellero (*Obss.* p. 36.) minus placet, quam Schuetzii *ipsum*. Malim tamen *subsecivum* s. *subsicivum*: videsis I. *de Legg.* 3, 9. et Goerenz *ibid.* ad 4, 13. Beier. Ut Beierus, ipse quoque explicaveram *ultro*, *sponte sua et doctorum ipsi locum assumentes*: contra Meyerus artius iunxit *ut ii ipsi* cet. Or.

rent et consulentibus. Alteri, quum domesticum tempus in cognoscendis componendisque causis, forense in agendis, reliquum in se ipsis reficiendis omne consumerent, quem habebant instituendi aut docendi locum? Atque haud scio an plerique nostrorum oratorum ingenio plus valuerint quam doctrina. Itaque illi dicere melius quam
144 praecipere: nos contra fortasse possumus. — At dignitatem docere non habet. — Certe, si quasi in ludo: sed si monendo, si cohortando, si percontando[1], si communicando, si interdum etiam una legendo, audiendo: nescio cur, quum docendo etiam aliquid aliquando possis

E. 1) percunctando
L. 9. *percunctando*

[*oratorum ingenio*] *oratorum contra atque nos ingenio* Vit. Vet. Pith. (idem fortasse cum Vet.) Cod. Glorierii. Oxon. Ven. 2. Tulich. prob. Mureto *V. L.* XII. 20. et Reizio. Meyerus. Recepit item Lallem. — Erl. solita aberratione (cfr. §. 137.) *oratorum contra quam nos ingenio*. Mihi ac Faesio meo ad Mureti l. l. videbatur putidum gloss. Id tamen mirabile, quod uno fere h. l. etiam egregius ille Viteb. et Oxon. agnoscunt interpolationem Vet. et Erl., quam reiiciunt Eins. Dresd. Mon. Sic statim Cd. Ant. Glorierii, Viteb. Oxon. habent alterum gloss. *nos contra fortasse possumus melius docere*, itidem probatum Mureto ac Reizio; cuius nullum vestigium exstat in Erl. ceterisque interpolatis. Sed in Eins. et Gu. 2. idem gloss. peiorem etiam locum occupat: scil.: — *nos contra fortasse possumus. At* (*Ad* Eins.) *dignitatem melius docere non habet*. Unde Schneiderus parum concinne voluit: — *nos contra fortasse melius docere possumus. At dignitatem non habet*, om. *docere*. Or.

§. 144. [*percontando*] Sic scripsi cum Eins. Erl. Crat. — *percuntando* Vit. = *percunctando* Plerique recentiorum, etiam Meyerus. Pro *communicando* Einsied. perperam: *commemorando*. Or.

[*nescio cur*, *quum docendo* cet.] Multiplex huius loci difficilis lectio est: 1) *nescio cur*, *quum docendo etiam aliquid aliquando posses melius facere*, *nolis* e Viteb. recepit Meyerus. Sed duplex inest vitium, alterum levius *posses* pro *possis*, quod manifesto requiritur, gravius alterum *melius*, quod ortum est ex prava accommodatione ad v. *aliquid* nec habet commodam explicationem. *Quid* enim, quaeso, *docendo melius* fiet? si quidem *homines*, puto, non *res* docendo meliores fieri possunt. Utrumque vitium correxi e Cdd. interpol. 2) Iam vero Cdd. intermedii, Dresd. Mon. item Ven. 1. prorsus vitiose: *nescio cur non dicendo* (sic) *etiam aliquid aliquando posses melius facere cur*

meliores facere, cur nolis?[1] Si quibus[2] verbis sacrorum alienatio fiat, docere honestum est, ut est[3]: quibus ipsa

E. 1) nescio, docendo etiam aliquid aliquando si possis meliores facere, cur nolis? 2) An quibus 3) [ut est] *cum uncis.*
L. 1. *nescio, docendo etiam aliquid aliquando si possis meliores facere, cur nolis- An quibus*

nolis? Et peius etiam Eins.: — *nescio cur non dicendo* (sic) *etiam aliquid aliquando posses melius facere, nescio cur nolis?* Vides communes habere eos cum interpolatis v. *cur non — — cur;* commune cum Vit. vitium *posses melius*, sed omnes tamen omittere *si.* 3) Cdd. interpolati v. c. Erl. et ex similibus Ald. Iu. Cr. Man. Grut.: — *nescio cur non docendo etiam aliquid aliquando si possis meliores facere, cur nolis?* In qua lectione praeclare servatum est *possis meliores.* cfr. *ad Attic.* 16, 16. Ep. C. §. 12. nostrae divisionis: *effice, ut Plancus, quem spero optimum esse, sit etiam melior operâ tua.* Sic h. l. *docendo discentes possunt* meliores *fieri.* Probavit hanc Erl. lectionem Bremius noster ad l. *de Fato.* p. 37. Verum iamdudum est ex quo Viri docti offenderunt in mira constructione *cur non — — cur nolis;* unde *cur non* eiecerunt tacite Lamb., tum denuo Ern. Sch. Beier. Sed facilius talia eiiciuntur, quam, unde venerint, explicatur. At vero h. l. egregiam praebet lect. Viteb. *cur quum:* quo aliquando in *cur non* mutato necessario ante *possis* inculcandum erat *si.* Eandem autem cum Viteb. lectionem habuisse videtur Cd. Borromei, de quo haec habet Sylburgius: „Manutius ex Borromei antiqui scriptura *nescio cur quum docendo*, sublato *cur*, quum alterum sequatur, legit: *nescio, quum docendo etiam aliquid aliquando possis meliores facere, cur nolis.*" Duplex autem *cur* retinendum censui cum Giesio ad simillimum locum *de Divin.* 1. §. 131. Or.

[*Si quibus*] Sic ex uno Vit. dedi cum Meyero. Rationem statim explicabo. De re ipsa haec annotavit Beier: „Sacrorum alienatio fiebat, quum hereditas per aes et libram veniret familiae coëmptionatori fiduciario. V. *pro Murena* 12, 27. *de Legg.* II. 21, 53. III. §. penult. Gaii *Institt.* I. 113-115. 119-123. Adde Savinium *über die juristische Behandlung der sacra privata bei den Römern. in der Zeitschrift für geschichtl. Rechtswiss.* T. II. num. 15."

[*ut est*] Firmantur haec v. ab Einsied. Vit. Dresd. Mon. C3d. Lambini: et frequentissimo usu Ciceronis, cuius exempla collegerunt Rivius ad h. l. et Beier *Offic.* 3. §. 117. p. 409. Contra omittunt Cdd. interpolati Gu. 3. Erl. et cum his Aldd. Iu. Tulich. Crat. Schuetz; uncis inclusit Ern. Qua quidem in ratione nihil est quod reprehendamus lectt. Cdd. (etiam Eins.) et Edd. praeter Viteb. et Meyerum: *An — — docere honestum est: quibus ipsa sacra retineri possint, non honestum est?* quo de genere, permultis exemplis allatis, sub-

sacra retineri defendique possint, non honestum est?

145 At ius profitentur ii[1] etiam, qui nesciunt: eloquentiâ autem illi ipsi, qui consecuti sunt, tamen se valere dissimulant, propterea quod prudentia hominibus grata est, lingua suspecta. Num igitur aut latere eloquentia potest, aut id, quod dissimulat, effugit, aut est periculum, ne quis putet in magna arte et gloriosa turpe esse docere alios id, quod ipsi fuerit honestissimum discere?

E. 1) *Abest* ii
L. 2. *profitentur etiam* Ibid. *eloquentiam* 3. *tamen ea se*

tiliter disputarunt Madvig *Emendd.* p. 39. et Hand *Tursell.* I. p. 349.; quibus adde *Sestianae* §. 90., ut ex Lallem. sententia a me constituta est. At vero in nullo prorsus exemplo priori huiusce interrogationis membro additur *ut est*, *ut fecit*, *sicut dixit* ac similia: immo eiusmodi additamentum infringeret prioris membri vim atque indolem, quod, dum specie dubitationem significat, reapse coniunctum ut est cum altero, utriusque affirmationem necessario postulat, quae affirmatio ante occupari nec debet nec potest. Contra ubi locum habet illud *ut est*, *ut dixit* cet., semper praecedit vel *quamvis sit*, vel *si est* (ut in exemplis nondum allatis a Rivio et Beiero: *de Nat. Deor.* 2, §. 78. *si modo sunt* (dii), *ut profecto sunt; ad Famil.* 5, 11, 3. *si vero improbus fuerit*, *ut est; — de Orat.* 1, §. 49. *si ornate locutus est*, *sicut fertur:* vel *sit:* (v. Beier *Offic.* I. I.) Hinc hoc quoque loco optimi Cd. lectio recipienda fuit. Mox male Eins.: — *defendique possunt* (sic) *honestum est*, om. *non.* Paullo post ex Viteb. *hi etiam* feci *ii etiam.* Omittunt pronomen Ceteri, etiam Eins. Or.

[*eloquentia* cet.] Quum iam compertum habeamus hanc lect. non solum esse Edd. vett., ex quibus eam recepit Ern., sed etiam Cdd. sincerorum Vit. Dresd. Mon., ego Meyerum meum secutus eandem restitui. — *eloquentiam autem - - tamen se valere* Eins. — *eloquentiam autem - - tamen ea se valere* Cdd. interpolati. Vet. Erl. (hic *enim* pro *autem*) Steph. Lamb. Peius etiam Gu. 3.: *eloquentiam enim ipsi qui c. s. tamen ea se valere;* unde Schuetzius: *eloquentiam autem qui c. sunt*, *ipsi tamen ea se.* Or. — „Nos hyperbaton praetulimus, sed inconstantem particulam eliminavimus, ut sit: *eloquentiam illi ipsi - - tamen ea se valere.* Etiam si ablativum praeoptaveris, nihilo minus pronomen eodem casu abundanter additum retineri poterit. Exempla vide ad III. *Offic.* 3, 14. pr. Beier. Verum omnis haec quaestio versatur inter auctoritatem utriusque generis codicum. Or.

[*dissimulat*] Ernestius suspicatus est *dissimulatur.* Coniicias praeterea: *ideo*, *quod dissimulatur.* Beier. Sententia est: „*id*, *quod dissimulat* (scil. artis suspicionem), *haud effugit* eloquentia, sed incurrit nihilominus eam in invidiam." Mox:

Ac fortasse ceteri tectiores: ego semper me didicisse 146
prae me tuli. Quî[1] enim possem, quum et afuissem adolescens et horum studiorum causa mare transissem et doctissimis hominibus referta domus esset et aliquae fortasse inessent in sermone nostro doctrinarum notae quumque vulgo scripta nostra legerentur, dissimulare[2] me didicisse? Quid erat, cur probarem, nisi quod parum fortasse profeceram?

E. 1) Quid 2) dissimularem
L. 3. *Quid enim - - - afuissem domo ad.* 3. *maria* 6. *dissimularem*

— *aut quod est periculum* cum Vet. Steph. etiam Erl. Tum: — *quod ipsis* (sic) *honestissimum fuerit* Eins. Or.

§. 146. [*Ac fortasse*] — *At fort.* Eins. Erl. Edd. vett. — *pro me tuli* Eins. Or.

[*Quî enim*] ex Ern. suspic. pro *Quid enim.* (Illud ego nunc cum Sch., Meyero et Beiero recepi, etsi *Quid* etiam Eins. Or.) Tum in Gu. 3. et Ed. Lamb. scribitur *afuissem* additurque *domo*, nisi fallor, a glossatore. Nam vv. *horum studiorum causa* etiam ad prius membrum pertinent omnemque ambiguitatem tollunt. Beier. *domo* addunt etiam Vet. Erl. Dresd. (semper inter utrumque genus Cdd. fluctuans:) Cdd. Regii. Steph. L. Sch. Meyerus. Quum omittant Eins. Viteb. Mon. Ven. 1. 2. Vict. Aldd. alii, mihi quoque nunc videtur gloss. molestum etiam propter sequens v. *domus. dissimulare* iam e Gu. duobus et Ern. susp. Schuetz. et Meyerus. Eins. retinet — *dissimularem.* Erl. habet ut Med. Ald. sec. *dissimularemne me d.:* qua lectione recepta delendum esset v. *possem.* Or.

[*mare*] Interpolati, Vet. Gu. 3. Erlang. *maria*, quod cum Lamb. et Sch. recepit Meyerus. Or.

[*Quid erat, cur probarem*] Sic etiam Eins. Varietatem lectt. et suspicc. vide in Ed. mai. et apud Meyerum. Beier quidem parum probabilem Strebaei et Schuetzii lectionem *Quis erat, cui probarem* recepturus erat. Mihi cum Meyero sanus locus nunc videtur, sed, ut ironia servetur, sic explicandum censeo: „Quonam autem alio pacto hominibus probare (i. e. persuadere) potuissem, me non didicisse, nisi eo ipso, quod parum fortasse profeceram? Hoc enim unum erat argumentum, sed profecto haud nimis mihi honorificum." Hoc autem membrum urbanâ dilogiâ consulto omisit. Quid? quod hanc ipsam sententiam h. l. unice requiri viderunt et Interpolator Erlang.: *Sed quî probarem* (sic, omisso *cur*, quod stulte retinebat alter Caroli Stephani: — *Sed qui cur pr.*) et Manut. *Quî probarem*, et Ern.: *Quid erat, quo probarem.* Falsa mihi quidem videtur Billerbeckii duplex explicatio. V. *probare* hoc significatu usurpatum saepius parum intellectum esse ab interprett. in primis demonstrat prava Ern. susp. recepta

42 Quod quum ita sit, tamen ea, quae supra dicta sunt, plus in disputando quam ea, de quibus dicendum est,
147 dignitatis habuerunt. De verbis enim componendis et de syllabis propemodum dinumerandis et dimetiendis loquemur: quae etiam si sunt, sicuti mihi videntur, necessaria, tamen fiunt magnificentius quam docentur. Est id omnino verum, sed proprie in hoc dicitur. Nam omnium magnarum artium sicut arborum altitudo nos delectat, radices stirpesque non item: sed esse illa sine his non potest. Me autem sive pervagatissimus ille versus, qui vetat

Artem pudere proloqui, quam factites,

dissimulare non sinit quin delecter, sive tuum studium hoc a me volumen expressit: tamen eis, quos aliquid
148 reprehensuros suspicabar, respondendum fuit. Quod

L. 7. Abest *nam*

a Schuetzio in Ed. mai. *Epp. ad Famil.* I, 9, 26. *in quibus* (literis) *aequitatem tuam non potui non probare* pro: *quibus* scil. publicanis cet. Beier in suo exemplari delevit *quod* post *nisi;* quam ob causam, quave auctoritate equidem ignoro, quum nihil ea de re in Schedis annotaverit. Or.

§. 147. [*syllabis - - dimetiendis*] Similiter Quintil. IX, 4, 112. *dimetiendis pedibus ac perpendendis syllabis*. Beier. — *demetiendis* Eins. Tul. Ald. sec. Or.

[*Est id - - dicitur*] Haec Schuetzius ut spuria seclusit. Sed praeparantur his quae statim inferuntur. Ad seq. similitudinem cfr. Seneca *de benef.* III. 29. Beier. Recte etiam Billerbeck verba mihi quoque aliquando et Meyero suspecta defendit. Ceterum *in* ante *hoc* male omittit Eins. Idem prave *magnitudo* pro *altitudo;* tum: — *sine hiis.* Recte idem retinet *pervagatissimus*, cui ex perpetua confusione Cdd. interpolati Vet. Steph. et Erlang. substituerunt: *pervulgatissimus.* Or.

[*quin delecter*] i. e. „quasi non delecter." Sic Plaut. *Mil.* IV. 2, 2. *dissimulabo, hos quasi non videam.* Scil. *quin* contractum est ex *qui* (quomodo) *ne.* Alioqui facile refingatur *quam* i. e. quanto opere. Beier. Hanc lectionem firmant Eins. Vit. Erl. — *quin delectet* Mon. Ven. 1. 2. — *quid delectet* Ern. susp. a me cupidius aliquando recepta est; etsi erat, cur haererent Viri docti in hac constructione. Immo, me id tum ignorante, *quid delectet* probavit etiam Burchardi. Tum Eins.: — *hoc volumen a me.* Or.

[*aliquid reprehensuros*] Gu. 3. (et Erl.) invertit ordinem. Nobis Schuetzii transpositio (*quos repr. suspicabar, aliquid*

si ea, quae dixi, non ita essent, quis tamen se tam durum agrestemque praeberet, qui hanc mihi non daret veniam, ut, quum meae forenses artes et actiones publicae concidissent, non me aut desidiae, quod facere non possum, aut maestitiae, cui resisto, potius quam literis dederem? quae quidem me antea in iudicia atque in curiam deducebant, nunc oblectant domi; nec vero talibus modo rebus, quales hic liber continet, sed multo etiam gravioribus et maioribus: quae si erunt perfectae, profecto forensibus nostris rebus etiam domesticae literae respondebunt. Sed ad institutam disputationem revertamur.

L. 8. Abest *rebus* 10. *et domesticae*

resp.) placuit. Beier. Tales transpositiones recipi non possunt, quia carent probabilitate. Haec praeterea languidiorem reddit sententiam. Gravius enim est *respondere reprehensuro aliquid*, quam *aliquid respondere reprehensuro*. Rectum ordinem *aliquid reprehensuros* firmant Eins. et Cdd. Meyeri. Or.

§. 148. [*non ita*] — *ita non* Eins. Tum idem: *tam durum agrestem durumque pr.* Or.

[*concidissent*] Defendi sane hoc potest exemplis a Schirachio allatis (Acad. 4. C. 47. *artificia concidere dicebas.* ad Attic. 1, 16. *Senatus auctoritas concidit.* Ibid. 7, 25. *in optima causa concidit* scil. Pompeius.) Non tamen me poenitet coniecturae ad II. *Offic.* I, 3. propositae *conticuissent* i. e. „obmutuissent." In fine cap. *respondere* i. e. q. I. *Offic.* 1, 3. pr. aequare scil. *numero.* Beier. Beieri coniectura *conticuissent* ex eodem prorsus est genere, quales innumerabiles habemus Batavorum inde fere a Nic. Heinsio, quibus nihil aliud fere opponi potest, nisi Codices omnes notos iis adversari, ipsas autem coniecturas neutiquam esse necessarias, quum perbona sit Codicum lectio; ceterum fieri potuisse, ut, si scriptor ante editum librum cum coniectoribus collocutus esset, ipse quoque in eorum sententiam concessisset. Hic tamen consulto robustius ac vere Romanum verbum delegit Tullius. Tum Einsied.: — *quae quidem antea in iudicium*, om. *me.* Or.

[*nec vero talibus modo*] Haec pendent ab iis, quae proxime antecedunt, hoc modo: „nec vero me oblectant talibus modo rebus." Lambinus. In *Annot.* igitur voc. *rebus* non reiecit, quod abest ab Ed. 1566. Or.

[*forensibus* cet.] Quum in Ed. mai. nondum satis distinguerem Cdd. interpolatos a sinceris, deceptus sum a specioso glossemate Vet. Gu. 3. et Erl.: — *forensibus nostris et externis inclusae et domesticae literae r.* Memor scil. eram

43 Collocabuntur igitur verba, ut aut inter se quam
149 aptissime cohaereant extrema cum primis eaque sint quam suavissimis vocibus: aut ut forma ipsa concinnitasque verborum conficiat orbem suum: aut ut comprehensio numerose et apte cadat. Atque illud primum videamus, quale sit; quod vel maxime desiderat diligentiam; est enim quasi[1] structura quaedam, nec id tamen fiet[2] operose: nam esset quum infinitus tum puerilis labor; quod apud Lucilium scite exagitat in Albucio Scaevola,

Quam lepide λέξεις[3] compostae, ut tesserulae, omnes
Arte, pavimento atque emblemate vermiculato!

150 Nolo tam minuta haec constructio appareat: sed tamen

E. 1) ut fiat quasi 2) nec tamen fiat 3) lexeis
L. 1. *aut ut* 7. *ut fiat quasi* ib. *nec tamen fiat* 9. *Scaevula* 10. *lexeis* 11. *Endo: pav.*

Fragm. Oeconomic. pag. 473., nostrae Ed.: *ad exercitationem forensem et extraneam.* Est autem haec vel maxime insignis inter huius libri interpolationes. Sine causa prius *rebus* delevit Lamb. 1566., posterius Schuetzius: improbante Burchardio; attamen melius Lamb.; nam *forenses literae* apud Latinos locum vix habent, uti nec *forenses Musae* (Tac. *de Oratt.* C. 4.) Or.

§. 149. [*ut aut*] Tacite primus inter recentiores sic edidit Ern.; qui mihi error typogr. videbatur. Sed ecce sic habent Eins. Vit. Dresd. Mon. Ven. 1. Med. Tul.; et recte quidem: cfr. Hand *Tursellin.* 1. p. 554. Ceteri *aut ut.* Or.

[*extrema cum primis*] Schuetzius mavolt *extrema cum sequentibus primis*, ut §. 150. et ap. Quintil. X., 4, 33. Sed quid impedit, quo minus *extrema* pro insequentibus, *prima* pro antecedentibus accipiantur? Beier.

[*est enim quasi*] Sic Eins. Vit. Dresd. Mon. Oxon. Ven. 1. Med. Tul. Vict. Man. Meyerus. — *ut fiat quasi* Erl. Palatt. duo. (interpolati igitur.) Aldd. Iu. Lamb. Grut. Ern. Sch. Or.

[*nec id tamen fiet*] Sic Vit. Dresd. (Mon.) Ven. 1. 2. Med. Vict. Man. Meyerus. — *nec tamen fiet* Einsied. — *nec tamen fiat* Erl. Aldd. L. Ern. Memorabile rursus documentum inest in his duabus lectt., quomodo Aldd. contextus conformatus sit ad Cdd. interpolatos. Mox: *tum infinitus* Eins. Dresd. Sch. Or.

[*Scaevola*] *Scaevula* est in marg. Gothofredi, et in vetusto marmore apud Gruterum p. 293. (scil. in Fastis Capitolinis.) Similiter *rabula* dicitur pro *ravola* a *ravo.* Beier. Scripturam Fastorum Capitol. ubique secutus est Lambinus ipse. Or.

[λέξεις] Graecis literis scripsi. Nam Albucium ut Graeculum exagitaverat Scaevula. Vide *de Finn.* 1, 3, 9. Beier.

[*Arte*] Sic Cdd. noti cum Nonio *Merc.* p. 188. — *endo*

stilus exercitatus efficiet facile hanc viam componendi. Nam ut in legendo oculus, sic animus in dicendo prospiciet, quid sequatur, ne extremorum verborum cum insequentibus primis concursus aut hiulcas voces efficiat aut asperas. Quamvis enim suaves gravesve[1] sententiae tamen, si inconditis verbis efferuntur, offendunt[2] aures: quarum est iudicium superbissimum. Quod quidem La-

E. 1) gravesque 2) offendent
L. 1. *facile formulam* (*facile hanc formam* Al. b.) 6. *si incondite positis* (*si incompositis* Al. b.) - *offendent* 7. *subtilissimum*

parum probabiliter Lamb. Schuetz. cfr. *de Orat.* 3, §. 171. ubi Ursinus in Cdd. se invenisse *endo* testatur. — *pavimento* autem et *emblemate* nostra in lect. sunt ablativi absoluti, hac sententia: „λέξεις omnes, tesserularum instar ita compositae sunt artificiose, ut efficiant quasi pavimentum atque emblema vermiculatum." Nemo, ut opinor, haereret aut partic. *in* desideraret in his: „λέξεις compositae, ut tesserulae, omnes arte, (artificiose) veluti opere musivo." Cfr. Virg. *Aen.* 1, 639. *Arte laboratae vestes.* — *vermiculate* i. e. *vermiculatae* male Eins. Or.

§. 150. [*tam minuta haec*] Schuetzius e Gu. 3. (et Erl.) *haec tam minuta.* Id vero significaret: „*sit sane haec constructio minuta neque vero appareat.* Non debet adiect. *minuta* cum substantivo in unam notionem confluere. Mox idem pro *efficiet* coniecit *inveniet*, minus accommodate ad *stilum*, *optumum et praestantissimum dicendi effectorem* I. *de Orat.* 33, 150. Beier. „Vulgata hoc valet:" nolo haec, de qua disputo, constructio tam minuta, quam illa Lucilii (emenda: „quam erat Albucii, exagitata a Scaevola apud Lucilium:") appareat: Schuetzii lectio *nolo haec tam minuta* cet. hoc dicit: „nolo haec tam minuta Lucilii (immo Albucii:) constructio appareat." Atque ego praefero vulgatam." Burchardi. Malo consilio Nobbe uncis inclusit v. *haec.* Rectum ordinem servant Eins. et Cdd. Meyeri. Or.

[*facile hanc viam*] *facile formulam* Vet. Gu. 3. Erl. Steph. Lamb. — *facile hanc formam* Margo 1584. — *statim efficiet facile hanc viam* Eins. Idem cum Dresd. et Venetis: — *ut intelligendo oculus:* et: — *docendo.* Or.

[*gravesve*] Sic Vit. Erl. Edd. vett. Vict. Lamb. Meyerus. — *graves* om. particulâ Einsied. ∞ *gravesque* Monac. Grut. Ern. Sch.; pro qua lectione afferri potest §. 168. *sententias graves et suaves.* Mox: — *incondite positis* Vet. Gu. 3. Erl. Steph. L. — *offendunt* cum Eins. Vit. Dresd. Gu. 3. Erl. Schuetz. Meyerus. Beier. pro: *offendent.* Tum *iudicium subtilissimum* Vet. Erl. Steph. L. Lambinus quidem e tribus Cdd. se id recepisse dicit; fuerunt igitur omnes e genere interpolatorum. Or.

tina lingua sic observat, nemo ut tam rusticus sit, quin[1]
151 vocales nolit coniungere. In quo quidam Theopompum etiam[2] reprehendunt, quod eas literas tanto opere fugerit, etsi idem[3] magister eius Isocrates: at non Thucy-

E. 1) qui 2) etiam Theopompum 3) id
L. 1. *qui* (In b. Lamb. *quin*) 3. *etiam Theop.* Ib. *tantopere* 4. *et si idem*

[*quin vocales*] Sic Eins. Vit. Dresd. Mon. Erl. C3d. Borromei, unus Latinii. Ven. 1. 2. Med. Man. L. Schirach. Meyerus diuturnae de h. l. controversiae videtur imposuisse finem. Est scil., ut ipsius verbis utar: „quin concursionem vel coniunctionem vocalium (hiatum) diligenter effugere studeat." Scil., quod probe notandum, in pronuntiatione dumtaxat, ubi coalescebant vocales sese excipientes, non autem in vocabulorum ipsorum delectu ac collocatione. Aliter enim manus dandae essent Anonymo Oliveti (fortasse Capperonnerio), qui contrariae sententiae auctor mentionem fecit Epp. ad Fam. I, 1. *Ego omni officio ac potius pietate erga te;* ubi sane concurrunt *oo*, *io*, *oa*, *ee;* sed, ut opinor, pronuntiatione mitigabatur conflictus vocalium, qui ipse in versibus gratissimus est hodiernis Italis. — *qui* Cett. Quod apud Lamb. 1566. est *qui*, is in *Annot.* tribuit operarum errato. Or.

§. 151. [*In quo*] Ante hanc §. Schuetzius opinatur verba quaedam excidisse in hanc sententiam: „*At Graeci facilius ferunt hiatus vocalium.* Huiusmodi quid per se intelligitur, neque vero addi debet. *In quo* valet *quod attinet ad hanc vocalium coniunctionem.* — *De Theopompi Chii vita et scriptis* librum singularem edidit I. E. Pflugk. a. 1827. Berolini apud Mylium. Post *Isocratis* nomen glossator in Palat. pr. Gu. 3. (item Gu. 2. et Erl.) supplevit *fecerat*, quod (probatum a Schneidero et) receptum est a Schuetzio. Beier. Ex Ven. 1. 2. Tul. Vict. Meyerus dedit *quidem.* Sed Cdd. (etiam Einsied. Mon. Erl.) constanter retinent *quidam;* et consentaneum est rhetorum alios hoc tamquam vitium reprehendisse, alios tamquam virtutem laudasse atque proposuisse ad imitandum. Mox idem cum Eins. Viteb. Dresd. Edd. vett. *Theopompum etiam* pro ceterorum (etiam Erl.) *etiam Theopompum.* Recte; partic. *etiam* iungenda est cum verbo *reprehendunt* significatque *adeo:* non modo proprium esse Theopompi studium istud observant, sed *etiam* reprehendunt. Eadem fuit sententia Burchardii, qui coniectura leg. proposuerat, ut e Cdd. dedit Meyerus. Magnam sane de Theopompi meritis controversiam fuisse inter Rhetores notum est. Quid? quod nonnulli eum contendebant *apud Graecos disertissimum natum esse*, ut discimus ex epistola M. Aurelii *ad Frontonem* p. 54. *Ed. Rom.* Or.

[*etsi idem*] H. l. verum servarunt Cdd. interpolati, Vet. Gu. 3. Pal. 1. Erl. Receperunt Ald. 2. Steph. Lamb. (Sch.) Meyerus et Beier in suo exemplari. Ceteri etiam Eins.: *id.*

dides, ne ille quidem haud paullo maior scriptor Plato nec solum in iis[1] sermonibus, qui διάλογοι[2] dicuntur, ubi etiam de industria id faciendum fuit, sed in populari oratione, qua mos est Athenis laudari in concione eos, qui sint in proeliis interfecti; quae sic probata est, ut eam quotannis, ut scis, illo die recitari necesse sit. In ea est crebra ista vocum concursio, quam magna ex parte ut vitiosam fugit Demosthenes.

Sed Graeci viderint: nobis ne si cupiamus quidem 44
distrahere voces conceditur. Indicant orationes illae 152
ipsae horridulae Catonis, indicant omnes poëtae praeter eos, qui, ut versum facerent, saepe hiabant: ut Naevius

Vos, qui accolitis Histrum fluvium atque algidam[3] —

Et ibidem

Quam nunquam vobis Grai[4] *atque Barbari* —

E. 1) his 2) dialogi 3) Algidam 4) Graii
L. 2. *his* - *dialogi* 4. *oratione populari* 7. *vocalium* 10. *vocaleis* 13. *Algidam*

Contra *idem tamen* pro *id tamen* Monac. supra §. 149. Paullo post cum Eins. et Manutio scripsi *in iis*. — διάλογοι scripsi, ut est *ad Att.* 5, 5, 2. Pro *qui sint* Eins. et Erlang.: *qui sunt*. Ceterum Lambini annotatio haec est: „Malim legi (scil. pro *et si idem* Ed. 1566.) *etsi idem mag.*, ut habent nonnulli alii libri, quam ut ii, quos secuti sumus cet." Or.

[*id faciendum*] *faciendum id* recte Schuetzius cum Gu. 3. in Ed. mai.; at in minore cum volg. *id faciendum*. Beier. Ex Erl. idem nihil notavit. Or.

[*vocum concursio*] *vocalium concursio* Man. Lamb.; et potuit sane hoc v. compendio scriptum contrahi in *vocum*. Statim iidem rursus *vocales* pro *voces*. Beier. „Sic vocalis *i* in Ausonii monosyllab. *vox* et a Terentiano *e*, *vocula* dicitur." cet. Anonymus Oliveti.

§. 152. [*algidam*] Sic scripsi cum Eins. Edd. aliq. vett. et Schneidero *lat. Gramm.* p. 146. Scilicet *terram*, *oram* vel simile quid sequebatur in versu proximo. Contra Meyerus: „In hac voce nomen proprium latere videtur." Ecce Erl. habet *Egidam* i. e. *Aegidam*, nunc *Capo d'Istria* in Illyrico. Neque vero hoc probabile. Beier haec annotavit: „Schuetzius coniecit legendum *Histrum fluvium algidum*. Malim: *Histrum fluvium atque Algidum* scil. montem Latii in via Appia." Sed quaenam ista compositio Histri fluvii cum Algido monte? etsi in idem iam inciderat Scriverius. Paullo ante: — *ut versus facerent* Eins. et: — *istum fluvium*. Or.

[*vobis*] Sic Eins. Vit. Dresd. Mon. — *nobis* Oxon. Erl.

At Ennius semel

Scipio invicte —

Et quidem nos

Hoc motu Radiantis Etesiae in vada ponti —

153 Hoc idem nostri saepius non tulissent, quod Graeci laudare etiam solent. Sed quid ego vocales? Sine vocalibus saepe brevitatis causa contrahebant, ut ita dicerent, *multi' modis*, *vas' argenteis*, *palm' et crinibus*[1], *tecti' fractis*. Quid vero licentius, quam quod hominum etiam nomina contrahebant, quo essent aptiora? nam ut *duellum* bellum et *duis* bis, sic *Duellium* eum, qui Poenos classe devicit, *Bellium* nominaverunt, quum superiores appellati essent semper *Duellii*. Quin etiam verba saepe contrahuntur non usus causa, sed aurium. Quomodo enim vester *Axilla Ala* factus est, nisi fuga

E. 1) pass' et crinibus
L. 5. *saepius nostri* 8. *argentei' vasis*, *passi' crinibus* 15. *Ahala* Lamb. Mox *Grai* ex Edd. vett. et Lamb. Beier pro *Graii*. Pro *semel* Cdd. interpolati Vet. Gu. 3. Erl.: *saepe*. V. *Radiantis*, quod vulgo iungunt cum v. *ponti*, doctius pro Solis nomine poëtico habet Muretus *Var. Lectt.* 11, 9. Sic apud poëtas *Oriens*, *Exoriens* pro *Sole oriente*. Or.

§. 153. [*nostri saepius*] *saepius nostri* Erl. Aldd. Lambin. Tum *etiam laudare* Erl. Miro errore Ernestius e Lambini coni. *passi' crinibus* fecit *pass' et crinibus*. Lambino adversantur Cdd., etsi leviter corrupti plerique, v. c. *palma et cr.* Eins. Nobbe dedit *palmi' et cr.* satis perverse hic quoque. Interpretes referunt ad Euripidis *Phoeniss.* 322. *Pors.* verba καὶ χερσὶ καὶ κόμαισι, in Latinum a Tragico aliquo conversa; ubi tamen ex aliis Cdd. Porson dedit καὶ χερσὶ καὶ λόγοισι. Lambinus cogitabat etiam de emendando: — *passi' palmis*; ut est Aeneid. 3, 263. *passis de litore palmis*, et in *Sestiana* §. 117. *manibus passis gratias agentes*. Minime deinde probanda coni. Viri D. Sec. XVI. in marg. Lambinianae meae: — *tecti' sartis*. Or.

[*Duellium* cet.] Sic etiam Viteb. Dresd. (Eins. corrupte: *duullum*.) — Merula *ad Ennium* p. 59. et Garatonius ad *Plancian*. Ed. meae p. 262. volebant: — *Duilium* - - *Bilium* - - *Duilii*. (h. l. *duelli* Einsied.) Pro *Quin etiam*: — *Tum etiam* Erlang. Or.

[*Ala*] ∞ *Ahala* cum Fastis Capitolinis Grut. p. 289. et 290. Lamb.; e Cd. Glorierii apud Muretum *Var. Lectt.* 12, 20. prob. Reizio, Meyerus. cfr. Drakenb. ad *Liv. Epit.* Lib. 4.

literae vastioris? quam literam etiam e *maxillis* et *taxil-*
lis et *vexillo* et *paxillo* consuetudo elegans Latini sermonis evellit. Libenter etiam copulando verba iunge- 154
bant ut *sodes* pro *si audes*, *sis* pro *si vis*; iam in uno
capsis tria verba sunt. *Ain* pro *aisne*, *nequire* pro
non quire, *malle* pro *magis velle*, *nolle* pro *non velle*,
dein etiam saepe et *exin* pro *deinde* et *exinde* dicimus.
Quid? illud non olet unde sit, quod dicitur *cum illis*,
cum autem *nobis* non dicitur, sed *nobiscum*? Quia si
ita diceretur, obscoenius concurrerent literae, ut etiam
modo, nisi *autem* interposuissem, concurrissent. Ex
eo est *mecum* et *tecum*, non *cum me* et *cum te*, ut esset
simile illis *vobiscum* ac[1] *nobiscum*.

E. 1) atque
L. 1. *maxillis*, *taxillis* 13. *atque*

et, quem is laudat, Dukerum ad *Florum* 1, 26, 7. Utrobique ut hic, Cdd. plerique (etiam Eins.) *Ala* ('Αλαν Plutarch. in *Bruto* C. 1.) vel *Alla*. Sed, quum *Ahala* scribes, eritne ista vera *contractio?* Ac nonne ceterorum vv. *mala*, *talus*, *velum*, *palus* analogia requirit, ut hic quoque dissyllabum vocabulum servetur? Quamquam *Ahala* editur nunc alibi apud Ciceronem v. c. in *Sestianae* §. 143. Or.

[*et paxillo*] Haec est lectio Cdd. interpolatorum, certe Erl., et Edd. inde ab Aldd. Verior utique, quia analogia ceterorum hic quoque nomen substantivum requirit. — *pauxillo* Einsied. Viteb. Dresd. Mon. Cd. Glorierii. Ven. 1. 2. Med. Meyerus. Ceterum locus Prisciani 3, 6. p. 132. *Krehl.* contrariam prorsus continet doctrinam, quum is vv. *vexillum*, *maxilla*, *taxillus* pro deminutivis habeat, iisque adiungat *pauxillus.* Et eodem errore, quo hic plerique *pauxillo* scripserunt, paullo ante Eins. *auxilla* pro *Axilla.* Or.

§. 154. [*Ain*] Hic interpungebatur duobus punctis; mox autem plene ante *dein.* Perverse. Post *Quid?* Schuetzio videbantur quaedam intercidisse, quae transitum facerent ad seq. degressionem, aut totum exemplum aliunde huc tralatum esse. Sed fallitur V. D., quum dicit toto hoc capite agi de vitando vocalium concursu. Nonne etiam de contractione sine vocalibus et de fuga literae vastioris omnique consuetudine elegantiore Latini sermonis agere instituit? Sed post *quid* vel *quid illud* tollendum erat interrogationis signum, utpote suspensae. Vide nos ad *or. pro Scauro* II. 24. p. 175. Beier. Leviter corrupti sunt Eins. et Vit. in verbis a Lambino ac Sequentibus recte constitutis, nisi forte cum Eins. Dresd. Aldd. Vict. Man. scribendum: *et pro exinde.* Scil. Eins.: — *deinde* (sic) *etiam saepe et exin pro inde* (sic) *et pro*

46 Atque etiam a quibusdam sero iam emendatur anti-
155 quitas, qui haec reprehendunt. Nam pro *deûm atque hominum fidem* — *deorum* aiunt. Ita credo. Hoc illi nesciebant? an dabat hanc licentiam consuetudo? Itaque idem poëta, qui inusitatius contraxerat

Patris mei, meûm factûm pudet

pro *meorum factorum*, et

Texitur: exitiûm examen rapit

pro *exitiorum*, non dicit *liberûm*, ut plerique loquimur, quum *cupidos liberûm* aut *in liberûm loco* dicimus, sed ut isti volunt:

Neque tuum unquam in gremium extollas liberorum ex te genus!

L. 2. *proh* 4. *consuetudo licentiam* 8. *examen capiti*

exinde. Vit. autem: — *dein etiam saepe ut* (sic) *exin pro deinde et exinde*. Meyerus e vestigiis Viteb. et Ven. sec.: (*deinde etiam saepe et exin pro exinde et proin pro proinde dicimus*) volebat: — *dein etiam saepe ut exin pro exinde et proin pro proinde dicimus*. In seqq. vulgo distinguitur: *Quid illud? non olet* cet. Ego Meyerum secutus sum. Pro *concurrerent* Gu. 2. *concinerent*, mire probante Schneidero. Infra ex uno Dresd. Meyerus: = *nobiscum atque vobiscum*, *ac* pro *atque* dedi ex Viteb., ne esset: *atque nobiscum atque etiam*. Eins. omittit v. *et tecum* - - *nobiscum*. Or.

§. 155. [*nam pro deûm*] Etiamnunc mihi cum Ern. Sch. et Beiero necessaria videtur h. l. praepositio. Interiectionem *proh* cum Edd. ante Ern. et Cdd., ut videtur, Meyerus restituit. Sed Eins. certe habet *pro*. Or.

[*Ita credo. Hoc illi nesciebant?*] Sic distinxit Beier. Vulgo abest interrogationis nota post *nesciebant*. Meyerus sic: *Ita, credo, hoc illi nesciebant: an* cet. — *Itaque credo illud nesciebant* om. vv. *hoc illi* Erl. Or. — *Ita credo*] scil. dicendum esse. Schuetzius contra libros: *Id, credo, illi nesciebant: an*. Tum vero rescribendum foret *at*. Nam simplex interrogatio negaret. Similiter cum ironia dicitur: *Ita credo* l. III. *Accusationis* 4, 8. pr. et *pro Quint.* 11, 39. et *Sic puto*, *pro Rosc. Com.* 10, 27. extr. Deinde Schuetz (Lamb. et Meyer.) cum Gu. 3. (atque Erl.) *consuetudo licentiam*; sed *consuetudo* propter vim oppositionis recte facit clausulam. Beier. Rectum ordinem servat etiam Eins. Or.

[*patris mei* cet.] Hoc hemistichium exstat *de Divin.* I. 31, 66. (ubi vide, quae notavi. Or.) unde patet non ex *Medea* esse, ut Schuetzio visum est, sed ex Cassandra. Facilius ex Medea esse crediderim sequentem septenarium, quem Schuetz male post *nec tuum* fregit, atque ex Thyesta depromptum

Et idem

Namque Aesculapi liberorum —

At ille alter in Chryse non solum

Cives, antiqui amici maiorum meûm —

quod erat usitatum, sed durius etiam

Consiliûm socii[1], *auguriûm atque extûm interpretes —*

idemque pergit:

Postquam prodigiûm horriferûm, portentûm pavor[2] —

quae non sane sunt in omnibus neutris usitata. Nec enim dixerim tam libenter *armûm iudicium*, etsi est apud eundem:

Nihilne ad te de iudicio armûm accidit? —,

quam *centuriam* — ut[3] censoriae tabulae loquuntur — 156

E. 1) *Abest* socii 2) pavos 3) quam *armorum.* Iam, ut

L. 2. *Aesclapii* 9. *non sunt sane* 13. *quam armorum. Iam, ut*

putat. Beier. Ad Ennii *Medeam* eundem retulit Planck p. 91. Pro *liberûm* haud raro Cdd. et Edd. vett. alibi quoque praebent *liberorum* v. c. Verr. 2, 1, §. 7. Tacit. *Ann.* 14, 17. Ceterum memorabilis ac fortasse vera est lectio Eins. Vit. Dresd. Mon. Ven. 2. Med. Tul. *Neque tu unquam;* quoniam in monosyllabis praesertim pronominibus iste hiatus locum habet. Erl. habet *tuum. Et ille* ex err. typogr. habet revera Grutero-Gronoviana 1692. — *aliter* Eins. Vit. Dresd. Ven. sec. Tum *in Chryside* Erl. Or.

[*socii*] Hanc vocem a Schuetzio, qui *consilium* pro nominativo habet et cum *maiorum meûm* in superiore versu construit, metri causa omissum metri causa reposui. Hos versus cohaesisse velim scire, unde constet Viro D. Sed fortasse corrigendum *Consiliûm Iovis;* cfr. *Legg.* III. 19, 43. *Philipp.* XIII. 5, 12. Beier. Omittunt *socii* Grut. (errore typogr.) Ern. Sch. contra Cdd. Paullo post *pavor* Cdd. Eins. Vit. Dresd. Erl. Edd. vett. Lamb. *pavos* Vulgatae est a Victorio, qui id sumpsisse videtur e Cd. suo, nunc Monac., ex quo certe *pavor* non notatur. Illud restitui. — Lamb. lectio *quae non sunt sane* caret adhuc auctoritate. Sed Eins. habet: = *quae non sane in omnibus neutris sunt usitata.* Or.

§. 156. [*quam centuriam* cet.] Restitui lectionem Cdd. notorum, Eins. Vit. Dresd. Mon. Pith. Erl. Palatt. (utriusque igitur generis Cdd., quod h. l. maximi est momenti. E silentio Oxoniensium Edd. colligi nihil potest.) Praeterea sic habent Edd. vett. ante Gryph. 1., ut ait Meyerus, nisi quod inter meas Ven. 2. male *quam centuriae;* Asc. pr. *centuriam* omisso *quam:* id, quod defendi potest. Sententia igitur haec erit: „Nolim equidem dicere *armûm iudicium*, etsi hac forma usus

fabrûm et *procûm* audeo dicere, non *fabrorum* et *procorum.* Planeque *duorum virorum iudicium* aut *trium virorum capitalium* aut *decem virorum stlitibus*[1] *iudicandis* dico nunquam. Atqui dixit Accius:

Video sepulcra duo[2] *duorum corporum*

E. 1) litibus 2) dua
L. 3. *litibus*

est Pacuvius in Teucro: contra sine ulla dubitatione cum censoriis tabulis audeo dicere *centuriam fabrûm* pro *fabrorum*, qua forma alibi utimur, v. c. quum dicimus *fabrorum ministerio usus sum*, nequaquam vero *centuriam fabrorum*, itemque *centuriam procum* dico, non *c. procorum.*" Iam, quae in Schedis inchoaverat, fusius explicavit Beier ad *Orat. pro Scauro* p. 147., ubi vide. Ex eius igitur sententia totus locus ita legendus esset: „*Nec enim dixerim tam libenter* armûm iudicium. *Et sic est apud eundem:* Nihilne ad te de iudicio armorum accidit? *Iam* centuriam (*ut censoriae tabulae loquuntur*) fabrûm *et* proletariûm *audeo dicere*, *non* fabrorum *et* proletariorum." — Sic scilicet corrigere tentavit vulgatam, Gryph. Steph. Lamb. Seqq., cuius et inventorem et auctoritatem adhuc ignoramus: „*Nec* - - *etsi est* - - iudicio armûm accidit? *quam* armorum. *Iam* (*ut c. t. l.*) fabrûm *et* procûm *a. d. n.* f. *et* procorum." — In Beieri vero ratione *tam* absolute ponitur, quod tamen defendi potest; *et sic est* e mera est coniectura, quae mihi quidem parum opportuna videtur et admodum languida: nam esset, „et sic, ut omnes loqui solemus, est etiam apud Pacuvium *armorum.*" Quod cur exemplo demonstrandum fuerit, equidem non perspicio. Rationes autem Beieri metricas, propter quas coniectura *armûm* in *armorum* mutavit post Scriverium, perbene infirmavit Meyerus. Ex antiqua porro coniectura — coniectura enim, non codicis alicuius lectio videtur — retinuit *Iam*, quo nihil infirmius. Ingeniosissima vero poterat videri correctio *proletariûm* et *proletariorum;* nisi iamdudum Turnebus *Advers.* 8, 3. p. 227., nihil tamen de praecedentibus annotans, docuisset, referenda huc esse verba Festi (pag. 377. *Amst.*) *Procûm patriciûm in descriptione classium, quam fecit Servius Tullius, significat procerum. Ii enim sunt principes.* Hinc *procorum* mutandum esset in *procerum* cum Viro D. Sec. XVI. in marg. Lamb. meae, si modo compertum haberemus, utrum eandem cum Festo secutus sit explicationem v. *procum* sic usurpati, an aliam aliquam notationem praetulerit; vulgari significatione sane *procorum* dixit in *Bruto* 18, 71. notante Beiero. Notabile est in Cd. Monac. consulto fortasse omitti *dixerim;* sed nulla huius Cd. propria est auctoritas. Ceterum alius fortasse, me non renitente, legendum censebit: — *de iudicio armûm accidit?* — *quam armorum. Centuriam*, *ut* cet. Tum vide, ne leg. sit *pleneque*, ut §. 157. *plenum verbum.* Or.

[*stlitibus*] Recte sic e Glorierii Cd. Schirach., Schuetzius

idemque

Mulier una duûm virum.

Quid verum sit, intelligo; sed alias ita loquor, ut concessum est, ut hoc vel *proh deûm* dico vel *proh deorum*, alias ut necesse est, quum *trium virûm*, non *virorum*, quum *sestertiûm nummûm*, non *nummorum:* quod in his consuetudo varia non est.

Quid? quod sic loqui *nosse*, *iudicasse* vetant, *no-* 47
visse iubent et *iudicavisse?* Quasi vero nesciamus in 157
hoc genere et plenum verbum recte dici et imminutum usitate. Itaque utrumque Terentius,

Eho, tu cognatum tuum non noras?

Post idem

Stilphonem, inquam, noveras?

L. 6. *et sestertiûm* 12. *non noveras*

in Ed. mai. Meyerus et Beier, ex constanti usu Inscriptionum ultimorum etiam temporum cfr. Goerenz ad *Legg.* III. 3, 6. Or.

[*duo*] Sic Vit. Lamb. Bothe in *Poët. Scen.* p. 251. Optimo Codici obsecutus sum expellens admodum dubium, nec propter metrum necessarium *dua* Ceterorum, etiam Eins. — *dua* scil. haud raro librarii medii aevi. Sic in antiquissimo Cod. Turicensi Prudentii *Hamartig.* v. 4. *dua per divortia*, sed correctum *duo. dua* ibidem habet Cellarius, saltem in Ed. altera. — Sententia autem haec est: „Ex omnium consuetudine dico *duumvirûm iudicium*, *triumvirûm* |*capitalium*, *decemvirûm STL. IVD.* Atqui, quum ex vulgari usu alicubi dixisset Accius *duorum corporum*, alibi contra consuetudinem idem dixit *mulier una duûm virûm*, quod ego hoc significatu nunquam facerem, etsi altero illo significatu dico *duumvirûm iuri dicundo* cet." Metro adversatur lectio Ven. 2. Med. Asc. pr. *dua duum* et suspicio *procorum.* Paullo post *et sestertiûm* Vet. Erl. Steph. Lamb. pro *quum sestertiûm.* Tum Mediol. (Ven. sec.) lectionem molestam *non sestertiorum nummorum* habet Erlang. Or.

§. 157. [*Terentius*] in *Phorm.* II. 3, 37. et 43. Non recte indicaverat Schuetzius. (Apud Terentium legitur *Eho tu sobrinum.* Lamb.) Interpolationem hanc habet Erlang.: *utrisque Terentius utitur.* Deinceps tyranni de *imperiis attinendis* agnosco verba, fortasse Tarquinii Superbi in *Bruto* Accii. Beier. Possunt etiam desumpta esse e Thyeste vel Pelopidis, vel Phoenissis, id est, ex aliqua earum tragoediarum, ubi de dominatione retinenda ageretur. Recte Schuetzius *ibidem* explanavit: in uno eodemque loco alicuius poëtae tragici;"

Siet plenum est, *sit* imminutum: licet utare utroque. Ergo ibidem:

Quam cara sintque, post[1] *carendo intelligunt,*
Quamque attinendi magni dominatus sient.

Nec vero reprehenderim

— — scripsere alii rem;

scripserunt[2] esse verius sentio: sed consuetudini auribus indulgenti libenter obsequor.

Idem campus habet

inquit Ennius et

In templis isdem

E. 1) sint, quae post 2) et *scripserunt*
L. 7. *etsi* scripserunt

frustra scil. Schirachius versiculos istos in *Terentio* quaesierat. Or.

[*sintque, post*] Sic Eins. Erl. Asc. sec. Crat. Vict. Steph. Lamb. Grut. Schuetz in Ed. mai. Meyerus. — *sint, quae post* Asc. pr. Tul. Ern. (cum Cdd., ut videtur, Meyeri, ac Monac.) — *sint, qui post* Sch. in Ed. min. Nostra lectio nihil habet offensionis, ubi cogitaris in versu proxime praecedenti haec fere fuisse „*quam expetenda imperia*" poëticis verbis expressa. Or.

[*scripserunt*] Si Beier recte notavit, — et erat accuratissimus collator — hanc ipsam Quintiliani, Cd. Viteb. et Meyeri lectionem habet etiam Erlang. Scil. vulgo (etiam Eins.): *et scripserunt;* Lambinus, tum rursus Spalding ad *Quint.* 1, 5, 44. (*Cic. in Oratore: Non reprehendo, inquit,* scripsere, scripserunt *esse verius sentio.*) Sch., ego olim atque Beier: — *etsi scripserunt.* Post verbum *esse*, *tamen* e Viteb. inseruit Meyerus: sed utrumque et *et* et *tamen* inculcatum videtur ab ἀσυνδέτων osoribus, nec vero Eins. et Erl. agnoscunt istud *tamen.* Scil. Erl.: *scripserunt verius esse sentimus.* Or.

[*Idem campus habet* cet.] Locus desperatus. Turbas Cdd., e quibus nil certi expiscari licet, videsis apud Meyerum. Eins. sic: *Idem c. h. i. E. et in t. idem p. At iisdem e v. n. tamen ysdem ut optimus m. s. iisdem.* Medela quum nondum reperta sit, intactam reliqui Ern. lectionem corruptam. Schuetzius quidem sic: *Idem - - probavit. At* isdem *erat verius; sed tamen opimius. Male sonabat* iisdem. „Cicero hoc significat pro *idem* in gen. mascul. verius fuisse *isdem*, sed tamen opimius, ob duas consonantes *sd. In templis isdem* Ennium dixisse, quia male sonabat *iisdem.*" Sed admodum dubito, an et de *Idem* et de *isdem* h. l. sermo sit; quum quaestio potius versetur in uno verbo *isdem.* Ex hac ratione

probavit. At *eisdem* erat verius, nec tamen *eisdem*, opimius: male sonabat, *iisdem;* impetratum est a consuetudine, ut peccare suavitatis causa liceret. Et *pomeridianas quadrigas* quam *postmeridianas* libentius dixerim et *mehercule* quam *mehercules*. *Non scire* quidem barbarum iam videtur; *nescire* dulcius. Ipsum *meridiem*, cur non *medidiem*? Credo quod erat insuavius.
Una praepositio est *abs* eaque nunc tantum in accepti 158

L. 2. *nec tamen opimius*

equidem legerim: „Isdem campus habet *inquit Ennius et* In templis isdem *probavit. At* eisdem *erat verius nec tamen opimius: male sonabat* iisdem; *impetratum* cet." Id est: „Eodem vocabulo *Isdem* Ennius usus est in nominativo masc. sing. et in ablativo plur.; quum pro hoc *eisdem* esset verius, nec tamen multo opimius; male sonabat *iisdem*, quo alias utimur; impetratum autem est a consuetudine, ut peccare suavitatis causa liceret, quum interdum dicimus *isdem* pro *eisdem* vel *iisdem*." Iam *Isdem campus* habet Erlang. et frequentissimum est in Inscriptt., praesertim hac in formula: *L. Titivs cvravit isdemqve probavit*. E codd. autem Tullii melioribus saepenumero manifestum fit, nostro veriorem visam esse formam *eisdem*. Haereo maxime in v. *nec tamen* constanter a Codd. servatis: per quos si liceret, mallem *et tamen:* post hoc *eisdem* vulgatae a glossat. videtur intrusum, quo significaret, de hac ipsa forma agi. Eiecerunt hoc alterum *eisdem* iam Gryph. 2. et Lamb. Ceterum vix cuiquam probabit suam rationem Billerbeck: — „*at* eisdem *erat verius: nec tamen* eisdem; (scil. probavit) *opimius:* (scil. erat) *male sonabat* iisdem." Or.

[*pomeridianas*] *posmeridianas* scribendum erit sequenti Velium Longum *de Orthogr.* p. 107. *Commelin.* (p. 2237. *Putsch.*) Beier. Sane formam *pusmeridianus* (sic) habet Cd. Mediceus *Epp. ad Att.* 12, 53. et comparari potest Italorum *posdomani*. Or.

[*Non scire quidem* cet.] Meyerus tamquam e Viteb. dedit: ∞ Non scire *quiddam barbarum nimirum habere videtur* cet.; Mosero in Censura *quiddam* dumtaxat e Viteb. desumptum videtur, *nimirum* e Tulichio, *habere* e Vet. Steph. Id certum est integram Meyeri lectionem exstare in Ascens. prima. Dresd. (ut videtur,) Monac. Ven. 2. nostram habent lect. et cfr. §. 161. *quod iam subrusticum videtur*. Item, ut nos, Eins., sed omisso *iam:* quo tamen carere vix possumus. — *Non scire quidem barbarum num* (cum lineola) *habere videtur* Erlang. Or.

§. 158. [*est abs*] Sic Asc. sec. L. Ern. Schuetz. Meyerus. Lectio perspicue vera, nam formam *ab* dicere nunquam potuisset in reliquo sermone mutatam, ipse quotidie quum di-

tabulis manet, [*et*][1] ne iis quidem omnium: in reliquo sermone mutata est; nam *amovit* dicimus et *abegit* et *abstulit*, ut iam nescias, *ab*ne verum sit an *abs*. Quid? si etiam *abfugit* turpe visum est, et *abfer* noluerunt, *aufer* maluerunt? quae praepositio praeter haec duo verba nullo alio in verbo reperietur[2]. *Noti* erant et *navi* et *nari*, quibus quum *in* praeponi oporteret, dulcius visum est *ignoti*, *ignavi*, *ignari* dicere, quam ut veritas postulabat. *Ex usu* dicunt et *e re publica*, quod in altero vocalis excipiebat, in altero esset asperi-

E. 1) manet ne his 2) reperitur
L. 1. *manet nec his* 4. *abfugites* (In marg. *abfugit;* sed post: Lamb.: *aufugit et aufer maluerunt.*)

ceret *ab amico*, *ab homine* cet. Vide de toto h. l. Hand *Tursellin.* I. p. 2. — *ab* Asc. pr. Vict. Scheller *Obss.* p. 61. Ramshorn *L. Gr.* p. 284. Beier in suo exemplari. — *abs* ommittunt Eins. Vit. Dresd. Monac. Ven. 1. 2. — *abque que* Erl. Beier volebat: *ab*, *quae*. Or.

[*et ne iis*] Sic dedi Handio auctore; *et* facile absorptum a praecedente syllaba; favetque Erl. et Edd. vett. corruptela: *manet eneis quidem.* Ex hac autem lect. et Eins. *hiis* dedi *iis* pro *his*. Paullo post *Nam* omittit Erl. et habet *abiecit* pro *abegit*. Tum Schuetzii coniecturae: *ane verum sit an* ab *an* abs - - aufugit *et* aufer *maluerunt* placuerunt Beiero, non Meyero nec Handio. (Eins.: *an verum* cet.) Similis Schuetzianae rationis est illa Lambini in Marg. 1584., quae sic habet: „aufugit *et* aufer *maluerunt*. Al. *Quid si etiam* abfugites *turpe visum est et* abfer *noluerunt;* aufugites *et* aufer *maluerunt*? — Si praepositio *ab* nullo alio in verbo ante literam *f* neque *au* pro *ab* reperitur, quam in his duobus: peccant igitur, qui scribunt *abfuit*, scribendumque est *afuit*, ut admonuit Muretus et ut scribitur in omnibus fere libris Mss. Lambinus.

[*reperietur*] Sic Eins. Vit. Vet. Erl. (hic cum additamento: *sic commutata*) Monac. Gellius *N. A.* XV, 3. Edd. vett. Lamb. Meyerus. — *reperitur* Victorius et Recentiores. Beier conferri iussit Rambachii excursum de hac praepositionis immutatione adiectum libro *Ideale und reale Philosophie* Lips. 1821. p. 253-272. Or.

[*ignoti*, *ignavi*, *ignari*] Lect. Gu. 3.: ∞ *ignotos*, *ignavos*, *ignaros* recepit in suo exemplari Beier. Similiter Erl: — *ignavos*, *ignaros*, *ignotos*. Sane sic cum accusat. est v. *dicere* §. 160. bis. Mox notabilis lectio Ald. 2. *nisi* x *literam sustulisses*. Or. Vel ex hoc loco intelligere licet vitiose scribi *gnavi* et *gnari* et similia in libris vulg., quum *g* in compositis dumtaxat locum habere debeat. Lambinus.

tas, nisi literam sustulisses: ut, *exegit*, *edixit: refecit*, *rettulit*, *reddidit*[1]*:* adiuncti verbi primam literam praepositio commutavit, ut *subegit*, *summutavit*, *sustulit*.

E. 1) effecit, extulit, edidit
L. 2. *effecit*, *extulit*, *edidit*

[*refecit*, *rettulit* cet.] In his et seqq. librarii, interpolatores, et critici nobile certamen inierunt ad obliterandam veram Cic. manum, ita ut pro certo restitui nunc nequeat. Mea suspicio haec est, etsi nolo singula praestare: „*ut* exegit, edixit: Refecit; rettulit, reddidit: *adiuncti verbi primam literam praepositio*, *praepositionem verbi prima litera commutavit*, *ut* subegit; summovit, sustulit." Iam singula videamus: *refecit*, *rettulit*, *reddidit* constanter Mss. et sinceri et interpolati Eins. Vit. Dresd. Monac. Erl. et Edd. vett. Verba, quae supplenda esse suspicor, *praepositionem verbi prima litera* facillime h. l. excidisse quis infitiabitur? In ultimis Cdd. sinceri, Eins. Vit. Dresd. Mon. conspirant in lect. *ut subegit*, *summutavit*, *sustulit;* sed ingratum est post v. *commutavit* alterum *summutavit* et ex eodem etiam ortum videtur. Unde egregie Ven. 2. Tulich.: *summovit.* Memorabilis est lectio interpolata Erlang.: — „*praepositio commutat*. *sic in* subigit *cum mutatur ut* sustulit." Vides iam in triplici exemplorum serie praeponi commutatis verbum non commutatum *exegit* – *refecit* – *subegit*, pro eo quod recentiores dicerent: „ut fit in praepositionibus *ex* – *re* – *sub*." Sententia igitur haec erit: „ut, quod ad praepositionem *ex* attinet, dicimus *exegit*, sed sublatâ literâ, *edixit.* Rursus in praepositione inseparabili *re* dicimus *refecit* simplici *f:* sed in *rettulit* (ex antiqua scil. scriptura) et *reddidit* adiuncti verbi primam literam commutat (h. l. i. q. duplicat) praepositio: in aliis rursus praepositionem commutat verbi prima litera, ut fit in praepositione *sub:* dicimus *subegit:* at vero, *summovit*, *sustulit*." Lectionem Manutii, Lambini et Ern. *exigit*, *edixit*, *efficit*, *extulit*, *edidit*, a Meyero primum in Ald. repertam coniecturae dumtaxat, et ei quidem falsae deberi manifestum est. Beier autem et in Schedis et ad *Orat. pro Scauro* II. 29. p. 181. sic legendum censuit: „Efficit, rettulit, reddidit *adiuncti verba prima litera praepositionem commutavit*, *ut* suffugit, summutavit, sustulit." ubi immutationem *prima litera praepositionem* praeceperant Maioragius, Lamb. et Ern. — Ascens. prima sic: *ut* exegit *et* edixit; rettulit *et* reddidit *a. v. p. l. praepositio commutavit*, *ut* subegit, summutavit, sustulit. — Ceteras varietates vide apud Meyerum, qui sic edidit: *ut*, exegit *et* edixit [refecit, retulit, reddidit.] *Adiuncti v. p. l. praepositio commutavit*, *ut* suffugit, summovit [subegit, summutavit, sustulit.] Nobbe autem sic: *ut* exegit, edixit, [effecit,] extulit, edidit; *a. v. primam literam praepositio communicavit; ut* suffugit, summutavit, sustulit. — Cuius autem e coni. sit *communicavit*, equidem ignoro. Or.

48 Quid? in verbis iunctis quam scite *insipientem* non
159 *insapientem*, *iniquum* non *inaequum*, *tricipitem* non *tricapitem*, *concisum* non *concaesum*! Ex quo quidam *pertisum* etiam volunt: quod eadem consuetudo non probavit. Quid vero hoc elegantius, quod non fit naturâ, sed quodam instituto? *Indoctus*[1] dicimus brevi prima litera, *insanus* producta, *inhumanus* brevi, *infelix* longa. Et, ne multis, quibus in verbis eae primae literae sunt quae in *sapiente* atque *felice*, producte dicitur, in ceteris omnibus breviter. Itemque *composuit*, *consuevit*, *concrepuit*, *confecit*: consule veritatem, reprehendet: refer ad aures, probabunt. Quaere, cur? Ita se dicent iuvari. Voluptati autem aurium morigerari
160 debet oratio. Quin ego ipse, quum scirem ita maiores locutos esse, ut nusquam nisi in vocali aspiratione uterentur, loquebar sic, ut *pulcros*, *Cetegos*, *triumpos*, *Kartaginem* dicerem: aliquando, idque sero, convicio aurium quum extorta mihi veritas esset, usum loquendi

E. 1) inclitus
L. 6. *inclytus* 13. (*probe se dicent* b.) 18. *mihi extorta*

§. 159. [*iniquum*, *non inaequum*] — *mirum non merum* Eins. Idem pro *fit natura:* = *natura fit*. Or.

[*indoctus*] Hoc ex Gellio *N. A.* II. 17. et Ed. Tulichii restituendum censuit Eckhardus in *Progr. cit.* pag. 11. Idem tuetur Gu. 3. pro volg. *inclitus*, vocabulo Graeco potius, quam Latino. Beier. *indoctus* habent Vet. Eins. Vit. Mon. (hi tres *inductus*.) Ven. 2. Tul. Meyerus. — *inclitus* est in Erlang. Idem pro *inhumanus*, *insipiens*. Or.

[*quae in sapiente atque felice*] Sic Eins. Viteb. E Dresd. Meyerus *atque in felice*. Sequerer, nisi vererer, ne haec lectio orta sit e falsa, Schneidero tamen probata, Gu. 2. Erlang. Med.: — *quae insano atque infelice*. Nam per totam hanc §. Dresd. facit cum interpolatis. Pro *dicitur* ∾ *dicuntur* Gell. l. l. Dresd. Gu. 2. et 3. Erlang. Ald. 2. Probat Schneiderus. Haud displicet Schuetzii coniectura: *producte dicitur IN*, *in cet.* recepta etiam a Nobbio. Sic certe intelligendum. Pro *confecit*, quod tuetur Gellius l. l.: — *consuluit* Vet. Erl. Tum apud Gellium sic distinguitur: ∾ *Quaere cur ita? Se dicent iuvari.* Or.

§. 160. [*triumpos*] ∾ *triumfos*, ut volebat Lagomarsinius ad *Iulii Pogiani Epp.* pag. 189. habet revera Viteb. Sed cfr. Quintil. I, 5, 19. et in *Actis fratrum Arvalium* Tab. XLI. a. Triumpe quinquies. Or.

populo concessi, scientiam mihi reservavi. *Orcivios* tamen et *Matones*, *Otones*, *Caepiones*, *sepulcra*, *coronas*, *lacrimas* dicimus, quia per aurium iudicium semper licet. *Burrum*[1] semper Ennius, nunquam *Pyrrhum*.

Vi patefecerunt Bruges,

non *Phryges*; ipsius antiqui declarant libri. Nec enim Graecam literam adhibebant, nunc autem etiam duas: et quum *Phrygum* et quum *Phrygibus* dicendum esset, absurdum erat aut tantum barbaris casibus Graecam literam adhibere aut recto casu solum Graece loqui; tamen

E. 1) Purrum
L. 4. *nusquam* (In marg. b. *nunquam*) 9. *Et quamvis quum* Phrygum *et* Phrygibus

[*scientiam*] E Viteb. Meyerus addidit *rei*. Nec tamen vel eximius iste codex prorsus liber est a glossematis; cfr. §. 141., ubi itidem solus habet *primas eloquentia partes*. Nec vero agnoscit *rei* melior etiam Cd. Eins. Abest etiam ab Erl. Or.

[*Orcivios*] Sic, non *Orcinios*, scribendum nunc iudicavi permotus auctoritate Palimpsesti Taur. *Orat. pro Cluentio* Cap. 55. et Palatini in Q. Cicerone *de Petit. Cons.* Cap. 5., item Inscriptionum apud Gruterum 454, 6. 949, 1. Murat. 1010, 8. 1221, 2. In hoc vocabulo corrupti sunt Eins. Vit. (*Oscinios*): cetera cum aspiratione exhibentes *mathones othones chepiones sepulchra choronas lachrimas* (Eins. tamen *coronas lacrimas*); sicque Ven. 2., Ascensianae, Crat. Emendata lectio est in Victoriana. *Matonem* est in Cd. Mediceo *ad Famil.* 9, 25, 3., ubi *Mathonem* Cratandrina. Or.

[*semper*] i. e. in qualicunque verborum iunctura. Retinendum nunc censeo h. v. omissum dumtaxat in Cdd. interpolatis Gu. 3. Erl. Non diffiteor tamen id quoque offensioni esse, quod statim repetitur v. *semper*. Delevit Schuetzius, [ ] inclusit Meyerus. Or.

[*Burrum*] Cum Lamb., qui laudat Festi verba in v. *Balaenae nomen*: „*Πύῤῥον Burrum dicebant*: Grut. Schuetzius, Meyerus ac Beier; habentque Palatt. duo. (Erlang. *birrhum*.) Ceteri *Purrum*. Eins. *purum*. Or.

[*quum Phrygum et quum Phrygibus*] Facile careremus altero *quum* omisso a Gu. 3. Lamb. Sch. Retinent Erl. Eins. et Cdd. Meyeri. Distinguit tamen duos casus diversos manifestius quam simplex *quum Phrygum et Phrygibus*. Ideo servavi. Ceterum Burchardi volebat: *et quum Brugum et Brugibus*. Sed Cicero non tam antiquorum pronuntiationem, quam casus ipsos significaturus erat. Nostri dicerent: „et quum genitivus et dativus Latine formandi essent." Or.

[*solum Graece*] Frustra Brewerus auctor fuit interponendi

161 et *Phryges* et *Pyrrhum* aurium causa dicimus. Quin etiam, quod iam subrusticum videtur, olim autem politius, eorum verborum, quorum eaedem erant postremae duae literae, quae sunt in *optimus*[1], postremam literam detrahebant, nisi vocalis insequebatur. Ita non erat ea[2] offensio in versibus, quam nunc fugiunt poëtae novi. Ita enim loquebamur:

Qui est omnibu' princeps

non, *omnibus princeps*, et

Vita illa dignu' locoque

non, *dignus*.

Quod si indocta consuetudo tam est artifex suavitatis,

E. 1) optumus 2) *Abest* ea
L. 4. *optumus*

non. Schuetzius deinceps e coni. *nunc tamen*; sed particulae *nunc* vis iam inest in forma verbi *dicimus*. Beier. Idem fere annotarat Burchardi. Optime autem totum locum explanavit Lagomarsinius l. l.; nisi quod dubium multis remanebit, utrum is, qui v. *nunc autem etiam duas* de-literis υ et ζ intelligit, an Victorius *Var. Lect.* 14, 3. et Schuetzius, qui de φ et υ interpretantur, verum viderint. Omnibus tamen pensitatis in hoc quoque cum Lagomars. sentiendum censeo. Nunquam enim Latini vel φ ipsum receperunt, vel unam Latinam literam ad sonum lit. φ significandum invenerunt. Quid? quod de φ interpretantes non cogitarunt, eodem iure etiam *th* Graecam literam potuisse dici, ac *ph*. — *in barbaris casibus* Eins. Or.

[*Phryges et Pyrrhum*] Hanc manifesto veram lect. servant Eins., Cdd. Meyeri, Monac. et Erl. Contra falsum acumen Schuetzii *Phryges et Phrygum* praeceperat Vetus Steph. Or.

§. 161. [*optimus*] Cum Erlang. (*optimis*) nobis, qui adhuc terminat. superlat. *imus*, — quo iure nunc nihil disputo — in Cicerone servamus, constantiae causa scrib. erat. Ceteri etiam Eins: = *optumus*. Or.

[*Ita non erat ea offensio*] Sic Eins. Vit. Mon. Erl. Edd. vett. Lamb. Meyer. — om. *ea* Dresd. Grut. Ern. — Schuetzio, Nobbio et Beiero placebat Heusingeri coni.: *Id non erat offensioni* et eiusdem *loquebantur* pro *loquebamur*. Hoc defendit Burchardi sic: „Quamvis videam, quid discrepet, malo tamen referre hoc ad ea, quae annotavit Bentleius ad *Tuscul.* I. 2., quam rescribere *loquebantur*. Prima persona ridiculi aliquid hic continet satis rei aptum." — Notabilis est lectio Erl.: ∞ *Sic enim loquebamur*. Or.

[*tam est artifex*] Mire h. l. Goerenzius *de Finn.* I, 1. sup-

quid ab ipsa tandem arte et doctrina postulari putamus? Haec dixi brevius quam si hac de re una disputarem, 162
(est enim hic locus late patens de natura usuque verborum) longius autem quam instituta ratio postulabat.

Sed quia rerum verborumque iudicium prudentiae 49
est, vocum autem et numerorum aures sunt iudices, et quod illa ad intelligentiam referuntur, haec ad voluptatem: in illis ratio invenit, in his sensus artem. Aut enim negligenda fuit nobis[1] voluptas eorum, quibus probari volebamus, aut ars eius conciliandae reperienda. Duae sunt igitur res, quae permulceant aures, sonus et 163
numerus. De numero mox, nunc de sono quaerimus. Verba (ut supra diximus) legenda sunt potissimum bene sonantia, sed ea non ut poëtae exquisita ad sonum, sed sumpta de medio.

Qua ponto ab Helles —

superat modum. At

Auratus[2] *aries Colchorum* —

E. 1) nobis fuit 2) Auratos.
L. 7. (*et quoniam* Lamb. b.) 16. *Qua pontus Helles*

pleri iubet *quam docui*. Simplicius utroque loco et, quem praeterea affert, *ad Attic.* 13, 25. interpretabere *tanto opere*. Or.

§. 162. [*fuit nobis*] Sic Eins. Viteb. Dresd. Vict. Lamb. = *nobis fuit* Cett. cum Erl. Tum male *repetenda* pro *reperienda* etiam Eins. cum Vit. Dresd. Or.

§. 163. [*ut poëtae*] i. e. ut a poëta. Ern. subaudiebat *legunt*. Beier. Nota, Eins. perpetua in hac formula varietate exhibere: *quae permulcent:* cfr. §. 136. Or.

[*Qua ponto ab Helles*] Sic emendavit Lipsius e Senecae *Ep.* 81. receperuntque Grut. Seqq. — *Qua pontus Helles* (*hellus* Eins. Monac.) Cdd. et Edd. ante Grut. Tum Eins.: — *superat tmolum*, ut Monac. Ven. 2. — *superat timolum* Viteb. Dresd. Ven. 1. Ascens. pr. Mirus error correctus est primum ab Aldo; tum in Ascens. sec. Seqq. Or.

[*Auratus*] Hanc olim receptam lectionem Grut. Ern. Schuetz. mutarunt in *auratos*, ut excuderent initium hexametri. Sed videntur ista pro iambicis habenda. Eins. corrupte (ut fere Vit. a pr. m. Dresd. Edd. vett.): *At thauricos locorum.* Sed hoc correctum iam in Viteb. a sec. manu. (Mediol.?) Ascens. prima. Seqq. ante Grut. — *Aut alles bolcorum* Erlang. Or.

splendidis nominibus illuminatus est versus, sed proximus inquinatus insuavissima litera [finitus[1],]

Frugifera et ferta arva Asia[2] tenet.

164 Quare bonitate potius nostrorum verborum utamur quam splendore Graecorum; nisi forte sic loqui poenitet

Qua tempestate Paris Helenam

et quae sequuntur. Immo vero ista sequamur asperitatemque fugiamus:

Habeo istam ego perterricrepam —

itemque:[3]

Versutiloquas malitias.

Nec solum componentur verba ratione, sed etiam finientur, quoniam id iudicium esse alterum aurium diximus. Sed finiuntur aut compositione ipsa et quasi sua sponte, aut quodam genere verborum, in quibus ipsis

E. 1) finitus *sine* [] 2) Asiae 3) idemque

L. 2. (Quidam delent v. *finitus* b.) 3, *fertila arva Asiae* 10. *idemque* 13. *aurium alterum*

[*insuavissima litera finitus*] Gesner in *Thesauro* I. pag. 1. lin. 46. ss. ante haec vv. ponit comma et de *t* litera accipit. Ultimam vocem (ut volebat iam Lamb.) Schuetzius expunxit. Coniicit tamen *insuavissimae literae sonitu.* Malim *tinnitu.* Hunc facit *r.* Beier. *finitus* habet Erl. Contra Eins. Vit. Mon.: — *finis.* — *finitur* Ald. sec. Verbum omnino est suspectum; quaenam enim ista constructio *inquinatus insuavissima litera finitus?* nec Viteb. lectio *finis* ad seq. dimetrum anapaesticum trahi potest. In quo ipso cum Eins. Vit. et Monac. (Ven. 1. Med. Asc. pr.) dedi *Asia* adiect., ut *Asia palus* est apud Virgilium *Aen.* 7, 101., *Asia Deïopea*, *Georg.* 4, 343. Sic ultimus pes erit proceleusmaticus. Ceterae lectiones *Asiae* Erl. Lamb. Ern. et *Asias* in marg. Venetae Ernestii, Ven. 2. Gryph. 1. 2. Meyer. metro adversantur. Quaenam autem sit insuavissima litera, utrum canina, an *s*, ut volebat Lambinus, an *f*, an *t*, an *a*, adhuc sub iudice lis est. Quod si est *f*, vide ne in monstris illis lectionum *finis*, *finitus* lateat dumtaxat litera *F* male explicata a librariis. Or.

§. 164. [*itemque*] e coniectura Ern. pro *idemque.* Beier. Mox *componantur* — — *finiantur* Gu. 3. Erl. — *aurium alterum* Gu. 3. Ald. 2. Lamb. Schuetz. in Ed. mai. Beier. Tum mira interpolatione Erl.: — *Sed finiuntur, ipsa compositione quasi sua sponte oratio nitescat, ut sunt quaedam genera verborum.* (Etiam Eins. Vit. Dresd. Mon. Edd. vett.: *ut quaedam genera verborum*). Beiero placebat Schuetzii coni. a Meyero refutata:

concinnitas inest; quae sive casus habent in exitu similes, sive paribus paria redduntur, sive opponuntur contraria, suapte natura numerosa sunt, etiam si nihil est factum
de industria. In huius concinnitatis consectatione Gor- 165
giam fuisse principem accepimus; quo de genere illa nostra sunt in Miloniana: „*Est enim, iudices, haec non scripta, sed nata lex, quam non didicimus, accepimus, legimus, verum ex natura ipsa arripuimus, hausimus, expressimus, ad quam non docti, sed facti, non instituti, sed imbuti sumus.*" Haec enim talia sunt, ut, quia referuntur ad ea, ad quae debent referri, intelligamus non quaesitum esse numerum, sed
secutum. Quod fit item in referendis contrariis[1], ut illa 166
sunt, quibus non modo numerosa oratio, sed etiam versus efficitur:

Eam, quam nihil accusas, damnas.

E. 1) contrariis referendis

L. 2. *(opponuntur contrariis contraria* Lamb. b.) 13. *contrariis referendis* 16. *quam mihi acc.*

aut quasi sua sponte et quodam g. v. Tum concinnius esset, iudice etiam Mosero, vel cum Marg. 1584. *opponuntur contrariis contraria*, vel e Meyeri susp. *contrariis opponuntur contraria* ut §. 166. Or.

§. 165. [*consectatione*] Est ex iis lectionibus, in quibus veritatem servarunt Cdd. interpolati, h. l. Erlang. Contra — *confectione* Vit. et C1d. Lambini; quod tamen Lamb. ipse nunquam commendavit, etsi id narrant Ernestius et Schuetz. — *consectione* Eins. Dresd. Mon. — *consecutione* Ven. 2. Tul. Tum Eins.: — *illa nostra in Miloniana* omisso v. *sunt*. Erl. autem sic: *illa nostra Miloniana* om. *sunt in*. — Eins. cum Cdd. Meyeri falsam habet lect. in Edd. diu propagatam, etiam a Victorio retentam, etsi iam correctam ab Aldo, Ascens. sec.: — *sed accepimus, non legimus*. Or.

[*ad ea, ad quae* cet.] Praetuli hanc optimi Cd. Einsied. Ascens. sec. Iunt. sec. Lamb. Grut. Ern. lectionem. Meyerus vero cum Vit. Dresd. Mon. Erl. Edd. vett. Asc. pr.: *ad ea quae:* ut constructio sit: *quia quae debent referri referuntur ad ea:* quae tamen videtur minus recta. Peius etiam Erlang.: — *referuntur ea, quae*. Or.

§. 166. [*in referendis contrariis*] Sic Vit. (Mon.) Edd. vett. Vict. Meyerus. Item Eins., sed ut Dresd. Mediol. Asc. pr.: = *in referundis contrariis*. = *in contr. referendis* (Erl. sed hic *refellendis*) Aldd. ac Recentiores. Pro *efficitur:* — *efficiatur* Vit. Contra Eins. recte *efficitur*. Or.

(*condemnas* diceret, qui versum effugere vellet:)

— — Bene quam meritam esse autumas,
Dicis male mereri[1].
Id, quod scis, prodest nihil: id, quod nescis, obest.

Versum efficit ipsa relatio contrariorum. Id esset in oratione numerosum: *Quod scis, nihil prodest: quod*
50 *nescis, multum obest.* Semper haec, quae Graeci ἀντίθετα nominant, quum contrariis opponuntur contraria, numerum oratorium necessitate ipsa efficiunt, et eum
167 sine industria. Hoc genere antiqui iam ante Isocratem delectabantur et maxime Gorgias, cuius in oratione plerumque efficit numerum ipsa concinnitas. Nos etiam in hoc genere frequentes; ut illa sunt in quarto Accusationis: „*Conferte hanc pacem cum illo bello, huius praetoris adventum cum illius imperatoris victoria, huius cohortem impuram cum illius exercitu invicto, huius libidines cum illius continentia: ab illo, qui cepit, conditas, ab hoc, qui constitutas accepit, captas dicetis Syracusas.*"

E. 1) *Haec uno versiculo.*
L. 1. *dixisset - . voluisset* 3. Haec uno versiculo. 9. *efficiunt etiam sine* 13. *frequentes fuimus*

[*meritum esse* cet.] Huic versui *esse;* sequentis senarii capiti *id* resecuit Schuetzius, metro, si, ut ipse credere videtur, Apollini placet, flagitante. Pessime vero meriti sunt, qui haec *Bene - - - mereri* in unius versus monstrum mutarunt. Etiam Ernestius, delphini in campo instar, miserabiliter peccat vv. *Eam - - damnas* pro iambico dimetro scazonte accipiens. *Eam* est monosyllabum. Beier. Edd. vett. et Lambini lectionem *dixisset - - voluisset* habet Erl. Mirum errorem (Dresd., Ven. primae et Ven. sec. cum levi discrepantia): *— esse autumas pro autimas dicis male merere* (sic) habet etiam Eins. Monac. habet *obest multum*, omissis iis, quae sequuntur usque ad illa *semper haec:* quo errore quomodo is codex veram, ut ait Meyerus, tueatur lectionem, equidem non intelligo. Veram lectionem in his, sed male distinctam *Id quod scis prodest, nihil id quod nescis obest* exhibet Eins. Pro *quum contrariis* Meyerus ex uno Dresd.: ∾ *contrariis quum.* Eins. firmat alterum ordinem verborum. Or.

[*et eum*] i. q. *et quidem*, *adeoque.* Schuetzius cum Gu. 3. et Ven. 1. *etiam.* Beier. *etiam* habent etiam Erlang. Lamb. Sed recte Beier et Meyerus servarunt *et eum* Einsiedlensis quoque Cd. Or.

§. 167. [*Nos etiam*] — *Nos autem* Eins. Or.

Ergo et hi numeri sint cogniti, et genus[1] illud ter- 168
tium explicetur quale sit, numerosae et aptae orationis.
Quod qui non sentiunt, quas aures habeant aut quid in
iis[2] hominis simile sit, nescio. Meae quidem et perfecto
completoque verborum ambitu gaudent et curta sentiunt
nec amant redundantia. Quid dico meas? Conciones
saepe exclamare vidi, quum apte verba cecidissent. Id
enim exspectant aures, ut verbis colligentur sententiae.
— „Non erat hoc apud antiquos." — Et quidem nihil
aliud fere non erat: nam et verba eligebant et sententias
graves et suaves reperiebant, sed eas aut vinciebant aut
explebant parum. Hoc me ipsum delectat, inquiunt. 169
Quid? si antiquissima illa pictura paucorum colorum

E. 1) sint cogniti. Genus 2) his
L. 1. *sunt cogniti etiam a Latinis. Genus illud* 4. *his* 9. *colligetur sententia.*

§. 168. [*Ergo et hi numeri sint cogniti et genus*] Sic Eins. et Viteb. Meyer. cfr. §. 190. *Sit igitur hoc cognitum;* quo loco recte Burchardi hic quoque subiunctivum stabilivit. Similia sunt illa §. 14. *Positum sit igitur.* §. 136. *Tantummodo notetur locus.* V. *et* firmatur ab omnibus nuper collatis, etiam ab Oxon. et Erlang. *Ergo et hi numeri sunt cogniti et genus* Monac. Peiores etiam sunt ceterae lectiones partim interpolatae: — *sunt cogniti etiam a Latinis et genus* Dresd. Erl. (— *sunt cogniti etiam a Latinis. Genus* Edd. vett. Lamb.) partim truncae: — *sint cogniti. Genus* Grut. Ern. — *sunt cogniti. Genus* Schuetz. Beier.; in quibus prius *et* parum est aptum. Tum *in iis* ex Eins. (*hiis*) dedi pro *his*. Or.

[*hominis*] — *hominibus* Vet. Steph. Oxon. Erlang. Ven. 2. Tum *Etenim* pro *Id enim* Gellius *N. A.* 18, 7.; et idem cum Erlang. Aldd. Iu. Crat. Lamb.: ∞ *colligetur sententia;* quod minime displicet. Cfr. §. 170. *ut sit apte verbis comprehensa sententia.* Or.

[*Et quidem*] Has particulas diverbiis inservire observat Goerenzius ad *Acadd.* II. 17, 53. *Finn.* I. 10, 35. Beier. Notanda Cdd. interpolatorum, etiam Erl., lectio *effingebant* pro *eligebant.* Or.

[*sed eas aut vinciebant aut explebant parum*] Secutus sum quosdam lib. vulgatos, quibuscum congruunt et nonnulli Mss. Nam alii partim habent: *sed eas haud vinciebant aut explebant parum*, partim: *haud vinciebant, haud explebant. Parum hoc:* quae lectiones mea sententia reiiciendae sunt. Lambinus. Veram lectionem exhibent Eins. Viteb. Erl. Item Dresd., sed hic vitiosa distinctione: — *explebant: parum hoc.* Or.

magis quam haec iam perfecta delectet, illa nobis sit, credo, repetenda, haec scilicet repudianda. Nominibus veterum gloriantur. Habet autem ut in aetatibus auctoritatem senectus, sic in exemplis antiquitas: quae quidem apud me ipsum valet plurimum. Nec ego id, quod deest antiquitati, flagito potius quam laudo quod est: praesertim quum ea maiora iudicem, quae sunt, quam illa, quae desunt. Plus est enim in verbis et in sententiis boni, quibus illi excellunt, quam in conclusione sen-
51 tentiarum, quam non habent. Post inventa conclusio est, qua credo usuros veteres illos fuisse, si iam nota atque usurpata res esset: qua inventa omnes usos magnos
170 oratores videmus. Sed habet nomen invidiam, quum in oratione iudiciali et forensi numerus [Latine[1],] (Graece ῥυθμός) inesse dicitur. Nimis enim insidiarum ad capiendas aures adhiberi videtur, si etiam in dicendo numeri ab oratore quaeruntur. Hoc freti isti et ipsi infracta et amputata loquuntur et eos vituperant, qui apta et finita pronuntiant. Si inanibus verbis levibusque sententiis, iure: sin probae res, lecta verba, quid est cur claudere aut insistere orationem malint quam cum sententia pariter excurrere? Hic enim invidiosus numerus nihil affert aliud, nisi ut sit apte verbis comprehensa

E. 1) *Abest* [Latine]
L. 14. *Latine* sine [ ] 18. (*atque amput.* Lamb. b.) 21. *claudicare*

§. 169. [*sit*] — *sint* Eins. Viteb. Ven. sec. Med. — *quum ea maiora*] Sic Cdd. sinceri, etiam Einsied. — om. *ea* Vet. Steph. Erl. Tum Cdd. sinceri, etiam Eins. et Edd. vett. male *sententiis bonis;* correxit Aldus *boni*, sicque ex Beieri collatione, recte Erlang. Or.

§. 170. [*Latine*] *Latine*, quod libri addunt, recte proscripsit Ernestius. Beier. Mox Erlang.: — *insidiarum habet et ad capiendas aures.* Tum omittunt v. *numeri* Eins. Viteb. — *sententiis: sin re sint probe res* Eins. similiterque corrupti Cdd. sinceri; hic quoque interpolatus Erl. veritatem servavit. — *claudicare* pro *claudere* ab Aldo introductum, retentumque vel a Lamb. respuunt etiam Eins. et Erl. cfr. *Brut.* §. 214. Contra Erl. habet Steph. et Lamb. lectionem probabiliter e Vet. ductam *saepe etiam natura.* Or.

[*Nimis enim insidiarum*] Quidam hic legi volunt: *Nimium.* Lambinus.

sententia: quod fit etiam ab antiquis, sed plerumque casu, saepe natura; et quae valde laudantur apud illos, ea fere, quia sunt conclusa, laudantur. Et apud Graecos quidem 171
iam anni prope quadringenti sunt, quum hoc probatur; nos nuper agnovimus. Ergo Ennio licuit vetera contemnenti dicere:

Versibu', quos olim Fauni vatesque canebant;

mihi de antiquis eodem modo non licebit? praesertim quum dicturus non sim, *Ante hunc* .... ut ille, nec quae sequuntur, *Nos ausi reserare* .... Legi enim audivique nonnullos, quorum propemodum absolute concluderetur oratio. Quod qui non possunt, non est eis satis non contemni, laudari etiam volunt. Ego [1] autem illos ipsos laudo idque merito, quorum se isti imitatores esse dicunt, etsi in eis aliquid desidero; hos vero minime, qui nihil illorum nisi vitium sequuntur, quum a bonis absint longissime.

Quod si aures tam inhumanas tamque agrestes habent, 172
ne doctissimorum quidem virorum eos movebit auctoritas? Omitto Isocratem [2] discipulosque eius, Ephorum et Naucratem, quamquam orationis faciendae et ornandae auctores locupletissimi summi ipsi oratores esse debebant [3].

E. 1) Ergo *err. typogr.* 2) Socratem *err. typogr.* 3) debeant
L. 2. *saepe etiam nat.* 22. *summique* Ibid. *debeant*

§. 171. [*hoc probatur*] Sic etiam Eins. Sed ∞ *haec probantur* Vit. Et saepius sane *haec* in *hoc* prave mutatum vidi quam contra. Malui tamen num. singularem tum propter ipsam varietatem *ea laudantur* - - *hoc probatur*, tum quia hoc commode explicatur: „totum hoc genus numerosae orationis." Post v. *Ante hunc* in Erl. *douios* additur; in quo quid aliud lateat nisi falsum gloss. *Naevium* non video. Sic miro consensu et Columna et Merula *ante hunc* ad Naevium referunt, quum significet Ennium, ut *ὅδε* pro *ἐγώ* dicitur. Pro *absolute concluderetur* Eins.: — *absolveretur*; sed illud in margine. Pro *in eis* Einsied.: — *in kiis:* Cdd. Meyeri et Edd. vett.: *in his.* Or.

§. 172. [*movebit*] — *movet* Einsied. — *moverit* Erlang. Tum Eins. Dresd.: = *Naucraten.* Or.

[*debebant*] Verum, etiam iudice Frotschero, servarunt Gu. 3. Erl. Ven. 1. Med., receperunt Schuetzius et Beier. cfr. quae notavimus ad *Topica* §. 34. 64. 72. 97. — *debeant*

Sed quis omnium doctior, quis acutior, quis in rebus vel inveniendis vel iudicandis acrior Aristotele fuit? quis porro Isocrati est adversatus infensius[1]? Is igitur versum in oratione vetat esse, numerum iubet. Eius auditor Theodectes in primis (ut Aristoteles saepe significat) politus scriptor atque artifex hoc idem et sentit et praecipit. Theophrastus vero iisdem de rebus etiam accuratius. Quis ergo istos ferat, qui hos auctores non probent? nisi omnino haec esse ab iis[2] praecepta nesciunt[3].
173 Quod si ita est, (nec vero aliter existimo) quia ipsi[4] suis sensibus non moventur, nihilne eis inane videtur? nihil inconditum, nihil curtum, nihil claudicans, nihil redundans? In versu quidem theatra tota exclamant, si

E. 1) impensius 2) his 3) nesciant 4) quid? ipsi
L. 9. *his* 10. *quid? ipsi*

Ceteri (etiam Einsied.) praeter Meyerum, qui e coniectura *debent*. Or.

[*quis acutior*, *quis*] Desunt haec tria verba Erlang. Beier probabat Heusingeri coni. a Sch. receptam: ∞ *quis in rebus vel inveniendis acutior vel iudicandis acrior*. Or.

[*infensius*] Sic Einsied. Vit. Dresd. Mon. Ven. 2. Lamb. Meyer. — *impensius* Cdd. interpolati Palatt. duo. Erlang. Grut. Ern. Sch. Sed *impensius adversari* omnino Tullianum non est. Pro *versum* Eins.: ∞ *versus;* cfr. §. 187. Tum sic: — *vetat*, *numerum iubet esse*. Pro *Eius auditor* ceterorum, etiam Einsied. et Erl., Meyerus: ∞ *Cuius auditor* e Dresd., quem, ubi solus habet lect. aliquam, ego sequi non soleo. Tum *ab iis* scripsi cum Rufino Pithoei et Eins. (*hiis*) *nesciunt* Einsied. Viteb. Dresd. Mon. Aldd. Lamb. Grut. — *nesciant* Ven. 1. 2. Med. Ern. Sch. — *nesciat* Erl. Or.

§. 173. [*quia ipsi*] Recte Meyerus restituit hanc lect. Eins. Vit. Dresd. Mon. Ven. 1. 2. Aldd. Vict. Grut. — *quod ipsi* Vet. Erlang. — *quid? ipsi* Gryph. 1. Man. Lamb. Ern. Sch. Beier. Tum *moveantur* cum Gu. 3. Ven. 1. et Schuetzio (qui praeterea correxit *videatur*) etiam Erlang. improb. Beiero. Sane indicativus est acerbior. Meyerus e Dresd. solo: = *videtur inane*. Pro *curtum*, *incultum* Vet. Erl. Or.

[*exclamant*] Lamb. in Annotat. scil., non in contextu. Schirach. Schuetz. Beier: ∞ *reclamant* ex l. *de Orat.* 3, 50, §. 196. = *tota theatra* inveni in Gryph. 1. ut *Tuscul.* I. §. 105. *modis*, *qui totis theatris maestitiam inferant*. Pro *fuit*, — *fuerit* Erlang. Ven. 1. Med. — *fit* Gryph. 1. „Tum *aut* prius nemo omittit praeter Ernestium": notante Meyero. Abest tamen err. typogr., ut videtur, etiam a Grutero-Gronoviana. Tum: — *aut curat aut in quo offendat* Eins. Or.

fuit una syllaba aut[1] brevior aut longior. Nec vero multitudo pedes novit nec ullos numeros tenet nec illud, quod offendit, aut cur aut in quo offendat, intelligit: et tamen omnium longitudinum et brevitatum in sonis sicut acutarum graviumque vocum iudicium ipsa natura in auribus nostris collocavit.

Visne igitur, Brute, totum hunc locum accuratius 52
etiam explicemus quam illi ipsi, qui et haec et illa[2] nobis 174
tradiderunt? An his contenti esse, quae ab illis dicta sunt, possumus? Sed quid quaero velisne, quum literis tuis eruditissime scriptis te id vel maxime velle perspexerim? Primum ergo origo, deinde causa, post natura, tum ad extremum usus ipse explicetur orationis aptae atque numerosae.

E. 1) *Abest* aut 2) et alia
L. 8. *et alia*

[*et haec et illa*] Sic quidem Cdd. sinceri, Eins. Vit. Dresd. Mon. Ven. 2. Meyerus. Habet tamen nescio quam ambiguitatem et displicet *illa* sic positum post *illi*; nec tamen melior lectio vulgata (firmata ab Erlang.) *et haec et alia*; in qua prius *et* omittit Gu. 3. Schuetz. in Ed. mai. Aliud enim est vel ipsum illud *de Nat. Deor.* 3, 84. *sed haec vetera et alia permulta.* Dictys I, 7. *Haec atque alia eiusmodi*, ubi v. *alia* alio vocabulo definitur. Quum autem viderim saepe formulam *haec et talia* corruptam esse in *haec et alia*, hoc quoque loco, dummodo per Cdd. liceret, vellem equidem *qui haec et talia*; nam tum priori *et* nullus sane locus. cfr. *Tuscul.* 1. §. 116. *his et talibus auctoribus*: — *Philipp.* 14. §. 7. *his enim vitiis affectus et talibus.* — Liv. 21, 54, 11. *haec taliaque.* — Sueton. *Claud.* 10. *haec ac talia. Tit.* 8. *in his tot adversis ac talibus.* Tacit. *Annal.* XI. 17. *his atque talibus.* XIII. 6. *haec atque talia.* Prudentius *Cathem.* 7, 171. *mollitus his et talibus.* Livius *Praef.* §. 8. *haec et his similia.* Appuleius *Metam.* Lib. 4. p. 289. Oud. *His et his similibus blateratis*; ubi similia eiusdem scriptoris collegit Oud. Lectio tamen Ernestiana defendi poterit e Divinat. in Caecil. §. 29. *sunt haec et alia in te falsi accusatoris signa.* Verr. 2, 2, §. 87. *haec et alia Scipio non negligenter abiecerat*; qui tamen postremus locus rursus est dubius. Liv. I, 50. *haec atque alia eodem pertinentia.* De confusione v. *alia* et *talia* cfr. supra §. 165. *haec enim talia*, ubi Gu. 3. *haec enim et alia.* Pro *an his* legendum *an iis.* Tum Einsied.: — *velle maxime vel*, Erlang. *velle vel maxime* et uterque *Primum ergo* cum Ceteris. Meyerus ex Viteb.: *Primum igitur.* Sane paullo ante est *Visne igitur*, ut dubium remaneat, annon Cic. ipse variarit. Os.

Nam qui Isocratem maxime mirantur, hoc in eius summis laudibus ferunt, quod verbis solutis numeros primus adiunxerit. Quum enim videret oratores cum severitate audiri, poëtas autem cum voluptate, tum dicitur numeros secutus, quibus etiam in oratione uteremur[1], quum iucunditatis causa, tum ut varietas occurreret satie-
175 tati. Quod ab his vere quadam ex parte, non totum dicitur. Nam neminem in eo genere scientius versatum Isocrate confitendum est, sed princeps inveniendi fuit Thrasymachus, cuius omnia nimis etiam exstant scripta numerose. Nam (ut paullo ante dixi) paria paribus adiuncta et similiter definita itemque contrariis relata contraria, quae sua sponte, etiam si id non agas, cadunt plerumque numerose, Gorgias primus invenit, sed iis[2]

E. 1) utemur *err. typogr.* 2) his
I., 1. *in hoc eum s.* 5. *uteretur* 8. *scientius in eo genere*

[*hoc in eius* cet.] — *in hoc eum summis laudibus ferunt*] Alii libri vulgati („scil. sinceri":) habent *hoc in eius summis laudibus ferunt;* quam lectionem ob id non sum secutus, quod ita potius dixisset: *hoc in eius summis laudibus ponunt.* Malim tamen ita legi: *hoc in eius orationibus summis laudibus ferunt.* Arbitror enim vocem *orationibus* a scriptore librario esse praetermissam. Lambinus. Eadem fere difficultate, quae nata est Lambino de v. *ferunt* pro usitatiore *ponunt*, permoti Interpolatores Veteris Steph. et Erl. ita refinxisse videntur: *in hoc eum* cet. Or.

[*uteremur*] Sic Cdd. sinceri; nam idem est *utemur*, quod habet Monac. prorsus ut Ern. err. typogr. ∞ *uteretur* Gu. 3. Erl. (Vet.) Rufinus *de metris* p. 2720. Putsch. Steph. Lamb. unice probante Santenio ad *Terentianum* p. 105. Difficultas, quam, hac lectione sane perquam memorabili recepta, Meyerus reperisse sibi visus est in v. *etiam*, minor erit, ubi explicaris: „in ipsa quoque oratione, quae etiamtunc numeris carebat." Or.

§. 175. [*nimis etiam*] — om. *etiam* Eins. Rufinus. Tum: — *numerosa* Einsied. Dresd. Ven. prima. Einsied. om.: — *paullo.* Or.

[*paria paribus adiuncta*] Sunt ἰσόκωλα. Secus accepit C. G. Bardilius in Eichstadii *Novis Act. Soc. Lat. Ien.* Vol. I. p. 10. Beier.

[*iis est*] Sic Dresd. Med. — *is* Eins. Viteb. Erl. Rufinus. — *his* Cett. Deinde Meyerus ex Viteb. *intemperatius* (cfr. supra §. 23.) pro ceterorum, etiam Erl. *intemperantius.* Viteb. lectio firmatur ab Eins. Male Eins. et Cdd. Meyeri: *Idem autem est.* Or.

est usus intemperatius[1]. Id autem est genus (ut ante dictum est) ex tribus partibus collocationis alterum. Horum uterque Isocratem aetate praecurrit, ut eos ille 176
moderatione, non inventione vicerit. Est enim, ut in transferendis faciendisque verbis tranquillior, sic in ipsis numeris sedatior. Gorgias autem avidior est generis eius et iis[2] festivitatibus (sic enim ipse censet) insolentius abutitur: quas Isocrates, (quum tamen audisset[3] in Thessalia adolescens senem iam Gorgiam) moderatius temperavit. Quin etiam se ipse tantum, quantum aetate procedebat, (prope enim centum confecit annos) relaxarat a nimia necessitate numerorum; quod declarat in eo libro, quem ad Philippum Macedonem scripsit, quum iam admodum esset senex: in quo dicit sese minus iam servire numeris

E. 1) intemperantius 2) his 3) audivisset
L. 1. *his* - - *intemperantius* 7. *his* 8. *audivisset*

§. 176. [*ut eos ille*] Firmant hanc lect. Eins. Erl. = *ille eos* Rufin. — om. *eos* Viteb. Or.

[*faciendisque verbis*] om. haec Ed. Ven. Servat Rufinus. Beier. Om. etiam Eins. Vit. Mon. Servat Erl. Tum Rufin. *et iis festiv.;* quod recepi pro *his.* (*hiis* Eins.) Meyerus e Vit. *audisset* pro *audivisset.* (sic Eins.) Tum Eins. Vit. Dresd. Mon. Edd. vett. *moderatius etiam.* Non recepi, quia statim sequitur *Quin etiam.* Aldus delevisse videtur ex auctoritate Cdd. interpolatorum; nam etiam Erlang., et recte quidem, *etiam* non agnoscit. Or.

[*se ipse - - relaxarat - - se ipse - - correxerat*] Recte et Meyerus et Billerbeck reiecerunt Schuetzii coniecturas *se ipsum - - se ipsum*, quas Beierus erat recepturus, ut est saltem in eius Schedis. Is praeterea haec annotavit: „Hic Cicero itemque Dionysius Halic. in iudicio *de Isocrate* T. II. p. 99. falli videntur Schirachio, Isocratesque in orat. *ad Philippum* p. 128. l. 26. *ed. Wolf.* significare se exquisitiora artificia adhibere noluisse, quippe quae talem scriptionem dedecerent. Contra Victorium *Var. Lectt.* II. 17. Laelius Bisciola *Horar. subseciv.* T. I. L. II. c. 10. memorans (sub litera G.) *praelectiones suas in Cic. Oratorem ad M. Brutum* (s. lit. H.) Ciceronem cum ipso Isocrate conciliat ita, ut huius verba ὧν οὐδὲν ἔτι δύναμαι διὰ τὴν ἡλικίαν ambigue significent *propter longaevitatem et gravitatem aetatis neque se eum laborem ferre posse nec vero velle iudicio iam maturiore et sapientiore.*" — Cfr. nunc Spengelii συναγωγὴν p. 151. Aldd. lectiones *iam minus* et *correxit* habet Erlang., unde rursus vides, ab Aldo consultos esse Cdd. interpolatos, interdum non sine fructu. Or.

quam solitus esset. Ita non modo superiores, sed etiam se ipse correxerat.

53 Quoniam igitur habemus aptae orationis eos principes
177 auctoresque, quos diximus, et origo inventa est: causa quaeratur. Quae sic aperta est, ut mirer veteres non esse commotos, praesertim quum, ut fit, fortuito saepe aliquid concluse apteque dicerent. Quod quum animos hominum auresque pepulisset, ut intelligi posset, id, quod casus effudisset, cecidisse iucunde: notandum certe genus atque ipsi sibi imitandi fuerunt. Aures enim vel animus aurium nuntio naturalem quandam in se continet
178 vocum omnium mensionem. Itaque et longiora et breviora iudicat et perfecta ac moderata semper exspectat; mutila sentit quaedam et quasi decurtata, quibus, tamquam debito fraudetur, offenditur, productiora alia et quasi immoderatius excurrentia, quae magis etiam aspernantur aures; quod quum in plerisque tum in hoc genere nimium quod est, offendit vehementius quam id, quod videtur parum. Ut igitur poëtica et versus inventus est terminatione aurium, observatione prudentium, sic in oratione animadversum est multo illud quidem serius, sed eadem natura admonente, esse quosdam certos cursus conclusionesque verborum.

L. 21. *quidem illud*

§. 177. [*diximus*] firmat Erlang. contra Einsied. Vit. Mon. *dicimus*. Or.

[*et origo*] *et* pro *et ita* positum tuetur Goerenzius ad I. *Finn.* 7, 24. p. 31. Beier. Scil. omittunt *et* Gu. 3. Erl. Sch. in Ed. mai. Retinent Eins. et Cdd. Meyeri. Mox *perpollisset* Eins. *perpulisset* Dresd. Med. pro *pepulisset*. Cfr. supra §. 15. Meyerus laudat Drakenb. *ad Liv.* 3, 30. 5. Tum miram interpolationem Vet. Gu. 3. *Ipse enim vel animus* habet etiam Erlang. Casu, non voluntate v. *quandam* excidit e Meyeri Ed. Or.

§. 178. [*poëtica et versus*] — *poëtae versus* Vet. Gu. 3. Erl. — *in poëtica versus* Schuetz. coniectura, prob. Beiero. Mihi prorsus videtur supervacanea, quum recte et ex usu Cic. talia coniungendi significet: „versus, et, quae tota ex versibus constat, poëtica." — *cursus certos* Eins. a pr. manu, sed correctum *certos cursus*. Idem paullo ante habet errorem Vit. Dresd.: — *inutilia* pro *mutila*. Or.

Quoniam igitur causam quoque ostendimus, naturam 179
nunc, (id enim erat tertium) si placet, explicemus: quae disputatio non huius instituti sermonis est, sed artis intimae. Quaeri enim potest, qui sit orationis numerus, et ubi sit positus et natus ex quo, et is unusne sit an duo an plures quaque ratione componatur et ad quam rem et quando et quo loco et quemadmodum adhibitus
aliquid voluptatis afferat. Sed ut in plerisque rebus, sic 180
in hac duplex est considerandi via, quarum altera est
longior, brevior altera, eadem etiam planior. Est autem 54
longioris prima illa quaestio, sitne omnino ulla numerosa oratio. Quibusdam enim non videtur, quia nihil insit in ea certi ut in versibus, et quod ipsi, qui affirment esse eos[1] numeros, rationem cur sint, non queant reddere. Deinde, si sit numerus in oratione, qualis sit aut quales, et e poëticisne numeris an ex alio genere quodam, et, si e poëticis, quis eorum sit aut qui. Namque aliis unus modo, aliis plures, aliis omnes iidem videntur. Deinde, quicunque sunt[2] sive unus sive plures, commu-

E. 1) eos esse 2) sint
L. 5. (*et ex quo natus* Al. b.) 7. *et quomodo* (pro *et quando*) 14. *et quod illi . . eos esse* 16. *et ex* 20. (*quotcunque* Fort. b.)

§. 179. [*qui sit*] Schuetzii coniecturam *ecqui sit* recepturus erat Beier; uterque appellat Cap. 54. princ.: *sitne omnino.* Sed cfr. §. 203. — *e quo* cum Med. Eins. pro *ex quo.* Pro *et is unusne*, Eins. *et unusne.* Tum cum Dresd. *componantur;* solus autem ex nunc notis: — *et in quo loco.* Or.

§. 180. [*eadem*] — *et eadem* Erl. Pro *longioris* — *longior* Erl. Idem: *in ea insit.* Tum *ipsi illi* Cdd. interpolati, Erl. Nunc prorsus necessarium non videtur, ut legatur *ipsi illi;* etsi minime displicet. Or.

[*esse eos numeros*] Scil. *oratorios*, *in oratione.* Etenim in poëtica esse numeros ipsi illi minime negabant. Del. *eos* Schuetz, Meyerus, Beier in suo exemplari. — *veros*, vel *certos* volebat Burchardi. Ceterum *esse eos* est ex Eins. Vit. Dresd. Gu. 3, Erl., Victorio pro vulgato (Grut. Ern.) *eos esse.* Totum locum sic exhibet Erl.: — *quod illi*, *qui affirmant esse eos numeros in oratione*, *cur sint*, *nequeant.* Pro *non queant* Eins.: — *non possint.* Tum idem et Erlang. cum Lambino: = *et ex posticisne.* Deinceps omittit *sit* ante v. *aut qui.* Or.

[*quicunque sunt*] Ern. mala coniectura, etsi eam nunc firmat Eins., *sint. quotcunque* volebat Lamb. Coniecturam Heu-

nesne sint omni generi orationis; (quoniam aliud genus est narrandi, aliud persuadendi, aliud docendi:) an dispares numeri cuique orationis generi accommodentur. Si communes, qui sint: si dispares, quid intersit, et cur non aeque in oratione atque in versu numerus appareat.
181 Deinde, quod dicitur in oratione numerosum, id utrum numero solum efficiatur, an etiam vel compositione quadam vel genere verborum: anne[1] sit suum cuiusque, ut numerus intervallis, compositio vocibus, genus ipsum verborum quasi quaedam forma et lumen orationis appareat, sitve[2] omnium fons compositio ex eaque et nume-

E. 1) an 2) sitque
L. 1. *omnis generis orationi* 8. *an* 9. *in intervallis* - - *in vocibus* 10. *in quadam quasi forma et lumine* 11. *sitque*

singeri *omnis generis orationi* habent Erl. omnibus literis. Ven. Aldd. Crat. Lamb. Or.

§. 181. [*anne sit*] Sic Meyerus prob. Mosero. Exempla huius *anne* post *utrum* videsis apud Hand *Tursellin.* 1. p. 356. et cfr. in primis Oudendorpium *ad Appul.* T. 1. p. 51. — *an est* Cdd. noti, etiam Eins. — *an sit* Lamb. Ern. Sch. Paullo ante pro *efficiatur* Viteb.: — *conficiatur.* Or.

[*genus ipsum* cet.] Schuetzius e coniectura scripsit *genere ipso verborum quasi quaedam forma.* Sed triplex vocabulum, quod modo in ablativo praecesserat, hic redit in nominativo, eique bis per ablativum adiungitur ea res, qua unum quodque appareat, tertio vero loco alius nominativus, qui sit praedicati instar. Beier. Post optimam hanc explicationem nihil nunc mihi mutandum videtur. Priorem tamen meam dubitationem hic quoque recordabor: „Suspecta sunt v. *et lumen*, pro quibus Vet. Steph. *ut lumen;* nam intolerabilis paene est repetitio tam vicina: *quasi formae et lumina*, et *genus ipsum verborum*, *forma* quidem dici potest, non vero *lumen orationis.*" Male Nobbe sic edidit: *qua[e]dam forma.* Or.

[*sitve omnium fons compositio*] Sequentem locum de *compositione* i. e. structura verborum, quae tota servit gravitati vocum aut suavitati, Brewerus interpretando pervertit. Volgatum (etiam Eins.) *sitque* Schuetzius accipit pro *et utrum sit.* Idem in prima Ed. coniecerat *sitve* quod et mihi in mentem venit. Id recepi. Beier. Recte puto: nam *sitque*, etsi interpretatus est Schuetzius *et utrum sit*, neque hoc significare potest, et, si significaret, hoc ipsum falsum esset, quum requireretur significatio formulae *et an sit*, ipsius quoque inauditae et nullum locum hic habentis. Similis autem, etsi non prorsus eadem. est progressio *de Natura Deorum* 1. C. 12. *Protagoras sese negat omnino de diis habere quod liqueat, sint, non sint, qualesve sint.* i. e. „utrum sint, an non sint, quales

rus efficiatur et ea, quae dicuntur orationis quasi formae
et lumina, quae (ut dixi) Graeci vocant σχήματα. At 182
non est unum nec idem, quod voce iucundum est, quod[1]
moderatione absolutum et quod illuminatum genere verborum, quamquam id quidem finitimum est numero, quia per se plerumque perfectum est: compositio autem ab utroque differt, quae tota servit gravitati vocum aut suavitati. Haec igitur fere sunt, in quibus rei natura quaerenda sit.

Esse ergo in oratione numerum quendam non est 55
difficile cognoscere. Iudicat enim sensus: in quo ini- 183
quum est, quod accidit, non agnoscere[2], si, cur id accidat, reperire nequeamus. Neque enim ipse versus ratione est cognitus, sed natura atque sensu, quem dimensa ratio docuit, quid acciderit. Ita notatio naturae et animadversio peperit artem. Sed in versibus res est apertior, quamquam etiam a modis quibusdam cantu remoto soluta esse videatur oratio maximeque id in optimo quo-

E. 1) et quod 2) cognoscere
L. 3. *et quod* 10. *Esse igitur*

denique sint." Nostro loco *sitve* erit, „an denique sit." Ceterum Schuetzius in Ed. mai. ex altera coni. minus bona *sitne;* quae caret et coniunctione cum praecedentibus et iusta oppositione, vel, ut dicit Burchardi, qui ipse quoque *sitve* probabat: „post *sitne* alteram etiamnum interrogationem exspectaremus, quae hic non apparet." Or.

[*et ea, quae dicuntur*] — om. *ea* Eins. Or.

§. 182. [*quod moderatione*] Sic Eins. Viteb. Dresd. Mon. Ven. 1. 2. Med. Meyerus. — *et quod* cum Erl. recentiores. Pro *moderatione* h. l. et *de Oratore* I. §. 254. Muretus volebat *modulatione*, quo tamen vocabulo Cic. nunquam videtur esse usus. Cfr. supra §. 58. Tum: — *illuminatum est* Eins. et idem: ∾ *quaerenda est.* Or.

§. 183. [*Iudicat*] Schuetzius e coni. *indicat.* Sed cfr. Cap. 49. princ. 53. §. 177. extr. C. 58. extr. *Brut.* 8, 34. Beier. Pro *iniquum est* = *est iniquum* Erl. — *agnoscere* firmant nunc Eins. Viteb. Dresd. Mon. Erl. praeter Gu. 3. — *cognoscere* ex Repett. Lambb. venit in Grut. Ern. — *accidit* (pro *accidat*) Einsied. Dresd. Edd. vett. *videatur* post partic. *quamquam* potest suspectum videri atque emendandum *videtur.* Nisi vero *quamquam*, ut saepe, est per se positum, et coniunctivus significat: „facile potest videri." Ern. suspicio *in modis* originem debet falsae distinctioni. Post *nominantur* solus Lamb. inculcavit *appareat.* Or.

que eorum poëtarum, qui λυρικοὶ a Graecis nominantur, quos quum cantu spoliaveris, nuda paene remanet oratio.
184 Quorum similia sunt quaedam etiam apud nostros, velut ille[1] in Thyeste:

Quemnam te esse dicam? qui tarda in senectute —

et quae sequuntur, quae, nisi quum tibicen accessit, orationis[2] sunt solutae simillima. Ac[3] comicorum senarii propter similitudinem sermonis sic saepe sunt abiecti, ut nonnunquam vix in eis[4] numerus et versus intelligi possit. Quo est ad inveniendum difficilior in oratione nu-
185 merus quam in versibus. Omnino duo sunt, quae condiant orationem, verborum numerorumque iucunditas. In verbis inest quasi materia quaedam, in numero autem expolitio. Sed ut ceteris in rebus necessitatis inventa antiquiora sunt quam voluptatis, ita[5] in hac re accidit,

E. 1) illa 2) orationi 3) At 4) in his 5) ita et
L. 1. *nominantur, appareat* 4. *illa* 7. *orationi* Ib. *At* 9. *in his* 15: *ita et*

§. 184. [*ille in Thyeste*] Sic recte Meyerus cum Eins. Vit. Dresd. Mon. Med. Ald. 1. Iu. Crat. Vict. Man. — *illa* Erl. Ald. 2. Lamb. Ern. Schuetz. Notabilis, nec per se reprehendenda omissio pron. *ille* in Ven. 2. Gryph. 1. cfr. Addenda ad *Cic. Opp.* Vol. 4. P. 2. p. 598. de loco *Nat. deor.* 1, 6, 13. *ut ille in Synephebis — ut in Synephebis — ut in Synephebis est:* sic h. l. omisso *ille* deberet esse, *velut in Thyeste est.* Or. (Cfr. Columna ad Ennii *Fragmm.* pag. 421. Est Bacchiacus. Beier.) Pro *qui:* — *quin* Einsied. Dresd. Palat. prim. Ven. sec. Or.

[*orationis sunt*] Cdd. utriusque generis sum secutus scil. Eins. Vit. Dresd. Mon. Gu. 3. Erl. Sane §. 191. sine varietate est *orationi simillimns.* Contra Beier: „[*orationi*] Gu. 3.: *orationis.* Sed hic spectantur numeri tantum, non internum orationis ingenium. V. *Quaestio verumne sit adiectivo similis in externa similitudine dandi, in interna gignendi semper adiungi proposita auctore* Frid. Ludov. Muiffelmann. *Suerini ex offic. aulica.* 4.

[*Ac comicorum*] Sic Monac. Gu. 3. Schuetz. Meyer. probb. Santenio ad *Terentianum* p. 161., Handio *Tursell.* 1. p. 476. et Beiero, qui haec annotavit: „*ac* pro *et sane* positum explicat Goerenz ad II. *Acadd.* 2, 5. — *at c.* Ceteri cum Eins. Vit. Dresd. et Erl. Tum *in eis* Gu. 3. Erl. Sch. Meyerus pro ceterorum *in his.* (Eins. *in hiis.*) Or.

§. 185. [*in numero autem*] ∞ om. *autem* Eins. a pr. manu. Ven. sec. Or.

[*ita in hac re - - - excogitata*] Haec omnia videntur de-

ut multis seculis ante oratio nuda ac rudis ad solos animorum sensus exprimendos fuerit reperta, quam ratio numerorum causa delectationis aurium excogitata. Itaque 186
et Herodotus et eadem superiorque aetas numero caruit nisi quando temere ac fortuito, et scriptores perveteres de numero nihil omnino, de oratione praecepta multa nobis reliquerunt. Nam quod et facilius est et magis necessarium, id semper ante cognoscitur. Itaque tralata 56
aut facta aut iuncta verba facile sunt cognita, quia sumebantur e consuetudine quotidianoque sermone. Numerus autem non domo depromebatur neque habebat aliquam necessitudinem aut cognationem cum oratione. Itaque serius aliquanto notatus et cognitus quasi quandam palaestram et extrema lineamenta orationi attulit. Quod si et angusta quaedam atque concisa et alia est 187
collatata et diffusa oratio, necesse est id non literarum

L. 11. *autem nondum deprehendebatur* 16. *dilatata*

beri Cdd. interpolatis; nam ex Einsied. Vit. Dresd. Monac. Ven. 1. exciderunt propter v. similia *ita* - - *itaque*. Suppleta iam sunt in Ven. 2. Recte autem Meyerus, ut volebat Schuetz, cum Ven. 2. Mediol. Tul. omisit *et* vulgo post *ita* positum. Or.

§. 186. [*et eadem* cet.] Erlang. habet sic: *et eadem superior aetas numero placuit, sed nisi quodammodo.* „*En crimine ab uno disce omnes*" istos interpolatos. Vides eum praecepisse quodammodo Heusingeri coni., qui quum e Gu. 3. notasset tantummodo: *placuit*, falsum hoc esse perspiciens volebat: *non placuit*. Notanda lectio Gryph. 2. *nisi si quando.* Tum *nobis multa* Meyerus et Viteb. Cett., etiam Eins. et Erl.: = *multa nobis.* Idem cum Cdd. (Eins. Erl.) *translata.* Tum Eins.: — *nam quod facilius* om. *et.* Idem: — *aut iuncta aut facta.* Or.

[*domo*] Pro Cdd. (etiam Eins. Vit. Erl.) *modo* emendavit Petrus Victorius in *Castigg. poster. in Epp. ad Fam.* 7, 25. Beier. *domo* videtur habere Monac. scriptus in usum Victorii, ex eius sic corrigentis fortasse iussu. Attamen unus quoque Lamb. Cd. habebat *non domo depremebatur* (sic), ex quo errore is coniecturâ fecit: *nondum deprehendebatur.* Ceterum cfr. *Verr.* 2, 3, §. 155. *nonne verba domo patroni depromere videtur?* Or.

§. 187. [*Quod si et angusta*] — om. *et* Eins. Or.

[*collatata et difusa*] cum Meyero nunc restitui lect. Monac. Mediol. Ven. 2. Aldd. Iu. Crat. Man. Grut. Ern. — Vit. (*collocata*) Eins. (*concalcata*) et Dresd. (*collata*) errores eodem

accidere natura, sed intervallorum longorum et brevium varietate: quibus implicata atque permixta oratio quoniam tum stabilis est tum volubilis, necesse est eiusmodi naturam numeris contineri. Nam circuitus ille, quem saepe iam diximus, incitatior numero ipso fertur et labitur, quoad perveniat ad finem et insistat. Perspicuum est igitur numeris astrictam orationem esse debere, carere versibus.

188 Sed ei[1] numeri poëticine sint, an ex alio genere quodam, deinceps est videndum. Nullus est igitur numerus extra poëticos, propterea quod definita sunt genera numerorum. Nam omnis talis est, ut unus sit e tribus.

E. 1) hi
L. 1. *accidere tantum n.* 9. *hi*

ducunt: sinceri autem Cdd. *diffusa* tuentur; interpolati contra Vet. Steph. Gu. 3. Erl. *dilatata et fusa*, quod receperam ego post Schuetzium: cfr. Frotscherum pag. XII. Beier et Billerbeck praetulerunt Steph. et Lamb. mixtam lectionem *dilatata et diffusa.* Meyerus praeterea vult: *Quod si est angusta quaedam atque concisa et alia collatata*, quum *est* post *alia* absit a Viteb. Monac. Ven. 1. 2. Ernestius quomodo probare potuerit Eins. Viteb. Dresd. Ven. 1. Med. errorem: *accedere* pro *accidere*, equidem nunquam intellexi. Scil. habent *accedere naturae.* Peius etiam Erl. *accipi tum natura.* — *implicita* Mediol, et Norimb. Sed apud Cic. hanc formam fere reperi nonnisi in Cdd. recentioribus, e quibus transiit in Edd. vett. *permixta* est in Einsied. Ven. prima, Lamb. Plerique: = *permista.* Or.

[*eiusmodi naturam*] Recte hanc Cdd. utriusque generis (etiam Eins. Mon. Erl.) lectionem defendit atque explicavit Meyerus, ita ut opus non sit variis illis V. D. suspicionibus, nec Schuetzii *correctione eiusmodi varietatem*, tractam e lect. *eiusmodi ut naturam* Gu. 3.; quod vitium huius Cd. proprium videtur neque comparet in gemino Erlang. Accedit iam alia Beieri suspicio: — *eiusmodi vincturam.* Or.

[*incitatior* – – *fertur et labitur*] i. e. a primo incitatius fluit, tum paullatim tardius labitur, donec insistat. cfr. C. 63, §. 212. *Tarditas* autem inest in ipsa notione labendi. Viderit ergo Schuetzius, quam vere correxerit *vel incitatior* – *fertur vel tardius labitur.* Beier. Sic fere etiam Meyerus Schuetzium refutavit. — *persistat* Eins., sed in marg. *insistat.* — *insidat* Erl. — *sistat* Vet. Or.

§. 188. [*Sed ei numeri*] Sic Eins. Viteb. Ven. 1. 2. Med. Tul. — *s. hi n.* Ceteri. Or.

Pes enim, qui adhibetur ad numeros, partitur in tria, ut necesse sit partem pedis aut aequalem alteri parti aut altero tanto aut sesqui esse maiorem. Ita fit aequalis dactylus, duplex iambus, sesquiplex paean[1]; qui pedes in orationem non cadere quî possunt? quibus ordine locatis quod efficitur, numerosum sit necesse est. Sed 189
quaeritur, quo numero aut quibus potissimum sit utendum. Incidere vero omnes in orationem etiam ex hoc intelligi potest, quod versus saepe in oratione per imprudentiam dicimus: quod vehementer est vitiosum, sed non attendimus neque exaudimus nosmet ipsos. Senarios vero et Hipponacteos effugere vix possumus: magnam

E. 1) sesqui paeon
L. 2. *aequalem esse* 12. *Hyponacteos* (Margo b., ut nos.)

[*partitur in tria*] Schuetzius e coni. *partitur ita.* Nescio an *in tria*, quod Schirachius cum libris quibusdam omisit, possit explicari: „ita, ut triplex exsistat proportio," vel, „triplici modo." Beier. Cfr. Meyerum. Verba *in tria* omittuntur a Cdd. interpolatis Pith. Palatt. duobus, Erl.; habent sinceri, etiam Eins. Mox *aequalem esse* Eins. et Erl. cum Edd. ante Ern., qui delevit *esse* auctoritate Vit. Or.

[*sesqui*] i. e. dimidio sive *semis* vel *ses.* Pro modo *sesquiplice* sive *sescuplo* i. e. *sesquialtera proportione* accepit Budaeus *de asse Lib.* 1. p. 10., cuius transponentis *aut altero tanto maiorem aut sesqui* errorem repetiit Gesner in *Thesauro* T. IV. p. 420. 88-102. Beier.

[*Ita fit* cet.] Haec per breviloquentiam dicuntur pro: „Ita fit (exsistit) dactylus, in quo inest modus aequalis, iambus, in quo duplex, paeon, in quo sesquiplex." Vereor, ne Schuetz ipsum Tullium castigarit interpolando: — *aequalis dactylis*, *duplex iambis*, *sesquiplex paeoni.* Gothofredus in marg. annotavit alios (scil. Lambinum in *Annot.*) reponere genitivos *dactyli*, *d. iambi*, *sesqui paeonis*, ut subintelligatur *pars.* Beier. *sesquiplex*, quod Beier Victori Pisano tribuebat, certe non est in Ed., quam possideo, anni 1492. At reperi in Asc. sec. Crat. Hervag. Cam. Lamb. Recepi cum Meyero ac Beiero. Ceteri cum Cdd. notis (Erl. *seqns* cum lineola): — *sesqui paean* habent Eins. Vit. Dresd. Monac. C2d. Lambini. Edd. vett. Meyerus. = *paeon* Erlang. Grut. Recentiores. Tum Eins. a pr. manu: — *in orationem cadere quin possunt* a sec. m. *non* superscr. verbo *cadere* nec tamen *n* del. in *quin.* Or.

§. 189. [*aut quibus*] *pedibus* male addit Viteb., quem ipsum iam aliquoties ab interpolatt. non prorsus liberum esse vidimus. Contrario vitio Eins. omittit *etiam* et *saepe.* Mox con-

enim partem ex iambis nostra constat oratio. Sed tamen eos versus facile agnoscit auditor; sunt enim usitatissimi. Inculcamus autem per imprudentiam saepe etiam minus usitatos, sed tamen versus; vitiosum genus et longa animi
190 provisione fugiendum. Elegit ex multis Isocrati[1] libris triginta fortasse versus Hieronymus, Peripateticus in primis nobilis, plerosque senarios, sed etiam anapaestos[2]; quo quid potest esse turpius? Etsi in eligendo fecit malitiose: prima enim syllaba dempta in primo verbo sententiae, postremum ad verbum primam rursus syllabam adiunxit iusequentis: itaque[3] factus est anapaestus is,

E. 1) Isocratis 2) anapaesta 3) Ita
L. 5. *Isocratis* 7. *anapaesticos* 9. *ex primo* 11. *Ita - - anapaesticus*

sentiunt interpolati in: *Est id* (*illud* Vet.) *vehementer vitiosum* Vet. Gu. 3. Erl. Tum: = *vix effugere* Eins. Pro *magnam enim partem* (Einsied.) quod ubique fere corrumpitur *in ex magna*, *magna ex parte* h. l. *magna enim parte* Dresd. Erl. Pro *agnoscit*, ut fit, *cognoscit* Vit. Dresd. *agnoscit* retinent Eins. et Monac. Sane in tanta Cdd. discrepantia inter ista duo verba *agnoscere* et *cognoscere*, ubicunque leguntur, dubii saepe maneamus necesse est. Id tamen negari nequit, locos inveniri haud paucos, in quibus nostra cum consuetudine consentiunt Cdd. omnes, veluti infra §. 215. cuncti (etiam Eins.) habent: *Primum enim numerus agnoscitur*, nullus *cognoscitur*; praeterea recordemur necesse est et propter compendia scribendi, maxime Seculo XV. usitata, confusum esse saepenumero verbum utrumque, et, quum Itali *agnoscendi* vocabulum prorsus ignorent — *agnimento* enim antiquatum est, *agnizione* a Salvinio creatum — Italos pronos fuisse in *cognoscendi* verbum alteri substituendum, Ceterum cfr. Meyerum ad h. l. et Ochsneri *Eclogas* Ed. tertiae p. 57. Or.

§. 190. [*Isocrati*] Sic etiam *ad Attic.* II. Ep. 2. Vide Schirach ad h. l. et Goerenz ad ll. *de Finn.* p. 175. 292. 535. 545. Maium ad I. *de Rep.* p. 14. p. 40. Beier. *Isocrati* Einsied. Monac. Grut. Meyer. = *Isocratis* cum Erl. Ceteri. Praeterea *eligit* Gu. 3. Erl. Or.

[*anapaestos*] Sequendus videbatur Viteb. — *anapaestica* Eins. *anapaesta* Dresd. Mon. (ut videtur) Grut. Ern. Sch. Meyer. Sed genus neutrum videtur id potius significare quod nos dicimus, *systema anapaesticum*. cfr. *Tuscul.* 3, §. 57. — *anapaesticos* Erl. Med. Aldd. In. Crat. Lamb. Eins. autem et sinceri Cdd. *in primo*. De versibus apud Isocratem reperiendis cfr. in primis Spengelii *συναγωγὴν τεχνῶν* p. 152. Or.

[*Itaque factus*] Sic Eins. Viteb. Dresd. Mon. Erl. — *Ita factus* Ceteri. — *anapaestus*] Sic Cdd. noti, etiam Einsied. et

qui Aristophanius[1] nominatur. Quod ne accidat, observari nec potest nec necesse est. Sed tamen hic corrector in eo ipso loco, quo reprehendit, (ut a me animadversum est studiose inquirente in eum) immittit imprudens ipse senarium. Sit igitur hoc cognitum, in solutis etiam verbis inesse numeros eosdemque esse oratorios, qui sint poëtici.

Sequitur ergo, ut, qui maxime cadant in orationem 57
aptam numeri, videndum sit. Sunt enim qui iambicum 191
putent, quod sit orationi simillimus: qua de causa fieri,
ut is potissimum propter similitudinem veritatis adhibeatur in fabulis, quod ille dactylicus numerus hexametro-

E. 1) Aristophaneus
L. 1. *Aristophaneus* 3. *(quo Isocratem reprehendit* Fort. b.*)* 4. *studiosius - - emittit* 7. *sunt*

Erlang. — *anapaesticus* Ven. 2. Med. Crat. Lamb. cfr. *de Orat.* 3, 48, 185. *Aristophanius* Eins. = *Aristophaneus* Cett. — *in eo loco ipso* Eins. Pro *loco*, — *libro* Erl. Or.

[*quo reprehendit*] „Margo 1584. *quo Isocratem reprehendit.* Certe aut nomen Isocratis aut pronomen *illum* hic inserendum videtur." Schuetz. Ad v. *quo reprehendit* intellig. *alium.* Nec vero *illum* addas neve *Isocratem.* Beier. Stephani et Lamb. *studiosius* in nullo adhuc Cd. repertum est. Fortasse fuit in Vetere Stephani. De forma *inquirenti* (Eins. Viteb. Dresd. Edd. vett. Vict.) reducta a Meyero cfr. Meyerum et me in Wolfii *Scholis ad Tuscul.* 5, §. 42. = *inquirente* Recentiores inde a Stephano, quod retinui. — *requirente* Erl. — *etiam in verbis solutis* Erl. Tum idem: *qui sunt*, ut Aldd. Lamb. Or.

§. 191. [*Sequitur ergo*] — *Sequitur igitur - - - cadunt in oratione in aptam* Eins. Pro *iambicum:* — *iambum* Ven. 2. Tulich. Gryph. sec., ut §. seq. — Eins. et Cdd. Meyeri servant *iambicum.* Erl. ridiculum habet errorem Veteris Steph.: — *ambiguum.* Or.

[*in spondeo et trochaeo*] „Miror Ernestium pro *trochaeo* substitum *tribrachy* voluisse. Sed hunc quidem Ciceronis locum vindicandum existimem his Caesii verbis de tribrachye p. 2666. *P.: Cicero enim* (fort. *eum in*) *Oratore etiam* trochaeum *appellavit.*" Santenius ad Terentianum p. 106.

[*quod ille*] — *quum ille* Ernestii susp. non recepta. Pro *levis:* — *lenis* Eins. Vit. Dresd. Erlang. Ven 2. Crat. — om. *profectus* Eins. Pro *et trochaeum:* — *et choreum* Ven. 2. Tul. Deinceps post verba *Quod enim* in Erlang. sine defectus signo omnia desunt usque ad §. 231. v. *in eodem semper.* Idem defectus Veteris Stephani. Or.

rum magniloquentiae sit accommodatior. Ephorus autem, levis ipse orator, sed profectus ex optima disciplina, paeana[1] sequitur aut dactylum, fugit autem spondeum et trochaeum. Quod enim paean habeat tres breves, dactylus autem duas, brevitate et celeritate syllabarum labi putat verba proclivius, contraque accidere in spondeo et trochaeo; quod alter e[2] longis constaret, alter e brevibus fieret, alteram nimis incitatam, alteram nimis tardam ora-
192 tionem, neutram temperatam. Sed et illi priores errant et Ephorus in culpa est. Nam et qui paeana praetereunt, non vident mollissimum a sese numerum eundemque amplissimum praeteriri. Quod longe Aristoteli videtur secus, qui iudicat heroum numerum grandiorem quam desideret soluta oratio, iambum autem nimis e vulgari esse sermone. Ita neque humilem et[3] abiectam orationem nec nimis altam et exaggeratam probat, plenam tamen eam vult esse gravitatis, ut eos qui audient ad
193 maiorem admirationem possit traducere. Trochaeum autem, qui est eodem spatio quo choreus, cordacem appellat, quia contractio et brevitas dignitatem non habeat. Ita paeana probat eoque ait uti omnes, sed ipsos non

E. 1) pacona (*et sic semper*) 2) *Abest* e 3) nec
L. 7. *ex longis*

[*brevitate et celeritate*] Schuetzius e coni. paullo audacius: *temperata brevitate et proceritate;* satis tamen commode. Cfr. Quintil. IX, 4, 87. Sed fortasse hic brevium maxime in utroque pede syllabarum ratio habetur, quo respicit sequens *proclivius*. Ad tarditatem vel gravitatem longae syllabae propria vis verbi *labitur*. Deinceps Edd. vett. addita praepositione *e longis*. Bene. Beier. — Pro *brevitate* prave Burchardi proposuit *gravitate*. — *e longis* ex suis Cdd. (etiam cum Eins. et Monac.) restituit Meyerus. cfr. §. 198. *constat e numeris*. — *quod alter e longis constet, alter e brevibus: fieri alterum* cet. Ern. susp. In v. *Nam et qui* del. *et* Man. et Schuetz. cfr. Matthiae *de Anacol.* p. 5. Tum *et abiectam* etiam Meyerus et Beier cum Lamb. et Schuetzio pro ceterorum *nec* vel *neque* (sic Eins.). — *audiant*, ut volebat Ern., habent Monac. Kob. Sed vide Meyerum. Beier haec annotavit: „Rectius futurum ἀορίστως ponitur." — Sic in *Sestiana* §. 96. *nec ab utilitate eorum, qui audient – – abhorrebit oratio mea.* Or.

§. 193. [*cordacem*] Meursius de orchestra p. 41. ex Aristotelis *Rhet.* III. 8. legi voluit *cordacicum*. Caute assensum

sentire, quum utantur: esse autem tertium ac medium
inter illos, sed ita factos eos pedes esse, ut in eis singulis modus insit aut sesquiplex aut duplex aut par.
Itaque illi, de quibus ante dixi, tantummodo commodita-
tis habuerunt rationem, nullam dignitatis. Iambus enim 194
et dactylus in versum cadunt maxime. Itaque ut versum
fugimus in oratione, sic hi sunt evitandi continuati pedes.
Aliud enim quiddam est oratio, nec quidquam inimicius
quam illa versibus. Paean autem minime est aptus ad
versum: quo libentius eum recipit[1] oratio. Ephorus
vero ne spondeum quidem, quem fugit, intelligit esse
aequalem dactylo, quem probat. Syllabis enim metien-
dos pedes, non intervallis existimat: quod idem facit in
trochaeo, qui temporibus et intervallis est par iambo,
sed eo vitiosus in oratione, si ponatur extremus, quod
verba melius in syllabas longiores cadunt. Atque haec,
quae sunt apud Aristotelem, eadem a Theophrasto Theo-
decteque de paeane dicuntur. Ego autem sentio omnes 195
in oratione esse quasi permixtos et confusos pedes. Nec
enim effugere possemus animadversionem, si semper eisdem uteremur, quia nec[2] numerosa esse ut poëma neque

E. 1) recepit 2) neque
L. 1. (*cur utantur* Al. b.) 10. *recepit* 15. (*vitiosus est* Fort. b.)

retinuit Gruterus. Cfr. Quintil. IX, 4, 88. *eique cordacis nomen imponat.* De saltationis petulantia v. Beckii *Comment. ad Aristoph. Nub.* v. 540. Beier. *cordacium* volebat Spalding. κορδακικόν Schuetz. In verbis: *sed ipsos non sentire* — om. *ipsos* Einsied. Mox *cur utantur* suspicatus est Lamb. in *Annot.* Or.

[*in eis singulis*] Schuetz auctore Ernesto delevit pron. *eis*, sine causa idonea. Beier. Omisit *eis* etiam Meyerus: sed omnes Cdd. nuper collati, nominatim Eins., firmant istud vocabulum. Or.

§. 194. [*habuerunt rationem* cet.] = *rationem habuerunt*, *dignitatis nullam* Eins. Tum idem: — *hii sunt vitandi - - nec quiddam.* Mox *recipit* Viteb. Mon. Ven. sec. Med. Tul. Meyer. Ceteri, etiam Eins.: ∞ *recepit*, quod ἀορίστως acceptum defendi potest. Pro *vitiosus:* — *vitiosius* Eins. Viteb. Dresd. Edd. vett. Haud male Margo 1584. *vitiosus est.* Mox: — *Theodoctoque* Eins. Tum *nec numerosa* Eins. Crat. Vict. Lamb. pro Cett. = *neque n.* Or.

extra numerum ut sermo vulgi est[1], debet oratio. Alterum nimis est vinctum, ut de industria factum appareat,
alterum nimis dissolutum, ut pervagatum ac vulgare vi-
196 deatur: ut ab altero non delectere, alterum oderis. Sit
igitur (ut supra dixi) permixta et temperata numeris nec
dissoluta nec tota numerosa, paeane maxime (quoniam
optimus auctor ita censet), sed reliquis etiam numeris,
quos ille praeterit, † temperata.
58 Quos autem numeros cum quibus tamquam purpuram
misceri oporteat, nunc dicendum est, atque etiam quibus
orationis generibus sint quique accommodatissimi. Iambus enim frequentissimus est in iis, quae demisso atque
197 humili sermone dicuntur: paean autem in amplioribus:
in utroque dactylus. Itaque[2] in varia et perpetua oratione hi sunt inter se miscendi et temperandi. Sic minime animadvertetur delectationis aucupium et quadrandae
orationis industria: quae latebit eo magis, si et verbo-

E. 1) vulgi esse 2) Ita
L. 14. *Ita*

§. 195. [*esse debet*] V. *esse* in Ed. Ven. 1. Med. (Ern.) iteratum delevi cum (Ven. 2.) Tulichio: nam in Ald. legitur *est.* Beier. Ego Cdd. Meyeri, Edd. vett. Lamb. secutus sum restituens v. *est.* — *numerosa esse - - ut sermo vulgi, debet esse oratio* Eins. Tum idem cum Viteb. Edd. vett. *iunctum* pro *vinctum*; idem *factum esse appareat.* Meyerus prius *esse* [ ]. De vv. *ab altero delectere* cfr. Hand *Tursellin.* p. 26. Or.

§. 196. [*temperata numeris*] Schuetz *implicata numeris* e coni. comparato C. 56, §. 187. Sed cfr. §. 195. *permixtos et confusos* 58, 197. pr. Beier. Sane Schuetzii coni. omni caret probabilitate. Molestum tamen est *permixta et temperata - - reliquis etiam numeris - - temperata.* Sic etiam Eins. Sed hoc ultimum corruptum videtur, quum Viteb. habeat *comparata.* Iam quum statim sequatur *purpurae* similitudo, vide ne in *comparata* lateat *colorata*, ut §. 42. *eloquentia ipsa se colorat.* Malim tamen e §. 199. *terminata*; utriusque voc. et *temperata* et *terminata* compendium valde simile est in Cd. Eins. — Pro *in iis:* = *in eis* Rufin. — *in hiis* Eins. — *in his* Viteb. Edd. vett. Or.

§. 197. [*Itaque in varia*] Sic Eins. Rufin. p. 2724. *Putsch.*, quod praeferendum videbatur Ceterorum *Ita* cet. Mox: — *advertetur* Eins. pro *animadvertetur* (*animo advertetur* Venetae ambae.) prorsus, ut *ad Famil.* 1, 1, 3. *advertebatur* Cd. Med. pro rectiore Lamb. lectione *animadvertebatur.* Mox: — *admirantes accipiunt* Eins. — *admirantur excipiunt* Vit. Or.

rum et sententiarum ponderibus utemur. Nam qui audiunt haec duo animadvertunt et iucunda sibi censent,
verba dico et sententias, eaque dum animis attentis admirantes excipiunt, fugit eos et praetervolat numerus:
qui tamen si abesset, illa ipsa minus[1] delectarent. Nec 198
vero is[2] cursus est numerorum[3], orationis dico, — nam
est longe aliter in versibus — nihil ut fiat extra modum,
nam id quidem esset poëma; sed omnis nec claudicans
nec quasi fluctuans et aequaliter constanterque ingrediens
numerosa habetur oratio. Atque id in dicendo numerosum putatur, non quod totum constat e numeris, sed
quod ad numeros proxime accedit: quo etiam difficilius
est oratione uti quam versibus, quod in[4] illis certa quaedam et definita lex est, quam sequi sit necesse; in dicendo
autem nihil est propositum, nisi ut[5] ne immoderata aut
angusta aut dissoluta aut fluens sit oratio. Itaque non
sunt in ea tamquam tibicinii[6] percussionum modi, sed uni-

E. 1) *Abest* minus 2) Nec vero nimius is 3) [numerorum] 4) *Abest* in 5) nisi aut 6) tibicini

L. 5. Abest *minus* 6. *Nec vero nimius is cursus esto* 10. *habeatur* 11. *putetur* 15. *nisi aut (nisi ne aut* Lamb. b.)

[*minus delectarent*] *minus* accessit e coni. Purgoldi. Videtur voc. corruptum esse in *nimius:* nam in libris deinceps scribitur: *Nec vero nimius is.* Beier. Purgoldum nunc cum Meyero et Beiero secutus sum. Cdd. non *nimius* habent post *vero:* sed *minus* Eins. Viteb. Dresd. Regii. — *nimis* Monac. *nec vero nimius is* primus dedisse videtur Aldus: *esto* autem mera est coniectura Lambini. Or.

§. 198. [*cursus numerorum*] Est *cursus numerosae orationis*, non, ut Schellerus interpretatur, *membrorum.* Beier. Voc. *numerorum* nemini suspectum fuit nisi Ernestio. Statim etiam Beiero placuit Schuetzii *aequabiliter; aequaliter* defendit Frotscher ad *Quintil.* X, 1, 86. Or.

[*quod in illis*] Recte Meyerus e Cdd. (etiam Eins.) restituit *in*, quod e Repetit. Lamb. 1584. Grut. Ern. Seqq. casu videtur excidisse. Non tamen notatur e Monac. Paullo ante *habeatur - - putetur* Lamb. Posterius sane habet Viteb.; sed Eins. nostram firmat lectionem. Deinde Meyerus, ut ego, recepit Schuetzii *nisi ut* pro Cdd. (etiam Einsied.) *nisi aut.* Or.

[*tamquam tibicinii*] Sic scripsi, ne Ceterorum *tibicini*, nulla constructione, a v. *tibicen* ductum pro dativo haberetur. Est autem: „non sunt in ea ii quasi percussionum modi, quos in

versa comprehensio et species orationis clausa et terminata est: quod voluptate aurium iudicatur.

59 Solet autem quaeri, totone in ambitu verborum nu-
199 meri tenendi sint, an in primis partibus atque in extremis. Plerique enim censent cadere tantum numerose oportere terminarique sententiam. Est autem, ut id maxime deceat, non id solum; ponendus est enim ille ambitus, non abiiciendus. Quare quum aures extremum semper exspectent in eoque acquiescant, id vacare numero non oportet, sed ad hunc exitum tamen a principio ferri debet verborum illa comprehensio et tota a capite ita fluere, ut ad
200 extremum veniens ipsa consistat. Id autem bona disciplina exercitatis, qui et multa scripserint et, quaecunque etiam sine scripto dicerent, similia scriptorum effecerint, non erit difficillimum. Ante enim circumscribitur mente sententia confestimque verba concurrunt, quae mens eadem, qua nihil est celerius, statim dimittit, ut suo quodque loco respondeat: quorum descriptus ordo alias

tibicinio tenemus." Viteb. quidem habet *tibicinis*. Sic *tibicinis* pro *tibicini* vel *tibicinii* erat olim *de Nat. Deor.* II. §. 22. Or.

§. 199. [*atque in extremis*] Schuetzius e coni. addidit *an solum in extremis.* Sed variatur hic oratio: *plerique enim* pro: *an, ut plerique censent, oporteat.* Idem deinceps: *non ut id solum*, improbante Goerenzio ad II. *Acad.* 20, 66. p. 123. Non tamen priorem *ut* pro *licet* acceperim; sed agnoverim periphrasin in *est*, *ut* et *non* pro *neque vero* dictum. Cfr. *de Rep.* II. 2. *ut genere etiam putarentur, non solum esse ingenio divino;* ubi Schuetzius parum attentus fuit ad interiorem structurae rationem. Beier. „Reprehendendus est, qui haec mutanda statuerit, quum tamen facillime ad v. *non id solum* cogitatione addatur, *quod decet*. Praeterea vellem nobis indicasset alia solutae orationis exempla, in quibus dicatur *est, ut* eodem modo, quo *ἔστιν ὅπως*." Burchardi. Exemplum a Burchardio desideratum praebet *Sestiana* §. 97. *Esto igitur, ut ii sint (optimates)*, dictum pro: *Ii igitur sint optimates.* Recte Beier periphrasin videtur agnovisse. Or.

[*ponendus est enim ille ambitus*] scilicet totus, non clausula solum, ut accepit Schuetzius. Beier. Mox Eins.: — *id non vacare numero oportet.* Or.

[*tamen a principio*] *tam* (non *iam*) *a pr.* Monac. Ven. 2. Tulich. Ern. volebat *iam inde a pr.* Recte Schellerus *Obss.* p. 37.: „Licet in extremo proprie et praecipue debeat esse numerus, debet *tamen* etiam ad hunc exitum (inde) a principio ferri." Male Eins. omittit v. *tamen.* Or.

alia terminatione concluditur, atque omnia illa et prima
et media verba spectare debent ad ultimum. Interdum 201
enim cursus est in oratione incitatior, interdum moderata
ingressio, ut iam a principio videndum sit, quemadmodum velis venire ad extremum. Nec in numeris magis
quam in reliquis ornamentis orationis, eadem quum faciamus quae poëtae, effugimus tamen in oratione poëmatis
similitudinem. Est enim in utroque et materia et tractatio: materia in verbis, tractatio in collocatione verborum. Ternae autem sunt utriusque partes: verborum, 60
tralatum, novum, priscum; (nam de propriis nihil hoc
loco dicimus): collocationis autem eae, quas diximus,
compositio, concinnitas, numerus. Sed in utroque fre- 202
quentiores sunt et liberiores poëtae; nam et transferunt
verba quum crebrius tum etiam audacius et priscis libentius utuntur et liberius novis. Quod idem fit in numeris,
in quibus quasi necessitati parere coguntur. Sed tamen
haec nec nimis esse diversa neque ullo modo coniuncta
intelligi licet. Ita fit, ut non item in oratione ut in
versu numerus exstet, idque, quod numerosum in oratione
dicitur, non semper numero fiat, sed nonnunquam aut
concinnitate aut constructione verborum. Ita si numerus 203
orationis quaeritur qui sit, omnis est, sed alius alio melior atque aptior; si locus, in omni parte verborum; si,
unde ortus sit, ex aurium voluptate; si componendorum
ratio, dicetur alio loco, quia pertinet ad usum, quae

L. 2. (*ad ultimum spectare debent* Fort. b.) 12. *collocationes* 18. (*nec ullo* Fort. b.)

§. 201. [*eadem quum faciamus* cet.] — *eadem quum fecimus quaeque poëtae* Eins. Tum *collocationes* pro *collocationis* cum Vit. Dresd. Edd. vett. Lamb. etiam Eins. Or.

§. 202. [*ullo modo*] Schuetzii coniecturam *nullo non modo* reiecit Brewerus. Beier. „Sententia haec est: verum haec neque pro diversis plane, nec unum idemque habenda sunt; itaque nec dirimenda, nec vero commiscenda. Nihil igitur opus mutatione." Burchardi. Pro *coniuncta*: — *iuncta* Einsied. Or.

§. 203. [*si locus, in omni parte verborum*] Haec verba Meyerus tamquam interpolata [ ] inclusit. Recte eadem mihi defensa videntur a Billerbeckio, quem consule. Or.

responsum esse videatur. Remotis igitur reliquis generibus unum selegimus hoc, quod in causis foroque versatur, de quo diceremus. Ergo in aliis, id est, in historia et in eo, quod appellamus ἐπιδεικτικόν, placet omnia dici Isocrateo Theopompeoque more, illa circumscriptione ambituque, ut tamquam in orbe inclusa currat oratio, quoad insistat in singulis perfectis absolutisque
208 sententiis. Itaque posteaquam est nata haec vel circumscriptio vel comprehensio vel continuatio vel ambitus, si ita licet dicere, nemo, qui aliquo esset in numero, scripsit orationem generis eius, quod esset ad delectationem comparatum remotumque a iudiciis forensique certamine, quin redigeret omnes fere in quadrum numerumque sententias. Nam quum is est auditor, qui non vereatur, ne compositae orationis insidiis sua fides attentetur, gratiam quoque habet oratori voluptati aurium
62 servienti. Genus autem hoc orationis neque totum as-
209 sumendum est ad causas forenses neque omnino repudiandum: si enim semper utare, quum satietatem affert, tum quale sit etiam ab imperitis agnoscitur. Detrahit praeterea actionis dolorem, aufert humanum sensum actoris, tollit funditus veritatem et fidem.

Sed, quoniam adhibenda nonnunquam est, primum videndum est, quo loco, deinde quam diu retinenda sit,
210 tum quot modis commutanda. Adhibenda est igitur numerosa oratio, si aut laudandum est aliquid ornatius, ut nos in Accusationis secundo de Siciliae laude diximus, ut in senatu de consulatu meo, aut exponenda narratio,

L. 2. *hoc quidem quod* 20. *tum etiam quale sit, ab* 24. (*videndum, quo* Al. b.) 25. *adhibendum - - retinendum - - commutandum* 28. *aut in senatu*

§. 208. [*qui aliquo esset in numero*] — *qui aliquo numero* omissis vv. *esset in* Eins. Or.

§. 209. [*tum quale sit etiam*] — om. *etiam* Eins., transponit Lamb. sine certa auctoritate: — *tum etiam quale sit.* Or.

§. 210. [*ut in senatu*] E coni. in Marg. Lamb. et Ern. pro *aut in senatu.* (*ut senatu* Ven. 1.) *De consulatu meo:* vide *ad Attic.* I. *Ep.* 14. Plutarch. in *Crasso* c. 13. sub finem. Deinceps Ern. coniecit: *quae - - desideret.* Frustra. Paullo post pron. *quod*, Ernestio suspectum explicatur ἐπεξηγήσει.

quae plus dignitatis desiderat quam doloris, ut in quarto Accusationis de Ennensi Cerere, de Segestana Diana, de Syracusarum situ diximus. Saepe etiam in amplificanda re concessu omnium funditur numerose et volubiliter oratio. Id nos fortasse non perfecimus, conati quidem saepissime sumus: quod plurimis locis perorationes nostrae voluisse nos atque animo contendisse declarant. Id autem tum valet, quum is, qui audit, ab oratore iam obsessus est ac tenetur. Non enim id agit, ut insidietur et observet, sed iam favet processumque vult dicendique vim admirans non anquirit quid[1] reprehendat.
Haec autem forma retinenda non diu est: nec dico in 211
peroratione, quam ipsam[2] includit, sed in orationis reli-

E. 1) inquirit quod 2) ipse
L. 10. *ut insidiatorem observet* 11. *inquirit quod* 13. * *quam ipse includit* *

Vide ad III. *Offic.* 112. pag. 396. Beier. Iam Lambini et Ern. coni. *ut in senatu* confirmatur ab optimo Cd. Einsiedlensi. Pessime orationem *de consulatu* Schirachius de oratione post reditum in Senatu, Billerbeck de Catilinaria quarta interpretati sunt. Or.

[*de Ennensi*] — *de Hennensi* Einsied. Viteb. Pro *plurimis locis* — *pluribus locis* Eins. Or.

[*Non enim id agit*] Beierus recepturus erat Schuetzii coniecturam *non enim tum id agit*, haec annotans: „Particulam *tum* inseruit Schuetzius. Arriperem *iam;* sed ea ipsa mox sequitur. Tum Lambinus e Mss. *ut insidiatorem observet;* parum concinne: cfr. *de Orat.* I. 30, 136." — Mihi ut Burchardio, h. l. post superiora illa *id autem* tum *valet*, prorsus supervacanea videtur particulae istius repetitio. Ceterum Lambino praeiverant ii, qui *ut insidiantem observet* scripserunt, quod reperi primum in Ascens. sec. Lambini lectionem recepit Schirachius. — „*Ut insidiatorem observet*] Sic esse legendum, etiam si nulli Cdd. manuscr. adiuvarent, sententia et veritas ipsa declarat. Nunquam enim iudex insidiatur oratori aut actori; sed ab oratore tamquam insidiatore sibi interdum timet." Lambinus. Hinc, puto, manifestum fit Lambinianam lectionem ipsius coniecturae deberi, eoque magis, quod in Cdd. interpolatis, quales ille aliquot habebat, haec desunt. Certe Eins. et Cdd. Meyeri nostram firmant lectionem. Pro *dicendique* Eins.: — *dicendi.* Or.

[*non anquirit quid repr.*] Sic recte Meyerus. *anquirit* etiam Ven. 2., et solito errore *adquirit* Eins. Oxon. Dresd. Mon. Mediol. *quid* Einsied. Dresd. Mon. Mediol. — *inquirit quod* Recentiores inde ab Aldo cum Vit. Ven. 1. Or.

§. 211. [*quam ipsam includit*] — „*quam ipsa includit*] cfr.

quis partibus. Nam quum sis iis[1] locis usus, quibus ostendi licere, transferenda tota dictio est ad illa, quae nescio cur, quum Graeci κόμματα et κῶλα nominent, nos non recte incisa et membra dicamus. Neque enim esse possunt rebus ignotis nota nomina, sed quum verba aut suavitatis aut inopiae causa transferre soleamus, in omnibus hoc fit artibus, ut, quum id appellandum sit, quod propter rerum ignorationem ipsarum nullum habuerit ante nomen, necessitas cogat aut novum facere verbum aut a simili mutuari.

63 Quo autem pacto deceat incise membratimve dici,
212 iam videbimus: nunc, quot modis mutentur comprehensiones conclusionesque, dicendum est. Fluit omnino numerus a primo tum incitatius brevitate pedum tum proceritate tardius. Cursum contentiones magis requirunt, expositiones rerum tarditatem. Insistit autem ambitus modis pluribus, e quibus unum est secuta Asia maxime, qui dichoreus vocatur, quum duo extremi chorei sunt, id est, e singulis longis et brevibus. Explanandum est enim, quod ab aliis iidem pedes aliis vo-

E. 1) his
L. 2. *his in locis* 14. *cum incit.* 17. *pedibus pluribus*

§. 122. extr. Sic edidit iam Schirach., i. e. cuius ipsa maxime propria est. Peroratio proprie ad hanc formam pertinet. Libri (etiam Eins.) *ipse*, cui Schuetzius adiecit voc. *finis*. Facilius reposueris *quam ipsam;* nam accusativi terminationem absorpsisse videtur prima proximi vocabuli syllaba. Et iam Gulielmius non, ut Ern. refert, *ipsa* correxerat, sed *ipsam cludit*. Beier. Miro casu factum est, ut error typographicus *ipsa* apud Ern. placeret Schirachio, Burchardio, Billerbeckio, nec displiceret Beiero. Praetuli *quam ipsam includit*, i. e. quam totam occupat atque terminat. Placeret *concludit*, ut est §. 122. nec tamen id prorsus necessarium iudico. Recte autem Billerbeck verba ipsa *nec dico – – partibus* defendit adversus Meyerum, qui quum videret prorsus perversum esse *quam ipse includit*, ea omnia [ ] inclusit. (Tria verba *quam ipse includit* suspecta fuerant iam Lambino.) Deinde *iis locis* cum Eins. (*hiis*) Crat. Ald. 2. Man. dedi pro *his locis*. In v. *dictio est ad illa* Eins. — om. *est*. Or.

§. 212. [*modis pluribus*] Lambinus omnino pertendit reponendum: *pedibus pluribus;* oblitus praecessisse: *nunc quot modis mutentur comprehensiones* cet.; item dixisse Tullium

cabulis nominantur[1]. Dichoreus non est ille quidem sua 213
sponte vitiosus in clausulis, sed in orationis numero nihil
est tam vitiosum qnam si semper est idem. Cadit autem
per se ille ipse praeclare, quo etiam satietas formidanda
est magis. Me stante C. Carbo, C. F., tribunus pl., in
concione dixit his verbis, *O Marce Druse, patrem
appello:* haec quidem duo binis pedibus incisim. Deinde[2]
membratim, *Tu dicere solebas, sacram esse rem publicam:* haec item membra ternis. Post ambitus, *Qui-* 214
*cunque eam violavissent, ab omnibus esse ei poenas
persolutas:* dichoreus. Nihil enim ad rem, extrema illa
longa sit an brevis. Deinde, *Patris dictum sapiens
temeritas filii comprobavit.* Hoc dichoreo tantus cla-
mor concionis excitatus est, ut admirabile esset. Quaero,
nonne id numerus effecerit? Verborum ordinem immuta,
fac sic: *Comprobavit filii temeritas*, iam nihil erit,
etsi *temeritas* ex tribus brevibus et longa est, quem
Aristoteles ut optimum probat, a quo dissentio. — At
eadem verba, eadem sententia. — Animo istuc satis est, 215
auribus non satis. Sed id crebrius fieri non oportet. 64
Primum enim numerus agnoscitur, deinde satiat, postea

E. 1) nominantur vocabulis 2) dein
L. 1. *nominantur vocabulis* 9. *dein* (sic) *membratim ternis* 10. *deinde item membratim quaternis: post clausula ambitus* (Item b. sed: *haec item)* 11. persolutas. *persolutas dichoreus*

supra C. 58. sub finem: *Itaque non sunt in ea tamquam tibicini* (tibicinii) *percussionum modi.* Gruterus.

[*vocabulis nominantur*] Hoc ordine Rufinus, Eins. Viteb. Dresd. Monac. Consulto hic dichoreo usus est. Edd. autem *nom. voc.* De collocatione §. 213. v. *sua sponte* et *sponte sua* cfr., quae congessit Muellerus ad *Sestianam* §. 100. Tum notandum ac praeferendum fortasse Rufini *ipse ille* pro *ille ipse*. — Pro *stante* malim *astante*. Tum Ruf., Eins. et Viteb.: *Deinde membratim;* quod recepi pro = *Dein m.* Or.

§. 214. [*violavissent*] = *violassent* e Viteb. Meyerus. (— *violasset* Rufin.) Cum Eins. ceterisque notis malui h. l. formam pleniorem. — Eins.: *dichoreius* et *dichoreio*. Fueruntne haec pedum nomina Graece scripta in Cic. archetypo? Tum: ∞ *nihil ad rem enim* Meyerus ex uno Dresd. contra Rufinum et Eins. De vv. *nonne effecerit* (sic etiam Eins.) (pro quo *numne* Rufin. Med. Tul. *annon* Ern. susp.) cfr. Ochsneri *Eclogas* p. 351. Ed. tertiae. Or.

cognita facilitate contemnitur. Sed sunt clausulae plures, quae numerose et iucunde cadant. Nam et creticus, qui est e longa et brevi et longa, et eius aequalis paean, qui spatio par est, syllaba longior, quam commodissime putatur in solutam orationem illigari, quum sit duplex. Nam aut e longa est[1] et tribus brevibus, qui numerus in primo viget, iacet in extremo, aut e totidem brevibus et longa, in quem optime cadere censent veteres, ego
216 non plane reiicio, sed alios antepono. Ne spondeus quidem funditus est repudiandus. Etsi, quod est e longis duabus, hebetior videtur et tardior, habet tamen stabilem quendam et non expertem dignitatis gradum, in incisionibus vero multo magis et in membris: pauci-

E. 1) *Abest* est

L. 3. *paeon* h. l. 6. Abest *est* 10. *Etsi enim quod*

§. 215. [*iucunde cadant*] — *iuc. cadunt* Rufinus. Tum *aut e longa est* e Ruf. Viteb. Monac. Meyerus; omittunt *est* Ceteri. Sed firmat *est* etiam Eins. Idem pro *aut e totidem:* — *aut totidem.* Or.

[*in quem optime cadere*] scil. verba vel comprehensionem. Cfr. C. 57, 194. extr. 66, 223. extr. Beier. Scil. et Rufinus et Schuetzius in Ed. mai. omittunt voc. *in*, quod recte firmant Eins. et Cdd. Meyeri. Or.

§. 216. [*et in membris*] „Sensus indicat legendum: *quam membris* (— estne error pro: *quam in membris*?) *Incisa* enim Cicero distinguit nominatim a membris, quod manifesto exponet paullo post. Et quod sequitur, nostram sententiam confirmat: *Paucitatem enim pedum gravitate sive tarditate* (sic) *compensat.* Scilicet quum in *incisionibus* pauciores sint pedes, quam in *membris*, spondeus in illis compensat *paucitatem sua tarditate.* Etenim si spondeus aptus sit *incisionibus* et *membris*; nullum video tertium, cui minus aptus esse possit." Anonymus Oliveti prob. Lallemando. Sed tertium illud, quod Anonymus requirebat, tota est periodus sive circuitus sive comprehensio. Recipiendum erat, quod bis Rufinus et optimus Cd. Einsiedlensis omnibus literis exhibent *gravitate sua et tarditate* pro Ceterorum: *gravitatis suae tarditate;* lectionis monstro nimis patienter adhuc tolerato. Pro *paucitatem enim pedum* Lamb. in Curis sec. malebat *paucitatem enim syllabarum.* Beiero aliquando in mentem venerat *parvitatem* vel *paritatem;* utramque tamen suspicionem reiecit ipse. Adversus Ern. *proxime superiorem* suspicantem et Schellerum v. *superiorem* delentem cfr., notante iam Frotschero, Heindorfium ad l. *de Nat. Deor.* p. 166. et Wopkens p. 213. *Hand.* Etiam Eins. firmat Latinam lectionem *proximum superiorem.* Or.

tatem enim pedum gravitate sua et tarditate[1] compensat.
Sed hos quum in clausulis pedes nomino, non loquor de
uno pede extremo: adiungo (quod minimum sit) proximum superiorem, saepe etiam tertium. Ne iambus qui- 217
dem, qui est e brevi et longa, aut par choreo trochaeus[2], qui habet tres breves, sed spatio par, non
syllabis, aut etiam dactylus, qui est e longa et duabus
brevibus, si est proximus a postremo, parum volubiliter
pervenit ad postremum[3], si est extremus choreus aut
spondeus. Nunquam enim interest, uter sit eorum in
pede extremo. Sed iidem hi tres pedes male concludunt,
si quis eorum in extremo locatus est, nisi quum pro
cretico postremus est dactylus. Nihil enim interest, dactylus sit extremus an creticus, quia postrema syllaba

E. 1) gravitatis suae tarditate 2) *Abest* trochaeus 3) extremum

L. 1. *syllabarum enim paucitatem (paucitatem enim syllabarum* Lamb. b.) *gravitatis suae tardite* 6. *aut par trochaeus, qui* 9. *extremum*

§. 217. [*aut par choreo trochaeus*] Cum Meyero inserui *trochaeus* ex Rufini corruptela: *aut par est choreo qui habet tres breves trochaeus* cet., quod saltem, minus audaces si esse vellemus, sic leg. esset: *aut par choreo* (is), *qui habet tres breves trochaeus*: sed ut sexcenta vocabula exciderunt vel e solo Cd. optimo Einsiedlensi, sic h. l. post *choreo* simile voc. in omnibus nunc notis omissum est *trochaeus*. Ex eodem fonte Beier maluit: *aut par trochaeus choreo*; sed tum *qui* nimis ambiguum fit. Or. — Schuetzius pro *choreo* restituit *trochaeus*, ut ait cum Camerario. Sed hic in *Adnotatt.* cum Venett. libris (i. e. Victorii Ed., id quod fugit omnes fere Ciceronis editores:) male defendit volg. *choreo*. Mox Rufinus *iidem tres pedes male concluduntur*, i. e. in clausulam coniiciuntur. Beier. Scil. lectio a Camerario reiecta *aut par trochaeus* est in Hervag. prima et secunda s. Camerariana, probata etiam Lambino. Meyero-Beierianam lectionem parum feliciter impugnavit Billerbeck, quasi vero *aut par choreo* esset περίφρασις verbi *trochaei*. Cfr. de h. l. etiam Santenium *ad Terentianum* p. 107. Ceterum cum Cd. optimo Eins. edidi: *dactylus* — — — *parum volubiliter pervenit ad postremum* pro Ceterorum omnium: — *ad extremum;* nam oppositio hic requirebatur inter *postremum* cum *prioribus* comparatum et *omnium extremum:* et omnino in talibus varietatem amat Tullius. Videlicet inest in his verbis ipsis constans illa doctrina scriptorum vere Latinorum, quae religiose vitare nos iubet in fine ambitûs (periodi) exitum hexametri sive Adonium *Nubibus atris* ‖ *Condita nullum* ‖ *Fundere possunt* ‖ *Sidera lumen* Boëthii. Idem Eins. mox: — *extremus est dactylus.* Or.

218 brevis an longa sit, ne in versu quidem refert. Quare etiam paeana qui dixit aptiorem, in quo esset longa postrema, vidit parum, quoniam nihil ad rem est, postrema quam longa sit. Iam paean, quod plures habeat syllabas quam tres, numerus a quibusdam, non pes habetur. Est quidem, ut inter omnes constat antiquos, Aristotelem, Theophrastum, Theodectem, Ephorum, unus aptissimus orationi vel orienti vel mediae; putant illi etiam cadenti, quo loco mihi videtur aptior creticus. Dochmius autem e quinque syllabis, brevi, duabus longis, brevi, longa, ut est hoc, *Amicos tenes*, quovis loco aptus est, dum semel ponatur: iteratus aut conti-
65 nuatus numerum apertum et nimis insignem facit. His
219 igitur tot commutationibus tamque variis si utemur, nec deprehendetur manifesto, quid a nobis de industria fiat, et occurretur satietati. Et quia non numero solum numerosa oratio, sed et compositione fit et genere (quod ante dictum est) concinnitatis: compositione potest intelligi, quum ita structa verba sunt, ut numerus non quaesitus, sed ipse secutus esse videatur, ut apud Cras-

L. 2. *(paeona* Al. b.) 4. *ad rem* (om. *est*) *postrema brevis an longa sit* (In marg. b. huic lect. adscribitur *Fort.;* Lambino nostra tribuitur.) 10. *Dochimus* 18. *compositio*

§. 218. [*postrema quam longa sit*] Sic Eins. Viteb. Monac. Dresd. Oxon. — *postrema an longa sit* Ern. coni., quasi e Viteb. ꝏ *postrema brevis an longa sit* Rufinus et Lamb., impense probb. et Beiero et Santenio ad *Terentianum* p. 69. Est tamen iteratio parum grata post §. 217. extr. Or.

[*quam res*] Omittit haec verba Rufinus (p. 911. ed. Basil. 1545.), quae tamen legisse videtur Quintil. IX. 4, 79. (habentque Cdd., etiam Einsied.) Pro v. *habetur* idem Rufinus (l. l.) *existimatur*, fortasse rectius, quum praecesserit modo *habeat*. Beier. Rufinus bis cum solo Dresd. *habet*. Idem pro *habetur* alio loco pag. 914. Basil. *nominatur*, notante iam Meyero. *habeat* et *habetur* firmatur etiam ab Eins. Or.

[*mediae*] — *medianae* Eins., ut solent interdum Cdd. recentiores etiam alibi hoc voc. illi substituere. Tum idem: = *ut hoc est*, et *aptus est ille*. Or.

§. 219. [*Et quia non numero*, cet.] Mance Eins. sic exhibet h. l.: — *Et quia non numerosa oratio sed et compositione concinnitatis potest intelligi*. Tum idem: = *libido*, ut Crat. Ald. sec. Lamb.; et barbare: — *praedominatur*. Deinde omittit v. *aperta*. Paullo post is quoque et Cdd. Meyeri habent *eam*

sum: *Nam ubi lubido dominatur, innocentiae leve praesidium est.* Ordo enim verborum efficit numerum sine ulla aperta oratoris industria. Itaque si quae veteres illi (Herodotum dico et Thucydidem totamque eam aetatem) apte numeroseque dixerunt, ea non numero quaesito, sed verborum collocatione ceciderunt. Formae 220
vero quaedam sunt orationis, in quibus ea concinnitas inest, ut sequatur numerus necessario. Nam quum aut par pari refertur, aut contrarium contrario opponitur, aut quae similiter cadunt verba verbis comparantur: quidquid ita concluditur, plerumque fit, ut numerose cadat. Quo de genere cum exemplis supra diximus, ut haec quoque copia facultatem afferat non semper eodem modo desinendi. Nec tamen haec ita sunt arta[1] et astricta, ut ea, quum velimus, laxare nequeamus. Multum interest, utrum numerosa sit, id est, similis numerorum, an plane e numeris constet oratio. Alterum si fit, intolerabile vitium est; alterum nisi fit, dissipata et inculta et fluens est oratio.

Sed quoniam non modo non frequenter, verum etiam 66
raro in veris causis aut forensibus circumscripte nume- 221
roseque dicendum est, sequi videtur, ut videamus quae

E. 1) arcta
L. 1. *libido* 3. *si qua* 4. *totamque illam* 14. *arcta* (*arta* Vet. Cd. b.)

aetatem, non *illam ae.*, ut edidit Lamb. Mox Eins.: — *et si non numero quaesito.* Or.

§. 220. [*inest*] — *est* Eins. Vit. Dresd. Edd. vett. Tum Einsied.: — *ut haec copia quoque.* Praeterea *arta* Eins. Vit. Meyerus. = *arcta* Cett. Or.

[*Alterum si fit*] Nihil muto; verumtamen non celabo lectorem in quibusdam libris Mss. scriptum esse: *alterum si sit* et mox *alterum nisi sit.* Lambinus. Sic scil. Edd. Veneta utraque. Crat. Rectam lect.: *fit* — — *fit* habet Eins. Or.

§. 221. [*aut forensibus*] Beierus recepturus erat Schuetzii coni. ∞ *et forensibus.* Tum: — *et neve brevior* Vit. Dresd. Mon. Victor. — *et ne ut br.* Eins. Meyerus malebat *et nec brevior.* Lectio Marg. 1584. *neve longior* probata Schuetzio et Beiero in Cdd. nondum reperta est. Mox: — *accidat* Eins. Tum *defrudasse* e Dresd. Meyerus. Eandem scripturam in uno Cd. repererat neque improbarat Lambinus. Eins. habet *defraudasse.* Apud Frontonem *Ed. Rom.* p. 154. *defrudes.* Tum Meyerus *neu* e Viteb. pro ceterorum (etiam Eins.) *neve.* Or.

sint illa quae supra dixi incisa, quae membra. Haec enim in veris causis maximam partem orationis obtinent. Constat enim ille ambitus et plena comprehensio e quattuor fere partibus, quae membra dicimus, ut et aures impleat et ne brevior sit quam satis sit neque longior. Quamquam utrumque nonnunquam vel potius saepe accidit, ut aut citius insistendum sit aut longius procedendum, ne brevitas defraudasse aures videatur neu[1] longitudo obtudisse. Sed habeo mediocritatis rationem; nec enim

222 loquor de versu et est liberior aliquanto oratio. E quattuor igitur quasi hexametrorum instar versuum quod sit, constat fere plena comprehensio. His igitur singulis versibus quasi nodi apparent continuationis, quos in ambitu coniungimus. Sin membratim volumus dicere, insistimus, idque quum opus est, ab isto cursu invidioso facile nos et saepe disiungimus. Sed nihil tam debet esse numerosum quam hoc, quod minime apparet et valet plurimum. Ex hoc genere illud est Crassi: *Missos faciant patronos, ipsi prodeant.* Nisi intervallo dixisset, — *ipsi prodeant*, — sensisset profecto se fudisse[2] senarium: omnino melius caderet, *prodeant ipsi:* sed de

E. 1) neve 2) profecto effugisse

L. 5. (*neve longior* Al. b.) 8. (*defrudasse aures* Al, *aures defrudasse* Fort.) Ib. *neve* 12. *His in singulis* 14. *nolumus* 20. *profecto effluxisse* (*pr. se effudisse* Al. b. — *pr. excidisse* Al. b.)

§. 222. [*instar versuum quod sit*] Legendum videtur: *quae sint*. Lambinus. Sed constructio haec est: „ex eo igitur quod quattuor fere hexametrorum versuum sit instar" cet. Or.

[*Sin membratim volumus dicere*] Satis speciose Lambinus, prob. Sylburgio, contra Cdd. edidit *nolumus*, ut sit: = *sin caesim volumus dicere*, ac de *membris* sermo sit in illis *e quattuor igitur* cet., hoc vero loco de *incisis*. Cfr. tamen Ernestii *Lex Rhetor. Lat.* p. 219. Or.

[*insistemus; idque*] Schuetzius coniecit: *incidimus. Itaque.* Sed *insistere* opponitur *cursui*. Beier. Mox Eins.: = *diiungimus* cum Dresd. Ven. pr. Vict. et: *tam esse debet*. Or.

[*profecto se fudisse*] Sic e Viteb. optime Meyerus. (— *profectos effugisse* Eins. *profectus effugisse;* Monac. in quibus itidem latet *se*.) Beier quidem haec annotavit: „*profecto effudisse*] Volgo *pr. effugisse*. Margo Lamb. *se effudisse* nescio an e correctione. Lenius corrigatur *effudisse se;* sed pronomine reciproco non opus. Vide ad *Argum. or. pro Scauro* p. 127." Or.

genere nunc disputo. *Cur clandestinis consiliis nos* 223
oppugnant? cur de perfugis nostris copias comparant contra nos? Prima sunt illa duo, quae κόμματα Graeci vocant, nos incisa dicimus: deinde tertium, κῶλον illi, nos membrum: sequitur non longa, — ex duobus enim versibus, id est, membris perfecta comprehensio est et in spondeos cadit: et Crassus quidem sic plerumque dicebat, idque ipse genus dicendi maxime probo. Sed quae incisim aut membratim efferuntur, ea vel aptissime cadere debent, ut est apud me: *Domus tibi deerat: at*

L. 5. *non longa (ex - - perfecta est) comprehensio*

§. 223. [*comparant contra nos*] Sic Cdd. nunc noti, etiam Eins. Certum est tamen Quintilianum IX, 4, 101. legisse: ∞ *comparat is contra nos*, quod recepit Meyerus. Cfr. Victorii *Var. Lectt.* 4, 1. Santenium *ad Terentianum* p. 114. Sed Gesnerus iam observavit tum leg. esse *oppugnat.* Quid? quod ne hoc quidem iuvat, quum *faciant - - ipsi prodeant* eam quoque correctionem excludat. Rufinus autem et Cdd. noti h. l. vulgatam firmant. Quocirca dubius haereo, utrum Quintilianus revera in Cdd. suis sic invenerit, an in memoriae errore maiorem etiam numerorum elegantiam repererit quam fuerat Crassi ipsius. Or.

[*cur - - contra nos*] Schuetzius, Hauffius et Brewerus existimant intercidisse primum membrum comprehensionis, quum nunc non bimembrem faciant verba, sed κῶλον. Nobis tamen coli ambitum excedere videtur; primum autem membrum absolvi his: *cur de perfugis nostris copias.* Hic enim vox paullulum subsistit. Beier.

[*Sequitur non longa* cet.] Schuetzius (quem secutus est Billerbeck.) transposuit hoc modo: *Sequitur comprehensio non longa (ex duobus enim versibus, id est, membris perfecta est)* cet. Sic sane in quadrum redigitur oratio. Ego vero auctor non fiam eripiendi Ciceroni traiectiones verborum. Substantivum *comprehensio* attractum est celeritate cogitandi ab altero membro, ut saepe ab enuntiato secundario. Beier. Melior sane Schuetzianâ illâ, iudice etiam Burchardio, erat transpositio facta a Lambino: *non longa (ex - - perfecta est) comprehensio;* nec tamen ipsa prorsus necessaria. Tum *spondios* hic et alibi Eins. Or.

[*genus dicendi*] Meyerus v. *dicendi*, utpote a Viteb. omissum, [ ] inclusit. Sane, si est glossema, antiquissimum est, quum id habeat iam Rufinus sic: *id ipsum genus dicendi* et confer §. 226. *nec ullum genus est dicendi aut melius* cet. Praeterea retinetur ab Eins. ceteroquin ad omissiones tam prono. Or.

224 *habebas. Pecunia superabat: at egebas.* Haec incise dicta sunt quattuor. At membratim quae sequuntur duo: *Incurristi amens in columnas: in alienos insanus insanisti.* Deinde omnia tamquam crepidine quadam comprehensione longiore sustinentur: *Depressam, caecam, iacentem domum pluris quam te et [quam] fortunas tuas aestimasti.* Dichoreo finitur. At spondeis[1] proximum illud. Nam in iis, quibus ut pugiunculis uti oportet, brevitas facit ipsa liberiores pedes. Saepe enim singulis utendum est, plerumque binis, et utrisque addi
225 pedis pars potest, non fere ternis amplius. Incisim autem et membratim tractata[2] oratio in veris causis plurimum valet, maximeque iis[3] locis, quum aut arguas aut refellas, ut nostra in Corneliana secunda: *O callidos*

E. 1) dispondeo 2) tracta 3) his
L. 4. *omnis* 5. *comprehensio longior sustinetur* 7. *et dichoreo finitur. At dispondeo prox.* 13. *his*

§. 224. [*incise*] — *incisa* Eins. Mediol. Aldd. Mire variavit Cic., quum paullo ante scripsisset *incisim*. *Incise* tamen sine varietate est §. 212. Or.

[*in alienos insanus insanisti*] Sic Rufinus, Cdd. et Edd. Corruptum tamen videtur. Ad sonum confer *pro Sex. Roscio* §. 33. - - *qui ipsi quoque insaniunt*, *insanissimum*. — *in alienis* volebat Beier in Schedis et ad *Scaurianam* p. 214. (ibi et: *in alieno*.) — *in aliena* Burchardi. — *insanos* Ernesti *Lex. rhet.* v. *membrum*. — *in antis aeneis insanis* Schuetz. Mox Eins. omittit v. *quadam*. Tum Rufinus, Eins. et Viteb. ∞ omittunt *quam* ante *fortunas*. In lectt. autem Viteb. *extimasti* et Dresd. *exstimasti* magis inest: ∞ *existimasti* quam *aestimasti* (Eins.) Ceterum merae Lambini sunt coniecturae: — *omnis* - - *comprehensio longior sustinetur* et *dichoreoque*, non e Mss. desumptae lectiones. Or.

[*At spondeis proximum*] Sic Rufinus; eodemque ducit Cdd. (Eins. Vit. Dresd. Monac. Oxon.) et Edd. vett. corruptela: *spondeus* vel *spondius*. In Asc. sec. Crat. Hervag. reperi *at dispondeus proximum* e correctione sane, non e Cdd. petitum. Hoc autem rursus emendatum in: *At dispondeo proximum* Steph. Lamb. Seqq. Sed cfr. etiam §. 223. *in spondeos cadit.* Ceterum Eins. sic: — *At spondeus proximus. Nam in hiis.* Or.

[*Nam in iis*] Schuetzius e coni. *in illis*. At pronomen non ad *incisa et membra* spectat, sed ad sola incisa, in quorum exemplis sunt epitriti ($\upsilon\, \upsilon$ — υ) et ionici a minore ($\upsilon\, \upsilon$ — —). Beier. Falsa lectio *propugnaculis* Ven. sec. orta est ex altero errore Eins.: — *pugnaculis* pro *pugiunculis*. Or.

§. 225. [*tractata*] Ernestius *tracta* e Viteb. et sic etiam

homines, o rem excogitatam, o ingenia metuenda!
Membratim adhuc, deinde caesim: *Diximus*, rursus[1]
membratim, *Testes dare volumus.* Extrema sequitur
comprehensio, sed ex duobus membris, qua non potest
esse brevior: *Quem, quaeso, nostrûm fefellit, ita vos*
esse facturos? Nec ullum genus est dicendi aut melius 226
aut fortius quam[2] binis aut ternis ferire verbis, nonnunquam singulis, paullo alias pluribus, inter quae variis
clausulis interponit se raro numerosa comprehensio:
quam perverse fugiens Hegesias, dum ille quoque imitari
Lysiam vult alterum paene Demosthenem, saltat incidens
particulas. Et is quidem non minus sententiis peccat
quam verbis, ut non quaerat, quem appellet ineptum,
qui illum cognoverit. Sed ego illa Crassi et nostra po-

E. 1) deinde caesim diximus. Rursus 2) *Abest* quam
L. 3. *deinde caesim: rursus membratim:* „diximus; testes (in marg. ut nos. Al. b.) 14. (*cognorit* Al. b.)

Eins. contra Cdd. ceteros et Rufinum. Bene refutaverunt Schellerus *Obss.* p. 38. et Schuetzius. Sic tamen iam voluerat suis e Cdd. Manutius. Longe aliud significat *tracta quaedam et fluens oratio* §. 66. Contra cfr. §. 201. *tractatio in collocatione verborum.* Tum *iis* pro *his* est ex Eins. *hiis* et ex Rufino, qui statim: *ut nos.* De interpunctione a Schuetzio et Meyero correcta in v. *diximus* cfr. Quintil. 9, 4, 122. Lambinus quidem v. *diximus* transposuit ante v. *Testes*, deceptus a Quintiliano l. l. E Quintil. l. l. §. 122. Meyerus dedit: ∞ *id vos ita esse facturos;* et habet Diomedes *id ita vos esse f.* Retinui Cdd. Cic. (etiam Eins.) et Rufini lectionem propter dubitationem iam ad §. 223. manifestatam: hoc autem loco v. *id* aeque facile a praecedente syllaba *it* potuit absorberi, ac per geminationem ex eadem oriri. Errorem Dresd. Ven. 1. Med. *ita nos* casu habet Billerbeck. Or.

§. 226. [*aut fortius quam*] *quam* accessit a Lambino. Idem coniecit Ern. Abiectum videtur verbo *ferire* contracto in *fere* (in sola tamen Ed. Ven. 1.) Deinde volgatum *cognoverit* contrahendum in *cognorit*, ut est in marg. Lamb. Beier. Lectionem *quam binis* egregie nunc firmat Einsiedl., qui recte etiam: *ferire verbis.* Incerti coni. *versibus* pro *verbis*, haud improbatam Ernestio, recte refutavit Schuetzius. Pro *ferire*, *finire* Ven. 2. Crat. Sed cfr. §. 228. *oratio nec plagam gravem facit* cet. Tum *inter quae* (Monac.?) Rufinus. Ven. 2. Lamb. Ern. Seqq. — *inter quas* Ceteri, etiam Eins. Pro *dum ille quoque* suspicari possis: ∞ *dum ipse quoque.* Formam *cognoverit* habet etiam Eins. Pro *nostra posui* Eins. mire: *nostra pompeiana.* Or.

sui, ut qui vellet auribus ipsis, quid numerosum etiam in minimis particulis orationis esset, iudicaret. Et quoniam plura de numerosa oratione diximus quam quisquam ante nos, nunc de eius generis utilitate dicemus.

68 Nihil enim est aliud, Brute, (quod quidem tu minime
227 omnium ignoras) pulchre et oratorie dicere nisi optimis sententiis verbisque lectissimis dicere. Et nec sententia ulla est, quae fructum oratori ferat, nisi apte exposita atque absolute, nec verborum lumen apparet nisi diligenter collocatorum, et horum utrumque numerus illustrat; numerus autem (saepe enim hoc testandum est) non modo non poëtice iunctus, verum etiam fugiens illum eique omnium dissimillimus: non quin iidem sint numeri non modo oratorum et poëtarum, verum omnino loquentium, denique etiam sonantium omnium, quae metiri auribus possumus, sed ordo pedum facit, ut id, quod pronuntiatur, aut orationis aut poëmatis simile videatur.
228 Hanc igitur, sive compositionem sive perfectionem sive numerum vocari placet, adhibere[1] necesse est, si ornate

E. 1) et adhibere

§. 227. [*Nihil enim* cet.] Mallem vv. sic transposita: *Nihil est enim aliud;* cfr. *Offic.* III. 13, 55. princ. Beier. Lectionem *lectissimis* firmant Viteb. Monac. contra (Eins.) Dresd. Edd. vett. et Gruteri *lectissime.* Tum Manutius del. censebat *Et* ante v. *nec sententia*, neque enim facile iungi *et nec.* Verum primo illi *et* respondet *et horum utrumque* cet. Or.

[*numerus autem* cet.] Meyerus sic distinxit: *numerus autem (saepe enim hoc testandum) est non modo non* cet. Mihi huius quoque substantivi *numerus* verbum esse videtur *illustrat.* Tum Eins. omittit v. *non modo* ante *oratorum* et pro *verum omnino* habet: *sed omnino.* Omissio illa hoc quidem loco pro mero errore haberi debet: longe alia quaestio est de locis similibus in Epp., ubi *non modo* ante v. *sed etiam* omittitur saltem in Cdd. Mediceis: *ad Famil.* 13, 64, 2. *ad Q. Fratr.* 1, §. 44. *ad Attic.* 9, 13, 2. *ad Attic.* 10, 16. in fine; cfr. Garatonium *ad Philipp.* T. 2. p. 491. Saepe tamen, si non semper, ista omissio vv. *non modo*, *non solum* librariis dumtaxat tribuenda est, atque e compendiis scripturae orta: v. c. *Verr.* 2, 3, 214. Cod. Sangallensis: *aestimatio, quae oratori incommoda non est, sed etiam grata est* pro *non modo incommoda* cet. Or.

§. 228. [*placet adhibere*] — *placet et adhibere* Cdd. etiam Meyeri et Eins., Edd. praeter Lamb., Schuetz., Meyerum, „Particulam *et* delet Manutius, suffragante praesertim libro

velis dicere, non solum (quod ait Aristoteles et Theophrastus) ne infinite feratur ut flumen oratio, quae non aut spiritu pronuntiantis aut interductu librarii, sed numero coacta debet insistere, verum etiam quod multo maiorem habent apta vim quam soluta. Ut enim athletas nec multo secus gladiatores videmus nihil nec vitando facere caute nec petendo vehementer, in quo non motus hic habeat palaestram quandam, ut, quidquid in his rebus fiat utiliter ad pugnam, idem ad aspectum etiam sit venustum: sic oratio nec plagam gravem facit, nisi petitio fuit apta, nec satis recte declinat impetum, nisi etiam in
cedendo, quid deceat, intelligit. Itaque qualis eorum 229
motus quos ἀπαλαίστρους[1] Graeci vocant, talis horum mihi videtur oratio, qui non claudunt numeris sententias, tantumque abest, ut, quod ii, qui hoc aut magistrorum inopia aut ingenii tarditate aut laboris fuga non sunt as-

E. 1) ἀπαλαίστους
L. 3. (*interpunctu* Fort. b.) 11. *tecte* 13. ἀπαλαίστους 14. (*sententiam* Al. b.) 15. *abest ne*

uno antiquo." Sylburgius. — Margo Lamb.: — *interpunctu* pro *interductu* contra Cdd. notos, etiam Einsiedl. Pro *fuit apta:* — *fiat apta* Eins. Viteb. Ven. sec. — *fuerit apta* Aldd. Vict. Man. Or.

[*satis recte*] Hanc lectionem Med. Tulich. Iu. Cr. Ern. Schuetz. etiamnunc retinui, tum propter rationem ab Ern. allatam: „Quid enim, inquit, ad decorum valet, ut *tecte* declinemus impetum?" — tum propter manifestam Quintiliani imitationem IX. 4, 8.: *in omni palaestra, quid* satis recte *cavetur ac petitur, cui non artifex motus et certi quidam pedes adsint?* — *tecti* Dresd. Monac. Ven. 1. — *tecta* Ven. 2. — *tecte* Aldd. Vict. Man. Lamb. idque agnoscit Forcellinus in v. *tecte.* — *tute* e Viteb. Meyerus. Sed in hoc eadem cadit Ern. reprehensio atque in v. *tecte;* et videtur forma ista pro *tuto* relinquenda Scriptori ad *Herennium* 3, 5. et 7. Vocabulum controversum omittit Eins. Pro *intelligit:* — *intelligat* Eins. Viteb. Or.

§. 229. [ἀπαλαίστρους] Sic (sed Latinis literis) Eins. Cdd. Leclerquii. Oxon. Dresd. (cfr. Gesnerum ad *Quintil.* 9, 4, 56.) Ven. 2. Gryph. 2. Burchardi. Schuetz. Meyerus, Beier. — ἀπαλαίστους Plerique, etiam Lamb. Ern. Or.

[*tantumque abest, ut*] Sic e grammaticae legibus Manut. Anonymus Oliveti. Rursus Ern. Schuetz. Beier. — *tantumque abest ne* Cdd. noti, etiam Eins. Edd. cett. Meyer. Billerbeck; qui cum Schuppio explicat: *tantumque abest*, ut me-

secuti, solent dicere, enervetur oratio compositione verborum, ut aliter in ea nec impetus ullus nec vis esse
69 possit. Sed magnam exercitationem res flagitat, ne quid eorum, qui genus hoc secuti non tenuerunt, simile faciamus, ne aut verba traiiciamus aperte, quo melius aut
230 cadat aut volvatur oratio: quod se L. Caelius Antipater in prooemio belli Punici nisi necessario facturum negat. O virum simplicem, qui nos nihil celet: sapientem, qui serviendum necessitati putet! Sed hic omnino rudis. Nobis autem in scribendo atque in dicendo necessitatis excusatio non probatur. Nihil est enim necesse, et si quid esset, id necesse tamen non erat confiteri. Et hic quidem, qui hanc a Laelio, ad quem scripsit, cui se purgat, veniam petit, et utitur ea traiectione verborum et nihilo tamen aptius explet concluditque sententias. Apud alios autem et Asiaticos maxime numero servientes inculcata reperias inania quaedam verba quasi complementa numerorum. Sunt etiam qui illo vitio, quod ab

L. 5. *faciamus: ut verba* 17. *reperies*

tuendum sit, *ne* cet. Vellem exemplum attulisset. Forcellinus certe in v. *Absum* ad ἀνακόλουθον confugit. Mihi vero longe probabilius est fortasse iam in Cd. unico, qui nobis haec capita servavit, certe in eiusdem apographis a librariis *ut* in *ne* immutatum esse propter ignorationem formulae *tantum abest ut - - ut;* quae recentioribus quoque saepissime offensioni fuit, ita ut alteri *ut* adderent *potius*. Ac praeterea haud raro *ut* et *ne* a librariis confunduntur v. c. *Brut.* §. 86. Cd. Reg. *ut defatigaretur* pro recto *ne def.* — *Laelii* §. 81. *ut se ipsae diligant* Codex Lassbergii *ne se i. d.* — *Scholiastes Iuvenalis* p. 319. *ut vita indignus videaris.* „Henn. *ne vita*, quod sententia postulat." Cramer. Or.

[*ne aut*] Schuetzius correxit *ut ne*, quum ei hic displiceret ἀνακόλουθον. Nam pro disiuncto per *aut* membro sequitur §. 230. med. *Apud alios autem* cet. Vide Matthiae *de Anacol.* in Wolfii *Analectis* III. p. 2. Beier. Cfr. Meyerum ad h. l. et Handii *Tursellinum* I. p. 546. Or.

§. 230. [*quod se L. Caelius*] — om. *se* Eins. cfr. in primis §. 38. Statim *celet* lectionem Lamb. Ern. Sch. Meyeri, Beieri firmat nunc tandem Einsied. — *celat* Ceteri Cdd. Edd. vett. Mox Eins.: ∞ *id tamen necesse.* Or.

[*ad quem scripsit*] i. e. cui librum inscripsit sive dedicavit. Beier. Sic ille cum Burchardio contra Ern., qui interrogavit: „Cur autem diversis haec temporibus, et non *scribit*,

Hegesia maxime fluxit, infringendis concidendisque numeris in quoddam genus abiectum incidant Siculorum
simillimum. Tertium est, in quo fuerunt fratres illi Asia- 231
ticorum rhetorum principes Hierocles et Menecles minime mea sententia contemnendi. Etsi enim a forma
veritatis et ab Atticorum regula absunt, tamen hoc vitium
compensant vel facultate vel copia. Sed apud eos varietas non erat, quod omnia fere concludebantur uno modo.
Quae vitia qui fugerit, ut neque verbum ita traiiciat,
ut id de industria factum intelligatur, neque inferciens
verba quasi rimas expleat, nec minutos numeros sequens
concidat delumbetque sententias, nec sine ulla commutatione in eodem semper versetur genere numerorum: is
omnia fere vitia vitaverit. Nam de laudibus multa diximus, quibus sunt alia perspicue[1] vitia contraria. Quan- 70
tum autem sit apte dicere, experiri licet, si aut compo- 232
siti oratoris bene structam collocationem dissolvas permutatione verborum: — corrumpatur enim tota res, ut
et haec nostra in Corneliana et deinceps omnia: *Neque*

E. 1) perspicua
L. 5. (*mea quidem sententia* Al. b.) 15. *perspicua* 18. *corrumpetur*

purgat?" atque Schuetzium, cui tria illa verba suspecta videbantur in Ed. mai. Ceterum Einsied. reapse in contextu *scribit*, in margine *scripsit*. Lambini *reperies* (non solum in marg. 1584. sed in Ed. 1566.) pro *reperias* in nullo adhuc Codice repertum est. Etiam Eins. coniunctivum servat. Or.

§. 231. [*Tertium*] Immo *quartum*, admonente Schuetzio. Beier. — [*ab Attic. regula*] = *a regula Atticorum* Eins., sed superscr. „Al. *ab Attic. regula*." — [*neque verbum*] omittunt *verbum* Monac. Ven. 2. (non Eins.) Tum: = *versetur semper in eodem genere verborum* Eins. in marg. „Al. *numerorum*." Mox *perspicue* Eins. Vit. Dresd. Gu. 3. Erlang. Ven. 1. 2. Vict. Grut. Meyerus. — *perspicua* Monac. Aldd. In. Crat. Lamb. Ern. Schuetz. Or.

§. 232. [*apte dicere*] Quum typothetarum culpa in Meyeri Editionem irrepsisset error *apta*, utilissimam hanc adolescentibus adnotationem conscripsit Billerbeckius: „*apta* nicht *apte*, Numeröses sprechen." — Pro *dissolvas*: — *dissolves* Erl. — *dissolvat* Eins. Vit. Dresd. Edd. vett. — Erlang. Ed. Med. Tul. Steph. Lamb. (adeoque etiam Vetus Steph.): ∾ *corrumpetur*: — *corrumpitur* e Viteb. Meyerus. Eins. servat *corrumpatur*. Or.

[*ut et haec nostra*] Nollem a Schuetzio cum Gu. 3. (et

ine divitiae movent, quibus omnes Africanos et Lae-
lios multi venalicii mercatoresque superarunt: immuta
paullulum[1], ut sit, *multi superarunt mercatores vena-*
liciique, perierit tota res: et quae sequuntur: *Neque*
vestis aut caelatum aurum et argentum, quo nostros
veteres Marcellos Maximosque multi eunuchi e Syria
Aegyptoque vicerunt: verba permuta sic, ut sit, *Vice-*
runt eunuchi e Syria Aegyptoque: adde tertium: *Neque*
vero ornamenta ista villarum, quibus L. Paullum et
L. Mummium, qui rebus his urbem Italiamque omnem
referserunt, ab aliquo video perfacile Deliacò aut
Syro potuisse superari: fac ita, *potuisse superari ab*
233 *aliquo Syro aut Deliaco*: videsne, ut ordine verborum paullum commutato eisdem[2] verbis, stante sententia,

E. 1) paullum 2) iisdem
L. 3. *paullum* 14. *iisdem tamen verbis*

Erlang.) *et* expunctum, quum opponantur *et deinceps omnia.* Beier. — *et* servat Eins. — *venaliciarii* volebant Patricius et Lamb. („nam *venaliciarii* mangones sunt, qui servos venales habent, *venalicii* autem servi ipsi sunt venales." Lamb.) Sed cfr. Meyerum. *paullulum* cum Einsied. Vit. Gu. 3. (Erlang.) Meyerus pro: = *paullum*. Pro *rebus his* Priscianus Lib. X. p. 508 Kr. melius fortasse *eis rebus.* — *hiis* Eins. Stephani *fac etiam* pro *fac ita* sane e Vet. petitum est, ita quum habeat etiam Erlang. Or.

§. 233. [*Videsne, ut ordine verborum paullum commutato*] Verba *ordine - - commutato* suspecta h. l. Schuetzio, mihi aliquando et Meyero recte videtur tueri Billerbeckius. Pro *eisdem verbis* (sic scil. Eins. = *iisdem* Cett.) Cdd. interpolati Vet. Erlang. atque ex illo Steph. Lamb. *iisdem tamen verbis.* Ad interpolationum genus referendum est etiam v. *licet*, quod post v. *aliquam* inserit Dresd., post *sententiam* Eins. Viteb. Ven. 1. 2. Tul.; quocum non coit v. *si:* si quidem deberet esse: *aut alicuius inconditi arripias dissipatam aliquam sententiam licet.* — *efficietur* pro *efficiatur* quomodo potuerit Lambino tribuere Beier, vulgatam etiam lectionem nominare Schuetzius in Ed. mai., equidem non video, quum id nusquam repererim neque in Lamb. 1566. neque in Repetitt. contextu, neque in Marg. 1584., nec vero eius mentionem faciunt Gothofredus, Gruterus, nec Meyerus ex tot Edd. ab ipso inspectis. Ceterum duplex est ad totum h. l. annotatio Beieri in Schedis: „I) §. 232. et 233. horribilis est interductus editorum: *experiri licet, si - - dissolvas p. v. (corrumpatur enim - - - Videsne ut - - - recidant, quum sint e. a. dissoluta?) aut si - - - redigas, efficiatur - - - solutum.* Sed

ad nihilum omnia recidant, quum sint ex aptis dissoluta,
— aut si alicuius inconditi arripias dissipatam aliquam
sententiam eamque ordine verborum paullum commutato
in quadrum redigas, efficiatur aptum illud, quod fuerit
antea diffluens ac solutum. Age sume de Gracchi apud
censores illud: *Abesse non potest, quin eiusdem hominis sit, probos improbare, qui improbos probet:*
Quanto aptius, si ita dixisset, *quin eiusdem hominis*
sit, qui improbos probet, probos improbare! — Hoc 234
modo dicere nemo unquam noluit, nemoque potuit quin
dixerit: qui autem aliter dixerunt, hoc assequi non potuerunt. Ita facti sunt repente Attici: quasi vero Trallianus fuerit Demosthenes! cuius non tam vibrarent fulmina illa, nisi numeris contorta ferrentur. Sed si quos

L. 4. *fuerat* 10. *voluit*

nulla est parenthesis. Deinde cohaerent constructione haec: *Videsne, ut recidant - - - aut* (ut) - - *efficiatur aptum illud - - - solutum?*" quae eadem prorsus est Meyeri sententia, et ea quidem recta, ita tamen, ut distinctione nunc accuratius significarim, haec omnia §. 232. et 233. *Quantum autem sit apte dicere - - - - - ac solutum* proprie unâ atque eadem contineri comprehensione. Hac vero annotatione deleta, alteram subiunxit: „II) [*Efficiatur*] Plene ante hoc vocab. interpunxi. Optative ponitur, quasi subaudiatur *nescio an.* Sic huius Cap. principio *corrumpatur.* Sic non est, quod cum Lamb. legamus: *corrumpetur - - efficietur.*" — Pro *in quadrum* Eins. Viteb. Monac.: — *in quadram.* Item voluit stupor Erlang.: *in quadrigam.* cfr. §. 208. Tum: ∞ *fuerat* pro *fuerit* Gryph. 1. Steph. Lamb. Schuetz. Beier. — *fuerit* servat Eins. Or.

[*Gracchi apud censores*] C. Gracchus e quaestura Sardiniensi redux reus factus, (ut e *Bruto* 28, 109. coniicias) a M. Iunio Penno trib. pl. a. u. c. 627. apud censores ipse se defendit. Vide Plutarch. in *vita* C. 2. Ultima §. 234. citavit Quintil. IX. 4, 55.; idem imitatur X. 7, 14. Beier. — *de Gracchi oratione* e gloss. Dresd. et Erlang. Or.

§. 234. [*noluit*] Lectionem *voluit* (Eins. Ven. 1. Aldd. Iu.) Lambinus 1566. secutus est; in *Annott.* rursus improbavit. Or.

[*Sed si quos - - sequantur*] — *Sed si quem - - sequatur* Cdd. interpolati (scil. Palatt. tres. Gu. duo apud Heusing. ad *Offic.* III. 17. p. 695. et Erl.) Sch. in Ed. mai. Beier in suo exemplari. Singularem numerum praetulerunt librarii propter haec *si quis - - dissolverit*, haud videntes praecessisse *Ita facti sunt repente Attici* ac mox sequi *Isti autem* cet. Or.

magis delectant soluta, sequantur ea sane, modo sic, ut, si quis Phidiae clupeum[1] dissolverit, collocationis universam speciem sustulerit, non singulorum operum venustatem: ut in Thucydide orbem modo orationis desidero,
235 ornamenta comparent. Isti autem quum dissolvunt orationem, in qua nec res nec verbum ullum est nisi abiectum, non clupeum, sed ut in proverbio est (etsi humilius dictum est, tamen simile[2] est) scopas, ut ita dicam[3],

E. 1) sic, ut quis Ph. clypeum 2) consimile 3) ut ita dicam *cum* [ ]
L. 2. *ea sane, modo cetera laudare possim: ut si quis Ph. clypeum* 8. *consimile*

[*modo sic, ut si quis*] Sic Cdd. quattuor Regii. Erlang. Manut. Schirach. Schuetz.; quos etiam nunc secutus sum. Nam in Cdd. alioqui sinceris, Eins. Viteb. Dresd. Monac. est: — *modo si quis;* mance omnino. E Gu. duobus affert probatque *modo sicut quis (modo sic, ut quis* Ern.) Heusing. ad *Off.* l. l. Hanc lect. pro vera habuit Beier in Schedis et *Offic.* l. l. addens: „Cfr. *de Orat.* II. C. 17. ubi eadem comparatarum similitudinum confusio." ᘓ *modo sic, ut, qui* Meyerus e coni.; apud eundem vide ceteram varietatem. Mox *clupeum* dedi e margine Eins. Infra eandem scripturam Eins. habet in contextu (scil. *clupem.*) Or.

§. 235. [*etsi humilius dictum est, tamen consimile est*] Schuetzii utroque loco *est* delentis audacia aliquanto magis nobis probatur, quam eiicientis formulam iterum iterumque excusantis *ut ita dicam* ab Ernestio iam uncis inclusam. Eam Goerenzius probe, quid deceret, sentiens defendit ad IV. *Finn.* 12, 31. p. 459. Beier. — *humile dictum est* Eins. Ex auctoritate Nonii in v. *Scopae* et Palatinorum duorum, (quibus adde Erlang. Meyerus [ ] *tamen simile est:* sed Cdd. interpolati huius libri non minus saepe peccant omittendo Cic. verba, (uti statim abest ab Erl. *quod ego laudo* paullo post vv. *composite et*) quam inculcando aliena. Ceterum *simile* habent Eins. Vit. Dresd. Monac. Ven. sec. Meyerus; contra *consimile* Mediol. Aldd. Crat. Lamb. Ern. Sic *ad Famil.* 6, 12, 5. pro recta lectione *te non simillimum* Cratandrina habet: *non te similem*, eiusdem autem Margo: *non te consimilem.* Apud Frontonem aliquoties v. c. *Ed. Rom.* p. 242. Apud eundem *condigne* p. 1. *concastigare* p. 20. *congarrire* p. 287. *concastigare* &c similia. Similiter Cd. Eins. *Parad.* 3, §. 22. *vitia comparia sint* pro: *vitia sint paria.* — Omnino compositio ista praesertim adiectivorum *consimilis, condignus* frequentior est partim apud antiquiores, veluti Plautum (*Amph.* 1, 1, 287. *tam consimil est atque ego.* Ibid. 1, 3, 39. *condignum donum;*) partim apud posteriores scriptores seculi secundi et seqq., quam per eam, quae aurea dicitur aetas. Deinceps v. *ut ita dicam* servat

mihi videntur dissolvere. Atque ut plane genus hoc, quod ego laudo, contempsisse videantur, aut scribant aliquid vel Isocrateo more vel quo Aeschines aut Demosthenes utitur, tum illos existimabo non desperatione formidavisse[1] genus hoc, sed iudicio refugisse: aut reperiam[2] ipsa eadem conditione qui uti velit, ut aut dicat aut scribat utra voles[3] lingua eo genere, quo illi volunt; facilius est enim apta dissolvere quam dissipata connectere.

E. 1) reformidavisse 2) reperiant 3) volet
L. 5. *reformidavisse* (*reformidasse* Al. b.)

etiam Einsied. — *ut dicam ita* Viteb. Pro *tum illos;* = *tunc illos* Erl. Tum *formidavisse* restituendum erat cum Einsied. Viteb. Dresd. Ven. sec. Man. Grut. Meyero pro *reformidavisse* Erlang. Ven. 1. Aldd. L. Ern. Schuetz. cfr. §. 213. *satietas formidanda.* Or.

[*aut reperiam ipsa eadem conditione - - - utra voles*] Sic Eins. Dresd. Monac. Ven. utraque. Ascens. prima. Aldd. Lamb. Schirach. In qua quidem lectione acerba inest ironia: „aut ipsi si nolint, facile reperiam ipsa eadem conditione qui uti velit, scilicet ut scribat aliquid vel Isocrateo more vel quo Aeschines aut Demosthenes utitur, ut, exemplo hoc dato, postea ei secure liceat dicere aut scribere vel Graece vel Latine eo genere (dissoluto) quo illi volunt, quoniam quidem facilius est apta dissolvere quam dissipata connectere." Ironice igitur significat se ipsum: „ego, scribendo aliquid vere Attice, quod facere possum, illi non poterunt, facile ius consequar dissolute etiam scribendi, unquam eo si abuti voluero." — *aut reperiam ipse*, *eadem* Cdd. Regii. Gu. 3. Leclercq. Ego in Ed. mai. Minus nunc placet. — *aut reperiant ipsa eadem - - utra voles* Viteb. (et si collatores recte viderunt: Monac.; tum ipse etiam Erl. h. l. a gemino Gu. 3. dissentiens) Ascens. sec. Crat. Camer. Meyerus. (Item Ern. Sch. Beier; sed hi tres ex Ern. coni. *utra volet.*) quae quidem lectio duplicem habet explicatum: „aut reperiant alium, qui scribendo aliquid vel Isocratis vel Demosthenis more mereri velit impunitatem dissolute et incomposite scribendi; at neminem eiusmodi reperient:" vel, si in verbis *ut aut dicat - - volunt* reponimus *ipsam eandem conditionem*, significabit: „aut reperiant alium qui eadem licentia uti velit; at sanum neminem reperient; nam praeter ipsos ceteri omnes de numerosa oratione rectius existimant." Sed, ut Billerbeckius vidit, utrique rationi minus conveniunt verba seqq. *facilius est enim;* nisi admodum violenter ita explicaveris: „etsi longe facilius est," vel: „et tamen facilius est." *utra voles lingua* simpliciter significat „sive Graece sive Latine"; nec necesse est, ut per coniecturam Ernestii *utra volet* libera optio illi concedenda significetur. Ceterum: — *utra velit*

236 Res autem se sic habet (ut brevissime dicam quod sentio): composite et apte sine sententiis dicere insania est, sententiose autem sine verborum et ordine et modo infantia; ut ea qui utantur, non stulti homines haberi possint, etiam plerumque prudentes: quo qui est contentus, utatur. Eloquens vero, qui non approbationes solum, sed admirationes, clamores, plausus, si liceat, movere debet, omnibus oportet ita rebus excellat, ut ei turpe sit quidquam aut spectari aut audiri libentius.

237 Habes meum de oratore, Brute, indicium: quod aut sequêre, si probaveris, aut tuo stabis, si aliud quoddam est tuum. In quo neque pugnabo tecum neque hoc meum, de quo tanto opere[1] hoc libro asseveravi, unquam affirmabo esse verius quam tuum. Potest enim non solum aliud mihi ac tibi, sed mihi ipsi aliud alias videri. Neque[2] in hac modo re, quae ad vulgi assensum spectet[3]

E. 1) tantopere 2) Nec 3) spectat
L. 13. *tantopere* 16. *Nec* Ib. *spectat*

Eins., ut fere semper futurum verbb. *velle* et *nolle* corrumpitur. Or.

§. 236. [*res autem se sic*] Floridus Sabinus *Lectt. subsecc.* II. C. 1. in Gruteri *Thesauro crit.* T. 1. pag. 1085. in suo exemplari nescio quo legit *sic se*, ad exemplum *orat. pro Roscio Am.* 24, 66. Beier. *sic se* Dresd. Erl. Meyerus. In talibus sequor Eins. et Viteb. Tum Eins. *quidquam exspectari:* Vit. (Dresd.) ∞ *quidquam aut exspectari:* quod ita defendi potest, ut accipiatur de *expectatione* illa, quae solet praegredi magni oratoris *auditionem*. cfr. *de Orat.* I., §. 180. *causa*, - - *quo concursu hominum*, *qua* exspectatione *defensa est!* Et *spectatur* histrio potius quam orator. Or.

§. 237. [*neque pugnabo*] = *nec p.* Erl. *tanto opere* Victorius. = *tantopere* Cett. cfr. §. 151. Pro *esse verius* Eins.: — *esse melius*. Pro *mihi ipsi* Cdd. interpolati, Vet. Steph. Gu. 3. Erl. *mihimet ipsi;* idque non sine veri specie probarunt Schuetz et Beier. Porro e Viteb. Meyerus *Neque in hac* pro ceterorum etiam Eins. *Nec in hac.* Pro *assensum* Eins. prave *sensum*. Or.

[*quae - - spectat*] Florid. Sabinus l. l. legit *spectet*. Sic causa aliter alias sentiendi declarabitur. (Sane coniunctivum habent Cdd. noti omnes et sinceri et interpolati, unde restituendus videbatur. Indicativus est a Manutio et Lambino. Or.) Utitur noster licentia Academiae adolescentioris de qua v. ad III. *Offic.* C. 4. extr. Schirachio videbatur his tecte libros suos *de inventione* et *de oratore* in multis damnare. Beier.

et ad aurium voluptatem, quae duo sunt ad iudicandum
levissima, sed ne in maximis quidem rebus quidquam
adhuc inveni firmius, quod tenerem aut quo iudicium
meum dirigerem, quam id, quodcunque mihi quam simillimum veri videretur, quum ipsum illud verum in occulto
lateret. Tu autem velim, si tibi ea, quae disputata sunt, 238
minus probabuntur, ut aut maius opus institutum putes
quam effici potuerit, aut dum tibi roganti voluerim ob-
sequi, verecundia negandi scribendi me impudentiam
suscepisse.

L. 4. *quum illud* 5. *illud ipsum*

[*levissima*] Hoc quoque loco Cdd. interpolati, (etiam Erlang.) veram servarunt lectionem receptam iam a Lamb. Prorsus ut est *ad Famil.* 3, 10, 8. *ad nocendum levissimum.* — *novissima* Eins. Viteb. Dresd. Monac. Oxon. (hic *notissima*) Sed, ut concedatur ipsum voc. *novissimus* a Cicerone reiectum non fuisse (cfr. Meyerum laudantem Gellium 10, 21. et, qui contra Gellium disputat, Schottum *Nod. Cic.* p. 365.) — est scil. pro *Roscio Com.* §. 30. — id tamen vix concedi potest eundem dicere potuisse: *novissimus ad iudicandum* vel simile quid. Or.

[*verum in occulto lateret*] Non omnino reiicienda est lectio Cdd. interpolatorum Vet. Steph. et Erlang. *verum tamen in occulto lateret*, quum Eins., solus, ut videtur, inter sinceros nunc notos corrupte habeat: *verum tum in occ. lateret.* Or.

§. 238. [*impudentiam*] Fortasse *imprudentiam*, ut, unde est orsa, in eodem terminetur oratio. Hinc enim orsa est: *Malo* - - - *desiderari a te prudentiam meam* cet. Muretus Oliveti. Ecce habent *imprudentiam* Eins. Viteb. Vetus Stephani. Oxon. — *improvidentiam* Gu. 3. Oxon. (E Monac. et Erlang. non affertur.) Sed manifesto *impudentia* recte opponitur *verecundiae* dumtaxat, et *imprudentiae* notio inest in verbis *ut aut maius opus institutum putes quam effici potuerit.* Or.

VARIETAS CD. MS. ERLANC. b. N. 39.

in fol. min. oblongo membranac. folior. 115. venuste scripti, literis initialibus pictis, maiore charactere quam subiecti libri de Officiis. Fol. 60. in pagina aversa post Librum III. de Oratore scriptum colore rubro legitur:

„M. Tullii Ciceronis dę optimo oratore ad M. Brutum prohemium deficit. In quo roganti Bruto Cicero fuerat pollicitus se iudicium suum de perfecto oratore conscripturum. Item ea pars tractatus primi in qua ostensurus erat, quem ipse summum oratorem iudicet. Tria esse ornatus genera praemiserat, quo loco iam de primo genere quod est humilius ac de his qui in eo praestiterunt satis absolverat. Restabat ut de aliis duobus generibus .i. de mediocri et gravi diceret. Ab his processus libri huius ex abrupto incipit et primo a mediocri genere;

Tractatus primus

De mediocri et gravi ornatu et de perfecto oratore;

Capitulum primum

Quid secundo generi in quo mediocris ornatus continetur maxime conveniat ac de praestantia et comparatione tertii generis ad duo superiora.

Potuit autem aliquid tale proxime antecessisse:

Est aliud ornandi genus multo illustrius multoque robustius. (Vide Cap. 26. §. 91. ab initio.) Tum fol. 61. incipit inde a C. 29. §. 100. extremis verbis:

§. 100. *et magna* (ex mea recensione)] et alta (Erlang.) — §. 101. *aliud nisi*] aliud quam — *definiendo*] diffiniendo — §. 102. *Rabirii causa continebatur*] Rabini c. continebitur — *in omni genere amplificationis*] in eo genere mollificationis — §. 103. *nisi vel nota esse arbitrarer vel posse eligere*] ni vel his nota esse qui accusarentur aut defenderentur vel per se possent legere — *laus oratoris, cuius*] eius laus cui — §. 104. *ut - - morosi simus*] et - - m. sumus — *ipse Demosthenes*] etiam ipse D. — *aures meas*] *om.* meas — *et semper aliquid*] etiam aliquid — §. 105. *hunc tu*] tu hunc — *cum eius studiosissimo Pammene, quum esses Athenis*] cum ei studiosissime palmam cum esses Athenis attribueres — *Nos magnum fecissemus*] Nos non minus magnum f. — *contendimus*] contenderimus — *ut ait Antonius auditus eloquens*] ut Antonius dicere auditus est eloquens. — §. 106. *visus non est aut sibi ipse, nunquam Cotta*] visus non est non est (*sic*) tibi ipsi unquam C. — *aures civitatis accepimus easque*] actiones a iure civitatis nostrae accepimus itaque nos qualitercunque orabamus — *generis dicendi*] *om.* dicendi — §. 107. *de supplicio parricidarum*] *om. haec verba.* — *defervisse*] depisse (p. *cum lin.*) — *fluctuantibus*] eluctantibus — *non queant*] *om.* non — *terra*] terram — *tangat*] tangant — *alluantur*] abluantur — *sicut adolescentis*] sic adol. — *laudati*] laudata — *Ab hac indole*] Ab etiam ind. (*i. e.* ab hac etiam ind., *ut habent Steph. Lamb. e Vet.*) — *filii*] filio — §. 108. *hoc modo*] huius modi — *ut pro Avito*] at pro abito — *compluresque aliae*] complures aliae — *eaque hanc ipsam habent*] eaque sunt hanc ipsam habent — §. 109. *quotidiani*] quotidianum — *eos vidimus*] eos videmus — *qui non solum*] *om.* qui — *personis*] *om.*, *h. v.* — *satisfaciebant*] faciebant — §. 110. *Quum dico me*] Me cum dico — *autem eodem*] autem si eodem — *aut aliquod* - - *repudiabis*] ut aliquod - - repudiaris — *ac tuorum*] et tuorum — *amares*] amaris — *nihil Lysiae*] nil L. — *nihil levitate*] nil lenitate — §. 111. *quoties*] quotiens — *tum movet*] cum movet — *quum gravitatis*] tum gravissimis. „Tractatus secundus de perfecti oratoris officio. Capitulum primum. Quibus rebus instructus orator debeat ad causas accedere et qua ratione eas tractare. — §. 112. *meminerimus*] commemoremus — *existimatores* - - *magistri*] existimatione - - magisterio — *longius*] longius saepe — *quod videmus*] quod videamus — *non te haec*] non te hoc — *qui quasi docere videamur*] qui ea docemus videmus (*sic*) — §. 113. *Esse igitur perfecte eloquentis*] Rem igitur persequi eloquentis — *non eam solum*] non eam tantum — *facultatem habere*] habere fac. — *sed etiam vicinam eius atque finitimam dialecticorum scientiam*] sed causam (*ceteris omissis*) — *utrumque in disserendo*] utrumque disserendum — *oratorum autem*] oratorum .n. — *eiusmodi*] huiusmodi — §. 114. *summo omnem*] summo homini — *habuit docendi*] habet dicendi — §. 115. *vel hac Chrysippi*] *om.* hac — *institutum. Noverit*] institutus noverit — *verum falsumne*] falsum verumne — *e quoque*] et quoque — *occurrunt*] ocurrunt — §. 116. *docentur et via*] docentur est quaedam via — *illud, de quo ambigitur*] id quod ambigitur — *disseri nec unquam ad exitum perveniri potest*] disseres unquam nec ad exitum pervenire potes — *saepe verbis*] *om.* saepe — *quaque re*] qua re — *involutae*] involuta — *quae sint eius generis sive formae*] quae sit e. g. s. forma — §. 117. *Erit igitur*] Erit ergo — *autem aut quomodo id faciat*] autem id faciet (*sic*) aut quomodo — §. 118. *dialecticis modo sit instructus*] a dialecticis modo instructus sit — *nihil de morte*] nihil de more — *de officio*] de officiis — *in causas, sed*] in causis (*sic*) et — *inquam*] unquam — §. 119. *aut quomodo*] *om. haec.* — §. 120. *quumque illa divina cognoverit*] cum illa d. cognorit — *nihil quum*] cum nihil — *colligavit*] collocavit — *Nescire autem*] Nescire .n. — *nisi memoria*] nisi ea memoria — *superiorum*] superiori — *Commemoratio autem*] Commemoratio .n. — *exemplorumque*] exemplorum — *orationi affert*] affert orationi — §. 121. *ei perspectum*] *om.* ei — *in sententia videtur esse*] videtur in sententia esse — *in quo, quod*] in quo quidem quod — §. 122. *pauca sunt. Traditi sunt, e quibus ea ducantur*] pauca tradita sunt e quibus ducantur — *uni e*] uni ex — *admirabiliorem*] admirabilem — *Nam ipsae quidem* - - *versantur*] Nam ipsa equidem - - versatur — *in quo aut*] in qua aut — *adversaria evertere*] adversarii ev. —

12

eaque efficere non perturbate] atque efficere non perturbatum — *iis, quae sumentur*] his quae sumuntur. „Capitulum secundum. Qua moderatione perfectum oratorem in tota causa *(uti?)* conveniat et quae res admirabilem eloquentiam faciant." — §. 123. *Quoniam autem*] Quoniam .n. — *videbit*] viderit — *nec pro omnibus nec omnibus*] *om. haec.* — *Is ergo erit*] Is igitur erit — *quidque*] quidquid — *sed erit*] egerit — *par et*] paretur — §. 124. *non elatis*] nundum *(sic)* elatis — *historico*] historice — *Deinde si tenuis causa est*] Dein si tenues causae — *tum etiam*] *om.* tum — §. 125. *expromi*] exprimi — *ornatus*] conatus — *ut verbum*] *om.* ut — *in universi*] *om.* in — *quaestione*] quaestionem — §. 126. *aequabiliter*] aequaliter — (*sunt appellati*] Sic ex collatione Beieri, Erl.) — *quod videntur*] eo quod v. — *iidem esse*] *om. haec.* — *atque ut de universo*] atque inde ut universo — §. 127. *Dicetur autem*] Dicetur .n. — *pro reis*] ppriis *cum lin.* — *quotiescunque*] quotienscumque — *in perorando*] *om.* in. — §. 128. *Duo sunt, quae bene tractata*] Duae res sunt enim, quae bene tractatae — *admirabilem*] mirabilem — *ad naturas*] ad naturam — *iidem*] idem — *come, iucundum*] cum ei dicendum — *vehemens*] vehementius — §. 129. *obmutuit*] ommutuit — §. 130. *sum usus*] usi sumus — *me enim ipsum*] *om.* enim — *quum aguntur*] quae ag. — §. 131. *excitato reo*] excitaredo — *compleremus*] compleremus — *sed etiam est faciendum*] sed est faciendum etiam — *satietate afficiatur*] rideat — *duriorum*] durior — *mitiorum*] mitiores — §. 132. *non tentatus*] tentatus non — *extimescerem*] pertimescerem — *perpauca sunt*] *om.* sunt — *Nihil Antonii - - Sulpicii*] Nihil est Antonio - - Sulpicio — *Hortensius*] Antonius — §. 133. *suspicemur*] suspicamur — *et quidem*] equidem — *non requiratur*] ne requiratur quidem — „Tractatus tertius de forma elocutionis et omni ratione exornandi. Capitulum primum. Quae verborum et sententiarum exornationes aut dignitate aut pulchritudine orationem illustrent." — §. 134. *forma ipsa*] *om.* ipsa — *χαρακτὴρ*] karacter — *dicitur*] dicit — *debeat esse*] esse debeat — *ex iis ipsis*] ex his (*om.* ipsis) — *verborum et*] *om. haec.* — *tralationes*] relationes — *erunt*] erant — *eae propter*] hae quae propter — *celeriter*] celeris — *ornatum*] ornamentum — *non quod*] non quia — §. 135. *ve[illegible]* verba omnia — *aut in idem*] aut in eodem — *aut utrumque*] aut in u. — *continenter*] continetur — *non eadem*] non in eadem — *aut multis modis contrariis*] aut cum sunt contrariis — *sursum versum*] sursum versus — *commutantur*] commutatur — §. 136. *eius eloquentiam*] eam el. — *Et vero*] Et vere — §. 137. *et in una*] et una in — *in eademque commoretur*] in eadem commoreturque — *saepe etiam ut extenuet aliquid: saepe ut irrideat*] saepe ut redeat *ceteris om.* — *dixerit*] dixit — *rursus quasi*] *om.* quasi — *sibi ipse*] *om. haec.* — *accipi et sentiri*] accipiat sentirique — *addubitet quid*] dubitet eo quid — *ac negligat*] ut negl. — §. 138. *cum iis*] cum his — *mores sermonesque*] sermones moresque — *loquentia*] eloquentia — *risumque*] risumve — *videat*] putat — *dispertiat*] dispartiat — *caveant*] caveat — *ut irascatur*] qd (*sic*) irascatur — *ut execretur*] *om.* ut — §. 139. *brevitatem*] brevitas — *fieri possit*] sumi possit — *saepe erit*] saepe res — *imitatio*] mutatio. „Capitulum secundum. Contra reprehendentes Ciceronem quod praeter dignitatem suam tantum studium circa praecepta dicendi adhibeat." — *mearum laudum*] laudum mearum — *tanta senatus*] senatus tanta — *nisi me - - noluisse*] nisi quod - - noluissem — §. 141. *studiosis*] studiosius — *quis*] quid — *existimator reprehendet*] extimator reprehenderet — *dubitavit*] dubitabit — *praescriptionum*] persecutionum — §. 142. *floruerunt domus*] domus floruerunt — *Nam si vitiosum*] Nam vitiosum — *eos ornat*] *om.* eos — *universam*] iuvat universam — *cur aut discere*] cur addiscere — *nosse*] posse — §. 143. *ut ii qui*] et ut qui — *ipsi seponerent*] *om.* ipsi — *discentibus satisfacerent*] discentibus et studiosis ut satisf. — *forense in agendis*] forensibus et agendis — *aut docendi*] *om.* aut — *ingenio plus valuerint*] ingenio contra quam nos plus val. — §. 144. *nescio cur, quum* cet.] nescio cur non dicendo etiam aliquid aliquando si posses meliores facere cur nolis — *Si quibus*] An quibus — *ut est*] *om. haec.* — §. 145. *is etiam*] *om.* ii — *qui nesciunt*] qui nec sciunt — *eloquentia autem*] eloquentiam .n. — *tamen se*] tamen ea se — *aut est periculum*] aut quod est p. — §. 146. *Ac fortasse*] At fortasse — *tectiores*] rectiores — *Qui enim*] Quid enim — *quum et afuissem*] quum abfuissem — *mare transissem*] maria transiissem — *dissimulare*] dissimularemne — *Quid erat cur probarem*] Sed qui probarem — §. 147. *De verbis enim*] De verbis autem — *sicuti mihi*] sicut et mihi — *sed proprie*] ut proprie — *artium*] artium vis — *non item*] non idem — *Me autem* cet.] Me .n. sive pervulgatissimus — *proloqui*] loqui — *hoc a me*] a me hoc — *eis*] his — *aliquid reprehensuros*] repreh. aliquid — §. 148. *se tam durum*] tam durum se — *dederem*] dederim — *quae quidem*] *om.* quidem — *forensibus nostris rebus*] maximis rebus forensibus nostris et externis inclusae et domesticae. — „Capitulum tertium. Quae verborum collocatio et qualis dictionum strictura (*sic*) maxime orationem deceat." — §. 149. *Collocabuntur igitur*] *om.* igitur — *ut aut*] *om.* ut — *aptissime*] amplissime ut — *conficiat*] efficiat — *est enim quasi*] ut fiat quasi — *nec id tamen fiet*] nec tamen fiat — *Lucilium*] lucillum — *λέξεις*] lexeis — *compostae*] composite — *emblemate*] emblamate — §. 150. *tam minuta haec*] haec tam minuta — *facile hanc viam*] facile formulam — *quid sequatur*] si sequatur — *ne extremorum*] ut nec extr. — *inconditis*] incondite positis — *superbissimum*] subtilissimum — §. 151. *quidam Theopompum etiam*] quidam etiam Theopompum — *Isocrates*] Ysocrates fecerat — *haud paullo*] *om.* haud — *iis*] his — *dialogi*] dialoice — *qui sint*] qui sunt — *quam magna*] quamquam magna — §. 152. *Indicant orationes i. i. h. C. i. omnes poëtae*] iudicant omnes poëtae *ceteris omissis.* — *qui ut versum f. s. h. ut N. Vos - - - algidam. Et ibidem: Quam nunquam vobis Grai*] tamquam nobis (*sic*) Graeci atque Barbari versum facerent saepe hiabant, ut Naevius Vos qui accolitis Histrum fluvium atque Egidam — *Ennius semel*] Ennius saepe — *Radiantis Etesiae*] radiantes Etesiae — §. 153. *nostri saepius*] saepius nostri — *laudare etiam*] etiam laudare — *multi' modis* cet.] multis modis et vas argenti — *bellum* cet.] pro bello duorum quis vixit sic Duellum — *Bellium*] Bellum — *Duellii*] duelli — *Quin etiam*] Tum etiam — *saepe contrahuntur*] contrahuntur saepe — *usus*] versus — *Axilla Ala*] auxilia malle — *factus est*] factus esse — *literae vastioris quam literam*] literas vastiores cum litera — *et taxillis*, cet.] et taxellis *(sic)* et paxillo et taxillo cons. — §. 154. *capsis*] capsin — *saepe et exin pro deinde et exinde dicimus*] saepe exin pro exinde dein pro deinde dic. — *non olet*] nollet pro non vellet — §. 155. *Atque etiam a quibusdam sero*] Atque etiam alia sunt pro contractione quibus sero — *atque hominum*] at hom. — *deorum*] pro deorum — *Ita credo*] Itaque credo illud — *hoc illi*] *om. haec.* — *poëta, qui*] *om.* qui — *Patris mei*] partes nihil ei — *rapit*] capit — *non dicit liberûm*] non dicit liberûm pro liberorum — *plerique*] plerumque — *cupidos liberûm* cet.] cupidos liberûm dicimus et in liberûm locum ducimus — *Et idem*] Et eidem — *Aesculapi*] ex scola — *Chryse*] Chryside — *Cives*] avis — *socii*] socium — *extûm*] exitium — *pergit*] peregit — *neutris*] ne utique — *tam libenter*] iam magis lib. — *apud*] apilo — *Nihilne*] nihil — *accidit*] accedit — §. 156. *quam centuriam* cet.] quam centuriam fabrum et procum ut censoriae tabulae loquuntur audeo dicere — *Planeque duorum virorum iudicium*] Plane quoque virorum iudicio (*om.* duorum) — *stlitibus*] litibus — *nunquam. Atque*] enim nunc quam quidem — *Accius*] aptius — *sepulcra duo*] sepulcrum ad — *vel proh deûm*] *om.* vel — *quum sestertium*] et sextertium — *non nummorum*] non sextertiorum nummorum — §. 157. *et plenum verbum*] *om.* et — *utrumque Terentius*] utrisque Terentius utitur — *siet plenum est, sit imminutum*] si plenum sit sive imm. — *licet utare utroque*] licet immutari utrumque — *carendo*] carenda — *reprehenderim*] reprehenderem — *esse verius sentio*] verius esse sentimus — *auribus*] aurium — *Idem campus*] Isdem campus — *In templis isdem*] In templis idem — *probavit*] probabit — *et mehercule*] *om.* et — *iam habere*] num *(cum lin.)* habere — *meridiem*] meridiem medidiem *(sic Beieri collatio.)* — §. 158. *est abs eaque nunc*] est abque que nunc — *accepti*] acceptis — *et ne iis quidem* cet.] eneis quidem in omni reliq. — *Nam amovit*] *om.* nam — *abegit*] abiecit — *abne*] anne — *an abs. Quid* cet.] an ab aliis quid sit etiam aufugit pro abfugit forte visum est et auferre pro abferre dici voluerunt quae praepos. — *alio in verbo reperietur*] alio in verbo sic immutata reperietur — *ignoti, ignavi, ignari*] ignavos ignaros ignotos — *ut exegit* cet.] ni exigit reficit, rettulit reddidit — *commutavit* cet.] commutat sic in subigit cum mutatur ut sustulit. — §. 159. *Quid in v.*] Quod in v. — *scite insipientem*] scite invenies ut insipientem — *tricipitem non tricapitem*] intercipitem non intercapitem — *Indoctus*] inclitus — *inhumanus*] insipiens — *ne multis, quibus* cet.] ne multus quidem in verbis esse videar — *in sapiente atque felice*] in insano atque infelice — *dicitur*] dicuntur — *confecit*] consuluit — *Voluptati autem*] autem *a manu sec. accessit.* — §. 160. *scirem ita*] ita scirem — *locutos esse*] *om.* esse — *Cetegos* cet.] Cetheros *(sic)* triumphos, Chartaginem — *Orcivios*] Otanos — *lacrimas*] *om.* — *semper licet*] *om.* semper — *Burrum*] birrhum — *Bruges non Phryges*] briges non phriges — *Graecam literam*] literam Graecam — *nunc autem etiam*] nunc enim etiam — *tantum barbaris*] tam barbaris — §. 161. *quod iam*] *om.* iam — *videtur*] videbatur — *olim autem*] olim .n. — *postremae duae*] duae postremae — *optimus*] optimis — *Ita enim*] Sic enim — *est omnibu'*] omnibus est — *dignu'* cet.] digni dicimus et loco non dignus — *Quod si*] Quae si — *tam est*] tamen est — §. 162. „Capitulum quartum. Qualem oportet esse in oratione soni ac numerorum rationem et quod magnis autoribus improbatur illorum sententia qui numerorum consonantiam tamquam vitiosam reprehendunt." — *de re una*] de re una postulata — *hic locus*] locus hic — *longius autem*] longius .n. — *prudentiae*] in prudentia — *fuit nobis*] nobis fuit — *volebamus*] videbamur — §. 163. *igitur res*] enim res — *Ponto ab Helles*] Pontus Helles — *At*] aut — *aries Colchorum*] alles bolcorum — *Asia*] Asiae — §. 164. *istam* cet.] ego ita tericrepam — *Itemque*] fidem — *componentur*] componantur — *finientur quoniam* cet.] finiantur alterum ut ipsa compositione et sponte oratio intescat („*i. e.* nitescat." Beier.) ut sunt quaedam genera verborum quibus ipsa concinnitas *(Nota omissionem septem verborum.)* — *opponuntur*] apponuntur — *numerosa*] numerose — §. 165. *illa nostra sunt in Miloniana* cet.] illa nostra Miloniana: Est enim — *ex natura ipsa*] ex natura ipsam — *imbuti*] nati — *talia*] et alia — *referuntur ad ea, ad quae*] referuntur ea, quae — *intelligamus*] intelligantur — §. 166. *referendis contrariis*] contrariis refellendis — *diceret*] dixisset — *vellet*] voluisset — *Bene*] Male bene — *male mereri*] *om.* male — *obest*] obest nihil — *ipsa relatio*] illa rel. — *Id esset*] Idem est — *multum obest*] nihil obest — *oratorium*] oratorum — *et eum sine*] etiam sine — §. 167. *cuius*] cui — §. 168. *sint cogniti*] sunt cogniti etiam a latinis — *quale sit*] quales sint — *orationis*] orationes — *in iis hominis*] h. hominibus — *et curta sentiunt*] et currunt — *Quid dico meas?*] quae dico. Meas — *colligentur sententiae*] colligetur sententia — *fere non erat*] *om.* non — *eligebant*] effingebant — §. 169. *delectat*] delectet — *sit, credo*] sic credo — *ut in aetatibus*] *om.* ut — *deest antiquitati*] est antiquitatis — *ea maiora*] *om.* ea — *qua credo*] qua scio — §. 170. *forensi*] forensi si — *ad capiendas*] habet et ad cap. — *si etiam*] tum etiam — *cur claudere*] cur non claudere — *cum sententia*] *om.* cum — *saepe natura*] saepe etiam natura — §. 171. *contemnenti*] continenter — *versibu'*] versibus — *eodem modo*] eo modo — *Ante hunc*] Ante hunc dovios — *Quod qui*] q in eo qd — *eis satis*] satis iis — *Ego autem*]

Ego .n. — *in eis*] in iis — §. 172. *movebit*] moverit — *auctores*] autores — *quis acutior, quis*] *om. haec.* — *infensius*] impensius — *Is igitur*] Is ergo — *iisdem de rebus*] his de rebus — *probent*] probet — *haec esse ab iis*] non esse ab his — *nesciunt*] nesciat — §. 173. *nec vero*] nec esse — *quia ipsi*] qd ipsi — *moventur* cet.] moveantur nihil his inane videtur — *curtum*] incultum — *si fuit*] si fuerit — *quod offendit* cet.] cur aut offendat aut non intelligit — *et brevitatum*] aut br. — *nostris collocavit*] *om.* nostris. — §. 174. „Capitulum quintum. Qui fuerint primi numerorum inventores, quae inveniendi causa, deinde quae natura, postremo quis eorum usus existat." — *et illa*] et alia — *vel maxime velle*] velle vel maxime — *tum ad extremum*] *om.* tum — *uteremur*] uteretur — §. 175. *sed iis est*] sed is est — *intemperatius*] intemperantius — *Id autem*] Id .n. — §. 176. *in ipsis numeris*] in ipsis numerus — *Gorgias autem*] Gorgias .n. — *quum tamen* cet.] tum cum audiissem *(sic)* adolescens in Thessalia — *minus iam*] iam minus — *correxerat*] correxit — §. 177. *et origo*] *om.* et — *ut fit*] *om.* fit — *id quod*] si id — *cecidisse*] cecidisset — *Aures enim*] Ipse enim — *iudicat*] indicat — §. 178. *mutila*] multa — *et quasi*] quasi et — *alia*] aliqua — *excurrentia*] currentia — *quod quum*] *om.* quod — *tum in hoc genere* cet.] offenditur hoc genere quod est vehementius — *quam id quod*] quam eo quod — *poëtica et versus*] poëtae versus — §. 179. *sermonis est*] *om.* est — *ratione*] oratione — §. 180. *considerandi*] consideranda — *eadem*] et eadem — *longioris*] longior — *insit in ea*] in ea insit — *versibus, et quod* cet.] versibus quod illi qui affirmant esse eos numeros in oratione cur sint nequeant — *aut quales* cet.] aut qualis est, ex poëticisne — *si e poëticis*] si poëticis — *qui. Namque*] quinam quia — *iidem*] idem — *omni generi orationis*] omnis generis orationi — *dispares*] de his pares — §. 181. *anne sit* - - *ipsum verborum*] *om. haec.* — *sitve*] sitque — §. 182. *At*] An — *unum nec idem*] unum idem — *quod moderatione*] et quod mod. — *quamquam id quidem finit.*] et quod finit. — §. 183. *iniquum est*] est iniquum — *quod accidit*] *om. haec.* — *ipse versus*] *om.* ipse — *dimensa*] dimensu — *etiam a modis*] etiam admodum — λυρικοί] lyrici — *quos*] eos — §. 184. *nostros*] illos — *ille in Thyeste*] illa in Th. — *accessit orationis*] orationis accessit — *simillima*] similia — *Ac comicorum*] At comitiorum — §. 185. *in numero autem*] in numero .n. — *ita in hac*] ita et in hac — §. 186. *superiorque*] superior — *caruit nisi quando temere*] placuit sed nisi quodammodo — *id semper*] id semel — *aut facta aut iuncta*] aut facta aut nova coniuncta — *sumebantur e cons.*] summa dantur consuetudine — *domo*] modo — *aliquanto*] aln *cum lin.* — *quandam palaestram et*] quaedam palaestra est et — §. 187. *concisa*] concessa — *collatata et diffusa*] dilatata et fusa — *accidere natura*] accipi tum natura — *longorum*] longiorum — *quibus*] ex quibus — *insistat*] insidat — §. 188. *Sed ii*] Sed hi — *genera numerorum*] num. genera — *in tria*] *om. haec.* —

aut aequalem] aut aequalem esse — *tanto aut sesqui*] tantam aut sese sequente — *sesquiplex paean*] sequens paeon — §. 189. *per imprudentiam*] per imprudentiam saepe etiam minus usitatos (*Sed haec quattuor verba* s. e. m. u. *punctis notata.*) — *quod vehementer*] est id veh. — *Hipponacteos*] hiponatheon — *magnam enim partem*] magna enim parte — *agnoscit*] cognoscit — *autem*] .n. — *longa*] longum — §. 190. *Elegit*] Eligit — *Isocrati*] Isocratis — *anapaestos*] anapaesticos — *eligendo*] legendo — *in primo*] ex primo — *postremum*] postremo — *insequentis*] insequentem sententiae — *ne accidat*] nec acc. — *loco*] libro — *ut a me*] *om.* ut — *animadversum est*] animus est adversus — *inquirente*] requirente — *immittit*] quia immittit — *Sit*] sic — *in solutis etiam verbis*] etiam in verbis solutis — *sint*] sunt — §. 191. *cadant*] cadent — *iambicum*] ambiguum — *simillimus*] simillimum — *causa fieri, ut is potissimum*] causa ratione potiss. — *veritatis*] *om. hoc v.* — *quod*] quidem — *numerus*] numerus quod — *accommodatior*] commodatior — *Ephorus autem*] Ephorus .n. — *levis*] lenis — *ipse orator sed profectus*] ipse et profectus (*om.* orator) — *paeana*] poeonia — *fugit autem*] fugit .n. — *Quod enim*] Qui enim. *Hinc usque ad* §. 231. *verba* in eodem semper versetur *desunt omnia sine defectus indicio.* — §. 231. *genere*] in genere — *vitia vitaverit*] vitiaverit — §. 232. *dissolvas*] dissolves — *corrumpatur*] corrumpetur — *ut et haec*] ut haec — *Immuta - - venalitiique*] *Haec v. absunt.* — *vestis aut*] vestis et — *permuta*] permulta — *sic ut sit*] sic — *omnem*] omnes — *perfacile*] facile — *fac ita*] fac etiam — *superari ab aliquo*] *om. haec.* — §. 233. *paullum*] paululum — *iisdem verbis*] iisdem tamen verbis — *paullum*] paululum — *in quadrum*] in quadrigam — *antea diffluens*] *om.* antea — *de Gracchi*] de Graeci oratione — *illud*] illud incomposite — *abesse non potest*] Habens se non potest fieri — §. 234. *nemoque*] nemo qui — *sequantur*] sequatur — *desidero*] desiderio — *comparent*] comparant — §. 235. *tamen simile est*] *om. haec.* — *quod ego laudo*] *om. haec.* — *Isocrateo*] Isocratis — *aut Demosthenes*] ac Dem. — *tum illos*] tunc illos — *formidavisse*] reformidavisse — *reperiam*] reperiant (*Certe e Beieri collatione.*) — §. 236. *composite et*] *om. haec.* — *Res autem*] Res .n. — *se sic*] sic se — *eiusmodi tamen*] *om.* tamen — *non stulti*] mo (*cum lin. i. e.*, modo) stulti — *est contentus*] contentus est — *approbationes*] probationes. „Conclusio libri continens modestam excusationem Ciceronis, si quae sunt ab eo de institutione perfecti oratoris disputata, forte erunt Bruti iudicio minus probata." — §. 237. *tuo stabis*] tu obstabis — *neque pugnabo*] nec pugnabo — *mihi ipsi*] mihimet ipsi — *Neque in hac*] Nec in hac — *novissima*] levissima — *verum in oculto*] verum tamen in occulto. „Explicit Deo gratias. Amen."

VARIETAS CD. EINSIEDL. N. 307.

§. 1. *dubitavi* Editionis meae.] disputavi. *In marg.* dubitavi — *me carissimum*] cariss. me — *vereretur*] veretur —

§. 2. *perficiendi - - experiendi*] perficiundi - - experiundi — *Malo enim quum*] *om.* enim — *cui nihil*] ad quod nihil. — §. 3. *quod se assequi*] *om.* se — §. 4. *omnes*] omnis *et sic fere semper.* — *magno opere*] magnopere — *Nam in poëtis*] An in p. — §. 5. *a scribendo*] in scrib. — *restinxit*] restrinxit — *se* [ab] *artibus*] se artibus — *Ialysi*] hyalisi — *statua*] statue — *laus*] laudis — §. 6. *excellat. Attamen*] excellat Demosthenes. Ac tamen (*sed* v. Demosthenes *deletum.*) — *praestantibus*] pntibus *cum lin.* — §. 7. *possit esse*] esse possit — *an nunquam*] *Sic a prima manu; a sec.* unquam — *apud*] aput; *et sic semper.* — *nihil*] nichil; *et sic semper, ut etiam:* michi. — *perfectius videmus*] *Sic a pr. manu; a sec.* vidimus. — *et iis*] et hiis — §. 10. *ἰδέας*] ydeas — *auctor*] autor *et sic semper.* — *easque gigni*] eas quas gigni — §. 11. *ingressionem meam*] *om.* meam — *oratoriis*] oratoris — *tum antiquam*] cum ant. — *ut non sine causa alte*] ut non tam alte — §. 12. *disputationibus et exagitatus*] disputatione in hiis exagitatus — *ab illis est*] est ab illis — *nec satis tamen*] nec tamen satis — §. 13. *adiumentis magnisque*] magnisque adiumentis — §. 14. *tamen omnia*] sic omnia — §. 15. *praeclara quaedam*] *om.* quaedam — *narumque*] gnarumque — *quaeque animorum partes pellerentur*] quaeque partes appellerentur (*om.* animorum.) — §. 17. *ab iis*] ab hiis — §. 18. *reapse*] re ipsa — *putavit*] putabat — §. 19. *idem ille*] ille idem — §. 20. *neque conclusa*] atque conclusa — *structa*] instructa — *docentes*] dicentes *sed* o *superscr.* — *oratione limati*] ratione limita. *In marg.* limata — *et consulto*] et inconsulto — *concinniores*] concinni — *florentes etiam*] *om.* etiam — §. 21. *interiectus inter hos, medius*] interiectus intermedius — *flumine*] fulmine — *in dicendo fluit*] fluit in dic. — *facilitatem*] facultatem — *et aequabilitatem*] *om. haec.* — *toros*] choros — §. 22. *vim in singulis*] unum ex singulis — *iidem*] idem *(bis)* — *et graviter*] ac grav. — *et subtiliter*] ac subt. — §. 23. *multum*] multa — *qui vim accommodarit*] vim accommodare — *temperatior*] temperantior — *ii*] hii — *qui aut dici*] qui ut dici — *Atticos*] acticos; *et sic fere semper.* — *quo ne Athenas*] quo athenas — *ipsius viribus*] illius viribus (*superscr. gloss.* „viribus Demosthenis.") — §. 24. *posse sperat*] sperat posse *a pr. manu.* — *totos se*] eos se — §. 25. *opimum*] optimum — *adipatae*] adipale — *incorruptum audire et elegans*] incorruptum et elegans audire — §. 26. *incendens*] intendens — *Attamen*] ac tamen — *examinante*] examinantem — *omnium pondera*] *om.* pondera — *illudensque dira*] illudens duraque *a pr. manu; a sec.* illudensque dura — *videatur*] videbatur — §. 27. *facile*] futile — *in eo*] in eas — *Graeciae* cet.] Grecie in hoc in eum an hac an illuc manum porr. — *etiam*] et iam — *exagitetur*] audiretur exagitetur — *Ad Atticorum igitur aures*] Ad acticorum aut res — *ii*] hii — §. 28. *hi*] hii — §. 29. *Attice venustissimus* cet.] actice politissimus ille ac venustissimus scriptor Lysias: *sed vulgatus ordo in marg. est.* — §. 30. *et qui*] nec qui — §. 31. *excoli potuit*] *om.* potuit — *versaret causas - - nume-*

ratus orator] versatus orator *mediis omissis.* — §. 32. *non extaret*] *om.* non — *nemo neque verb. neque sententiarum*] nemo verborum sententiarumve — *hiantia*] hii antea — *se putant esse Thucydidas*] se putantes faciunt se Thucydidas — §. 33. *Incendor*] Incendiosior — *sermones requirens*, cet.] sermones quaero tuos sed etiam admirabili fama virtutum incredibilium — *prudentia*] studio — §. 34. *quis tamen unquam te*] quis autem hac aetate te; *sed recta lectio in marg.* — *est habitus aut dulcior*] aut dulcior est habitus, *cum signo leg. esse:* aut habitus est dulcior — *sint grata*] grata sint — *non ardet*] *deletum* non *et superscr.* iam. — *luce*] lucem — *illud est*] *om.* est. — §. 35. *duxissem*] dixissem; *sed superscr.* duxissem — *recusantem*] recusandum — *ut si*] *om.* si — §. 36. *qui χαρακτήρ*] quod karachter — *inculta, abdita*] *om.* abdita — *Quid est, quo praescriptum*] Quid est enim quo per scriptum — *aliquid optimum*] aliquod opt. — *narus*] gnarus — §. 37. *neque in*] nec in — *et historiarum*] ac hist. — *Panegyricum multique*] panegun tum multique; *post* tum *superscr.* ipse — *ἐπιδεικτικόν*] epedicton — *quod quasi ad inspiciendum*] qua quasi ad aspiciendum *a pr. m.; a secunda:* quod ad aspiciendum — *non complectar hoc tempore*] *om.* hoc tempore — §. 38. *ex insidiis*] ea ins. — *dimensa*] demensa — *conferantur - - comparenturque*] conferant - - comparentque — *et ut pariter*] et aut p. — *certe occultius*] occultius certe *a pr. manu.* — *ea se studiose*] *om.* se — §. 39. *et Leontinum*] ac Leont. — *Gorgiam*] Gorgian — *versicolorum*] versiculorum — *Quo magis sunt*] *om.* sunt — *in eorum tempora*] *om.* tempora — *ab his*] ab hiis — §. 40. *leniter*] leviter — *erudite*] crudeliter — *cedes*] credas — *vinxisse*] iunxisse — *Theodorus*] Thucydides — §. 41. *Isocrates videtur*] *om.* videtur — *ut scis*] *om.* scis — *his*] hiis — *Socrates*] ysocrates — *lubet*] libet — *his non*] hiis non — §. 42. *et cum Platone*] et Platone, *sed superscr.* cum. — *nutrimentis*] nutrimento — *de oratoris quasi incunabulis*] de oratore incunabulis — *haec*] hac (*sic, non* hoc, *ut Dresd. Gu.* 1. 2.) — *iam in*] nunc in — *descendamus*] veniamus — §. 43. *tradenda*] tractanda — §. 44. *non tam*] *om.* non — *quae qua*] *om.* quae — *est vacua*] *om.* est — *igitur hic quidem*] hic igitur (*om.* quidem) — §. 46. *et temporibus ad*] et oratoribus ad — *In hac*] In hac se — *adolescentes*] adolescentis — *non ad philosophorum morem*] non phil. more — *et uberius*] ut uberius — *posset*] possit — §. 47. *quoniam*] ut quoniam — *percurret - - utetur - - dicet*] percurrat - - utatur - - dicat — *emanant*] emanent — *seliget*] seleget — *in omnibus*] omnibus in — *eadem*] *om. h. v.* — §. 48. *iis*] hiis — §. 49. *aut molliet*] ut m. — *aut occultabit*] ut occ. *a pr. manu; a secunda* aut. — §. 50. *infirmabit*] infirmabitque — §. 51. *in iis*] in hiis — *eadem dicere*] ea dicere — *Charmadam*] Carnadam — *totis*] totius — §. 52. *sciscitari*] scitari — §. 53. *interpuncta intervalla*] *om.* intervalla — *in utroque aliquid*] aliquid in utroque — *in lenitate*] levitate *om.* in — *reperiuntur*] esse reperiuntur — §. 54. *ne nunc quidem solum*] nec nunc solum (*om.*

quidem) — §. 55. *iunctus*] vinctus — *dici vix*] vix dici — §. 56. *atrociter dicere*] *om.* dicere — §. 57. *varietas perfecta*] *om.* perfecta — *Aeschines quum alter - - - etiam Demosthenes illumque*] Aeschines illumque *mediis omissis.* — §. 58. *persequendae*] prosequendae — *nec a postrema*] *om.* nec — *ducem*] ducem sequitur (*retento in seqq. v.* sequatur.) — §. 59. *non est enim*] *om.* est — *persequetur*] persequatur (*sed:* utetur.) — *nulla mollitia*] nullaque m. — §. 60. *affert*] afferet — §. 61. *vindicat*] vendicat — §. 62. *et suavitate*] *om. haec.* — *aculeos*] eculeos — §. 63. *incitare, et sic de rebus*] incitare fide rebus — *docendi causa*] dicendi c. — *dicendo*] dicendi — §. 64. *vincta*] iuncta *a pr. m., sed correctum:* vincta. — *miserabile*] mirabile *a pr. m., sed notâ significatur leg. esse* miserabile. — *dignata nomine*] nomine signata — §. 65. *iis*] hiis — *altius*] apertius — *varietatem colorum*] varietates colores — §. 66. *in his*] in hiis — *Ab his*] Ab hiis — §. 67. *quod virtutes*] quo v. — §. 68. *etiam si*] et si — *ad id*] ad hoc — *a poëtarum*] ac p. — §. 69. *dicet*] dicet — *officia oratoris*] officia orationis — *in quo uno*] *om.* uno — §. 70. *huius trip.*] illius trip. — *Sed est eloquentiae*] sed etiam el. — *reliquarum*] aliarum — *ignoratione*] ignorantia — *saepissime et in poëmatis*] saepissime in poëmatibus (*om.* et.] — §. 72. *apud unum iudicem*] *om.* unum — *reiicitur*] reicitur — §. 73. *Magnus est*] M. esset — *dictis factis* cet.] dictis et factis minimis et max. — §. 74. *et in gestu*] et gestu — *item*] idem; *sed in marg.* item — *probi*] probam — *in immolanda*] *om.* in — *penicillo*] peniculo — *tantum*] tantum *deletum et superscr.* totum — §. 77. *oratorii*] oratori — *hiatus et concursus*] *om. v.* et concursus — *et quod - - - negligentiam*] *om. haec.* — §. 78. *duo ei*] *om.* ei — *sic haec - - - delectat*] *om. haec omnia.* — *quo sit*] quod fit — §. 78. *repellentur*] repelluntur — §. 79. *quod quartum numerat Theophrastus*] quod Th. q. numerat — §. 80. *verborum duplex*] *om.* verborum — *collocatorum*] collatorum — *tralatum*] translatum; *et sic semper.* — *inusitatum*] usitatum — *inusitata*] usitata — *ac prisca*] aut pr. — §. 81. *permanent* cet.] permanent sunt illa quidem multa (*sic*) etiam si verba mutaveris, sed — *parcus in priscis*] parcus et in pr. — §. 82. *est illi*] *om.* illi — *uteretur amplissimo*] utatur a. — *in alta*] in alia — §. 83. *iis*] hiis — *ab iis*] ab his — *etiam in*] *om.* etiam — *nam sicut*] nam si ut — *a magnificentia*] *om.* a — §. 84. *pleraque apta*] pleraque apte — *venustates*] venuste — §. 85. *verborum modo*] modo verborum — *mollissimis*] nobilissimis — *assumet*] assumat — *faciet*] faciat — *aut exspectanda*] aut expetenda — §. 86. *Accedet*] accedit — §. 87. *etiam sales*] et sales — §. 88. *frequenti, ne*] frequens nec — *aut sua*] aut in sua — §. 89. *nec omni modo*] nec omnino — *neminem*] *om.* — §. 90. *propriam*] proprie — §. 92. *ut saepe iam, quae*] quae ut saepe iam — §. 93. *arce et urbe orba sum: alio*] arcem et urbem orbas — *pro patria arcem dixit*] si pro patria arcem dixisset — *summutantur*] submittantur — §. 94. *et haec*] *om.* et — *decet*] licet — *ille*] iste — *immuta-*

tiones] imitationes — §. 95. *et nisi*] et ubi *a sec. manu.* — §. 96. *defluxit*] effluxit — §. 97. *gravis ornatus*] ornatus gravis *a prima m.* — §. 98. *subtili et acuto*] acuto et subtili — *Medius ille*] *om.* Medius — *extimescet*] extimescit — §. 99. *auribus*] animis — §. 100. *sed animo* cet.] sed animo non manu. Si prendissem — *dimitterem*] dimitteret — *igitur is? Complectar*] igitur? Sed compl. — *et humilia*] *om.* et — §. 101. *etsi non cernimus* cet.] etsi animo cernimus tamen animo tenere non possumus — §. 102. *persecuti*] prosecuti — §. 103. *in Aviti*] in habiti — *quaererent*] *Compendium scripturae videtur significare* quaereret, *ut habent Gryphianae.* — *atque adumbratio*] et ad. — *at quid deceat*] at quid si qui (*a sec. manu* quid) deceat — §. 104. *et semper*] et sepe (*sic*) — §. 105. *quoniam*] quod iam — *Pammene*] lammene — §. 106. *nunquam Cotta*] *om.* Cotta — *Sulpicius nunquam - - - - non multa graviter Hortensius*] Sulpicius non multa gr. Hortensius *mediis omissis.* — §. 107. *satis defervisse*] *om.* satis — *aliquanto*] quanto — *fluctuantibus*] fluctibus — *terra non tangat*] terram non tangant — *re et maturitate*] rei maturitate. — §. 108. *redundantia*] habundantia; *sed in marg.* redundantia — *ut pro Avito*] At pro habito — *compluresque*] quam pluresque — *eaque* cet.] eamque (*sic*) hanc ipsam quam probo habent var. — §. 109. *poëtis et maxime tragicis*] poëtis maximis trag. — *quotidiani*] quotidianum — *discederem*] discedere *In marg.* „discederem. Al. descenderem" (*ut habet Dresd.*) — *eos vidimus*] eos videmus — *nihil* cet.] nihil in suo genere esse posset — §. 110. *me quidem*] *om.* quidem — *nihil Lysiae* cet.] nichil lysie subtilitati credit (*sic*) n. a. et acumini hyperidis, nichil levitati eschinis — §. 111. *multae totae*] multe et tote — *quoties*] quotiens — *delabitur*] dilabitur — §. 112. *ab hoc*] adhoc — *explicemus*] explicamus — *haec solum*] hoc solum — *etiam si*] *om.* etiam — §. 113. *oratio esse*] *om.* esse — *Disputandi ratio*] Disserendi r. — *dialecticorum est*] dial. sit — *autem dicendi*] autem et dicendi — *eiusmodi*] huiusmodi — *palmae illius*] palmae eius — §. 114. *omnem quae*] omne quod — *quod te his*] quod hiis *om.* te — *habuit docendi*] habuit dicendi — §. 115. *earum rerum*] *om.* rerum — *primum*] primo — *e quoque*] eo quoque — *quidque contrarium*] quodque c. — *dicantur*] dicentur — *sed quod*] sed quo — *in iis*] in hiis — §. 116. *inter eos qui disceptant*] inter qui discrepent — *involutae*] involuta — *ut in eas*] *om.* ut — §. 117. *in species*] *om.* in — *neque praetermittatur*] *om.* neque — *autem aut*] *om.* autem — *faciat*] facias — §. 119. *de ipso genere*] genere de ipso — *habeat orator*] orator habeat — *dicat, dignam*] dignam dicat — *ut de Pericle*] de paride (*om.* ut) — *esse ignarum*] ignarum esse — *referet*] refert — *magnificentiusque*] et magnificentius — §. 120. *nolo ignoret* cet.] nolo ne ignoret haec quidem *a prima manu; a sec.:* volo ne ignoret haec quidem — *Quid est enim*] *om.* enim — *orationi affert*] praebet orationi — §. 121. *res duas*] duas res — §. 122. *eaque efficere*] ea eff. — *iis*] hiis — *restinguentemve*] restringentemve —

§. 123. *quidque erit*] cuique erit — §. 124. *Deinde si tenuis causa est, tum*] Divisimus clare tum — §. 115. *causae natura*] causa et natura — *ascendit in tantum honorem*] in t. h. ascendit — §. 126. *aequabiliter*] aequaliter — *corpore orationis*] orat. corpore — *communes sunt*] *om.* sunt — *id ita*] *om.* id — §. 127. *leniter*] leviter — *adversarios*] adversos — *aspere*] aspera — *quotiescunque*] quotienscunque — §. 128. *et ad mores*] et mores — *vitae*] tam *cum lin.* — *in quo*] id quo — *nullo pacto*] nullo modo, *sed in marg.* pacto — §. 130. *mihi tamen omnes*] tamen mihi omnes — *dolore*] *Hoc deletum et superscr.* labore — *ipsum poenitet*] ipsum non poenitet — *eadem illa*] *om.* eadem — §. 131. *solum*] sola — *etiam filio*] et f. — *complerimus*] repleremus — *in qua*] An qua — §. 133. *aut si*] ut si — §. 134. *χαρακτήρ*] character — *ex iis ipsis*] ex ipsis — *intelligi potest*] potest intelligi — *ac movent*] et m. — *magnum afferunt*] *om.* magnum — *appellantur insignia non quod - - - quodammodo insignia quum aut*] appellantur insignia quum aut, *mediis omissis.* — §. 135. *non eadem*] non in eadem — *versum*] versus — *exclamatio*] explanatio — §. 136. *utitur*] utatur — *esse laudabilem*] laud. esse — *dicitur*] edicitur — *Tantummodo notetur*] tantum vocetur — §. 137. *et in una re*] ut unam in rem — *in eademque* cet.] et in eandem commoretur sententiam — *ut quum transegerit*] et quum tr. — *dixerit*] dixit — *et sentiri*] et sentire — *quomodo dicat*] qn (*cum lin. i. e.* quando) dicat — *conferat*] transferat — §. 138. *iis*] is *a pr. m.; a sec.:* hiis — *audiunt*] audiant — *mores sermonesque*] sermones moresque — *loquentia*] eloquentia — *ut utatur*] *om.* ut — *alii*] aliis — *ut interpellatorem coërceat*] ut interpellet oratorem coërceat — *ut denuntiet*] et den. — *caveant*] caveat — *ut liberius*] et lib. — *irascatur: etiam ut*] irascatur etiam, ut — *ut medeatur*] ut medeat ut medeatur — *iis*] is *a pr. m.; a sec.:* hiis — §. 139. *Atque alias*] Atque in alias — *sequetur*] seqtur *cum lin.* — *vides*] videas — §. 140. *esse dicendum*] dicendum esse — *etsi movebant*] etsi non movebant — *iis*] hiis — *de artificio*] *om.* de — *nisi me*] *om.* me — *excusatio*] negatio *a pr. m.; a sec.* responsio. — §. 141. *dicendi praecepta*] praecepta dicendi — *quae ad*] quo se ad — *reprehendet*] reprehenderet — *plurimum esset*] *om.* esset — *praescriptionum*] persecutionum (*compendio scr.*) — §. 142. *gloriosum est*] *om.* est — §. 143. *Fateor, sed*] *om. haec v.* — *Alteros enim resp.*] At eos resp. — *ii*] hii — *et discentibus*] disc. et. — §. 144. *At dignitatem* cet.] Ad dignitatem melius docere — *si quasi*] se quasi — *communicando*] commemorando — *cur quum docendo*] cur non dicendo — *possis meliores*] posses melius — *facere, nolis*] facere nescio cur nolis — *Si*] An — *possint*] possunt — §. 145. *ii etiam*] *om.* ii — *ipsi fuerit honestissimum*] ipsis (*sic*) honest. fuerit — §. 146. *Ac fortasse*] At f. — *tectiores*] certiores (*ut videtur*) — *prae me*] pro me — *Qui*] Quid — *dissimulare*] dissimularem — §. 147. *dimetiendis*] demetiendis — *in hoc*] *om.* in — *altitudo*] magnitudo — *his*] hiis — *vetat*] vel ad — *a me volumen*] vol. a me *a pr. manu.* — §. 148. *non ita*] ita non — *durum agrestemque*] dirum agrestem durumque — *quae quidem me antea*] qui *(sic)* quidem antea *om.* me — §. 149. *illud*] illum — *quale*] qualis — *nec id*] *om.* id — *esset quum*] esset tum *a pr. manu; a sec.* etiam tum — λέξεις] lexis — *vermiculato*] vermiculate — §. 150. *efficiet facile*] statim efficiet fac. — *ut in legendo*] ut intelligendo — *in dicendo prospiciet*] in docendo *(sic)* proficiet; *sed superscr.* prospiciet — *gravesve*] graves — §. 151. *tanto opere*] tantopere — *idem*] id — *haud*] aut — *iis*] hiis — *oratione*] *om.* — *sint*] sunt — *eam*] ea — *sit*] est — §. 152. *versum*] versus — *Histrum*] istum — *Grai*] gray — *Etesiae* cet.] et est adeiuvanda ponti — §. 153. *multi' modis* cet.] multis modis vivas argenteis palma et crinibus tecti fractis — *Duellium*] duillium — *Bellium*] bellum — *Duellii*] duelli — *Axilla Ala*] auxilla ala — *fuga*] fuge — *taxillis*] anxillis — *paxillo*] pauxillo — §. 154. *Dein* cet.] deinde etiam saepe et exin proinde et pro exinde — *concurrerent*] currerent — *est mecum et tecum* - - *Atque etiam*] est mecum atque etiam *mediis omissis.* — §. 155. *haec*] hoc — *tuum unquam*] tu unquam — *At ille alter*] At ille aliter — *Chryse*] chisse — *durius*] dirius — *non sane* cet.] non sane in omnibus neutas *(sic)* sunt usitata — §. 156. *audeo*] audio — *stlitibus*] litibus — *Atqui* cet.] et qui dicit attius — *duo duorum*] dua duorum — *concessum est*] *om.* est — *sestertium*] sextertium — *his*] hiis — §. 157. *nosse, iudicasse*] nos eiudicas si — *siet* cet.] si et plenum est fiet minutum — *scripserunt*] et scripserunt — *isdem probavit*] idem probavit — *At eisdem*] At iisdem — *tamen eisdem*] tamen ysdem ut optimus — *iam videtur*] *om.* iam — §. 158. *est abs*] *om.* abs — *et ne iis*] ne hiis — *dicimus*] dicit — *nescias abne verum*] nescias an verum — *abfugit*] affugit — *abfer*] afer — *nari*] gnari — *ut veritas postulabat*] et v. postulabit — *e re*] ex re — §. 159. *fit natura*] natura fit — *Indoctus*] Inductus — *in verbis*] *om.* in — *concrepuit*] increpuit — §. 160. *pulcros* cet.] pulchros et cetegos triumphos Carthaginem — *Orcivios*] oscinios — *Matones* cet.] mathones othones scepiones sepulchra — *Burrum*] purum — *Bruges*] fruges *a pr. manu*; *a sec.* fryges — *tantum barbaris*] tam in barbaris — §. 161. *optimus*] optumus — *loquebamur,* cet.] loquebamur qui est omnibus princeps et vita illa dignum loco qua non dignus — §. 162. *in his*] in hiis — *reperienda*] repetenda — §. 163. *permulceant*] permulcent — *Qua Ponto* cet.] qua pontus hellus superat tmolum. At thauricos locorum — *finitus*] finis — §. 164. *sequamur*] sequantur — *itemque*] idemque — *diximus*] dicimus (*in marg.* diximus) — *aut quodam genere*] ut quaedam genera — *casus*] causas — §. 165. *consectatione*] consectione — *nostra sunt*] *om.* sunt — *accepimus* cet.] sed accepimus non legimus verum natura — §. 166. *referendis*] referundis — *damnas*] *om.* — *autumas* cet.] autumas pro autimas dicis male merere — *prodest nihil: id*] prodest, nihil id — *relatio*] ratio — *oratorium*] oratorum — §. 167. *Isocratem*] ysocratem. *In marg.* „al. Isocraten *(ut Dresd.)* — *Nos etiam*] nos autem — §. 168. *et hi*] et hii — *in iis*] in hiis —

perfecto] profecto *superscr.* perfecto — *curta*] torta *a sec. manu.* — §. 169. *sit, credo*] sint credo — *boni*] bonis — *usos magnos oratores v.*] usos veteres v. — §. 170. *oratione*] ratione — *numeri ab*] *om.* numeri — *sententiis, iure* cet.] sententiis sin re *a pr. m.; a sec.:* sin vero) sint probe res — *malint*] velint (*In marg.* malint) — *ut sit*] ut si — §. 171. *dicere*] elicere — *Versibu'*] versibus — *absolute concluderetur*] absolveretur (*sed in marg. recta lectio.*) — *eis*] ei — *in eis*] in hiis — §. 172. *movebit*] movet — *Naucratem*] neutraten — *auctores - - - - esse debebant*] auctores esse debeant *mediis omissis.* — *quis porro*] quid p. — *versum*] versus — *vetat esse*] *om.* esse — *iubet*] iubet esse — *iisdem*] et iisdem — *ab iis*] ab hiis — §. 173. *quia ipsi*] quia ipsis — *aut cur aut*] aut curat aut — *longitudinum aut brevitatum*] longitudinem aut brevitatem — §. 174. *qui et haec*] *om.* qui — *vel maxime velle*] velle maxime vel — *iucunditatis*] iocunditatis — §. 175. *ab his*] ab hiis — *vere*] fere — *scientius*] scie *cum lin.* — *nimis etiam*] *om.* etiam — *numerose*] numerosa — *ut paullo*] *om.* paullo — *iis*] is — *Id autem*] Idem a. — §. 176. *in transferendis faciendisque verbis*] *om.* fac. verbis — *et iis*] et hiis — *audisset*] adivisset (*sic*) — §. 177. *diximus*] dicimus — *quum, ut fit*] quum sit — *apteque*] aperteque — *pepulisset*] perpollisset — *iucunde*] iocunde — *imitandi*] mutandi — §. 178. *mutila*] inutilia — *immoderatius*] moderatius — *certos cursus*] cursus certos *a prima m.* — §. 179. *id enim*] *om.* enim — *si placet*] *om. haec.* — *ex quo*] e quo — *et is unusne*] *om.* is — *et quo loco*] et in quo l. — §. 180. *duplex est*] est duplex — *etiam planior*] et pl. — *non queant*] non possint — *e poëticisne*] ex p. — *eorum sit*] *om.* sit — *iidem*] idem — *quicunque sunt*] q. sint — *si communes*] si omnes — *in versu*] in universum — §. 181. *dicitur*] dicatur — *anne sit*] an est — *sitve*] sitque — *et ea, quae*] *om.* ea — §. 182. *iucundum*] iocundum — *illuminatum*] illuminatum est — *quaerenda sit*] q. est — §. 183. *cur id accidat*] cur id accidit — §. 184. *qui tarda*] quin t. — *simillima*] similia *a pr. manu.* — *Ac*] At — *in eis*] in hiis — §. 185. *iucunditas*] iocunditas — *in numero autem*] *om.* autem *a pr. m.* — *voluptatis, ita in hac re - - Itaque et Herodotus*] voluptatis itaque et Herodotus *mediis omissis.* — §. 186. *et facilius*] *om.* et — *aut facta aut iuncta*] aut iuncta aut facta — *non domo*] non modo — *et cognitus*] aut c. — *palaestram et extrema*] palaestra in extrema — §. 187. *Quod si et*] quod et si — *collatata et diffusa*] concalcata et diffisa (*a pr. manu; a sec.:* diffusa.) — *accidere natura*] accedere nature — *insistat*] persistat (*In marg.* insistat.) — §. 188. *aequalem*] aequalem esse — *sesqui*] sesque — *sesquiplex paean*] sesqui pean — *qui*] quin — §. 189. *etiam ex hoc*] *om.* etiam — *versus saepe*] *om.* saepe — *effugere vix*] vix effugere — §. 190. *anapaestos*] anapaestica — *observari nec*] nec observari — *in eo ipso loco*] in eo loco ipso — *inquirente*] inquirenti — *numeros*] numerum. (*' marg.* numeros.) — *oratorios*] oratores — §. 191. *ergo*] igitur — *orationem aptam*] oratione in aptam — *levis*] lenis — *sed profectus*] *om.* profectus — §. 192. *et abiectam*] neque abi. — *et exaggeratam*] *om.* et — §. 193. *sed ipsos*] *om.* ipsos — *habuerunt rationem*] rationem habuerunt. *Sed in marg.:* hab. rat. — *nullam dignitatis*] dign. nullam — §. 194. *Sic hi*] sic hii — *evitandi*] vitandi — *quidquam*] quiddam — *recipit*] recepit — *fugit*] fecit — *vitiosus*] vitiosius — §. 195. *Thecdecteque*] theodoctoque — *vulgi est, debet*] vulgi, debet esse — *vinctum*] iunctum — §. 196. *quique*] quoque — *in iis*] in hiis — §. 197. *hi sunt*] hii sunt — *animadvertetur*] advertetur — *iucunda*] iocunda — *excipiunt*] accipiunt — *illa ipsa* cet.] — illa ipsa delectarent nec vero minus is cursus — §. 198. *nisi ut*] nisi aut — *tibicinii*] tibicini — *terminata est*] *om.* est — §. 199. *id vacare* cet.] id non vacare numero oportet — *exitum tamen*] *om.* tamen — §. 201. *faciamus quae*] fecimus quaeque — *collocationis*] collocationes — *eae*] hee — *coniuncta*] iuncta — §. 208. *est nata*] nota (*sic: omisso* est.) — *qui aliquo esset in numero*] qui aliquo numero — *attentetur*] attemptetur — §. 209. *assumendum*] id sumendum — *sit etiam*] *om.* etiam — §. 210. *Ennensi*] Hennensi — *plurimis*] pluribus — *dicendique*] dicendi — *anquirit quid reprehendat*] acquirit quid prendat — §. 211. *ipsam*] ipse — *iis*] hiis — *dictio est*] *om.* est — *cogat*] cogit — §. 212. *conclusionesque*] conclusiones — *ab aliis*] ab illis — §. 213. *his*] hiis — *O Marce Druse*] O mi Druse — *dichoreus*] dichoreius — *dichoreo*] dichoreio — §. 214. *temeritas - - etsi*] *Exciderunt haec.* — §. 215. *Animo*] *om. h. v.* — *iucunde*] iocunde — *et eius*] *om.* et — *e totidem*] *om.* e — §. 217. *choreo trochaeus*] *om.* trochaeus — *tres*] tris — *choreus aut spondeus*] choreius aut spondius — *in pede*] ut pede — *iidem hi*] idem hii — *postremus*] extremus — §. 218. *mediae*] mediane — *mihi videtur aptior*] nihil videtur actior (*sic*) — *est hoc*] hoc est — §. 219. *His*] Hiis — *non numero solum*] *Exciderunt haec.* — *et genere, quod ante dictum est*] *Exciderunt haec.* — *compositione potest*] *om.* compositione — *ut numerus non*] ut ipse non — *lubido*] libido — *dominatur*] praedominatur — *illa aperta*] *om.* aperta — *ea non*] etsi non *collocatione*] collacione — §. 220. *inest*] est — *plerumque fit*] *Exciderunt haec.* — *quoque copia*] copia quoque — §. 221. *comprehensio*] comprensio *et sic ubique.* — *et ne*] et ne ut — *vel potius*] *om.* potius — *accidit*] accidat — *neu*] neve — §. 222. *His igitur*] hic igitur — *quasi*] quia — *disiungimus*] diiungimus — *debet esse*] esse debet — *profecto se fudisse*] profectos effugisse — *caderet*] traderet — §. 223. *perfugis*] perfugiis — *spondeos*] spondios — *incisim*] vicissim — §. 224. *incise*] incisa — *crepidine quadam*] *om.* quadam — *et* [*quam*] *fortunas*] et fortunas — *Dichoreo*] dichoreio — *spondeis*] spondeus — *iis*] hiis — *pugiunculis*] pugnaculis — *utrisque*] utriusque — §. 225. *tractata*] tracta — *iis*] hiis — §. 226. *aut melius*] *om.* aut — *raro*] rara — *Et is*] et hiis — *posui*] pompeiana — §. 227. *lectissimis dicere*] latissime (*sic*) *disserere* — *non modo oratorum*] *om.* non modo — *verum*] sed — §. 228. *adhibere*] et adhibere — *nec vitando*] ne vit. — *in his*] in hiis — *facit*] fecit — *fuit*] fiat — *recte declinat*] — *om.* recte — *etiam in*] et in — *intelligit*] intelligat — §. 229. ἀπαλαίστρους] apelestros — *abest*, *ut*] abest, ne — *ii*] hii — *ut aliter*] aut aliter — §. 230. *quod se*] *om.* se — *in scribendo atque in dicendo*] in dicendo atque in dicendo (*sic*) — *necesse tamen*] tamen necesse — *scripsit*] scribit; *sed in marg.* scripsit — *et nihilo*] *om.* et — *fluxit*] fluit — §. 231. *Hierocles et Menecles*] yherodes et menocles — *ab Atticorum regula*] a regula Atticorum; *sed in marg. ordo vulgatus.* — *quasi rimas expleat*] quasi (*spatium vacuum*) expleat: *superscr.* vina. — *in eodem*, cet.] versetur semper eodem genere verborum. *In marg.*: „*Al.* numerorum. *Melius puto.*" — *alia perspicue*] illa perspicue — §. 232. *compositi*] compositio — *collocationem* cet.] collocationem verborum dissolvat (*sic*) permutatione verborum: corrumpatur — *vestis*] vestes — *qui rebus his*] quibus rebus in hiis — §. 233. *quadrum*] quadram — *aptum illud*] *om.* illud — §. 234. *noluit*] voluit — *nemoque*] neque — *modo sic*, *ut*, *si quis*] modo si quis — *clupeum*] clypeum. *In marg.* clupem (*sic.*) — §. 235. *clupeum*] clupem. *In marg.* clypeum — *humilius*] humile — *plane*] plene — *voles*] velis — §. 236. *etiam plerumque*] et pl. — *quidquam aut spectari*] quidquam expectari — §. 237. *tanto opere*] tantopere — *verius*] melius — *Neque*] Nec — *assensum*] sensum — *levissima*] novissima — *quod tenerem* - - *quam id*] *Exciderunt haec.* — *verum*] verum tum — §. 238. *impudentiam*] imprudentiam.

Ex literis C. P. C. Schoenemanni ad Beierum dat. die XXIV. Augusti MDCCCXXVII.

In Ansehung der Mss. des Orator ist Eberts Angabe richtig. Der älteste Cod. ist der mangelhafte Gud. 2. in Fol., welchen Ernesti, Wolf, Görenz und Klein (als er noch in Breslau war) gehabt haben. Er fängt mit dem 26. Cap. an, als ob gar nichts fehle. Dann folgt Gud. 38. in Fol. aus der ersten Hälfte des XV. Jahrhunderts; er besteht aus 123. Bll., auf welchen von Einer Hand, aber, wie es scheint, sehr nachlässig geschrieben sind: 1) *Cic. de oratore ll.* III. f. 1ª — 74ᵇ. 2) *Orator ad M. Brutum* vollständig f. 74ᵇ — 95ᵇ. 3) *Brutus* f. 97ª — 121. 4) *De optimo gen. orator.* f. 121 — 123ᵇ.

Endlich *August.* 12. 13. in 4. enthält auf 262. von einer ital. Hand geschriebenen Bll.: 1) *Cicero de oratore ll.* III. f. 1 — 156ª. 2) mit späterer Rubrik *Cic. de optimo gen. dicendi ad M. Brutum* f. 156ª — 201ᵇ. 3) *Brutus s. de claris oratoribus* f. 201ᵇ — 262ᵇ. Dieser Codex ist erst in der Mitte des XV. Jahrh., wahrscheinlich auf Bestellung, geschrieben. Die Initialen jedes Buches sind auf Goldgrund sehr geschickt gemalt und die Capitel-Initialen mit bunten Farben. Auf dem untern Rande des ersten Blattes ist das de Fanlysche Wappen, mit beigeschriebenen Namen A. FANLY (mit gold.

Buchstaben). Es ist eine Burgundische Familie aus der Nähe von Dijon, wohin später der Codex gekommen ist. Daselbst ist er aus einer Hand in die andere gekommen, wie die Namen Moisson und Recourt etc. am Ende beweisen. Vielleicht liesse sich aus Burgundischen Genealogien der erste Besitzer und damit auch das Alter des Codex näher bestimmen.

Zur Probe hier nur eine Vergleichung des Endes c. 71. §. 237. (mit Orelli).

Cod. Gud. 2.	Gud. 38. in fol.	Aug. 12, 13 in 4⁰.
- - iuditium qd' ait si qua ere	- Iuditium quod aut sequere s. pb.	Iudicium etc. -
- aut tuo stabis si aliud qd'dam est tuum - -	aut tu obstabis si aliud quidam est tuum - - -	aut tuo stabis si aliud quodam etc. - - -
de quo tantopere	de quo tanto tempore - -	de quo tantopere - -
Potest enim n. sol. aliud michi ac tibi sed michi met ipsi alias aliud videri - -	Pot. en. n. sol. aliud mihi ipsi aliud alias videri.	Pot. en. n. sol. aliud mihi ac tibi, sed mihi ipsi aliud alias videri
re que vulgi ad sensum spectet	re que ad vulgi assensum spectet	que ad vulgi sensum spectet
- ad iudic. levissima	- novissima - -	- - novissima -
cum ipsum illud verum tamen	- tum ipsum illud -	- cum ipsum illud
in occ. lateret		
improvidentiam suscepisse	- impud. suscepisse	impud. suscepisse

Cic. ad M. Brutum Orator. Codd. Guelff. collati cum edit. Orelliana (1827).

Cod. membr. Sec. xv., Aug. 12, 13. in 4⁰. Cap. xxvii. ed. Orell. I. pag. 467. in fine.	Cod. membr. S. xv. ineunt., Gud. 38. in fol. Cap. xxvii.
	Plerumq' est in h.
p. 468. loquitur, tam ill.	p. 468. §. 92. in q multi
lin. 3. traslata dico (*del.* „ea")	l. 3. illustrat eam - transl. (*del.* „ea") dico
„ 4. similit ad aliam rem	„ 4. simil. ad aliam rem
„ 5. *del.* „proprio"	
„ 6. sumptum et re	
§. 93. lin. 7. dixerit Enn.	§. 93.
arcem et urbem orbas al. mo p. (*del.* „et - si")	arcem et urbem orbas alio (*del.* „et - si")
del. „terribili tr. - Africam"	
del. „quia" quasi	

§. 94. iungit (*del.* „sub") - - minutam	§. 94. vocat
op. est vel qd licet (*del.* „delectat vel quod decet")	vel qd licet
continue plures	iam confluxerant contin. plures
recto genere	recto genere
ille - vocant - - dulcissime	
§. 95. multa N (= enim)	§. 95.
explicantur	explicantur
dicuntur	dicuntur - - illi fort.
§. 96. *del.* „etiam"	comprobabitur
Cap. XXVIII.	Cap. XXVIII.
pag. 469. §. 97. et copia admirare	pag. 469. §. 97. et copia admirate
§. 98. quicquam (*del.* „nec')	diffideret - - pfungit
	§. 98. et subtili et ac. - - profecto magn.
extimescit ancipitis	extimescit - - succidet
del. „alte"	adhibet (p adibit)
§. 99. *del.* „noster" in quem - - cum illis	§. 99. sic nihil ẽ al.
si his no ppar. - - videntur	
§. 100. non manu	§. 100. non manu. si
Cap. XXIX.	Cap. XXIX.
qui (*del.* „et") humilia et magna gr.	qui (*del.* „et") humil. s. et magna gr.
§. 101. fuit ne du tu fueris	§. 101. fuit ne dum tu videris. Ego enim
videri disputo - - eloq. se4ro	ten. possimus
p. 470. quicquam - - - illud idem poterint	p. 470. Is igitur erit ut illud idem
§. 102. explicamus (laudavimus)	§. 102.
distrinximus fuit ornatus	
§. 103. varianda et tempanda sñt	§. 103.
accus. septem libris ñ reperiuntur genus	acc. septem libris
quod in habiti	quod in habiti
vel (*del.* „per se") posse elig.	vel (*del.* „per se") posse eligere
nullo in genere - - - non fuit aliqua	
ad conatus	si non assequim.
Atqui si quid deceat videmus	Atqui quid deceat videamus
p. 470. §. 104. ut quisque eo diff.	p. 470. §. 104. de vobis - - ut quisque diff. et mor.
et sepe aliquid	et sepe aliq.
Cap. XXX.	Cap. XXX.
§. 105. Sed tam q' ĩa tũ et hunc tu or.	§. 105. Sed tñ quod ĩa et h.
lammene	lammene (*del.* „cum")

tamen etiam vestra lectitas	etiam nostra - multa illum pf.
Sed ille manus	non velle cunq' - nam (*del.* „et") succ. ipse magnus
§. 106. nunqu' (*del.* „Cotta") visus esset	§. 106. *del.* „Cotta"
orationis fuse aures - dicendi aud.	
§. 107. post quanto desentire	§. 107. defervisse
p. 471. mare fluctibus	p. 471. m. fluctibus lictis ei.
Itaque vivunt	
alluantur - - laudati	alluantur
§. 108. erat unus ardor	§. 108. erat unus ard.
(at pro) Atp' hito	At p habito
multa (*del.* „ne") in gr. quidem	

M. TULLII CICERONIS

DE

CLARIS ORATORIBUS

LIBER,

QUI INSCRIBITUR

BRUTUS.

PRAEFATIO.

In nova hac Bruti editione id mihi proposui, ut quam nunc fieri potest accuratissime emendaretur aureolus libellus, indicatis fontibus earum in primis lectionum, de quibus propter has vel illas rationes etiamnunc disceptare aut monere saltem verbo necessarium videbatur. Nam ut nunc immorarer et in referendis et in denuo refutandis omnino omnibus iis Cdd. et Edd. vett. erroribus vel levioribus, Schuetzii praesertim, coniecturis, in quibus diiudicandis novissimus Editor recte rem amministrasset, nihil profecto in causa erat. Verum in id potissimum strenue incumbendum duxi, ut semel corrigerentur multi illi errores partim a prioribus, partim etiam ab Ellendtio commissi, qui vir doctissimus, etsi egregia complura habet, mirum tamen in modum saepenumero ab aliis decipi se passus est vel ipse a veritate imprudens deflexit tum in lectionibus ipsis tum in earum auctoritatibus afferendis; unde magnum erat periculum, ne sequentes editores singulis non denuo examinatis, nimiamque fidem illi tribuentes eosdem errores repeterent atque propagarent. Invitus, fateor, in eiusmodi correctionibus versatus sum, sed necessitati quis repugnare potest? Id autem ante omnia assecutus mihi videor, ut deinde rectius constituatur tota ratio huiusce libri emendandi. Videlicet, quum extra dubium nunc positum sit, omnes, qui ubique sunt, Codices — de uno Ambrosiano, quid suspicari liceat, mox indicabo — sed quum constet omnes fluxisse ex uno illo Laudensi nunc deperdito, de quo verba feci in praefatione Oratori praemissa, idque vel ex eo confirmetur, quod omnes in fine aeque mutili sunt, consentaneum est, cunctos per se spectatos unius dumtaxat autoritatem habere, idque unum profici ex quam plurimorum vel, si fieri posset, omnium collatione, ut divinatione assequamur, quid scriptum exstiterit in Laudensi; quae tamen divinatio, per se ipsa admodum lubrica, non ita multum collatura videtur ad emendanda scripturae vitia; nam, quae in illo iam sana erant et recta, plerumque integra servata sunt; quae contra corrupta erant et manca, in ceteris omnibus saepe in peius etiam deformata invenies: nisi quae e coniectura magis minusve probabili vel restituta vel saltem ita mutata sunt, ut speciem quandam integritatis mentiantur. Hinc fit, ut in hoc libro, quemadmodum in aliis, quorum eadem sors fuit iniqua, latus campus adhuc pateat coniecturae de vera lectione tentandae. Veras autem Codicum familias, quum nullus antiquior sit Seculi XV. tertio decennio, statui hic nequaquam posse manifestum est; etsi qui ex eadem aut officina libraria aut ex eiusdem Itali philologi schola prodierunt, utique inter se similiores erunt, quam qui aliam habent originem.

Inchoatam autem esse tantum, nondum absolutam operam in Bruti Cdd. excutiendis ponendam, ex eo maxime elucet, quod quattuor dumtaxat Cdd. lectiones accuratius novimus. Sunt autem

1. Oxoniensis ψ. admodum negligenter collatus.

2. Gudianus 38. (Gu. 1.) collatus a Schneidero in Epistola ad Langerum Wetzelii Bruto praemissa et ab Io. Fr. Heusingero, cuius collationem dedit Schuetzius.

3. Aug. 12, 13. Ms. Aug. 4. (Gu. 2.) collatus ab eodem Heusingero.

4. Cod. Regius 7704. Scilicet Casp. meus Blunschlinus, utriusque iuris doctor, praeclaro libro de successione contra tabulas nuper edito satis notus iure consultis, quum Lutetiae Parisiorum degeret, nihil habuit antiquius, quam ut desiderio meo collationem Bruti cum Cod. aliquo Regio nanciscendi promptissimo animo diligentique cura satisfaceret, benigne optatis meis annuente V. Cl. C. Benedicto Hase, quem honoris causa nomino.

Asservantur videlicet in Regia bibliotheca huius eruditissimi viri curis commissa hi quattuor Bruti Cdd.: 1) N. 7705. membr. Sec. XV., nobis A. 2) N. 7703. membr. scriptus Anno 1461. (B.) 3) N. 7708. membr. Sec. XV. (C.) 4) N. 7704. membr. Sec. XV. (D.) Ex his autem amicus eum sibi conferendum sumpsit, qui optimus videbatur, N. 7704. sive D.: ceteros in locis maxime dubiis inspexit. Eosdem antea, sed pro more suo, admodum obiter consuluerat Lallemandus.

Satis multas lectiones dedit Gruterus ex

5. Palatino, a semet ipso collato.

6. Cuiaciano, collato a Gulielmio. „Diversus is erat ab eo, quem citat Lambinus." Grut.

Lambinus memorat modo „quosdam", modo duos, modo tres libros Mss.; Manutius bis terve librum Borromei et alterum Latinii; Victorius librum Nicoli; rarissime Mss. appellant praeter Turnebum in *Adverss.*, Corradus, Rivius, Victor Pisanus, cuius curam novi tantummodo e Sylburgii Annotatt. Reliqui autem Bruti editores v. c. Carolus Stephanus, Michaël Brutus, Ernestius, Wetzelius, Ellendt, Nobbe nullis Cdd. uti potuerunt. Billerbeckii curam nondum vidi. Praeter ceteros Cdd. autem qui diligenter examinetur dignus videtur Ambrobrosianus *Part. super.* O. 158. (in Maii *Cicerone Ambros.* pag. 245.) scriptus a Ioanne de Crema; in quo: „*Brutus* mutilatior quam in Edd." Quippe videndum erit aliquando, utrum casu tantum vel potius socordiâ librarii *mutilatior* sit, an quia aliunde forsitan quam e Laudensi sit ductus; id quod tamen vix credibile est.

Iam maximam similitudinem intercedere tum inter Cd.

Gu. utrumque, nostrum D., Oxoniensem quoque, quatenus is nobis innotuit, Ed. Venetam anni MCCCCLXXXV. eiusque repetitionem Norimbergensem anni MCCCCXCVII., quam falso Omnibonianam appellare solet Schuetzius, iis comparatis intellexi. Eandem lectionem e coniectura potius, quam e libris melioribus passim emendatam reperi in Ed. Mediolanensi MCCCCXCVIII. (quatenus scil. hanc novi ex Ernestii *Annotatt.*) eiusque sequaci Ascensiana prima.

Novam recensionem non sine libris, puto, instituit Aldus avus, quae quasi fundamentum est sequentium, anno MDXIV. tum MDXXI., quam posteriorem habeo. Insunt tamen in hac editione praeter emendationes egregias etiam interpolationes manifestae, quarum aliquot ad nos usque propagatae nunc tandem sunt sublatae. Post Iuntam Aldum secuti sunt, qui Ascensianam alteram curaverunt, insertis tamen passim novis et coniecturis et interpolationibus; cum hac Ascensiana in plerisque faciunt Cratander, paucisque immutationibus exceptis, Hervagius*), Rob. Stephanus, qui in Rhetoricis nondum exprimere poterat Victorium, Camerarius, Carolus Stephanus; nec multum distat ab hac lectione Aldo-Ascensiana Victorius ipse, qui perpauca mutavit, quique interdum etiam ad errores iam correctos nimia religione reversus est. Sed praeclare multos locos correxit, in longe paucioribus errans, Rivius MDXXXVII., tum ex ingenio, tum ex Ed. Romana (deinde nunquam a quoquam inspecta ac mihi quoque negata; quae, quatenus ex paucis speciminibus nunc iudicare licet, e codice admodum diverso ab

---

*) Quum destitutus sim Ascensiana tertia anni MDXXXI., (de qua consule Amadei Peyron, V. C., *Notitiam libr. Th. Valpergae Calus.* cet. pag. 65.) nequeo dicere, utrum quae Hervagiana comparata cum Cratandrina propria habet, Editori Basileensi debeantur, an repetita fortasse sint ex Asc. tertia; omnia tamen coniecturae sive interpolationi, non Cdd. deberi, manifestum est; velut §. 295. *nos capi volens.* Una harum coni. Hervag. usque ad nos propagata est §. 296. *venio ad eos* pro: *venis ad eos.* Plerasque, non tamen omnes istas Hervagii lectt. habet etiam Rob. Stephanus, novis aliquot additis veluti §. 299. *existimari nolim* pro: *ex. velim.*

illo, quem expressit Veneta, videtur ducta aut, quod potius credo, a critico Italo Sec. XV. emendata est.) Iam Rivii bonis maxime usus, libris etiam, nisi fallor, consultis, interdum propriae coniecturae fidens novam recensionem adornavit Manutius, quam pressis vestigiis sequuntur Corradus et Aldus Nepos. Corradus quidem quas memorat varias lectiones haud aliunde notas vel in quibus, ut plerumque, Cdd. Mss. auctoritatem non affert, eas e variorum professorum Italorum coniecturis videtur hausisse. Aldi Nepotis editionem per quinquennium frustra quaesitam, nunc ipsum, dum in Bruto versor, optimi amici, Io. Labus, operâ, Mediolano accepi. Qua diligentius examinata, vidi, in Bruto certe, eum presse sequi patrem Manutium, ita tamen ut permultis et foedissimis typothetarum erroribus eius cura sit inquinata; in commentario autem impudenter exscripsit Corradum, paucissimis et iis levissimi momenti exceptis. Praeterea, quod maximi mea intererat, didici inde, lectiones illas Repetitionum Lambinianarum, quarum fons atque origo adhuc me latuerat et quae haud raro, malo utique consilio, usque ad nos propagatae sunt, ne ex Aldo quidem Nepote petitas esse: v. c. §. 63. *Catonis — orationes non minus multae* verae *sunt* (pro: *fere*), quod propagatum est usque ad Ern., nusquam alibi reperi, ne in Carolo quidem Stephano nec Boulierio nec M. Bruto. Manutianam lectionem, ut solebat in reliquis etiam Ciceronis scriptis, rursus expolivit Lambinus: multis, quae in vastis illis Corradi commentariis delitescunt denuo inde a me eruta, tacite ascitis, tum etiam Codd. aliquot consultis, haud pauca ex ingenio reformans. Cuius lectiones multas, etiam egregias, perversa aemulatione et invidia ductus expulit rursus Gruterus ad lectionem vel Aldi Nepotis e Manutiana derivatam, vel Repetitionum Lambb. rediens, nisi ubi duos codices suos secutus est, quorum excerptis nobiscum communicandis bene meritus est nostro de libro. Paucis, quae in Bruto habebat, subsidiis, usus est suo ex more Ernestius, id est, haud satis diligenter; sed in eo tamen recte rem administravit, quod aliquot interpolationes et falsas lectiones Aldinas et Gruterianas vetustiorum Edd. ope correxit, feliciter nonnullis etiam de coniectura emendatis. Sequitur Schneiderus, qui ante Schuetzium dedit lectiones Gu. 1. et historicas nonnullas animadversiones perbonas, quo in genere continentur etiam Wetzelii merita; quod ad crisin ipsam pertinet, neutri multum debet noster libellus. Schuetzius, longe feliciore ingenio praeditus, quum e Gu. utroque quaedam refingeret modo in melius, modo prave, permultis tamen audacissimis ac levibus coniecturis indulsit. Quae is deliquit, correxit plerumque Ellendtius, in quo viro, ut praedixi, eam accurationem tantummodo desidero, quae iuvenem philologum quam maxime decet, quia summum nostrum officium in eo versatur, ut errores omnes, quantum in hac imbecillitate humanae naturae fieri potest, devitemus: in illo igitur id in primis aegre sum passus, quod saepe ipsa lectio recepta differt ab ea, quam in annotationibus sibi probari et a se admissam esse dicit; qua tamen in re fortasse maior quam ipsius typothetarum et correctoris fuit culpa. Virum autem, cuius doctrinam magni facio, nolo offendere; amice castigari ipse non nolet: atque omnino, idem ambobus quum propositum sit, videlicet ut et philologiae et Ciceroni nostro satisfiat, quidquid asperius dictum videatur, ut is boni aequique consulat, etiam atque etiam rogo; ut me corrigat, eum ultro exhortor. Accesserunt igitur praeter Cod. Regium subsidia aliquot Edd. vett., quibus ille usus non est, nec ego habebam in priore mea editione adornanda, Schevingii opusculum, qui rectius plerumque aliorum opiniones refutavit, quam novas emendationes excogitavit, et praeter nonnulla Reiziana, quae debeo Henrico Meyero meo, Schedae Beierianae, quibus religiose usus sum. Per repetitam autem lectionem haud paucos prioris curae errores nunc devitatos videbis et novas quoque interdum coniecturas de restituenda veritate propositas: ita ut hanc renovatam lectionem unice pro mea sim agniturus.

Veteres Editiones inspexi has XX.: Norimberg. 1497. Ascensianam primam, (Asc. vel Asc. pr.) Aldinam (1521). Iuntinam, Ascensianam alteram, Cratandrinam, Hervagianam 1534. Victorianam, Rob. Stephani duas 1539. et 1544., Caroli Stephani, Camerarianam, Manutianam, Seb. Corradi 1552. Lambinianam sinceram 1566. eius Repetitionem 1584. Brutinam, Aldi Nepotis, Sylburgianam, quae in hoc libro memorabilia quaedam habet, Gruterianam; praeterea Rivium, Schevingium et recentiorum editorum curas. Omnes Edd. meas a capite ad finem usque studiose contuli in secundis his curis elaborandis; sed ea tantum memoravi, quae opus esse videbantur ad uniuscuiusque lectionis memorabilis *partus atque fontes* (Brut. §. 49.) demonstrandos.

M. TULLII CICERONIS

B R U T U S.

Quum e Cilicia decedens Rhodum venissem et eo mihi 1
de Q. Hortensii morte esset allatum, opinione omnium 1
maiorem animo cepi dolorem. Nam et amico amisso
quum consuetudine iucunda tum multorum offciorum coniunctione me privatum videbam et interitu talis auguris
dignitatem nostri collegii deminutam[1] dolebam: qua in
cogitatione et cooptatum me ab eo in collegium recorda-
bar, in quo iuratus iudicium dignitatis meae fecerat, et
inauguratum ab eodem; ex quo augurum institutis in
parentis eum loco colere debebam. Augebat etiam mo- 2
lestiam, quod magnâ sapientium civium bonorumque pe-
nuriâ vir egregius coniunctissimusque mecum consiliorum
omnium societate alienissimo rei publicae tempore exstinctus et auctoritatis et prudentiae suae triste nobis de-
siderium reliquerat; dolebamque, quod non, ut plerique
putabant, adversarium aut obtrectatorem laudum mearum,
sed socium potius et consortem gloriosi laboris amiseram.
Etenim, si in leviorum artium studio memoriae proditum 3
est poëtas nobiles poëtarum aequalium morte doluisse:

Ern. 1) diminutam
Lamb. 9. Abest *in* 11. *magna bonorum sapientiumque civ. penuria*
19. *mortem*

§. 1. [*in parentis*] Lamb. solus, quantum novi, omittit praepositionem. Sed cfr. Orat. §. 155. *in liberûm loco.*

§. 2. [*Augebat*] Veram hanc lect. habet iam Asc. utraque, Crat. (et fortasse Cd. Reg. A.) — *Augebam* D. B. C. Nor. Ald. Iu. Victor. — *Augebatur etiam molestia* „in aliis libris legitur." Corrad. Idem memorat „e veteribus libris": *bonorum civium sapientiumque*, unde Lamb. lectio (v. marg.) videtur fluxisse.

§. 3. [*morte doluisse*] cfr. Garaton. ad *Philipp.* 9. C. 5. *Phil.* 12, 10. *pro Sestio* C. 17. „Alias: *doluisse morte.*" Corr.

quo tandem animo eius interitum ferre debui, cum quo certare erat gloriosius quam omnino adversarium non habere? quum praesertim non modo nunquam sit aut illius a me cursus impeditus aut ab illo meus, sed contra semper alter ab altero adiutus et communicando et monendo
4 et favendo. Sed, quoniam perpetua quadam felicitate usus ille cessit e vita suo magis quam suorum civium tempore et tum occidit, quum lugere facilius rem publicam posset, si viveret, quam iuvare; vixitque tamdiu, quam licuit in civitate bene beateque vivere: nostro incommodo detrimentoque, si est ita necesse, doleamus: illius vero mortis opportunitatem benevolentia potius quam misericordia prosequamur, ut, quotiescunque de clarissimo et beatissimo viro cogitemus, illum potius
5 quam nosmet ipsos diligere videamur. Nam, si id dolemus, quod eo iam frui nobis non licet, nostrum est id malum: quod modice feramus, ne id non ad amicitiam, sed ad domesticam utilitatem referre videamur. Sin, tamquam illi ipsi acerbitatis aliquid acciderit, angimur, summam eius felicitatem non satis grato animo interpre-
2 tamur. Etenim, si viveret Q. Hortensius, cetera fortasse
6 desideraret una cum reliquis bonis et fortibus civibus; hunc aut praeter ceteros[1] aut cum paucis sustineret dolorem, quum forum populi Romani, quod fuisset quasi theatrum illius ingenii, voce erudita et Romanis Graecisque auribus digna spoliatum atque orbatum videret.

E. 1) hunc autem p. c.
L. 10. (*quamdiu licuit* Margo 1584. sive b.)

∞ *mortem* h. l. Lamb. solus, ut est *Philipp.* l. l. etiam in Cod. Vatic. et *pro Caelio* §. 24. loco tamen suspecto. — *quum praesertim*] cfr. ad *Orator.* §. 32.

§. 4. [*cessit e vita*] ἅπαξ λεγόμενον hoc videtur pro solito *excedere e vita*, *excedere a vita* (*ad Famil.* 2, 2, 1.) *vita excedere* infra §. 262. (ubi vide); *excedere de vita*, ut habent Cdd. aliq. in *Cat. mai.* §. 12. recte improbatur a Goerenzio in Iahn *Jahrbücher* 1. p. 297.

§. 6. [*hunc aut praeter ceteros*] Sic Lamb. Heusing. coni. — *hunc autem et praeter c.* Cdd. noti, etiam D. et Edd. Alio modo, sed minus bene, correxerunt Aldus Nepos (in contextu male: *hunc autem aut*) et postea Ern.: *hunc autem pr. c*, sicque Sch. Ell. — *hunc autem etiam pr. c.* volebat Corr.

Equidem angor animo non consilii, non ingenii, non 7
auctoritatis armis egere rem publicam, quae didiceram
tractare quibusque me assuefeceram quaeque erant propria
quum praestantis in re publica viri tum bene moratae et
bene constitutae civitatis. Quod si fuit in re publica
tempus ullum, quum extorquere arma posset e manibus
iratorum civium boni civis auctoritas et oratio, tum
profecto fuit, quum patrocinium pacis exclusum est aut
errore hominum aut timore. Ita nobismet ipsis accidit, 8
ut, quamquam essent multo magis alia lugenda, tamen
hoc doleremus, quod, quo tempore aetas nostra perfuncta
rebus amplissimis tamquam in portum confugere
deberet, non inertiae neque desidiae, sed otii moderati
atque honesti; quumque ipsa oratio iam nostra canesceret
haberetque suam quandam naturitatem et quasi senectutem;
tum arma sunt ea sumpta, quibus illi ipsi, qui didicerant
eis uti gloriose, quemadmodum salutariter uterentur,
non reperiebant. Itaque ei[1] mihi videntur for- 9
tunate beateque vixisse quum in ceteris civitatibus tum

E. 1) ii
L. 18. ii

§. 7. [*angor animo*] Quod Manutius (improbante iam filio Aldo, quum probasset Corradus) dedit *angor animi*, fortasse decipi se passus est analogia formulae *pendeo animi;* quamquam Plautus *Epidic.* 3, 1, 5. *Absurde facis qui angas te animi.* Cfr. item Gronov. ad *Epidic.* 1, 2, 35. *desipiebam mentis.* Item *Aulul.* 1, 4, 66. *discrucior animi.* Sed Ciceroni *angor animi* tribui vix potest. *ad Famil.* 16, 14. *Audio te animo angi.* Sic etiam reiicienda erat Bosii coni. *ad Attic.* 4, 15, 4. *ne animi in Publio offenderer.*

[*egere rem publicam*] — *geri rem p.* Corradi susp.

[*quae didiceram tractare*] Cfr. de hoc plusquamperfecti usu Ellendtium. Ratio ipsa temporum diversorum h. l. usurpatorum in promptu est: „*didiceram* ante hoc tempus, quo armis iis iam uti non licet: contra, *erant* (non *fuerant*) *propria* scil. hoc ipso tempore, quo res publica iis iam non eget. — [*errore*] Sic iam Ald. Victor. (Riv.) Man. Seqq. — *terrore* Cdd. Regii quattuor. Asc. utraque. Crat. Victori Pisano emendationem *errore* tribuit Sylburg.

§. 8. [*ut, quamquam*] „Alias *quum.*" Corr.

§. 9. [*Itaque ei*] cum Cdd. Lambini, Gu. sec. Ven. Nor. Asc. pr. prob. Rivio, dedi pro Cett. *ii.* Manifestum scil. est e vestigiis Cdd. in Cd. Laudensi saepe fuisse *ei*, *eis*, *eisdem* cett.

maxime in nostra, quibus quum auctoritate rerumque gestarum gloria tum etiam sapientiae laude perfrui licuit. Quorum memoria et recordatio in maximis nostris gravissimisque curis iucunda sane fuit, quum in eam nuper ex sermone quodam incidissemus.

3 Nam quum inambularem in xysto et essem otiosus
10 domi, Marcus ad me Brutus, ut consueverat, cum
T. Pomponio venerat, homines quum inter se coniuncti
tum mihi ita cari itaque iucundi, ut eorum adspectu
omnis, quae me angebat de re publica, cura consederit.
Quos postquam salutavi, Quid vos, inquam, Brute et
Attice, nunc? quid tandem novi? Nihil sane, inquit
Brutus, quod quidem aut tu audire velis aut ego pro
11 certo dicere audeam. Tum Atticus, Eo, inquit, ad te
animo venimus, ut de re publica esset silentium et aliquid
audiremus potius ex te, quam te afficeremus ulla molestia.
Vos vero, inquam, Attice, et praesentem me cura levatis et absenti magna solatia dedistis. Nam vestris primum literis recreatus me ad pristina studia revocavi.
Tum ille, Legi, inquit, perlubenter epistolam, quam ad
te Brutus misit ex Asia, qua mihi visus est et monere
12 te prudenter et consolari amicissime. Recte, inquam,
est visus. Nam me istis scito literis ex diuturna perturbatione totius valetudinis tamquam ad adspiciendam lucem esse revocatum. Atque ut post Cannensem illam calamitatem primum Marcelli ad Nolam proelio populus se Romanus erexit posteaque prosperae res deinceps multae consecutae sunt; sic post rerum nostrarum et communium

L. 10. (*rei publicae cura* b.)

§. 10. [*quae me angebat de re publica, cura consederit*] Quum Cic. aeque dicere soleat *angor de aliqua re*, et *cura de aliqua re*, admodum dubium est, utrum h. l. iunxerit *angebat de re publ.* (Lamb. Ernest.) an *de re publ. cura* (Victor. Ellendt.) Illud, ut numerosius — sic enim separantur ingrati illi soni *ca cu* — nunc praetuli. Pro *consederit*, *considerit* Garaton. ad *Pison.* pag. 432. *Neap.*

§. 11. [*est et monere*] Scriptura Gu. 2. *visus est emonere* (probata Goerenzio *ad Acad.* 1, 3, 9. et recepta a Sch.) orta est e compendio particula *et*.

gravissimos casus nihil ante epistolam Bruti mihi accidit,
quod vellem aut quod aliqua ex parte sollicitudines allevaret meas. Tum Brutus, Volui id quidem efficere certe 13
et capio magnum fructum, si quidem quod volui tanta
in re consecutus sum. Sed scire cupio, quae te Attici
literae delectaverint. Istae vero, inquam, Brute, non
modo delectationem mihi, sed etiam, ut spero, salutem
attulerunt. Salutem? inquit ille. Quodnam tandem genus
istuc tam praeclarum literarum fuit? An mihi potuit,
inquam, esse aut gratior ulla salutatio aut ad hoc tempus
aptior quam illius libri, quo me hic affatus quasi iacentem excitavit? Tum ille, Nempe eum dicis, inquit, quo 14
iste omnem rerum memoriam breviter et, ut mihi quidem
visum est, perdiligenter complexus est? Istum ipsum,
inquam, Brute, dico, librum mihi saluti fuisse. Tum
Atticus, Optatissimum mihi quidem est, quod dicis: sed
quid tandem habuit liber iste, quod tibi aut novum aut
tanto usui posset esse? Ille vero et nova, inquam, mihi 15

L. 3. (Fort. *meas ullevaret* b.) 6. (Al. *delectarint* b.)

§. 12. [*allevaret*] Etsi certum est hoc v. interdum ortum esse ex corruptelis vv. *levare* et *elevare* (*de Invent.* 1. C. 42.) hoc tamen loco aeque tolerari poterit atque *ad Attic.* 1, 7., ubi Cdd. pariter id tuentur; et *allevabitis* sine varietate mihi quidem nota *pro Sex. Roscio* §. 10. cfr. item Ernestium ad Taciti *Ann.* 14, 63. Hoc vero loco eo minus quidquam mutare nunc velim, quod statim antecedit §. 11. *me cura levatis.* Amat autem Cic. in talibus varietatem haud putidam. *Ad Attic.* 3, 10, 3. confunduntur *relevares* et *levares. Alleviare* autem, quo saepe aberrant Cdd., verbum erat media aetate usitatum. Sic in Epistola Gregorii X. in Ansberti *Hist. exped. Friderici Imp. ed. Dobrowsky* p. 9. *Deus – – poenitentia placatus alleviet.*

§. 13. [*efficere certe, et cupio*] „Errant qui putant Ciceronem *certe* in fine non ponere. Sunt enim Ciceronis illa *Tuscul.* 5.: *Quam bene, non quaeritur: constanter quidem certe. Ad Attic.* 1, 1. *spero tibi me causam probasse; cupio quidem certe.*" Aldus nepos. qui haec disputavit adversus Corradum cum „aliis libris" distingui iubentem: *efficere, certe et capio:* nec vero opus Gulielmii susp.: *volui quidem certe.*

§. 15. [*ut a te ipso sumerem aliquid*] Sic per attractionem vel zeugma quoddam dicitur pro: *ut a te ipso* (vel, ut alii, *ipse) sumens aliquid ad me reficiendum te remunerarer.* Quum liber ille, quo me affatus es (§. 14.) mihi suppeditarit eam utilitatem, ut, explicatis ordinibus temporum, uno in con-

quidem multa et eam utilitatem, quam requirebam, ut explicatis ordinibus temporum uno in conspectu omnia viderem: quae quum studiose tractare coepissem, ipsa mihi tractatio literarum salutaris fuit admonuitque, Pomponi, ut a te ipso sumerem aliquid ad me reficiendum teque remunerandum, si non pari, at grato tamen mu-

spectu omnia viderem, admonuit me, ut, te chronologiae duce, scriberem aliquid historice. Imitatus hanc urbanitatem est Orosius *Praefat.* p. 3. Havercamp.: *Quum subiectio mea praecepto paternitatis tuae factum debeat totumque tuum sit, quod ex te ad te redit opus meum, hoc solo* meo *cumulatius reddidi, quod libens feci;* observante Lud. Trossio in Seebodii *Bibl. crit.* 1820. p. 391. De zeugmatis genere illo, quo constructio, quae sensu ad unum orationis membrum pertinet, etiam alterum afficit cfr. Phil. Wagnerum in *Halens. Notit. litt.* 1827. Vol. 1. N. 57. Comparat h. l. Cap. IX. §. 35. Ovid. *Trist.* 3, 10, 24. Sophocl. *Electr.* 1017. 1024. ed. Herrmann. Beier. Ceterum recte libri servant *a te ipso*, „*eben, zunächst von dir selbst her;*" *ipse*, quod tacite dedit Ellendt, otiosum est. — Nuperrime fuit, qui coniiceret *a me* pro *a te.* Sane perperam. Egregie autem de toto h. l. disputavit Eichstadius V. C. in *Progr.* 1827. pag. 5. seqq. ipse quoque reiiciens Ellendtianum *a te ipse*, et refutans alium nescio quem, qui male de hoc loco disputaverat: „Atticus, ut Cornelius Nepos in eius vita c. 18. tradit, antiquitatem adeo diligenter habebat cognitam, ut eam totam in eo volumine exponeret, quo magistratus ordinavit. Nulla enim, Nepote auctore, lex, neque pax, neque bellum, neque res illustris fuit populi Romani, quae non in eo suo tempore esset notata: et quod difficillimum fuit, sic familiarum originem subtexuerat, ut ex eo virorum clarorum propagines liceret cognoscere. Hoc libro affatus erat Ciceronem, familiarem suum: qui quum, explicatis ordinibus temporum, uno in conspectu omnia videret, et hoc libro duce rerum Romanarum historiam studiose repeteret, non modo recreatum se in tantis rei publicae calamitatibus sensit, sed ad pristina quoque studia revocatum. Itaque ipse, quando oratores Romae esse coeperint, qui etiam et quales fuerint (Brut. c. V.), exposuit accurate et ad temporum ordinem, eumque librum amico suo, gratum ἀντίδωρον, destinavit. Hoc est igitur illud, quod a Pomponio suo sumpsit ad se reficiendum; ad eundemque diligentiae in temporibus digerendis fructum, quem recens ab illius libri lectionis ceperat et in suam scriptionem transtulerat, magna cum urbanitate revertitur in reliquis, ubi vel Atticum laudat, rerum Romanorum religiosissimum auctorem (cap. XI.), vel ab eo se inflammatum esse dicit studio illustrium hominum aetates et tempora persequendi (cap. XIX. init.), vel alludens variis modis, libri virtutes praedicat. Quid quod

nere: quamquam illud Hesiodium laudatur a doctis, quod eadem mensura reddere iubet, qua acceperis, aut etiam cumulatiore, si possis. Ego autem voluntatem tibi pro- 16
fecto emetiar, sed rem ipsam nondum posse videor; idque ut ignoscas, a te peto. Nec enim ex novis (ut agricolae solent) fructibus est, unde tibi reddam quod accepi; sic omnis fetus repressus exustusque flos [siti] veteris ubertatis exaruit: nec ex conditis, qui iacent in tenebris et ad quos omnis nobis aditus, qui paene solis patuit, obstructus est. Seremus igitur aliquid tamquam in inculto et derelicto solo; quod ita diligenter colemus,

L. 4. *remetiar* 7. *siti flos*

tantum apud Ciceronem valuit huius scriptoris auctoritas, ut etiam in epistolis (ad Attic. XII., 5.) difficilem hoc de genere locum ei expediendum committeret." Mox ad *Hesiodium* cfr. praeter ea, quae enotavit Ellendt, formas *Epicurius*, *Democritius*, contra vero *Dareus*, *Antiochea*, *Alexandrea*, *Seleucea*, quas ex auctoritate Medicei praesertim Cod. in *Epistolis* aliquoties expressi. Quomodo autem Cicero talia scripserit, fortasse ipse sibi non ubique constans, nunc exputari nequit. Idem dictum esto de vv. statim seqq. *a te peto* et *abs te peto*, v. c. *ad Famil.* 13, 34. *abs te peto*, Victorius in Ed. pr. *a te peto*, nec quidquam V. C. del Furia mihi notavit e Mediceo. *Lib.* 16. *Ep.* 35. *Peto igitur abs te;* contra *Ep.* 37. *peto ab te*. De tertio illo *peto ab te* cfr. Hand *Tursell.* 1. p. 6.

[*laudatur a doctis*] Corr. et Aldus N. notant a quibusdam omitti v. *a doctis*. — *pro facto* pro *profecto* volebat Bochius.

§. 16. [*emetiar*] — *remetiar* de Rivii coni. Lamb. Schuetz. — *exustusque flos siti veteris ubertatis*] Sic primum reperi in Ald. 1521. — *sati* pro *siti* Cd. Reg. Ven. Nor. Asc. pr. Utrum *siti* sit ex Aldi coni., an e Cdd. haustum, non liquet; etsi e Guelff. *sati* non notatur. Id certum est *siti* hoc positu locum habere non posse; nam nec explicari potest *desiderio ubertatis*, nec hyperbaton statui, ut iungatur cogitatione *exustus siti;* quae proposuit Corradus eiusque perpetuus exscriptor Aldus N. Itaque Lambin. Sch. Ell. reapse transposuerunt *exustusque siti flos;* quae transpositio tamen, ut eiusmodi fere omnes, caret probabilitate, etsi sententia unice recta est. Ego autem *sati* habeo pro gloss. v. *flos*, a criticis mutato in *siti;* adeoque eiiciendum puto cum Nizolio in v. *Exustus;* nam constructio haec est: „exaruit omnis fetus repressus omnisque flos vet. ub. exustus"; nec vero necesse erat ut v. *exustus* quidquam adderetur; non magis quam verbo *repressus*. Quod olim conieceram *situ*, nunc video minus convenire cum verbo adiuncto: *situ* enim *consumi* res possunt (cfr. Quintil. 12, 5, 12.), vix *exuri*.

ut impendiis etiam augere possimus largitatem tui muneris: modo idem noster animus efficere possit, quod ager,
qui, quum multos annos quievit, uberiores efferre fruges
17 solet. Tum ille, Ego vero et exspectabo ea, quae polliceris, nec[1] exigam nisi tuo commodo et erunt mihi pergrata, si solveris. Mihi quoque, inquit Brutus, exspectanda[2] sunt ea, quae Attico polliceris, etsi fortasse ego
a te huius voluntarius procurator petam, quod ipse, cui
debes, incommodo[3] exacturum negat. At vero, inquam,
18 tibi ego, Brute, non solvam, nisi prius a te cavero
amplius eo nomine neminem, cuius petitio sit, petiturum.
Non mehercule, inquit, tibi repromittere istuc quidem
ausim[4]. Nam hunc, qui negat, video flagitatorem, non
illum quidem tibi molestum, sed assiduum tamen et acrem
fore. Tum Pomponius, Ego vero, inquit, Brutum nihil
mentiri puto. Videor enim iam te ausurus esse appellare:
quoniam longo intervallo modo primum animadverti paullo
19 te hilariorem. Itaque, quoniam hic, quod mihi debere-

E. 1) neque 2) et exspectanda 3) se incommodo 4) ausus sim
L. 3. *qui, postquam* 6. *et exsp.* (Ut nos, b.) 7. *et fortasse* 9. *se incommodo* (*se inc. tuo* b.) 13. *ausus sim* 18. *quoniam id* (*qu. hic id* b.)

[*efferre fruges*] hic locus et *Verr.* 3, §. 113. *ager cum decumo extulisset:* ib. §. 198. *quod agri segetesque extulissent* admodum dubios reddunt eos, ubi est v. *efficere* de eadem re: *Verr.* 3, §. 112. *ager efficit cum octavo;* §. 148. *agri, qui plurimum efficit:* facile ortum ex rariore v. *effert.* Hoc loco *efferre* in *afferre* corruptum est in Gu. 2. et in Ed. Rob. Steph. 1544. Sic *Offic.* 1, §. 48. *agros fertiles, qui multo plus efferunt*, olim *afferunt.*

§. 17. [*nec exigam*] Sic D. Edd. meae vett., etiam Vict. = *neque e.* Ald. Ed. 1584. Recentt. — *exspectanda*] Sic de Lamb. 1584. et Ern. sententia Sch. Ell. Falsa lectio ceterorum, etiam D., *et exsp.* inde orta est, quod ad vv. *mihi quoque* perperam supplebant: „pergrata erunt." — *incommodo*] Sic D. Edd. ante L., qui inseruit *se.* — „*incommodo tuo* Alias." Corradus.

§. 18. [*ausim*] Sic D. Alii Cdd. Lall. Sch. Ell. pro Edd. priorum: ∞ *ausus sim.* Obsecutus sum Cdd. auctoritati, etsi fuerunt qui dubitarent (vide Corradum:), an Cicero illa forma usus sit. Certe Priscianus *Lib.* IX. *p.* 468. *Kr.*, et e recentioribus Struve *L. Decl. u. Conj.* p. 175. e poëtis dumtaxat eam afferunt. Certa tamen exempla exstant apud Livium et apud Tacitum *de Oratt.* C. 8. *Ausim contendere.*

tur, se exacturum professus est, quod huic debes, ego
a te peto. Quidnam id? inquam. Ut scribas, inquit,
aliquid. Iampridem enim conticuerunt tuae literae. Nam
ut illos de re publica libros edidisti, nihil a te sane
postea accepimus: eisque nosmet ipsi ad rerum nostrarum[1] memoriam comprehendendam impulsi atque incensi
sumus. Sed illa quum poteris, atque ut possis, rogo.
Nunc vero, inquit, si es animo vacuo, expone nobis 20
quod quaerimus. Quidnam est id? inquam. Quod mihi
nuper in Tusculano inchoasti de oratoribus, quando esse
coepissent, qui etiam et quales fuissent. Quem ego
sermonem quum ad Brutum tuum vel nostrum potius
detulissem, magno opere hic audire se velle dixit. Itaque hunc elegimus diem, quum te sciremus esse vacuum.
Quare, si tibi est commodum, ede illa, quae coeperas,
et Bruto et mihi. Ego vero, inquam, si potuero, faciam 21
vobis satis. Poteris, inquit: relaxa modo paullum animum aut sane (si potes) libera.

E. 1) ad veterum annalium
L. 10. *inchoavisti* (D.) 16. *potero*

§. 19. [*ad rerum nostrarum*] Hanc lect., quam in Cdd. se invenisse testatur Lamb. et recte probat etiam Sylburgius, nunc recepi, quamquam fortasse coni. dumtaxat debetur. Corradus quidem: „Quum paullo ante (§. 14.) dicat, Att. *omnem rerum memoriam*, non solum rerum Romanarum fuisse complexum et in *Oratore* idem testetur, nullo modo *rerum nostrarum* legi posse credimus." Sed, quamquam verum illud est, hoc tamen loco *rebus Romanis* praecipuum locum in scriptione sua tribuere poterat, praesertim quum dicat sese Ciceronis libris de re publica ad eam elaborandam impulsum esse: et §. 44. nominatur *rerum Romanarum auctor religiosissimus*. Cdd. quidem noti, etiam D., Edd. ante Vict. et Aldus in contextu conspirant in vitiosam lect.: *ad rerum naturalium* ortam e male intellecta nota v. *nostrarum*, *nrar'* cum lin. Vulgatam *ad veterum annalium*, quam apud Manutium primum reperi, Victori Pisano tribuit Sylburg. Quod Ellendt Victorio tribuit *ad veterum rerum*, illius negligentia factum est, qua ego aliquando Victorio destitutus sum deceptus. Victorius ipse et proposuit et edidit: *ad rerum memoriam*, deleto v. corrupto; etsi per se spectatum *rerum veterum* aeque hic locum suum tueretur ac §. 237. et *Oratoris* §. 120. — *rerum Romanarum* habes rursus §. 322. Nostrum autem *rerum nostrarum* §. 62.

§. 21. [*potuero*] *potero* Asc., ut postea Lamb. Beier haec

Nempe igitur hinc tum, Pomponi, ductus est sermo,
quod erat a me mentio facta causam Deiotari, fidelissimi
atque optimi regis, ornatissime et copiosissime a Bruto
6 me audisse defensam. Scio, inquit, ab isto initio tractum
esse sermonem teque Bruti dolentem vicem quasi defle-
visse iudiciorum vastitatem et fori. Feci, inquam, istuc
22 quidem et saepe facio. Nam mihi, Brute, in te intuenti
crebro in mentem venit vereri, ecquodnam curriculum
aliquando sit habitura tua et natura admirabilis et exquisita doctrina et singularis industria. Quum enim in maximis
causis versatus esses et quum tibi aetas nostra iam cede-
ret fascesque summitteret, subito in civitate quum alia
ceciderunt, tum etiam ea ipsa, de qua disputare ordimur,
23 eloquentia obmutuit. Tum ille, Ceterarum rerum causa,
inquit, istuc et doleo et dolendum puto; dicendi autem

L. 13. (Al. *conciderunt* b.)

annotavit: *potuero*] V. D. in Annal. litt. Heidelberg. comparat I. *de republ.* 43. laudato Schevingio ad h. l. cfr. Moser ad I. *de republ.* 47. pag. 186. Daehne ad Corn. Nep. XVI. *Pelop.* 1. — Multa fut. exacti *potuero* in hoc genere loquendi exempla attulit Scheving. Utrumque et *potuero* et *potero*, diversa scil. temporis significatione, aeque recte dici manifestum est. Pendet igitur res e Cdd., qui h. l. *potuero* praebent. Omnino autem proniores erant librarii ad futurum exactum huiusce verbi in fut. simplex mutandum, quam contra. Cfr. *de Republ.* 2, 30. Beier ad *Offic.* T. 2. pag. 351. Lindemann ad Plauti *Captiv.* 2, 2, 60. pag. 33. *Ed. mai.* — *aut sane*] ∞ *aut plane* de Wetzelii coni. Sch. Minime displicet.; cfr. §. 332. *ad Famil.* 16, 10. *fac plane ut valeas.* Tum *si potest* (fieri) Corr. in contextu, improbante Aldo N. Cfr. Plauti *Aulul.* 2, 8, 20. *aulam - si potes, vicinia pete;* ubi Bothe *si potest*, Goeller defendit *si potes.* Cfr. ibid. 2, 9, 2. cet.

§. 22. [*ecquodnam*] *quodnam* Asc. — *quoddam* D. Haec: *ecquis*, *ecquinam* ubique fere corrupta inveni in Cdd. a me collatis, etiam antiquissimis Sec. IX. et X. Sangallensibus.

§. 23. [*ceterarum rerum causa*] Dele *causa* cum Rittershusio apud Scioppium *Verisimil.* 1, 19. et cfr. Fr. Hotomani *Obss.* IV. 2. Beier. In eadem fuit opinione Graevius ad *Catonem* §. 4. collatis Interpretibus ad orat. *pro Quintio* Cap. 5. Nolim tamen temere delere h. l. v. *causa:* nam differunt aliquantum cetera exempla: *ceterarum rerum socordem* (Terent.) *ceterarum rerum paterfamilias prudens; ceterarum rerum tuam excellentem sapientiam; ceterarum rerum perspicuum est, quo quaeque discedat;* ubi aeque recte diceres: „in ceteris rebus;

me non tam fructus et gloria, quam studium ipsum exer-
citatioque delectat: quod mihi nulla res eripiet, te praesertim tam studioso. Etenim dicere bene nemo potest,
nisi qui prudenter intelligit. Quare qui eloquentiae verae
dat operam, dat prudentiae, qua ne maximis quidem in
bellis aequo animo carere quisquam potest. Praeclare, 24
inquam, Brute, dicis, eoque magis ista dicendi laude
delector, quod cetera, quae sunt quondam habita in
civitate pulcherrima, nemo est tam humilis, qui se non
aut posse adipisci aut adeptum putet: eloquentem neminem video factum esse victoria. Sed quo facilius sermo
explicetur, sedentes, si videtur, agamus. Quum idem
placuisset illis, tum in pratulo propter Platonis statuam
consedimus.

Hic ego: Laudare igitur eloquentiam et quanta vis 25

L. 3. (Al. *te praesertim mei tam* b.)

quod ad ceteras res attinet." Hic vero minus concinne dixeris: „in ceteris rebus, istuc doleo cet.; quod ad ceteras res spectat, istuc doleo:" unice recta quum sit sententia: „propter cetera, propter totum reliquum civitatis statum perturbatum istuc doleo." Nostrum locum satis vindicat *ad Famil.* 15, 14, 4. *Ego ceterarum rerum causa tibi Romam properandum magno opere censeo.* — Ceterum Cic. ambiguitatis vitandae causa, quae cum masc. gen. oriri poterat, saepissime habet *ceterarum rerum*, *ceteris rebus* cet. pro *ceterorum*, *ceteris* (gen. neutr.) cfr. §. 296. *in ceteris rebus;* sicque etiam Tacitus *Dialog. de Oratt.* C. 31. *sicut ceterarum rerum* cett.

[*te praesertim tam studioso*] Mirum mihi accidit Lambino perplacuisse coni. Petri Fabri *tui praesertim* cet., in qua *tam studioso* minus urbane de se ipso dixisset Brutus. Sed est pro *te praesertim tam* mei *studioso;* „praesertim quum tu summa erga me amicitia ductus tanto opere excites atque adiuves meum eloquentiae studium."

[*Etenim dicere*] Sic iam Asc. — *Et dicere enim* D. Idem prorsus error in Taciti *Dial. de oratt.* C. 5. *Et ego enim*, ubi potius leg. *Etenim ego*, quam *Ego enim.* Apud posteriores quidem ea particc. collocatio minime videtur damnanda, ex quorum consuetudine instrusa est aliquoties etiam in scriptores antiquiores. Verbi causa in fragmento Muratoriano de canone S. Scripturae in Routh *Reliquiis sacris* Vol. 4. p. 5. *Et Ioannes enim in Apocalypsi*, *licet septem ecclesiis scribat*, *tamen omnibus dicit.* — bene nemo] *nemo bene* D.

§. 24. [*propter*] *prope* Ascens. De utriusque voc. frequenti confusione cfr. Wunderum *Var. Lect.* p. LXIV. et CXIV.

sit eius expromere quantamque iis, qui sint eam consecuti, dignitatem afferat, neque propositum nobis est
hoc loco neque necessarium. Hoc vero sine ulla dubitatione confirmaverim, sive illa arte pariatur aliqua sive
exercitatione quadam sive natura, rem unam esse omnium
difficillimam. Quibus enim ex quinque rebus constare
dicitur, earum unaquaeque est ars ipsa magna per sese.
Quare quinque artium concursus maximarum, quantam
vim quantamque difficultatem habeat[1], existimari potest.
7 Testis est Graecia: quae quum eloquentiae studio sit in-
26 censa iamdiuque excellat in ea praestetque ceteris, tamen
omnes artes vetustiores habet et multo ante non inventas
solum, sed etiam perfectas, quam haec est a Graecis
elaborata dicendi vis atque copia. In quam quum intueor, maxime mihi occurrunt, Attice, et quasi lucent
Athenae tuae: qua in urbe primum se orator extulit primumque etiam monumentis et literis oratio est coepta
27 mandari. Tamen ante Periclem, cuius scripta quaedam
feruntur, et Thucydidem, qui non nascentibus Athenis,
sed iam adultis fuerunt, litera nulla est, quae quidem
ornatum aliquem habeat et oratoris esse videatur. Quamquam opinio est et eum, qui multis annis ante hos fuerit,
Pisistratum et paullo seniorem etiam Solonem posteaque
Clisthenem multum, ut temporibus illis, valuisse dicendo.
28 Post hanc aetatem aliquot annis, ut ex Atticis monumentis
potest perspici, Themistocles fuit, quem constat quum
prudentia, tum etiam eloquentia praestitisse: post Pericles, qui quum floreret omni genere virtutis, hac tamen
fuit laude clarissimus. Cleonem etiam temporibus illis
turbulentum illum quidem civem, sed tamen eloquentem
29 constat fuisse. Huic aetati suppares Alcibiades, Critias,

E. 1) habeant
L. 4. (Al. *confirmarim* b.)

§. 25. [*iis, qui sint*] ∾ *iis, qui sunt* D. Gu. 1. Nor. Asc. pr. Coniunctivum habet iam Aldus. — [*Hoc vero sine*] *Hoc ego sine* D.; id quod defendi potest; nolim tamen recipere, quum praecedat: *Hic ego.* — [*habeat*] *habeant* cum D. Asc. et Edd. vett. Ern. Recte emendavit Lamb., Aldus N., tum Sch. Ell.

Theramenes: quibus temporibus quod dicendi genus vi-
guerit, ex Thucydidi scriptis, qui ipse tum fuit, intelligi
maxime potest. Grandes erant verbis, crebri sententiis,
compressione rerum breves et ob eam ipsam causam interdum subobscuri. Sed ut intellectum est, quantam 8
vim haberet accurata et facta quodam modo oratio; tum 30
etiam magistri dicendi multi subito exstiterunt. Tum
Leontinus Gorgias, Thrasymachus Chalcedonius, Protagoras Abderites, Prodicus Ceus, Hippias Eleus in honore magno fuit; aliique multi temporibus eisdem docere
se profitebantur, arrogantibus sane verbis, quemadmodum
causa inferior (ita enim loquebantur) dicendo fieri superior posset. Iis opposuit sese Socrates, qui subtilitate 31
quadam disputandi refellere eorum instituta solebat †
verbis. Huius ex uberrimis sermonibus exstiterunt doctissimi viri: primumque tum philosophia, non illa de natura, quae fuerat antiquior, sed haec, in qua de bonis
rebus et malis deque hominum vita et moribus disputa-
tur, inventa dicitur. Quod quoniam genus ab hoc, quod
proposuimus, abhorret, philosophos aliud in tempus re-
iiciamus: ad oratores, a quibus degressi sumus, revertamur. Exstitit igitur iam senibus illis, quos paullo ante 32
diximus, Isocrates, cuius domus cunctae Graeciae quasi

L. 9. *Chius* (Ut nos, b.)

§. 29. [*compressione*] — *comprehensione* de Gesneri coni. Sch. Idem iam Vir doctus Sec. XVI. (Cuiacius vel Bongarsius) marg. Lambinianae meae adscripserat memorantque Corr. et Aldus Nepos; sed vide Ell.

§. 30. [*eisdem docere*] — *eisdem. Hi docere* Sch. coni. —

§. 31. [*solebat verbis*] Perversam hanc lect. servant D. Asc. Facillimo remedio usi Schuetzius et Ellendt deleverunt verbum corruptum, haud animadvertentes sic oriri exitum hexametri *instituta solebat*, quem studiose vitat Tullius. Sed in corruptela latet adverbium modi, quo usus Socrates Sophistas refellerit. Proxime ad ductus v. *verbis* accedit *urbanissime*. Ex *SOLEBATURBANISSUMEHUIUS* facile fieri poterat ineptum istud: *SOLEBATUERBISHUIUS*. Ceterum mire Ellendt: „Post Victorium editiones omnes hoc importune additum *(verbis)* exhibuerunt, quod uncis inclusimus (immo: delevimus.)" Quasi vero Victorius primus inseruerit id, qud habent et Cdd. et Edd. ante Victor. omnes. (— *solebat, viris, cuius* Manut. Corr. Aldus N., non Victorius, ut ait Oliv.)

ludus quidam patuit atque officina dicendi; magnus orator et perfectus magister, quamquam forensi luce caruit intraque parietes aluit eam gloriam, quam nemo, meo quidem iudicio, est postea[1] consecutus. Is et ipse scripsit multa praeclare et docuit alios: et quum cetera melius quam superiores, tum primus intellexit etiam in soluta oratione, dum versum effugeres, modum tamen et
53 numerum quendam oportere servari. Ante hunc enim verborum quasi structura et quaedam ad numerum conclusio nulla erat: aut, si quando erat, non apparebat eam dedita opera esse quaesitam: quae forsitan laus sit: verumtamen natura magis tum casuque nonnunquam quam
54 aut ratione aliqua aut observatione fiebat. Ipsa enim

E. 1) poëta
L. 4. *quidem meo iud.* 12. *tunc*

§. 52. [*caruit*] *caruerit* Asc. Saepe in Cdd. et Edd. vett. apud Cic. mutatus est indicativus post part. *quamquam* in coniunctivum. — [*meo quidem iudicio*] Sic iam Vict. prob. Corrado. *quidem meo i.* D. Asc. Incredibile est, quoties ista transpositio part. *quidem* facta sit in Cdd. peioribus, (cfr. *Orat.* §. 44. *quidem illa* et *illa quidem.*) quotque turbae exortae ex particc. *ne - - quidem.* (cfr. *Orat.* §. 54. et *Brut.* §. 67. ubi corruptum est in *non - - quidem.*) Contra nostram lectionem Cd. Regii apud Lall., Victorii, Lall. Ern. Seqq. alteram Nor. Asc. Iu. Ald. Lamb. Grut. ita defendit Aldus Nepos: *nemo quidem meo iudicio*] „Bona compositio et Ciceroniana, qui solet illas Sophistarum nugas vitare, ne dicat: *nemo meo q. i.*; ne nomen dicere videatur, quod insuaviter rotundis auribus sonat." Sed hac ipsa ratione ducti nonnulli ordinem vv. videntur mutasse. — [*postea*] Sic etiam D. Asc., non *poëta*, quam lect. mire defendit Scheving p. 10. Capperronier in Rufino dedit *postea.* Ex vett. Edd. Rufini *poëta* commendavit Lipsius Grutero atque Ernestio.

§. 53. [*verumtamen natura magis tum casuque nonnunquam, quam aut*] Hic quoque, ut saepenumero, varii priorum Edd. errores mihi corrigendi sunt. Scil. nostram lect., Corrado iam notam, habent Cd. Regius A., Lamb. Ern. Seqq. — *natura magis: tum casu nonnunquam, aut* Edd. vett. Asc. pr. et e Cdd. Rogg. B. C. item mihi notatur abesse *quam* post *nonnunquam:* iidem tamen habent *casuque.* — *natura magis, tum casu nonnunquam, quam aut* Ald. Iu. Asc. sec. Cratand. Vict. Corrad. Ald. Nepos. Ed. 1584. — *natura magis tum casu quae* (sic) *nonnunquam, aut* Grut. Iac. Gronovii. Sed e C2d. notat *casuque nonnunquam*, om. *quam*, ut, puto, C2d. Regii supra laudati. Iam in Cd. D. misere omnia turbata

natura circumscriptione quadam verborum comprehendit concluditque sententiam: quae quum aptis constricta verbis est, cadit etiam plerumque numerose. Nam et aures ipsae, quid plenum, quid inane sit, iudicant, et spiritu quasi necessitate aliqua verborum comprehensio terminatur: in quo non modo defici, sed etiam laborare turpe
est. Tum fuit Lysias, ipse quidem in causis forensibus 9
non versatus, sed egregie subtilis scriptor atque elegans, 35
quem iam prope audeas oratorem perfectum dicere. Nam plane quidem perfectum et cui nihil admodum desit, Demosthenem facile dixeris. Nihil acute inveniri potuit in eis causis, quas scripsit, nihil (ut ita dicam) subdole, nihil versute, quod ille non viderit; nihil subtiliter dici,

sic: *casuque non fiebat nunquam aut ratione ipsa enim natura circumscriptione nunquam aut ratione aliqua aut observatione fiebat. Ipsa enim natura circumscriptione quadam verborum concludit* cet. male iteratis aliquot verbis. Iam quod Rivius, Lamb., Schuetzius, Ellendt e Prisciano hanc afferunt lect.: — *casuque nonnunquam tunc*, *haud ratione aliqua aut ulla observatione fiebat*, Priscianus iste est Rufinus *de comp. et metris orat.* Ed. Basil. 1545. p. 908. Ep. Capperon. p. 352.; in quo tamen *haud* correctum videtur propter eandem omissionem part. *quam* post *nonnunquam*, quae facta est etiam in Cdd. plerisque, neque erat, ut nunc video, cur Ellendt in Rufini lect. propenderet, offendens in duriore sono vv. *nonnunquam quam.* Saepissime v. c. reperies apud Cic. *quisquam unquam.* Voc. *ulla* apud Rufinum rursus interpolationi debetur. Contra ex eodem receperim cum Lamb. *tunc* de tempore definito pro nostrorum Cdd. *tum;* quamquam omnino rarissime in nostris saltem Cdd. per omnes Cic. libros reperies *tunc*, etiam ubi certum aliquod tempus significatur. Confer statim *Bruti* §. 44. Saepe autem videtur obliteratum: veluti in illis de *Rep.* 1, 16, *erat enim tunc haec nova et ignota ratio* a pr. manu fuerat *tum*, altera correxit *tunc.* Verr. 2, 4, §. 22. *tum*, *quum severa iudicia fiebant* Cd. Reg. *tunc.*

§. 34. [*constricta*] — *constructa* Cd. Reg. C. — *conscripta* Cd. Reg. A.; in qua corruptela habes originem lect.: — *circumscripta* D. Nor. Asc. Margo Crat. Sch. in Ed. mai.

§. 35. [*et cui nihil*] — *et quo nihil* Ox., e vestigiis antiquioris scripturae *et quoi.* Hinc in Cdd. aliqq. Nor. Asc. *et in quo n.*, receptum a Sch. Utraque lect. coniuncta D.: — *et cui in quo nihil.*

[*nihil subtiliter dici*] Concinne pendet, observante Phil. Wagnero, a superiore *potuit*, quum ad sententiam requiratur *dixit.* Simile zeugma notavimus Cap. IV. §. 15. Tum diversa

nihil presse, nihil enucleate, quo fieri possit aliquid limatius: nihil contra grande, nihil incitatum, nihil ornatum vel verborum gravitate vel sententiarum, quo
36 quidquam esset elatius. Huic Hyperides proximus et Aeschines fuit et Lycurgus et Dinarchus et is, cuius nulla exstant scripta, Demades aliique plures. Haec enim aetas effudit hanc copiam; et, ut opinio mea fert,

L. 3. (Fort. *verb. granditate vel sent. gravitate* b.) 6. *complures*

tempora hanc habent vim: „nihil fieri potest illo limatius; nihil erat eodem elatius." Beier.

[*viderit* - - *possit* - - *esset*] Sine causa Ell. haesit in hac verborum consecutione: *viderit* Demosthenes, scil. antequam scriberet; *possit* nunc et omni tempore; *esset* et tunc, quum scriberet, et nunc et per omne futurum tempus.

Ad hanc §. cfr. rursus Eichstadii, V. C., *Programma* 1827. p. 7.: „De hoc loco ita vir doctus: *Man sieht leicht, dass das Verbum* potuit, *welches beide Infinitive*, inveniri *und* dici *regiert*, *nur zum ersten passe; dass aber*, *will man dem Folgenden eine richtige Construction geben* (nihil dixit) *die Concinnität des Ganzen völlig zu Grunde gehe.* At mihi non tam verbi *potuit* diversa quaedam ratio et structura videtur spectanda esse, quam notandus modus, quo superlativus, quem vocant, gradus expressus est. Nam ex iis, quae antecedunt, oratio ita supplenda est: *nihil subtiliter dici potuit in eis caussis*, *quas scripsit*, *nihil presse*, *nihil enucleate*, *quo fieri possit a quoquam alio aliquid limatius* cet. paullo post: *nihil contra grandius*, *nihil incitatius*, *nihil ornatius*, *quam quod ille dixit:* Cicero autem sic variavit orationem, ut verba diligenter electa etiam eleganti comprehensione devinciret ac numerorum paritate redderet iucundiorem. Sed haec variatio orationis locum tuetur superlativi. Proprie enim ita erat scribendum: *et quod subtiliter dici potuit*, *quod presse*, *quod enucleate*, *factum est limatissime: quod contra grande*, *quod incitatum*, *quod ornatum*, *fuit maxime elatum; alle feinen Wendungen haben von ihm die höchste Feile*, *alle erhabenen den höchsten Schwung erhalten.* Hanc vero comparativi negativam formam, quam vocant, superlativi loco positam, Cicero in primis amat, in eaque genus neutrum frequentat. Velut Fin. V, 13: *Animi virtutes ex ratione gignantur*, *qua nihil est in homine divinius.* Brut. XXXVIII, 143: *Crasso nihil statuo fieri potuisse perfectius.* Orat. III, 33, 135: *Nihil in hac civitate temporibus illis sciri discique potuit*, *quod ille* (M. Cato) *non quum investigarit et scierit*, *tum etiam conscripserit.* Ep. ad Fam. XIII, 55: *In tuo toto imperio atque provincia nihil est*, *quod mihi gratius facere possis.* Add. Offic. III, 10, 44. Cat. XV, 53. ad Fam. III, 7. Sed in eo, quem tractare coepimus loco, novum quiddam habet gradatio illa adverbiorum *subtiliter*,

succus ille et sanguis incorruptus usque ad hanc aetatem oratorum fuit, in qua naturalis inesset, non fucatus nitor.
Phalereus enim successit eis senibus adolescens, erudi- 37
tissimus ille quidem horum omnium, sed non tam armis institutus quam palaestra. Itaque delectabat magis Athenienses, quam inflammabat: processerat enim in solem et pulverem, non ut e militari tabernaculo, sed ut e
Theophrasti, doctissimi hominis, umbraculis. Hic primus 38

L. 5. (*palaestrae* b.)

presse, *enucleate*, quae fit adiecto comparativo *limatius*, ac deinde verborum *grande*, *incitatum*, *ornatum* per comparativum *elatius*. Consimilis tamen locus est Orat. II, 8: *Ego sic statuo, nihil esse in ullo genere tam pulcrum, quo non pulcrius id sit, unde illud, ut ex ore aliquo, quasi imago, exprimatur, quod neque oculis neque auribus neque ullo sensu percipi potest: cogitatione tantum et mente complectimnr. Itaque et Phidiae simulacris, quibus nihil in illo genere perfectius videmus, cogitare tamen possumus pulcriora.*" Mox in illis *vel verborum gravitate vel sententiarum* ac similibus per totum hoc opusculum ex parte a me primum indicatis, Lambinus, vir divinus, recte vidit *verborum* nullam esse per se *gravitatem*, esse *granditatem verborum*, *gravitatem sententiarum;* sic et alibi, quod suis locis notabitur, *gravis* non potest dici *ornatus*, dici potest *grandis*. Vere itaque h. l. proposuit; *verborum granditate vel sententiarum gravitate;* nisi quod sic collocanda erant verba: *verborum granditate vel gravitate sententiarum;* qua ex ratione magis etiam elucet, cur exciderit v. *granditate*.

§. 36. [*aliique plures*] Lambinus *complures;* probe, si e Cdd. Sic *ad Famil.* 13, 19, 1. *cum aliis compluribus.* Attamen infra §. 137. *aliisque pluribus.* — *in qua naturalis*] Reizius volebat *in quo*, ut referretur ad *succum et sanguinem.* Mihi tamen *nitor* toti potius *corpori*, id est hoc loco, aetati oratorum illi, quae uni corpori comparatur, quam *succo* et *sanguini* videtur tribuendus esse.

§. 37. [*Phalereus enim successit*] Nisi similiter *Orat.* §. 95. esset *Haec frequentat Phalereus maxime*, facile suspicari posses, excidisse v. *Demetrius* post v. *enim*. cfr. §. 285. *Phalereus ille Demetrius.* Saepe autem sic Cic. *Leontinus Gorgias*, quod in *Oratore* §. 39. displicuit Lambino: *Ponticus Heraclides* cet. Lambino deinde quum corrigeret *palaestrae* pro *palaestra* obversatus videtur locus *Oratoris* §. 42. (genus epidicticum) *pompae quam pugnae aptius, gymnasiis et palaestrae dicatum.*

§. 38. [*Hic primus*] — *Hic primum* Hervag. solus, quantum vidi.

inflexit orationem et eam mollem teneramque reddidit: et suavis, sicut fuit, videri maluit quam gravis: sed suavitate ea, qua perfunderet animos, non qua perstringeret[1]: tantum ut memoriam concinnitatis suae, non (quemadmodum de Pericle scripsit Eupolis) cum delectatione aculeos etiam relinqueret in animis eorum, a quibus esset auditus.

10 Videsne igitur, in ea ipsa urbe, in qua et nata et
39 alta sit eloquentia, quam ea sero prodierit in lucem? si quidem ante Solonis aetatem et Pisistrati de nullo ut diserto memoriae proditum est. At hi quidem, ut populi Romani aetas est, senes: ut Atheniensium secula numerantur, adolescentes debent videri. Nam etsi Servio Tullio regnante viguerunt, tamen multo diutius Athenae iam erant, quam est Roma ad hodiernum diem: nec tamen dubito, quin habuerit vim magnam semper oratio.
40 Neque enim iam Troicis temporibus tantum laudis in dicendo Ulixi[2] tribuisset Homerus et Nestori, (quorum alterum vim habere voluit, alterum suavitatem,) nisi iam tum esset honos eloquentiae; neque ipse poëta hic tam

E. 1) perfringeret 2) Ulyxi
L. 4. *perfringeret et tantum* 8. *ut in ea* 9. (Al. *alita b.*) 13. (Al. *videri debent* b.) 14. *Tullo* 17. (Al. *heroicis* b.) 19. *Ulyssi*

[*perfringeret*] *perstringeret* D., quam lect. etiam Gu. A. et Schuetzii nunc praefero cum Schevingio, Censore Heidelb. et Beiero. Non est autem, quemadmodum ait Ellendt, Schneideri coniectura, sed Cdd. lectio. Omnino magno opere dolendum est in Editionem illam ceteroqui perbonam multa irrepsisse negligentiae vitia, quae non omnia typothetis vel correctori imputari possunt. („Cum Schev. V. D. in *Annal. litt. Heidelb.* 1826. p. 278. amplectitur Schuetzii interpretationem *leviter pungeret*, referens ad *aculeos* illos. Sic gradatio servatur. Alii *perfringeret* (etiam Asc. Ald.) saeptosne an callo obductos? Abhorret etiam v. *suavitate*. Beier; qui in suo exemplari Ed. Ern., quod nunc penes me est, correxit *perstringeret*.)

[*tantum*] Sic diu ante Ern. correxerat Manutius. — *et tantum* D. Asc. Vict. Lamb.

§. 39. [*in ea*] Sic nescio qui apud Corr. scite observans *ut* ortum videri ex praeced. *ur* vel seq. *in*. Tum rursus Ern. coni. Ell. Priores cum D. *ut in ea; vel in ea* Heusing. Sch. De forma *alita*, quam praetulit Ell., cfr. Garaton. ad *Planc.* p. 285. *Ed. Lips.*

idem ornatus in dicendo ac plane orator fuisset. Cuius
etsi incerta sunt tempora, tamen annis multis fuit ante
Romulum: si quidem non infra superiorem Lycurgum
fuit, a quo est disciplina Lacedaemoniorum adstricta
legibus. Sed studium eius generis maiorque vis agno- 41
scitur in Pisistrato. Denique hunc proximo seculo Themistocles insecutus est, ut apud nos, perantiquus; ut apud
Athenienses, non ita sane vetus. Fuit enim regnante
iam Graecia, nostra autem civitate non ita pridem dominatu regio liberata. Nam bellum Volscorum illud
gravissimum, cui Coriolanus exsul interfuit, eodem fere
tempore, quo Persarum bellum, fuit similisque fortuna
clarorum virorum. Si quidem uterque quum civis egre- 42
gius fuisset, populi ingrati pulsus iniuria, se ad hostes
contulit conatumque iracundiae suae morte sedavit. Nam
etsi aliter est apud te, Attice, de Coriolano, concede
tamen, ut huic generi mortis potius assentiar. At ille 11
ridens, Tuo vero, inquit, arbitratu: quoniam quidem

L. 10. (Al. *bellum illud Volsc.* b.) 13. *clarissimorum*

§. 40. [*superiorem*] scil. Romulo. Cfr. *de Rep.* 2, 10: *Homerum autem qui minimum dicunt, Lycurgi aetati triginta annis anteponunt fere, ex quo intelligi potest permultis annis ante Homerum fuisse, quam Romulum.* V. D. in *Annal. litt. Heidelb.* 1826. p. 279. malebat adiici *eo*, quam cum Schevingio tacite suppleri. Beier. Unice veram interpretationem dedit Wetzelius: distingui scil. v. *superiorem* legum latorem Lacedaemonium ab oratore Attico, memorato Cap. 9. Neque vero erat, cur v. *superiorem* in suspicionem adduceretur ab Ellendtio.

§. 41. [*in Pisistrato. Denique hunc*] Minus recte Manutius uterque distinxit: *in Pisistrato denique. Hunc* cet.

[*clarorum*] Sic D. Nor. Asc. utraq. Ald. Vict. Man. Corr. Ald. Nepos. et Recentiores. ∞ *clarissimorum* Crat. Camer. Lamb.; quod primo adspectu blandiebatur, quia positivus videbatur parum definitus. Nunc autem comparata §. 268. et Plancianae §. 66. Cdd. lectionem praefero: cui superlativus, qui sane frequentior est, a Cratandro arbitraria coni. substitutus videtur. Alia res in *Sestianae* §. 139., ubi *clarissimorum* optimi habent Cdd., unus Franc. *clarorum.*

§. 42. [*quoniam quidem*] Nescio qui apud Corr. et Lamb.: — *quandoquidem:* tum *mentiri* Ald. Iu. Crat. prob. Corrado. Pro *eo poto* nescio qui apud Corr. *eo potu;* Lamb. *eo epoto* sine auctoritate.

concessum est rhetoribus ementiri in historiis, ut aliquid
dicere possint argutius. Ut enim tu nunc de Coriolano,
sic Clitarchus, sic Stratocles de Themistocle finxit.
43 Nam, quem Thucydides, qui et Atheniensis erat et summo
loco natus summusque vir et paullo aetate posterior, tantum mortuum scripsit et in Attica clam humatum, addidit fuisse suspicionem veneno sibi conscivisse mortem:
hunc isti aiunt, quum taurum immolavisset, excepisse
sanguinem patera et eo poto mortuum concidisse. Hanc
enim mortem rhetorice et tragice ornare potuerunt: illa
mors vulgaris nullam praebebat materiem ad ornatum.
Quare, quoniam tibi ita quadrat, omnia fuisse in Themistocle paria et Coriolano, pateram quoque a me sumas
licet: praebebo etiam hostiam, ut Coriolanus sit plane
44 alter Themistocles. Sit sane, inquam, ut lubet, de isto:
et ego cautius posthac historiam attingam, te audiente,
quem rerum Romanarum auctorem laudare possum religiosissimum. Sed tum fere Pericles, Xanthippi filius,
de quo ante dixi, primus adhibuit doctrinam: quae quamquam tum nulla erat dicendi, tamen ab Anaxagora physico eruditus exercitationem mentis a reconditis abstru-
sisque rebus ad causas forenses popularesque facile tra-
duxerat. Huius suavitate maxime hilaratae sunt Athenae:
huius ubertatem et copiam admiratae eiusdem vim di-
12 cendi terroremque timuerunt. Haec igitur aetas prima
45 Athenis oratorem prope perfectum tulit. Nec enim in
constituentibus rem publicam nec in bella gerentibus nec
in impeditis ac regum dominatione devinctis nasci cupiditas dicendi solet. Pacis est comes otiique socia et iam
bene constitutae civitatis quasi alumna quaedam eloquentia.

L. 1. (Al. *mentiri* b.) 7. *concivisse* 9. *epoto* 11. (Al. *ad ornandum* b.) 13. *et in Coriolano*

§. 43. [*in Themistocle paria et Coriolano*] Sic D. Asc. Ald. Vict. Ern. ∞ *et in Coriolano* Lamb. Sch. Ell. — *fuisse Themistocli paria et Coriolano* Cd. Cuiacii et Ox., item Iunt., quae lectio, Ellendtio tantum non probata, nihil aliud est nisi correctio erroris Palat. a pr. m. Norimb.: — *fuisse Themistocle p. et Cor.* — *ad ornandum* Marginis 1584. ignoro, quam habeat auctoritatem.

Itaque ait Aristoteles, quum, sublatis in Sicilia tyrannis, 46
res privatae longo intervallo iudiciis repeterentur, tum primum, quod esset acuta illa gens et controversa naturâ, artem et praecepta Siculos Coracem et Tisiam conscripsisse: (nam antea neminem solitum via nec arte, sed accurate tamen et de scripto plerosque dicere:) scriptasque fuisse et paratas a Protagora rerum illustrium disputationes, quae nunc communes appellantur loci:
quod idem fecisse Gorgiam, quum singularum rerum 47
laudes vituperationesque conscripsisset; quod iudicaret

§. 46. [*et controversa naturâ*] Sic primum reperi in Asc. pr. pro *controversia natura* D. Edd. vett. Ald. — *controversi a natura* Oxon. Vulgata sane explicari debet: „controversiarum amica sua ex indole et natura." Iacobsii elegantem coni. *controversiis nata* recepit Sch. in Ed. mai. — Ceterum de toto h. l. ita disputavit amicus Geel in *Hist. crit. Sophistarum* Traiecti 1823. p. 72.: „Quod si haec verba ita interpretari velimus cum Meinersio, ut significent Protagoram scripsisse ante Coracem et Tisiam, videndum est, ne Ciceronem sibi repugnantia dicere cogamus. Illae enim *rerum illustrium disputationes*, *communes loci*, *singularum rerum laudes vituperationesque*, quid aliud sunt nisi *via* et *ars*, quarum Cicero modo meminerat? Ut verum fateamur, saepius nos offendit hic Ciceronis locus venitque nobis aliquando in mentem parenthesi includere illa verba *nam antea - - plerosque dicere*. Neque nunc, verbis accuratius etiam inspectis, nos huius coniecturae poenitet." — Recte Vir doctissimus parenthesin statuit, quam suis signis inclusimus; sed paullo aliter cetera videntur interpretanda: scil. quae Protagorae ac Gorgiae tribuuntur, *viae* et *artis* nomine comprehendenda minime sunt. Hoc dixit Aristoteles: a Corace et Tisia conscriptas esse *artes*, τέχνας ῥητορικάς· a Protagora autem et Gorgia elaboratos locos communes, ad imitationem discentibus propositos: illos *praeceptis*, hos *exemplis* eloquentiam iuvare voluisse. Aliquoties voc. *artium* hoc significatu minus intellectum vidi. Verbi causa apud Quintil. Declam. CCCXIV. *Non quidem artibus*, *sed loquetur ore vestro*. Sermo est de furioso sua scelera ipso prodente, Deorum immortalium instinctu, qui dementiae poenâ eum afficiunt. Hoc igitur dicit: „furiosus idemque consceleratus non loquetur ex praeceptis regulisque τῶν τεχνῶν ῥητορικῶν, sed loquetur ore vestro, o Dii." Sic scilicet edidit e Codice suo antiquissimo Pithoeus. Iam vero quum parum intelligerent, quibusnam de artibus ageretur, immanem interpolationem intrudere ausi sic dederunt, ut est apud Burmannum: *Non quidem apud iudicem dicet*, *nec oratorum interrogabitur artibus*, *sed loquetur ore vestro.*

hoc oratoris esse maxime proprium rem augere posse laudando vituperandoque rursus affligere: huic Antiphontem Rhamnusium similia quaedam habuisse conscripta; (quo neminem unquam melius ullam oravisse capitis causam, quum se ipse defenderet, se audiente, locuples
48 auctor scripsit Thucydides:) nam Lysiam primo profiteri solitum artem esse dicendi; deinde, quod Theodorus esset in arte subtilior, in orationibus autem ieiunior, orationes eum scribere aliis coepisse, artem removisse: similiter Isocratem primo artem dicendi esse negavisse, scribere autem aliis solitum orationes, quibus in iudiciis uterentur: sed, quum ex eo (quia quasi committeret contra legem, quo quis iudicio circumveniretur) saepe ipse in iudicium vocaretur, orationes aliis destitisse scribere totumque se
13 ad artes componendas transtulisse. Et Graeciae quidem
49 oratorum partus atque fontes vides ad nostrorum annalium rationem veteres, ad ipsorum sane recentes. Nam antequam delectata est Atheniensium civitas hac laude dicendi, multa iam memorabilia et in domesticis et in bellicis rebus effecerat. Hoc autem studium non erat
50 commune Graeciae, sed proprium Athenarum. Quis enim aut Argivum oratorem aut Corinthium aut Theba-

L. 1. *oratoris maxime* 13. *in iudicio*

§. 47. [*oratoris esse*] Sic D. Nor. Asc. pr. Vict. Man. Corr. Ald. Nep. Grut. Seqq. — om. *esse* Ald. Asc. sec. Crat. Herv. Lamb. — [*huic Antiph.*] Corradus in suo Cod. invenit probavitque *hinc A.* Sed *huic similia* est pro: huius scriptis similia.

§. 48. [*quis iudicio*] Lambini *in iudicio* recta est explicatio; sed consulto Cic. inter ista *in iudiciis* - - *in iudicium* h. l. omisisse videtur praepositionem. — Quod duo Cdd. Lambini omittebant v. *componenda*, ex eo ortum est, quod librarii parum intelligebant significatum v. *artes*, *τέχνας ῥητορικάς*.

§. 49. [*partus atque fontes*] duo sunt tralata diversa, quorum quodque per se separatim accipiendum est. Minus haesissent interpretes in hac compositione audaciore, si Cic. scribendum duxisset „atque origines," vel ut explanavit Corr., „ortus et principia." Nunc Ern. proposuit *atque fetus*, Sch. dedit *artisque fontes*, Ell. del. censuit tamquam gloss. *atque fontes*. Ego cum Schevingio et V. D. in *Annal. litt. Heid.* 1825. p. 279. locum sanum esse existimo. „Similiter dixit *Brut.* 17. imitari *ossa et sanguinem*." Scheving.

num scit fuisse temporibus illis? nisi quid de Epaminonda, docto homine, suspicari libet. Lacedaemonium vero usque ad hoc tempus audivi fuisse neminem. Menelaum ipsum, dulcem illum quidem tradit Homerus, sed pauca dicentem. Brevitas autem laus est interdum in aliqua parte dicendi, in universa eloquentia laudem non
habet. At vero extra Graeciam magna dicendi studia 51
fuerunt maximique huic laudi habiti honores illustre oratorum nomen reddiderunt. Nam, ut semel e Piraeeo eloquentia evecta est, omnes peragravit insulas atque ita peregrinata tota Asia est, ut se externis oblineret moribus omnemque illam salubritatem Atticae dictionis et quasi † sanitatem perderet ac loqui paene dedisceret. Hinc Asiatici oratores non contemnendi illi[1] quidem nec celeritate nec copia, sed parum pressi et nimis redundantes:

E. 1) *Abest* illi
L. 4. *tradidit* 12. *omnemque illam Att. dictionis quasi sanitatem*

§. 50. [*libet*] *lubet* Gu. uterq. Asc. — [*Lacedaemonium*] Nempe brevitas et gravitas Laconum Atticae dicendi rationi non respondere videbatur Tullio. Vide Messerschmidii *commentationem de Spartanorum vett.* παιδαγωγίᾳ in Walchii *Actt. soc. Lat. Ien. T. V. p.* 90. Beier.

§. 51. [*omnemque illam* cet.] In his dubiam lect. retinent A. B. C. D., etiam *et* ante *quasi*; quod omittunt Asc. Ald. Crat. Man. Iam quum tolerari omnino nequeat *salubritatem et quasi sanitatem*, nec vero facile in hoc libro de glossematis cogitandum sit iis in locis, ubi omnes Cdd. consentiunt, uno aut altero loco excepto, v. c. §. 280. vv. *quod veri simile dixisset*, alio modo quam alterum utrum eiiciendo quaerenda est medela. Nunc igitur lego: *salubritatem Atticae dictionis et quasi siccitatem.* Cfr. infra §. 202. *nihil nisi* siccum *atque* sanum; *de opt. gen.* §. 8. *Attici - - sani dumtaxat et* sicci *habeantur.* Lambinus quidem ex optimo, ut ait, Cd. manuscr. edidit *omnemque illam Att. dictionis quasi sanitatem*, id quod demonstrat duntaxat mature iam criticam opinabilem exercitam esse in hunc librum. Hanc autem decurtatam lectionem probavit Ellendt, quia falso putabat v. *et* a Codd. omnibus abesse. — *omnemque illam subtilitatem Att. dictionis et quasi sanitatem* de Ernestii suspicione Schuetzius.

[*loqui paene dedisceret*] om. *paene* D.; ut saepe mitigandi particulae *paene*, *fere*, (infra §. 63. item D.) *prope*, *quasi*, *veluti*, *tamquam* inducebantur a librariis minus urbanis.

[*illi quidem*] Sic dedi cum Nor. et Lambino. Cett. omittunt *illi*.

52 Rhodii saniores et Atticorum similiores. Sed de Graecis hactenus: etiam haec ipsa forsitan fuerint non necessaria. Tum Brutus, Ista vero, inquit, quam necessaria fuerint, non facile dixerim: iucunda certe mihi fuerunt neque solum non longa, sed etiam breviora quam vellem. Optime, inquam: sed veniamus ad nostros, de quibus difficile est plus intelligere, quam quantum ex monumentis

14 suspicari licet. Quis enim putet aut celeritatem ingenii

53 L. Bruto illi nobilitatis vestrae principi defuisse? qui de matre suavianda ex oraculo Apollinis tam acute arguteque coniecerit; qui summam prudentiam simulatione stultitiae texerit; qui potentissimum regem, clarissimi regis filium, expulerit civitatemque perpetuo dominatu liberatam magistratibus annuis, legibus iudiciisque devinxerit; qui collegae suo imperium abrogaverit, ut e civitate regalis nominis memoriam tolleret: quod certe effici non potuis-

54 set, nisi esset oratione persuasum. Videmus item paucis annis post reges exactos, quum plebes prope ripam Anienis ad tertium miliarium consedisset eumque montem, qui Sacer appellatus est, occupavisset, M. Valerium dictatorem dicendo sedavisse discordias eique ob eam rem honores amplissimos habitos et eum primum ob eam

L. 2. *fuerunt* 9. *L. Iunio Bruto*

§. 52. [*forsitan fuerint*] Hoc primum reperi apud Victor., qui, ut erat accuratus homo, in hoc Cdd. videtur secutus esse. Tum sic Man. Ald. Nep. Grut. Ern. Ellendt: e constanti usu Cic. cfr. supra §. 33. *de Orat.* 1, §. 68. *forsitan - - communicarit* cet. Quintil. *Declam.* 268. pag. 506. Burm. *alia forsitan discantur.* Poscit hanc cum coni. constructionem ipsa particulae istius notatio *fors sit an - -.* (De ambigua forma *fortan - - poenitebit*, *de Republica* 3, 35. nondum satis constat.) — *fuerunt* D. Asc. Ald. Iu. Crat. Herv. Lamb. Schuetz: quod rectum videri poterat, quia non de re dubia, sed de iis, quae iamiam re vera dixerat, loquitur. Prior tamen ratio praestat. Addo Ovid. *Trist.* 4, 1, 37. *Forsitan hoc studium possit furor esse videri.* Quod ipsum nimium quantum valet de permultis harum tricarum grammaticarum, e quibus vix atque vix emergere possumus ad res ipsas tam praeclare in antiquorum libris tractatas.

§. 53. [*aut celeritatem*] *aut* hoc ita pendens scite defendit iam Manutius, tum Walch *Emendd. Liv.* pag. 186. cfr. Hand *Tursell.* 1. p. 546. *Orat.* §. 229. Aldus Nepos volebat *autem*;

ipsam causam Maximum esse appellatum. Ne L. Valerium quidem Potitum arbitror non aliquid potuisse dicendo, qui post decemviralem invidiam plebem in patres
incitatam legibus et concionibus suis mitigaverit. Pos- 55
sumus Appium Claudium suspicari disertum, quia senatum
iamiam inclinatum a Pyrrhi pace revocaverit: possumus
C. Fabricium, quia sit ad Pyrrhum de captivis recupe-
randis missus orator: Ti. Coruncanium, quod ex pontificum commentariis longe plurimum ingenio valuisse videatur: M'. Curium, quod is tribunus pl., interrege
Appio Caeco, diserto homine, comitia contra leges ha-
bente, quum de plebe consulem non accipiebat, patres
ante auctores fieri coëgerit; quod fuit permagnum, nondum lege Maenia lata. Licet aliquid etiam de M. Po- 56
pillii ingenio suspicari, qui, quum consul esset eodemque
tempore sacrificium publicum cum laena faceret, quod
erat flamen Carmentalis, plebei contra patres concitatione
et seditione nuntiata, ut erat laena amictus, ita venit in
concionem seditionemque quum auctoritate, tum oratione
sedavit. Sed eos oratores habitos esse aut omnino tum
ullum eloquentiae praemium fuisse nihil sane mihi legisse
videor: tantummodo coniectura ducor ad suspicandum.
Dicitur etiam C. Flaminius, is, qui tribunus pl. legem 57

L. 4. (*mitigarit - - - revocarit* b.) 13. *fuerit*

Ellendt del. *aut.* Lambinus in *Annot.* v. *aut eloquentiam* excidisse ratus est post v. *ingenii;* inseruit post *texerit* Schuetz, quem imitatus est Ellendt. Manutii autem annotatio haec est: „Alterum *aut* desideratur; nec tamen corruptum locum suspicor. Familiare enim Ciceroni, ut ipse sibi non respondeat in verbis; itaque interdum, quum dixerit *primum*, non subiungit *deinde.* Ep. 9. ad Caelium Lib. 2. et Ep. 23. ad Gellium Lib. 7. Eodem modo, quum hic subiuncturus esset *aut M. Valerio* institutum orationis filum interrupit et dixit: *Videmus item M. Valerium* cet." Mox: *memoria tolleretur* Cd. Oxon.

§. 54. [*mitigaverit - - revocaverit*] Quod margo 1584. habet formas contractas, observare licet e documentis Cdd. superstitum a Codice Laudensi ἀρχετύπῳ plerumque exhibitas esse in hoc libro formas dilatatas vel si mavis integras.

§. 55. [*fuit*] E Cdd. Reg. Lall. Ern. Seqq. Lambini ceterorumque *fuerit* habet D.

de agro Gallico et Piceno viritim dividendo tulerit, qui consul apud Trasimenum sit interfectus, ad populum valuisse dicendo. Q. etiam Maximus Verrucosus orator habitus est temporibus illis et Q. Metellus is, qui bello Punico secundo cum L. Veturio Philone consul fuit.
15 Quem vero exstet et de quo sit memoriae proditum eloquentem fuisse et ita esse habitum, primus est M. Cornelius Cethegus, cuius eloquentiae est auctor, et idoneus quidem mea sententia, Q. Ennius; praesertim quum et ipse eum audiverit et scribat de mortuo: ex quo nulla
58 suspicio est amicitiae causa esse mentitum. Est igitur sic apud illum in nono (ut opinor) annali:

Additur orator Corneliu' suaviloquenti
Ore Cethegus Marcu' Tuditano collega,
Marci filius — —

Et oratorem appellat et suaviloquentiam tribuit: quae nunc quidem non tam est in plerisque: latrant enim iam quidam oratores, non loquuntur. Sed est ea laus eloquentiae certe maxima:

— — *is dictu'st*[1] *ollis popularibus olim,*
Qui tum vivebant homines atque aevum agitabant,
Flos delibatus populi:

E. 1) *dictus*
L. 3. *Q. etiam Fabius Maximus Verrucosus* 20. dictus Ib. *Abest* ollis

§. 57. [*tulerit* - - *sit interfectus*] Sic Cdd., etiam D. E coni. (non, ut ait Ellendt, e Cdd. et Edd. vett.) scripsit Sch.: co *tulit* - - *est i.* Scil. quum, ut fit, e scriptura *Trasimenumst* male intellecta factum esset *Tr. sit*, etiam alterum verbum huic errori accommodatum esse haud prorsus improbabile est. Cfr. tamen quae notabo ad §. 107. Mox: *Qui vero exstet* audaci coni. Hervag. solus pro *Quem* cet.

[*idoneus quidem*, *mea sententia*] Sic etiam D. Vict. Ordinem Nor. Asc. Cratand. *id. mea quidem sententia* minime recipere debebat Ellendt, quum ex hac verborum collocatione plerosque praeter se de Ennii auctoritate dubitare diceret Cicero.

§. 58. [*orator* cet.] *ortator Cornelius suavi et eloquenti.* Tum: *studio collega filius* corrupte D., ut Asc. Ald., Rob. Steph. 1539.; nisi quod hi habent *collegam.* In Victoriana et Rob. Steph. 1544. ea lectio est, quam e Veteri exemplari affert Rivius: *Cethegus Veturio collega Philoni.*

[*non tam est* cet.] cfr. Goerenz *Finn.* p. 2. notante iam Ell.

[*is dictu'st ollis popularibus olim*] Nemo adhuc recte adhi-

(probe vero; ut enim hominis [decus[1]] ingenium, sic ingenii ipsius lumen est eloquentia, qua virum excellentem praeclare tum illi homines florem populi esse dixerunt;) *Suadaeque medulla.* Πειθὼ quam vocant Graeci, cuius effector est orator, hanc Suadam appellavit Ennius; — 59

E. 1) decus *sine* [].
L. 1. *decus* sine []. 4. *Quam* Πειθώ

buisse huic loco videtur Gellium *N. A.* 12, 2., ubi iidem versus afferuntur. Ibi scil. edunt: *hoc dicit: dictus ollis popularibus olim* (ut h. l. ante me: *is dictus ollis popularibus olim;)* sed Gellii Cdd. sic: *hoc dicitis dictus tollis popularibus olim*, quod quasi manu ducit ad egregiam Gronovii emendationem, quam h. l. recepi. Iam quum h. l. viderent metro repugnare *dictus ollis*, Merula, probante Reizio, deleto *olim* volebat *dictus popularibus ollis.* Contra Lambinus et Buttmannus *N. A. Soc. Lat. Ien.* p. 63. versum sic constituerunt: *Marci filius: is dictus popularibus olim*, eiecto v. *ollis.* Sed quum tum e Cic. tum e Gellii Cdd. satis constet et de v. *is* et de utroque *ollis* atque *olim* retinendo, manifestum est, ne cum Gernhardo (v. Ell.) fingamus versum hypermetrum, nonnulla omissa esse inter v. *Marci filius* et *is dictu'st.* Iam pro *aevum agitabant*, quod apud Gellium est sine varietate mihi quidem nota, Cdd. D., item Latinii et Borromei, immo omnes fortasse habent *aevum agebant;* quam lect. defendit Manutius ita, ut syll. *um* non elidatur; ut apud Ennium *Ann.* 10. p. 160. Ed. Columnae Neapolit.: *Insignita fere tum milia militum octo.* Sed recte iam Aldus avus 1521., e Gellio, ni magno opere fallor, reposuit *agitabant.* In Man. et Corr. Edd. male est *delibutus*, ut in Ald. et Gryph. Gellii; quod tamen Manut. reiecit in *Annot.*

[*so ut enim hominis ingenium, sic ingenii ipsius lumen eloquentia*] (om. vv. *decus* et *est.*) Aldus Nepos. „Sic in Borromei libro, et apte atque eleganter; quod aliter visum est imperitis: itaque verbum addiderunt, quasi deesset, legendumque putarunt: *ut enim hominis decus ingenium;* quod vitium e scriptis aliquot libris etiam in eos irrepserat, qui typis aeneis impressi divulgantur." Manutius. Negari nequit elegantem esse istam lect. Cd. Borr., ex qua v. *lumen* regit et v. *hominis* et *ingenii.* Probavit etiam Sylburgius. Equidem v. *decus* [].

§. 59. [*Suadaeque medulla*] Sic Aldd. Seqq. — *suade et medula* (sic) D. — *Suadae medullam* Asc. pr., prorsus ut volebat Scheving p. 16. Sed artissime cohaerere voluit etiam Tullius Ennii verba: *Flos delibatus populi Suadaeque medulla*, per parenthesin dumtaxat interiectis omnibus illis *Probe vero* - - *dixerunt.* Ceterum apud Gellium edebatur *populi et suada medulla*, ubi Cdd. habent *populi suada medulla* sine *et* vel *que*, ut fere vides esse in D. et Asc. pr. Hinc Gronovius volebat, recepit Lion: *populi, Suadai medulla*, manifesto errore; nam

eius autem Cethegum medullam fuisse vult, ut, quam deam in Pericli[1] labris scripsit Eupolis sessitavisse, huius hic
60 medullam nostrum oratorem fuisse dixerit. At hic Cethegus consul cum P. Tuditano fuit bello Punico secundo quaestorque his consulibus M. Cato modo plane annis CXL. ante me consulem, et id ipsum nisi unius esset Ennii testimonio cognitum, hunc vetustas, ut alios fortasse multos, oblivione obruisset. Illius autem aetatis qui sermo fuerit, ex Naevianis scriptis intelligi potest. His enim consulibus, ut in veteribus commentariis scriptum est, Naevius est mortuus: quamquam Varro noster, diligentissimus investigator antiquitatis, putat in hoc erratum vitamque Naevii producit longius. Nam Plautus P. Claudio, L. Porcio, viginti annis post illos, quos ante dixi, consulibus[2] mortuus est, Catone censore.

61 Hunc igitur Cethegum consecutus est aetate Cato, qui annis IX. post eum fuit consul. Eum nos ut perveterem habemus, qui L. Marcio, M'. Manilio consulibus
16 mortuus est, annis LXXXVI.[3] ipsis ante me consulem. Nec

E. 1) Periclis 2) consules 3) LXXXIII.
L. 14. *P. Claudio, L. Porcio Cos. quattuor annis post Naevii mortem, viginti post illos, q. a. d. Cos.* e coni. 18. *Mamilio* 19. *LXXXIII.*

huius formae ultima litera *i* semper est longa et apud Lucretium et apud Ennium ipsum: *Lunaï portum est operae cognoscere, cives. - - intus aquaï frugiferaï.* — [*Pericli labris*] — *Pericli libris* D. — *Periclis* (ut pleraeque Edd.) *labiis* Asc. pr.

[*eius - - fuisse vult*] Haec cupidius expunxerunt Sch. et Ell.; sed grata cum negligentia quasi per parenthesin subiiciuntur propositioni, cuius maius est momentum: *hanc Suadam appellavit Ennius.*

§. 60. [*his consulibus*] *iis c.* Asc. pr. Verbis *modo plane* cet. asteriscum praefixit Manutius, Lamb. delevit *modo;* etsi nulla in his inest difficultas. Nos dicimus: *nachgerade sind es eben* 140 *Jahre.* Corr. e Mss. affert: — *M. Catone nostro plane*, unde suspicatus est: — *M. Cato maior, plane.*

[*consulibus*] Sic recte Man. explicavit notam *Coss.* — *consules* Cett. praeter Corr. et Aldum Nep., qui Manutium sequuntur.

§. 61. [*LXXXVI.*] Sic correxi cum Manutio, Corrado et Reizio (qui in marg. sui exemplaris adscripserat: 604 - 690 = 86.) pro Cett. LXXXIII. Negligentia in his annis nulla omnino difficultate chronologica laborantibus non cum Ellendtio Tullio ipsi, sed librariis dumtaxat tribuenda est.

vero habeo quemquam antiquiorem, cuius quidem scripta proferenda putem, nisi si[1] quem Appii Caeci oratio haec ipsa de Pyrrho et nonnullae mortuorum laudationes forte delectant. Et hercules eae[2] quidem exstant: ipsae enim 62
familiae sua quasi ornamenta ac monumenta servabant et ad usum, si quis eiusdem generis occidisset, et ad memoriam laudum domesticarum et ad illustrandam nobilitatem suam. Quamquam his laudationibus historia rerum nostrarum est facta mendosior. Multa enim scripta sunt in eis, quae facta non sunt, falsi triumphi, plures consulatus, genera etiam falsa et ad plebem[3] transitiones, quum homines humiliores in alienum eiusdem nominis in-

E. 1) *Abest si* 2) hae 3) a plebe
L. 2. Abest *si* 4. *hae* 11. *a plebe*

[*Nec vero*] *Neque vero* D. Pro *nisi quem*, Manut. Corr. Ald. Nep. *nisi si quem.* Recte, puto. cfr. *ad Famil.* 14, 2. *nisi si quis. ad Attic.* 2, Ep. 3. et Ep. 11. *nisi si quid.* Celsus de *Medic.* 2, 8. *nisi si multa signa bonae valetudinis subsecuta sunt.* ibid. 3, 3. *nisi si necesse est* cet.

§. 62. [*eae quidem*] Sic Asc. pro *hae q.* Mox Iuntae et Victorii *ad illustrandum* Aldo debetur, (cuius nunc demum editionem anni MDXXI. nactus sum:) nec temere reiiciendum est.

[*a plebe transitiones*] — *ad plebem trans.* D. Asc. Ald. Quamquam etiam summus Scaliger *Emendat. temp.* p. 629. agnoscit *a plebe*, nihilominus nunc accedo Niebuhrio, Soldanio in censura *Bruti* Ellendtiani (Seebode *Krit. Bibl.* N. 60.) (qui affert Cic. *ad Famil.* 8, 8. *de Legg.* 2, 22. Livium 4, 16.) et Blumio *Einleitung in die Röm. Geschichte* p. 70. Ad formulam ipsam cfr. *Fragm. Orat. in P. Clodium et Curionem* 3, 2. p. 206. *Ed. Rom. noviss.: quum se ad plebem transire velle diceret.* Velleium 2, 2, 45. *quum P. Clodius - - - a patribus ad plebem transisset.* praeterea Suetonium *Octav.* Cap. I. Omnino *a plebe ad patricios transitiones* vix cogitari possunt. Quomodo enim, quo ritu quave lege eae factae essent? Alia autem res est, quum sub Imperatoribus allectus esse inter patricios hic vel ille dicitur in Inscriptionibus et apud Tacitum *Ann.* XI., 26. Qui defendebant alteram lectionem, quae e Manutii coni. fluxit, decepti sunt seqq. verbis. Sed totus locus sic explicandus est: „quum homines humiliores, qui casu vel, quia originem ducebant ex imparibus connubiis vel a libertis clientibusve patriciorum, patricium nomen gerebant, contenderent sese esse ex eadem stirpe cum patricia illa eiusdem nominis gente idque ita explicarent, ut patricium aliquem inter maiores suos ad plebem transisse fingerent."

funderentur genus: ut, si ego me a M'. Tullio esse dicerem, qui patricius cum Servio Sulpicio consul[1] anno
63 decimo post exactos reges fuit. Catonis autem orationes non minus multae fere[2] sunt, quam Attici Lysiae, cuius arbitror plurimas esse. (Est enim Atticus, quoniam certe Athenis est et natus et mortuus et functus omni civium munere: quamquam Timaeus eum quasi Licinia et Mucia lege repetit Syracusas.) Et quodam modo est nonnulla in iis etiam inter ipsos similitudo. Acuti sunt, elegantes, faceti, breves: sed ille Graecus ab omni laude felicior.
64 Habet enim certos sui studiosos, qui non tam habitus corporis opimos, quam gracilitates consectentur; quos, valetudo modo bona sit, tenuitas ipsa delectat[3]. Quamquam in Lysia sunt saepe[4] etiam lacerti, sic ut fieri nihil

E. 1) consule 2) verae 3) delectet 4) saepe sunt
L. 9. *his* 14. *sic ut fieri valentius nihil possit*

[*a M'. Tullio*] *Tullo* Heusingerus fortasse ex Almeloveenii Fastis duxit probatum etiam Schuetzio; sed recte Stampa et Piranesius *Tullio* cum Dionysio Halicarnassensi, notante Sylburgio. Cfr. etiam dubiam de hac re Maii disputationem ad Cic. *de rep.* 2, 21. p. 179. seqq. *Ed. Rom. noviss.* — *annos decem* e Mss. affert Corr. Refutat ex suis Cdd. Manutius.

§. 63. [*multae fere sunt*] — om. *fere* D. Beier haec annotavit: „Sic pro volg. *verae* Wetzel et Schuetz e Guelf. 2. Ed. Ven. Victor. comp. 17, 65. Buttmannus in *N. A. Soc. Lat. Ien.* I. p. 41. maluerat; *Catonis autem orationes non minus multae nostrae* (h. e. nostro sermone conscriptae) *sunt*, *quam Atticae Lysiae*." — Buttmanni rationem consuetudini Tullianae prorsus repugnantem nemo, ut spero, probabit. *Attici* necessario requiritur etiam propter sequentia. — *verae* autem e contextu Repet. Lamb. venit in Grut. et Ern. *fere* etiam Aldus Nepos.

[*quodam modo et nonnulla in iis*] Minime argutandum erat in vv. *quodam modo*. Videlicet Tullius ipse quum optime sentiret, quid quantumque interesset inter Lysiam et Catonem, quamvis nonnulla inter eos esset similitudo, hanc quantum potest extenuat; non igitur contentus v. *nonnulla* adiicit *quodam modo*. Mox sive legas *in iis* cum plerisque, sive *in his* cum Cd. D. Lamb. Ell., sane refertur ad oratores ipsos, non ad orationes; nec ulla inest ambiguitas; *iis* autem nunc retinui, tum quia parenthesi *Est enim - - Syracusas* interposita, remotiores iam sunt *Cato* ac *Lysias*, quam ut *his* locum suum tueatur, tum quia nulla est oppositio inter *hos* atque *alios*, quos pron. *illos* designare potuisset.

§. 64. [*sunt saepe*] Sic D. et omnes meae Edd. (etiam Ald,

possit valentius. Verum est certe genere toto strigosior:
sed habet tamen suos laudatores, qui hac ipsa eius subtilitate admodum gaudeant. Catonem vero quis nostro- 17
rum oratorum, qui quidem nunc sunt, legit? aut quis 65
novit omnino? At quem virum, dii boni! mitto civem
aut senatorem aut imperatorem: oratorem enim hoc loco
quaerimus; quis illo gravior in laudando? acerbior in
vituperando? in sententiis argutior? in docendo edisse-
rendoque subtilior? Refertae sunt orationes amplius
centum quinquaginta, (quas quidem adhuc invenerim et
legerim,) et verbis et rebus illustribus. Licet ex his
eligant ea, quae notatione et laude digna sint; omnes
oratoriae virtutes in eis reperientur. Iam vero Origines 66
eius quem florem aut quod lumen eloquentiae non habent?
Amatores huic desunt, sicuti multis iam ante seculis et
Philisto Syracusio et ipsi Thucydidi. Nam, ut horum
concisis sententiis, interdum etiam non satis apertis quum
brevitate tum nimio acumine officit Theopompus elatione

L. 17. Del. *quum - - acumine*

Nepos et Rep. Lamb. 1584.) ante Grut., qui cum Seqq. sine auctoritate *saepe sunt.* Verba *sed tamen - - - gaudent* ab Ellendtio acriter reprehensa et paene deleta perquam sunt necessaria, quia inculcant oppositionem inter Lysiae amatores eosdemque stultos Catonis contemptores: contra Ellendtiana ratio *Verum est certe toto genere strigosior. Catonem vero quis - - legit* misere hiat.

[*sic ut fieri*] *sic ut et fieri* D. Asc. Ald. Vict. *et* saepissime inculcatur a librariis: cfr. *ad Attic.* 3, 24, 1. Vellei. 2, 48, 4. Hinc Man. Corr. Ald. Nep.: *sic ut eo fieri.* Nostram lect. vidi primum in contextu Ed. 1584. Ordo Lamb. *sic ut fieri valentius nihil possit* Codici alicui deberi videtur.

§. 65. [*Catonem quis - - legit?*] Frontonis reliquiae eae praesertim, quas Romae MDCCCXXIII. primum edidit Maius, satis demonstrant, quot quamque illustres admiratores posterioribus rursus temporibus invenerint et Cato et C. Gracchus. Insunt in illis duo praeclari loci e Catone excerpti, p. 150. et 184., unde accuratius nunc iudicare licet de toto eius genere dicendi.

[*licet ex his*] ∾ *l. ex iis* Man. Corradus. Ald. Nep.

§. 66. [*quum - - acumine*] Haec suspecta iam Budaeo ac Rivio deleverunt Lamb. cum duobus Cdd., tum Sch. Recte ea defendit Ell. Quod si ea non fortuito, sed dedita opera omiserunt librarii isti, inde duntaxat factum est, quod non

atque altitudine orationis suae, quod idem Lysiae Demosthenes; sic Catonis luminibus obstruxit haec poste-
67 riorum quasi exaggerata altius oratio. Sed et in nostris inscitia est, quod ii ipsi, qui in Graecis antiquitate delectantur eaque subtilitate, quam Atticam appellant, hanc in Catone ne[1] noverunt quidem. Hyperidae volunt esse
68 et Lysiae. Laudo. Sed cur nolunt Catones[2]? Attico genere dicendi se gaudere dicunt. Sapienter id quidem. Atque utinam imitarentur, nec ossa solum, sed etiam sanguinem! Gratum est tamen, quod volunt. Cur igitur Lysias et Hyperides amatur, quum penitus ignoretur Cato? Antiquior est huius sermo et quaedam horridiora verba. Ita enim tum loquebantur. Id muta, quod tum ille non potuit, et adde numeros, ut[3] aptior sit oratio; ipsa verba compone et quasi coagmenta, quod ne Graeci quidem veteres factitaverunt: iam neminem antepones
69 Catoni. Ornari orationem Graeci putant, si verborum immutationibus utantur, quos appellant τρόπους, et sen-

E. 1) non 2) Catonis 3) et
L. 4. *inscientia* 11. (*amantur* b.) 14. *potuit, adde*

videbant ea iungenda esse cum vv. *non satis apertis.* Ad seqq. autem perperam quum referrent, necessario absurda videri debebant. Tum *offecit* Sch. coni. Ell. Sed *officit etiamnunc* aliquantum Philisto et Thucydidi, qui tamen ab omnibus leguntur, quum paucorum in manibus sint Catonis Origines.

§. 67. [*Sed et in nostris*] Sic etiam D. Asc. Videtur ad paucos eos locos referendus esse hic, ubi apud Cic. *et* nobis significat *etiam*, ut *Tuscul.* 4, §. 73. *Probe et ille. ad Attic.* 1, 1, 4. *simul et illud ostendi.* Nam *et* cum Heusing. et Ell. deleto mihi quidem praefractior videtur fieri oratio.

[*ii ipsi*] *hi ipsi* Asc.

[*ne noverunt quidem*] Sic volebat etiam Reizius habetque Camerarius (non Victorius) tum Lamb. Sch. Ell. Codici *ne* tribuit Corradus. — *non n. q.* D. Asc. Vict. Ern. Memorabilis est Manutii lectio: *non noverunt. Quid enim?*

[*Catones*] Sic recte Lamb. Sch. Ell. pro *Catonis* D. Asc. Iu. Crat. Man. Ern. — *cur non Catonis?* Oxon. Nor.; quod saltem mutandum esset in plur. *Catones.*

§. 68. [*amatur*] — *amantur* Herv. solus et Margo 1584.]

[*ut aptior*] Sic cum Cd. aliquo Reg. et altero Corradi, ut voluerat Car. Stephanus, Lamb. Aldus Nepos, Lall. prob.

tentiarum orationisque formis, quae vocant *σχήματα:* non veri simile est, quam sit in utroque genere et creber
et distinctus Cato. Nec vero ignoro nondum esse satis 18
politum hunc oratorem et quaerendum esse aliquid perfectius: quippe quum ita sit ad nostrorum temporum rationem vetus, ut nullius scriptum exstet dignum quidem lectione, quod sit antiquius. Sed maiore honore in omnibus artibus quam in hac una dicendi versatur antiquitas. Quis enim eorum, qui haec minora animadver- 70
tunt, non intelligit Canachi signa rigidiora esse, quam ut imitentur veritatem? Calamidis dura illa quidem, sed tamen molliora, quam Canachi: nondum Myronis satis ad veritatem adducta; iam tamen, quae non dubites pulchra dicere: pulchriora etiam Polycleti et iam plane perfecta, ut mihi quidem videri solent. Similis in pictura ratio est: in qua Zeuxim et Polygnotum et Timantem et eorum, qui non sunt usi plus quam quattuor coloribus, formas et lineamenta laudamus: at in Echione[1], Nicomacho, Protogene, Apelle iam perfecta sunt omnia.
Et nescio an reliquis in rebus omnibus idem eveniat: 71
nihil est enim simul et inventum et perfectum: nec dubitari debet, quin fuerint ante Homerum poëtae: quod ex eis carminibus intelligi potest, quae apud illum et in Phaeacum et in procorum epulis canuntur. Quid? nostri veteres versus ubi sunt?

E. 1) Aëtione
L. 18. *Aëtione* (Ut nos, b.)

Schuetzio. Ceteri *et aptior* praeter Ell., qui non male coni. *numeros: et, ut aptior sit oratio, ipsa verba c.*

§. 70. [*in hac una dicendi*] ∞ *in hac una arte dicendi* Gu. uterque. D. Nor. Asc. non improb. Ell. Mihi tamen adhuc videtur gloss. Deletum est ab Aldo, Seqq.

[*quam Canachi*] — *quam ea Canachi* Nor. Asc. ex recentiorum linguarum, non Latinae, indole.

[*pulchriora etiam Polycleti*] Quod D. Nor. om. *etiam*, ideo factum est, quia mox habent *etiam plane.* Veram lect. praebet iam Aldus avus.

[*Echione*] Inter hanc lect. L. 1584. Sch. Ell. et *Aëtione* Vict. Man. L. 1566. Grut. Ern. fluctuabat iam Rivius. Sed illa videtur certa.

— — *quos olim Fauni vatesque canebant,*
Quum neque Musarum scopulos quisquam superarat,
Nec dicti studiosus erat — —
Ante hunc; — —

ait ipse de se: nec mentitur in gloriando. Sic enim sese res habet. Nam et Odyssea Latina est sic tamquam opus aliquod Daedali, et Livianae fabulae non satis dignae,
72 quae iterum legantur. Atque hic Livius, qui primus fabulam, C. Clodio, Caeci filio, et M. Tuditano con-

L. 8. *hic est Livius*

§. 71. [*Quum neque Musarum scopulos quisquam superarat, Nec dicti studiosus erat*] Hanc lect. inter eas Edd., quas habeo, primum reperio in Victoriana 1536. Contra Cdd. quattuor Regii A. B. C. D. (levi cum varietate; vide mox:) Gu. 1. (de altero ex negligentissima Schuetzii collatione non satis constat.) Palat. Cuiac. item Edd. Veneta, Nor. Mediol. Ald. Iunt. Ascens. utraque, Crat. Hervag. Rob. Steph. 1539. sic habent: *Quum neque M. scopulos nec dicti* (*dictis* A.) *studiosus quisquam erat* (*erant* B.); unde dubium fit, utrum lectio Victoriana ducta sit e Codice meliore, archetypum Laudense accuratius referente, an e coniectura Viri docti; quod ipsum mihi quidem probabilius videtur. Nam quod Columna ait p. 48. *Ennii Ed. Neapolit.* 1590.: „Haec verba in optimis Cic. exemplaribus habentur; in passim vero vulgatis desunt:" de editionibus post Victor., non de codicibus vix ab ipso inspectis equidem intelligo. In Ed. Aldi Nep. est *scopulos: Nec dicti studiosus erat Ante hunc* omisso itidem supplemento *quisquam superarat;* notatque Manutius: „*scopulos*] Deest finis versus. Antiquus Borromei liber hoc subiungit; *Neque dicti studiosus quisquam ante hunc;* Latinii, *Nec dicti studiosus quisquam erat ante hunc.* Utrocunque modo remanet mendum."

[*Nam et Odyssea Latina est sic tamquam*] *Nam et odiosa latina est sic in tamquam* D. *sic in tamquam* etiam Gu. 1. Ed. Ven., e quo frustra magis reconditi quid elicias. Male etiam Ellendt delevit *sic*, haud memor saepe sic iungi v. *sic tamquam*, *sic quasi*, ubi minus necessarium videtur v. *sic*. Cfr. *ad Famil.* 8, 12. *tamquam procurator sic agas.* ibid. 10, 19. *sic enim vidi quasi ea.* ibid. 13, 63. *sic frui tamquam domi meae.* Tacitus *Dial. de oratt.* 10. *sic – tamquam eos;* ibid. 13. *sic quasi Augustum.* Cfr. etiam hoc, ubi item supervacaneum videri potest *sic*, *ad Famil.* 13, 70. *Quia non est obscura tua in me benevolentia*, *sic fit*, *ut* cet. Nunc autem minime in hoc haerens, simpliciorem praefero explicationem: „Odyssea Livii similis est operum Daedali, i. e. aeque rudis atque incondita."

§. 72. [*Atque*] Sic A. B. C. Contra D.: *atqui;* omnes retinent *qui* a Sch. et Ell. deletum. Sane verior ceteris hic quo-

sulibus, docuit anno ipso ante, quam[1] natus est Ennius; post Romam conditam autem quartodecimo et quingentesimo, ut hic ait, quem nos sequimur; est enim inter scriptores de numero annorum controversia. Accius[2] autem a Q. Maximo[3] quintum consule captum Tarenti[4] scripsit Livium annis xxx. post, quam eum fabulam docuisse et Atticus scribit et nos in antiquis commentariis invenimus: docuisse autem fabulam annis post xi. C. Cor- 73
nelio, Q. Minucio consulibus, ludis Iuventatis, quos

E. 1) ipso, antequam 2) = Attius *cet.* 3) autem: Q. Maximo 4) Tarento

L. 2. *cccc x.* 4. (*Attius* b.) 5. *Tarento* 7. (Fort. *et Attius* b.)

que lectio Lambini: *atque hic est Livius, qui;* nisi quod *est* facilius excidit post *Livius.* (*Liviust* et pronuntiabant et scribebant.) Quod si vulgatam retineas, sane fatendum est, *qui* pendere. Hand *Tursell.* I. pag. 394. scribi iubet: *anno ipso ante, quam,* quod expressi pro: *anno ipso, antequam;* immo iam Lambinus divise, sed sine virgula.

[*conditam autem*] *autem conditam* D. Asc. Lall. Statim Manutii lectionem *quarto decimo et quingentesimo* habent etiam D. Nor. Vict. Osann in *Anal. crit.* p. 50. volebat *tertio decimo quingentesimo;* Ald. autem, Iunta, Asc. sec. Crat. Lamb. perperam *quadringentesimo decimo.*

[*est enim - - Accius autem*] Ell. coni. dedit: *est autem - - Accius enim.* Sed explica: „*ut hic* (Atticus) *ait, quem nos sequimur,* ut fide maxime dignum; nam dissentiunt scriptores; inter quos rursus maxime dissidet ab *Attico Accius.* — *Accius* et mox: *error Accii;* recentiores *Attius, Attii;* utrumque nititur Inscriptt. Iam collata *Bruti* §. 229. *Ut Accius iisdem aedilibus ait se et Pacuvium docuisse fabulam,* tota corruit Osanni disputatio de Ateio philologo h. l. intrudendo; quippe quum manifestum sit et hanc §. 229. desumptam esse ex aliquo Accii tragici didascalicon libro; neutiquam sane, ut putabat Lambinus, ex Annalibus versibus longis conscriptis. Cfr. Voss. *de histor. Lat.* 1, 7. et Osannum l. l. Deinde vera videtur nescio cuius apud Corr. et Ernestii dubia susp. *Tarenti* pro *Tarento.* Corradus tamen comparavit Terentianum illud: *captam e Sunio.* Peius etiam Nor. Asc. *capto Tarento.* Terminationes istae saepe confunduntur. Sic *Agrigenti* pro vero *Agrigento: Verr.* 4, 2, §, 58. etiam Cd. Reg. optimus. Scripsi nunc *Tarenti.* Pro *C. Cornelio* Corr. Ald. Nep. Almelov. in fastis *Cn. Cornelio.* Apud Stampam in Fastis et *Liv.* 32, 27. est *Caius.*

§. 73. [*ludis Iuventatis*] Sic emendavit Victorius duce libro Nicolai Nicoli, in quo erat *iuentatis.* — *lutantis* D. *Luctatiis* Asc. (Rob. Stephanus 1539. et Camerarius, qui vulgo, sed falso dicuntur in omnibus expressisse Victorium, rursus ha-

Salinator Senensi praelio voverat. In quo tantus error Accii fuit, ut his consulibus XL. annos natus Ennius fuerit: cui quum aequalis fuerit Livius, minor fuit aliquanto is, qui primus fabulam dedit, quam ii, qui multas docuerant ante hos consules, et Plautus et Naevius.
19 Haec si minus apta videntur huic sermoni, Brute, Attico
74 assigna, qui me inflammavit studio illustrium hominum aetates et tempora persequendi. Ego vero, inquit Brutus, et delector ista quasi notatione temporum et ad id, quod instituisti oratorum genera distinguere aetatibus,
75 istam diligentiam esse accommodatam puto. Recte, inquam, Brute, intelligis: atque utinam exstarent illa carmina, quae multis seculis ante suam aetatem in epulis esse cantitata a singulis convivis de clarorum virorum laudibus in Originibus scriptum reliquit Cato! Tamen illius, quem in vatibus et Faunis annumerat[1] Ennius, bellum

E. 1) enumerat
L. 1. (Fort. *Senonensi* b.) 16. *quem vatibus* Ib. *et bellum*

bent *Luctatiis.*) — *Senonensi* perperam suspicatus est, non tamen edidit Victorius.

[*fuerit: cui quum aequalis fuerit*] Sic iam Ald. — *fuerit quod aequalis fuerit* D. Asc. *cui si aequalis* cum Manutio Corrad. — Quod Schneiderus e Gu. I. affert: *fuerit: qui aequalis fuerit*, videtur esse e male explicato compendio vocabuli *quod.* Vulgata autem sive Aldina lectio coniecturae originem videtur debere. Omnium optime haec procederet: *cui aequalis si fuit Livius: si* potius excidit post syll. *is; fuit* autem in *fuerit* mutari potuit eo facilius, quum praecederet *fuerit.* Vulgatam ita defendit Ellendt, quasi subaudiendum sit: *ex Accii sententia*, quae tamen ratio mihi videtur nimis contorta. Mox haud male Sch. et Ell. *Plautus* pro *et Pl.;* nec tamen prorsus necessaria correctione, quum sit pro: *ambo ii — et Pl. et N.*

§. 75. [*quem in v. et F. annumerat*] Sic Gu. uterque, Cd. D. et Schuetz.; quae rarior ratio satis defenditur illo *orat. pro S. Roscio* §. 89. *forsitan in grege annumerer*; etsi ibi Cdd. aliq. *in gregem* probb. Oudendorp ad Suet. *Oct.* 70., Garatonio et Beckio. (cfr. Schneiderum.) Magis vulgaria sunt, quamvis aeque recta Lamb. et Ellendtii: *quem vatibus - - annumerat*, ut est §. 207.; et quod in *Annotatt.* (non in Marg. 1584., qui meus fuit error in Ed. mai.) proponit Lamb. videturque daturus fuisse Ell., si operae paruissent, atque ego olim verius putabam: *quem in v. - - numerat*, ut est §. 333. Falsum omnino est *enumerat* Asc. Vict. Ern. — *bel-*

Punicum, quasi Myronis opus, delectat. Sit Ennius 76
sane, ut est certe, perfectior: qui si illum, ut simulat, contemneret, non omnia bella persequens, primum illud Punicum acerrimum bellum reliquisset. Sed ipse dicit, cur id faciat, - - *scripsere*, inquit, *alii rem versibus*, - - et luculente quidem scripserunt, etiam si minus, quam tu, polite: nec vero tibi aliter videri debet, qui a Naevio vel sumpsisti multa, si fateris, vel, si negas, surripuisti.

Cum hoc Catone grandiores natu fuerunt C. Flami- 77
nius, C. Varro, Q. Maximus, Q. Metellus, P. Lentulus, P. Crassus, qui cum superiore Africano consul fuit. Ipsum Scipionem accepimus non infantem fuisse. Filius quidem eius, is, qui hunc minorem Scipionem a Paullo adoptavit, si corpore valuisset, in primis habitus esset disertus: indicant quum oratiunculae, tum historia quaedam Graeca, scripta dulcissime. Numeroque eodem 20
fuit Sex. Aelius, iuris quidem civilis omnium peritissi- 78
mus, sed etiam ad dicendum paratus: de minoribus autem C. Sulpicius Gallus, qui maxime omnium nobilium Graecis literis studuit; isque et oratorum in numero est habitus et fuit reliquis rebus ornatus atque elegans. Iam enim erat unctior quaedam splendidiorque consuetudo

lum Punicum] Sic Ald. Asc. sec. Victor. Man. Ern. Seqq. — *bello Punico* D. Nor. Asc. pr. — *et bellum Punicum* perverse Crat. Herv. Lamb.

§. 76. [*luculente*] — *dilucidissime* D. e gloss.

§. 77. [*historia quaedam Graeca, scripta*] An *Graece scripta?* ut mox §. 81. Alia enim ratio videtur *orationis Graecae* §. 78. et *Latinorum scriptorum*, *de Finn.* 1. §. 4., ubi v. Goerenz; quibuscum compara *Latine scripta deterius* ibid. §. 8.

§. 78. [*Sex. Aelius*] Sic A. B. C. — *Sextus Atilius* D.

[*unctior*] Gesnerus in Thes. v. *Consuetudo:* „id est, nitidior elegantiorque. Translatio est a *palaestris*, quas poëtae *unctas* appellant." Sicque exposuerant iam Corr. et Aldus N. Verum fatendum est mirum istum tropum hoc dumtaxat loco inveniri, contra consuetudinem Ciceronis, qui praesertim eiusmodi translatis rhetoricis, quibus v. *quasi*, *ut ita dicam* ac similia non addit, saepius uti solet. (v. c. *sanus*, *siccus*, *sanguis* cet.) Accedit quod Gu. uterque habet: *mitior;* unde videndum etiam atque etiam, ne utrumque aeque sit corruptum ortumque e v. *lautior* corruptelae quam maxime expo-

loquendi. Nam, hoc praetore ludos Apollini faciente, quum Thyesten fabulam docuisset, Q. Marcio, Cn. Ser-
79 vilio consulibus, mortem obiit Ennius. Erat iisdem temporibus Ti. Gracchus, P. F., qui bis consul et censor fuit, cuius est oratio Graeca apud Rhodios: quem civem quum gravem, tum etiam eloquentem constat fuisse. Publium etiam Scipionem Nasicam, qui est Corculum appellatus, qui item bis consul et censor fuit, habitum eloquentem, † [M. alium] illius, qui sacra acceperit, filium dicunt[1]: etiam L. Lentulum, qui cum C. Figulo consul fuit: Q. Nobiliorem, M. F., iam patrio instituto deditum studio literarum, qui etiam Q. Ennium, qui cum patre eius in Aetolia militaverat, civitate donavit, quum triumvir coloniam deduxisset: et T. Annium Luscum, huius Q. Fulvii collegam, non indisertum dicunt fuisse.
80 Atque etiam L. Paullus, Africani pater, personam prin-

E. 1) *Abest* dicunt
L. 9. *eloquentem M. illius, qui*

sito: vide quae notavi ad libellum *de opt. gen. Orat.* §. 4. et ad Taciti *dialogi de oratoribus Caput* 22. Ad Plinii *Paneg.* C. 50. *aedes* auctas *ac vigentes*, Th. Hearne annotavit: „Potest etiam legi *lautas*." — *qui* ante v. maxime suspectum erat Ern.; cfr. tamen Sch. et Ell.

§. 79. E miris corruptelis Cdd. probabile fit haud male coniecisse Schuetzium latere in iis Matris Deûm Magnae Idaeae mentionem: nam *sacra* sic nude posita, quum praesertim eiusmodi librariorum errores ea praecedant, vix possunt defendi, etsi in eo elaboravit novissimus Editor. Nota autem Deae illius in lapidibus haec est: *M. D. M. I.* (cfr. *Inscriptt.* meas *Latinas* Vol. I. p. 341.); quae si fuit h. l. in Cd. archetypo, origo errorum magis etiam elucet. Verba ipsa restitui nunc non possunt, sed talia fere fuisse puto: — *eloquentem, illius, Idaeae matris* (sive *Matris Deûm magnae Idaeae* sive *M. D. I.* sive simpliciter *M. D.* sive denique, ut est in Catone *Cap.* 13. *Idaeae Matris Deûm* sive *magnae* — tot enim modis idem exprimi potest:) *qui sacra acceperit, filium dicunt: etiam* cet. Sic ubi distinguimus, non adeo offendes in duplici huius clausulae v. *dicunt*, satis longo intervallo inter se distante. Minime autem necesse est, ut scribas: *P. illius*, quum filio idem Publii pronomen fuerit: nec *acceperit*, aliorum verba quum referantur, in *accepit* mutandum erit cum Sch. et Ell. Iam Cdd. sic: — *eloq. M. alium illius qui sacra acceperit filium dicunt etiam* B. Asc., quae vulgata diu erat lectio. — *eloq. m. aliunt* (sic) *illius q. s. a. f. dicunt*

cipis civis facile dicendo tuebatur; et vero etiam tum
Catone vivo, (qui annos quinque et octoginta natus ex-
cessit e vita, quum quidem eo ipso anno contra Ser. Galbam ad populum summa contentione dixisset, quam etiam
orationem scriptam reliquit;) sed vivo Catone minores 21
natu multi uno tempore oratores floruerunt. Nam et 81
A. Albinus, is, qui Graece scripsit historiam, qui consul
cum L. Lucullo fuit, et literatus et disertus fuit: et tenuit
cum hoc locum quendam etiam Ser. Fulvius et una
Ser. Fabius Pictor et iuris et literarum et antiquitatis
bene peritus; Quintusque Fabius Labeo fuit ornatus iisdem fere laudibus. Nam Q. Metellus, is, cuius quattuor
filii consulares fuerunt, in primis est habitus eloquens,
qui pro L. Cotta dixit, accusante Africano; cuius et
aliae sunt orationes et contra Ti. Gracchum exposita est
in C. Fannii annalibus. Tum ipse L. Cotta veterator 82
habitus, sed C. Laelius et P. Africanus in primis eloquentes: quorum exstant orationes, ex quibus existimari
de ingeniis oratorum potest. Sed inter hos, aetate paul-

etiam A. C. — *eloq. inde aiunt illius q. s. a. f. dicunt etiam* D., ex quo vides, *aiunt* Manutii et Lallemandi unde originem trahat. *dicunt* primus coni. delevit Ern. Ceteras corruptelas vide in Ed. mai.

§. 80. [*et vero etiam tum*] — *at v. e. tum* Asc. — *at etiam cum* D. Emendavit Lamb. Tum rursus Ern. Seqq. Rectam h. l. distinctionem stabilivit Madvig meus *Emendd.* I. p. 194., quae est iam in Ed. Asc. et aliis antiquis, v. c. Aldi Nepotis, etsi non tam clare significata.

§. 81. [*exposita est*] aut *quae* praeponendum cum Schevingio, aut *est* expungendum censet V. D. in *Anal. litt. Heidelb.* l. l. Beier. Mihi idem significare videtur, quod barbare interdum dicunt: *et aliae sunt*, *et* ea *contra Ti. Gr. exposita est.*

§. 82. [*de ingeniis oratorum*] — *eorum* de Ern. susp. Sch. Ellendt. Sed *oratorum* h. l. plane dictum est, ut §. 91. *in oratore Galba:* i. e. „eorum, tamquam oratorum." Sicque exposuit iam Corradus. De v. *egrederetur*, (Lamb. *degrederetur*) cfr. Beier *ad Offic.* T. 2. p. 150. Mox Purgoldi coni. *evanuerunt* (ut §. 106.) pro *exaruerunt* in suum exemplar recepit etiam Beier cum Sch. et Ell. Nolim tamen h. l. quidquam mutare. Eiusmodi enim tralata non semper ad indolem recentiorum linguarum sunt exigenda: ut in illo *res refrixit*, ubi id primum legimus, (quod ego saltem in me expertus sum) solemus haerere, quia nostro a sermone alienum est, sic h. l.

lum his antecedens, sine controversia Ser. Galba eloquentia praestitit: et nimirum is princeps ex Latinis illa oratorum propria et quasi legitima opera tractavit, ut egrederetur a proposito ornandi causa, ut delectaret animos, ut permoveret, ut augeret rem, ut miserationibus, ut communibus locis uteretur. Sed nescio quomodo huius, quem constat eloquentia praestitisse, exiliores orationes sunt et redolentes magis antiquitatem quam aut Laelii aut Scipionis aut etiam ipsius Catonis: itaque exaruerunt, vix iam ut appareant.

83 De ipsius Laelii et Scipionis ingenio quamquam ea
est, iam[1] ut plurimum tribuatur ambobus, dicendi tamen
laus est in Laelio illustrior. At oratio Laelii de col-
legiis non melior quam de multis quam voles Scipionis: non quo illa Laelii quidquam sit dulcius aut quo[2]
de religione dici possit augustius; sed multo tamen ve-
tustior et horridior ille quam Scipio: et, quum sint in
dicendo variae voluntates, delectari mihi magis antiquitate videtur et lubenter verbis etiam uti paullo magis
84 priscis Laelius. Sed est mos hominum, ut nolint eundem

E. 1) iam est opinio 2) quod
L. 4 *degrederetur* 5. *aut perm.* 12. *est iam opinio* 14. *de collegis (a collegis b.)* 15. *quod*

mirum nobis accidit *orationes exaruerunt;* sed qui emendarunt *evanuerunt*, haud satis animadverterunt otiosa tum fore sequentia: *vix iam ut appareant*, quae contra recte *exarescendi* verbum comitantur. Nam Cdd. lectio hoc significat: „adeo neglectae sunt et a paucissimis transcribuntur, ut difficulter eas, si quaeras, reperias;" Purgoldi coni.: „ita evanuerunt, ut evanuerint:" id quod absurdum est.

§. 83. [*ea est, iam*] Sic rectissime D. Asc. pr. Ald. Victor.: scilicet *laus*, quod vocabulum h. l. e mox seqq. praecipiendum. Cfr. *ad Attic.* 13, 38. *laudibus, quas ab eo* de nobis *haberi permulti nobis renuntiaverunt.* Quod quum non intelligerent, in Asc. sec. nescio qui interpolator Parisiensis infelix intrusit glossema: *ea est iam opinio* (quo voc. ipso nimis elevatur et Laelii et Scipionis fama et dignitas) vel, ut contra Cdd. notos primum, quod sciam, peius etiam transpositum est in Repetit. Lamb. 1584. Seqq.: — *ea iam est opinio. Iam ut* scil. nemine iam iis obtrectante.

[*quo de religione*] Sic Heus. Sch. Ell. — *quo e religione* D. et Gu. 1. — *quod de rel.* Cett. Sed Cd. Oxon. haud male utrobique *quod.*

pluribus rebus excellere. Nam ut ex bellica laude ad-
spirare ad Africanum nemo potest, in qua ipsa egregium
Viriathico[1] bello reperimus fuisse Laelium: sic ingenii,
literarum, eloquentiae, sapientiae denique etsi utrique primas, priores tamen libenter deferunt Laelio. Nec mihi
ceterorum iudicio solum videtur, sed etiam ipsorum inter
ipsos concessu ita tributum fuisse. Erat omnino tum mos, 85
ut in reliquis melior, sic in hoc ipso humanior, ut faciles
essent in suum cuique tribuendo. Memoria teneo Smyrnae 22
me ex P. Rutilio Rufo audisse, quum diceret adolescen-
tulo se accidisse, ut ex senatus consulto P. Scipio et
D. Brutus (ut opinor) consules de re atroci magnaque
quaererent. Nam quum in silva Sila facta caedes esset
notique homines interfecti insimulareturque familia, partim etiam liberi societatis eius, quae picarias de P. Cornelio, L. Mummio censoribus redemisset, decrevisse
senatum, ut de ea re cognoscerent et statuerent consules:

E. 1) Viriatico
L. 3. *Viriatico* 9. (Fort. *in suo* b.) 10. *audivisse* (Fort. *audire* b.) 13. *in silva Scantia* (Ut nos, b.) 15. *pecuaria* (Ut nos, b.)

§. 84. [*pluribus rebus*] — *pluribus verbis* D. Asc. Emendavit iam Ald. Ceterum h. l. iterum vides *verbis* falso substitutum verae lectioni, ut supra §. 31. — *ut ex bellica l.* firmant D. et Edd. recens inspectae. *ex* male deleverunt Sch. Ell.

[*egregium Viriathico bello reperimus*] Sic Asc., nisi quod *Viriatico.* — *egregium virum adhibet CO. reperimus* D. — *egr. viri athibeco rep.* C. — *egr. viri abet to rep.* A. — *egr. viriati bello reperiemus* B. (omnia sic.) — *libenter* omissum a Nor. Asc. Schuetzio firmat D., qui mox *Neque mihi.*

§. 85. [*audisse*] *audivisse* D. Asc. Lamb. — *quum in silva Sila facta*] *quum istius facta* D. *quum istivas ita facta* A. *quum instivias ita facta* C. *quum aestivis ita facta* B. Asc. pr. *quum in silva sua ita facta* Iu. Asc. sec. Crat. *quum in stivasita facta* Ald. Egregiam Turnebi coni. recepit iam Grut. Manutianam primus dedit Lamb. Mox mire mihi quoque, ut Corrado et Aldo Nepoti, accidunt *liberi societatis;* cum illis puto fuisse: *liberti.* Libertos collegiorum, municipiorum habes in *Inscriptt.* meis *Lat.* N. 3016. seqq. Scio a plerisque *liberos* h. l. ἐλευθέρους explicari, non υἱούς; sed illi quoque interpretationi obstat ordo verborum, qui deberet esse *familia societatis eius, partim etiam liberi.* Contra cfr. *Inscr.* mear. *Latt.* N. 2981. FAMILIAE ET LIBERTORVM T. SEPTVMI. SABINI. Mox *picarias* firmant D. Asc. Ald. Victor. *picearias* Ed. 1584. *pecuaria* Iu. Crat. L.

86 causam pro publicanis accurate, ut semper solitus esset, eleganterque dixisse Laelium: quum consules, re audita, AMPLIVS de consilii sententia pronuntiavissent, paucis interpositis diebus iterum Laelium multo diligentius meliusque dixisse iterumque eodem modo a consulibus rem esse prolatam: tum Laelium, quum eum socii domum reduxissent egissentque gratias et, ne defatigaretur, oravissent, locutum esse ita: se, quae fecisset, honoris eorum causa studiose accurateque fecisse; sed se arbitrari causam illam a Ser. Galba, quod is in dicendo atrocior[1] acriorque esset, gravius et vehementius posse defendi: itaque auctoritate C. Laelii publicanos causam
87 detulisse ad Galbam: illum autem, quod ei viro succedendum esset, verecunde et dubitanter recepisse: unum quasi comperendinatus medium diem fuisse, quem totum Galbam in consideranda causa componendaque posuisse: et, quum cognitionis dies esset et ipse Rutilius rogatu

E. 1) gravior
L. 11. *in dicendo ornatior* (Al. *fortior* b.)

§. 86. [*pronuntiavissent*] = *pronunciassent* D. Herv. prima inter meas Edd. Steph. — *iterumque*] ∾ *iterum* Nor. Asc., non D.

[*ne defatigaretur oravissent*] *ut def. ornavissent* (sic) D. Hic quidem nullum periculum est, ne frequens in Cdd. confusio particularum *ne* et *ut*, potissimum in formulis *vide*, *cave*, *metuo*, *timeo ne*, tot tantasque turbas grammaticas excitatura sit, quot quantaeque iam natae sunt e falso *tantum abest*, *ne* pro *ut*, in *Oratoris* §. 229.

[*gravior*] Sic Med. Asc. pr. Ern. Ell. *adhortior* B. *adhortor* A. C. Codex Victorii. *adhortator* D. „*atrocior* e coni. Trilleri et Buttmanni *in N. A. S. Lat. Ien.* 1. pag. 42. pro volg. *ornatior* (Ald. Asc. sec.) Cdd. al. *adhortor*. al. *abhortor*; Reizius coniecerat *ardentior*. BEIER; qui in exemplari suo recepit *atrocior*, pro quo sane facit Cd. Reg. B. *adhortior*, collata *Oratoris* §. 56., quam affert Buttmann: *volet ille*, *qui eloquentiae principatum tenet et contenta voce* atrociter *dicere* cet. probatque Spalding *Quintil.* Vol. 1. p. 22. Mihi aliquando in mentem venerat *acerbior*; ut est §. 136. *acres et acerbi*. §. 222. *acer*, *acerbus*. Ceterum diu ante Reizium alii iam apud Corradum et Man., suspicati erant *ardentior* „quod placeret, inquit Man. si dixisset Cic. *acrior ardentiorque*; sic enim adderetur sententiae vis; verum *ardentior acriorque* ideo mihi non probatur, quia posteriore verbo minuitur, quae potius est augenda sententia." Contra Corr. probavit *ardentior* rece-

sociorum domum ad Galbam mane venisset, ut eum admoneret et ad dicendi tempus adduceret, usque illum, quoad ei nuntiatum esset consules descendisse, omnibus exclusis, commentatum in quadam testudine cum servis literatis fuisse, quorum alii aliud[1] dictare eodem tempore solitus esset: interim quum esset ei nuntiatum tempus esse, exisse in aedes eo colore et iis oculis, ut egisse
causam, non commentatum putares. Addebat etiam idque 88
ad rem pertinere putabat, scriptores illos male mulcatos exisse cum Galba; ex quo significabat illum non in agendo solum, sed etiam in meditando vehementem atque incensum fuisse. Quid multa? magna exspectatione, plurimis audientibus, coram ipso Laelio sic illam causam, tanta vi tantaque gravitate dixisse Galbam, ut nulla fere pars orationis silentio praeteriretur: itaque, multis querelis
multaque miseratione adhibita, socios, omnibus appro- 23
bantibus, illa die quaestione liberatos esse. Ex hac Ru- 89

E. 1) aliis aliud
L. 5. *aliud alii* 8. *id quod* 9. *multatos* (*mulctatos* b.) 17. *illo die*

ptum a Schuetzio in Ed. min. — *fortior* e nescio cuius coni. Victor. Man. Schuetz. in Ed. mai. In quam coniecturam ultro, ut videtur, neque inspecto Vict. Man. Corr. incidit etiam Ern. Sane *fortis orator* fuit Lucius Lentulus §. 268. *fortis actor* Q. Varius §. 221. Iam quum *gravior* locum omnino non habeat propter seq. *gravius*, ego fluctuans omnino inter *fortior*, *acerbior* et *atrocior*, hoc, donec melius aliquid reperiatur, ascivi.

§. 87. [*quorum alii aliud*] Sic scrib. videbatur, ut voluit Manutius apud Aldum N. pro *quorum aliud* Cdd. (D.) Nor. Asc. pr. Ald. Victor. Ald. Nep. — *quorum aliud alii* Man. coni. in Ed. pr. Corrad. Lamb. — *quorum aliis aliud* Ern. coni. Sch. Ellendt (*quibus aliud* mala interpolatione Asc. sec. Crat. Hervag.)

§. 88. [*male mulcatos exisse*] *male exisse mulctatos* Asc. Ceterum *mulcatos* servarunt D. Gu. 1. 2. Victor. Ern. Cett. Manutius e suis Cdd. *multatos*.

[*tantaque gravitate*] *tanta gr.* D.

[*illa die*] *illa dies* Asc. — *illa etiam diis* D. Fuitne *illa de caede quaestione?* Cur enim h. l. *illa die* gen. fem.? in quo haesit iam Lamb. rescribens *illo*. Alia res est, ubi additur participium: *dicta*, *prodicta*, *stata die*. Praeterea nova comperendinatio vix locum habebat post priorem *quasi comperendinationem* §. 86., ita ut nihil attineret dicere *illa die* eos esse liberatos, qua die ipsa aut liberari eos aut condemnari necesse

tiliana narratione suspicari licet, quum duae summae sint in oratore laudes, una subtiliter disputandi ad docendum, altera graviter agendi ad animos audientium permovendos, multoque plus proficiat is, qui inflammet iudicem quam ille, qui doceat: elegantiam in Laelio, vim in Galba fuisse. Quae quidem vis tum maxime cognita est, quum, Lusitanis a Ser. Galba praetore contra interpositam, ut existimabatur, fidem, interfectis, L. Libone[1] tribuno pl. populum incitante et rogationem in Galbam privilegii similem ferente, summa senectute, ut ante dixi, M. Cato legem suadens in Galbam multa dixit: quam orationem in Origines suas retulit, paucis antequam mor-
90 tuus est [an[2]] diebus, an mensibus. Tum igitur nihil recusans Galba pro sese et populi Romani fidem implorans, quum suos pueros, tum C. Galli etiam filium flens commendabat; cuius orbitas et fletus mire miserabilis fuit propter recentem memoriam clarissimi patris: isque se tum eripuit flamma, propter pueros misericordia populi commota, sicut idem scriptum reliquit Cato. Atque etiam ipsum Libonem non infantem video fuisse, ut ex

E. 1) T. Libone 2) an *sine* [ ].
L. 8. *T. Libone* 13. *an* sine [ ]. Ib. Abest *nihil.*

erat. Nisi forte simpliciter fuit *illa quaestione* et Cdd. *diis* ortum est e gloss. *de iis.*

§. 89. [*Rutiliana narratione*] *Rutilia narratione* D. Vide ne *na* in v. *Rutiliana* ortum sit e geminatione syllabae seq.; ita ut fuerit *Rutili narratione.*

[*cognita est*] *cognita sit* D. Asc. e scriptura *cognitast.* — In fine §. recte Pareus in *Lex. crit.* p. 88. Hand *Tursell.* 1. p. 308. legunt: *mortuus est diebus*, *an mensibus* pro *an diebus* cet. Integra formula est v. c. apud Livium 31, 29. *licentiam an levitatem dicam.* Nostrum ad locum cfr. etiam *ad Attic.* 1, 3, 2. *Nos hic te ad mensem Ianuarium exspectamus*, *ex quodam rumore*, *an ex literis tuis ad alios missis.*

[*L. Libone*] Sic recte Man. Corr. Aldus Nep. (cfr. Ern. *Clav.*) — *L. Scribonio* Margo Crat. — *T. Libone* Cett.

§. 90. [*nihil recusans*] om. *nihil* D. Asc. *nihil* ex Valerio Max. 8, 1, 2. inserendum vidit ante Ern. Seb. Corradus. Ad rem cfr. Frontonis Ep. ad M. Aurelium *Lib.* 2. 20. p. 85. Ed. Rom. „*Cato quid dicat de Galba absoluto*, *tu melius scis; ego memini propter fratris filios eum absolutum.* Τὸ δὲ ἀκριβές *ipse inspice. Cato igitur dissuadet*, *neve suos neve alienos quis*

orationibus eius intelligi potest. Quum haec dixissem 91
et paullum interquievissem, Quid igitur, inquit, est causae, Brutus, si tanta virtus in oratore Galba fuit, cur ea nulla in orationibus eius appareat? quod mirari non possum in eis, qui nihil omnino scripti reliquerunt. Nec 24
enim est eadem, inquam, Brute, causa non scribendi et non tam bene scribendi, quam dixerint. Nam videmus alios oratores inertia nihil scripsisse, ne domesticus etiam labor accederet ad forensem, (pleraeque enim scribuntur orationes habitae iam, non ut habeantur:) alios non 92
laborare, ut meliores fiant; nulla enim res tantum ad dicendum proficit, quantum scriptio: (memoriam autem in posterum ingenii sui non desiderant, quum se putant satis magnam adeptos esse dicendi gloriam eamque etiam maiorem visum iri, si in existimantium arbitrium sua scripta non venerint:) alios, quod melius putent dicere se posse quam scribere: quod peringeniosis hominibus neque satis doctis plerumque contingit, ut ipsi Galbae; quem fortasse vis non ingenii solum, sed etiam animi et 93
naturalis quidam dolor dicentem incendebat efficiebatque,

L. 2. *paullulum (Fort. interquiessem b.)* 18. *contigit*

liberos ad misericordiam conciliandam producat neve uxores neve affines vel ullas omnino feminas. — *flamma*] *flammae* Nor. Asc. pr. Ald. Asc. sec. Crat. Hervag. *flamma* primum vidi in Victoriana.

§. 91. [*interquievissem*] *quievissem* D.

[*appareat*] *apparet* D. Asc. (*appareat* primum reperio apud Lamb.)

[*non ut habeantur*] Haec quum non satis intellexisset Scheving, proposuit p. 18. *ut habebantur*, quod saltem deberet esse: „ut habitae sunt." Scil. sententia est: „non eo consilio, ut, quum scriptae sint, ita plane ut scriptae sunt (memoriter tamen) habeantur:" neutiquam vero, ut ille putabat: „ut de scripto dicantur;" id quod longe aliud est.

§. 92. [*ad dicendum proficit*] *ad dicendum valet* Gu. uterque, D. Infra §. 139. iunguntur *proficere et valere;* nec tamen equidem h. l. legerim: *proficit et valet.*

[*contingit*] Sic D. Oxon. Man. Ern. Seqq. — *contigit* Cett.

§. 93. [*dolor*] — *calor* Schneideri coni. recepta a Wetzelio. Sed cfr. §. 158. *dolor* est τὸ παθητικόν. Vide Ellendtium. Simili errore Iacob in Propertii 1, 10, 13. *Non solum vestros didici reticere dolores* et 3, 7, 35. suae Edit. *Quam possim nostros alio transferre dolores* voluit *calores;* quas coni. ne

ut et incitata et gravis et vehemens esset oratio: dein quum otiosus stilum prehenderat motusque omnis animi tamquam ventus hominem defecerat, flaccescebat oratio: quod iis, qui limatius dicendi consectantur genus, accidere non solet, propterea quod prudentia nunquam deficit oratorem, qua ille utens eodem modo possit et dicere et scribere; ardor animi non semper adest, isque quum consedit, omnis illa vis et quasi flamma oratoris
94 exstinguitur. Hanc igitur ob causam videtur Laelii mens spirare etiam in scriptis, Galbae autem vis occidisse.

25 Fuerunt etiam in oratorum numero mediocrium L. et Sp. Mummii, fratres, quorum exstant amborum orationes: simplex quidem L. et antiquus: Sp. autem nihilo ille quidem ornatior, sed tamen adstrictior; fuit enim doctus ex disciplina Stoicorum. Multae sunt Sp. Albini orationes. Sunt etiam L. et C. Aureliorum Orestarum,
95 quos aliquo video in numero oratorum fuisse. P. etiam Popillius quum civis egregius, tum non indisertus fuit; C. vero, filius eius, disertus: Caiusque Tuditanus quum omni vita atque victu excultus atque expolitus, tum eius elegans est habitum etiam orationis genus. Eodemque in genere est habitus is, qui iniuria accepta fregit Ti. Gracchum patientia, civis in rebus optimis constan-

L. 13. *Lucius fuit*

memoravit quidem Lachmannus Ed. alt. Idem tamen Iacob minime haesit in 3, 20, 1. suae Ed. *Unica nata meo pulcherrima cura dolori;* qui locus satis illos vindicat.

[*dein*] *deinde* D.

[*consedit*] *considit* Garatonius ad *Pison.* pag. 452. ut supra §. 10. *considerit* pro *consederit.* Recte, puto.

§. 94. [*occidisse*] — *cecidisse* Gu. 1. prob. Sch. Vulgatam tuetur D.

[*Lucius*] *Lucius fuit*, ut Lamb., Nor. Asc. pr. (non sec.) Crat. Hervag. Ut nos, D.

§. 95. [*vita atque victu*] Per mihi mirum accidit in his haerere potuisse et Ern. et Ellendtium. Cfr. Bremium nostrum ad Corn. Nepotis *Alcibiad.* 1, 3. Fuerunt tamen iam ante Ern., qui in hoc loco offenderent: „Sic Cic. saepe vitam et victum coniungit: hic tamen etiam legitur: *omni vita excultus.*" Corradus.

tissimus, M. Octavius. At vero M. Aemilius Lepidus,
qui est Porcina dictus, iisdem temporibus fere, quibus
Galba, sed paullo minor natu, et summus orator est
habitus et fuit, ut apparet ex orationibus, scriptor sane 96
bonus. Hoc in oratore Latino primum mihi videtur et
lenitas apparuisse illa Graecorum et verborum comprehensio et iam[1] artifex (ut ita dicam) stilus. Hunc studiose duo adolescentes ingeniosissimi et prope aequales,
C. Carbo et Ti. Gracchus audire soliti sunt: de quibus
iam dicendi locus erit, quum de senioribus pauca dixero.
Q. enim Pompeius non contemptus orator temporibus
illis fuit, qui summos honores homo per se cognitus sine 97
ulla commendatione maiorum est adeptus. Tum L. Cassius[2] multum potuit, non eloquentia, sed dicendo tamen;
homo non liberalitate, ut alii, sed ipsa tristitia et severitate popularis: cuius quidem legi tabellariae M. Antius
Briso, tribunus pl., diu restitit, M. Lepido consule adiuvante; eaque res P. Africano vituperationi fuit, quod
eius auctoritate de sententia deductus Briso putabatur.

E. 1) etiam 2) L. Crassus *(err. typogr.)*
L. 2. *fere temporibus*

§. 96. [*lenitas – illa Graecorum*] Hic quoque, ubi, ut ex adiunctis apparet, non de lenitate sententiarum, sed de stilo artifice structurae verborum ac numerorum sermo est, equidem praeferam *lévitas*, permotus iis, quae plurimis verbis disputavit Santenius ad *Terentianum* p. 239-250. Hunc locum quantum memini ille non attigit, quum tamen in loco haud dissimili *de opt. gen.* §. 5. *Sed et verborum est structura quaedam duas res efficiens, numerum et lenitatem* p. 242. recte emendarit *lévitatem*. Hoc item loco *lenitas* quomodo tribuetur Graecis universe? etiamne Demostheni, Aeschini, Lycurgo? *Léves* etiam hi fuerunt: *lenes* si fuissent, quemadmodum lenis fuit et Lysias et Isocrates, ab his duobus oratoribus ne nos quidem illos seiungeremus.

[*et iam artifex*] Sic emendarunt Petrus Faber (ut video ex annot. Mss. in marg. Lamb. meae:) et Walch *Emendd. Liv.* p. 98. E D. mihi nihil notatum est, ita ut is fortasse habeat *et iam.* — *etiam* Cett.

§. 97. [*L. Cassius*] *L. Crassus* D. eodem errore, quo Ern.

[*liberalitate*] Recte hanc Cdd. lect. defendit Scheving. p. 20. adversus Ern. suspic. *hilaritate*, allatis locis, ubi idem fere est atque *humanitas*, *comitas*,

Tum duo Caepiones multum clientes consilio et lingua,
plus auctoritate tamen et gratia sublevabant. Sed Pompeii sunt scripta nec nimis extenuata (quamquam veterum
26 est similis) et plena prudentiae. P. Crassum valde pro-
98 batum oratorem iisdem fere temporibus accepimus, qui
et ingenio valuit et studio et habuit quasdam etiam do-
mesticas disciplinas. Nam et cum summo illo oratore,
Ser. Galba, cuius Caio filio filiam suam collocaverat,
affinitate sese devinxerat: et, quum esset P. Mucii filius
fratremque haberet P. Scaevolam, domi ius civile cognoverat. In eo industriam constat summam fuisse maximamque
gratiam, quum et consuleretur plurimum et diceret.
99 Horum aetatibus adiuncti duo C. Fannii, C. et M. filii,
fuerunt: quorum Caii filius, qui consul cum Domitio
fuit, unam orationem de sociis et nomine Latino contra
Gracchum reliquit sane et bonam et nobilem. Tum
Atticus: Quid ergo? estne ista Fannii? nam varia opinio
pueris nobis erat. Alii a C. Persio, literato homine,

L. 14. (Al. *quorum C. Fannius, C. F.* b.)

[*Caepiones*] Post hoc v. Schuetzius ex *Orat. pro Fonteio Cap.* 7. inseruit: *Cn. et Q.*

[*clientes*] — *dicentes* D. Asc. (prima scil., ut ubique simplex Asc. accipiendum est.) — „*multum clientes consilio et lingua* a Lambino profectum, unice verum est. - - Omnib. *multum dicentes consilio ut lingua:* idem ferme Gothofredus, modo quod *et* pro *ut* scriptum." Ellendt. In qua brevissima annotatione tres insunt errores. Primum *clientes* non est a Lamb. 1566. profectum, sed sic habet iam Aldina 1521., quae mera repetitio dicitur prioris anni 1514. mihi nondum visae; deinde Omnibonus, id est Ed. Norimb. 1497., ut meis oculis vidi, habet *consilio et*, non *consilio ut;* postremum Repetitio Lamb. 1584. et Gothofredus habent: *cluentes* (sic antique pro *clientes*) *consilio et lingua.*

[*sed Pompeii*] Sic Cdd. Edd. ante Man. Tum Corr. L. Ern. Ad Pompeium, qui scripta reliquerat, ab iis quorum nulla exstabant, denuo revertitur; ut vidit iam Corradus. — *sed Quinti* de dubia Corradi suspicione Sch. Ellendt. — *sed Publii* Man. coniecturâ. Ald. Nep.

§. 98. [*quasdam etiam*] — *etiam quasdam* Gu. uterque. Cd. D. Asc.

§. 99. [*C. et M. filii*] *C. M. F.* Asc. = *Caii Marci filii* Ald. Iu. Ald. Nep. (non *Caii Marcique*, ut ait Ern.) Nondum liquet, utrum Latini ipsi sic inter duo praenomina partic. *et*

scriptam esse aiebant, illo, quem significat valde doctum
esse Lucilius: alii multos nobiles, quod quisque potuisset, in illam orationem contulisse. Tum ego, Audivi equi- 100
dem ista, inquam, de maioribus natu, sed nunquam sum
adductus, ut crederem; eamque suspicionem propter hanc
causam credo fuisse, quod Fannius in mediocribus oratoribus habitus esset, oratio autem vel optima esset, illo quidem tempore orationum omnium. Sed nec eiusmodi est, ut a
pluribus confusa videatur: (unus enim sonus est totius orationis et idem stilus, nec de Persio reticuisset Gracchus, quum
ei[1] Fannius de Menelao Maratheno et de ceteris obie-
cisset:) praesertim quum Fannius nunquam sit habitus
elinguis. Nam et causas defensitavit et tribunatus eius
arbitrio et auctoritate P. Africani gestus non obscurus
fuit. Alter autem C. Fannius, M. filius, C. Laelii gener, et moribus et ipso genere dicendi durior. Is soceri 101
instituto, (quem, quia cooptatus in augurum collegium
non erat, non admodum diligebat, praesertim quum ille

E. 1) et
L. 12. *et*

omittere soliti sint, an error dumtaxat sit Cdd. et Edd. vett., saepissime certe in iis a me repertus. Cfr. infra §. 136. — [*estne ista*] — *estne illa* Crat. primus. Herv. Rob. Steph.

[*scriptam esse*] om. *esse* Nor. Asc. pr.

§. 100. [*a pluribus confusa*] In hoc tralato rursus haesit Ern., proponens *e pluribus* (orationibus), quum sit: „*a pluribus* oratoribus communiter conscripta, ita ut alius aliam particulam sententiamve in totam orationem conferret:" uti significavit iam Schuetzius.

[*quum ei*] *quum et* D. Asc. Cett. Ceterum *ei* Gruteri est emendatio, non Iac. Gronovii, ut ab Ernestio deceptus dixi in Ed. mai.

[*idem stilus*] Ern. suspicabatur *idem filum*. „*filum* iam est apud Victorium." Schuetz. „*filum* iam est apud Victorium isque credendus veteres libros Mss. expressisse." Ellendt. Quis, quaeso, Victoriana destitutus, Schuetzio atque Ell. hoc pro certo affirmantibus non crederet? Itaque miser olim eis fidem tribui. Nunc tandem nactus et Victorianam Venetam et Rob. Stephanianam sancte profiteri possum nec in contextu Victoriano neque in Castigationibus ullum esse vestigium lect. *idem filum*; habent ambae Edd. *idem stilus*.

§. 101. [*quia cooptatus*] Cum amico legendum videtur: *quia ab eo cooptatus*. Cfr. §. 1.

Q. Scaevolam sibi minorem natu generum praetulisset:
cui tamen Laelius se excusans non genero minori dixit
se illud, sed maiori filiae detulisse:) is tamen, instituto
Laelii, Panaetium audiverat. Eius omnis in dicendo
facultas ex historia ipsius non ineleganter scripta perspici potest: quae neque nimis est infans neque perfecte
102 diserta. Mucius autem augur, quod pro se opus erat,
ipse dicebat, ut de pecuniis repetundis contra T. Albucium. Is oratorum in numero non fuit: iuris civilis
intelligentia atque omni prudentiae genere praestitit.
L. Caelius Antipater, scriptor (quemadmodum videtis)
fuit, ut temporibus illis, luculentus, iuris valde peritus,
multorum etiam, ut L. Crassi, magister.

27 Utinam in Ti. Graccho Caioque Carbone talis mens
103 ad rem publicam bene gerendam fuisset, quale ingenium
ad bene dicendum fuit! profecto nemo his viris gloria
praestitisset. Sed eorum alter propter turbulentissimum
tribunatum, ad quem ex invidia foederis Numantini bonis
iratus accesserat, ab ipsa re publica est interfectus: alter
propter perpetuam in populari ratione levitatem morte
voluntaria se a severitate iudicum vindicavit. Sed fuit
uterque summus orator: atque hoc memoria patrum teste
104 dicimus. Nam et Carbonis et Gracchi habemus orationes
nondum satis splendidas verbis, sed acutas prudentiaeque
plenissimas. Fuit Gracchus diligentia Corneliae matris

L. 8. *quod peropus erat, ipse per se d.* (*quod opus erat, ipse per se d.* Al. *pro se d.* b.) 23. *Atque hoc etiam*

§. 102. [*pro se*] Sic D. — *per se* Asc. In verbis *ipse dicebat* haud erat, cur haereret Ellendt. Etenim significant: „nullo patrono nec adiutore utebatur; ipse solus se defendebat:" ut §. 115. Nec vero necesse est scribere cum Schevingio *quum opus erat.* Si quid mutandum, malim equidem: *quoad opus erat*, quatenus sufficiebat; verum cfr. §. 108. — *quod opus erat, per se ipse dicebat* volebat Corr. Vide Ed. mai.

§. 103. [*dicimus*] — *didicimus* Ven. Nor. Asc. pr. Crat. Hervag. probb. Schneidero et Leclerquio. Verum haud dicimus, „teste aliquo hoc didici;" deberet esse „ex, ab teste aliquo hoc didici." Et *dicimus* habent Gu. uterque, D. Ald. Asc. sec. Victor. Man. Lamb. Recte Ell. Corradi, Schneid. Sch. lectionem *Neque hoc* refutavit. Dubitanter dumtaxat eam proposuerat Corradus.

a puero doctus et Graecis literis eruditus. Nam semper
habuit exquisitos e Graecia magistros, in eis iam adolescens Diophanem Mytilenaeum, Graeciae, temporibus
illis, disertissimum. Sed ei[1] breve tempus ingenii augendi
et declarandi fuit. Carbo, quoad[2] vita suppeditavit, est 105
in multis iudiciis causisque cognitus. Hunc qui audierant
prudentes homines, in quibus familiaris noster L. Gellius,
qui se illi contubernalem in consulatu fuisse narrabat,
canorum oratorem et volubilem et satis acrem atque eundem et vehementem et valde dulcem et perfacetum fuisse
dicebat: addebat industrium etiam et diligentem et in
exercitationibus commentationibusque multum operae solitum esse ponere. Hic optimus illis temporibus est pa- 106
tronus habitus, eoque forum tenente plura fieri iudicia
coeperunt. Nam et quaestiones perpetuae hoc adolescente
constitutae sunt, quae antea nullae fuerunt; (L. enim
Piso, tribunus pl., legem primus de pecuniis repetundis
Censorino et Manilio consulibus tulit; ipse etiam Piso
et causas egit et multarum legum aut auctor aut dissua-
sor fuit: isque et orationes reliquit, quae iam evanuerunt, et annales sane exiliter scriptos;) et iudicia populi,
quibus aderat Carbo, iam magis patronum desiderabant,
tabellâ datâ: quam legem L. Cassius, Lepido et Mancino
consulibus, tulit.

Vester etiam D. Brutus, M. filius, ut ex familiari 28
eius L. Accio[3] poëta sum audire solitus, et dicere non 107

E. 1) sed et 2) quod 3) L. Attio *cet.*
L. 11. (Fort. *dicebant: addebant* b.) 26. (*L. Attio* b.)

§. 104. [*sed ei*] Sic L. in m. 1584. Sch. Ell. pro Cdd. et Cett. *sed et.*

§. 105. [*quoad*] dedi cum Carolo Stephano, Corr. Lamb. Aldo Nep. pro Aldi avi sive vulgato *quod.* — *quo vita* D. Asc. De loci constructione cfr. Krügerum in Seebode *Archiv.* 1. p. 654. Notabilis transpositio in lemmate Corradi recepta ab Aldo Nepote (Manutiana nunc destitutus sum:) *acrem et vehementem atque eundem et valde dulcem* cet. In vulgata compositione sane haerere debemus: nam consentaneum est, ut iungantur vv. *acer et vehemens* ut §. 107. §. 113. cet., unde alii apud Corr. satis infeliciter *clementem* legebant pro *vehementem.* Nihil autem opus coni. in marg. 1584. *dicebant: addebant.*

inculte solebat et erat quum literis Latinis tum etiam
Graecis, ut temporibus illis, eruditus. Quae tribuebat
idem Accius etiam Q. Maximo, L. Paulli nepoti: et
vero ante Maximum, illum Scipionem, quo duce privato
Ti. Gracchus occisus esset, quum omnibus in rebus
108 vehementem tum acrem aiebat in dicendo fuisse. Tum
etiam P. Lentulus ille princeps ad rem publicam dumtaxat quod opus esset satis habuisse eloquentiae dicitur:
iisdemque temporibus L. Furius Philus perbene Latine
loqui putabatur literatiusque quam ceteri; P. Scaevola
valde prudenter et acute, paullo etiam copiosius; nec
multo minus prudenter M'. Manilius. Appii Claudii
volubilis, sed paullo fervidior erat oratio. In aliquo
numero etiam M. Fulvius Flaccus et C. Cato, Africani
sororis filius, mediocres oratores; etsi Flacci scripta
sunt, sed ut studiosi literarum. Flacci autem aemulus
P. Decius fuit, non infans ille quidem, sed ut vita, sic
109 oratione etiam turbulentus. M. Drusus, C. F., qui in
tribunatu C. Gracchum, collegam, iterum tribunum,
fregit, vir et oratione gravis et auctoritate, eique pro-

§. 107. [*eruditus*] Sic etiam D. Victor. ∾ *satis eruditus* Ven. Nor. Asc. Iu. Ald. Crat. Herv. Camer. Lamb. — [*Quae tribuebat*] ∾ *Quod tribuebat* Cd. Reg. (non D., qui: *quae tribuerat*) Lall. Mox perquam notabilis est lectio Aldi Nepotis *occisus est;* cuius ratio eadem prorsus est quae §. 57. *tulerit - - sit* Codicum, *tulit - - est* Schuetzii; sed quum in oratione ista obliqua Cdd. utrobique coniunctivos servent, hos retinui. Sic in illis Taciti *Ann.* 14, 21. *maiores quoque non abhorruisse spectaculorum oblectamentis, pro fortuna, quae tum erat*, Tullius, ut opinor, scripsisset: *quae tum fuisset.* Quamquam infra §. 197. *Quam ille* (Scaevola) *multa de auctoritate patris sui, qui semper ius illud esse defenderat?* ubi historice, ut ita loquar, Scaevola pater ius illud defendisse dicitur. Aeque recte scribere poterat: *defendisset*, ex ore Scaevolae filii.

§. 108. [*erat oratio*] *oratio erat* D. — [*sed ut studiosi l.*] Scheving. p. 24. vult *sed tamen ut st. l.* At vero sententia haec est: „nulla quidem C. Catonis, sed quaedam Flacci scripta etiamnunc habentur; quae quidem eiusmodi sunt, ut quivis facile videat ea composita esse a studioso literarum (*einem Dilettanten*), non ab oratore aliquo perfecto." In qua sententia, ut a Cic. est expressa, *tamen* locum non habet.

§. 109. [*fregit, vir et oratione*] *fecit iure et or.* D. Asc. *fregit* diu ante Corradum iam Victor Pisanus, teste Sylburgio.

xime adiunctus C. Drusus frater fuit. Tuus etiam gentilis, Brute, M. Pennus facile agitavit in tribunatu C. Gracchum, paullum aetate antecedens. Fuit enim M. Lepido et L. Oreste consulibus quaestor Gracchus, tribunus Pennus, illius M. filius, qui cum Q. Aelio consul fuit: sed is omnia summa[1] sperans, aedilicius est mortuus. Nam de T. Flaminino, quem ipse vidi, nihil accepi nisi Latine diligenter locutum.

His[2] adiuncti sunt C. Curio, M. Scaurus, P. Rutilius, 29
C. Gracchus. De Scauro et Rutilio breviter licet dicere; 110
quorum neuter summi oratoris habuit laudem et uterque in multis causis versatus erat. † In quibusdam laudandis viris, etiam si maximi ingenii non essent, probabilis tamen industria: quamquam iis quidem non omnino ingenium, sed oratorium ingenium defuit. Neque enim refert videre, quid dicendum sit, nisi id queas solute et suaviter dicere. Ne id quidem satis est, nisi id, quod

E. 1) omnia is summa 2) Iis
L. 6. *omnia is summa* 9. *Iis* 11. Abest *quorum*. Ib. abest *et*. 12. *versatus. Erat in eis, etiam si maximi ingenii non essent, prob.*

[*sed is omnia summa*] Sic D. Gu. uterq. Nor. Vict. Man. Ald. Nep. Ell. pro *sed omnia is summa.* Cfr. §. 239. et *de Orat.* 3, 4, 15.

§. 110. [*His*] Sic D. Sch. Ell. — *iis* Cett. — [*et uterque*] Defendunt hanc lect. (etiam D.) Scheving et Matthiae ad *Oratt. sel.* p. 229. Scil. del. *et* Lamb. — *at* de Ern. suspic. Sch. — *etsi* Schneideri susp. — *versatus erat. In quibusdam laudandis viris*, *etiam si maximi ingenii non essent*, *probabilis tamen industria*] Sine distinctione Asc. Falso distinguunt Ald. Victor.: *versatus. Erat in quibusdam* cet. Vitium etiamnunc subesse puto; nam generalis sententia, quam aliquando hic reperire mihi visus eram Ellendtio scribente e Gu. 1. (et D.) *his quidem* pro *iis quidem* (Asc.), nunc non suo loco posita videtur. Perspicue autem falsa est Schevingii interpretatio: „viris in quibusdam (rebus) laudandis probabilis fuit industria." Praeterea pro v. *essent* in eiusmodi generali sententia requireretur tempus praesens. Quid multa? etsi verba ipsa Ciceronis non praesto, hoc fere in corruptela puto latere: *in quibus* (Scauro et Rutilio) *laudabatur iure*, *etiam si maximi ingenii non essent*, *probabilis tamen industria; quamquam iis quidem* cet. *vir* et *iure* supra §. 109. confusa sunt in Cd. D. *fecit iure* pro *fregit*, *vir. Laudabatur* autem, ut §. 127. *Laudabant hunc patres nostri.* — *versatus. Erat*,

111 dicitur, fit[1] voce, vultu motuque conditius. Quid dicam
opus esse doctrina? sine qua etiam si quid bene dicitur
adiuvante natura, tamen id, quia fortuito fit, semper
paratum esse non potest. In Scauri oratione, sapientis
hominis et recti, gravitas summa et naturalis quaedam
inerat auctoritas, non ut causam, sed ut testimonium
112 dicere putares, quum pro reo diceret. Hoc dicendi genus
ad patrocinia mediocriter aptum videbatur: ad senatoriam
vero sententiam, cuius erat ille princeps, vel maxime;
significabat enim non prudentiam solum, sed quod maxime
rem continebat, fidem. Habebat hoc a natura ipsa, quod
a doctrina non facile posset. Quamquam huius quoque
ipsius rei, quemadmodum scis, praecepta sunt. Huius
et orationes sunt et tres ad L. Fufidium libri scripti de
vita ipsius acta sane utiles; quos nemo legit: at Cyri
vitam et disciplinam legunt, praeclaram illam quidem,
sed neque tam rebus nostris aptam nec tamen Scauri lau-
30 dibus anteponendam. Ipse etiam Fufidius in aliquo patro-
113 norum numero fuit: Rutilius autem in quodam tristi et
severo genere dicendi versatus est; et uterque natura
vehemens et acer. Itaque quum una consulatum petivis-
sent, non ille solum, qui repulsam tulerat, accusavit
ambitus designatum competitorem, sed Scaurus etiam ab-
solutus Rutilium in iudicium vocavit; multaque opera
multaque industria Rutilius fuit; quae erat propterea gratior, quod idem magnum munus de iure respondendi

E. 1) sit
L. 1. *sit* 15. (Fort. *ante acta* b.) 18. (Al. *neque tamen* b.)

ut in quibusdam Alii apud Corr. Sed *erat* a v. *versatus* diiungi non potest. — [*ne id quidem*] — *nec id q.* D. Asc.

[*fit conditius*] Sic D. O1x. Gu. uterq. Ven. Nor. Victor. — *sit* Asc. Iu. Ald. Crat. Man. L. Ern. Sch. Ell.

§. 111. [*et recti*] Solita confusione *et tecti* Victor. Man. Grut. — [*quum pro reo diceret*] Haec, quum a Gu. utroque absint, del. Sch. Sed abesse nequeunt et habet D.

§. 112. [*scis*] Malim *scitis.* — [*acta*] *apta* D. Minime dubitandum erat de *vita acta.* Cfr. Q. Cic. *de pet. cons.* C. 13. *ex vita acta;* ubi haud necessarium est, ut legamus *ex vita ante acta.* — [*rebusnostris*] *nostris rebus* D. Paullo ante *at* omittitur a Nor.

§. 113. [*munus de iure respondendi*] Lamb. suspicabatur

sustinebat. Sunt eius orationes ieiunae: multa praeclara 114
de iure: doctus vir et Graecis literis eruditus, Panaetii
auditor, prope perfectus in Stoicis: quorum peracutum
et artis plenum orationis genus scis tamen esse exile[1]
nec satis populari assensioni accommodatum. Itaque
illa, quae propria est huius disciplinae, philosophorum
de se ipsorum opinio, firma in hoc viro et stabilis inventa est. Qui quum[2] innocentissimus in iudicium voca- 115
tus esset, (quo iudicio convulsam penitus scimus esse rem
publicam,) quum essent eo tempore eloquentissimi viri
L. Crassus et M. Antonius consulares, eorum adhibere
neutrum voluit: dixit ipse pro sese, et pauca C. Cotta,
quod sororis erat filius, et is quidem tamen ut orator,
quamquam erat admodum adolescens. Sed Q. Mucius
enucleate ille quidem et polite, ut solebat, nequaquam
autem ea vi atque copia, quam genus illud iudicii et magnitudo causae postulabat. Habemus igitur in Stoicis 116
oratoribus Rutilium, Scaurum in antiquis: utrumque
tamen laudemus, quoniam per illos ne haec quidem in
civitate genera hac oratoria laude caruerunt. Volo enim,
ut in scena, sic etiam in foro, non eos modo laudari,

E. 1) sed tamen exile 2) Qui quamquam
L. 4. *sed tamen exile* 7. *in hoc uno* 8. *Qui quamquam*

munus iuris r., prorsus ex usu Cic. et cett. scriptorum Latinorum. cfr. Schaeferi, V. C., *Praefat. ad Plinii Epp.* p. XIV. H. l. eo probabilior est ea correctio, quod statim recurrunt vv. *de iure.*

§. 114. [*multa praeclara*] Ern. volebat: — *multa praeclare.* Mihi potius videtur fuisse, *multa et praeclara*, quae constans Graecorum et Latinorum meliorum consuetudo saepe obliterata est. Cfr. §. 124. item §. 272. *multa et firma.*

[*scis tamen esse exile*] Sic Cdd. noti, etiam D. Nor. Asc. Rursus e Regiis Lall. Sch. Ell. pro *sed tamen exile* Ald. Iu. Victor. Lamb. Ern. — *sed tamen et exile* Corr. Ald. Nepos. — *philosophorum de se ipsorum opinio*] Est simpliciter pro *philosophorum ipsorum de se opinio* neque eiiciendum cum Ell. v. *ipsorum* nec, ut Scheving. fecit, comparari potest Livii 1, 28. *vestrae ipsorum virtuti.* Ceterum D. mance: *disciplinae de ipsorum op.* — [*in hoc viro*] Sic D. Nor. Asc. Victor. Man. Ald. Nepos. Ern. Seqq. — *in hoc uno* O1x. Ald. Iu. Crat. Lamb.

§. 116. [*sic etiam in foro*] Sic D. Ald. Cett. Edd. ante Sch. — om. *etiam* Nor. Asc. Sch. Ell. (*etiam* sic statim re-

qui celeri motu et difficili utantur, sed eos etiam, quos statarios appellant, quorum sit illa simplex in agendo veritas, non molesta.

31 Et quoniam Stoicorum est facta mentio, Q. Aelius
117 Tubero fuit illo tempore, L. Paulli nepos, nullo in oratorum numero, sed vita severus et congruens cum ea
disciplina, quam colebat: paullo etiam durior; qui quidem in triumviratu iudicaverit contra P. Africani, avunculi sui, testimonium, vacationem augures, quo minus
iudiciis operam darent, non habere: sed ut vita, sic
oratione durus, incultus, horridus. Itaque honoribus
maiorum respondere non potuit. Fuit autem constans
civis et fortis et in primis Graccho molestus, quod indicat
Gracchi in eum oratio. Sunt etiam in Gracchum Tube-
ronis. Is fuit mediocris in dicendo, doctissimus in dis-
118 putando. Tum Brutus: Quam hoc idem in nostris con-
tingere intelligo, quod in Graecis! ut omnes fere Stoici
prudentissimi in disserendo sint et id arte faciant sintque
architecti paene verborum, iidem traducti a disputando
ad dicendum inopes reperiantur. Unum excipio Catonem,
in quo perfectissimo Stoico summam eloquentiam non
desiderem: quam exiguam in Fannio, ne in Rutilio qui-
119 dem magnam, in Tuberone nullam video fuisse. Et
ego, Non, inquam, Brute, sine causa, propterea quod
istorum in dialecticis omnis cura consumitur, vagum illud
orationis et fusum et multiplex non adhibetur genus.
Tuus autem avunculus, quemadmodum scis, habet a
Stoicis id, quod ab illis petendum fuit: sed dicere didicit
a dicendi magistris eorumque more se exercuit. Quod
si omnia a philosophis essent petenda, Peripateticorum
120 institutis commodius fingeretur oratio. Quo magis tuum,

petitum habes etiam §. 135.) — [*non molesta*] Ern. pravam suspicionem *non molestia* praecepit Cd. Gu. 2.

§. 117. [*in triumviratu*] Schuetzii susp. *in tribunatu* haud immerito probat Ell.

§. 118. [*arte faciant*] — *cum arte* Ell. susp. Recte tamen se habet vulgata: est *διὰ τῆς τέχνης λογικῆς*, non vero *σὺν τῇ τέχνῃ*, *τεχνικῶς*.

Brute, iudicium probo, qui eorum, id est, ex vetere Academia, philosophorum sectam secutus es, quorum in doctrina atque praeceptis disserendi ratio coniungitur cum suavitate dicendi et copia: quamquam ea ipsa Peripateticorum Academicorumque consuetudo in ratione dicendi talis est, ut nec perficere oratorem possit ipsa per sese nec sine ea orator esse perfectus. Nam, ut Stoicorum adstrictior est oratio aliquantoque contractior, quam aures populi requirunt: sic illorum liberior et latior,
quam patitur consuetudo iudiciorum et fori. Quis enim 121
uberior in dicendo Platone? Iovem sic aiunt philosophi, si Graece loquatur, loqui[1]. Quis Aristotele nervosior, Theophrasto dulcior? Lectitavisse Platonem studiose, audivisse etiam Demosthenes dicitur: idque apparet ex genere et granditate verborum. Dicit etiam in quadam epistola hoc ipse de sese. Sed et huius oratio in philo-

E. 1) Iovem aiunt ph., si Gr. l., sic l.
L. 12. *Iovem aiunt ph., si Gr. l., sic l.* (Al. *Iovem si quidem aiunt - - sic loqui* b.)

§. 120. [*id est, ex vetere Academia*] Haec del. censuit Lamb. Ern. [ ]. Del. Sch. Ell. Defendit Goerenz *ad Finn.* 5, 3, 7. nec prorsus supervacanea sunt vv., quamvis statim sequatur *Peripateticorum Academicorumque consuetudo.* Omnino, quae in hoc libro ab omnibus Cdd. adhuc notis firmata sunt, cautius in suspicionem νοθείας sunt vocanda.

[*latior*] Scheving coniecit *laxior.* Firmat V. D. in *Annal. lit. Heid.* 1826. pag. 281. comparato l. *de Orat.* 1, 60, 254. Beier; qui recepit *laxior* in suo exemplari. Ell. volebat *laetior.* Sane, si quid mutandum, praestet Schevingii ratio.

§. 121. [*Iovem sic aiunt philosophi - - loqui*] Hanc Cd. Cuiaciani, non, ut ait Ellendt, Cuiacii, lectionem cum Sch. et Ellendtio etiamnunc veram puto. Eandem e coni. sua proposuerat iam Corradus. — *Iovem sicut aiunt ph. - - loqui* D. *Iovem sicut aiunt ph. - - sic loqui* Asc. prima, Crat.; quam lectionem vindicandam suscepit Krüger in Seebode *Archiv.* 1. p. 660. Asc. sec. et Margo Lamb. habent: *Iovem siquidem aiunt ph. - - sic loqui;* verum particc. *siquidem, etenim, namque* apud Cic. nondum postponuntur, ut apud Tacitum v. c. Ceterum cfr. Matthiae *de anacol.* in Wolfii *Analect. lit. Vol.* 2. *p.* 9. Lamb. et Ern. lectio est a Rivio. Corradus in contextu, Aldus Nepos: — *Iovem sic, ut aiunt ph. - - loqui.* Vide Ed. mai.

[*ex genere*] Olivetus (et Oxon. Ed.) unde habeat *in genere* nondum constat. Videtur error typogr. Pro *videtur* Ern. volebat *videatur.* Haud male.

sophiam translata pugnacior (ut ita dicam) videtur, et illorum in iudicia, pacatior.

32 Nunc reliquorum oratorum aetates, si placet, et gra-
122 dus persequamur. Nobis vero, inquit Atticus, et vehementer quidem, ut pro Bruto etiam respondeam. Curio fuit igitur eiusdem aetatis fere, sane illustris orator, cuius de ingenio ex orationibus eius existimari potest. Sunt enim et aliae et pro Ser. Fulvio de incestu nobilis oratio. Nobis quidem pueris haec[1] omnium optima putabatur, quae vix iam comparet in hac turba novorum
123 voluminum. Praeclare, inquit Brutus, teneo, qui istam turbam voluminum effecerit. Et ego, inquam, intelligo, Brute, quem dicas; certe enim et boni aliquid attulimus iuventuti, magnificentius, quam fuerat, genus dicendi et ornatius: et nocuimus fortasse, quod veteres orationes post nostras, non a me quidem (meis enim illas antepono), sed a plerisque legi sunt desitae. Numera[2], inquit, me in plerisque: quamquam video mihi multa
124 legenda iam te auctore, quae antea contemnebam. Atqui haec, inquam, de incestu laudata oratio puerilis est locis multis: de amore, de tormentis, de rumore loci sane

E. 1) *Abest* haec 2) Enumera
L. 17. *Enumera*

§. 122. [*eiusdem aetatis fere*] = *e. fere aetatis* Corr. Aldus Nepos. Sed cfr. §. 129. *temporibus iisdem fere.*

[*ex orationibus eius*] om. *eius* Asc.; id quod multis placebit. Verum similiter post *operibus* excidit *eius* §. 126. in Gu. I. adstipulante Schuetzio; recte vero haud sequente Ellendtio.

[*haec omnium*] Firmant hanc lect. D. Asc. utraque. Ald. Victor. Ald. Nepos, Oliv., ita ut ex Repet. Lamb. Grut. Ern. Schuetz. Ellendtio casu dumtaxat excidisse videatur *haec.*

[*novorum voluminum*] = *voluminum novorum* D.

§. 123. [*effecerit*] *effecerat* D.

[*Et ego, inquam, intelligo*] Rectissime Schuetzius haec ordinanda censuit sic: *et ego, Intelligo, inquam*; eâdem orationis formâ, qua §. 119. *Et ego, Non, inquam.* §. 151. *Et ego, De me, inquam.* Verbum autem *inquam*, *inquit* saepe a librariis est transpositum v. c. infra §. 153.

[*Numera*] *Enumera* D. Asc.; quae vulgata lectio mansit usque ad Ern. — Sch. haud male *annumera;* cfr. §. 207. Ell. praetulit Ern. susp. *numera*, ut est §. 315.

inanes, verumtamen nondum tritis nostrorum hominum
auribus nec erudita civitate tolerabiles. Scripsit etiam
alia nonnulla et multa dixit et illustria et in numero patronorum fuit, ut eum mirer, quum et vita suppeditavisset et splendor ei non defuisset, consulem non fuisse.
Sed ecce in manibus vir et praestantissimo ingenio et 33
flagranti studio et doctus a puero, C. Gracchus. Noli 125
enim putare, quemquam, Brute, pleniorem et uberiorem
ad dicendum fuisse. Et ille, Sic prorsus, inquit, existimo
atque istum de superioribus paene solum lego. Immo
plane, inquam, Brute, legas censeo. Damnum enim
illius immaturo interitu res Romanae Latinaeque literae
fecerunt. Utinam non tam fratri pietatem quam patriae 126
praestare voluisset! Quam ille facile tali ingenio, diutius
si vixisset, vel paternam esset vel avitam gloriam consecutus! Eloquentiâ quidem nescio an habuisset parem
neminem. Grandis est verbis, sapiens sententiis, genere
toto gravis: manus extrema non accessit operibus eius:
praeclare inchoata multa, perfecta non plane. Legendus,
inquam, est hic orator, Brute, si quisquam alius, iuventuti. Non enim solum acuere, sed etiam alere ingenium
potest.

L. 5. (*suppeditasset* b.)

§. 124. [*et illustria*] *et illustris* Ven. Nor. Asc.; quae si vera esset lectio, (ut sane §. 122. *Curio - - illustris orator*.) *multa dixit* utique mutandum esset in *multum dixit* cum Schuetzio et Ell., ut fere §. 128. Sed *multa et illustria* vere Latinum est pro recentiorum *multa illustria*. Temere igitur Ell. del. vv. *et illustria*: nec probanda Schneideri coni. a Schuetzio recepta: *et illustrium in numero*.

§. 125. [*et uberiorem*] ∞ *aut ub.* Cdd. aliq. Nor. Asc. Vict. Cam. E D. nihil mihi notatur. *et* habet iam Aldus avus. Mox: *sic prorsus*, *inquit*, *sic existimo* Ald. Asc. sec. Crat. Herv.

§. 126. [*nescio an habuisset parem neminem*] Cfr. Hand Tursell. 1. p. 323.

[*Legendus, inquam*] Equidem, ut in hac formula plerumque geminatur verbum, leg. censeo: *Legendus*, *legendus*, *inquam*. Saepissime scil. in Cdd. negligentius scriptis alterum excidit; hic autem, si rem ad vivum resecamus, uno cum codice nobis res est.

127 Huic successit aetati C. Galba, Servii illius eloquentissimi viri filius, P. Crassi eloquentis et iurisperiti gener.
Laudabant hunc patres nostri, favebant etiam propter
patris memoriam, sed cecidit in cursu. Nam rogatione
Mamilia, Iugurthinae coniurationis invidiâ, quum pro
sese ipse dixisset, oppressus est. Exstat eius peroratio,
qui epilogus dicitur: qui tanto in honore, pueris nobis,
erat, ut eum etiam edisceremus. Hic, qui in collegio
sacerdotum esset, primus post Romam conditam iudicio
34 publico est condemnatus. P. Scipio, qui est in consulatu
128 mortuus, non multum ille quidem nec saepe dicebat, sed
et Latine loquendo cuivis erat par et omnes sale facetiis-
que superabat. Eius collega L. Bestia bonis initiis orsus
tribunatus, (nam P. Popillium vi C. Gracchi expulsum
sua rogatione restituit,) vir et acer et non indisertus,
tristes exitus habuit consulatus. Nam invidiosa lege
Mamilia quaestione[1] C. Galbam sacerdotem et quattuor
consulares, L. Bestiam, C. Catonem, Sp. Albinum civem-
que praestantissimum L. Opimium, Gracchi interfectorem,
a populo absolutum, quum is contra populi studium ste-
129 tisset, Gracchani iudices sustulerunt. Huius dissimilis in
tribunatu reliquaque omni vita, civis improbus, C. Lici-

E. 1) [quaestio]
L. 1. *P. Galba* 16. *habuit exitus* 17. Abest *quaestione*

§. 127. [*C. Galba*] *P. Galba* D. Nor. Asc. Victor. Stephani. Lamb. „Male; nam supra quoque (§. 98. et *de Orat.* 1, §. 239.) Caius appellatur." Corrad.

[*Mamilia*] — *Manilia* D. Asc.

[*edisceremus*] Hanc lectionem firmant D. Asc. *disceremus* error est Repetit. Lamb. 1584. et Grut.; ex istis autem infelicissimis Repetitt. Lamb. plura eiusmodi usque ad nos propagata sunt.

§. 128. [*exitus habuit*] = *habuit exitus* D. Gu. 1. Lamb.

[*Mamilia quaestione*] *Manilia quaestio* D. Nor. Asc. Iu. Ald. 1521. Cratand. Victor. Grut. Vocabulum *quaestio* [] Ernest. Ellendt. Sed rectissime se habet lectio Manut. Corr. Aldi Nep. et Sch. Construe: *invidiosa quaestione lege Mamilia*, id est, „inv. quaestione constituta s. habita ex lege M." cfr. ad Attic. 5, 16. *quod lege Iulia dari solet*, ubi alii frustra *de lege*, alii paullo melius *e lege*. Ceterum *quaestione* deleverunt nescio qua auctoritate Rob. et Carolus Stephani, Lamb. Lall.

nius Nerva non indisertus fuit. C. Fimbria temporibus iisdem fere, sed longius aetate provectus, habitus est sane (ut ita dicam) truculentus[1], asper, maledicus, genere toto paullo fervidior atque commotior: diligentia tamen et virtute animi atque vita bonus auctor in senatu. Idem tolerabilis patronus nec rudis in iure civili et quum virtute tum etiam ipso orationis genere liber: cuius orationes pueri legebamus, quas iam reperire vix possumus.
Atque etiam ingenio et sermone eleganti, valetudine in- 130
commoda, C. Sextius Calvinus fuit: qui etsi, quum remiserant dolores pedum, non deerat in causis, tamen id non saepe faciebat. Itaque consilio eius, quum volebant, homines utebantur: patrocinio, quum licebat. Iisdem temporibus M. Brutus, in quo magnum fuit, Brute, dedecus generi vestro, qui, quum tanto nomine esset patremque optimum virum habuisset et iuris peritissimum, accusationem factitaverit, ut Athenis Lycurgus. Is magistratus non petivit, sed fuit accusator vehemens et molestus, ut facile cerneres naturale quoddam stirpis bonum degenc-
ravisse vitio depravatae voluntatis. Atque eodem tem- 131
pore accusator de plebe L. Caesulenus fuit, quem ego audivi iam senem, quum ab L. Sabellio multam lege

E. 1) luculentus patronus
L. 3. *luculentus patronus*

§. 129. [*truculentus*, *asper*] *luculentus patronus*, *asper* A. B. C. D. Asc. — „Vir D. in *Annal. lit. Heidelb.* 1826. probat Schevingii coni. *luculentus accusator*, *asper*. Contra Ernest. coni. *truculentus* ea fortasse comprobant, quae dicuntur §. 233. *C. Fimbria - - ita furebat* cet." Beier. Eandem recepi cum Ell. — *truculentus accusator* Sch. coni. Sed *patronus* errore e seqq. h. l. praeceptum videtur.

§. 130. [*Sextius*] = *Sestius* Corr.

[*dedecus generi vestro*] Sic ante Ald. emendatum est iam in Cd. B. superscr. syllaba *de* perversae lectioni *decus generi vestro* (Asc.) — *genus generi vestro* C. — *genus generi nostro* A. D. *vulnus* Ed. Rom. Schuetz. *dedecus inustum generi* Lamb. susp. non. recepta.

§. 131. [*L. Caesulenus*] Sic D. Nor. Asc. L. Seqq. — *Caesidenus* Ald. Man., unde Ursinus faciebat: *Caesidienus.*

[*audivi iam*] = *iam audivi* D.

Aquilia damni iniuria[1] petivisset. Non fecissem hominis paene infimi mentionem, nisi iudicarem, qui suspiciosius
35 aut criminosius diceret, audivisse me neminem. Doctus etiam Graecis T. Albucius vel potius paene Graecus. Loquor, ut opinor: sed licet ex orationibus iudicare. Fuit autem Athenis adolescens: perfectus Epicureus evaserat, minime aptum ad dicendum genus.

132 Iam Q. Catulus, non antiquo illo more, sed hoc nostro (nisi quid fieri potest perfectius) eruditus. Multae

E. 1) Aquillia de iustitia
L. 1. *Aquilia de iniuria* (Al. *de damno iniuriato* b.) 8. *Iamque Q. Catulus*

[*lege Aquilia damni iniuria*] *l. Aquilia de iustitia* D. Asc., quae Cdd. notorum est lectio. Memorabilis ad h. l. est Sylburgii annotatio: „Victor Pisanus *de iustitia* in omnibus fere libris, quos ipse vidit, sed perperam legi ante Manutium dixit, et vel *de iniustitia* vel *de iniuria*, (quam lect. receperunt post Man. Lamb. etiam Sch. Ell.) quod magis probabat, legendum sibi videri: legem enim Aquiliam potissimum de iniuria esse locutam vel ex Ulpiano *Lib.* 9. *Tit.* 2. *Digestorum* cognosci. Manutius *de iniuria* eumque secutus Lambinus. Ant. Augustinus legem, qua de hic mentio sit, eandem non putat esse cum notissima illa lege Aquilia damni iniuria dati: sed excipit, nisi mendum in verbis Ciceronis sit, quod ego verius puto." — In re incerta ego receperam Hotomani coni., quae certe foedo mendo Ciceronem liberare videbatur: nunquam enim is h. l. scribere poterat nec *de iustitia* nec *de iniustitia* nec *de iniuria;* quae omnia aeque repugnant ICtorum sermoni. Nunc id solum annoto, aeque recte legi posse *lege Aquilia de damno.* cfr. *pro Tullio* §. 9. *quum sciret de damno legem esse Aquiliam.* Gaius, 3, 202. *Per legem Aquiliam, quae de damno lata est, etiam culpa punitur.* Sed fortasse conflictamur cum misera et ridicula interpolatione: fac enim Ciceronem tantummodo scripsisse; *lege Aquilia petivisset*, facile explicandi causa Italus inserere poterat barbaro sermone *petivisset* scil. *de iustitia*, suo sermone recte supplens *dalla giustizia* i. e. a iudicibus. Omnino h. l. vix necesse erat, ut mentione legis Aquiliae notissimae iniecta adderetur vel *de damno* vel *damni iniuria.* Ceterum de formula *damni iniuria*, non *damni iniuriae* cfr. Garaton. *ad Rosc. Com.* c. 11. p. 298. Neap. Cfr. Quintil. *Declam.* 385. p. 373. *Pith.:* DAMNI INIVRIA DATI SIT ACTIO.

[*audivisse*] = *audisse* Asc.

[*loquor*] — *loquar* D. Asc.

§. 132. [*Iam Q. Catulus*] Sic Victor. Ern. Seqq. *Itaque Catullus* A. B. D. — *Iamque Q. Catulus* C. Nor. Asc. Iu. Crat. Lamb. Ald. Nepos.

literae, summa non vitae solum atque naturae, sed orationis etiam comitas, incorrupta quaedam Latini sermonis
integritas: quae perspici quum ex orationibus eius potest tum facillime ex eo libro, quem de consulatu et de
rebus gestis suis conscriptum molli et Xenophonteo genere sermonis misit ad A. Furium poëtam, familiarem
suum: qui liber nihilo notior est quam illi tres, de
quibus ante dixi, Scauri libri. Tum Brutus: Mihi qui- 133
dem nec iste notus est nec illi: sed haec mea culpa est.
Nunquam enim in manus inciderunt; nunc autem et a te
sumam et conquiram ista posthac curiosius. Fuit igitur
in Catulo sermo Latinus: quae laus dicendi non mediocris ab oratoribus plerisque neglecta est. Nam de sono
vocis et suavitate appellandarum literarum, quoniam filium
cognovisti, noli exspectare quid dicam. Quamquam filius
quidem non fuit in oratorum numero, sed non deerat ei
tamen in sententia dicenda quum prudentia tum elegans
quoddam et eruditum orationis genus. Nec habitus est 134
tamen pater ipse Catulus princeps in numero patrono-
norum: sed erat talis, ut, quum quosdam audires, qui
tum erant praestantes, videretur esse inferior: quum
autem ipsum audires sine comparatione, non modo contentus esses, sed melius non quaereres. Q. Metellus 135
Numidicus et eius collega M. Silanus dicebant de re pu-

L. 9. *sed nec mea* 12. *laus in dicendo* 23. *non modo eo contentus*

[*Xenophonteo*] — *Xenophonteio* Asc. Victor. *Xenophontio* Ald. Nepos.

§. 133. [*mihi quidem*] *mihi quidem inquit* D.

[*sed haec mea*] Ellendt Aldinae tribuit *sed nec mea*; mea certe Aldina 1521. habet *haec.* Mera est Rivii coni. recepta a Man. Aldo Nep. Lamb. Sch., quam recte reiicit Ellendt. Scil. Bruti culpa quaedam in eo erat, quod ista non conquisierat studiosius. — [*dicendi*] — *in dicendo* e gloss. Ed. Rom. prob. Rivio, Lamb. Sch.

[*filius quidem*] — om. *quidem* Asc.

[*sed non deerat ei tamen*] *sed*, sine causa, ut opinor, delendum censuit Scheving.

§. 134. [*ut quum quosdam*] — *quum is quosdam* Gu. 1. D. eodem errore; unde tamen de Schneid. coni. Sch.: — *ut si cum iis audires.* Lamb. solius lectio *non modo eo cont.* caret adhuc auctoritate.

blica quod esset illis viris et consulari dignitati satis. M. Aurelius Scaurus non saepe dicebat, sed polite: Latine vero in primis est eleganter locutus. Quae laus eadem in A. Albino bene loquendi fuit. Nam flamen Albinus etiam in numero est habitus disertorum. Q. etiam Caepio, vir acer et fortis, cui fortuna belli crimini, in-
36 vidia populi calamitati fuit. Tum etiam C. et L. Mem-
136 mii fuerunt oratores mediocres, accusatores acres atque acerbi. Itaque in iudicium capitis multos vocaverunt, pro reis non saepe dixerunt. Sp. Thorius satis valuit in populari genere dicendi, is, qui agrum publicum vitiosa et inutili lege vectigali levavit. M. Marcellus, Aesernini pater, non ille quidem in patronis, sed et in promptis tamen et non inexercitatis ad dicendum fuit, ut filius
137 eius, P. Lentulus. L. etiam Cotta, praetorius, in mediocrium oratorum numero, dicendi non ita multum laude processerat, sed de industria quum verbis tum etiam ipso sono quasi subrustico persequebatur[1] atque imitabatur antiquitatem.

Atque ego et in hoc ipso Cotta et in aliis pluribus intelligo me non ita disertos homines et retulisse in oratorum numerum et relaturum. Est enim propositum colligere eos, qui hoc munere in civitate functi sint, ut tenerent oratorum locum: quorum quidem quae fuerit ascensio et quam in omnibus rebus difficilis optimi perfectio atque absolutio, ex eo, quod dicam, existimari

E. 1) prosequebatur
L. 22. (Fort. *Est enim mihi p. b.*)

§. 136. [*C. et L. Memmii*] — *C. L. Memmii* Ald. Asc. sec. Victor.

[*sed et in pr.*] — om. *et* Nor. Sch. Ell. Contra *et* retinent D. Asc. utraque.

§. 137. [*persequebatur*] Sic D. Gu. 2. Man. L. Ald. Nepos. Sch. — *prosequebatur* Nor. Asc. Ald. Crat. Vict. Ern. Ell. — *subsequebatur* Gu. 1. Sch. in Ed. mai.

[*functi sint*] Sic D. Ald. Victor. Cett. ante Sch. — *functi sunt* Nor. Asc. Sch. Ell. — [*ascensio*] Riv. Victor. Seqq. — *assensio* D. Edd. meae ante Victor. Ad rem cfr. Frontonem p. 235. Ed. Rom., ubi hunc librum mire *Oratorem* vocat pro *Bruto*.

potest. Quam multi enim iam oratores commemorati 138
sunt et quam diu in eorum enumeratione versamur, quum
tamen spisse atque vix, ut dudum ad Demosthenem et
Hyperidem, sic nunc ad Antonium Crassumque pervenimus!
Nam ego sic existimo, hos oratores fuisse maximos
et in his primum cum Graecorum gloria Latine
dicendi copiam aequatam. Omnia veniebant Antonio in 37
mentem; eaque suo quaeque loco, ubi plurimum proficere 139
et valere possent, ut ab imperatore equites, pedites,
levis armatura, sic ab illo in maxime opportunis orationis
partibus collocabantur. Erat memoria summa, nulla
meditationis suspicio. Imparatus semper aggredi ad dicendum
videbatur: sed ita erat paratus, ut iudices, illo
dicente, nonnunquam viderentur non satis parati ad cavendum
fuisse. Verba ipsa, non illa quidem elegantis- 140
simo sermone: (itaque diligenter loquendi laude caruit
neque tamen est admodum inquinate locutus:) sed illa,
quae proprie laus oratoris est in verbis: (nam ipsum
Latine loqui, est illud quidem, ut paullo ante dixi, in
magna laude ponendum: sed non tam sua sponte, quam
quod est a plerisque neglectum; non enim tam praeclarum
est scire Latine quam turpe nescire: neque tam id mihi
oratoris boni quam civis Romani proprium videtur:)
sed tamen Antonius in verbis et eligendis (neque id ipsum
tam leporis causa quam ponderis) et collocandis et comprehensione
devinciendis nihil non ad rationem et tamquam
ad artem dirigebat; verum multo magis hoc idem
in sententiarum ornamentis et conformationibus. Quo 141
genere quia praestat omnibus Demosthenes, idcirco a

L. 18. *propria*

§. 138. [*quum tamen spisse*] vel *tamen* delendum, vel, (id quod longe peius esset) *quum tandem* leg. existimavit Scheving. Mutandi tam perspicuam sententiam nullam video causam.

§. 140. [*elegantissimo*] *eloquentissimo* Floridus. Sabinus in Gruteri *Thesauro* I. p. 1086.

[*in verbis*] breviter h. l. dictum pro eo, quod mox dicitur *in verbis et eligendis et collocandis*, minime in suspicionem vocandum erat Ellendtio. Lambini lectionem *propria* alibi nondum reperi.

**doctis oratorum est princeps iudicatus. Σχήματα enim
quae vocant Graeci, ea maxime ornant orationem[1]; eaque
non tam in verbis pingendis habent pondus, quam in
38 illuminandis sententiis. Sed quum haec magna in Antonio, tum actio singularis: quae si partienda est in gestum
atque vocem, gestus erat non verba exprimens, sed cum
sententiis congruens, manus, humeri, latera, supplosio
pedis, status, incessus omnisque motus; cum verbis sententiisque vox[2] permanens, verum subrauca naturâ. Sed
142 hoc vitium huic uni in bonum convertebat. Habebat
enim flebile quiddam in questionibus aptumque quum ad**

E. 1) oratorem 2) motus cum verbis sententiisque consentiens: vox
L. 2. *oratorem* 9. *motus cum verbis s. consentiens: vox* 10. *vertebat* 11. *conquestionibus*

§. 141. [*orationem*] Sic D. firmans ingeniosam Lamb. suspicionem. Ceteri *oratorem.* Nostram lectionem, quam in multis Edd. exstare dicit Schuetz, equidem in nulla vidi; sed rectior videtur, collata etiam §. 69.

[*sententiisque consentiens*] om. *consentiens* Asc.; quae omissio vix fortuita, sed e codice aliquo ducta, viam aperit ad emendandum locum difficillimum, cui frustra mederi conati sunt Schuetz, Scheving, Ellendt certatim vel mutantes (scil. *cum rebus* Sch. Ell. pro *cum verbis*) vel resecantes verba sibi molesta vel transponentes, quod plerumque fallacissimum est corrigendi genus. Scil. nunc interpunctio dumtaxat rectius constituenda sic erat: *gestus erat non verba exprimens, sed cum sententiis congruens, manus, humeri, latera, supplosio pedis, status, incessus omnisque motus: cum verbis sententiisque vox permanens, verum subrauca naturâ.* „Vox permanens cum verbis sententiisque" est ea, quae in recte exprimendis singulis et verbis et sententiis oratorem nunquam deficit. Inconcinnius autem in vulgata, ut de ceteris taceam, *vox permanens* absolute dicitur. Recte vero construi *permanere cum aliquo* patet ex Ovidii loco a Forcellino allato: *Trist.* 4, 10, 73. *mecum seros permansit in annos.* Semel vero quum verba *cum verbis sententiisque* prava distinctione distracta essent a vv. *vox permanens*, vix aliter fieri poterat, quam ut inculcaretur v. *consentiens*, cuius perversitatem recte demonstravit Ellendt.

[*convertebat*] Sic, non *convertebatur*, ut dedit Man., qui tamen in Annot. recte nostram lect. vindicat; D. Asc. cfr. Garatonium *Oratt.* Cic. Vol. VII. p. IX.; nec vero necessarium erat Lambini *vertebat:* etsi hoc frequentius. cfr. Tacit. *Annal.* 13, 37.

§. 142. [*questionibus*] Sic omnes a me recens consulti, etiam D. (nisi quod Cratand. Victorius, Corr., Aldus Nepos

fidem faciendam, tum ad misericordiam commovendam: ut verum videretur in hoc illud, quod Demosthenem ferunt ei, qui quaesivisset, quid primum esset in dicendo, actionem; quid secundum, idem et idem tertium respondisse. Nulla res magis penetrat in animos eosque fingit, format, flectit talesque oratores videri facit, quales ipsi se videri volunt.

Huic alii parem esse dicebant, alii anteponebant 143
L. Crassum. Illud quidem certe omnes ita iudicabant,
neminem esse, qui horum alterutro patrono cuiusquam
ingenium requireret. Equidem, quamquam Antonio tantum tribuo, quantum supra dixi, tamen Crasso nihil
statuo fieri potuisse perfectius. Erat summa gravitas;
erat cum gravitate iunctus facetiarum et urbanitatis oratorius, non scurrilis, lepos; Latine loquendi accurata et
sine molestia diligens elegantia; in disserendo mira explicatio; quum de iure civili, quum de aequo et bono
disputaretur, argumentorum et similitudinum copia. Nam, 39
ut Antonius coniectura movenda aut sedanda suspicione 144
aut excitanda incredibilem vim habebat, sic in interpretando, in definiendo, in explicanda aequitate nihil erat
Crasso copiosius: idque quum saepe alias, tum apud
centumviros in M'. Curii causa cognitum est. Ita enim 145
multa tum contra scriptum pro aequo et bono dixit, ut
hominem acutissimum, Q. Scaevolam, et in iure, in quo
illa causa vertebatur, paratissimum obrueret argumento-

L. 25. *et in iure, quo (et in iure, in quo L. b.)* 26. *peritissimum*

peius etiam: *quaestionibus;*) vocabulo nondum in Lexica relato, quod equidem non possum agnoscere. Cfr. quae denuo notavi ad *Oratoris* §. 135. Leg. igitur cum Lamb. *conquestionibus*, quod probavit etiam Brutus Florentinus: „Certe *in questionibus* ferri non potest; *questio* autem pro *questu* in usu, quod sciam, est apud neminem." Ortum scil. est voc. e compendio: *cquestionibus*. Similiter Verr. 2, 4. §. 1. *quin quaesierit* olim legebatur pro *quin conquisierit*. — Pro *fingit* Purgoldus volebat *tangit*, pro *volunt* Ern. *velint*.

§. 143. [*mira explicatio*] = *explicatio mira* D.

§. 145. [*vertebatur*] *versabatur* Asc. (non D.) Sed id ex alio Cd. Regio, (item Ven. Nor.) recepit Lall. — *peritissimum* pro *paratissimum* habent uterque Stephanus et Lamb.

rum exemplorumque copia: atque ita tum ab his patronis aequalibus et iam[1] consularibus causa illa dicta est,
quum uterque ex contraria parte ius civile defenderet,
ut eloquentium iurisperitissimus Crassus, iurisperitorum
eloquentissimus Scaevola putaretur: qui quidem quum
peracutus esset ad excogitandum, quid in iure aut in
aequo verum aut esset aut non esset, tum verbis erat ad
146 rem cum summa brevitate mirabiliter aptus. Quare sit
nobis orator in hoc interpretandi, explanandi, edisserendi[2] genere mirabilis, sic ut simile nihil viderim: in
augendo, in ornando, in refellendo magis existimator
40 metuendus, quam admirandus orator. Verum ad Cras-
147 sum revertamur. Tum Brutus, Etsi satis, inquit, mihi
videbar habere cognitum Scaevolam ex iis rebus, quas
audiebam saepe ex C. Rutilio, † quo utebatur propter
familiaritatem Scaevolae nostri, tamen ista mihi eius dicendi tanta laus nota non erat. Itaque cepi voluptatem
tam ornatum virum tamque excellens ingenium fuisse in
148 nostra re publica. Hic ego, Noli, inquam, Brute,
existimare, his duobus quidquam fuisse in nostra civitate

E. 1) etiam 2) explanandique et disserendi
L. 2. *etiam* 9. *explanandique et disserendi*

[*et iam consul*] coni. dedi pro Cett.: *etiam cons.*
[*ex contraria parte ius civile*] — *ius c. ex c. p.* Nor. Asc.
§. 146. [*explanandi, edisserendi*] Sic D. Gu. 1. 2. — *explicandi, edisserendi* Nor. Asc. — *explanandique et disserendi* satis languide Cett. Pro *admirandus* D.: — *admirabilis.*
§. 147. [*habere*] *haberi* D. Asc. pr. Ald. Victor. Emendatum est vitium in Asc. sec. Crat.
[*quo utebatur* cet.] Sic etiam B. C. D. In Cd. A. omittuntur casu verba *Scaevolae nostri* usque ad *tam ornatum.* De Ellendtii suspicione (*Rutilio: qui, qua utebatur familiaritate Scaevolae, nosti:*) recte iudicavit Elberling *Obss. critt.* ad *Caesarem* p. 99. Nova accedit Frotscheri coni. ad *Quintil.* X. p. 15. *qua utebatur familiaritate Scaevolae nostri;* in qua tamen audacter eiicitur *propter*, neque vero explicavit, quem intellexerit „Scaevolam nostrum." Quod si non minus temeraria visa erit prior mea suspicio *quo utebar propter familiaritatem avunculi* (— *nostri* enim qui omittat, nondum novi praeter nescio quos a Corrado memoratos) — minore mutatione licet legas: *quo utebar propter familiaritatem Scaevolae nostri*, atque accipias de Q. Mucio Scaevola Q. F. Q. N. tribuno pl., Ahe-

praestantius. Nam, ut paullo ante dixi consultorum alterum disertissimum, disertorum alterum consultissimum fuisse, sic in reliquis rebus ita dissimiles erant inter sese, statuere ut tamen non posses, utrius te malles similiorem. Crassus erat elegantium parcissimus, Scaevola parcorum elegantissimus: Crassus in summa comitate habebat etiam severitatis satis, Scaevolae multa in severitate non deerat
tamen comitas. Licet omnia hoc modo: sed vereor, ne 149
fingi videantur haec, ut dicantur a me quodam modo; res se tamen sic habet. Quum omnis virtus sit, ut vestra, Brute, vetus Academia dixit, mediocritas, uterque horum medium quiddam volebat sequi: sed ita cadebat, ut alter ex alterius laude partem, uterque autem suam
totam haberet. Tum Brutus, Quum ex tua oratione mihi 150
videor, inquit, bene Crassum et Scaevolam cognovisse, tum de te et de Ser. Sulpicio cogitans esse quandam vobis cum illis similitudinem iudico. Quonam, inquam, istuc modo? Quia mihi et tu videris, inquit, tantum iuris civilis scire voluisse, quantum satis esset oratori; et Servius eloquentiae tantum assumpsisse, ut ius civile facile posset[1] tueri; aetatesque vestrae, ut illorum, nihil
aut non fere multum differunt. Et ego, De me, inquam, 41
dicere nihil est necesse: de Servio autem et tu probe 151

E. 1) possit
L. 1. (Al. *Nam quum constet, ut)* 9. *quodammodo* 21. *possit (*Ut nos, b.)

nobarbo et Appio Pulchro Coss., Bruti ferme aequali. Nec est, cur haereamus in discrepantia numeri *utebar - - nostri;* qua nihil est frequentius: v. c. *ad Attic.* 4, 16, 15. *ad quae tempora te exspectemus, facias me certiorem;* ubi interpolatores: *exspectem.*

§. 148. [*Nam ut paullo ante dixi*] Hanc anacoluthi speciem haud ferens Editor Asc. sec. in margine interpolavit: *Nam quum constet, ut paullo ante d.;* quam lect. memorat Marg. 1584.

§. 149. [*quodam modo*] Buttmannus in *N. A. S. L. L.* I. p. 45. coni. *commode;* quae commoda sane interpretatio est. Sed cfr. *de Orat.* 3, 10, 37. Beier. Cfr. Walch *Emendd. Liv.* p. 48.

[*vestra, Brute*] — *nostra, Br.* D., ut Gu. uterque. Falso: v. Ellendt.

[*posset*] Recepi cum Cd. Reg. D. Marg. 1584. et Ell. pro *possit.*

dicis et ego dicam, quod sentio. Non enim facile quem dixerim plus studii quam illum et ad dicendum et ad omnes bonarum rerum disciplinas adhibuisse. Nam et in iisdem exercitationibus, ineunte aetate, fuimus; et postea una Rhodum ille etiam profectus est, quo melior esset et doctior; et, inde ut rediit, videtur mihi in secunda arte primus esse maluisse, quam in prima secundus. Atque haud scio, an par principibus esse potuisset: sed fortasse maluit, id quod est adeptus, longe omnium non eiusdem modo aetatis, sed eorum etiam, qui fuissent, in iure civili
152 esse princeps. Hîc Brutus, Ain tu? inquit. Etiamne Q. Scaevolae Servium nostrum anteponis? Sic enim, inquam, Brute, existimo, iuris civilis magnum usum et apud Scaevolam et apud multos fuisse; artem in hoc uno: quod nunquam effecisset ipsius iuris scientia, nisi eam praeterea didicisset artem, quae doceret rem universam tribuere in partes, latentem explicare definiendo, obscuram explanare interpretando; ambigua primum videre, deinde distinguere; postremo habere regulam, qua vera et falsa iudicarentur et quae, quibus positis, essent quae-
153 que non essent consequentia. Hic enim attulit hanc artem omnium artium maximam quasi lucem ad ea, quae

L. 2. *quemquam dixeris (quemquam dixerim* b.)

§. 151. [*quem dixerim*] cfr. Handii *Tursell.* I. p. 261. Lambini *quemquam dixeris* mera videtur coniectura. Mox *Rhodum una* Ald. Iu. Asc. sec. Crat. Man. Corr. Ald. Nepos. Contra Victorius, Stephani, Lamb. cum D. Nor. Asc. pr. *una Rhodum.*

§. 152. [*ambigua*] Sic Lamb. nescio qua auctoritate. Grut. Seqq. — *ambiguam* D. Gu. 1. Edd. meae ante Lamb. prob. Wetz.

[*positis*] E Cdd. Lamb. Seqq. — *propositis* D. Gu. uterque. Edd. ante L.

§. 153. [*omnium artium maximam, quasi lucem*] Adversus Schuetzii coni. *magistram* hoc quoque moneri debet, quod sic artissime coniungerentur duo tralata *magistra* et *lux* minus inter se congruentia. *Maximam* autem *omnium artium* non tam interpretor *principem*, *dominam*, *praesidem*, — quibus nominibus v. c. a Tacito eloquentia, a Celso medicina in caelum feruntur, — quam difficillimam, maximi laboris. Nam nimis urgendum h. l. v. *omnium* non est, quum supra §. 25. locutus sit de *quinque artium concursu* item *maximarum*

confuse ab aliis aut respondebantur aut agebantur. Dialecticam mihi videris, inquit, dicere[1]. Recte, inquam, intelligis: sed adiunxit etiam et literarum scientiam et loquendi elegantiam, quae ex scriptis eius, quorum similia nulla sunt, facillime perspici potest. Quumque discendi 42
154
causa duobus peritissimis operam dedisset, L. Lucilio Balbo et C. Aquilio[2] Gallo; Galli, hominis acuti et exercitati, promptam et paratam in agendo et in respondendo celeritatem subtilitate diligentiaque superavit: Balbi, docti et eruditi hominis, in utraque re consideratam tarditatem vicit expediendis conficiendisque rebus; sic et habet, quod uterque eorum habuit, et explevit, quod utrique defuit. Itaque, ut Crassus mihi videtur 155
sapientius fecisse, quam Scaevola: (hic enim causas studiose recipiebat, in quibus a Crasso superabatur; ille se consuli nolebat, ne qua in re inferior esset quam Scaevola:) sic Servius sapientissime, quum duae[3] civiles artes ac forenses plurimum et laudis haberent et gratiae, perfecit, ut alterâ praestaret omnibus, ex altera tantum assumeret, quantum esset et ad tuendum ius civile et ad obtinendam consularem dignitatem satis. Tum Brutus, Ita 156

E. 1) dicere, inquit 2) Aquillio 3) sapientissime. Quum enim duae
L. 2. *dicere, inquit* 7. *L. Lucillio - Aquillio* 16. *volebat* 17. *sapientissime. Quum enim duae*

in eloquentia. („*Μεγίστην* etiam Plato in Sophista, sed *ἐπιστήμην*, non *τέχνην*, vocat." Corrad.)

[*inquit, dicere*] Sic D. Gu. uterque. Cett.: — *dicere, inquit.* Mox *adiunxit et* omisso *etiam* Crat. solus, improb. Rivio.

§. 154. [*discendi*] Sic Asc. L. Ern. prob. Ell. — *ediscendi* D. — *dicendi* Cett. (— *iuris discendi* Sch. coni.) *Aquilio* nunc scribo cum Asc. Man. *Inscr.* meis *Lat.* N. 3308. *et* ante *C. Aquilio* primum vidi in Lamb. Non habent D. et priores Edd. neque item Aldus Nepos. E Guelff. nihil notatur. Mox Aldus Nepos: — *Balbi, et docti.*

§. 155. [*nolebat*] — *solebat* D. Gu. 1. Asc. pr. Ald. Vict. Car. Steph. — *volebat* Man. Lamb. Ald. Nep. — *sinebat* volebat Brutus. *nolebat* emendatum est in Asc. sec. Cratand. Herv. Rob. Steph. Cam. Grut. Seqq.

[*sic Servius sapientissime, quum duae - - gratiae, perfecit*] Sic D. Gu. uterq. Ven. Asc. pr. Ald. Victor. Sch. in Ed. mai. longe concinnius quam *sic Servius sapientissime. Quum enim duae* cet., quam interpolationem primum reperi in Asc. sec. Cett.

prorsus, inquit, et antea putabam: (audivi enim nuper eum studiose et frequenter Sami, quum ex eo ius nostrum pontificium, qua ex parte cum iure civili coniunctum esset, vellem cognoscere;) et nunc meum iudicium multo magis confirmo testimonio et iudicio tuo: simul illud gaudeo, quod et aequalitas vestra et pares honorum gradus et artium studiorumque quasi finitima vicinitas tantum abest ab obtrectatione invidiaque, quae solet lacerare plerosque, ut[1] ea non modo non exulcerare vestram gratiam, sed etiam conciliare videatur. Quali enim te erga illum perspicio, tali illum in te voluntate iudicioque
157 cognovi. Itaque doleo et illius consilio et tua voce populum Romanum carere tam diu: quod quum per se dolendum est, tum multo magis consideranti, ad quos ista, non translata sint, sed nescio quo pacto devenerint. Hic Atticus, Dixeram, inquit, a principio, de re publica ut sileremus: itaque faciamus. Nam, si isto modo volumus singulas res desiderare, non modo querendi, sed
43 ne lugendi quidem finem reperiemus. Pergamus ergo,
158 inquam, ad reliqua et institutum ordinem persequamur. Paratus igitur veniebat Crassus, exspectabatur, audiebatur: a principio statim (quod erat apud eum semper accuratum) exspectatione dignus videbatur: non multa iactatio corporis, non inclinatio vocis, nulla inambulatio, non crebra supplosio pedis: vehemens et interdum irata et plena iusti doloris oratio, multae et cum gravitate

E. 1) uti
L. 9. *uti*

§. 156. [*et antea*] — *etiam antea* Ell. coni. Sed huic *et* in seqq. respondet *et nunc.* v. Matthiae *de Anacol.* p. 5.

[*obtrectatione invidiaque*, *quae*] Sic Cod. Lambini et Ed. Rom. prob. Rivio, Lamb. Ern. Sch. Ell. — *obtr. invidia, quae* D. — *obtr. invidiae, quae* Nor. Asc. utraq. Ald. Iu. Crat. Victor. Steph. uterq. Grut. ∞ *obtr. et invidiae*, *quae* Man. Corr. Aldus Nep.

[*ut ea*] Sic scripsi cum Sch. Ell., quum D. Nor. Asc. habeant *ut in ea.* — *uti ea* Ald. Seqq. Sic saepe Cdd. antiquiores *ut*, ubi Edd. praebent *uti;* verbi causa, Regius optimus *Verr.* 2, 4, §. 21. et §. 35.

§. 157. [*querendi*] — *quaerendi* Hervag. Man. Corr. Grut. (prob. Heus.) Sch. 2. Recte reiecit Lambinus.

facetiae: quodque difficile est, idem et perornatus et
perbrevis. Iam in altercando invenit parem neminem: 159
versatus est in omni fere genere causarum; mature in
locum principum oratorum venit. Accusavit C. Carbonem, eloquentissimum hominem, admodum adolescens:
summam ingenii non laudem modo, sed etiam admirationem est consecutus. Defendit postea Liciniam virginem, 160
quum annos XXVII. natus esset. In ea ipsa causa fuit
eloquentissimus orationisque eius scriptas quasdam partes
reliquit. Voluit adolescens in colonia Narbonensi causae
popularis aliquid attingere eamque coloniam, ut fecit,
ipse deducere. Exstat in eam legem senior, ut ita dicam,
quam aetas illa[1] ferebat, oratio. Multae deinde causae;
sed ita tacitus tribunatus, ut, nisi in eo magistratu coe-
navisset apud praeconem Granium idque nobis bis narravisset Lucilius, tribunum pl. nesciremus fuisse. Ita 161
prorsus, inquit Brutus: sed ne de Scaevolae quidem tribunatu quidquam audivisse videor, et eum collegam
Crassi credo fuisse. Omnibus quidem aliis, inquam, in
magistratibus, sed tribunus anno post fuit, eoque in
rostris sedente suasit Serviliam legem Crassus. Nam
censuram sine Scaevola gessit: eum enim magistratum
nemo unquam Scaevolarum petivit. Sed haec Crassi

E. 1) illa aetas
L. 13. *illa aetas* 15. *idque nobis narr.*

§. 159. [*invenit parem neminem*] = *parem invenit neminem* D. Gu. 1. prob. Schneidero.

§. 160. [*aetas illa*] Sic D. Gu. 1. (prob. Schneidero) Ven. Asc. utraque. Ald. Victor. = *illa aetas* Stephani. Man. Corr. L. Seqq.

[*nobis bis*] Sic D. Gu. 1. Nor. Asc. Vict. Ern. = *bis nobis* Gu. 2. (scil. *idque narravisset bis nobis*) Sch. in Ed. min. Ell. ∞ om. *bis* Ed. Rom. prob. Rivio. Man. Corr. Ald. Nepos. Lamb. Sch. in Ed. mai. Cum Lambino, puto, *bis* omiserunt item Carrio *Emendatt.* 1, 4. in Gruteri *Thes.* 3, 2. p. 98. et Gronovius ad Gellium 4, 17. Res incertissima est, utrum *bis* ortum sit e geminatione, an re vera *bis* eam coenam tetigerit Lucilius, qui sane *multa de Granio* retulerat: §. 172.

§. 161. [*Nam censuram*] *Nam et cens.* D. Vulgatam sic explico, ne quis haereat in *nam:* „id per se intelligitur Crassum censuram sine Scaevola gessisse, eum enim cet."

quum edita oratio est, quam te saepe legisse certo scio, quattuor et triginta tum habebat annos totidemque annis mihi aetate praestabat. Iis[1] enim consulibus eam legem suasit, quibus nati sumus, quum ipse esset Q. Caepione consule natus et C. Laelio, triennio ipso minor quam Antonius. Quod idcirco posui, ut, dicendi Latine prima maturitas in qua aetate exstitisset, posset notari; et intelligeretur iam ad summum paene esse perductam, ut eo nihil ferme quisquam addere posset, nisi qui a philosophia, a iure civili, ab historia fuisset instructior.
44 Erit, inquit Brutus, aut iam est iste, quem exspectas?
162 Nescio, inquam. Sed est etiam L. Crassi in consulatu pro Q. Caepione; iuncta[2] non brevis, ut laudatio, ut oratio autem, brevis: postrema censoris oratio, qua anno duodequinquagesimo usus est. In his omnibus inest

E. 1) His 2) pro Q. Caepione, defensione iuncta
L. 3. *His* 13. *pro Q. Caepione, defensione iuncta*

[*certo*] *certe* D. Asc.

[*His enim cons.*] Lege *Iis*. Beier. Hoc recepi; habentque iam Corr. Aldus Nepos.

§. 162. [*aut iam est iste*] Hanc lect. recte defendunt Matthiae *Add. Cic. Oratt.* p. 230. et Hand *Tursell.* 1. p. 551. — *an iam est iste* de Heus. coni. Sch. Ell. (et sic ex collatione mecum communicata habet D. Est tamen res incerta.)

[*pro Q. Caepione defensione iuncta*] Omittunt molestum vocabulum *defensione* D. Gu. 1.; quibuscum delevi. Iam locus sic accipiendus: *Est etiam L. Crassi in consulatu pro Q. Caepione* (scil. oratio); *iuncta* (est cum illa Caepioniana) *non brevis, ut laudatio, ut oratio autem brevis.* Semel igitur ipse in consulatu orationem habuit pro Caepione; alius item quum Caepionem defenderet, Crassus Caepionis laudator fuit; eaque laudatio una edita erat cum eius Caepioniana. Qui defendent gloss. falsum *defensione*, ii saltem construant: *laudatio iuncta* (cum) *defensione:* ut aliquoties apud Cic. *iunctus* cum simplici ablat. construitur v. c. *ad Attic.* 1, 19, 6. *iunctam invidiâ - - gloriam.* — *ad Fam.* 5, 13. *summa benevolentia, coniuncta pari prudentia.* — *de Orat.* 1, 57. *summa vis dicendi, egregia festivitate - coniuncta.* Quod si quis legendum proponat *pro Q. Caepione defensio, iuncta,* scito *defensionem* simpliciter sic pro *oratione* poni vetare Tullianam consuetudinem. Etsi primum sic glossator videtur scripsisse *pro Q. Caepione* (scil.) „defensio"; tum ex solita accommodatione factum *defensione.*

[*censoris oratio*] Lego *censoria;* ut est §. 164. — περίοδον scripsi pro Cett. *periodum.* Pro *placet* minus bene *licet* D.

quidam sine ullo fuco veritatis color. Quin etiam comprehensio et ambitus ille verborum (si sic περίοδον[1] appellari placet) erat apud illum contractus et brevis, et
in membra quaedam, quae κῶλα Graeci vocant, disper-
tiebat orationem lubentius. Hoc loco Brutus, Quando- 163
quidem tu istos oratores, inquit, tanto opere laudas;
vellem aliquid Antonio praeter illum de ratione dicendi
sane exilem libellum, plura Crasso libuisset scribere;
quum enim omnibus memoriam sui, tum etiam disciplinam dicendi nobis reliquissent. Nam Scaevolae dicendi
elegantiam satis ex iis orationibus, quas reliquit, habemus
cognitam. Et ego, Mihi quidem a pueritia quasi ma- 164
gistra fuit, inquam, illa in legem Caepionis oratio: in
qua et auctoritas ornatur senatus, quo pro ordine illa
dicuntur, et invidia concitatur in iudicum et in accusa-
torum factionem, contra quorum potentiam populariter
tum dicendum fuit. Multa in illa oratione graviter,
multa leniter, multa aspere, multa facete dicta sunt:
plura etiam dicta, quam scripta, quod ex quibusdam
capitibus expositis nec explicatis intelligi potest. Ipsa
illa censoria contra Cn. Domitium collegam non est
oratio, sed quasi capita rerum et orationis commentarium
paullo plenius. Nulla est enim altercatio clamoribus unquam habita maioribus. Et vero fuit in hoc etiam[2] 165
popularis dictio excellens: Antonii genus dicendi multo
aptius iudiciis, quam concionibus.

Hoc loco ipsum Domitium non relinquo. Nam etsi 45
non fuit in oratorum numero, tamen pono satis in eo

E. 1) periodum 2) et
L. 2. *periodum* 24. *et*

§. 164. [*in iudicum et in accus.*] — *in iud. et accus.* Corr. — *in iud.*, *in accus.* Aldus Nepos.

[*capitibus expositis nec explicatis*] Cuiusmodi fuerint *capita exposita nec explicata*, nemo facile dixerit. Equidem puto fuisse *positis*, i. e. propositis. Res ipsa nunc nota ex iis, quae disputavit Niebuhr V. C. in *Fragmm. Cic. Romae* 18.0. pag. 40.

§. 165. [*etiam popularis*] Cum D. Gu. utroque, Sch. in Ed. mai. dedi *etiam* pro *et;* quod delevit Ell.

[*tamen pono*] „duco, arbitror, τίθημι, aliter: *pone.* Con-

fuisse orationis atque ingenii, quo et magistratus personam et consularem dignitatem tueretur: quod idem de C. Caelio dixerim, industriam in eo summam fuisse summasque virtutes, eloquentiae tantum, quod esset in rebus privatis amicis eius, in re publica ipsius dignitati satis.
166 Eodem tempore M. Herennius in mediocribus oratoribus Latine et diligenter loquentibus numeratus est; qui tamen summa nobilitate hominem, cognatione, sodalitate, collegio, summa etiam eloquentia, L. Philippum in consulatus petitione superavit. Eodem tempore C. Clodius, etsi propter summam nobilitatem et singularem potentiam magnus erat, tamen etiam eloquentiae quandam medio-
167 critatem afferebat. Eiusdem fere temporis fuit eques Romanus C. Titius, qui meo iudicio eo pervenisse videtur, quo potuit fere Latinus orator sine Graecis literis et sine multo usu pervenire. Huius orationes tantum argutiarum, tantum exemplorum, tantum urbanitatis habent, ut paene Attico stilo scriptae esse videantur. Easdem argutias in tragoedias satis ille quidem[1] acute, sed parum tragice transtulit. Quem studebat imitari L. Afranius poëta, homo perargutus, in fabulis quidem etiam,
168 ut scitis, disertus. Fuit etiam Q. Rubrius Varro, qui a senatu hostis cum C. Mario iudicatus est, acer et vehemens accusator. In eo genere sane probabilis, doctus autem Graecis literis, propinquus noster, factus ad dicendum, M. Gratidius, M. Antonii perfamiliaris, cuius praefectus quum esset in Cilicia, est interfectus; qui accusavit C. Fimbriam, M. Marii Gratidiani pater.

E. 1) quidem ille

L. 19. *quidem ille* 28. *patrem* (b., ut nos.)

RAD. *pone* nusquam reperi. — *Nam etsi non in or. numero pono, tamen puto satis in eo fuisse industriae atque ing.* Schuetzii suspic.

§. 166. [*summam nobilitatem*] *summam auctoritatem, nobilitatem* D. Gu. 1.; sic non continuo iteratur *summa nobilitas*, Vulgatam tamen retinent Cdd. A. B. C.

§. 167. [*Eiusdem fere temporis*] ∞ *Eisdem fere temporibus* D. ut §. 175. 182. cet.

[*ille quidem*] Sic D. Gu. uterque. Sch. Ell. — *quidem ille* Nor. Asc. Iu. Lamb. Ern.

§. 168. [*Gratidiani pater*] Sic Man. Corr. Lamb. in curis

Atque etiam apud socios et Latinos oratores habiti 46
sunt Q. Vettius Vettianus, e Marsis, quem ipse cognovi, 169
prudens vir et in dicendo brevis; Q. et D. Valerii Sorani, vicini et familiares mei, non tam in dicendo admirabiles, quam docti et Graecis literis et Latinis: C. Rusticelius[1] Bononiensis; is quidem et exercitatus et natura volubilis. Omnium autem eloquentissimus extra hanc urbem T. Betucius Barrus Asculanus, cuius sunt aliquot orationes Asculi habitae: illa Romae contra Caepionem, nobilis sane, cui orationi Caepionis ore respondit Aelius: qui scriptitavit orationes multis[2], orator ipse
nunquam fuit. Apud maiores autem nostros video diser- 170
tissimum habitum ex Latio L. Papirium Fregellanum, Ti. Gracchi, P. F., fere aetate: eius etiam oratio est pro Fregellanis coloniisque Latinis, habita in senatu. Tum Brutus, Quid tu igitur, inquit, tribuis istis externis

E. 1) C. Rusticellus 2) multas
L. 2. *Q. Vectius Vectianus* (b., ut nos.) 6. *C. Rusticellus* 11. *multas* 14. *eius autem*

sec. Ald. Nepos. Ern. Ell. v. Beier ad *Offic.* T. 2. p. 303. — *patrem* cum Cdd. (D.) Cett., etiam Schuetz.

§. 169. [*Q. Vettius Vettianus*] Sic L. in curis sec. Ald. Nepos. Grut. Seqq. — *Q. Vectius Vectianus* Cdd. Edd. priores. Tum: *Q. D.* (Cdd., etiam D.) et Edd. vett. omisso *et*.

[*Rusticelius*] monente Ursino cum nummis scripsi (v. Eckhel *D. N.* Vol. 5. pag. 298.) pro *Rusticellus*. Ceterum Corradus: „Hodie quoque Bononiae sunt *Rusticelli*."

[*multis*] Sic D. O1x. E Cd. Reg. item Lall. Sch. Ell. — *multas* Edd. cett.

§. 170. Pro: *P. F.* Ell. proposuit vel *Ti. F.* vel delendum *P. F.* Sed quum h. l. cum Fregellanis coniungantur *coloniae Latinae*, neutiquam, quod ille putabat, sermo esse potest de rebellione Fregellanorum, diruto eorum oppido a L. Opimio oppressa (Liv. *Epit. Lib.* 60.) aut de temporibus proxime illud excidium praegressis: soli enim tum fuerunt Fregellani nec coniuncti cum coloniis Latinis: sed rectius cum Corrado et Wetzelio rem nunc ignotam referemus ad tempora Ti. Gracchi, Publii filii, Ti. et C. Gracchorum, tribunorum pl. patris. Hoc verum est, Publium Ti. Gracchi patrem ignotum esse. (Ceterum *coloniisque* de Corradi suspic. Lamb. Seqq. pro D. et priorum *colonisque*.)

[*eius etiam*] Sic D. Grut. Seqq. Quum nunc constet hanc lect. e Cd. Mss. tacite adscitam esse a Grutero, eandem ego quoque retinui pro Cett. *autem*. „Non solum disertissimus

quasi oratoribus? Quid censes, inquam, nisi idem, quod urbanis? praeter unum, quod non est eorum urbanitate
171 quadam quasi colorata oratio. Et Brutus, Qui est, inquit, iste tandem urbanitatis color? Nescio, inquam; tantum esse quendam scio. Id tu, Brute, iam intelliges, quum in Galliam veneris. Audies tu quidem etiam verba quaedam non trita Romae, sed haec mutari dediscique possunt; illud est maius, quod in vocibus nostrorum oratorum retinnit[1] quiddam et resonat urbanius. Nec hoc in oratoribus modo apparet, sed etiam in ceteris.
172 Ego memini T. Tincam Placentinum, hominem facetissimum, cum familiari nostro Q. Granio praecone dicacitate certare. Eon', inquit Brutus, de quo multa Lucilius? Isto ipso: sed Tincam non minus multa ridicule dicentem Granius obruebat nescio quo sapore vernaculo: ut ego iam non mirer illud Theophrasto accidisse, quod dicitur, quum percontaretur[2] ex anicula quadam, quanti aliquid venderet, et respondisset illa atque addidisset, „Hospes, non pote minoris:" tulisse eum moleste se non effugere hospitis speciem, quum aetatem ageret Athenis optimeque loqueretur. Omnino sic[3], opinor, in nostris

E. 1) recinit 2) percunctaretur 3) sicut
L. 1. *id* 9. *recinit* 17. *percunctaretur* 21. *sicut*

habitus est apud maiores nostros, sed *etiam* exstat adhuc eius oratio."

[*nisi idem*] Sic Nor. Asc. pr. Vict. Man. Ern. Quum Cdd. aliquot (D.) Gu. 1. habeant *nisi id idem*, *nisi id* praetulerunt Ald. Asc. sec. Crat. Herv. Lamb.

§. 171. [*iste tandem*] = *tandem iste* D. Gu. 1.

[*quod in vocibus nostrorum oratorum recinit*] *recinuit* Asc. — *retinuit* Cd. C. — *quod voc. n. o. retinuit* om. *in* A. — *quod in v. oratorum urbanorum retinuit* B. — *quod in voc. nostrorum maiorum or. retinuit* D. *retinnit* Schneideri et Sch. probavit Frotscher ad *Quintilian.* X. p. 206. recepitque Beier; quorum exemplum nunc secutus sum. Ceterorum inde ab Ald. *recinit* acriter defensum ab Ell. vix adeo constanter in Cdd. corruptum esset.

§. 172. [*Omnino, sic, opinor*] *Omnino* est e Rivii coni., iam a Lamb. recepta pro Cdd. Edd. vett. *Omnium.* Tum *sic* dedi e Cd. Reg. D. Aeque recte sese excipiunt *sic* - - *sicut*, ac *sicut* - - *sic*, cuius usus exempla exstant vel in vetere Tursellino. Contra molestum est Rivii *sic (ut opinor)* - *sicut*

est quidam urbanorum, sicut illic Atticorum sonus. Sed
domum redeamus, id est, ad nostros revertamur.
Duobus igitur summis, Crasso et Antonio, L. Phi- 47
lippus proximus accedebat, sed longo intervallo tamen 173
proximus. Itaque eum, etsi nemo intercedebat, qui se
illi anteferret, neque secundum tamen neque tertium
dixerim. Nec enim in quadrigis eum secundum numera-
verim aut tertium, qui vix e carceribus exierit, quum
palmam iam primus acceperit: nec in oratoribus, qui
tantum absit a primo, vix ut in eodem curriculo esse
videatur. Sed tamen erant ea in Philippo, quae, qui
sine comparatione illorum spectaret, satis magna diceret:
summa libertas in oratione, multae facetiae: satis creber
in reperiendis, solutus in explicandis sententiis: erat
etiam in primis, ut temporibus illis, Graecis doctrinis
institutus, in altercando cum aliquo aculeo et maledicto
facetus. Horum aetati prope coniunctus L. Gellius non 174
tam vendibilis orator, quam ut nescires, quid ei deesset.
Nec enim erat indoctus nec tardus ad excogitandum nec

L. 1. *ille* 14. (Fort.: *sententiis erat; etiam* b.)

propter nescio quam ambiguitatem inter *sic*, *ut* et *sicut*: contrarium autem consuetudini Ciceronis (qui semper: *ut opinor*, vel *opinor* simpliciter, non *sicut opinor*) et praeterea propter *sicut* - - *sicut* putidum Lamb. Ern. Seqq. *sicut opinor*. — *illic* firmatur a Cd. Cuiac. Ven. Asc. — *illis* D. Gu. 1. — *ille* Nor. Iu. Vict. Lamb. — Verba *id est*, - - *revert.* subditicia visa sunt Lamb. Schuetzio, Ell., qui []. Defendunt Corradus et Goerenz; iisque omissis nimis sane attenuatur oratio.

§. 174. [*non tam vendibilis orator*, *quam ut nescires*] Quotiescunque h. l. legi, semper in eo haesi. *Vendibilis orator* est, qui a multis probatur, qui multis placet habetque cur merito placeat. Iam quaenam ista sententia: „*non tam probabilis orator*, *quam ut nescires*, *quid ei deesset*" — ? *nicht sowohl ein beifallswürdiger Redner*, *als dass man das eine und das andre*, *ohne immer bestimmt zu wissen warum*, *an ihm vermisste*: — ? Ea mihi quidem videtur perabsurda. Iam fac Ciceronem scripsisse; *non tam non vendibilis orator*, *quam ut nescires*, *quid ei deesset*, simpliciter erit ac recte: „erat quidem vendibilis, admodum probabilis orator, sed tamen nescio quid ad perfectionem ei deerat." Nec vero vulgata cum Ell. explicari potest *non satis vendibilis*; cui rationi repugnat tota loci constructio.

Romanarum rerum immemor et verbis solutus satis; sed
in magnos oratores inciderat eius aetas: multam tamen
operam amicis et utilem praebuit; atque ita diu vixit,
ut multarum aetatum oratoribus implicaretur, multum
175 etiam in causis versaretur. Iisdem fere temporibus
D. Brutus, is, qui consul cum Mamerco fuit, homo et
Graecis doctus literis et Latinis. Dicebat etiam L. Scipio
non imperite, Cnaeusque Pompeius, Sex. F., aliquem
numerum obtinebat. Nam Sex. frater eius praestantissimum ingenium contulerat ad summam iuris civilis et ad
perfectam geometriae et rerum Stoicarum scientiam. Item
in iure et ante hos M. Brutus et paullo post eum
C. Bellienus[1], homo per se magnus, prope simili ratione
summus evaserat; qui consul factus esset, nisi in Maria-
nos consulatus et in eas petitionis angustias incidisset.
176 Cn. autem Octavii eloquentia, quae fuerat ante consulatum ignorata, in consulatu multis concionibus est vehementer probata. Sed ab eis, qui tantum in dicentium
numero, non in oratorum fuerunt, iam ad oratores revertamur. Censeo, inquit Atticus: eloquentes enim videbare, non sedulos velle conquirere.

48 Festivitate igitur et facetiis, inquam, C. Iulius, L. F.,
177 et superioribus et aequalibus suis omnibus praestitit, ora-
torque fuit minime ille quidem vehemens, sed nemo unquam urbanitate, nemo lepore, nemo suavitate conditior,

E. 1) C. Bilienus
L. 13. *C. Bilienus* (b., ut nos.)

§. 175. [*Item in iure*] *sitam in iure* A. B. D. *itaminiure* C. *ita* (spatium vacuum) *in iure*. *Et ante hoc* Med. Asc. Non sine causa suspecta erant Ellendtio v. *Item in iure*, quae primum sic reperi in Aldina. *Bellienus* ut volebat iam Corradus, scripsi cum Asconio in *Tog. cand.*, ubi memoratur alius *L. Bellienus* p. 525. Ed. meae: (ubi sic habet iam Ed. princeps.), tum cum Pighio et Ell., quum etiam Cd. D. habeat *Billienus;* vulgo *Bilienus:* — *Homo per se magnus*, in quo haesit Ern., h. l. ubi quodammodo opponitur *summus*, verum censeo. Vulgarem rationem *homo per se notus* vix corrupturos fuisse librarios puto. Deinde Sch. coni. Ell.: — *simili rat. prope summus:* nihil opus; legendo enim distinguebant *prope*, *simili ratione*, *summus*.

Sunt eius aliquot orationes, ex quibus sicut ex eiusdem tragoediis lenitas eius sine nervis perspici potest. Eius 178
aequalis P. Cethegus, cui de re publica satis suppeditabat oratio: totam enim tenebat eam penitusque cognorat. Itaque in senatu consularium auctoritatem assequebatur: sed in causis publicis nihil, in privatis satis veterator videbatur. Erat in privatis causis Q. Lucretius Vespillo[1], et acutus et iurisperitus. Nam Ofella[2] concionibus aptior[3] quam iudiciis. Prudens etiam T. Annius Velina et in eius generis causis orator sane tolerabilis. In eodem genere causarum multum erat T. Iuventius, nimis ille quidem lentus in dicendo et paene frigidus: sed et callidus et in capiendo adversario versutus et praeterea nec indoctus et magna cum iuris civilis intelligentia. Cuius 179
auditor P. Orbius, meus fere aequalis, in dicendo non nimis exercitatus, in iure autem civili non inferior quam magister fuit. Nam T. Aufidius, qui vixit ad summam senectutem, volebat esse similis horum eratque et bonus vir et innocens, sed dicebat parum. Nec sane plus frater eius M. Vergilius[4], qui tribunus pl. L. Sullae imperatori diem dixit. Eius collega P. Magius, in dicendo paullo

E. 1) Vispillo 2) Aphilia 3) aptior concionibus 4) Virgilius
L. 8. (*aptior concionibus* b.) 20. *Virgilius*

§. 178. [*in privatis*] *in* primum reperi apud Lamb. Priores et Ald. Nep. omittunt. — *privatus* om. *in* D.

[*Vespillo*] scripsi cum Man. Corr. L. Aldo Nep. et Schneidero pro: *Vispillo* Cett.

[*Ofella*] Sic Man. Lamb. Sch. Ellendt. (prob. Corrado.) *Aphilia* Ald. Iu. Asc. sec. Corr. in contextu. Ern. — *Aphila* Asc. pr. — *filia* D. — *Ofella* est a Victore Pisano, teste Sylburgio. Apud Asconium l. l. in Ed. princ. ceterisque est *Asella:* ubi tamen Sigonius recte *Ofella.*

[*concionibus aptior*] Sic D. Vict. Lamb. Sch. Ell. = *aptior conc.* Cett. Pro *T. Annius* Nor. Asc.: *D. Annius.* — Cd. D. omittit praenomen. *Velina* pro tribus nomine habent Corr. et Aldus Nep. Sed quum per totum librum nusquam eos, de quibus loquitur, a tribu designet, hoc quoque loco nomen proprium originis Etruscae esse puto, ut sunt *Caecina*, *Spurina* a multis duplici *n* scripta.

§. 179. [*Virgilius*] Sic Victor. Seqq. = *Vergilius* D. Nor. Asc. Aldina mea. Iu. Crat.; quod praetuli. ∞ *Virginius* Plutarch. in *Sylla* C. 10. — *Verginius* Marg. 1584. Scil. *Virginius* vel *Verginius* leg. censebat Corradus.

180 tamen copiosior. Sed omnium oratorum sive rabularum,
qui aut plane indocti et inurbani[1] aut rustici etiam fuerunt, quos quidem ego cognoverim, solutissimum in
dicendo et acutissimum iudico nostri ordinis Q. Serto-
rium, equestris C. Gargonium[2]. Fuit etiam facilis et
expeditus ad dicendum et vitae splendore multo et ingenio
sane probabili, T. Iunius, L. F. tribunicius, quo accusante P. Sextius, praetor designatus, damnatus est ambitus.
Is processisset honoribus longius, nisi semper infirma
atque etiam aegra valetudine fuisset.

49 Atque ego praeclare intelligo me in eorum comme-
181 moratione versari, qui nec habiti sint oratores neque
fuerint, praeteririque a me aliquot ex veteribus comme-
moratione aut laude dignos: sed hoc quidem ignoratione.
Quid est enim[3] superioris aetatis, quod scribi possit de
iis, de quibus nulla monumenta loquuntur nec aliorum
nec ipsorum? De iis autem, quos ipsi vidimus, neminem
fere praetermittimus eorum, quos aliquando dicentes vi-
182 dimus. Volo enim sciri, in tanta et tam vetere re publica
maximis praemiis eloquentiae propositis, omnes cupisse

E. 1) et pl. ind. aut inurb. 2) C. Gorgonium 3) Quid enim est
L. 2. *et pl. ind. aut inurb.* 5. *C. Gorgonium* 13. *(nec fuerint* b.) 15. *Quid enim est*

§. 180. [*oratorum*] ∞ *moratorum* e *Divin. in Verr. C,* 15. ingeniose coniecit Cuiacius, qui haesisse videtur in *oratoribus plane indoctis et rusticis.*

[*aut plane indocti et inurbani*] Hanc Heus. coni. receptam a Sch. et Ell. firmat nunc Cd. Reg. C. — *et plane ind. et inurb.* D. — *et pl. ind. aut inurb.* A. B. Asc. Vulgo. — *etiam rustici*, quam Ell. vulgatam dicit, nemo habet. — *Gargonium* scripsi cum Cdd. Pal. et Cuiac. prob. Bentleio ad Horatii *Serm.* 1, 2, 27. pro *Gorgonium.* Pro *P. Sextius* fortasse scrib. *P. Sestius.*

§. 181. [*sint - - fuerint*] — *sunt - - fuerunt* Gu. uterq. E D. mihi saltem notatur *fuerunt.*

[*Quid est enim*] dedi nunc cum Asc. pr. Sch. Ell. pro: = *Quid enim est* Cett. Pro *dicentes vidimus* Sch. volebat *dicentes audivimus.* Sane offendere potest duplex istuc *vidimus*, nisi quod posteriore loco per ironiam significat, a se tales de trivio oratores haud nimis attente auditos esse. Est autem ea sensus in primis videndi cum ceteris veluti confusio in sermone familiari omnibus linguis usitata. Theocr. *Idyll.* 1, 149, θᾶσαι, φίλος, ὡς καλὸν ὄσδει.

dicere, non plurimos ausos esse, potuisse paucos. Ego
tamen ita de uno quoque dicam, ut intelligi possit, quem
existimem clamatorem, quem oratorem fuisse. Iisdem
fere temporibus, aetate inferiores paullo quam Iulius,
sed aequales propemodum fuerunt C. Cotta, P. Sulpicius, Q. Varius, Cn. Pomponius, C. Curio, L. Fufius,
M. Drusus, P. Antistius, nec ulla aetate uberior oratorum fetus fuit. Ex his Cotta et Sulpicius quum meo 183
iudicio, tum omnium, facile primas tulerunt. Hic Atticus, Quomodo istuc dicis, inquit, quum tuo iudicio,
tum omnium? Semperne in oratore probando aut improbando vulgi iudicium cum intelligentium iudicio congruit? An alii probantur a multitudine, alii autem ab
iis, qui intelligunt? Recte requiris, inquam, Attice:
sed audies ex me fortasse, quod non omnes probent.
An tu, inquit, id laboras, si huic modo Bruto proba- 184
turus es? Plane, inquam, Attice, disputationem hanc
de oratore probando aut improbando multo malim tibi
et Bruto placere: eloquentiam autem meam populo probari velim. Etenim necesse est, qui ita dicat, ut a multitudine probetur, eundem doctis probari. Nam, quid
in dicendo rectum sit aut pravum, ego iudicabo, si modo
is sum, qui id possim aut sciam iudicare: qualis vero
sit orator, ex eo, quod is dicendo efficiet, poterit intelligi. Tria sunt enim, (ut quidem ego sentio) quae sint 185
efficienda dicendo: ut doceatur is, apud quem dicetur,
ut delectetur, ut moveatur vehementius. Quibus virtutibus oratoris[1] horum quidque efficiatur aut quibus vitiis
orator aut non assequatur haec aut etiam in his labatur

E. 1) oratoribus *err. typogr.*
L. 16. *(te probaturus* b.)

§. 182. [*clamatorem*] i. e. rabulam. Frustra Gothofr. volebat: *declamatorem.*

§. 184. [*id laboras, si huic*] Sic a Manutio emendatum videtur; habentque Corr. Ald. Nepos. Aldinae tribuit hanc lect. Ellendt; sed Ed. certe 1521. Asc. sec. Victor. Stephani: — *inquit adlaborasse huic* — *inquit id laborasse huic* D. — *inquit laborasse huic* Asc. pr.

§. 185. [*quae sint*] — *quae sunt* Gu. uterq. D.

et cadat, artifex aliquis iudicabit. Efficiatur autem ab oratore necne, ut ii, qui audiunt[1], ita afficiantur, ut orator velit, vulgi assensu et populari approbatione iudicari solet. Itaque nunquam de bono oratore aut non
50 bono doctis hominibus cum populo dissensio fuit. An
186 censes, dum illi viguerunt, quos ante dixi, non eosdem gradus oratorum vulgi iudicio et doctorum fuisse? De populo si quem ita rogavisses: „Quis est in hac civitate eloquentissimus?" in Antonio et Crasso aut dubitaret aut hunc alius, illum alius diceret. Nemone Philippum, tam suavem oratorem, tam gravem, tam facetum, his anteferret, quem nosmet ipsi, qui haec arte aliqua volumus expendere, proximum illis fuisse diximus? Nemo profecto. Id enim ipsum est summi oratoris, summum
187 oratorem populo videri. Quare tibicen Antigenidas dixerit discipulo sane frigenti ad populum, „Mihi cane et Musis:" ego huic Bruto dicenti, ut solet, apud multitudinem, „Mihi cane et populo, mi Brute," dixerim: ut, qui audient[2], quid efficiatur: ego, etiam cur id efficiatur, intelligam. Credit iis, quae dicuntur, qui audit oratorem: vera putat, assentitur, probat; fidem facit
188 oratio. Tu artifex, quid quaeris amplius? Delectatur audiens multitudo et ducitur oratione et quasi voluptate quadam perfunditur. Quid habes quod disputes? Gaudet dolet, ridet plorat, favet odit, contemnit invidet, ad misericordiam inducitur, ad pudendum, ad pigendum; irascitur miratur, sperat timet: haec perinde accidunt,

E. 1) audiant 2) audiant (*Utrumque coni.*)
L. 19. *cur ita* 26. (Al. *deducitur* b.)

§. 186. [*hunc alius*] — *hunc aliquis* Gu. 1. D. Sch. in Ed. mai. [*Nemone Philippum*] — *Nemo ut Ph.* Cd. Palatinus prob. Grut. Mihi videtur ortum e frequentissima confusione particc. *ne* et *ut*: huic tamen lectioni haud malam suam superstruxit suspicionem Ern.: *nemone ut Phil.* probatam Heindorfio ad Horat. *Serm.* 1, 1. p. 108.: qua forma sane *pro Sestio* §. 17. *hoccine ut ego appellem nomine* —?

§. 187. [*cur id*] Sic D. Victor. Ald. Nep. Ern. Seqq. — *cur ita* Nor. Asc. utraq. Ald. Crat. Herv. Lamb.

§. 188. [*miratur*] Ingeniosam sane Sch. coniecturam *mitigatur* probabat Beier.

nt eorum, qui adsunt, mentes verbis et sententiis et actione
tractantur. Quid est, quod exspectetur docti alicuius
sententia? Quod enim probat multitudo, hoc idem doctis
probandum est. Denique hoc specimen est popularis
iudicii, in quo nunquam fuit populo cum doctis intelli-
gentibusque dissensio. Quum multi essent oratores in 189
vario genere dicendi, quis unquam ex his excellere iudicatus est vulgi iudicio, qui non idem a doctis probaretur?
Quando autem dubium fuisset apud patres nostros, eligendi cui patroni daretur optio, quin aut Antonium optaret aut Crassum? Aderant multi alii: tamen, utrum de
his potius, dubitasset aliquis, quin alterum, nemo. Quid?
adolescentibus nobis, quum esset Cotta et Hortentius,
num quis, cui quidem eligendi potestas esset, quemquam
his anteponebat? Tum Brutus, Quid tu, inquit, quaeris 51
alios? de te ipso nonne, quid optarent rei, quid ipse 190
Hortensius iudicaret, videbamus? qui, quum partiretur
tecum causas, (saepe enim interfui) perorandi locum,
ubi plurimum pollet oratio, semper tibi relinquebat.
Faciebat ille quidem, inquam: et mihi benevolentia,
credo, ductus tribuebat omnia. Sed ego, quae de me
populi sit opinio, nescio: de reliquis hoc affirmo, qui
vulgi opinione disertissimi habiti sint, eosdem intelligentium quoque iudicio fuisse probatissimos. Nec enim pos- 191
set idem Demosthenes dicere, quod dixisse Antimachum,
clarum[1] poëtam, ferunt, qui quum, convocatis auditori-

E. 1) Clarium
L. 26. *Clarium*

§. 189. [*ex his*] Lege *ex iis*.
[*Aderant*] — Ern. susp. *at erant* recepit Sch.
§. 191. [*clarum poëtam*] Sic omnes Cdd. noti, etiam D. Nor. Asc. pr. Ald. Nepos. probb. Manutio et Corrado, etsi in contextu habent *Clarium* cum Asc. sec. Crat. Lamb. Seqq. Sed Ascensianae coniecturae manifesto ductae ex Ovidii *Trist.* 1. *El.* 6, 1. *Nec tantum Clario Lyde dilecta poëtae* tria potissimum opponi possunt: scilicet, 1) Ciceronem, accuratius quam Ovidium, sane Colophonem patriam tributurum fuisse Antimacho; 2) deinde supervacaneam h. l. esse patriae mentionem, quum vel maxime ad rem pertinuerit 3) significare clarum, egregium fuisse poëtam, non vulgarem, mo-

bus, legeret eis magnum illud, quod novistis, volumen suum et eum legentem omnes praeter Platonem reliquissent, „Legam, inquit, nihilo minus: Plato enim mihi unus instar est † omnium millium." Et recte. Poëma enim reconditum paucorum approbationem, oratio popularis assensum vulgi debet movere. At si eundem hunc Platonem unum auditorem haberet Demosthenes, quum esset
192 relictus a ceteris, verbum facere non posset. Quid tu, Brute, possesne[1], si te ut Curionem quondam concio

E. 1) posses
L. 9. *posses*

lestum, ineptum, dignissimum, quem omnes statim solum derelinquerent.

[*omnium millium*] Habent hoc ab Aldo Nepote, qui alios sic legere refert, Grut. Seqq.; sicque ex mea collatione D. — *omnium me illum* Gu. 1. Asc. utraque. Ald. Vict. Corr. *omnium' illorum* Turnebus *Adv.* 14, 22. *multorum millium* Camerarii suspicio non recepta, probata Lambino et Mureto *Var. Lect.* 16, 5., quem consule. Antimachi verba habes *ad Attic.* 16, 11. εἷς ἐμοὶ μύριοι. Quod Rivius coniecit: *omnium. Merito ille et recte*, apud Cic. alibi invenitur *recte ac merito* Verr. 2, 5, §. 172. — Nondum me poenitet coni. meae olim propositae: *instar est centum millium.* Cfr. *ad Attic.* 2, 5. *Cato ille noster, qui mihi unus est pro centum millibus.* Schneidero *millium* e gloss. aut varia lectione ortum et plane delendum videbatur. Hoc certum est: *omnium millium* omnium linguarum indoli repugnare, barbarum quum sit etiam illud Facundi Hermianensis Lib. 8, 1.: *Athanasius, qui* millia millium *certaminum pro evangelicis dogmatibus passus est*, in Maii *Scriptt. Coll.* T. I. p. xix.: et valde dubia est huius lect. auctoritas. Nam, ut taceam de Cd. D., in quo fortasse sic est, Corradus haec habet: „Alii, *millium;* non fortasse male, ut sit *omnium millium* cet. — Si quis tamen hoc non probat, videat, an legi possit: *omnium: haec illum* scil. dixisse ferunt." Hinc autem fluxit Aldi Nepotis, qui ipse edidit: *omnium. Haec illum*, annotatio: „Alii *omnium millium.*" — Schuetzius: — *instar est millium*, deleto verbo molesto.

[*approbationem* cet.] *a. o. p. assensum vulgi debet moveri* D. *approbatione o. p. assensu vulgi debet moveri* Asc. Nostra lectio est a Corrado, qui in Commentario, „Nos tamen, inquit, quum ex coni., tum ex libro etiam veteri sic leg. putamus."

§. 192. [*Quid? tu, Brute, posses, si te, ut*] — *posses te ut* om. *si* D. *possesne, si te, ut* Asc. pr. e falsa lect. Cdd. aliq. Nor. *posses nisi te* praecipiens Gulielmii coni., quae merito assensum tulit etiam Matthiae ad *Sex. Rosc. Am.* §. 92.: *Quid tu, Rosci? ubi tunc eras?:* „ut hoc loco, sic *Brut.* 192. *Quid*

reliquisset? Ego vero, inquit ille, ut me tibi indicem, in eis etiam causis, in quibus omnis res nobis cum iudicibus est, non cum populo, tamen, si a corona relictus sim, non queam dicere. Ita se, inquam, res habet: ut, si tibiae inflatae non referant sonum, abiiciendas eas sibi tibicen putet: sic oratori populi aures tamquam tibiae sunt; eae si inflatum non recipiunt aut si auditor omnino tamquam equus non facit, agitandi finis faciendus est.
Hoc tamen interest, quod vulgus interdum non proban- 52
dum oratorem probat, sed probat sine comparatione: 193
quum a mediocri aut etiam a malo delectatur, eo est contentus, esse melius non sentit; illud, quod est, qualecunque est, probat. Tenet enim aures vel mediocris orator, sit modo aliquid in eo: nec res ulla plus apud animos hominum, quam ordo et ornatus orationis valet.
Quare quis ex populo, quum Q. Scaevolam pro M. Co- 194
ponio dicentem audiret in ea causa, de qua ante dixi, quidquam politius aut elegantius aut omnino melius aut

L. 8. *auditor cum illo tamquam*

tu, *Brute*, *possesne* cet., ubi male Ern. (qui tamen habet *posses* cum Ald. Asc. sec. Cett.) Schuetz.: *Quid? tu*, *Brute*, *possesne* cet."

[*Ita se*] ꝏ *Ita sese* D. ut *ad Fam.* 15, 1, 5.

[*equus non facit*] Vir D. in *Annal. litt. Heid.* 1826. p. 282. coniicit *equus novus facit;* compar. *de Amicit.* 19, 68. Beier. Sed sic quoque offendo in v. nimis vulgari *facit*. Praeterea ideone finis agitandi faciendus est, quod equus novus sive indomitus non obtemperat agitatori? Immo, puto, eo pertinacius est perdomandus. Alia res in equo iam domito, sed propter fortuitam contumaciam agitatoris nutum spernente. Mera tamen hariolatio esset, si statueres voc. alibi quoque corrumpi solitum h. l. fortasse excidisse: *tamquam equus* giros *non facit*, flecti se non patitur. Contra Corradus quum significasset fortasse v. *omnino* esse corruptum, Lambinus coni. inde fecit: *cum illo tamquam equus non facit* i. e. non eius voluntati sese applicat, nutui eius obedit. Sane ingeniose; nisi hoc quoque minus ex antiquorum more dictum videretur: „equus facit, consentit cum equite." Itaque ἐπέχω, quum etiam priorem meam suspicionem *subit* scil. equitem, „eum patitur", minus probabilem nunc esse videam. Prorsus autem perversa erat Schuetzii ratio hoc totum *aut si* – – *non facit* uncis includentis, id est, delentis. Nam hoc vetat *agitandi* verbum, quod cum *tibiarum* similitudine coniungi nullo pacto potest.

195 exspectaret aut posse fieri putaret? Quum is hoc probare vellet, M'. Curium, quum ita heres institutus esset, si pupillus ante mortuus esset, quam in suam tutelam venisset, pupillo non nato heredem esse non posse; quid ille non dixit de testamentorum iure, de antiquis formulis? quid? quemadmodum scribi oportuisset, si etiam filio
196 non nato heres institueretur? quam captiosum esse[1] populo, quod scriptum esset, negligi et opinione quaeri voluntates et interpretatione disertorum scripta simplicium
197 hominum pervertere? Quam ille multa de auctoritate patris sui, qui semper ius illud esse defenderat? quam omnino multa de conservando iure civili? Quae quidem omnia quum perite et scienter, tum ita breviter et presse et satis ornate et pereleganter diceret; quis esset in populo, qui aut exspectaret aut fieri posse quidquam melius
53 putaret? At vero, ut contra Crassus ab adolescente delicato, qui in litore ambulans scalmum reperisset ob eamque rem aedificare navem concupivisset, exorsus est, similiter Scaevolam ex uno scalmo captionis centumvirale iudicium hereditatis effecisse, hoc in illo initio consecu-

E. 1) esset
L. 6. Abest *quid* 10. (Fort. *perverti*)

§. 194. [*posse fieri*] = *fieri posse* D., ut est sane §. 197. Sed consulto talia variat Tullius; id quod saepe fugit criticos ad unum aliquem verborum ordinem bis terve, vel etiam centies, apud Cic. repertum variationem aliquam dedita opera quaesitam ubique conformare conantes: qui pravus mos nunc invaluit.

§. 195. [*quid quemadmodum*] om. *quid* D. Asc. Crat. Lamb. Repositum est (cum O1x.) in Ed. Rom. prob. Rivio, Man. Ald. Nep. Ern. Seqq.

[*quam captiosum esse*] (Sic D. Asc.) In priore membro ad finem §. 195. ab interrogatione *quid* sc. *dixit* pendent vv. *quemadmodum - - oportuisset*, in altero contra *quam* intell. *dixit* nonnisi infinitivo *esse* iungi potest; quo de genere interrogationum et exclamationum exempla attulit Ramshorn in *Grammat. Lat.* pag. 615. Beier; qui, ut ego feceram, Ern. coni. *esset* in suo exemplari expunxit.

§. 197. [*tum ita breviter*] scil. „ut dixit." — *tum et breviter* Man. Corr. Aldus Nepos (non avus, neque Victor.) prob. Sch. in Ed. mai.

[*hoc in illo initio*] *in* non sine causa suspectum Ern. Equidem hoc deletum malim, quam cum Ell. coni.: *hoc ille initio*.

tus, multis eiusdem generis sententiis delectavit animosque omnium, qui aderant, in hilaritatem a severitate traduxit: quod est unum ex tribus, quae dixi ab oratore effici debere. Deinde hoc voluisse eum, qui testamentum fecisset, hoc sensisse, quoquo modo fil'us non esset, qui in suam tutelam veniret[1], sive non natus sive ante mortuus, Curius heres ut esset: ita scribere plerosque et id valere et valuisse semper. Haec et multa eiusmodi dicens fidem faciebat: quod est ex tribus oratoris officiis alterum.
Deinde aequum bonum, testamentorum sententias volun- 198
tatesque tutatus est: quanta esset in verbis captio quum in ceteris rebus tum in testamentis, si negligerentur voluntates: quantam sibi potentiam Scaevola assumeret, si nemo auderet testamentum facere postea, nisi de illius sententia. Haec quum graviter, tum ab exemplis copiose, tum varie, tum etiam ridicule et facete explicans eam admirationem assensionemque commovit, dixisse ut contra nemo videretur. Hoc erat oratoris officium partitione tertium, genere maximum. Hîc ille de populo iudex, qui separatim alterum admiratus esset, idem, audito altero, iudicium suum contemneret: at vero intelligens et doctus, audiens Scaevolam, sentiret esse quoddam uberius dicendi genus et ornatius. Ab utroque autem, causa perorata, si quaereretur, uter praestaret orator,
nunquam profecto sapientis iudicium a iudicio vulgi dis- 54
creparet. Quî praestat igitur intelligens imperito? Magna 199

E. 1) venisset
L. 11. *mortuorumque voluntates (voluntatesque mortuorum* b.)

[*veniret*] Sic Cdd. etiam D. Ald. Lamb. Sch. Ell. Beier. — *venisset* Ven. Mediol. Asc. Ern. Ad totum locum cfr. *Ramshorn* Progr. anni 1826. Altenburgi. p. 7. Ad verba *qui aut exspectaret* cet. Reisig. *Commentt. crit. ad Oed. Col.* p. 278.

§. 200. [*circulantem*] Miro errore Ed. Rom. *calculantem.* Rivius: „haud scio inquit, quam recte." Manifesto tamen in seqq. defendit l. *circulantem.* Pro *intuentes* Ern. volebat *intentos;* sed sequitur: *suspensos.* Ell. *intuentes* [ ]. Sed *erectos* ad totum corporum, oris et aurium in primis habitum, *intuentes* ad oculos dumtaxat refertur, satis vivida imagine.

[*si nihil audierit*] = *audiverit* D. Lamb. Malim: *et si nihil audierit. etsi* et *si* confusa videbis etiam §. 238 et §. 263.

re et difficili: si quidem magnum est scire, quibus rebus efficiatur amittaturve dicendo illud quidquid est, quod aut effici dicendo oportet aut amitti non oportet. Praestat etiam illo doctus auditor indocto, quod saepe, quum oratores duo aut plures populi iudicio probantur, quod dicendi genus optimum sit, intelligit. Nam illud, quod populo non probatur, ne intelligenti quidem auditori[1] probari potest. Ut enim ex nervorum sono in fidibus, quam scienter ei pulsi sint, intelligi solet, sic ex animorum motu cernitur, quid tractandis his perficiat orator.
200 Itaque intelligens dicendi existimator, non assidens et attente audiens, sed uno adspectu et praeteriens de oratore saepe iudicat. Videt oscitantem iudicem, loquentem cum altero, nonnunquam etiam circulantem, mittentem ad horas, quaesitorem, ut dimittat, rogantem: intelligit oratorem in ea causa non adesse, qui possit animis iudicum admovere orationem tamquam fidibus manum. Idem si praeteriens adspexerit erectos, intuentes iudices, ut aut doceri de re idque etiam vultu probare videantur: aut, ut avem cantu aliquo, sic illos viderit oratione quasi suspensos teneri: aut, id quod maxime opus est, misericordia, odio, motu animi aliquo perturbatos esse vehementius: ea si praeteriens (ut dixi) adspexerit, si nihil audierit, tamen oratorem versari in illo iudicio et opus oratorium fieri aut perfectum iam esse profecto intelliget.

55 Quum haec disseruissem, uterque assensus est; et ego
201 tamquam de integro ordiens, Quando igitur, inquam, a

E. 1) oratori *error typogr.*
L. 2. *omittaturve* 3. *omitti* 10. *his tractandis* 24. *audiverit*

§. 201. [*Quando igitur*] Nota hoc *quando* apud Ciceronem, quod in Epp. ad Famil. nunc ubique Cd. Medicei auctoritate cessit part. *quoniam*, re ipsa uno eodemque tempore a Wundero et a me v. c. *ad Philipp.* 14, §. 28. animadversa. Illa enim scripseram antequam prodisset praestantissimus Wunderi liber. Nempe hoc quoque loco oriri poterat ex *qm* cum lineola. Nisi forte statim positurus *Quoniam ergo* h. l. consulto variavit. Quod tamen vix credibile; mira enim esset

Cotta et Sulpicio haec omnis fluxit oratio, quum hos
maxime iudicio illorum hominum et illius aetatis dixissem
probatos, revertar ad eos ipsos: tum reliquos, ut in-
stitui, deinceps persequar. Quoniam ergo oratorum
bonorum (hos enim quaerimus) duo genera sunt, unum
attenuate presseque, alterum sublate ampleque dicentium:
etsi id melius est, quod splendidius et magnificentius,
tamen in bonis omnia, quae summa sunt, iure laudantur.
Sed cavenda est presso illi oratori inopia et ieiunitas: 202
amplo autem inflatum et corruptum orationis genus.
Inveniebat igitur acute Cotta, dicebat pure ac solute;
et ut ad infirmitatem laterum perscienter contentionem
omnem remiserat, sic ad virium imbecillitatem dicendi
accommodabat genus. Nihil erat in eius oratione nisi
sincerum, nihil nisi siccum atque sanum: illudque maximum, quod, quum contentione orationis flectere animos
iudicum vix posset nec omnino eo genere diceret, tra-
ctando tamen impellebat, ut idem facerent a se commoti,
quod a Sulpicio concitati. Fuit enim Sulpicius vel 203
maxime omnium, quos quidem ego audiverim, grandis
et ut ita dicam, tragicus orator. Vox quum magna,
tum suavis et splendida: gestus et motus corporis ita
venustus, ut tamen ad forum, non ad scenam institutus
videretur: incitata et volubilis, nec ea redundans tamen
nec circumfluens oratio. Crassum hic volebat imitari;
Cotta malebat Antonium: sed ab hoc vis aberat Antonii,
Crassi ab illo lepos. O magnam, inquit, artem! Bru- 204
tus: si quidem istis, quum summi essent oratores, duae
res maximae, altera alteri defuit. Atque in his oratori- 56
bus illud animadvertendum est, posse esse summos, qui
inter se sint dissimiles. Nihil enim tam dissimile, quam

ista variandi cupiditas; quamquam, ut verum fatear, *de Nat. D.* 3, 16 et 17. §. 43. similiter sese excipiunt *quoniam*, *quando*, pro quo tamen Cod. Mos. *quoniam*. Itaque h. l. malim equidem *quoniam*.

[*dixissem*] recte se habet: praecesserat enim huius verbi actio eam actionem, quae significatur v. *fluxit*. Noli igitur scribere *dixerim* Ellendtio morem gerens.

Cotta Sulpicio, et uterque aequalibus suis plurimum praestitit. Quare hoc doctoris intelligentis est, videre, quo ferat natura sua quemque: et ea duce utentem sic instituere, ut Isocratem in acerrimo ingenio Theopompi et lenissimo Ephori dixisse traditum est, alteri se calca-
205 ria adhibere, alteri frenos. Sulpicii orationes, quae feruntur, eas post mortem eius scripsisse P. Canutius putatur, aequalis meus, homo extra nostrum ordinem meo iudicio disertissimus. Ipsius Sulpicii nulla oratio est: saepeque ex eo audivi, quum se scribere neque consuesse neque posse diceret. Cottae pro se, lege Varia, quae inscribitur, eam L. Aelius scripsit Cottae rogatu. Fuit is omnino vir egregius et eques Romanus cum primis honestus idemque eruditissimus et Graecis literis et Latinis: antiquitatisque nostrae et in inventis rebus et in actis scriptorumque veterum literate peritus: quam scientiam Varro noster acceptam ab illo auctamque per sese, vir ingenio praestans omnique doctrina, pluribus
206 et illustrioribus literis explicavit. Sed idem Aelius Stoicus esse voluit, orator autem nec studuit unquam nec fuit. Scribebat tamen orationes, quas alii dicerent; ut Q. Metello F., ut Q. Caepioni, ut Q. Pompeio Rufo: quamquam is etiam ipse scripsit eas, quibus pro se est
207 usus, sed non sine Aelio. His enim scribendis[1] etiam

E. 1) scriptis

E. 1. *at uterque* 3. *sua quemque natura* 11. *Cottae pro lege Varia*

§. 204. [*et uterque*] i. e. „et tamen uterque." Supervacaneum igitur Lambini *at*.

[*lenissimo*] Male Asc. *levissimo;* nec praestat Ellendtii susp. *lentissimo;* in quo nimia inest reprehensio Ephori. Pro *calcaria* D.; *calcar*.

§. 205. [*consuesse*] Sic Victor. Man. Lamb. Seqq. = *consuevisse* D. Asc. utraq. Ald. Crat. Herv. Stephani.

§. 206. [*Q. Metello, F.*] — *Q. Metello, Balearici F.* Lamb. suspic. non recepta, prob. Ell. Sed cfr. *Q. Catulum F.* §. 222.

§. 207. [*scribendis*] Sic dedi nunc ex nescio cuius suspicione apud Corradum cum Lambino; quum *scriptis* Cdd. Edd. cett. lectio plane sit absurda. Scil. *scribdis* cum lin. corruptum est in *scriptis*, prorsus ut *ad Attic.* 1, 19, 1. *in scribendo multo essem crebrior* aeque inepte corruptum in haec: *in scripto m. e. cr.*

ipse interfui, quum essem apud Aelium adolescens eumque audire perstudiose solerem. Cottam autem miror, summum ipsum oratorem minimeque ineptum, Aelianas leves oratiunculas voluisse existimari suas. His duobus 57
eiusdem aetatis annumerabatur nemo tertius: sed mihi placebat Pomponius maxime, vel dicam, minime displicebat. Locus erat omninò in maximis causis praeter eos, de quibus supra dixi, nemini: propterea quod Antonius, qui maxime expetebatur, facilis in causis recipiendis erat; fastidiosior Crassus, sed tamen recipiebat. Horum qui neutrum habebat, confugiebat ad Philippum fere aut ad Caesarem: [*secundum Philippum et Caesarem*] Cotta et[1] Sulpicius expetebantur. Ita ab his[2] sex patronis causae illustres agebantur; neque tam multa quam nostra aetate iudicia fiebant neque hoc, quod nunc fit, ut causae singulae defenderentur a pluribus, quo nihil est vitiosius. Respondemus iis, quos non audivimus: 208
in quo primum saepe aliter est dictum, aliter ad nos relatum: deinde magni interest coram videre me, quemadmodum adversarius de quaque re asseveret, maximi[3] autem, quemadmodum quaeque res audiatur. Sed nihil vitiosius, quam, quum unum corpus debeat esse defensionis, nasci de integro causam, quum sit ab altero perorata. Omnium enim causarum unum est uaturale prin- 209
cipium, una peroratio: reliquae partes quasi membra

E. 1) Cotta [secundum Ph. et C.] et' 2) ab iis 3) maxime
L. 13. *ab iis* 19. *delatum* Ib. Abest *me* 20. *maxime*

[*summum ipsum*] Excidit *ipsum* ex vitiosissima Ed. Ern. minore Halensi, non ex maiore.

[*aut ad Caesarem* cet.] *aut Caesarem Cotta et Sulpicius repetebantur* (sic) Asc. *aut ad Caesarem Cotta Sulpicius expetebantur* om. *et* Cdd. A. B. C. Item D. sed: *expectabantur.* — *aut Caesarem*, *Cotta*, *Sulpicius expetebantur* Ald. Herv. Vict. Cum Ern. Sch. Ell. recepi Lamb. suppl., ut ipse scil. suppleri voluit, non, ut illi: *Cotta secundum Ph. et C. et Sulp.*

[*ab his*] Sic D., ut Ell. Cett.: *ab iis.*

§. 208. [*maxime autem*] Buttmannus in N. A. Soc. Lat. Ien. I. p. 45. recte corrigit *maximi autem.* Beier. Perspicue veram emend. recepi. Paullo ante Lambinus solus *delatum;* idem cum Cdd., ut ait, delevit *me* post v. *videre.*

suo quaeque loco locata suam et vim et dignitatem tenent. Quum autem difficile sit in longa oratione non aliquando aliquid ita dicere, ut sibi ipse non conveniat: quanto difficilius cavere, ne quid dicas, quod non conveniat eius orationi, qui ante te dixerit? Sed quia et labor multo maior est totam causam quam partem dicere et quia plures ineuntur gratiae, si uno tempore dicas pro pluribus, idcirco hanc consuetudinem lubenter adscivimus.

58 Erant tamen, quibus videretur illius aetatis tertius
210 Curio, quia splendidioribus fortasse verbis utebatur et quia Latine non pessime loquebatur, usu, credo, aliquo domestico; nam literarum admodum nihil sciebat. Sed magni interest, quos quisque audiat quotidie domi, quibuscum loquatur a puero, quemadmodum patres, paeda-
211 gogi, matres etiam loquantur. Legimus epistolas Corneliae, matris Gracchorum: apparet filios non tam in gremio educatos quam in sermone matris. Auditus est nobis Laeliae, C. F., saepe sermo. Ergo illam patris elegantia tinctam vidimus et filias eius Mucias ambas, quarum sermo mihi fuit notus, et neptes Licinias, quas nos quidem ambas, hanc vero Scipionis etiam tu, Brute, credo, aliquando audisti loquentem. Ego vero, ac lubenter quidem, inquit Brutus; et eo lubentius, quod
212 L. Crassi erat filia. Quid Crassum, inquam, illum censes, istius Liciniae filium, Crassi testamento qui fuit

L. 1. *suam vim* 3. *sibi ipsum* 8. *libenter*

§. 209. [*ut sibi ipse*] *ut tibi ipse non convenias*, non *ipsi* altera erat Ern. susp., altera *ut sibi ipsa non conveniat*, quam refutat Hand ad *Wopkens* p. 4. — *ut sibi ipsi non conveniat* Beier *ad Offic.* T. 1. pag. 256. Ego in his sequor Cdd. Et recte dixit: *ut sibi ipse non conveniat* orator.

[*ante te dixerit*] om. *te* Gu. uterq. D. Man. Ald. Nep. prob. Ell. si legatur *ne quid dicat;* ex quo ipso apparet melius retineri *te.*

§. 211. [*lubenter quidem*] om. *quidem* Asc.

§. 212. [*cuius quattuor filii*] Excidisse puto *consulares;* cfr. §. 81. et in primis *Philipp.* 8, §. 14. Pro *percomis* Rivius miro acumine volebat *patronus* receptum a Man. Corr. Ald. Nep. Hi duo tamen Cdd. lect. in *Comment.* praeferunt. Sane hoc dicit: „quamvis iuris esset peritissimus, qua scientia ho-

adoptatus? Summo iste quidem dicitur ingenio fuisse,
inquit. Et vero hic Scipio, collega meus, mihi sane
bene et loqui videtur et dicere. Recte, inquam, iudicas,
Brute. Etenim istius genus est ex ipsius sapientiae stirpe
generatum. Nam et de duobus avis iam diximus, Scipione et Crasso; et de tribus proavis, Q. Metello,
cuius quattuor filii; P. Scipione, qui ex dominatu
Ti. Gracchi privatus in libertatem rem publicam vindicavit, Q. Scaevola augure, qui peritissimus iuris
idemque percomis est habitus. Iam duorum abavorum 213
quam est illustre nomen, P. Scipionis, qui bis consul
fuit, qui est Corculum dictus, alterius omnium sapien-
tissimi, C. Laelii! O generosam, inquit, stirpem et
tamquam in unam arborem plura genera, sic in istam
domum multorum insitam atque † illuminatam sapientiam!
Similiter igitur suspicor (ut conferamus parva magnis) 59
Curionis, etsi pupillus relictus est, patrio fuisse instituto
puro sermone assuefactam domum: et eo magis hoc
iudico, quod neminem ex iis quidem, qui aliquo in numero fuerunt, cognovi in omni genere honestarum artium
tam indoctum, tam rudem. Nullum ille poëtam viderat[1], 214
nullum legerat oratorem, nullam memoriam antiquitatis
collegerat: non publicum ius, non privatum et civile
cognoverat: quamquam id quidem fuit etiam in aliis et
magnis quidem oratoribus, quos parum his instructos

E. 1) noverat
L. 15. *illiminatam* 18. *sermoni* 21. *noverat*

mines solent fieri severi, tristes, morosi, ipse *percomis* habitus est." Praeterea hoc loco de sermone familiari loquitur.

§. 213. [*plura genera*] Quid h. l. *genera? Surculorum*, inquient, vel *fructuum*. Audio; sed lego *germina*. Virg. *Georg.* 2, 76. *huc aliena ex arbore germen Includunt*.

[*insitam atque illuminatam*] Sic corrupte etiam A. B. C. D. Schuetzii susp. *inoculatam* veram puto: — *innatam*, quod praeterea Schuetzio in mentem venit, coniecerat etiam Cuiacius.

[*conferamus*] *conferam* Asc. — [*aliquo in*] = *in aliquo* Asc.

§. 214. [*noverat*] *viderat* D. Gu. 1., quod verum puto, etiam propterea quod statim sequitur *cognoverat*. Hyperbolen istam *viderat* non concoquentes substituerunt gloss. *noverat*. Est autem *viderat* idem fere ac „ne extremis quidem, ut dicitur, digitis attigerat."

artibus vidimus, ut Sulpicium, ut Antonium. Sed ei[1]
tamen unum illud habebant, dicendi opus elaboratum:
idque quum constaret ex quinque notissimis partibus,
nemo in aliqua parte earum omnino nihil poterat. In
quacunque enim una plane clauderet[2], orator esse non
215 posset. Sed tamen alius in alia excellebat magis: reperiebat, quid dici opus esset et quomodo praeparari et
quo loco locari; memoriaque ea comprehendebat Antonius; excellebat autem actione: erantque ei quaedam ex
his paria cum Crasso, quaedam etiam superiora. At
Crassi magis enitebat oratio. Nec vero Sulpicio neque
Cottae dicere possumus neque cuiquam bono oratori rem
ullam ex illis quinque partibus plane atque omnino de-
216 fuisse. Itaque in Curione hoc verissime iudicari potest,
nulla re una magis oratorem commendari quam verborum splendore et copia. Nam quum tardus in cogitando,
60 tum in instruendo dissipatus fuit. Reliqua duo sunt agere
et meminisse: in utroque cachinnos irridentium commovebat. Motus erat is, quem et C. Iulius in perpetuum
notavit, quum ex eo in utramque partem toto corpore
vacillante quaesivit, „Quis loqueretur e lintre:" et Cn.
Sicinius, homo impurus, sed admodum ridiculus neque
217 aliud in eo oratoris simile quidquam: is quum tribunus
pl. Curionem et Octavium consules produxisset Curioque
multa dixisset, sedente Cn. Octavio collega, qui devin-
ctus erat fasciis et multis medicamentis propter dolorem

E. 1) ii 2) claudicaret
L. 1. *ii* 5. *claudicaret* 6. *excellebat, magis rep.* 13. *oratori ullam*

[*Sed ii*] *Sed ei* D. Asc., ut frequenter in hoc libro editur. Itaque sic nunc scripsi.

[*clauderet*] Sic D. cum aliis Cdd. *claudere* pro *claudicare* bis, quantum memini, habet Fronto *Ed. Rom.* p. 239. et 243. *claudicaret* e gloss. Edd. omnes. §. 227. sane est *claudicabat.*

§. 215. [*erantque*] — *erant* D. Nor. Asc.

[*enitebat*] *nitebat* Gu. 1. Oix. D. ut §. 238. *nitens oratio.*

[*rem ullam*] Speciose Lamb. et Ell. deleverunt *rem*, ortam fortasse e syll. praeced. *ri. Res* tamen saepius (v. c. §. 25. et 204.) de his ipsis quinque eloquentiae partibus.

§. 216. [*tardus in cogitando*] = *in cog. tardus* D. Gu. 1.

artuum delibutus, „Nunquam, inquit, Octavi, collegae
tuo gratiam referes: qui nisi se suo more iactavisset,
hodie te istic muscae comedissent.” Memoria autem ita
fuit nulla, ut aliquoties, tria quum proposuisset, aut
quartum adderet aut tertium quaereret: qui in iudicio
privato vel maximo, quum ego pro Titinia Cottae per-
oravissem, ille contra me pro Ser. Naevio diceret, subito totam causam oblitus est idque veneficiis et cantio-
nibus Titiniae factum esse dicebat. Magna haec imme- 218
moris ingenii signa: sed nihil turpius, quam quod etiam
in scriptis obliviscebatur[1], quid paullo ante posuisset;
ut in eo libro, ubi se exeuntem e senatu et cum Pansa
nostro et cum Curione filio colloquentem facit, quum
senatum Caesar consul habuisset omnisque ille sermo
ductus e percontatione[2] filii, quid in senatu esset actum:
in quo multis verbis quum inveheretur in Caesarem Curio
disputatioque esset inter eos, ut est consuetudo dialogo-
rum, quum sermo esset institutus senatu misso, quem
senatum Caesar consul habuisset[3], reprehendit eas res,
quas idem Caesar anno post et deinceps reliquis annis
administravisset in Gallia. Tum Brutus admirans, Tan- 61
tamne fuisse oblivionem, inquit, in scripto praesertim, 219
ut ne legens quidem unquam senserit, quantum flagitii
commisisset? Quid autem, inquam, Brute, stultius,
quam, si ea vituperare volebat, quae vituperavit, non eo
tempore instituere sermonem, quum illarum rerum iam

E. 1) oblivisceretur 2) percunctatione 3) [quem - - - habuisset]
L. 7. *Sex. Naevio* 14. *ductus esset e percunctatione*

§. 217. [*Ser. Naevio*] De Corradi susp. Lamb.: *Sex. Naevio;* scil. ex orat. *pro Quintio Cap.* 1. Sed in re incerta sequendi sunt Cdd.

§. 218. [*obliviscebatur*] Sic Gu. uterq. D. N. Asc. Crat. Vict. L. Sch. Ell. — *oblivisceretur* Man. Ald. Nep. Grut. Ern.

[*quum Senatum Caesar consul habuisset*] Haec insiticia visa Schuetzio et Ell., Ernestio autem seqq. *quem senatum Caesar consul habuisset.* Defendit Beier *Fragm. Oratt. Cic.* pag. 53.: „Iterata hic videmus ea, quorum mirabiliter oblitus esset Curio.” — Restat etiamnunc dubium, an intactum relinquendum sit ἀνακόλουθον *omnisque ille sermo ductus*, an cum Lamb. leg. *omnisque ille sermo ductus esset*, an *omnis ille sermo*

tempora praeterissent[1]? Sed ita totus errat, ut in eodem sermone dicat in senatum[2] se, Caesare consule, non accedere, sed id dicat ipso consule, exiens e senatu. Iam, qui hac parte animi, quae custos est ceterarum ingenii partium, tam debilis esset, ut ne in scripto quidem meminisset, quid paullo ante posuisset, huic minime mirum
220 est ex tempore dicenti solitam effluere mentem. Itaque, quum ei nec officium deesset et flagraret studio dicendi, perpaucae ad eum causae deferebantur. Orator autem, vivis eius aequalibus, proximus optimis numerabatur propter verborum bonitatem, ut ante dixi, et expeditam ac profluentem quodammodo celeritatem. Itaque eius orationes adspiciendas tamen censeo. Sunt illae quidem languidiores, verumtamen possunt augere et quasi alere id bonum, quod in illo mediocriter fuisse concedimus; quod habet tantam vim, ut solum, sine aliis, in Curione speciem oratoris alicuius effecerit. Sed ad instituta redeamus.

62 In eodem igitur numero eiusdem aetatis C. Carbo
221 fuit, illius eloquentissimi viri filius, non satis acutus orator; sed tamen orator numeratus est. Erat in verbis gravitas et facile dicebat et auctoritatem naturalem quandam habebat oratio. Acutior Q. Varius rebus inveniendis nec minus verbis expeditus: fortis vero actor et

E. 1) praeteriissent 2) in senatu
L. 1. *praeteriissent* (b., ut nos.) 3. *(et id dicat* b.) 15. (Al. *mediocre* b.)

ductus est; utrique suspicioni favet error Nor. Asc. *omnisque ille sermo ductus est perc.* omisso *e*. Ad hoc autem: *omnis ille sermo ductus est* maxime inclinat animus, ut continuetur cum illis: *ut in eo libro* cet. Pro *administravisset* Asc.: = *amministrasset*.

§. 219. [*in senatum*] Sic Man. Ald. Nep. Lamb. Rursus de Ern. susp. Sch. et Ellendt. Cett. *in senatu* cum D. Gu. 1. 2. [*sed id dicat*] ∾ *et id dicat* Corradi, Lamb. et Ern. susp. [*mirum est*] om. *est* D.

§. 221. [*gravitas*] ∾ *granditas* Lamb. susp. admodum probabilis. cfr. §. 121. et 265. In seqq. rectius distinxi cum Asc. pr. Ald. Victor. Madvig. 1. p. 172., ut vv. *fortis vero* cet. referantur ad *Cn. Pomponium*. Lamb. et Recentt. plene distinguunt post *auderes*, ut *fortis actor* sit *Q. Varius*.

vehemens et verbis nec inops nec abiectus et quem plane oratorem dicere auderes, Cn. Pomponius, lateribus pugnans, incitans animos, acer, acerbus, criminosus.
Multum ab his[1] aberat L. Fufius, tamen ex accusatione 222
M'. Aquilii diligentiae fructum ceperat. Nam M. Drusum, tuum magnum avunculum, gravem oratorem, ita dumtaxat quum de re publica diceret: L. autem Lucullum etiam acutum, patremque tuum, Brute, iuris quoque et publici et privati sane peritum: M. Lucullum, M. Octavium, Cn. F., (qui tantum auctoritate dicendoque valuit, ut legem Semproniam frumentariam populi frequentis suffragiis abrogaverit), Cn. Octavium, M. F., M. Catonem patrem, Q. etiam Catulum filium, abducamus ex acie, id est, a iudiciis, et in praesidiis rei publicae, cui
facile satisfacere possint, collocemus. Eodem Q. Cae- 223
pionem referrem, nisi nimis equestri ordini deditus, a senatu dissedisset. Cn. Carbonem, M. Marium et ex eodem genere complures minime dignos elegantis conventus auribus, aptissimos cognovi turbulentis concionibus. Quo in genere (ut in his[2] perturbem aetatum ordinem) nuper L. Quinctius[3] fuit: aptior etiam[4] Palicanus

E. 1) ab iis 2) in iis 3) L. Quintius 4) aptior autem etiam
L. 4. *ab iis* 17. *discessisset* 20. *in iis* 21. *aptior autem etiam*

§. 222. [*id est*, *a iudiciis*] Subditicia haec visa Manutio, Lambino, Ruhnkenio ad *Vellei.* 2, 23., Schuetzio atque Ell. (qui duo [] :) facile tamen locum suum tuentur: praesidia scil. rei publicae quae sint et facile per se intelligitur, et oppositis *iudiciis* clarius etiam fit; contra *acies* quae esset oratorum, egebat explicatione aliqua. — Eadem autem prorsus est conformatio duorum locorum aeque Criticis suspectorum *Paradox. prooem.* §. 4. *in lucem*, *id est*, *in forum. de Amicitia* §. 97. *in scena*, *id est*, *in concione.* Num, quaeso, credibile est ubique in talibus glossatores artibus suis indulsisse? Pro *possint* malim *possent*, tunc scil., quum vixerunt. Sic in eodem eiusdem temporis significatu §. 238. frustra haesit Ern. Cfr. quae notavi ad Caelianae §. 52. *Ed. min.*

§. 223. [*dissedisset*] — *discedisset* D. Hinc Lambini *discessisset.* Vide, ne rectior sit forma *dissidisset*, ut est in optt. Cdd. *Sestianae* §. 44. ibique Garat.

[*L. Quinctius*] scribitur modo sic, modo *Quintius* etiam in Fragm. nuper repertis *pro M. Tullio.* Ed. Rom. noviss. p. 329. et 331.; tum in Cd. Vat. *Verr.* 2, 1, 47. ibid. p. 397., ubi

224 auribus imperitorum. Et, quoniam huius generis facta mentio est, seditiosorum omnium post Gracchos L. Appuleius[1] Saturninus eloquentissimus visus est; magis specie tamen et motu atque ipso amictu capiebat homines, quam aut dicendi copia aut mediocritate prudentiae. Longe autem post natos homines improbissimus C. Servilius Glaucia, sed peracutus et callidus cum primisque ridiculus. Is ex summis et fortunae et vitae sordibus in praetura consul factus esset, si rationem eius haberi licere iudicatum esset. Nam et plebem tenebat et equestrem ordinem beneficio legis devinxerat. Is praetor eodem die, quo Saturninus tribunus pl., Mario et Flacco consulibus, publice[2] est interfectus; homo simillimus Atheniensis Hyperboli, cuius improbitatem veteres Atticorum
225 comoediae notaverunt. Quos Sex. Titius consecutus, homo loquax sane et satis acutus, sed tam solutus et mollis in gestu, ut saltatio quaedam nasceretur, cui saltationi Titius nomen esset. Ita cavendum est, ne quid
63 in agendo dicendove facias, cuius imitatio rideatur. Sed

E. 1) Apuleius 2) [publice]
L. 3. *Apuleius* 6. *post homines natos* 8. *sordibus in praetura, consul*

in Edd. excidit eius nomen. Tum *Lolliae* gentis fuisse *Palicanos* constat in primis ex nummis apud Eckhelium Vol. 5. p. 236. et Stieglitzium p. 84. et 87. non Aciliae, qui error occupavit Sallustii *Fragm.* p. 125. Haverc. et Quintil. 4, 2, 2.

[*aptior etiam*] Sic D. Gu. uterq. Nor. Man. Ald. Nep. Sch. Ell. — *aptior autem* Asc. — *aptior autem etiam* Ald. Iu. Crat. Vict. Lamb. Ern.

§. 224. [*peracutus*] Beier volebat *perastutus*, quod h. l. nimis synonymum videtur cum v. *callidus*. Tum *cum primis* D. — *in primisque* Ald. Asc. sec. Crat. Herv. Rob. Steph. Ut nos Asc. pr. Vict. Man. Car. Steph. Lamb. Seqq. cfr. §. 205.

[*in praetura consul*] Haud mala videri possit Creverii susp.: *ex praetura*, *in praetura* quum proprie nemo consul fieri possit. Sed obstant praecedentia *ex summis* cet.; in quibus, hic si legeres *ex pr.*, delendum esset *ex*. Quidni igitur explicemus: praetor etiamtunc, consul creatus ac designatus esset, ita ut cum praetura consulatum continuasset, si cet. —?

[*publice*] sine causa suspectum fuisse Ernestio bene demonstravit Ell.

ad paullo superiorem aetatem revecti sumus: nunc ad
eam, de qua aliquantum sumus locuti[1], revertamur.
Coniunctus igitur Sulpicii aetati P. Antistius fuit, 226
rabula sane probabilis, qui multos quum tacuisset annos
neque contemni solum, sed irrideri etiam solitus esset,
in tribunatu primum contra C. Iulii illam consulatus pe-
titionem extraordinariam veram causam agens est probatus: et eo magis, quod eandem causam quum ageret eius
collega, ille ipse Sulpicius, hic plura et acutiora dicebat.
Itaque post tribunatum primo multae ad eum causae,
deinde omnes, maximae quaecunque erant, deferebantur.
Rem videbat acute, componebat diligenter, memoria 227
valebat: verbis non ille quidem ornatis utebatur, sed
tamen non abiectis. Expedita autem erat et perfacile
currens oratio. Et erat eius quidem tamquam habitus
non inurbanus: actio paullum quum vitio vocis tum
etiam ineptiis claudicabat. Hic temporibus floruit iis,
quibus inter profectionem reditumque L. Sullae sine iure
fuit et sine ulla dignitate res publica. Hoc etiam magis[2]
probabatur, quod erat ab oratoribus quaedam in foro
solitudo. Sulpicius occiderat, Cotta aberat et Curio:
vivebat e reliquis patronis eius aetatis nemo praeter Carbonem et Pomponium, quorum utrumque facile superabat.

E. 1) loc. sumus 2) hoc etiam autem magis
L. 2. *loc. sumus* 7. *(iustam b.)* 15. *quidam* 19. *hoc etiam autem magis*

§. 225. Sic D. Gu. uterque. = *locuti sumus* Edd.

§. 226. [*eandem causam*] ∾ om. *causam* D.

§. 227. [*eius quidem*] Man. Ald. Nepos. Lamb. *quidam*, ut volebat Schneiderus. Sed cfr. §. 259. *alia quidem quasi inculta - - via.*

[*inter prof.*] *ante prof.* Crat. Est una de paucis iis lectionibus, in quibus Crat. abit ab Asc. sec. Refutavit iam Rivius.

[*hoc etiam magis*] Sic D. Gu. uterq., ut volebat Ern. Idque praefero, quum particulae adversativae saepius intrudi soleant, quam reliquae. — *hoc autem magis* Man. Ald. Nep. Sch. Ell. — *hoc etiam autem magis* Asc. Edd. paene omnes praeter Man. Ald. Nep. Sch. Ell. Restabat: — *hoc autem etiam magis* propositum ab Handio *Tursell.* 1. p. 39.

[*quaedam in foro*] Omittunt *in* Gu. uterq. propter *m* praecedens. Non erat igitur, cur Ellendt. suspicaretur: *quaedam fori.* E D. nihil notatur.

64 Inferioris autem aetatis erat proximus L. Sisenna, doctus
228 vir et studiis optimis deditus, bene Latine loquens, narus[1]
rei publicae, non sine facetiis: sed neque laboris multi
nec satis versatus in causis; interiectusque inter duas
aetates Hortensii et Sulpicii nec maiorem consequi poterat et minori necesse erat cedere. Huius omnis facultas
ex historia ipsius perspici potest: quae quum facile omnes
vincat superiores, tum indicat tamen, quantum absit a
summo quamque genus hoc scriptionis nondum sit satis
Latinis literis illustratum. Nam Q. Hortensii admodum
adolescentis ingenium ut Phidiae signum simul adspectum
229 et probatum est. Is, L. Crasso, Q. Scaevola consulibus,
primum in foro dixit et apud hos ipsos quidem consules
et quum eorum, qui affuerunt, tum ipsorum consulum,
qui omnes intelligentia anteibant, iudicio discessit probatus. Undeviginti annos natus erat eo tempore. Est
autem L. Paullo, C. Marcello consulibus mortuus; ex
quo videmus, eum in patronorum numero annos quattuor
et quadraginta fuisse. Hoc de oratore paullo post plura
dicemus; hoc autem loco voluimus aetatem in disparem
oratorum includere[2]: quamquam id quidem omnibus usu

E. 1) gnarus 2) aetatem eius in d. oratorum aetatem incl.
L. 6. (Fort. *necesse habebat*) 21. *aetatem eius in d. oratorum aetatem incl.*

§. 228. [*narus*] Scripsi cum Lamb. cfr. *Orat.* §. 158.
[*tum indicat tamen*] cfr. Beier *ad Offic.* T. 2. p. 191.
[*Nam Q. Hortensii*] Sic Ald. Seqq. — *Namque Hortensii* D. Asc.

§. 229. [*voluimus aetatem in disparem oratorum includere*] Sic Cd. Regius B., prorsus ut Manut. Ald. Nep.; idque nunc recepi. Construe: *voluimus* (eum) *in disparem aetatem oratorum incl.*, i. e. eo loco primam eius mentionem facere, ubi de oratoribus paullo maioribus natu sermo esset, quibuscum tamen comparatus est. — *voluimus aetatem in disp. or. aetatem incl.* (sic) A. C. Item D. Asc., sed *volumus*; omnes om. *eius*, ut Ven. Med. Ald. Iu. Crat. Herv. Victor. Vulgatam lectionem Gruteri, Ern. Ell. reperi primum apud Rob. et Car. Stephanos, Corradum et Lambinum: scil.: *voluimus aetatem eius in disparem oratorum aetatem includere.* Iam fere ut nos, Ern. susp. *voluimus eum in disp. or. aetatem incl.*; et aliquanto melius, Sch. coni.: *voluimus in disparem orato-*

venire necesse fuit, quibus paullo longior vita contigit, ut et cum multo maioribus natu, quam essent ipsi, et cum aliquanto minoribus compararentur. Ut Accius[1] iisdem aedilibus ait se et Pacuvium docuisse fabulam, quum
ille octoginta, ipse triginta annos natus esset: sic Hor- 230
tensius non cum suis aequalibus solum, sed et mea cum aetate et cum tua, Brute, et cum aliquanto superiore coniungitur; si quidem et Crasso vivo dicere solebat et magis iam etiam vigebat Antonio[2] et cum Philippo iam sene pro Cn. Pompeii bonis dicente in illa[4] causa, adolescens quum esset, princeps fuit et in eorum, quos in Sulpicii aetate posui, numerum facile pervenerat et suos inter aequales M. Pisonem, M. Crassum, Cn. Lentulum, P. Lentulum Suram longe praestitit et me adolescentem nactus octo annis minorem quam erat ipse, multos annos in stadio[3] eiusdem laudis exercuit et tecum simul, sicut ego pro multis, sic ille pro Appio Claudio dixit paullo ante mortem.

Vides igitur, ut ad te oratorem, Brute, perveneri- 63
mus, tam multis inter nostrum tuumque initium dicendi 231
interpositis oratoribus? ex quibus, quoniam in hoc sermone nostro statui neminem eorum, qui viverent, nomi-

E. 1) Attius 2) vigebat cum Antonio 3) dicente. In illa 4) studio
L. 3. (*Attius* b.) 9. *vigebat cum Antonio*

rum aetatem includere. Sed nostra sive Manut. lectio nititur Cdd. auctoritate.

§. 230. [*vigebat Antonio et cum Philippo* cet.] Ante omnia cum Edd. vett. (Ald. Victor. Lamb. Al.), iubente etiam Madvigio 1. p. 172. rectam restituimus distinctionem. Ern. Sch. Ell.: - - *dicente. In illa* cet.; in qua ratione ita se implicarant VV. DD., ut v. c. Sch. coni. daret: *dicens* pro *dicente*. Deinde cum D. Gu. 1. Palat. Cuiac. tum Nor. Asc. utraque. Ald. Crat. Herv. Victor. Man. Corr. Aldo Nepote delevimus *cum* ante v. *Antonio;* quod sententia non recte percepta inseruerunt uterque Stephanus, Lamb. Grut. Seqq. Iam omnia clara et recta: „Hortensius et Crasso vivo dicere solebat, qui mortuus est a. u. c. 663., et magis iam etiam (maxime puto post Crassi obitum) vigebat, florebat quam Antonius mortuus a. u. c. 667. et cum Philippo sene in causa Cn. Pompeii, ipse adolescens princeps fuit. — Tum *stadio* ex egregia Rivii coni. Lamb. Sch. Ell. Frustra Ern. suscepit patrocinium lectt. Cdd. *studio.*

nare, ne vos curiosius eliceretis ex me, quid de quoque iudicarem, eos, qui iam sunt mortui, nominabo. Tum Brutus, Non est, inquit, ista causa, quam dicis, quamobrem de iis, qui vivunt, nihil velis dicere. Quaenam igitur, inquam, est? Vereri te, inquit, arbitror, ne per nos hic sermo tuus emanet et ii tibi succenseant, quos praeterieris. Quid? vos, inquam, tacere non poteritis? Nos quidem, inquit, facillime: sed tamen te arbitror malle ipsum tacere quam taciturnitatem nostram experiri.
252 Tum ego, Vere, inquam, tibi, Brute, dicam. Non me existimavi in hoc sermone usque ad hanc aetatem esse venturum: sed ita traxit ordo aetatum orationem, ut iam ad minores etiam pervenerim. Interpone igitur, inquit, si quos videtur: deinde redeamus ad te et ad Hortensium: de me alii dicent, si qui volent. Minime vero, inquit: nam, etsi me facile omni tuo sermone tenuisti, tamen is mihi longior videtur, quod propero audire de te; nec vero tam de virtutibus dicendi tuis, quae quum omnibus, tum certe mihi notissimae sunt, quam quod[1] gradus tuos
253 et quasi processus dicendi studeo cognoscere. Geretur, inquam, tibi mos: quoniam me non ingenii praedicatorem esse vis, sed laboris mei. Verum interponam, ut placet, alios et a M. Crasso, qui fuit aequalis Hortensii, exordiar.

66 Is igitur mediocriter a doctrina instructus, angustius etiam a natura, labore et industria et quod adhibebat ad

E. 1) [quod]
L. 6. *suscenseant* 9. *id ipsum* 10. *tibi, inquam* 20. (Al. *progressus* b.)

§. 251. [*eliceretis*] Rursus de Rivii coni. Man. Seqq. omnes pro Cdd. *eligeretis*.

[*ipsum*] veram lectionem habent etiam D. Ald. Asc. sec. Crat. Herv. Victor. — *id ipsum* Nor. Asc. pr. Man. Lamb.

§. 252. [*inquam, tibi*] ∞ *tibi, inquam* D. Car. Steph. Lamb.

[*quod gradus*] Ernestio et Ell. suspectum fuit *quod*. Ego σύγχυσιν istam fero cum Wetzelio et Schuetzio, qui sic construit: *sermo is mihi longior videtur, quod propero audire de te nec vero tam de virtutibus dicendi tuis* (audire propero *quam* propero, vel longum mihi est) *quod gradus tuos – studeo cognoscere* pro: „quam (propero) gradus tuos cognoscere."

obtinendas causas curam etiam et gratiam, in principibus
patronis aliquot annos fuit. In huius oratione sermo
Latinus erat, verba non abiecta, res compositae diligenter; nullus flos tamen neque lumen ullum: animi magna,
vocis parva contentio, omnia fere ut similiter atque uno
modo dicerentur. Nam huius aequalis et inimicus C. Fimbria non ita diu iactare se potuit: qui omnia magna voce
dicens, verborum sane bonorum cursu quodam incitato,
ita furebat tamen, ut mirarere tam alias res agere populum, ut esset insano inter disertos locus. Cn. autem Len- 234
tulus multo maiorem opinionem dicendi actione faciebat,
quam quanta in eo facultas erat: qui quum esset nec
peracutus, quamquam et ex facie et ex vultu videbatur,
nec abundans verbis, (etsi fallebat in eo ipso), sic intervallis, exclamationibus, voce suavi et canora, † admirando irridebat, calebat in agendo, ut ea, quae deerant,
non desiderarentur. Ita, tamquam Curio copia nonnulla
verborum, nullo alio bono, tenuit oratorum locum: sic 235
Cn. Lentulus ceterarum virtutum dicendi mediocritatem
actione occultavit, in qua excellens fuit: neque multo

L. 15. *admirando, irridendo latebat in*

§. 234. [*admirando irridebat, calebat in agendo*] Sic A. B. D. Item C., sed *calebatque.* — „*admirabundos irretiebat et calebat*] Schuetzius *admirantes irretiebat et sic calebat*, quem pauculis lenius correctis secuti sumus. Fere eodem modo ac Schuetzius, Waardenburg in *Opuscc. critt.* Harlemi 1812. p. 57. *admirantes irretiebat, calebat;* quod Ciceronis menti consentire putabat: nam Cn. Lentulus, cui vera et genuina dicendi facultas deerat, artibus actionis irretiebat magis et fallebat, quam persuadebat, ita, ut ceterarum virtutum dicendi mediocritatem actione occultaret, in qua excellens esset. Quod sequitur *calebat in agendo* sollicitandum non videtur; aptissimum enim hoc verbum est et proprium. Sic infra §. 80. *actio* laudatur *ardens*, et Suetonius in *Iulio* C. 55. pronuntiasse dicitur *voce acuta, ardenti motu gestuque.* Beier. Sed aliud est *ardere*, aliud *calere;* ut taceam mire componi *irretire, calere.* Similitudo sic fere continuanda: *admirantes irretiebat capiebatque (que* cum Cd. C. vel *et capiebat) in agendo. Capiebat* autem Schevingio in mentem venit, ita scil. ut is hoc v. excidisse arbitraretur. Mihi ante inspectum eius libellum in ipso v. *calebat* fortasse latere visum erat.

§. 235. [*neque multo*] = *nec multo* D. Asc.

secus P. Lentulus, cuius et excogitandi et loquendi tarditatem tegebat formae dignitas, corporis motus plenus et artis et venustatis, vocis et suavitas et magnitudo: sic in hoc nihil praeter actionem fuit, cetera etiam minora
67 quam in superiore. M. Piso quidquid habuit, habuit ex
236 disciplina maximeque ex omnibus, qui ante fuerunt, Graecis doctrinis eruditus fuit. Habuit a natura genus quoddam acuminis, quod etiam arte limaverat, quod erat in reprehendendis verbis versutum et sollers, sed saepe stomachosum, nonnunquam frigidum, interdum etiam facetum. Is laborem, quasi cursum, forensem[1] diutius non tulit, quod et corpore erat infirmo et hominum ineptias ac stultitias, quae devorandae nobis sunt, non ferebat iracundiusque respuebat, sive morose, ut putabatur, sive ingenuo liberoque fastidio. Is quum satis floruisset adolescens, minor haberi est coeptus postea. Deinde ex virginum iudicio magnam laudem est adeptus, et ex eo tempore quasi revocatus in cursum tenuit locum tam diu, quam ferre potuit laborem: postea, quantum
237 detraxit ex studio, tantum amisit ex gloria. P. Murena mediocri ingenio, sed magno studio rerum veterum, literarum et studiosus et non imperitus, multae industriae et magni laboris fuit. C. Censorinus Graecis literis satis doctus, quod proposuerat, explicans expedite, non invenustus actor, sed iners et inimicus fori. L. Turius parvo ingenio, sed multo labore, quoquo modo poterat, saepe dicebat: itaque ei paucae centuriae ad consulatum

E. 1) laborem, quasi cursum forensem
L. 11. *laborem quasi cursum forenscm* 14. *moroso* 20. *de studio*

[*sic in hoc*] — *si in hoc* D. Qui vulgatam defendent, ii dicant continuari, etsi aliquanto negligentius, comparationem istam, quam instituit inde a vv. *Ita, tamquam.* Videndum tamen etiam atque etiam, ne *si*, *sic* ortum sit ex *sed.* — Particc. *si*, *sic*, *sed*, *scilicet* confundi tralaticium est: sic §. 256. Cd. D. pro *sic Latine*, — *sed Latine.*

§. 236. [*morose*] — *moroso* reperi apud unum Lambinum.

[*detraxit ex studio*] — *de studio* Lambin. item solus, ut est §. 247., unde sic videtur correxisse.

§. 237. [*L. Turius*] Sic etiam A. B. C. — *L. Curius* D. — *L. Thorius* Pighius.

defuerunt. C. Macer auctoritate semper eguit, sed fuit 238
patronus propemodum diligentissimus. Huius si vita, si
mores, si vultus denique non omnem commendationem
ingenii everteret[1], maius nomen in patronis fuisset. Non
erat abundans, non inops tamen: non valde nitens, non
plane horrida oratio: vox, gestus et omnis actio sine
lepore: at in inveniendis componendisque rebus mira
accuratio: ut non facile in ullo diligentiorem maioremque
cognoverim, sed eam ut citius veteratoriam quam oratoriam diceres. Hic etsi etiam in publicis causis probabatur, tamen in privatis illustriorem obtinebat locum.
C. deinde Piso, statarius et sermonis plenus orator, mi- 68
nime ille quidem tardus in excogitando, verumtamen 239
vultu et simulatione multo etiam acutior, quam erat,
videbatur. Nam eius aequalem M'. Glabrionem bene institutum avi Scaevolae diligentiâ socors ipsius natura ne-
gligensque tardaverat. Etiam L. Torquatus elegans in
dicendo, in existimando admodum prudens, toto genere
perurbanus. Meus autem aequalis Cn. Pompeius, vir
ad omnia summa natus, maiorem dicendi gloriam habuisset,
nisi eum maioris gloriae cupiditas ad bellicas laudes abs-
traxisset. Erat oratione satis amplus, rem prudenter
videbat: actio vero eius habebat et in voce magnum
splendorem et in motu summam dignitatem. Noster item 240
aequalis D. Silanus, vitricus tuus, studii ille quidem habuit non multum, sed acuminis et orationis satis. Q. Pompeius, A. F., qui Bithynicus dictus est, biennio quam
nos fortasse maior, summo studio discendi[2] multaque

E. 1) evertisset 2) dicendi

§. 238. [*everteret*] — *evertisset* Ern. coni. v. Garaton. ad *Milon.* p. 129. Bonon.

[*etsi etiam in*] Sic D., unde satis firmatur vulgata. — om. *etiam* Asc. — *si etiam in* Ald. Iu. Crat. Victor. improb. iam Rivio.

§. 239. [*toto genere*] — *in toto g.* D.

§. 240. [*studio discendi*] Quum sequatur *multaque doctrina*, Lambini unius lectio *discendi* pro Cett. *dicendi* recipienda videbatur. Sic Scipio *de Rep.* 1, 23. se *studio discendi a pueritia incensum* dicit, *usu tamen* - - *multo magis eruditum quam literis.*

doctrina, incredibili labore atque industria; quod scire possum: fuit enim mecum et cum M. Pisone quum amicitia, tum studiis exercitationibusque coniunctus. Huius actio non satis commendabat orationem: in hac enim
241 satis erat copiae: in illa autem leporis parum. Erat eius aequalis P. Autronius, voce peracuta atque magna, nec alia re ulla probabilis, et L. Octavius Reatinus; qui, quum multas iam causas diceret, adolescens est mortuus. Is tamen ad dicendum veniebat magis audacter quam parate. Et C. Staienus[1], qui se ipse adoptaverat et de Staieno Aelium fecerat, fervido quodam et petulanti et furioso genere dicendi: quod quia multis gratum erat et probabatur, ascendisset ad honores, nisi in facinore manifesto deprehensus poenas legibus et iudicio dedisset.
69 Eodem tempore C. et L. Caepasii fratres fuerunt, qui
242 multa opera, ignoti homines et repentini, quaestores celeriter facti sunt, oppidano quodam et incondito genere dicendi. Addamus huc etiam, ne quem vocalem praeterisse videamur, C. Cosconium Calidianum, qui nullo acumine, eam tamen verborum copiam, si quam habebat, praebebat populo cum multa concursatione magnoque clamore. Quod idem faciebat Q. Arrius, qui fuit M. Crassi quasi secundarum. Is omnibus exemplo debet esse, quantum in hac urbe polleat multorum obedire tempori multorumque vel honori vel periculo servire.

E. 1) C. Stalenus

L. 6. *P. Antronius* (b., ut nos.) 9. *audacter magis* 11. *C. Stalenus - - Staleno* 14. (v. c. *deprensus* b.) 22. (Al. *Quod item* b.) 23. *secundarius*

§. 241. [*magis audacter*] = *aud. magis* Lamb. solus.

[*Staienus*] Veram hanc scripturam cum Cdd. (etiam D. Gu. 1.) Asc. ceterisque Edd. vett. ubique nunc restitui pro Rivii, Man. et Seqq. *Staleno*. Pro *Aelium* Pighius volebat *Paetum*. Vide Ellendtium. — Similiter scripsit Florus 3, 16. *in familiam ipse se adoptabat*. Ne forte malis *poenas legibus iudicio* (= per iudicium) *dedisset*, obstat similis locus *de Finn.* 1, §. 47. *saepe etiam legum iudiciorumque poenis obligantur*.

§. 242. [*qui fuit M. Crassi quasi secundarum*] Rectam lect. *secundarum* praebet etiam D. Sed id in quaestionem venire potest, annon melius esset *M. Crasso*.

[*multorum obedire tempori*] *multorum* nunc minime mihi

His enim rebus, infimo loco natus, et honores et pecu- 243
niam et gratiam consecutus, etiam in patronorum sine doctrina, sine ingenio, aliquem numerum pervenerat. Sed ut pugiles inexercitati, etiam si pugnos et plagas Olympiorum cupidi ferre possunt, solem tamen saepe ferre non possunt: sic ille, quum, omni iam fortuna prospere functus, labores etiam magnos excepisset, illius iudicialis anni severitatem quasi solem non tulit.

Tum Atticus, Tu quidem de faece, inquit, hauris 244
idque iamdudum; sed tacebam: hoc vero non putabam, te usque ad Staienos[1] et Autronios esse venturum. Non puto, inquam, existimare te ambitione me labi, quippe de mortuis: sed ordinem sequens in memoriam notam et aequalem necessario incurro. Volo autem hoc perspici, omnibus conquisitis, qui in multitudine dicere ausi sint, memoria quidem dignos perpaucos, verum qui[2] omnino nomen habuerint, non ita multos fuisse. Sed ad
sermonem institutum revertamur. T. Torquatus, T. F., 70
et doctus vir ex Rhodia disciplina Molonis et a natura 245
ad dicendum satis solutus atque expeditus: (cui si vita suppeditavisset, sublato ambitu, consul factus esset:) plus facultatis habuit ad dicendum quam voluntatis. Itaque studio huic non satisfecit: officio vero nec in suorum necessariorum causis nec in sententia senatoria defuit.

E. 1) Stalenos 2) verum, qui
L. 11. *Stalenos et Antronius (Autr.* b.) 16. *verùm qui* 19. *et natura* 21. (Fort. *suppeditasset* b.)

suspectum; est: „multorum in gratiam facere quod ipsis lubet, accommodare sese multorum voluntati." Cfr. *pro Caelio* §. 13. *servire temporibus suorum omnium.* Om. *multorum* Gu. 2. Del. Schuetz. Ell. [ ]. Suspectum autem factum erat Grutero propterea quod a Palat. aberat totum istuc membrum: *multorum ob. temp.* — *inservire* pro *servire* dubium etiamnunc utrum sit Ed. Rom. lectio, an Rivii suspicio.

§. 244. [*verum qui nomen*] — *verum etiam* mavult Ell. non videns, quod iamdudum Nizolius perspexerat, *verum* esse adiectivum iungendum cum v. *nomen. Verum nomen*, ut *vera gloria*, *fama. Nomen* quidem habebat etiam Staienus, cuius genus dicendi *multis gratum erat et probabatur; verum* tamen *nomen* non habebat. Sed vitiose distinguebant: *verum*, *qui.*

246 Etiam M. Pontidius, municeps noster, multas privatas
causas actitavit, celeriter sane verba volvens, nec hebes
in causis, vel dicam, plus etiam quam non hebes, sed
effervescens in dicendo stomacho saepe iracundiaque
vehementius: ut non cum adversario solum, sed etiam
(quod mirabile esset[1]) cum iudice ipso, cuius delenitor[2]
esse debet orator, iurgio saepe contenderet. M. Messala
minor natu quam nos, nullo modo inops, sed non nimis
ornatus genere verborum: prudens, acutus, minime incautus patronus, in causis[3] cognoscendis componendisque
diligens, magni laboris, multae operae multarumque
247 causarum. Duo etiam Metelli, Celer et Nepos, nihil in
causis versati, nec sine ingenio nec indocti, hoc erant
populare dicendi genus assecuti. Cn. autem Lentulus[4]
Marcellinus nec unquam indisertus et in consulatu per-
eloquens visus est, non tardus sententiis, non inops verbis, voce canora, facetus satis. C. Memmius, L. F.,
perfectus literis, sed Graecis; fastidiosus sane Latinarum: argutus orator verbisque dulcis, sed fugiens non
modo dicendi, verum etiam cogitandi laborem, tantum
sibi de facultate detraxit, quantum imminuit industriae.

71 Hoc loco Brutus, Quam vellem, inquit, de his etiam
248 oratoribus, qui hodie sunt, tibi dicere luberet! et, si de
aliis minus, de duobus tamen, quos a te scio laudari
solere, Caesare et Marcello, audirem non minus lubenter,
quam audivi de iis, qui fuerunt. Cur tandem? inquam;

E. 1) *Abest* esset 2) delinitor 3) min. incautus, patronus in c. 4) C. autem L.
L. 10. *min. incautus, patronus in c.* 12. *nonnihil*

§. 246. [*quod mirabile esset*] Sic Cdd. Regii B. C. Omnes Edd. meae ante Gruterum, qui *esset* tacite expunxit, auctoritate tamen, ut nunc constat, Codicum: nam *esset* omittunt Cdd. Regii A. D. Ego minime del. puto, quamquam Gruterum secuti sunt recentiores, Ern. Sch. Ell. Mox *delenitor* scripsi cum Lamb. pro *delinitor*.

§. 247. [*nihil*] Recte hanc lect. defendit Ell. Lamb. et Schuetzii *nonnihil* fluxit e Rivii coni.

[*C. autem*] non tam est error typogr., quam lectio Cd. D. atque Edd. praeter Manut. Corr. Ald. Nep. Lamb. et Sch. — Manutius, ni fallor, e Fastis emendavit.

an exspectas, quid ego iudicem de istis, qui tibi sunt aeque noti ac mihi? Mihi mehercule, inquit, Marcellus satis est notus; Caesar autem parum. Illum enim saepe audivi: hic, quum ego iudicare iam aliquid possem, ab- 249
fuit. Quid igitur de illo iudicas, quem saepe audisti? Quid censes, inquit, nisi id, quod habiturus es similem tui? Nae ego, inquam, si ita est, velim tibi eum placere quam maxime. Atqui et ita est, inquit, et vehementer placet: nec vero sine causa. Nam et didicit et, omissis ceteris studiis, unum id egit seseque quotidianis commentationibus acerrime exercuit. Itaque et lectis utitur verbis 250
et frequentibus, et splendore vocis, [et[1]] dignitate motus fit speciosum et illustre, quod dicitur; omniaque sic suppetunt, ut ei nullam deesse virtutem oratoris putem: maximeque laudandus est, qui hoc tempore ipso, † quum liceat, in hoc communi nostro et quasi fatali malo consoletur se quum conscientia optimae mentis, tum etiam

E. 1) et *sine* [].
L. 8. (v. c. *Atquin* b.) 12. *et* sine []. 16. *quum iaceat in*

§. 249. [*velim*] Sic recte iam Edd. vett. sane cum Cdd.; qua ratione urbanissime significat nullam ex eo, quod Marcellus sibi similis futurus sit, suborituram fore aemulationem immo optare se ex animo, ut Bruto ille placeat quam maxime; ita enim et se ipsum quam maxime ei placiturum. — *vellem* e solito errore Gu. uterque et D.; quem tamen probavit Hand ad *Wopkens* pag. 269. ut sit: „vellem, si permissum esset." Verum quidni permissum id esset?

[*unum id egit*] = *id egit unum* Man. Corrad. Ald. Nepos.

§. 250. [*et dignitate*] ∞ om. *et* Edd. meae ante Lamb. Nec displicet.

[*quod dicitur*] om. haec D. Quidni *quod dicit?* Nam mirum sic universe *quod dicitur*, omissis vv. *ab eo.* Fortasse tamen excusari hic potest *dicitur* iis, quae supra leguntur §. 233. *omnia fere ut similiter - - dicerentur* scil. ab eo.

[*quum liceat*] Leg. videtur: *quum sileat*, *in hoc - - malo consoletur se* i. e. quum is, in voluntarium exilium profectus, sese removerit a re publica, ut item boni omnes nunc a forensi labore atque a concionibus habendis abstinent cet. Sic §. 305. *is quidem silebat* et §. 324. *studium nostrum conticuit et obmutuit.* Locum corruptum esse plures iam senserunt. Hinc nescio qui apud Corr. *quum iaceat*, id quod recepit Lamb.; alii item apud Corr.: — *quantum liceat* prob. Lallem. alii apud eundem Corr.: — *quoniam liceat.* — *quoad liceat* Schuetzii susp.

usurpatione et renovatione doctrinae. Vidi enim Mytilenis nuper virum atque, ut dixi, vidi plane virum. Itaque quum eum antea tui similem in dicendo viderim, tum vero nunc a doctissimo viro tibique, ut intellexi, amicissimo, Cratippo instructum omni copia multo vide-
251 bam similiorem. Hic ego, Etsi, inquam, de optimi viri nobisque amicissimi laudibus lubenter audio, tamen incurro in memoriam communium miseriarum, quarum oblivionem quaerens hunc ipsum sermonem produxi longius. Sed de Caesare cupio audire, quid tandem Atticus
72 iudicet. Et ille, Praeclare, inquit, tibi constas, ut de iis, qui nunc sint, nihil velis ipse dicere: et hercule[1] si sic ageres, ut de iis egisti, qui iam mortui sunt, neminem ut praetermitteres, nae tu in multos Autronios et Staienos[2] incurreres. Quare sive hanc turbam effugere voluisti sive veritus es, ne quis se aut praeteritum aut non satis laudatum queri posset: de Caesare tamen potuisti dicere, praesertim quum et tuum de illius ingenio notissimum iudicium esset nec illius de tuo obscurum.
252 Sed tamen, Brute, inquit Atticus, de Caesare et ipse ita iudico et de hoc huius generis acerrimo existimatore[3] saepissime audio, illum omnium fere oratorum Latine loqui elegantissime. Nec id solum domestica consuetudine, ut dudum de Laeliorum et Muciorum familiis audiebamus, sed, quamquam id quoque credo fuisse, tamen

E. 1) hercle 2) Stalenos 3) aestimatore
L. 1. *Mitylenis* 14. *sunt - - - hercle* 17. *Antronios et Stalenos* 19. *possit*

§. 251. Ald. Asc. sec. Crat. Herv. Lambini *qui nunc sunt* a Cdd. nondum firmatum est, et aptior coni., quum in tota praepositione de Cic. cogitatione ac sententia sermo sit. Cd. D. Nor. Asc. pr. Vict. Man. Corr. Ald. Nep. habent coni. Mox *sive veritus ne quis* om. *es* omnes meae Edd. ante Lamb.; item Aldus Nep. Cd. D. videtur habere verbum subst. — Mox *hercule* Gu. uterque, D. pro vulg. *hercle*. cfr. §. 254. Ern. con. *posset* confirmatur etiam a Cd. D. Sicque post Ern. Lallem. (item cum Cd. Regio) Sch. Ell. pro *possit*.

§. 252. [*existimatore*] Sic praeter eos, quos in Ed. mai. nominavi, D. Asc. Victor. Reizius. Cfr. Meyerum ad *Orat.* §. 141. — *aestimatore* Manutio deberi videtur.

ut esset perfecta illa bene loquendi laus, multis literis et iis quidem reconditis et exquisitis summoque studio et diligentia est consecutus: quin etiam in maximis occu- 253
pationibus [quum[1]] ad te ipsum (inquit, in me intuens) de ratione Latine loquendi accuratissime scripserit primoque in libro dixerit, „verborum delectum originem esse eloquentiae;" tribueritque, mi Brute, huic nostro, qui me de illo maluit quam se dicere, laudem singularem: nam scripsit his verbis, quum hunc nomine esset affatus: *ac, si cogitata praeclare eloqui* [ut] *possent, nonnulli studio et usu elaboraverunt, cuius te paene principem copiae atque inventorem bene de nomine ac dignitate populi Romani meritum esse existimare debemus: hunc facilem et quotidianum novisse sermonem*
† *nunc pro relicto est habendum*[2]. Tum Brutus, 73
254

E. 1) quum *sine* []. 2) *Verba* hunc - . - habendum *Ciceroni, non Caesari tribuuntur*

L. 3. *et his* 5. *quum sine* []. 7. *dilectum* 11. *ac si, ut c. p. e. p.* 16. *non pro derelicto* (vel: *non pro relicto* b.) Verba *hunc - - habendum* Ciceroni, non Caesari tribuuntur. 16. *Tunc*

§. 253. [*nunc pro relicto est habendum*] Corruptelam hanc retinent Cdd. A. C. D.; auget B.: *esse habendum.* Tum Gu. 1. Ven. Asc. utraq. Ald. Crat. Victor. *hunc facile et quot.*, quo nihil iuvamur. Inter eas, quas nunc domi meae habeo Edd., Hervag. Steph. 1539. primae exhibent *facilem.* Totum autem locum e variorum coni. nunc, curis secundis ac tertiis meliora edoctus, sic constituendum arbitror: *qui etiam in m. occupationibus ad te ipsum (inquit, in me intuens) de ratione Latine loquendi accuratissime scripserit, primoque in libro dixerit – –; ac, si cogitata praeclare eloqui ut possent – – num pro delicto est habendum?* Ita, ut haec omnia *ac si – – habendum* Caesaris verba sint, ut agnovit v. c. Aldus avus. Hoc dicit: „Caesar non solum bene loquendi laudem consecutus est, sed etiam in maximis occupationibus ad te ipsum scripsit praeclaros illos de analogia libros, in quorum primo dixit cet. tribuitque tibi laudem singularem his ipsis verbis expressam: *ac si* cet. i. e. ac si oratores rhetoresque tantum in *eloquendo* elaboraverunt, tuque in primis ea in re excelluisti, num, quaeso, *loquendi* accurata doctrina (quam hic traditurus sum) atque etiam in hoc facili et quotidiano sermone bene loquendi laus (cui maximopere studeo) pro delicto habenda, reprehendenda, nimis putida habenda est? Minime, opinor." Iam singula videamus; *quin etiam* Schuetzius de Schneideri

**Amice, hercule, inquit, et magnifice te laudatum puto, quem
non solum principem atque inventorem copiae dixerit;
quae erat magna laus, sed etiam bene meritum de populi Romani nomine et dignitate. Quo enim uno vince-
bamur a victa Graecia, id aut ereptum illis est aut certe
255 nobis cum illis communicatum. Hanc autem, inquit,
gloriam testimoniumque Caesaris tuae quidem supplicationi non, sed triumphis multorum antepono. Et recte
quidem, inquam, Brute: modo sit hoc Caesaris iudicii,
non benevolentiae testimonium. Plus enim certe attulit
huic populo dignitatis, quisquis est ille, si modo est aliquis, qui non illustravit modo, sed etiam genuit in hac**

coni. in *qui etiam* mutavit, recte, opinor. Tum omitto cum Gu. utroque, Veneta, Nor. et Asc. pr. *quum.* (de qua quidem omissione e Cd. D. nihil mihi notatum est:) retento *quum*, leg. sane: *qui etiam - - primo* pro *primoque* (pro quo in Ven. est: *et primo q* cum lin., in Nor.: *et primo quae:*) nam aut haec debet esse constructio: *qui etiam - - scripserit primoque in libro dixerit*, quae duobus certe Cdd. et Edd. vett. nititur ideoque praeferenda videtur; aut haec: *qui etiam*, *quum - - scripserit*, *primo in libro dixerit.* Sed, nisi omnia me fallunt, *quum* Ald. Seqq. ex interpolatione est. Deinde post lit. *ui* in *eloqui ut* excidisse praeclare vidit Ern. et diu ante Ern., Lambinus, etsi hic minus opportuno loco: *ac si*, *ut c.* eam partic. inseruit. Nam, qui oblocuti sunt, *si possent* dicentes esse pro *ut possent* vel *num forte possent*, in eum errorem inciderunt, quia non viderunt Caesaris, neutiquam Attici esse verba *hunc - - habendum.* Nostra in ratione inserto *ut* carere non possumus. Tum inter varias emendationes ultimorum Caesaris verborum praestat sane ea, quam Sch. dedit in Ed. mai. *num pro delicto est habendum?* ducta e Schneideriana: *non pro delicto est habendum.* Ceteras vide apud Interpretes et in mea Ed. mai. — Hoc unum addo in praesenti mea ratione iam nusquam abesse apodoses: quum contra Ell. de sua dicere debuerit: „Praetervidit Schuetzius et Ciceronianam sententiam *Quum scripserit - - tribueritque:* et Caesaris dictum apodosi carere."

§. 254. [*cum illis*] — *cum Graecis* Oxon. Cd. Reg. D.

§. 255. [*tuae quidem supplicationi non*] Sic vetustus Codex apud Rivium; qui recte probavit: „Hanc laudem ait non quidem supplicationi ipsius Ciceronis, post oppressam Catilinae coniurationem ei honorificentissimis verbis decretam, sed multorum triumphis anteponendam esse." — *non solum* D. Asc. Edd. ante Manutium. Sed tres Cdd. Lamb. Palat. et Oxon. item omittunt *solum.*

urbe dicendi copiam, quam illi, qui Ligurum castella
expugnaverunt: ex quibus multi sunt, ut scitis, triumphi.
Verum quidem si audire volumus, omissis illis divinis 256
consiliis, quibus saepe constituta est imperatorum sapientia
salus civitatis aut belli aut domi, multo magnus[1] orator
praestat minutis imperatoribus. — At prodest plus imperator.
— Quis negat? Sed tamen, (non metuo ne mihi
acclametis; est autem, quod sentias, dicendi liber locus:)
malim mihi L. Crassi unam pro M'. Curio dictionem,
quam castellanos triumphos duo[2]. — At plus interfuit
rei publicae castellum capi Ligurum quam bene defendi
causam M'. Curii. — Credo. Sed Atheniensium quoque 257
plus interfuit firma tecta in domiciliis habere quam Minervae
signum ex ebore pulcherrimum; tamen ego me
Phidiam esse mallem quam vel optimum fabrum tignarium.
Quare non, quantum quisque prosit, sed quanti quisque
sit, ponderandum est: praesertim quum pauci pingere
egregie possint aut fingere, operarii autem aut baiuli
deesse non possint. Sed perge, Pomponi, de Caesare 74
et redde, quae restant. 258

E. 1) magis 2) duos
L. 4. (Lamb. delet vv. *imperatorum sapientia* cet. b.) 5. *magis* 10. *duos*

§. 256. [*imperatorum sapientia*] Suspecta haec Lambino Ell. []. Sed recte *divina consilia* tribuuntur *imperatorum sapientiae;* quae si deleveris, illa quorum fuerint, nimis ambiguum manebit.

[*magnus*] Hanc lectionem Cd. Oxon. Nor. Victorii, Manutii, Aldi Nep. a me receptam firmat D. *magnos* exhibens. — *magis* Asc. Ald. Iu. Crat. L. Ern. Sch. Ell. non habet, quo referatur. Alterum enim requireret membrum v. c. *quam imperator artifice*, ideoque locum non habet.

[*mihi*] om. Gu. 1. E D. nihil notatur. Mox *duo* dedi cum Sch. e Gu. utroque et D. pro *duos*. — *dictionem* autem *pro Curio* rarissimo sane usu pro *actionem* consulto dixisse videtur, ut specie extenuaret Crassianae orationis comparationem cum castellanis illis triumphis, dum revera eadem his anteponitur. Vix enim adducor, ut credam *dictionem* h. l. ex v. *actionem* corruptum esse, etsi severe istum usum reprehendit Fronto *ad M. Caesarem Lib.* 5, 3. *quaeso ne unquam eo* (vocabulo) *utaris*, „*dictionem*" pro „*oratione.*"

§. 257. [*Sed*] tacite delevit Sch. in Ed. min. Pro *non possint* Nor. Asc. *non possunt*, ita, ut hoc membrum non pendeat a part. *quum*. Sed longe concinnior altera videtur ratio.

Solum quidem, inquit ille, et quasi fundamentum oratoris vides, locutionem emendatam et Latinam; cuius penes quos laus adhuc fuit, non fuit rationis aut scientiae, sed quasi bonae consuetudinis. Mitto C. Laelium, P. Scipionem: aetatis illius ista fuit laus, tamquam innocentiae, sic Latine loquendi: nec omnium tamen. Nam illorum aequales Caecilium et Pacuvium male locutos videmus. Sed omnes tum fere, qui nec extra urbem hanc vixerant nec eos aliqua barbaries domestica infuscaverat, recte loquebantur. Sed hanc certe rem deteriorem vetustas fecit et Romae et in Graecia. Confluxerunt enim et Athenas et in hanc urbem multi inquinate loquentes ex diversis locis. Quo magis expurgandus est sermo et adhibenda, tamquam obrussa, ratio, quae mutari non potest, nec utendum pravissima consuetudinis regula.
259 T. Flamininum, qui cum Q. Metello consul fuit, pueri vidimus. Existimabatur bene Latine, sed literas nesciebat. Catulus erat ille quidem minime indoctus, ut a te paullo est ante dictum: sed tamen suavitas vocis et lenis appel-

L. 9. *nec aliqua barbarie domestica infuscati fuerant* 13. Absunt vv. *tamquam obrussa* (b., ut nos: vel: *cum obrussa)* 16. *T. Flaminium* (b., ut nos.)

§. 258. [*locutionem*] — *elocutionem* Gu. uterq. D. Nor. Asc.

[*nec omnium*] — *non omnium* Ald. Asc. sec. Crat. Herv. (Asc. pr. Victor. Manut., ut nos.) *consuetudinis fuit:* et: *non omnium* Floridus Sabinus in Gruteri *Thes.* 1. p. 1087., notante Beiero.

[*nec eos aliqua barbaries domestica infuscaverat*] Locum sanum esse demonstravit Ell. — *nec eos aliquae barbari in dom.* D. Gu. 1. unde pro *barbaries* leg. videtur *barbaria* e Cic. consuetudine; cfr. Heindorf ad *Nat. D.* pag. 78. — *neque os aliqua barbaries dom.* Gulielmi erat suspicio, unde Ern. suam duxit: *nec os a. barbarie d. infuscaverant*, receptam a Sch.

[*tamquam obrussa*] Sic Grut. de coni. Turnebi *Adverss.* 14, 22. vel potius P. Manutii in Schol. ad h. l. — *quantum obrussa* Cd. Nicoli apud Victor. Cuiac. Pal. Aldus Nepos. — *quantum obtrussa* Gu. 1. — *quantum obtrusa* D. — Corradi Cd., ipso probante, omissis, ut fit, vv. corruptis: *adhibenda ratio.* Hoc secutus est Lamb. in Curis primis; in secundis generose fassus errorem suum Turnebi sententiae accessit. — *quam obtrusa* (non *obtusa*, ut aiunt Sch. Ell.) Edd. vett. Iam v. *tamquam* deberi vides coni. Manutii ac Turnebi, et probabilius fit e var. lect. Ciceronem scripsisse: *quasi obrussa.*

§. 259. [*lenis appellatio*] ∞ *lévis app.* Santenius ad *Terent.* p. 247.

latio literarum bene loquendi famam confecerat. Cotta, quia se valde dilatandis literis a similitudine Graecae locutionis abstraxerat sonabatque contrarium Catulo, subagreste quiddam planeque subrusticum, alia quidem quasi inculta et silvestri via ad eandem laudem pervenerat. Sisenna autem quasi emendator sermonis usitati quum esse vellet, ne a C. Rusio quidem accusatore deterreri
potuit, quo minus inusitatis verbis uteretur. Quidnam 260
istuc est? inquit Brutus: aut quis est iste C. Rusius? Et ille, Fuit accusator, inquit, vetus, quo accusante C. Rutilium[1], Sisenna defendens, dixit, quaedam eius
sputatilica esse crimina. Tum C. Rusius, *Circumvenior*, 75
inquit, *iudices, nisi subvenitis. Sisenna quid dicat*[2], *nescio: metuo insidias.* Sputatilica, *quid est hoc?* sputa *quid sit scio*, tilica *nescio.* Maximi risus: sed ille tamen familiaris meus recte loqui putabat esse inusi-
tate loqui. Caesar autem, rationem adhibens, consuetu- 261
dinem vitiosam et corruptam pura et incorrupta consuetudine emendat. Itaque, quum ad hanc elegantiam verborum Latinorum (quae, etiam si orator non sis, et sis ingenuus civis Romanus, tamen necessaria est) adiungit

E. 1) Chritilium 2) dicas
L. 4. *alia quadam* 7. *C. Ruscio* 9. *C. Ruscius* 11. *Chirtilium* (Al. *C. Rutilium* b.) 12. *C. Ruscius* 13. *dicas*

[*quia*] — *qui* Ern. susp.

[*alia quidem*] Sic etiam Ald. 1521. ∞ *alia quadam* Manut. Ald. Nep. L. Schuetz.

[*C. Rusio*] Sic D. Pal. Cuiac. Nor. Asc. pr. Grut. Seqq. — *C. Ruscio* Ald. Asc. sec. Crat. Hervag. L. — *C. Rufio* Man. Ald. Nep. — *C. Erucio* Pighii coni. probb. Lall. Schneid. Sch.

§. 260. [*C. Rutilium*] Ed. Rom. prob. Rivio. Sch. Ell. — *Chirtilium* D. Asc. Ald. Crat. Man. L. — *Chritilium* Victor. Grut. Ern. Tum *sputatilitica* Cd. Turnebi.

[*quid dicat*] Sic Cd. Oxon. Nor. firmantes Ernestii susp. Cett., etiam D. Asc.: *dicas*.

§. 261. [*incorrupta consuetudine*] — *i. locutione* Schuetz. coni. Sed rectissime Cicero, qui nil molitur inepte, voc. *consuetudo* sic repetivit. Utrumque scil. et corruptum et incorruptum erat in consuetudine (i. e. usu loquendi) oppidanorum urbanorum; Staienorum Muciorum: sed purum Caesar deligebat. Pro *et sis*] *at* vel *sed* volebat Ern. Lamb. *magnificam et generosam* petitum est e Suetonii *Caes.* 55. nec displicet.

illa oratoria ornamenta dicendi: tum videtur tamquam tabulas bene pictas collocare in bono lumine. Hanc quum habeat praecipuam laudem in communibus, non video cui debeat cedere. Splendidam quandam minimeque veteratoriam rationem dicendi tenet, voce, motu, forma etiam
262 magnifica et generosa quodammodo. Tum Brutus: Orationes quidem eius mihi vehementer probantur; complures autem legi: atque etiam commentarios quosdam scripsit rerum suarum. Valde quidem, inquam, probandos: nudi enim sunt, recti et venusti, omni ornatu orationis tamquam veste detracto. Sed dum voluit alios habere parata, unde sumerent, qui vellent scribere historiam, ineptis gratum fortasse fecit, qui volent illa calamistris inurere: sanos quidem homines a scribendo deterruit. Nihil est enim[1] in historia pura et illustri brevitate dul-

E. 1) enim est
L. 6. *forma et magnificam et generosam* 15. *enim est*

§. 262. [*detracta*] Magnam in hac lect. (Sch. Ell.) elegantiam reperiunt plerique, etiam Oudendorp et summus Wolfius ad *Suet. Caes.* 56. Nihilominus videndum, ne utrobique inhaeserit accommodatio a librariis facta ad proximum voc. *veste*. Equidem cum Corrado, qui ante Turn. sic leg. coniecit, tum cum Lamb. Grut. Ern. Wyttenb. praetuli *detracto*, quum soloecismorum elegantiam admirari nondum didicerim. Cfr., si vacat, quae in loco haud dissimili *labem sceleris sempiterni* restituens tandem cum uno Cd. *sempiternam* notavi ad *Caelianam* §. 52. Ed. min. In Codice autem *detracto* Turnebum invenisse apparet ex ipsius verbis: „In lib. veteri inveni *sputatilitica* equidem, nec multo post reperio: – – *detracto*." Vulgo Turnebi coniecturae id tribuunt; quamquam scio Turnebi fidem multis non sine causa interdum suspectam visam esse. Nec vero me fugit lect. *detracta*, quae sane est in omnibus Suetonii codicibus, etiam recens ab amico Schnellio collatis, aliis exemplis defendi posse veluti Tacit. *Ann.* 14, 16.: *species ipsa carminum – – non impetu et instinctu, nec ore uno fluens* pro: *fluentium*. Sed hoc quoque minus durum, quum *species carminum* unam dumtaxat notionem constituat. — *paratum*, quod dubie proposuerat Corradus, tulit assensum Lambini. Apud Suet. item Cdd. aliq. habent *parata*, alii vitiose *paratam*. — *volent* e Rivii coni. Lamb. Ern. Seqq. pro *volunt* etiam D. Asc. Edd. ante Lamb. Sed apud Suet. optimi Cdd. habent futurum. — *Nihil est enim* e Cd. D. pro Cett. *Nihil enim est*. — Pro *qui vita* Lamb. sane ex usu Tulliano *qui e vita*. Cfr. §. 4. Attamen Tacit. *Annal.* 14, 51. *concessitque vita Burrus*.

cius. Sed ad eos, si placet, qui vita excesserunt, revertamur.

C. Sicinius igitur, Q. Pompeii illius, qui censor fuit, 76
ex filia nepos, quaestorius mortuus est, probabilis orator, 263
iam vero etiam probatus: ex hac inopi ad ornandum, sed ad inveniendum expedita Hermagorae disciplina. Ea dat rationes certas et praecepta dicendi: quae si minorem habent apparatum, (sunt enim exilia) tamen habent ordinem et quasdam errare in dicendo non patientes vias. Has ille tenens et paratus ad causas veniens, verborum non egens, ipsa illa comparatione disciplinaque dicendi iam in patronorum numerum pervenerat. Erat etiam vir 264
doctus in primis C. Visellius Varro, consobrinus meus, qui fuit cum Sicinio aetate coniunctus. Is, quum post curulem aedilitatem iudex quaestionis esset, est mortuus: in quo fateor vulgi iudicium a iudicio meo dissensisse. Nam populo non erat satis vendibilis: praeceps quaedam et quum idcirco obscura, quia peracuta, tum rapida et celeritate caecata oratio: sed neque verbis aptiorem cito alium dixerim neque sententiis crebriorem; praeterea perfectus in literis iurisque civilis iam a patre Aculeone traditam tenuit disciplinam. Reliqui sunt, qui mortui sint, 265
L. Torquatus, quem tu non tam cito rhetorem dixisses, (etsi non deerat oratio) quam, ut Graeci dicunt, πολιτικόν. Erant in eo plurimae literae nec eae vulgares, sed interiores quaedam et reconditae: divina memoria, summa

L. 1. *qui e vita* 5. *immo vero* 7. *quae etsi* 15. (Fort. *mortuus est* b.)

§. 263. [*iam vero etiam*] Lambini *immo v. e.* caret adhuc auctoritate.

[*quae si*] ∞ *quae etsi* Cd. Rivii. prob. Gorrad. Recepit Lamb. Cfr. §. 200. et 272. Idem Cd. mox *citata* pro *caecata;* in quibus, ut et in aliis eius lectt., interpolationis consulto factae insunt vestigia.

§. 265. [*qui mortui sint*] — *sunt* e Gu. utroque Sch. Ell. Vide tamen ne auribus hic aliquid dederit Tullius. Omnino autem saepissime isti tres Cdd. Gu. 1. 2. Reg. D. coniunctivos aspernantur, veluti §. 272. *fuerint*, omnes tres: *fuerunt;* §. 292. *disceptatur* pro *disceptetur;* in quo temere sequendi non erunt.

verborum et gravitas et elegantia. Atque haec omnia
vitae decorabat gravitas[1] et integritas. Me quidem admodum delectabat etiam Triarii in illa aetate plena lite-
ratae senectutis oratio. Quanta severitas in vultu! quantum pondus in verbis! quam nihil non consideratum exibat
266 ex ore! Tum Brutus, Torquati et Triarii mentione
commotus, (utrumque enim eorum admodum dilexerat)
Nae ego, inquit, ut omittam cetera, quae sunt innumerabilia, de istis duobus quum cogito, doleo nihil tuam
perpetuam auctoritatem de pace valuisse! nam nec istos
excellentes viros nec multos alios praestantes cives res
publica perdidisset. Sileamus, inquam, Brute, de istis,
ne augeamus dolorem: nam et praeteritorum recordatio
est acerba et acerbior exspectatio reliquorum. Itaque
omittamus lugere et tantum, quid quisque dicendo po-
77 tuerit, quoniam id quaerimus, praedicemus. Sunt etiam
267 ex iis, qui eodem bello occiderunt, M. Bibulus, qui et
scriptitavit accurate, quum praesertim non esset orator,
et egit multa constanter: Appius Claudius, socer tuus,
collega et familiaris meus: hic iam et satis studiosus et
valde quum doctus, tum etiam exercitatus orator et quum
auguralis, tum omnis publici iuris antiquitatisque nostrae

E. 1) dignitas
L. 2. *dignitas* 22. (Fort. *augurii* b.)

[*verborum gravitas*] Probabilius hoc loco conieceris *granditas*, ut §. 121. *granditate verborum*, quam cum Rivio *decorabat dignitas* pro *d. gravitas*. cfr. etiam §. 221. *dignitas* tamen altero loco certatim receperunt Edd. inde a Manutio: quamquam cogitari vix potest, quomodo hoc voc. in *gravitas* mutatum sit. Contra facillimus error inter *granditas* et *gravitas*. cfr. in primis §. 291. Certum tamen novi locum ubi *verborum gravitate* mutari non potest in *verborum granditate* in *Orat. de prov. consul.* §. 2.

§. 266. [*ne augeamus*] — *nec aug.* Gu. uterq. D. Lall. Sch.

§. 267. [*qui et scriptitavit*] „Sch. in Ed. mai. praetulit, quod ante Victorium vulgabatur, *qui scriptitavit*, om. *et*." Ellendt. Omnes meae Edd. ante Victorium habent *qui et scr.*

[*et quum auguralis*] Recta nec improbabilis est suspicio in marg. 1584. proposita *augurii:* cfr. in primis *Catonis* §. 12. Hic tamen quum *iuris* non praecedat, sed subsequatur, ambiguitatem fortasse inter nomen et adiectivum evitaturus erat ipse Cicero.

bene peritus fuit. L. Domitius nulla ille quidem arte,
sed Latine tamen et multa cum libertate dicebat. Duo 268
praeterea Lentuli consulares, quorum Publius, ille nostrarum iniuriarum ultor, auctor salutis, quidquid habuit,
quantumcunque fuit, illud totum habuit e[1] disciplina:
instrumenta naturae deerant; sed tantus animi splendor
et tanta magnitudo, ut sibi omnia, quae clarorum virorum essent, non dubitaret adsciscere eaque omni dignitate
obtineret. L. autem Lentulus satis erat fortis orator,
si modo orator, sed cogitandi non ferebat laborem: vox
canora, verba non horrida sane, ut plena esset animi et
terroris oratio; quaereres in iudiciis fortasse melius: in
re publica, quod erat, esse iudicares satis. Ne T. qui- 269
dem Postumius contemnendus in dicendo: de re publica
vero non minus vehemens orator, quam bellator fuit:
effrenatus et acer nimis, sed bene iuris publici leges atque
instituta cognoverat.

Hoc loco Atticus, Putarem te, inquit, ambitiosum esse, si (ut dixisti) ii, quos iamdiu colligis, viverent. Omnes enim commemoras, qui ausi aliquando sunt stantes loqui, ut mihi imprudens M. Servilium praeterisse videare.

E. 1) ex
L. 5. *ex* 6. (*tantus erat animi* b.) 12. (Al. *horroris* b.) 13. *Ne Ti- tius* (Al. *Ne Lucius* b.)

§. 268. [*e disciplina*] Sic D. Asc. Ald. Vict. Man. Ald. Nep., ut §. 272. = *ex discipl.* edunt inde a Lambino. Noli tamen credere Grammaticis *huiusce diei*, qui subtile statuunt discrimen inter *e* et *ex*.

[*tantus animi splendor*] — *tantus erat animi spl.* Lamb. in m. 1584., non: *tantus animi splendor erat*, ut ait Ellendt; cuius generis errores ideo tantum persequor, ne ego ipse ab iis negligentiae incuser, quibus Edd. vett. conferendi facultas aut otium non est. Nulla enim ceteroqui gloria nec voluptas inest in aliorum negligentia detegenda. Sed h. l. facile e v. *deerant* elicias *erat*, ut saepe e *negandi* verbo verbum *aiendi* desumendum est.

[*terroris*] — *horroris* Nor. Asc. — *fervoris* de Purgoldi coni. Sch. Ell. Sed *terror* Ciceroni sane nihil aliud nisi *δεινότης*. cfr. §. 44.; quam cur tandem denegemus Lentulo, forti oratori?

§. 269. [*Ne T. quidem Postumius*] „*Lucius*, ut opinor, vocatur ab eo, qui de re publica ordinanda scribit ad Caesarem apud Sallustium." (*Ep.* 2, 9.) Corradus.

78 Non, inquam, ego istuc ignoro, Pomponi, multos fuisse,
270 qui verbum nunquam in publico fecissent, quum melius
aliquanto possent quam isti oratores, quos colligo, dicere:
sed his commemorandis etiam illud assequor, ut
intelligatis primum, ex omni numero quam non multi
ausi sint dicere, deinde, ex iis ipsis quam pauci fuerint
271 laude digni. Itaque ne hos quidem equites Romanos,
amicos nostros, qui nuper mortui sunt, P. Cominium
Spoletinum, quo accusante defendi C. Cornelium; in quo
et compositum dicendi genus et acre et expeditum fuit:
T. Accium Pisaurensem, cuius accusationi respondi pro
A. Cluentio; qui et accurate dicebat et satis copiose
eratque praeterea doctus Hermagorae praeceptis; quibus
etsi ornamenta non satis opima dicendi, tamen, ut hastae
velitibus amentatae, sic apta quaedam et parata singulis
272 causarum generibus argumenta traduntur. Studio autem
neminem nec industria maiore cognovi, quamquam ne[1]
ingenio quidem qui praestiterit, facile dixerim, C. Pisoni,
genero meo. Nullum tempus illi unquam vacabat
aut a forensi dictione aut a commentatione domestica aut
a scribendo aut a cogitando. Itaque tantos processus
efficiebat, ut evolare, non excurrere videretur: eratque
verborum et delectus elegans et apta et quasi rotunda
constructio: quumque argumenta excogitabantur ab eo
multa et firma ad probandum, tum concinnae acutaeque
sententiae: gestusque natura ita venustus, ut ars etiam,
quae non erat, et e disciplina motus quidam videretur
accedere. Vereor, ne amore videar plura, quam fuerint
in illo, dicere: quod non ita est; alia enim de illo maiora
dici possunt. Nam nec continentia nec pietate nec ullo
genere virtutis quemquam eiusdem aetatis cum illo con-

E. 1) traduntur: studio - - cognovi. Quamquam ne
L. 11. (*T. Attium* Alii. b.) 23. *dilectus* 28. (Fort. *accedere videretur* b.)

§. 271. [*opima*] Non est Rivii correctio, ut dicunt Ern. et Ell., sed sic iam habent Nor. Asc. utraque. Ald. Iu. Crat. Herv. Vict. cum D. et Gu. utroque. — *optima* Nescio qui apud Rivium.

ferendum puto. Nec vero M. Caelium praetereundum 79
arbitror, quaecunque eius in exitu vel fortuna vel mens 273
fuit: qui quamdiu auctoritati meae paruit, talis tribunus
pl. fuit, ut nemo contra civium perditorum popularem
turbulentamque dementiam a senatu et a bonorum causa
steterit constantius: quam eius actionem multum tamen
et splendida et grandis et eadem in primis faceta et per-
urbana commendabat oratio. Graves eius conciones aliquot fuerunt, acres accusationes tres eaeque omnes ex
rei publicae contentione susceptae: defensiones, etsi illa
erant in eo meliora, quae dixi, non contemnendae tamen
saneque tolerabiles. Hic, quum summa voluntate bonorum aedilis curulis factus esset, nescio quomodo discessu
meo discessit a sese ceciditque, postea quam eos imitari
coepit, quos ipse perverterat. Sed de M. Calidio dica- 274
mus aliquid, qui non fuit orator unus e multis, potius
inter multos prope singularis fuit; ita reconditas exqui-
sitasque sententias mollis et pellucens vestiebat oratio.
Nihil tam tenerum quam illius comprehensio verborum:
nihil tam flexibile, nihil, quod magis ipsius arbitrio
fingeretur, ut nullius oratoris aeque in potestate fuerit:
quae primum ita pura erat, ut nihil liquidius; ita libere
fluebat, ut nusquam adhaeresceret; nullum, nisi loco
positum et tamquam in *vermiculato emblemate*, ut ait
Lucilius, structum verbum videres: nec vero ullum aut
durum aut insolens aut humile aut longius ductum: ac
non propria verba rerum, sed pleraque tralata: sic
tamen, ut ea non irruisse in alienum locum, sed immi-
grasse in suum diceres. Nec vero haec soluta nec dif-
fluentia, sed adstricta numeris non aperte nec eodem modo

L. 15. *M. Callidio* 27. *translata*

§. 273. [*eius in exitu*] — *in eius e.* D.

§. 274. [*prope singularis*] — om. *prope* Gu. uterq. D., male prob. Heusingero. Est ex illo genere minus urbano omissionum particc. *satis* (§. 282. in v. *satis acre* Gu. 1. om. *satis*) *prope*, *paene*, *quasi*, *tamquam*, *velut*, quod aliquoties iam tetigimus. Hoc loco perverso librariorum iudicio accessit etiam Heusingerus.

275 semper, sed varie dissimulanterque conclusis. Erant autem et verborum et sententiarum illa lumina, quae vocant Graeci σχήματα, quibus tamquam insignibus in ornatu distinguebatur omnis oratio. Qua de re agitur autem illud, quod[1] multis locis in iurisconsultorum in-
80 cluditur formulis, id ubi esset, videbat. Accedebat ordo
276 rerum plenus artis, actio liberalis totumque dicendi placidum et sanum genus. Quod si est optimum suaviter dicere, nihil est, quod melius hoc quaerendum putes. Sed, quum a nobis paullo ante dictum sit tria videri esse, quae orator efficere deberet, ut doceret, ut delectaret, ut moveret: duo summe tenuit, ut et rem illustraret disserendo et animos eorum, qui audirent, devinciret voluptate: aberat tertia illa laus, qua permoveret atque incitaret animos, quam plurimum pollere diximus; nec erat ulla vis atque contentio: sive consilio, quod eos, quorum altior oratio actioque esset ardentior, furere

E. 1) autem, illud quod

L. 1. (*dissimiliterque* Lamb. b.) 4. Absunt vv. *in ornatu*. 5. *autem, illud quod (autem, id quod* b.) 13. *demulceret*

[*dissimulanterque*] Opponitur hoc verbo *aperte* longeque praestat suspicioni Lamb. in m. 1584. *dissimiliterque*.

§. 275. [*in ornatu*] scil. scenae aut fori. (ut recte iam Grut.) Locum ex *Orat.* §. 134. comparavit Buttmannus in *N. A. S. L. Ien.* I. p. 47. Idem deinceps volgatum *et ubi esset* supplere maluit *et quid esset et ubi esset*, quam cum Ern. reponere *id ubi esset*. Saepius tamen pronomen cum emphasi sic videtur abundare. Beier. Scil. *id ubi* iam Corr. Ald. Nep. Manut. L. Tum rursus Ern. coni. Seqq. — Cett. cum Cdd. notis, etiam D., *et ubi*.

§. 276. [*altior*] — *elatior* volebat Lamb. in *Annot.* non improb. Schuetzio, qui proposuit etiam *acrior*. Hoc vero vix unquam corruptum esset; illud (*elatior*) nequaquam necessarium est: scil. quum §. 66. iunxisset *elatione atque altitudine orationis suae*, h. l. acquievit in voc. *altior*. Omnino vix satis cauti esse possumus in tralatis mutandis vel saltem in suspicionem adducendis; veluti paullo ante in *devinciret voluptate*, de quo cur dubitemus, nulla omnino est causa, Lambino placuit *demulceret*, Ernestio *deleniret*; recte haec quoque dicuntur, sed, quod ipsum voluit h. l. Tullius, *devincire* plus est quam vel *delenire* vel *demulcere*, quo verbo Liviano Cicero nusquam utitur.

atque[1] bacchari arbitraretur, sive quod natura non esset ita factus sive quod non consuesset sive quod non posset. Hoc unum illi, si nihil utilitatis habebat, abfuit: si opus erat, defuit. Quin etiam memini, quum in
277 accusatione sua Q. Gallio crimini dedisset sibi eum venenum paravisse idque a se esse deprehensum seseque chirographa, testificationes, indicia, quaestiones, manifestam rem deferre diceret deque eo crimine accurate et exquisite disputavisset, me in respondendo, quum essem argumentatus, quantum res ferebat, hoc ipsum etiam posuisse pro argumento, quod ille, quum pestem capitis sui, quum indicia mortis se comperisse manifesto et manu tenere diceret, tam solute egisset, tam leniter, tam oscitanter. *Tu istuc, M. Calidi, nisi fingeres, sic*
278 *ageres? praesertim quum ista eloquentia alienorum hominum pericula defendere acerrime soleas, tuum negligeres? ubi dolor? ubi ardor animi qui etiam ex infantium ingeniis elicere voces et querelas solet. Nulla perturbatio animi, nulla corporis, frons non percussa, non femur: pedis (quod mini-*

E. 1) et
L. 1. *et bacchari* 13. *se manifesto comperisse* 15. *ageres praesertim ista eloquentia? Quum alien.*

[*atque bacchari*] Recepi ex Gu. 1. D.; quippe quod h. l. et numerosius est et melius furorem ipsum refert, quam Cett.: — *et bacchari.*

[*sive quod non posset*] Haec pro gloss. praecedentium *sive quod natura non ita esset factus* habet Walch *Emendd. Liv.* p. 213. Sed quis talia gloss. adscripserit? Illud refer ad indolem animi, hoc vero ad vires corporis, quae voluntati haud sufficerent.

§. 278. [*frons non percussa*] ∾ *non frons percussa* e Quintil. 11, 3, 123. Ellendt. Sed magnam cautionem adhibeamus necesse est in corrigendis Cdd. lectionibus e Quintiliano, qui talia saepe memoriter laudavit; ut taceamus, quid in eo sibi indulserint et grammatici et librarii. Quamquam fatendum est, aliquoties lectiones ab eo praebitas Cdd. nuper demum collatis confirmari. Ceterum formulam *quod minimum est* corruptam in *quod nimium est* habes in simili loco Caelii apud Quintil. 11, 1, 51. Mox Quintil. *abest* pro *abfuit.* Tum *quod somnum* D. e falso gloss.

mum est) nulla supplosio. Itaque tantum abfuit, ut inflammares nostros animos; somnum isto loco vix tenebamus. Sic nos summi oratoris vel sanitate vel vitio pro argumento ad diluendum crimen usi sumus.
279 Tum Brutus, Atque dubitamus, inquit, utrum ista sanitas
fuerit, an vitium? Quis enim non fateatur, quum ex
omnibus oratoris laudibus longe ista sit maxima, inflammare animos audientium et, quocunque res postulet modo,
flectere, qui hac virtute caruerit, id ei, quod maximum
81 fuerit, defuisse? Sit sane ita, inquam: sed redeamus ad
eum, qui iam unus restat, Hortensium, tum de nobismet
ipsis, quoniam id etiam, Brute, postulas, pauca dicemus;
quamquam facienda mentio est, ut quidem mihi videtur,
duorum adolescentium, qui, si diutius vixissent, magnam
essent eloquentiae laudem consecuti.

280 C. Curionem te, inquit Brutus, et C. Licinium Calvum arbitror dicere. Recte, inquam, arbitraris: quorum quidem alter[1] ita facile soluteque verbis volvebat satis interdum acutas, crebras quidem certe sententias, ut nihil posset ornatius esse, nihil expeditius. Atque hic a magistris parum institutus naturam habuit admirabilem ad dicendum. Industriam non sum expertus: studium certe fuit. Qui si me audire voluisset, ut coeperat, honores quam opes consequi maluisset. Quidnam est, inquit,

E. 1) alter (quod verisimile dixisset)
L. 5, *Atqui* 10. (Fort. *sit ita sane* b.)

§. 279. [*Atque dubitamus*] Vitiosum *Atqui* primum vidi in Cratandrina, tum Man. Corr. Lamb. Grut. *Atque* Nor. Ald. Iu. Asc. sec. Victor. Ald. Nep. Ern. Seqq. Alio errore *At dub.* Asc. pr.

[*quocunque res postulet modo, flectere*] Haud prorsus inscite nescio qui apud Corr. censebat v. *modo* delendum esse. Satis tamen illud vindicatur ipsa positione. Glossator posuisset post v. *quocunque*.

§. 280. [*arbitraris*] ∾ *Brute, arbitraris* Nor. Asc. pr.

[*alter*] Post haec Cdd., etiam D., Edd. meae praeter Lamb. Sch. et Ell. inserunt: *quod veri simile dixisset.* Est absurdum gloss. ad illa *Recte - - arbitraris*, cuiusmodi in scholis solebant facere mediae aetatis magistri. Del. Lambin. Sch. Ell. (Ern. [].)

[*a magistris parum*] ∾ *parum a mag.* D.

istuc[1]? et quemadmodum distinguis? Hoc modo, in- 281
quam. Quum honos sit praemium virtutis iudicio studio-
que civium delatum ad aliquem, qui eum sententiis, qui
suffragiis adeptus est, is mihi et honestus et honoratus
videtur. Qui autem occasione aliqua, etiam invitis suis
civibus, nactus est imperium, ut ille cupiebat, hunc nomen honoris adeptum, non honorem puto. Quae si ille
audire voluisset, maxima cum gratia et gloria ad summam
amplitudinem pervenisset, ascendens gradibus magistratuum, ut pater eius fecerat, ut reliqui clariores viri.
Quae quidem etiam cum P. Crasso, M. F., quum initio
aetatis ad amicitiam se meam contulisset, saepe egisse me
arbitror, quum eum vehementer hortarer, ut eam laudis
viam rectissimam esse duceret, quam maiores eius ei
tritam reliquissent. Erat enim quum institutus optime, 282
tum etiam perfecte planeque eruditus: ineratque et ingenium satis acre et orationis non inelegans copia: praetereaque sine arrogantia gravis esse videbatur et sine
segnitia verecundus. Sed hunc quoque absorbuit aestus
quidam non insolitae adolescentibus gloriae: qui, quia
navarat miles operam imperatori, imperatorem se statim
esse cupiebat: cui muneri mos maiorum aetatem certam,
sortem incertam reliquit. Ita gravissimo suo casu, dum
Cyri et Alexandri similis esse voluit, qui suum cursum
transcurrerant, et L. Crassi et multorum Crassorum in-

E. 1) istud
L. 12. (Al. *me egisse* b.)

§. 281. [*hunc nomen* cet.] = *hunc nomen honoris, non honorem adeptum puto* e Cd. aliquo Regio (non D.) Lallem. Sch. in Ed. mai.

§. 282. [*non insolitae*] Sic, e coni. puto, primum emendatum est in Asc. sec. Secuti sunt Crat. Herv. Camer. Lamb. Ern. Ell. Probavit vel Aldus Nepos. Abest *non* a Cdd. (Gu. utroque, D.) Nor. Asc. Ald. Iu. Vict. Man. Ald. Nep. Sch. sane perperam.

[*dum - - voluit*] An *voluit* ortum e praesenti *volt*, quum haec part. *dum* constructio cum praes. fere legitima sit, saepe autem a librariis ei substituantur praeterita?

[*transcurrerant*] Ne quid tentes, (Ell. enim prope cogitabat de emendando *percurrerant*:) adscribo Forcellini explicationem: „qui non per gradus, sed quasi saltibus cursum gloriae

82 ventus et dissimillimus. Sed ad Calvum (is enim nobis
283 erat propositus) revertamur: qui orator fuisset quum literis eruditior quam Curio, tum etiam accuratius quoddam dicendi et exquisitius afferebat genus: quod quamquam scienter eleganterque tractabat, nimium tamen inquirens in se atque ipse sese observans metuensque ne vitiosum colligeret, etiam verum sanguinem deperdebat. Itaque eius oratio nimia religione attenuata doctis et attente audientibus erat illustris: a multitudine autem et a foro, cui nata eloquentia est, devorabatur.

284 Tum Brutus, Atticum se, inquit, Calvus noster dici oratorem volebat: inde erat ista exilitas, quam ille de

L. 2. (Fort. *qui quum orator fuisset literis* b.) 7. (Al. *depravabat;* quod minus placet. b.)

confecerant." et Corradi: „qui ultra cursum aetatis progressi fuerant." Ego quidem in his interpretationibus acquiesco; praevideo tamen fore exstiturum, qui emendet: *transcurrerat*, ut referatur ad Crassum: „is, qui cupiditate et gloria ductus longius progressus erat, quam aetatis cursus naturalis ferebat, inventus est cet.

§. 283. [*qui orator fuisset* cet.] Credit Waardenburg *Opuscc. critt.* p. 158. emendari commode posse: *qui orator fluens et quum literis erat eruditior*, *tum* cet. „Ut oratio, ita etiam orator fluere dicitur; infra Cap. 91. se ipsum Cicero vocat *redundantem et superfluentem;* et *Orat.* C. 12. Herodotum dicit *fluere.* Contraria sunt *claudicare*, *haerescere.* Ceterum inter voc. *literis* et *eruditior* propter literarum similitudinem facillime excidere potuit *erat*, quod tamen melius fortasse reticebitur." Sic ille. Sed frustra tumultuantur hic V. V. D. D. Ad plusquamperf. conditionaliter positum intellige *futurus*, videlicet: „si diutius vixisset." Cfr. Cap. 81, 279. Livius 35, 15. *Id enim iam specimen sui dederat*, *ut si vita longior contigisset*, *magni iustique regis in eo indolem* fuisse *appareret;* ubi item dici poterat: „Haud dubie, si vita l. contigisset, magnus iustusque rex *fuisset* (scil. futurus), ut ex eo, quod iam dederat sui specimen, apparebat." Et h. l. dici poterat: „in quo quum literis eruditioris indolem oratoris *fuisse* apparebat, quam Curio fuit, tum cet." Beier. Recte ita Cdd. lectionem vindicavit amicus meus, ut similiter fecerat iam Heusing. Iam vero Corradus volebat: *qui orator fuit quum* cet., non, ut ait Ellendt, paene ubique errans: *qui orator fuit*, *sed.* Levia sunt ista, inquit; fateor, sed maxima ex talibus oritur confusio. Ceterum hic rursus, ut saepe, mirifice nos ludit editorum incredibills socordia. Schuetzius enim Aldinae tribuit: *qui orator fuisset quum literis eruditior;* quae sane non est Aldinae solius, sed Cdd. et Edd. omnium usque ad Ern.

industria consequebatur. Dicebat, inquam, ita: sed et
ipse errabat et alios etiam errare cogebat. Nam si quis
eos, qui nec inepte dicunt nec odiose nec putide, Attice
putat dicere, is recte nisi Atticum probat neminem. In-
sulsitatem enim et insolentiam tamquam insaniam quandam
orationis odit: sanitatem autem et integritatem quasi
religionem et verecundiam oratoris probat. Haec omnium
debet oratorum eadem esse sententia. Sin autem ieiuni- 285
tatem et siccitatem et inopiam, dummodo sit polita, dum
urbana, dum elegans, in Attico genere ponit, hoc recte
dumtaxat: sed quia sunt in Atticis alia meliora, videat,
ne ignoret et gradus et dissimilitudines et vim et varietatem Atticorum. — Atticos, inquit, volo imitari. —
Quos? nec enim est unum genus. Nam quid est tam
dissimile quam Demosthenes et Lysias? quam iidem[1] et

E. 1) idem
L. 1. *consectabatur* 15. *idem*

lectio. Nihilominus Ell. dicit se edere cum Aldina: *qui orator quum fuisset lit.*; id quod in nulla Aldd. mearum reperitur, sed arbitraria est Schuetzii transpositio in Ed. mai. Miro casu factum est, ut nec Lamb. in m. 1584. (non Gothofredus, ut ait Ellendt:) proponens: *qui quum orator fuisset*, nec Sch. coni. edens *qui quum fuisset*, nec denique Ellendtius animadverterent, omnibus istis coni. tolli necessariam oppositionem inter partt. *quum* et *tum*. Sic mox Rivio tribuunt lect. *dependebat*; quum Rivius haec scripserit: „Sunt qui legant *dependebat*: quomodo reperi in exemplari quodam Veneto. Sed est (nisi fallor) vulgata lectio (*deperdebat*) melior." Scil. *deperdebat* primum reperi in Asc. sec. tum Crat. — *dependebat* D. Nor. Asc. pr. Ald. Iu.

§. 284. [*consequebatur*] Lamb. *consectabatur*. Sed cfr. §. 287. Et conatus tantum significatur tempore imperfecto.

[*oratoris probat*] *oratoris* suspectum Ellendtio. Potest utique videri διττογραφία superioris voc. *orationis* alieno loco intrusa, vel etiam hoc ipsum (*orationis*) (scil. *orois* cum lin. scribit D.) a glossatore repetitum. Verum oppositionem quandam h. l. inter *orationem* atque *oratorem* vel variandi causa captasse videtur Tullius; aurium quidem iudicio ubi steteris, *oratoris* vocabulo h. l. carere vix poteris.

§. 285. [*dissimilitudines*] — *similitudines* mero casu Gu. 1., quum gemellus eius Cd. Reg. D. veram lectionem servet.

[*quam iidem*] Sic D. et Cuiac. prob. Gulielm. Schuetz. — *idem* Cett., etiam Ellendt. Sed *Idem* scribebatur pro *iidem*; et pro *idem* (num. sing.) ea, quam vult Ell. sententia, requireretur *hic*.

Hyperides? quam omnium horum Aeschines? Quem
igitur imitaris? Si aliquem, ceteri ergo Attice non dicebant: si omnes, quî potes, quum sint ipsi dissimillimi
inter se? In quo illud etiam[1] quaero, Phalereus ille
Demetrius Atticene dixerit. Mihi quidem ex illius orationibus redolere ipsae Athenae videntur. — At est flo-
ridior, ut ita dicam, quam Hyperides, quam Lysias: —
83 Natura quaedam aut voluntas ita dicendi fuit. Et quidem
286 duo fuerunt per idem tempus dissimiles inter se, sed
Attici tamen: quorum Charisius multarum orationum,
quas scribebat aliis, quum cupere videretur imitari Lysiam: Demochares autem, qui fuit Demostheni sororis
filius, et orationes scripsit aliquot et earum rerum historiam, quae erant Athenis ipsius aetate gestae, non tam
historico quam oratorio genere perscripsit. At Charisii
vult Hegesias esse similis, isque se ita putat Atticum, ut
287 veros illos prae se paene agrestes putet. At quid est
tam fractum, tam minutum, tam in ipsa (quam tamen
consequitur) concinnitate puerile? — Atticorum similes
esse volumus. — Optime. — Suntne igitur ii Attici oratores? — Quis negare potest? — Hos imitamur. — Quo
modo, qui sunt et inter se dissimiles et aliorum? —
Thucydidem, inquit, imitamur. — Optime, si historiam

E. 1) etiam illud

L. 11. *multas orationes scripsit, quas* 12. *Demosthenis*

[*si aliquem*] i. e. *si aliquem unum* potius quam *si aliquem horum.* Sane h. l. non obtinet ea significatio, qua alibi invenitur *aliquis* pro *alius quis*, frustra id ad h. l. negante Ell. cfr. ad *Caelianam* §. 55. Ed. min.

[*illud etiam*] Sic D. Omnes Edd. meae, etiam Lamb. et Ald. Nep. — *etiam illud* sine auctoritate Repet. Lamb. 1584. in contextu. Grut. Ern. Sch. Ell.

§. 286. [*quorum Charisius multarum orationum*] Graece πολλῶν ἦν λόγων, sicque §. 246. *Messala - - multae operae multàrumque causarum. — prò Cælio* §. 64. *plurimarum fabularum poëtriae.* Falsam lectionem *multas orationes* ego reperi apud Manutium dumtaxat et Corradum derelictos iam ab Aldo Nepote (qui restituit genitivos casus:) non in Aldina 1521., non in Victoriana; quibus eandem tribuunt aliis atque ego oculis praediti Schuetzius et Ellendtius. Manutianam rursus interpolavit Lamb.: — *multas orationes scripsit, quas.*

scribere, non si causas dicere cogitatis. Thucydides enim
rerum gestarum pronuntiator sincerus et grandis etiam
fuit: hoc forense, concertatorium, iudiciale non tractavit
genus. Orationes autem, quas interposuit, (multae enim
sunt) eas ego laudare soleo; imitari neque possim, si
velim, nec velim fortasse, si possim. Ut, si quis Falerno
vino delectetur, sed eo nec ita novo, ut proximis consulibus natum velit, nec rursus ita vetere, ut Opimium
aut Anicium consulem quaerat: (— atqui eae notae sunt
optimae; credo: sed nimia vetustas nec habet eam, quam
quaerimus, suavitatem nec est iam sane tolerabilis: num 288
igitur, qui hoc sentiat, si is potare velit, de dolio sibi
hauriendum putet? — minime, sed quandam sequatur
aetatem:) sic ego istis censuerim et novam istam quasi
de musto ac lacu fervidam orationem fugiendam nec
illam praeclaram Thucydidi[1] nimis veterem tamquam
Anicianam notam persequendam. Ipse enim Thucydides
si posterius fuisset, multo maturior fuisset et mitior. —
Demosthenem igitur imitemur. — O dii boni! quid, 84
quaeso, nos aliud agimus aut quid aliud optamus? — At 289
non assequimur. — Isti enim videlicet Attici nostri,

E. 1) Thucydidis
L. 6. (Al. *neque velim* b.) 20. *quid ergo nos* (Ut nos, b.)

§. 288. [*quasi de musto ac lacu*] Sic Cdd. Regii A. B. D. Edd. ante Schuetz. = *quasi de musto et lacu* Cd. Reg. C. Videtur proverbium Latinum, nec quidquam mutandum. Utique significat: „orationem ita fervidam, ut fervere solet mustum recens de lacu haustum", ut sit unum de sexcentis illis, quibus tanto opere gaudebant antiqui, ἓν διὰ δυοῖν, quae vocant. Proverbii haud prorsus dissimilis speciem habet illud Propertii ed. Iacob. 3, 17, 2. *Ipsa petita lacu nunc mihi dulcis aqua est.* — *quasi musteam de lacu ac ferv.* Schneideri susp. — *quasi mustum de lacu ferv.* Sch. coni. — *quasi musteam ac de lacu ferv.* Ell. coni.; ita, ut quarto alicui critico vix quod mutet atque invertat, remaneat. Hoc autem est *variare giros*, ut Taciti verbo utar. Formam *Thucydidi* h. l. habent Cd. D. Nor. Victor. Man. Lamb. Grut. Sch. Ell. Cett., etiam Ern., *Thucydidis.*

§. 289. [*quaeso*] Sic Margo 1584. de Paulli Manutii suspicione. Ern. Sch. Ell. — *quasi* D. Nor. Asc. pr. Vict. Man. Ald. Nep. in contextu. — *ergo* ex interpol. Asc. sec. Crat. Cam. Lamb.

quod volunt, assequuntur. Ne illud quidem intelligunt, non modo ita memoriae proditum esse, sed ita necesse fuisse, quum Demosthenes dicturus esset, ut concursus audiendi causa ex tota Graecia fierent. At quum isti Attici dicunt, non modo a corona, quod est ipsum miserabile; sed etiam ab advocatis relinquuntur. Quare si anguste et exiliter dicere est Atticorum, sint sane Attici; sed in comitium veniant, † ad stantem iudicem dicant: subsellia grandiorem et pleniorem vocem desi-
290 derant. Volo hoc oratori contingat, ut, quum auditum sit eum esse dicturum, locus in subselliis occupetur, compleatur tribunal, gratiosi scribae sint in dando et cedendo loco, corona multiplex, iudex erectus; quum surgat[1] is, qui dicturus sit, significetur a corona silentium, deinde crebrae assensiones, multae admirationes: risus, quum velit; quum velit, fletus: ut, qui haec procul videat, etiam si, quid agatur, nesciat, at placere tamen et in scena esse Roscium intelligat. Haec cui contingant,

E. 1) surgit
L. 14. *surgit* 18. (v. c. *scaena* b.)

[*Ne illud*] — *Nec illud* D. Asc.; qui error multis iam mirifice placebit: miram enim elegantiam quaerunt nostri temporis grammatici in vitio isto iamdudum exploso ab optimis Criticis Sec. XVI.

[*ad stantem iudicem dicant*] Locus corruptus. Sic Cdd. (etiam Regii quattuor a Blunschlino inspecti) et Edd. omnes. Nullum tamen iudicum genus apud antiquos tam ineptum atque stultum erat, ut staret. Legendum putabam: *stantes ad iudicem dicant*, plane ut §. 269. *qui ausi aliquando sunt stantes loqui.* Cfr. Plinii *Epp.* Lib. 1, 23. *abstinui causis agendis primum, quod deforme arbitrabar, cui assurgere - - omnes oporteret, hunc omnibus sedentibus stare.* Nunc autem video hoc requiri: *ad stlitium iudicem.* Nimis agrestem praebet sententiam Kahntii suspicio: *ad oscitantem* cet.

§. 290. [*erectus; quum surgit*] Sic Edd. notae. — *ereptus* (sic) *consurgat* D., quod facit ad firmandam Ellendtii coni. *quum surgat* nunc a me receptam maxime propter seqq. *qui dicturus sit.* Priore loco si indicativo usus esset, continuasset, puto, sic: *qui dicturus est.*

[*admirationes*] Vide, ne ortum sit, ut alibi, hoc voc. ex v. *admurmurationes.* Cfr. tamen §. 198. *eam admirationem assensionemque commovit*, ubi Cdd. lectionem satis tutatur id quod sequitur: *iudex, qui separatim alterum* admiratus *esset.*

eum scito Attice dicere, ut de Pericle audivimus, ut de Hyperide, ut de Aeschine, de ipso quidem Demosthene maxime. Sin autem acutum, prudens et idem sincerum 291
et solidum et exsiccatum genus orationis probant nec illo graviore ornatu oratorio utuntur et hoc proprium esse Atticorum volunt, recte laudant. Est enim in arte tanta tamque varia etiam huic minutae subtilitati locus. Ita fiet, ut non omnes, qui Attice, iidem bene; sed, ut omnes, qui bene, iidem etiam Attice dicant. Sed redeamus rursus ad Hortensium.

Sane quidem, inquit Brutus: quamquam ista mihi tua 85
fuit periucunda a proposita oratione degressio. Túm 292
Atticus, Aliquoties sum, inquit, conatus, sed interpellare nolui. Nunc, quoniam ad perorandum spectare videtur sermo tuus, dicam, opinor, quod sentio. Tu vero, inquam, Tite. Tum ille, Ego, inquit, ironiam illam, quam in Socrate dicunt fuisse, qua ille in Platonis et Xenophontis et Aeschini[1] libris utitur, facetam et elegantem

E. 1) Aeschinis
L. 16. *Attice* 18. *Aeschinis*

Verr. 2, 4, §. 27. inde a Crat. edunt *admurmuratio*, ubi Cd. Reg. optimus *admiratio*.

[*audivimus*] Est ab Aldo; retinuerunt omnes usque ad Sch., tum Ell. — *audimus* Gu. uterque. D. Ven. Nor. Asc. pr. Schuetz. Vide Heusing. Gerhard. et Beier ad Offic. 1, 6, 5. Multi iam in isto usu nescio quam elegantiam reperisse sibi visi sunt. Mihi vero persuasum est, ubique fere eam ortam esse e contractione formae *audivimus* in *audiimus*; meaque sententia inde potissimum confirmatur, quod numero singulari eo significatu nunquam reperies *audio*, sed semper *audivi*, ut §. 50. *audivi fuisse neminem*.

§. 291. [*graviore ornatu*] Lego: *grandiore ornatu*. Opponitur hoc *minutae subtilitati*. Similiter *de opt. gen. or.* §. 12.: pro *grave ornatumque* restituendum erat *grande ornatumque*. „Gravis" autem „ornatus" omnino inepte dicitur.

§. 292. [*quoniam ad perorandum*] *quoniam iam ad p.* D. Videtur tamen error e geminatione ortus. Sic *ad Attic.* 3, 13, 2.: *Nunc quoniam est Cyzicum nobis eundum*, item Cd. Ambros. Iens. Asc. Crat. Lamb.: *quoniam iam est* cet. Contra *iam* nolim deleri in *Caelianae* §. 41. *aetas etiam iam corroborata* cfr. nos ad eum locum in Ed. minore. Pro *Tite* (firmato a D.): — *Attice* Nor. Asc. Margo Crat. Lamb.

[*Aeschini*] praebent Gu. uterq. D.

puto. Est enim et minime inepti hominis et eiusdem etiam faceti, quum de sapientia disceptetur, hanc sibi ipsum detrahere, eis tribuere illudentem, qui eam sibi arrogant: ut apud Platonem Socrates in caelum effert laudibus Protagoram, Hippiam, Prodicum, Gorgiam, ceteros; se autem omnium rerum inscium fingit et rudem. Decet hoc nescio quomodo illum: nec Epicuro, qui id reprehendit, assentior. Sed in historia, qua tu es usus in omni sermone, quum, qualis quisque orator fuisset, exponeres, vide, quaeso, inquit, ne tam reprehendenda sit ironia quam in testimonio. Quorsum[1], inquam, istuc?
293 non enim intelligo. Quia primum, inquit, ita laudavisti quosdam oratores, ut imperitos posses in errorem inducere. Equidem in quibusdam risum vix tenebam, quum Attico Lysiae Catonem nostrum comparabas, magnum mehercule hominem vel potius summum et singularem virum; nemo dicet secus: sed oratorem? sed etiam Lysiae similem? quo nihil potest esse pictius. Bella ironia, si iocaremur: sin asseveramus, vide, ne religio nobis tam
294 adhibenda sit, quam si testimonium diceremus[2]. Ego

E. 1) Quorsus 2) dicamus
L. 19. (Fort. *si iocamur* b.)

[*disceptetur*] — *disceptatur* Gu. uterq. D. Sch. Ell. cfr. §. 265. Pro *arrogant* Ern. volebat *arrogent*.

[*Quorsum*] Sic Gu. uterq. D. Lamb. = *Quorsus* Cett.

§. 293. [*posses*] — *possis* Ell. susp. Sed: *posses* fortasse; *possis* contra significaret, id fere egisse Ciceronem, ut lecturos in errorem induceret.

[*quam Attico*] ∞ *ut quum Attico* Ell. non mala susp.

[*quo nihil potest esse pictius*] *perfectius* Sarpe in *Quaestionibus philol.* p. 48. cfr. Quintil. X. 1, 78. Adde supra §. 35. Fortasse legi item poterit *politius;* cfr. §. 194. *Orator* §. 29. Beier; qui in suo exemplari recepit *perfectius*. Elegantiam tamen minutis in rebus, et eam quidem saepe quaesitam significare mihi videtur voc. *pictius:* cui elegantiae opponitur nuditas atque asperitas Catoniana; Catonis scil. lineamenta dumtaxat erant, nondum *pigmenta* (§. 298.); quod ipsum voc. satis nostro loco vindicat v. *pictius*. Praeterea haud nimis probabile est voc. obvium *perfectius*, etsi per compendium scriptum *pfectius*, transisse in *pictius*.

[*si iocaremur*] *si iocamur* (non *iocemur*, ut ait Ell.) Margo 1584. — *dicamus* Ernestii est coni. cfr. Ellendt.

enim Catonem tuum ut civem, ut senatorem, ut imperatorem, ut virum denique quum prudentia et diligentia, tum omni virtute excellentem probo: orationes autem eius, ut illis temporibus, valde laudo: significant enim quandam formam ingenii; sed admodum impolitam et plane rudem. Origines vero quum omnibus oratoriis[1] laudibus refertas diceres et Catonem cum Philisto et Thucydide comparares; Brutone te id censebas, an mihi probaturum? Quos enim ne e Graecis quidem quisquam imitari potest, iis tu comparas hominem Tusculanum, nondum suspicantem, quale esset copiose et ornate dicere?
Galbam laudas: si ut illius aetatis principem, assentior: 86
sic enim accepimus: sin ut oratorem, cedo, quaeso, 295
orationes (sunt enim) et dic, hunc, quem tu plus quam te amas, Brutum velle te illo modo dicere. Probas Lepidi orationes. Paullum hîc tibi assentior, modo ita laudes, ut antiquas: quod idem[2] de Africano, de Laelio, cuius tu oratione negas fieri quidquam posse dulcius, addis etiam, nescio quid augustius: nomine nos capis

E. 1) oratoris 2) item
E. 5. *formam quandam* 17. *item* (Al. *idem* b.)

§. 294. [*orationes autem*] Vide, ne hoc quoque loco *autem* depravatum sit e v. *etiam*, ut factum est quum alibi, tum §. 170.

[*quandam formam*] = *formam quandam* habent Car. Steph. et Lamb. soli. cfr. *Orat.* §. 181. *quasi quaedam forma.*

[*oratoriis laudibus*] Sic dedi cum Man. Corr. Lamb. Aldo Nep. cfr. Orator. §. 11. Alia ratio est in *oratoris laudibus* §. 279. — *oratoris* Cett.

[*te id*] Sic etiam D. — om. *te* omnes meae ante Lamb., item Ald. Nepos.

§. 295. [*accepimus*] Num hic quoque, §. 77. et 333. emendabunt *accipimus?* cfr. Beier *ad Offic.* 1, 6, 5. Non credo. Falsum id omnino videtur.

[*quod idem*] Sic D. Ed. Rom. Margo 1584. Scil. constructio vulgata distinctione puncti ante v. *addis* et rursus ante v. *nomine* obscurata, rectiore nunc declarata haec est: „quod idem dicis de Africano, de Laelio (cuius - - dulcius, addis etiam augustius quod quale sit haud satis scio:) in ea re nomine nos capis cet." Ceteri: *quod item.* Sed cfr. supra §. 66. §. 195. §. 242. *ad Attic.* 5, 21, 10. Gernhard ad *Laelium* p. 33.

[*capis*] Sic iam Nor. Asc. pr. Man. L. Aldus Nepos. Seqq. — *capi* err. typogr. Ald. Asc. sec. Crat. Victor. — *capi vo-*

summi viri vitaeque elegantissimae verissimis laudibus. Remove haec: nae ista dulcis oratio ita sit abiecta, ut
296 eam adspicere nemo velit. Carbonem in summis oratoribus habitum scio: sed quum in ceteris rebus, tum in dicendo, semper, quo nihil est melius, id laudari, qualecunque est, solet. Dico idem de Gracchis: etsi de iis ea sunt a te dicta, quibus ego assentior. Omitto ceteros: venis[1] ad eos, in quibus iam perfectam putas esse eloquentiam, quos ego audivi, sine controversia magnos oratores, Crassum et Antonium. De horum laudibus tibi prorsus assentior: sed tamen non isto modo, ut Polycleti Doryphorum sibi Lysippus aiebat, sic tu suasionem legis Serviliae tibi magistram fuisse. Haec germana ironia est. Cur ita sentiam, non dicam, ne me tibi assen-
297 tari putes. Omitto igitur, quae de his[2] ipsis, quae de Cotta, quae de Sulpicio, quae modo de Caelio dixeris. Hi[3] enim fuerunt certe oratores; quanti autem et quales, tu videris. Nam illud minus curo, quod congessisti operarios omnes: ut mihi videantur mori voluisse non-
87 nulli, ut a te in oratorum numerum referrentur. Haec quum ille dixisset, Longi sermonis initium pepulisti, inquam, Attice, remque commovisti nova disputatione di-

E. 1) venio 2) iis 3) Ii

L. 2. *ne ista* („et ita v. c." b.) 6. *de eis* 8. *venio* 11. Absunt v. *isto modo* 15. *de iis* 17. *Ii* 21. *detulisti*

lens Hervag. Stephanus uterque. Ed. 1584. in contextu, ex mira interpolatione vel Asc. tertiae 1531. vel Hervagii.

§. 296. [*quo nihil*] Sic primum emendatum est in Asc. sec. Tum in Crat. Hervag. Camer. Lamb. Ern. Seqq. — *quoniam n.* Gu. uterq. D. Asc. pr. Aldina 1521. Iu. Victor. — *quum n.* Man. Corr. Ald. Nepos.

[*venis*] Sic D. Nor. Asc. utraq. Ald. Crat. Vict. eadem forma orationis, qua hic saepius utitur: — *laudas* - - *probas* - - *negas* - - *capis* - - *sunt a te dicta.* — *venio* Hervag. Rob. Steph. Seqq. — Verba *isto modo* Lamb. delevit coni.

§. 297. [*de his*] Sic D. Nor. Asc. Man. — *de iis* Cett. Sic Mox *Ii enim* Asc. Iu. L. Ern.

[*pepulisti*] a remorum pulsu desumptum hoc tralatum recte se habet. Tribuunt Victorio; sed primum sic emendatum est in Asc. sec. Tum Crat. Herv. Gronov. 1692. Seqq. — *depulisti* Cdd. (etiam D.) N. Asc. Ald. Iu. Victor. — *detulisti* Man. Corr. L. Ald. Nepos. (— *intulisti* vel *propulisti* Sch. suspicc.)

gnam, quam in aliud tempus differamus. Volvendi enim 298
sunt libri quum aliorum, tum in primis Catonis. Intelliges nihil illius lineamentis nisi eorum pigmentorum, quae inventa nondum erant, florem et colorem defuisse. Nam de Crassi oratione sic existimo, ipsum fortasse melius potuisse scribere: alium, ut arbitror, neminem. Nec in hoc ironiam duxeris[1] esse, quod eam orationem mihi magistram fuisse dixerim. Nam etsi tu melius existimare videris de ea, si quam nunc habemus, facultate; tamen, adolescentes quid in Latinis potius imitaremur, non habebamus. Quod autem plures a nobis nominati sunt, eo 299
pertinuit, (ut paullo ante dixi), quod intelligi volui, in eo, cuius omnes cupidissimi essent, quam pauci digni nomine evaderent. Quare εἴρωνα me, ne si Africanus quidem fuit, (ut ait in historia sua C. Fannius) existimari velim. Ut voles, inquit Atticus. Ego enim non alienum a te putabam, quod et in Africano fuisset et in Socrate. Tum Brutus, De isto postea: sed tu (inquit, me intuens) 300
orationes nobis veteres explicabis? Vero, inquam, Brute:

E. 1) dixeris
E. 16. (Al. *existimari nolim* b.) 19. *Ego vero*

§. 298. [*ut arbitror*] i. e. nisi equidem fallor. Sine causa *ut* del. Sch. — [ ]. Ell.

[*duxeris esse*] Sic Gu. 1. Ed. Ald. (quam Venetam h. l. nuncupat Rivius:) prob. Rivio. In. Asc. sec. Crat. Hervag. Victor. Man. Lamb. Ald. Nep. Schuetz. Satis notum nunc est *duco esse*, quod Ern., Goerenz, Reisig Latinum esse negabant, innumerabilibus locis apud Cic. reperiri ac saepissime corruptum esse vel deleto verbo substantivo vel v. *ducendi* in *dicere* mutato. Cfr. quae notavi ad *Caelianam* §. 78. *Ed. min.* ubi corrupte legebatur *rem p. violatam diceret* pro *rem p. violatam esse duceret:* et Moserum in l. *de Rep.* p. 562. nostri loci haud immemorem. Exemplis ab amico allatis adde *ad Attic.* 1, 20, 1. *nihil duco esse commodius. Brut.* §. 281. *ut eam laudis viam rectissimam esse duceret. Verr.* 2, 4, §. 72. cet. — *eduxeris* Gu. 2. D. Nor.; ex quo faciendum esset *edixeris* (cfr. Ochsneri V. C. *Ecl. Cic.* pag. 225. *Ed. tert.*) — *dixeris* Ed. Rom. Asc. pr. Ern. Ell.

§. 299. [*existimari velim*] — *ex. nolim* Stephanus uterque soli inter meos. Sed quum praecedat negatio *ne - - quidem*, negatur etiam v. *velim*. Inter utramque lect. fluctuabat Lamb., utramque rectam perhibens. Sed *nolim* est dumtaxat e coni.

§. 300. [*Vero, inquam*] — *Ego vero, i.* Asc. sec. (non

sed in Cumano aut in Tusculano aliquando, si modo
88 licebit: quoniam utroque in loco vicini sumus. Sed iam ad id, unde degressi[1] sumus, revertamur.

301 Hortensius igitur, quum admodum adolescens orsus esset in foro dicere, celeriter ad maiores causas adhiberi coeptus est; quamquam inciderat in Cottae et Sulpicii aetatem, qui annis decem maiores excellente tum Crasso et Antonio, deinde Philippo, post Iulio, cum his[2] ipsis dicendi gloria comparabantur[3]. Primum memoria tanta, quantam in nullo[4] cognovisse me arbitror, ut, quae secum commentatus esset, ea sine scripto verbis eisdem redderet, quibus cogitavisset. Hoc adiumento ille tanto sic utebatur, ut sua et commentata et scripta et, nullo
302 referente, omnia adversariorum dicta meminisset. Ardebat autem cupiditate sic, ut in nullo unquam flagrantius studium viderim. Nullum enim patiebatur esse diem, quin

E. 1) digressi 2) iis 3) comparabatur 4) in ullo
L. 8. *cum iis* 9. *comparabatur* 12. *excogitavisset* 13. *sua commentata*

Ald.) Crat. Hervag. Lamb. Sed cfr. *de Republ.* 1, 37. *Vero minus.*

§. 301. [*ad maiores*] — *ad omnes* Oxon., ex mero errore: nec coniungendum arbitror *ad omnes maiores.* (cfr. §. 226.)

[*deinde*] = *dein* D. Gu. 1. Nor. Asc.

[*cum his*] Sic D., ut volebam. — *cum iis* Edd.

[*comparabantur*] Sic primus emendavit Crevierius apud Lallemand *Cic. Opp.* Vol. 9. pag. 563. Tum rursus Sch. — *comparabatur* Ceteri omnes, etiam Ell., mero soloecismo. Etsi sic construxisse videntur: „Quamquam Hortensius inciderat in C. et S. aetatem, qui annis decem maiores (erant) — cum his ipsis is (Hortensius) comparabatur." Quod tamen omnino falsum. Nam vv. *quamquam* ad praecedentia pertinet: „Hortensius nihilominus celeriter ad maiores causas adhiberi coeptus est, quamquam inciderat in Cottae et Sulpicii aetatem et natu maiorum et cum excellentissimis oratoribus Crasso, Antonio cet. iam comparari solitorum."

[*in nullo*] Sic recte Man. Corr. L. Ald. Nep. Sch. Ell. prob. Wolfio ad *Marcellian. Praef.* pag. XXI. — *in ullo* Asc. sec. Crat. Grut. Ern. prob. Goerenz ad *Finn.* 5, 21, 59. — *in viro* D. Nor. Asc. pr. Ald. Iu. Victor.

[*cogitavisset*] Sic D. Nor. Victor. Man. Ald. Nep. Grut. Ern. Seqq. — *excogitavisset* solito in h. v. errore (*Orator.* §. 9.) Asc. Ald. Iu. Crat. Lamb.

[*et commentata*] om. *et* D. Lamb.

aut in foro diceret aut meditaretur extra forum: saepissime autem eodem die utrumque faciebat. Attuleratque
minime vulgare genus dicendi: duas quidem res, quas
nemo alius: partitiones, quibus de rebus dicturus esset,
et collectiones, memor et quae essent dicta contra quaeque ipse dixisset. Erat in verborum splendore elegans, 303
compositione aptus, facultate copiosus: eaque erat quum
summo ingenio, tum exercitationibus maximis consecutus.
Rem complectebatur memoriter, dividebat acute, nec
praetermittebat fere quidquam, quod esset in causa aut
ad confirmandum aut ad refellendum. Vox canora et
suavis: motus et gestus etiam plus artis habebat, quam
erat oratori satis. Hoc igitur florescente, Crassus est
mortuus, Cotta pulsus, iudicia intermissa bello, nos in
forum venimus. Erat Hortensius in bello, primo anno 89
miles, altero tribunus militum: Sulpicius legatus aberat, 304
etiam M. Antonius: exercebatur una lege iudicium Varia,
ceteris propter bellum intermissis: cui frequens aderam[1]

E. 1) qui frequentes aderant
L. 5. (*memor, quae* Lamb. b.) 18. *qui frequentes aderant, tantum pro se* .

§. 302. [*collectiones*] Sic Ald. Asc. sec. Seqq. — *coniectiones* D. Pal. Cuiac. Gu. 1. — *coniunctiones* Nor. Asc. pr. Tum nota *et quae*)(*quaeque*. Cfr. Goerenz. ad *Acad.* p. 67. *de Finn.* p. 548. Plautus *Amphitr.* 1, 1, 111. *et facta moresque.*

§. 303. [*Erat in*] ∾ *in* suspectum Ellendtio. Defendi tamen potest e notatione v. *elegans*. „Erat *in* verbis splendidis *eligendis* industrius et accuratus."

§. 304. [*cui frequens aderam*] Sic ex mea collatione Cd. D., Ed. princeps, teste Leclerquio, tum Buttmann et Sch. coni. partim etiam Schneider. Eodem alludunt lect. Cdd. Regg. Gu. 1. 2. Nor. Asc. pr., ut vidit iam Schneider: — *qui* (i. e. *quoi*) *frequens aderam.* Quam quomodo emendanda esset haud intelligentes dederunt: *qui frequentes aderant* Ald. Iu. Asc. sec. Crat. Victor. Man. Lamb. Ern. Ell., qui exemplis minime huc facientibus defendere studet insolitum alias usum v. *adesse;* quum tamen in singulis his membris dicatur, Tullius quomodo versatus sit in studio discendi. Sequens *quamquam* Cdd. omnium et Edd. praeter Lamb. (*tantum*) et Sch. (*quum*) rectissime se habet. „Aderam, inquit, huic iudicio, *quamquam* una lege Varia causis inter se simillimis vel potius iisdem (§. 324.) non sine fastidio quodam exercebatur, et aderam, *quamquam* identidem pro se ipsi dicebant isti, minus utique

quamquam pro se ipsi dicebant oratores non illi quidem principes, L. Memmius et Q. Pompeius, sed oratores tamen, teste diserto uterque Philippo, cuius in testimonio contentio et vim accusatoris habebat et copiam.

305 Reliqui, qui tum principes numerabantur, in magistratibus erant quotidieque fere a nobis in concionibus audiebantur. Erat enim tribunus pl. tum C. Curio, quamquam is quidem silebat, ut erat semel a concione universa relictus: Q. Metellus Celer, non ille quidem orator, sed tamen non infans: diserti autem Q. Varius, C. Carbo, Cn. Pomponius: et hi[1] quidem habitabant in rostris. C. etiam Iulius, aedilis curulis, quotidie fere accuratas conciones habebat. Sed me cupidissimum audiendi primus dolor percussit, Cotta quum est expulsus. Reliquos

E. 1) ii
L. 7. *tunc C. Curio* 11. *ii*

solute ac libere minoreque cum artificio, quam si sine ullo timore pro aliis dixissent. Beieri annotatio haec est: „*cui frequens aderam*] Sic Ph. Buttmannus in *Nov. Act. Soc. Lat. Ien.* I. p. 49. s. pro volg. *qui frequentes aderant*. Schneiderus Saxo coni. *cui frequenter aderam*. *Quamquam*, interprete Buttmanno, obiectionem occupat, quid per oratores tam mediocres proficere potuerit Cicero. Virgulam ante *non illi quidem* insertam sustulimus. Tum inseruimus *utens*, auctore Buttmanno, qui tamen suaserat: *diserto utentes uterque Philippo*. Nos fugimus versum. *Uterque* cum singulari numero concordat in exemplis ap. Ruddimann. *Institt. Gramm. Latin.* P. II. ed. Stallbaum. p. 366. cum n. 22." Cfr. Beierum etiam in *Fragmm. Oratt.* p. 134. Ceterum minime necessarium est, ut h. l. inseratur explicatio *utens* vel *utentes*. Ceterum in priore mea annotat. Ed. mai. delenda sunt, quae dixi de Ellendtio. Ipse enim publice testatus est se Schneideri, Buttmanni et Schuetzii interpretationem (suâ utique longe meliorem) haud probare. Ego autem eius Latinitatem haud satis intellexeram. Scil. is totius loci rationem minime perspexit; alioqui non prolapsus esset in pravam istam coniecturam: *teste Philippo, cuius contentionem et vim accusatoris uterque habebat et copiam*: quae vix atque vix Latina est, nedum Tullio digna.

§. 305. [*tum C. Curio*] Sic Man. Corr. Ald. Nepos. Grut. Seqq. (nec quidquam mihi contra notatum est e Cd. D.) — *tunc Curio* Nor. Asc. pr. — *tunc C. Curio* Ald. Asc. sec. Crat. Herv. Steph. Lamb.

[*et ii*] ∞ *et hi*, ut volebam, habent revera Man. Corrad. Ald. Nep., unde restitui.

frequenter audiens acerrimo studio tenebar quotidieque
et scribens et legens et commentans oratoriis tamen[1] exercitationibus contentus non eram. Iam consequente anno
Q. Varius sua lege damnatus excesserat. Ego autem 306
iuris civilis studio multum operae dabam Q. Scaevolae,
P. F., qui, quamquam nemini se ad docendum dabat,
tamen consulentibus respondendo studiosos audiendi do-
cebat. Atque huic anno proximus Sulla consule et Pompeio fuit. Tum P. Sulpicii in tribunatu quotidie concio-
nantis totum genus dicendi penitus cognovimus. Eodemque tempore, quum princeps Academiae Philo cum
Atheniensium optimatibus Mithridatico bello domo pro-
fugisset Romamque venisset, totum ei me tradidi, admirabili quodam ad philosophiam studio concitatus, in quo
hoc etiam commorabar attentius, quod, etsi rerum ipsa-

E. 1) tantum

L. 2. *tantum* (Al. *or. tamen* b.) 5. (Lamb. hoc totum *iuris civilis studio* suspicatur esse aliunde inductum. b.)

[*oratoriis tamen*] Lectio haec Man. Corr. Aldi Nep. Sch. Ell., probata etiam Lambino, clarius significat, se, quod ait §. 315., *a prima adolescentia* operam dedisse etiam philosophiae (contra quam soliti erant ceteri eloquentiae forensis studiosi apud Romanos) quam lectio Cd. D. Oxon. Gu. utriusq. Nor. Asc. Ald. Iu. Crat. (Lamb.) Ern. *tantum*, quae duae particc. ubique confunduntur propter scribendi compendia. Minus perspecta illa aliorum etiam praeter rhetorica iam tum a Cicerone susceptorum studiorum mentione, olim negandi particula mihi suspecta visa erat: nunquam autem hoc, ut nunc video „ dixisset de se ipse: *oratoriis tantum exercitationibus contentus eram.*

§. 306. [*P. F.*] ∾ *Q. F.* i. e. auguri, Laelii genero, volebat Wetzel. cfr. Ellendt.

[*concitatus*] — *incitatus* Nor. Asc. Margo Crat.

[*in quo hoc etiam - - quod etsi*] In his, quae e vetere exemplari proposuit Rivius, non improbavit Corr. in Commentario, receperunt Lamb. Ern. Seqq., nulla mihi notata est varietas e D., quamquam Schneid. e Gu. 1. saltem refert abesse v. *quod*, ut in Edd. vett. ante Lamb., etiam in Man. Corr. Car. Steph. Ald. Nep.; in Edd. ante Man. Corr. deest etiam *hoc*. Omnes autem cum D. Gu. 1. *sed tamen:* in quibus Riv. (cum suo exemplari) Lamb. Ern. Seqq. deleverunt *sed*. („Recte Buttmannus l. l. p. 51. oppositionem declarat supplendo in hunc modum: „tamen illis non opus erat, quoniam cet." „*doch ohne das.*" Similiter cogitationes confunduntur *Lib. IV. in Verr.* 3, 7. Beier.)

**rum varietas et magnitudo summa me delectatione retine-
bat, tamen sublata iam esse in perpetuum ratio iudiciorum
307 videbatur. Occiderat Sulpicius illo anno tresque proximo
trium aetatum oratores erant crudelissime interfecti,
Q. Catulus, M. Antonius, C. Iulius. Eodem anno etiam
Moloni Rhodio Romae dedimus operam et actori summo
90 causarum et magistro. Haec etsi videntur esse a proposita ratione diversa, tamen idcirco a me proferuntur,
ut nostrum cursum perspicere, quoniam voluisti, Brute,
possis (nam Attico haec nota sunt) et videre, quemadmodum simus in spatio Q. Hortensium ipsius vestigiis per-
308 secuti. Triennium fere fuit urbs sine armis, sed oratorum aut interitu aut discessu aut fuga (nam aberant etiam
adolescentes M. Crassus et Lentuli duo) primas[1] in causis
agebat Hortensius: magis magisque quotidie probabatur
Antistius; Piso saepe dicebat; minus saepe Pomponius,
raro Carbo, semel aut iterum Philippus. At vero ego
hoc tempori omni noctes et dies in omnium doctrinarum
309 meditatione versabar. Eram cum Stoico Diodoto; qui**

E. 1) fuga; nam - - duo; primas
E. 8. *oratione* 11. (Fort. *ipsis* b.) 15. *magisque magisque* Ib. *probabatur. Antistius, Piso saepe dicebant*

§. 307. [*Eodem anno etiam*] — *Eodem etiam alio* (sic vitiose) D.

[*ratione*] — *oratione* Asc. pr., ut Lamb. Cd. D. et Nor. firmant ceterarum mearum Edd. lectionem.

[*ipsius vestigiis*] Optime significat haec lectio Cdd. et Edd. omnium Ciceroni id propositum fuisse, ut Hortensium iisdem artibus, quibus is eloquentiae principatum antea esset adeptus, primum assequeretur, deinde superaret. Non erat igitur, cur Lambinus proponeret *ipsis vestigiis;* quod vix atque vix transisset in *ipsius v.*, quum casuum accommodationes tanto opere librariis soleant placere. Ego potius haereo aliquantum in vv. *in spatio* sic nude et sine ullo attributo positis pro *in curriculo eloquentiae.* Optimum hoc quoque loco esset tralatum: *in stadio.*

§. 308. [*sed oratorum*] Ernestius falsa loci distinctione deceptus, proposuit *et.* Verum sententia haec est: „Triennium fere fuit urbs sine *armis;* nec tamen ideo plures vigebant oratores, quos aemulos metuendos habuisset Hortensius; sed quia ii aut interierant aut discesserant aut fugerant, eo facilius primas in causis agebat Hortensius."

quum habitavisset apud me mecumque vixisset, nuper est
domi meae mortuus. A quo quum in aliis rebus, tum
studiosissime in dialectica exercebar; quae quasi contracta
et adstricta eloquentia putanda est: sine qua etiam tu,
Brute, iudicavisti te illam iustam eloquentiam, quam dialecticam esse dilatatam[1] putant, consequi non posse.
Huic ego doctori et eius artibus variis atque multis ita
eram tamen deditus, ut ab exercitationibus oratoriis nullus
dies vacuus esset. Commentabar declamitans (sic enim 310
nunc loquuntur) saepe cum M. Pisone et cum Q. Pompeio aut cum aliquo quotidie; idque faciebam multum
etiam Latine, sed Graece saepius: vel quod Graeca oratio
plura ornamenta suppeditans consuetudinem similiter Latine dicendi afferebat: vel quod a Graecis summis docto-
ribus, nisi Graece dicerem, neque corrigi possem neque
doceri. Tumultus interim pro recuperanda re publica et 311
crudelis interitus oratorum trium, Scaevolae, Carbonis,
Antistii: reditus Cottae, Curionis, Crassi, Lentulorum,
Pompeii: leges et iudicia constituta: recuperata res publica: ex numero autem oratorum Pomponius, Censorinus, Murena sublati. Tum primum nos ad causas et
privatas et publicas adire coepimus, non ut in foro disceremus, quod plerique fecerunt, sed ut, quantum nos
efficere potuissemus, docti in forum veniremus. Eodem 312
tempore Moloni dedimus operam: dictatore enim Sulla,
legatus ad senatum de Rhodiorum praemiis venerat. Itaque prima causa publica pro Sex. Roscio dicta tantum

E. 1) dilatatam esse

L. 1. (Al. *apud me cum Quinto* et ita Cod. R. (i. e. Ed. Romana.) b.) 3. (Fort. *tum in dial. stud.* b.) 16. (v. c. *reciperanda* b.) 19. (v. c. *reciperata* b.)

§. 309. [*apud me mecumque*] Sic primus Hervagius, ut ipse ait Rivius, cui hanc emendat. tribuunt; tum Seqq. — *apud me cumque v.* cum D. Edd. ante Hervag. praeter Rom.: — *apud me, cum Quinto v.*

[*cum aliquo*] — *cum alio* Hervag. solus.

[*esse dilatatam*] Sic D. Lamb. = *dil. esse* Cett.

[*tamen deditus*] — *tum d.* Asc.

§. 310. [*loquuntur*] ∾ *loquimur* Gu. 1. D. Eadem difficultas, quae nos male habuit in *Oratoris* §. 161.

commendationis habuit, ut non ulla esset, quae non digna nostro patrocinio videretur. Deinceps inde multae, quas nos diligenter[1] elaboratas et tamquam elucubratas afferebamus.

91 Nunc, quoniam totum me non naevo aliquo aut cre-
313 pundiis, sed corpore omni videris velle cognoscere, complectar nonnulla etiam, quae fortasse videantur minus necessaria. Erat eo tempore in nobis summa gracilitas et infirmitas corporis: procerum et tenue collum: qui habitus et quae figura non procul abesse putatur a vitae periculo, si accedit labor et laterum magna contentio. Eoque magis hoc eos, quibus eram carus, commovebat, quod omnia sine remissione, sine varietate, vi summa
314 vocis et totius corporis contentione dicebam. Itaque quum me et amici et medici hortarentur, ut causas agere desisterem: quodvis potius periculum mihi adeundum, quam a sperata dicendi gloria discedendum putavi. Sed quum censerem remissione et moderatione vocis et commutato genere dicendi me et periculum vitare posse et

E. 1) quas non minus dil.
L. 2. (Lamb. *patrocinio nostro* b.) 3. *quas non minus dil.* 11. (Al. *si accedat* b.)

§. 312. [*habuit*] Sic Ald. Seqq. Nec quicquam contra mihi notatum est e D. — *habui* Gu. uterq. Edd. vett. Asc. pr., non improb. Ern. Sed altera lectio longe urbanior.

[*digna nostro*] Sic D. Victor. Lamb. Ern. Seqq. = *nostro digna* Nor. Asc. utraq. Ald. Crat. Herv. Man. Ald. Nep. — *patrocinio nostro*, quod tribuitur Lambino in marg. 1584., nusquam alibi reperi.

[*non minus diligenter*] Sic reperio primum in Asc. pr., probabiliter e Mediol. Tum asciverunt Man. Corr. Lamb. Seqq. Videndum, utrum e Cd. deprompta sit lectio, an e coni. dumtaxat; quod mihi quidem probabilius est. Sic enim emendasse videntur errorem Ven. Nor. *non diligenter.* Omnino certa lectio Gu. 1. D. Ald. Asc. sec. Crat. Herv. Vict. Camer. *nos diligenter* praeferenda videbatur. Nam et per se minus aptam censeo ceterarum actionum comparationem cum Rosciana; et modestior etiam nostra est lectio.

[*et tamquam*] e vetere exempl. commendavit Rivius. Receperunt Man. Corr. L. — *etiam quam* Priores cum D.

§. 313. [*accedit*] ∾ *accedat* Margo 1584. et Ern. susp.

§. 314. [*discedendum*] — *discendum* Gu. 1. D. — *desciscendum* Ern. susp. Cfr. Ell.

temperatius dicere: ut consuetudinem dicendi mutarem, ea causa mihi in Asiam proficiscendi fuit. Itaque quum essem biennium versatus in causis et iam in foro celebratum meum nomen esset, Roma sum profectus. Quum 315
venissem Athenas, sex menses cum Antiocho, veteris Academiae nobilissimo et prudentissimo philosopho, fui studiumque philosophiae nunquam intermissum a primaque adolescentia cultum et semper auctum hoc rursus summo auctore et doctore renovavi. Eodem tamen tempore Athenis apud Demetrium Syrum, veterem et non ignobilem dicendi magistrum, studiose exerceri solebam. Post a me Asia tota peragrata est cum summis quidem oratoribus, quibuscum exercebar ipsis lubentibus; quorum erat princeps Menippus Stratonicensis meo iudicio tota Asia illis temporibus disertissimus: et, si nihil habere molestiarum nec ineptiarum Atticorum est, hic orator in illis numerari recte potest. Assiduissime autem mecum fuit 316
Dionysius Magnes: erat etiam Aeschylus Cnidius, Adramyttenus Xenocles. Hi tum in Asia rhetorum principes numerabantur. Quibus non contentus Rhodum veni meque ad eundem, quem Romae audiveram, Molonem applicavi quum actorem in veris causis scriptoremque praestantem, tum in notandis animadvertendisque vitiis et instituendo

L. 10. (Al. *Syrium* b.)

[*ut consuetudinem dicendi mutarem*] „Hoc totum deleri vult Lambinus, ut alienum. Immo ut ineptum quoque delendum; nisi *consuetudinem dicendi* Latine dici volumus pro *dicendi genere*, quod ille literator putabat, qui haec praecipiebat. Nam esse hanc aliunde illuviem non est quod dubitemus. Sylburgius. Verba ista possunt utique videri supervacanea, etsi minus equidem haereo in v. *consuetudine dicendi*, „quam scil. paullatim contraxeram;" et iis deletis nimis hiat oratio.

§. 315. [*a primaque*] — *a prima* Asc.

[*Syrum*] ∞ *Syrium* „Alii" apud Corradum. Margo 1584. Probabiliter, ut *Pherecydes Syrius*. Etenim *Syrus* rhetor isto tempore admodum mirus.

[*cum summis* cet.] Sane significat, eos in comitatu suo per iter illud Asiaticum fuisse, modo hunc, modo illum, ut mox: *assiduissime mecum fuit Dionysius;* nec quidquam de lect. veritate dubitandum.

[*nec inept.*] — *et inept.* Nor. Asc.

docendoque prudentissimum. Is dedit operam, (si modo id consequi potuit) ut nimis redundantes nos et superfluentes iuvenili quadam dicendi impunitate et licentia reprimeret et quasi extra ripas diffluentem[1] coërceret. Ita recepi me biennio post non modo exercitatior, sed prope mutatus. Nam et contentio nimia vocis residerat[2] et quasi deferverat[3] oratio lateribusque vires et corpori mediocris habitus accesserat.

92 Duo tum excellebant oratores, qui me imitandi cupi-
317 ditate incitarent, Cotta et Hortensius: quorum alter remissus et lenis et propriis verbis comprehendens solute et facile sententiam, alter ornatus, acer, et non talis, qualem tu eum, Brute, iam deflorescentem cognovisti, sed verborum et actionis genere commotior. Itaque cum Hortensio mihi magis arbitrabar rem esse, quod et dicendi ardore eram propior et aetate coniunctior. Etenim videram in iisdem causis, ut pro M. Canuleio, pro Cn. Dolabella consulari, quum Cotta princeps adhibitus esset,

E. 1) diffluentes 2) reciderat 3) referverat
L. 4. *diffluenteis* 6. *resederat* 7. *deferbuerat* (Ut nos, b.) Ib. *corporis*

§. 316. [*et superfluentes*] recte defendit Frotscher ad *Quintil.* X. p. 245. contra Sch., qui haec del., et Ell., qui []. — *et supra fluentes* Gu. uterque. D. Nor.

[*et licentia*] Beierus volebat: *ac l.* Mox *diffluentem* dedi cum Gu. utroque. D. Nor. Asc. utraq. Ald. Crat. Victor. Sic minus etiam offendimus in iis, quae alioqui nimis homonyma videntur *superfluentes* et *diffluentes*, et vitatur ambiguitas vv. *ripas diffluentes;* nec insolita ista numeri subita mutatio apud Cic., ubi de se ipso loquitur. cfr. §. 323. — *diffluentes* Hervag. Man. Corr. Lamb. Seqq.

[*resederat*] Ausus sum nunc recipere cum Sch. et Ellendt Lambini coni. *resederat*, scribens tamen *residerat*, ut volebat Pareus *Lex. crit.* p. 1088. prob. Garatonio *ad Pison.* p. 432. Neap.

[*deferverat*] Sic Man. Ald. Nep. Sch. Ell. (nec quidquam contra notatur e D.) = *deferbuerat* Corrad. Lamb., qui tamen *deferverat* Codicis unius lectionem probat. cfr. Struve *Lat. Decl. u. Coniug.* pag. 210. et Garaton. ad Caelianam §. 43. — *referverat* Nor. Asc. Ald. Crat. Victor. Cam. Grut. Ern. — *referbuerat* Hervag. Rob. Steph.

[*corpori*] Sic Gu. 1. D. Ald. Nepos. Lall. Ern. Seqq. pro Cett.: *corporis.* Ceterum Corr. notat: — „aliter: *mediocres accesserant* om. v. *habitus;* „quod ego nusquam reperi.

priores tamen agere partes Hortensium. Acrem enim oratorem, incensum et agentem et canorum concursus hominum forique strepitus desiderat. Unum igitur annum, 318
quum redissemus ex Asia, causas nobiles egimus, quum quaesturam nos, consulatum Cotta, aedilitatem peteret Hortensius. Interim me quaestorem Siciliensis excepit annus: Cotta ex consulatu est profectus in Galliam: princeps et erat et habebatur Hortensius. Quum autem anno post e Sicilia me recepissem, iam videbatur illud in me, quidquid esset, esse perfectum et habere maturitatem quandam suam. Nimis multa videor de me, ipse praesertim: sed omni huic sermoni propositum est, non ut ingenium et eloquentiam meam perspicias, unde longe absum, sed ut laborem et industriam. Quum igitur essem 319
in plurimis causis et in principibus patronis quinquennium fere versatus, tum in patrocinio Siciliensi maxime in certamen veni designatus aedilis cum designato consule Hortensio. Sed, quoniam omnis hic sermo noster non solum 93
enumerationem oratoriam, verum etiam praecepta quaedam desiderat: quid tamquam notandum et animadvertendum sit in Hortensio, breviter licet dicere. Nam is post 320
consulatum (credo quod videret ex consularibus neminem esse secum comparandum, negligeret autem eos, qui consules non fuissent,) summum illud suum studium remisit, quo a puero fuerat incensus, atque in omnium rerum abundantia voluit beatius, ut ipse putabat, remissius certe vivere. Primus et secundus annus et tertius tantum quasi de picturae veteris colore detraxerat, quantum non quivis unus ex populo, sed existimator doctus et intelligens posset cognoscere. Longius autem procedens et in cete-

L. 19. *oratorum* 21. (Al. *dicere licet* b.) 30. *procedens et quum in cet.*

§. 319. [*enumerationem oratoriam*] Recte sic Cdd. Edd. vett. ante Lamb. Ald. Nep. Ern. et Ell. Est scilicet: *enumerationem oratorum - - et praecepta quaedam oratoria s. rhetorica.* — *oratorum* de Corradi suspic. Lamb. Sch.

§. 320. [*posset cognoscere*] Videtur e coni. profectum; repositum est primum ab Aldo. — *posset magnum scelus* Gu. uterq. D. Nor. Asc.; in quo potius latet: *agnoscere.* (Quod

ris eloquentiae partibus, tum maxime in celeritate et continuatione verborum adhaerescens, sui dissimilior videba-
321 tur fieri quotidie. Nos autem non desistebamus quum omni genere exercitationis, tum maxime stilo nostrum illud, quod erat, augere, quantumcunque erat. Atque ut multa omittam in hoc spatio et in his[1] post aedilita-

E. 1) Atque (ut multa omittam) in hoc spatio et in iis
L. 6. *Atque (ut multa omittam) in hoc*

autem Schneiderus Gu. primo tribuit contra Schuetzii testimonium: *posset cognoscere magnum scelus*, Schneideri puto errorem.)

[*et in*] Sic Ald. Seqq. ante Lamb. Rursus Ern. Ell. Cfr. Goerenz *ad Acad.* 1, 27. et 2, 1. — *ut in* Gu. uterq. D. Nor. Asc. — *et quum in* Lamb. — *quum in* Sch. coni.

§. 321. [*quod erat*] om. haec Nor. Asc. Habet D. Et recte Cfr. §. 268.

[*ut multa omittam* (scil. quae praestiti) *in hoc spatio et in his post aedilitatem annis*] Sic rectius Ell. constituit constructionem vocc. quam ceteri, qui satis inepte: *Atque (ut multa omittam) in hoc spatio et in his post aedilitatem annis et praetor primus - - sum factus.* Quasi vero aliter atque aliquot post aedil. annis aliquis fieri potuisset praetor, et recte diceretur: „*in hoc spatio praetor sum factus*," id quod non satis definitum est. Iam difficilis quaestio est, utrum interpres verbis *in hoc spatio* superscripserit *in his* (sic Riv. Man. L. Sch. Ell. — *et in iis* Nor. Asc. Ald. Iu. Ern. — *et iis* Crat.) *post aedilitatem annis;* cui glossemati alius addiderit *et* (quae Ell. acute quum in hanc suspicionem incidisset, [ ].), an a Tullio ipso profecta sint. Quod si sana et sincera sunt verba, *spatium* ad studia eloquentiae, reliqua ad tempus dumtaxat referas necesse est. Ubi deleveris, numeri conciduntur; ubi intacta siveris, ἀκυρολογίας crimen nunquam prorsus effugient. Accedit, quod non sine causa haesit Lamb. in insolito ordine *et praetor primus et incredibili*, unde suo arbitratu transposuit: *praetor et primus et incr.* Quid? si fuit: *Atque ut multa omittam in hoc spatio, et meis post aedilitatem annis, et praetor primus, et incred.* cet. Sic tria erunt membra: „*et* legitimis post aedilitatem annis duobus exactis praetor sum factus, *et* praetor primus, (non secundus cet.) *et* incredibili populi voluntate, non ambitu." Facile *et in eis*, *et in iis* oriri poterat ex *et meis.* Sane usitatior esset numerus singularis *et meo - - anno;* sed hîc, ubi ipsi duo anni erant significandi, nescio an non haberet aliquantum ambiguitatis. Aliquoties porro e nota numerali *II.* ortum videmus simile pronomen *ii;* unde hic quoque potuit esse: *et II.* (duobus) *post aedil. annis;* sed hoc potius e more Romano sic dixisset: „et tertio post aedil. anno."

tem annis, et praetor primus et incredibili populi[1] voluntate sum factus. Nam quum propter assiduitatem in causis
et industriam, tum propter exquisitius et minime vulgare
orationis genus animos hominum ad me dicendi novitate
converteram. Nihil de me dicam: dicam de ceteris, quo- 322
rum nemo erat, qui videretur exquisitius quam vulgus
hominum studuisse literis, quibus fons perfectae eloquentiae continetur: nemo, qui philosophiam complexus esset,
matrem omnium bene factorum beneque dictorum: nemo,
qui ius civile didicisset, rem ad privatas causas et ad
oratoris prudentiam maxime necessariam: nemo, qui memoriam rerum Romanarum teneret, ex qua, si quando
opus esset, ab inferis locupletissimos testes excitaret:
nemo, qui, breviter arguteque incluso adversario, laxa-
ret iudicum animos atque a severitate paullisper ad hilaritatem risumque traduceret: nemo, qui dilatare posset
atque a propria ac definita disputatione hominis ac temporis ad communem quaestionem universi generis orationem traducere: nemo, qui delectandi gratia degredi[2] parumper a causa, nemo, qui ad iracundiam magno opere[3]
iudicem, nemo, qui ad fletum posset adducere: nemo,
qui animum eius (quod unum est oratoris maxime pro- 94
prium) quocunque res postularet, impelleret[4]. Itaque, 323

E. 1) populari 2) digredi 3) magnopere 4) impellere
L. 1. *annis, praetor et primus* 2. *assiduitatem et in causis* 13. (*lo-cupletiss. testes ab inferis* Lamb. b.) 19. *traduceret* 20. *magnopere*

[*populi*] Sic iam Lamb. coni. Rursus de Ern. susp. Sch. Utrumque Lamb. et Sch. secutus est Ell. — *populari* Cett., etiam D. Vide tamen, ne ortum sit e vv. *populi Romani* per notam POPULIRO. scriptis. Sic saepe, ubi minus etiam exspectabas: v. c. *ad Attic.* 1, 16, 6. *triginta homines populi Romani levissimos;* ubi Ern. del. censebat *populi Romani.* Lambini *assiduitatem et in causis* videtur error typographicus.

§. 322. [*ab inferis*] — *quasi ab i.* Ern. suspic. probb. Sch. et Ell. Nimiam scilicet Ciceronis audaciam castigant. Quintil. 12, 10, 62. in his: *Hic orator et defunctos excitabit* aeque abstinuit ab inserenda mitigandi particula.

[*or. traducere*] Sic Man. Corrad. Rursus Ern. coni., quae minime displicet, quum sic mitigetur molesta eiusdem prorsus verbi ac temporis repetitio. (Cfr. tamen Frotscher ad *Quintil.* X. p. 104.) Ceteri *traduceret.* Minus necessaria erat Ern. coni. *impellere.*

quum iam paene evanuisset Hortensius et ego anno meo; sexto autem post illum consulem, consul factus essem, revocare se ad industriam coepit, ne, quum pares honore essemus, aliqua re superiores videremur. Sic duodecim post meum consulatum annos in maximis causis, quum ego mihi illum, sibi me ille anteferret, coniunctissime versati sumus: consulatusque meus, qui illum primo leviter perstrinxerat, idem nos rerum mearum gestarum, quas ille admirabatur,
324 laude coniunxerat. Maxime vero perspecta est utriusque nostrûm exercitatio paullo ante, quam perterritum armis hoc studium, Brute, nostrum conticuit subito et obmutuit: quum lege Pompeia ternis horis ad dicendum datis, ad causas simillimas inter se vel potius easdem novi veniebamus quotidie. Quibus quidem causis tu etiam, Brute, praesto fuisti compluresque et nobiscum et solus egisti: ut, qui non satis diu vixerit Hortensius, tamen hunc cursum confecerit. Annis ante decem causas agere coepit, quam tu es natus: idem quarto et sexagesimo anno, perpaucis ante mortem diebus, una tecum socerum tuum defendit Appium. Dicendi autem genus quod fuerit in utroque, orationes utriusque etiam posteris nostris indicabunt.

95 Sed, si quaerimus, cur adolescens magis floruerit di-
325 cendo quam senior Hortensius, causas reperiemus verissimas duas. Primum, quod genus erat orationis Asiaticum, adolescentiae magis concessum quam senectuti. Genera autem Asiaticae dictionis duo sunt: unum sententiosum et argutum, sententiis non tam gravibus et seve-

L. 4. (Fort. *superior viderer* b.) 9. *Maxume* 20. (A quibusdam lib. abest vox *Appium*. b.)

§. 323. [*Sic duodecim*] — *Sic et duodecim* D.

§. 324. [*quarto et sexagesimo*] = om. *et* D. Ald. Victor. Habent Asc. Corr. Lamb. Seqq. In praecedd. vv. *qui non satis* cett. mire se torsit Lambinus. Sententia est clarissima: Hortensius, quem merito dolemus nobis nimium cito ereptum esse, tamdiu tamen vixit, ut tanto maior natu quam tu, nihilominus una tecum causas egerit et eloquentiae artem tamdiu exercuerit, quamdiu per hunc rerum statum licuit.

ris, quam concinnis et venustis; qualis in historia Timaeus, in dicendo autem, pueris nobis, Hierocles Alabandeus, magis etiam Menecles, frater eius, fuit: quorum utriusque orationes sunt in primis, ut Asiatico in genere, laudabiles. Aliud autem genus est non tam sententiis frequentatum, quam verbis volucre atque incitatum; quali est nunc Asia tota, nec flumine solum orationis, sed etiam exornato et faceto genere verborum: in quo fuit Aeschylus Cnidius et meus aequalis Milesius Aeschines. In his[1]
erat admirabilis orationis cursus, ornata sententiarum
concinnitas non erat. Haec autem (ut dixi) genera di- 326
cendi aptiora sunt adolescentibus: in senibus gravitatem non habent. Itaque Hortensius utroque genere florens clamores faciebat adolescens. Habebat enim et Meneclium illud studium crebrarum venustarumque sententiarum: in quibus, ut in illo Graeco, sic in hoc, erant quaedam magis venustae dulcesque sententiae, quam aut necessariae aut interdum utiles: et erat oratio quum incitata et vibrans, tum etiam accurata et polita. Non probabantur haec senibus: — saepe videbam quum irridentem, tum etiam irascentem et stomachantem Philippum: — sed mi-
rabantur adolescentes, multitudo movebatur: erat excel- 327
lens iudicio vulgi et facile primas tenebat adolescens. Etsi

E. 1) in iis
L. 9. *in iis* 19. *probantur*

§. 325. [*qualis in historia*] — *quali* Sch. coni. in Ed. mai. Ell. Necessariam non puto.

[*quali*] Non est a Lambino, ut ait Ell., sed sic habent D. Ald. Iu. Crat. Vict. Man. Ald. Nepos. L. — *quale* Nor. Asc. — *qualis* Sch. coni.

[*nec flumine solum orationis*] Facit hic locus ad defendendam lect. Nonianam, ab Ernest. receptam in *Oratoris* §. 21. *flumine utens superiorum;* cuius patrocinium ego quoque suscepi adversus alteram *fulmine*.

[*in his*] *in iis* Asc., ut omnes mei praeter Man. et Corr., quos secutus sum: nec quidquam contra notatur e D.

§. 326. [*probabantur*] Sic Ern. coni. Sch. Ell. — Cett., etiam D., *probantur*, quasi generalis esset sententia.

§. 327. [*erat — adolescens*] Haec [ ]. Sch. et Ell. Habent sane redundantiam quandam iuvenilem; sed nimis elegantia sunt, quam ut interpolatori tribui queant.

enim genus illud dicendi auctoritatis habebat parum, tamen
aptum esse aetati videbatur: et certe, quod et ingenii
quaedam forma lucebat et exercitatione perfecta erat verborumque adstricta comprehensio, summam hominum admirationem excitabat. Sed, quum iam honores et illa
senior auctoritas gravius quiddam requireret, remanebat
idem nec decebat idem: quodque exercitationem studiumque dimiserat, quod in eo fuerat acerrimum, concinnitas
illa crebritasque sententiarum pristina manebat, sed ea
vestitu illo orationis, quo consueverat, ornata non erat.
Hoc tibi ille, Brute, minus fortasse placuit, quam placuisset, si illum flagrantem studio et florentem facultate
96 audire potuisses. Tum Brutus, Ego vero, inquit, et
328 ista, quae dicis, video qualia sint et Hortensium magnum
oratorem semper putavi maximeque probavi pro Messala
dicentem, quum tu afuisti. Sic ferunt, inquam, idque
declarat totidem, quot dixit, ut aiunt, scripta verbis
oratio. Ergo ille a Crasso consule et Scaevola usque
ad Paullum et Marcellum consules floruit; nos in eodem
cursu fuimus a Sulla dictatore ad eosdem fere consules.
Sic Q. Hortensii vox exstincta fato suo est, nostra pu-
329 blico. Melius, quaeso, ominare, inquit Brutus. Sit
sane ut vis, inquam, et id non tam mea causa quam tua:
sed fortunatus illius exitus, qui ea non vidit quum fierent,
quae providit futura! Saepe enim inter nos impendentes
casus deflevimus, quum belli civilis causas in privatorum
cupiditatibus inclusas, pacis spem a publico consilio esse
exclusam videremus. Sed illum videtur felicitas ipsius,

L. 3. (Fort. *elucebat* b.) 25. *praevidit*

[*verborumque adstricta*] — *verborum eratque adstricta* Gu. 1. D. Nor. Praeterea Gu. 1. 2. omittunt *et* ante v. *ingenii.* Hinc Sch. coni.: *quod ingenii quaedam forma lucebat exercitatione perfecta eratque verborum adstricta comprehensio:* quae lectio per se quidem minime reprehendenda tamen non prorsus est necessaria, ut scite demonstravit Ell.

[*facultate*] — *aetate* de Ern. susp. Sch. in Ed. mai.

§. 328. [*qualia sint*] — *q. sunt* Gu. 1. D. cfr. §. 265.

§. 329. [*providit*] Lambinus solus: *praevidit.*

qua semper est usus, ab eis miseriis, quae consecutae sunt, morte vindicasse.

Nos autem, Brute, quoniam post Hortensii, clarissimi 330
oratoris, mortem orbae eloquentiae quasi tutores relicti sumus, domi teneamus eam saeptam liberali custodia; et hos ignotos atque impudentes procos repudiemus tueamurque ut adultam virginem caste et ab amatorum impetu, quantum possumus, prohibeamus. Equidem, etsi doleo me in vitam paullo serius tamquam in viam ingressum, prius quam confectum iter sit, in hanc rei publicae noctem incidisse: tamen ea consolatione sustentor, quam tu mihi, Brute, adhibuisti tuis suavissimis literis, quibus me forti animo esse oportere censebas, quod ea gessissem, quae de me, etiam me tacente, ipsa loquerentur mortuoque viverent: quae, si recte esset, salute rei publicae; sin secus, interitu ipso testimonium meorum de re publica consiliorum darent. Sed in te in- 97
tuens, Brute, doleo; cuius in adolescentiam per me- 331
dias laudes quasi quadrigis vehentem transversa incurrit misera fortuna rei publicae. Hic me dolor tangit, haec

L. 2. *vindicavisse* 14. *etiam tacente* 19. *volantem* 20. *angit*

[*vindicasse*] Sic Nor. Asc. Ald. Crat. Hervag. Man. Grut. Seqq. = *vindicavisse* Gu. 1. 2. D. Victor. Lamb. Dichoreum tamen in fine huius oratorum enumerationis exturbare nolui. cfr. *Orator.* §. 214. et Corradum ad h. l.

§. 330. [*amatorum*] Sic primum reperi apud Man. et Corr. Tum Lamb. (cum Cd. in marg. 1584. laudato) Ern. Seq. — *armatorum* Gu. 1. 2. D. Edd. ante Man., etiam Victor. Tum Grut. Defendit Wetzel.

[*tuis suavissimis*] — *tuis quam suav.* Hervag. solus.

[*quae de me* cet.] Varie hic turbatur. — *mortuo viverentque* haud insolita transpositione part. *que* D. Nor. Asc.; cetera, ut nos. — *quae de me etiam tac. ipsa loq. mortuoque viv.* cum Lamb. Ell. Memorat hanc pron. *me* ante v. *tacente* omissionem iam Corradus. Mihi sincerum videtur, quum maiorem vim habeat pronomen ita expressum. De seqq. quae inspiciatur digna est Lambini annotatio.

§. 331. [*vehentem*] — *volantem* e C2d. scriptura *vohantem* Lamb. Cfr. Oudendorp *ad Appul.* T. 1. pag. 12. „Ego vellem omnia, quae ad h. l. dixit Lambinus, tacuisset." Sylburg.

[*tangit*] — *angit* de Corradi susp. Lamb. Sch. Non male. *ad Attic.* 4, 16, 10. *Nullus dolor me angit.* Vv. *angunt* et

me cura sollicitat et hunc mecum, socium eiusdem et amoris et iudicii. Tibi favemus, te tua frui virtute cupimus: tibi optamus eam rem publicam, in qua duorum generum amplissimorum renovare memoriam atque augere possis. Tuum enim forum, tuum erat illud curriculum: tu illuc veneras unus, qui non linguam modo acuisses exercitatione dicendi, sed et ipsam eloquentiam locupletavisses graviorum artium instrumento et iisdem artibus decus omne virtutis cum summa eloquentiae laude iun-
332 xisses. Ex te duplex nos afficit sollicitudo, quod et ipse re publica careas et illa te. Tu tamen, etsi cursum ingenii tui, Brute, premit haec importuna clades civitatis, contine te in tuis perennibus studiis et effice id, quod iam propemodum vel plane potius effeceras, ut te eripias ex ea, quam ego congessi in hunc sermonem, turba patronorum. Nec enim decet te ornatum uberrimis artibus, quas quum domo haurire non posses, arcessivisti ex urbe ea, quae domus est semper habita doctrinae, numerari in vulgo patronorum. Nam quid te exercuit Pammenes, vir longe eloquentissimus Graeciae? quid illa vetus Academia atque eius heres Aristus, hospes et familiaris meus, si quidem similes maioris partis oratorum futuri sumus?
333 Nonne cernimus vix singulis aetatibus binos oratores laudabiles † constitisse? Galba fuit inter tot aequales unus

L. 24. *exstitisse*

pungunt confusa videsis *ad Attic.* 5, 21, 4. Sequens *me* om. Gu. uterq. D.

§. 332. [*Nec enim decet te*] ∞ *Nec te enim decet* D.

§. 333. [*vix singulis aetatibus binos oratores laudabiles constitisse*] Elegantiam Ern. in his corruptis quaesivit; quasi ista forma loquendi, certe inaudita, e rationibus esset ducta; in qua interpretatione acquieverunt novissimi editores. Sed ex iis, quae affert in Clavi: *ad Famil.* 7, 1. *constitit mihi fructus otii mei*, et ex illo v. c. *ratio constat* cet. nihil sane lucramur ad hunc locum defendendum; quum nihil addatur, ex quo elucescat translati aliqua significatio in v. *constitisse.* Rivius, quem secutus est Lambinus, volebat *exstitisse*, recte quidem ad sententiam, sed parum probabiliter e critica ratione. Mihi Cicero scripsisse videtur *contigisse.*

[*inter tot aequales*] — *inter coaequales* Asc.; ex posteriore Latinitate: *Inscr.* mear. *Lat.* N. 4407. *COAEQVALIB. CVNCTIS.*

excellens, cui, quemadmodum accepimus, et Cato cedebat senior et qui temporibus illis aetate inferiores fuerunt: Lepidus[1] postea, deinde Carbo: nam Gracchi in concionibus multo faciliore et liberiore genere dicendi; quorum tamen ipsorum ad aetatem laus eloquentiae perfecta nondum fuit: Antonius, Crassus, post Cotta, Sulpicius, Hortensius, nihil dico amplius: tantum dico, si mihi accidisset, ut numerarer in multis; ** si operosa est concursatio magis opportunorum, ***

E. 1) fuerunt, Lepidus

[*fuerunt: Lepidus*] Sic recte distinguunt Nor. Asc. Lamb. Ell. — *fuerunt, Lepidus* Cett.

[*tantum dico*] — *tamen d.* D.

[*operosa est*] — *operosa sit* D. Ut nos, A. B. C.

[*concursatio*] Sic Cdd. B. D. *acconcursatio* C. *aconcursio* (sic) A. In Cd. B. subscripta sunt haec: „Deest residuum nec reperitur plus. Mediolani. 9. Kal. Iulias 1461." In nostro Cd. C. a novo versu, sed sine indice, incipit atque ad finem usque continuatur totus libellus *de optimo genere oratorum.* Ut autem in mira opinione desinamus, haec subiungemus e Sylburgii *Annotatt.:* Victor Pisanus nihil desiderari putat vultque Ciceronem hac dialogi conclusione se Hortensio annumerandum aliis, ne quid arroganter de se dicere videretur, reliquisse, eoque consilio aposiopesi usum cet.

VARIETAS LECTIONIS

mecum ab amico Blunschlino communicata et ad novam hanc recensionem accommodata.

Ubi nulla nota addita est, intelligitur Codex regius D. sive N. 7704. — A. = N. 7705. — B. = N. 7703. — C. = N. 7708. Omnia ea, de quibus nihil notatur, ita legi in Cd. D., ex amici certe collatione, pro certo habeto; de ceteris tribus Cdd. tunc nihil praestatur.

§. 1. deminutam] *diminutam* — cooptatum] *cohoptatum* || §. 2. Augebat] *Augebam* B. C. D. — reip. tempore] om. *tempore*. || §. 5. frui nobis] *nobis frui* || §. 6. aut praeter ceteros] *autem et praeter cet.* A. B. C. D. || §. 7. aut errore] *aut terrore* A. B. C. D. || §. 8. rebus amplissimis] *rebus amplissimis honoribus* || §. 9. sermone quodam] *sermone quotidiano* || §. 10. augebat] *augebant* (sic) — tandem novi] om. *novi* || §. 11. afficeremus] *affecerimus* || §. 12. perturbatione] *dubitatione perturbatione* — populus se] *se populus* — mihi accidit] *accidit mihi* || §. 16. ignoscas] *agnoscas* — siti] *sati* — nec ex conditis] om. *nec* — idem noster] *idem vester* — qui quum] om. *quum* || §. 17. exspectanda] *et exsp.* || §. 18. eo nomine] *ego eo n.* — tibi repromittere] om. *tibi* || §. 19. Iampridem enim] *I. cum* — a te sane] *sane a te* — rerum nostrarum] *rerum naturalium* || §. 20. mihi nuper] *nuper mihi* — inchoasti] *inchoavisti* — coepissent] *coeperint* — nostrum potius] *potius nostrum* || §. 21. paullum] *paululum* — audisse] *audivisse* — tractum] *tractatum* — Bruti] *Brute* || §. 22. ecquodnam] *quoddam* (sic) || §. 23. studioso] *studiosum* — etenim dicere] *et dicere enim* — bene nemo] *nemo bene* || §. 24. Eloquentem neminem video factum esse] *Eloquentiam* (sic) *video esse factum neminem* || §. 25. Hic] *Sic* — iis, qui sint] *his, qui sunt* — hoc loco] om. *loco* — hoc vero] *hoc ego* — sive illa] *sive ulla* — habeat] *habeant* || §. 26. mihi occurrunt] *occurrunt mihi* || §. 27. sed iam adultis] om. *iam* || §. 28. clarissimus] *dignissimus* || §. 29. crebri] *crebris* || §. 30. Thrasymachus] *transimacus*. Mox D.: *Pitagoras abderitas prodigus cecius* || §. 31. Iis opposuit] *His opp.* || §. 32. Isocrates] *Socrates* — meo quidem iudicio] *quidem meo iudicio* — tum primus] *cum primis* || §. 33. verumtamen casu cet.] Nostram lectionem, quae primum comparet in Ald., habet Cd. A. Contra B. et C. Asc. omittunt *quam*. In Cd. D. misere omnia turbata sic: *casuque non fiebat nunquam aut ratione ipsa enim natura circumscriptione nunquam aut ratione aliqua aut observatione fiebat*,

Ipsa enim natura circumscriptione quadam verborum concludit cet. male iteratis aliquot vv. || §. 34. constricta] *constructa* C. *conscripta* A. *circumscripta*, B. D. — iudicant] *indicant* — et spiritu] om. *et* || §. 35. et cui nihil] *et cui in quo nihil*. — Demosthenem facile] *valde Dem.* — acute inveniri] *acute incurrenti* || §. 38. tantum] *et tantum* || §. 39. in ea] *ut in ea* — Servio] *Sexto* || §. 42. concede] *contende* — assentiar] *assentias* — At ille ridens] *At ille vero r.* || §. 43. poto] *porro* — praebebat] *parebat* || §. 44. posthac] *post hanc* — sunt Athenae] *Athenae sunt* || §. 45. et iam bene] *etiam bene* || §. 46. controversa] *controversia* || §. 48. quum ex eo] *quum eo* || §. 50. fuisse neminem] *esse neminem* || §. 51. oblineret] *obtineret* A. B. C. D. — loqui paene] om. *paene* — illi] om. — pressi et nimis] *presse et minus* || §. 53. suavianda] *osculanda* || §. 54. Videmus] *Vidimus* — Anienis] *aneonis* || §. 55. Ti. Coruncanium] *Titum C.* — quod fuit] *quod fuerit* || §. 57 dividendo] *dimittendo* — ad populum] *apud p.* || §. 58. orator cet.] *ortator* (sic) *Cornelius suavi et eloquenti.* Tum: *studio collega filius* — et suaviloquentiam] *et suam eloquentiam* — agitabant] *agebant* || §. 59. Suadaeque medulla] *suade at medula* (sic) — Pericli labris] *Pericli libris* || §. 60. iis consulibus] *his c.* — dixi, consulibus] *dixi consules* || §. 61. annis IX.] *annis quinque* — fuit consul] *consul fuit* — annis LXXXVI.] *annis LXXXIII.* — nisi si quem] *nisi quem* || §. 62. eae] *hae* — falsi triumphi] om. *triumphi* — in alienum] *in alicuius* — Servio Sulpicio] *Sexto Sulp.* || §. 63. multae fere] om *fere* — quodammodo est] om. *est* — in iis] *in his* || §. 64. opimos] *optimos* — sic ut fieri] *sic ut et f.* || §. 67. ne noverunt] *non n.* — nolunt Catones] *n. Catonis* || §. 69. in hac una] *in hac una arte* || §. 70. pulchriora etiam] om. *etiam* — Echione] *aeutione* || §. 71. Quum neque cet.] *Quum neque M. scopulos nec dicti* (*dictis* A.) *studiosus quisquam erat* (*erant* B.) A. B. C. D. — Nam et Odyssea cet.] *Nam et odiosa latina est sic in tamquam* || §. 72. Atque] Sic A. B. C. — *Atqui* D. — conditam autem] *autem conditam* — Accius autem] *Atius a.* || §. 73. Iuventatis] *Iutantis* — error Accii] *e. Atii* — XL. annos] *XXX. annos.* || §. 74. inflammavit] *inflavit* || §. 75. cantitata] *concitata* — annumerat] *anumerat* (sic) — bellum Punicum] *bello Punico* || §. 76. luculente] *dilucidissime* || §. 78. Sex. Aelius] Sic A. B. C. *Sextus Atilius* D. || §. 79. eloquentem M. alium cet.] Ut nos, Cd. B. — *eloquentem m. aliunt* (sic) *illius q. s. a. dicunt etiam* A. C. — *eloquentem inde aiunt illius q. s. a. dicunt etiam* D. Mox D. om. verba: *qui etiam -- civitate.* || §. 80. et vero etiam tum] *at etiam cum* || §. 82. ut augeret rem] *aut augeret* om. *rem* || §. 83. collegiis] *colegis* (sic) — quo de rel.] *quo e r.* || §. 84. pluribus rebus] *pluribus verbis* — egregium cet.] *egregium virum adhibet CO. reperimus* D. — *egr. viri athibeco rep.* C. — *egr. viri abet to rep.* A. — *egr. viriati bello reperiemus* B. (Omnia sic.) — utrique] *utique* — Nec mihi] *neque mihi* || §. 85. Rutilio] *Ruptilio* — audisse] *audivisse* — quum in silva Sila facta] *quum istius facta* D. — *quum istivas ita facta* A. — *quum inistivias ita facta* C. — *quum aestivis ita facta* B. || §. 86. pronuntiavissent] *pronunciassent* — ne defatigaretur, oravisssent] *ut defatig. ornavissent* (sic) — atrocior] *adhortior* B. — *adhortor* A. C. — *adhortator* D. || §. 87. quorum alii aliud] *quorum aliud* || §. 88. tantaque grav.] *tanta gr.* — illa die] *illa etiam diis* || §. 89. Rutiliana] *Rutilia* — cognita est] *cognita sit* — L. Libone] *T. Libone* || §. 90. nihil recusans] om. *nihil* || §. 91. interquievissem] *quievissem* — appareat] *apparet* || §. 92. ad dicendum proficit] *ad d. valet* || §. 93. dein] *deinde* || §. 95. Ti. Gracchum] *Titus Gracchus* — orator est habitus et fuit, ut apparet] *habitus orator est ut app.* om. vv. *et fuit* || §. 96. et iam artifex] *etiam art.* || §. 97. L. Cassius] *L. Crassus* — Briso] *Bisso* — clientes] *dicentes* || §. 98. quasdam etiam] *etiam quasdam* — summo illo] om. *illo* || §. 100. quum ei] *quum et* || §. 101. cui tamen] *cui tum* || §. 103. atque hoc] *atque haec* || §. 104. Sed ei] *Sed et* || §. 105. quoad vita] *quo vita* — perfacetum fuisse] *perf. esse* || §. 106. L. enim Piso] *L. etiam Piso* — et annales sane] *aut annales satis* || §. 107. quum literis] *tum literis* — quae tribuebat] *quae tribuerat* — Scipionem] *Scipionem Nasicam* || §. 108. erat oratio] *oratio erat* || §. 109. fregit vir et oratione] *fecit iure et or.* — frater fuit] om. *frater* — Tuus etiam] *Tuus et* — C. Gracchum, paullum] *paullum C. Gracchum* — M. Lepido] *L. Lepido* || §. 110. iis quidem] *his quidem* — ne id quidem] *nec id q.* || §. 112. acta] *apta* — rebus nostris] *nostris rebus* || §. 114. eruditus] *eruditi* — disciplina cet.] *disciplinae de ipsorum opinio* || §. 115. Qui quum] *Qui quam* || §. 117. iudicaverit] *indicaverat* || §. 118. a disputando] *in d.* || §. 121. Iovem sic aiunt] *Iovem sicut aiunt* || §. 122. ut pro] *et pro* — novorum voluminum] *vol. nov.* || §. 123. effecerit] *effecerat* — Numera] *Enumera* || §. 126. perfecta] *praeterea* || §. 127. C. Galba] *P. Galba* — Mamilia] *Manilia* || §. 128. exitus habuit] *habuit exitus* — Mamilia quaestione] *Manilia quaestio* || §. 129. truculentus asper] *luculentus patronus, asper* || §. 130. dedecus generi vestro] *decus generi vestro* A. superscr. *de* ut sit: *dedecus.* — *genus generi vestro* C. — *genus generi nostro* A. D. || §. 131. audivi iam] *iam audivi* — Aquilia damni iniuria] *Aquilia de iustitia* D. — loquor] *loquar* || §. 132. Iam Q. Catulus] *Itaque Catullus* (sic) A. B. — *Iamque Q. Catulus* C. — summa] *summae* || §. 134. quum quosdam] *quum is quosdam* || §. 137. ascensio] *assensio* || §. 140. loqui est, illud quidem, ut] *loqui est. Illud quidem est, ut* — comprehensione] *compressione* — ad rationem] *ad orationem* — conformationibus] *confirmationibus* — partienda] *percipiendum* — sententiisque] *sententiisque consentiens* || §. 143. mira explicatio] *explicatio mira* || §. 145. et iam] *etiam* || §. 146. admirandus] *admirabilis* || §. 147. habere] *haberi.* In Cd. A. casu omittuntur vv. *Scaevolae nostri - - tam ornatum,* Cdd. B. C. D. corruptam habent lectionem. || §. 149. vestra, Brute] *nostra, Br.* || §. 151. et doctior] om. haec D. || §. 152. ambigua] *ambiguam* || et loquendi] *eloquendi* om. *et* || §. 154. discendi] *ediscendi* — Balbo et C. Aquilio]

Balbo, *C. Aq.* || §. 155. nolebat] *solebat* — et ad obtinendam] *et obtin.* || §. 156. invidiaque, quae] *invidia quae* — ut ea] *ut in ea* || §. 157. translata sint] *translata sunt* || §. 159. invenit parem neminem] *parem invenit nem.* — coenavisset cet.] *cenavisset Lucilius trib. pl. apud praeconem graium idque nobis bis* || §. 161. Nam censuram] *Nam et cens.* — certo] *certe* — totidemque] *totque idem* — Iis enim] *His enim* || §. 162. Erit, inquit Brutus] *Erat inquit M. Brutus* (aut iam est iste] Codex D. videtur habere: *an iam est iste.)* — περίοδον] *periodum* — placet] *licet* || §. 163. disciplinam] *discipulum* || ex iis] omittit D. || §. 164. iudicum] *iudicium* || §. 165. C. Caelio] *C. Laelio* — summam nobilitatem] Sic A. B. C. *summam auctoritatem nobilitatem* D. || §. 167. Eiusdem fere temporis] *Eisdem fere temporibus* || §. 168. factus ad] *facetus ad* (*factus* servant A. B. C.) — pater] *patrem* || §. 169. Q. Vettius Vettianus] *Q. Vectius Vectianus* — Q. et D. Valerii Sorani] *Q. Decii Sorani* — Rusticelius] *Rusticellus* || §. 170. coloniisque] *colonisque* — nisi idem] *nisi id idem* || §. 171. iste tandem] *tandem iste* — quod in vocibus nostrorum oratorum retinnit] *retinuit* C. — *quod voc. n. o. retinuit* om. *in* A. — *quod in v. oratorum urbanorum retinuit* B. — *quod in voc. nostrorum maiorum or. retinuit* D. || §. 172. quum aetatem] *quo modo aetatem* — illic] *illis* || §. 173. proximus] *maximus* — reperiendis] Sic A. B. C. — *recipiendis* D. || §. 175. Sex. frater] om. *Sex.* || Item in iure] *sitam in iure* A. B. D. *itaminiure* C. — Bellienus] *Billienus* — summus] om. D. || §. 178. cognorat] *cognoverat* — in privatis] *privatus* om. *in* — Vespillo] *Vispillo* — Ofella] *filia* — T. Annius] om. praenomen D. || §. 179. civili] om. D. || §. 180. aut plane indocti et inurbani] Sic C. — *et plane ind. et inurbani* D. — *et pl. ind. aut inurb.* B. Item A., sed: *urbani.* — Gargonium] *Gorgonium* (?) || §. 181. fuerint] *fuerunt* — Quid est enim] *quid enim est* — ipsi vidimus] *ipsi videmus* || §. 182. sciri] *scire* — P. Antistius] *Patistius* || §. 183. quum tuo] *tum tuo* || §. 184. inquit, id laboras, si huic] *inquit id laborasse huic* — aut pravum] *aut parum* || §. 185. quae sint] *quae sunt* — ut delectetur cet.] *ut moveatur ut delectetur vehementius* — labatur] *elabatur* || §. 186. hunc alius] *hunc aliquis* || §. 191. approbationem cet.] *approbationem oratio popularis assensum vulgi debet moveri* || §. 192. possesne, si te ut] *posses te ut* om. *ne si* — Ita se] *Ita sese* || §. 193. a malo] om. *a* || §. 194. posse fieri] *fieri posse* || §. 195. quid? quemadmodum] om. *quid* — pervertere] *perverteres* || §. 197. et satis] *ut s.* || §. 198. Haec quum] *Hoc quum* — tum ab] *cum ab* — facete] *facile* — iudicio vulgi] *i. populi* || §. 199. ne intelligenti] *nec i.* || §. 200. ut dimittat] *et d.* — opus est] om. *est* — audierit] *audiverit* || §. 201. disseruissem] *deseruissem* — dixissem probatos] *duxissem paratos* || §. 202. contentionem omnem] om. *omnem* || §. 203. maxime omnium] om. *omnium* — nec ea] *nec ita* || §. 204. calcaria] *calcar* || §. 205. consuesse] *consuevisse* — literis] om. D. || §. 207. scribendis] *scriptis* — Aelianas] *alienas* — aut ad Caesarem cet.] *aut ad*

Caesarem Cotta Sulpicius (sic, omisso *et*:) *expetebantur* A. B. C. Item D., sed: *expectabantur* ‖ §. 208. maximi] *maxime* ‖ §. 209. ante te dixerit] *ante dixeris* (sic) ‖ §. 215. excellebat] *excedebat* — praeparari] *praeparare* — erantque] *erant* — enitebat] *nitebat* ‖ §. 216. tardus in cogitando] *in cog. tardus* ‖ pro Titinia] *pro Caecina* — peroravissem] *procuravisscm* ‖ §. 219. in senatum] *in senatu* — mirum est] om. *est* ‖ §. 221. naturalem quandam] *quandam naturalem* — acerbus] om. D. ‖ §. 222. Fufius] *Fusius* — et publici] om. *et* ‖ §. 223. dissedisset] *discedisset* — concionibus] *cognitionibus* — Quinctius] *Quintus* (sic) ‖ §. 224. Appuleius] *Apulegius* — sed peracutus] om. *sed* — Atticorum] *antiquorum* B. D. ‖ §. 225. locuti sumus] *sumus locuti* ‖ §. 226. eandem causam] om. *causam* ‖ §. 227. quum vitio] *cum convicio* ‖ §. 228. doctus - - deditus] om. haec D. — narus] *gnarus* — non sine] om. *non* D. — nec maiorem] *nec maioris* — Nam Q. Hortensii] *Namque Hortensii* ‖ §. 229. quattuor et quadraginta] *quadraginta unum* — voluimus cet.] Ut nos, Cd. B. — *voluimus aetatem in disparem oratorum incl.* A. C., item D. Sed: *volumus; omnes* om. *eius*. — Accius] *Actius* — quum ille cet.] *qua ille triginta* D. mance. ‖ §. 230. iam etiam] *etiam iam* — stadio] *studio* ‖ §. 231. viverent] *viveret* — eliceretis] *eligeretis* A. B. C. D. ‖ §. 232. inquam, tibi] *tibi inquam* — audire de te] om. *de te* ‖ §. 233. adhibebat] *adhibeat* — mirarere tam] *mir. etiam* ‖ §. 234. nec peracutus] om. *nec* — calebat] *calebatque* Cd. C. ‖ §. 235. Neque multo] *Nec m.* — sic in hoc] *si in hoc* ‖ §. 236. devorandae] *denotandae* — iracundiusque] *iracundusque* — ingenuo] *ingenio* ‖ §. 237. L. Turius] Sic A. B. C. — *L. Curius* D. — ei paucae] *et p.* ‖ §. 238. C. Macer] *Cancer* — in inveniendis] om. *in* ‖ §. 239. toto genere] *in t. g.* ‖ §. 240. in hac enim] *in eo e.* ‖ §. 241. P. Autronius] *P. Antonius* — C. Staienus] *Gaius Straquineus* ‖ §. 242. C. et L. Caepasii] *C. et Lelii Cepasii* ‖ Autronios] *Antronios* — hoc perspici] *haec p.* — habuerint] *habuerunt* ‖ §. 246. mirabile esset] Sic B. C. — om. *esset* A. D. — cuius delenitor] *cuius delenitor* C. superscr. *i*, ut sit: *delenitior*; sicque A. B. — *cui deditior* D. ‖ §. 247. Cn. autem] *C. autem* ‖ §. 248. satis est notus] *est satis notus* ‖ §. 249. audisti] *audivisti* — velim tibi eum pl.] *vellem tibi pl.* om. *eum* — Atqui] *Atque* ‖ §. 250. quod dicitur] om. haec D. ‖ Mytilenis] *mitelinum* ‖ §. 251. Autronios] *Antronios* ‖ §. 252. tamen ut] *tum ut* ‖ §. 253. nunc pro relicto est habendum] Sic A. C. D. — *esse habendum* B. ‖ §. 254. cum illis] *cum Graecis* ‖ §. 255. non] *non solum* — recte quidem] om. *quidem* — sit hoc] *si est hoc* ‖ §. 256. multo magnus] *multo magnos* ‖ §. 258. locutionem] *elocutionem* ‖ Sic Latine cet.] *sed Latine nec omnium nam* ‖ aliqua barbaries domestica] *aliquae barbari in dom.* — tamquam obrussa] *quantum obtrusa* — consuetudinis] *consuetudinis causa* ‖ §. 259. Flamininum] *Flamineum* ‖ §. 260. C. Rutilium] *Chirtilium* — dicat] *dicas* ‖ §. 261. emendat] *emendabat* — tum vid.] *cum v.* ‖ §. 262. detracto] *detracta* — volent] *volunt* ‖ §. 266. ne augeamus] *nec a.* || §. 267. ille quidem] *quidem ille* || §. 272. aut a f. d. aut a c.] om. *a - a.* — delectus] *dilectus* — fuerint] *fuerunt* || §. 273. eius in] *in eius* — perditorum] *proditorum* — perurbana] *perturbata* || §. 274. prope] om. D. — pellucens] *pollucens* — longius] *in longius* || §. 275. qua de re agitur autem] *qua de re autem agitur* — id ubi] *et ubi* || §. 276. ulla vis] *illa vis* || §. 277. manifestam rem] om. *rem* D. || §. 278. somnum] *quod somnum* || §. 279. sanitas fuerit an] *sanitas an f.* || §. 280. alter] *alter quod veri simile dixisset* || a magistris parum] *parum a mag.* || §. 281. invitis suis] om. *suis* — gradibus] *gradus* || §. 282. non insolitae] om. *non.* || §. 283. deperdebat] *dependebat* || §. 284. quam ille] om. *ille* — oratoris probat] *orois* cum lineola *probat* || §. 285. quid est tam] *quid est quod tam* || §. 286. Demostheni] *Demosthenis* || §. 287. Thucydides enim] *Th. cum* — eas ego] *eas enim* || §. 288. de musto ac lacu] Sic A. B. D. — *de musto et lacu* C. — Anicianam] *Ticianam* || §. 289. quaeso] *quasi* — At non] *aut non* — Ne illud] *Nec illud* — est ipsum] om. *est* — sint sane] *sunt s.* || §. 290. erectus; quum surgat] *ereptus* (sic) *consurgat* — audivimus] *audimus* || §. 292. degressio] *digressio* — quoniam ad] *quoniam iam ad* — disceptetur] *disceptatur* — sibi ipsum] om. *sibi* D. || §. 293. iocaremur] *vocaremur* — vide ne] *vide ut* || §. 294. tum omni] *cum omni* — probo] Sic A. B. C. — *puto probo* D. || oratoriis] *oratoris* || §. 295. abiecta ut eam adspicere] *abiecta aut adsp.* om. *eam* || §. 297. fuerunt certe] *certe fuerunt* — initium pepulisti] *vitium depulisti* || §. 298. duxeris] *eduxeris* — quod eam] *quam eam* || §. 299. intelligi] *intelligere* — quod et in] om. *et* D. || §. 301. deinde] *dein* — comparabantur] *comparabatur* — in nullo] *in viro* — et commentata] om. *et* D. || §. 302. collectiones] *coniectiones* || §. 305. quum est] *tum est* — oratoriis tantum] *oratoris tantum* || §. 306. nemini se ad] *neminem ad* — tamen] *sed tamen* || §. 307. Eodem anno etiam] *Eodem etiam alio* (sic) || §. 308. nam aberant] *non aberant* — primas] *primis* — At vero ego] om. *ego* D. || §. 309. apud me mecumque] *apud me: cumque* || §. 310. loquuntur] *loquimur* || §. 311. crudelis] *crudis* — recuperata res publica] *recuperata re p.* || §. 312. et tamquam] *etiam quam* || §. 313. accedit] *accidit* || §. 314. discedendum] *discendum* || §. 316. superfluentes] *supra fluentes* — residerat] *reciderat* || §. 320. videret] *viderit* — posset cognoscere] *posset magnum scelus* — procedens et] *pr. ut* || §. 321. populi] *populari* || §. 322. iudicum animos] *animos iudicum* — orationem traducere] *or. traduceret* — degredi] *digredi* || §. 323. post illum] *post istum* — sic duodecim] *sic et duodecim* || §. 324. perterritum] *praeteritum* — quarto et sexag.] om. *et* D. || §. 325. et severis] *etsi veris* || §. 326. probabantur] *probantur* || §. 327. verborumque adstricta] *verborum eratque adstricta* — quodque ex.] *quod ex.* || §. 328. qualia sint] *q. sunt* — afuisti] *affuisses* || §. 329. quaeso ominare] *quaeso mire* — vindicasse] *vindicavisse* || §. 330. et hos ignotos] *eos ignotos* — amatorum] *armatorum* — possumus] *possimus* —

mortuoque viverent] *mortuo viverentque* — salute] *saluti* ‖ §. 331. haec me cura] om. *me* D. — eloquentiae laude iunxisses] *eloquentia devinxisses* — Nec enim decet te] *Nec te enim decet* — Nam quid] *Nam qui* ‖ §. 333. tantum dico] *tamen d.* — operosa est] *operosa sit* D. Ut nos, A. B. C. — concursatio] Sic B. D. — *acconcursatio* C. — *aconcursio* (sic) A. — In Cd. B. subscripta sunt haec: „Deest residuum nec reperitur plus. Mediolani. 9. Kal. Iulias 1461." In nostro Cd. D. a novo versu, sed sine indice, incipit atque ad finem usque continuatur totus libellus *de optimo genere oratorum*, qui collatus non est.

M. TULLII CICERONIS
AD
C. TREBATIUM
TOPICA.

PRAEFATIO.

Subsidia mea haec fuerunt:

I. Codex Monasterii Einsiedlensis, cum commentario Boëthii. membr. Sec. X. 4. N. 324. optimus. *(a.)*

II. Codex Sangallensis. membr. Sec. X. 4. N. 830. optimus. *(b.)*

III. Codex Sangallensis cum commentario Boëthii. membr. Sec. X. N. 854. perbonus hic quoque; negligentius tamen scriptus quam *a*, *b*, *d*, et mancus inde a §. 70. Desinit in vv. *atque ut haec in comparatione. (c.)*

IV. Codex Sangallensis pulcherrimus et perbonus membr. Sec. XI. N. 818. *(d.)* Hos quattuor ipse contuli. Einsiedlensem diutius ut domi haberem, concessit Kaelinii, Viri Reverendissimi, benignitas.

V. Codex Gryphianus perbonus, cuius excerpta dedit Io. Michaël Brutus; *(Gryph.* vel *Gr.)*

VI. Codex Oxoniensis *B.* vetustus, membr., perbonus.

VII. Codex Oxoniensis *ρ*. Sec. XII. membr., bonus.

VIII. Codex Erfurtensis, Sec., ut equidem censeo, XV. collatus a Wundero in *Variis Lectionibus* cet. p. 30. *(e.)*

IX. Codex Vitebergensis anni MCCCCXXXII. accurate collatus a Beiero meo. *(f.)*

X. Codex Oxoniensis *U.* item Sec. XV.

XI. Codex Oxoniensis *ψ*. Sec. XV.

In his igitur undecim Cdd. praestantissimi sunt et in plerisque consentiunt, etiam in ordine verborum, *a*, *b*, *c*, *d*, *Gr.*, *B*, *ϱ*. Proximus bonitate est *e*, qui tamen in verborum collocatione propius accedit ad Ernestianam recensionem. Id quoque memorabile Cd. quartum Sangall. *d.* saepius conspirare cum Erf. Vulgares libri, nec tamen prorsus spernendi, sunt in primis *f*, tum *U*, *ψ*. Lectionem integram Cdd. *abcd.* et omnia *Gr.* excerpta dedi; paene omnia Cdd. *ef.*, manifestis dumtaxat erroribus praetermissis. Praeter hos undecim Codices accuratius collatos memorantur a Goveano uno in loco Cd. Ranconeti, a Lambino C2d. Memmii et Brissonii; a Grutero autem perpaucae afferuntur lectiones Cdd. Hittorpiani, Palatini, Bellaquensis, Pecciani et Pithoeani. In Oxoniensium collationibus id praesertim vitiosum est, quod nullam fere unquam rationem habuerunt ordinis verborum, tamquam ea res nullius esset momenti. Eorum autem quattuor Cdd. lectiones omnes, etiam vitiosissimas quasque, hic repetere nihil attinebat, quoniam quidem prostant in duabus iam editionibus et Oxoniensi et Halensi; quamquam mala et praepostera hac repetitione cautissime utendum esse didici experientia.

XII. Ed. Georgii Vallae. Venetiis MCCCCXCII. fol., quam ipse habeo. Lectionis est praestantissimae et plerumque conspirantis cum meliore familia *abcd. Gr. B. ϱ.* *(Valla.)*

XIII. Norimbergensis MCCCCXCVII. fol.; lectionis longe peioris, quae originem trahere videtur ex Veneta MCCCCLXXXV. (*Hain* Repert. N. 5407.), quae eadem prorsus scripta Tullii complectitur. *(Nor.* vel *N.)*

XIV. Boëthii opera. Venetiis MDIII. fol. Praestans rursus lectio. *(BV.)*

XV. Ascensiana prima. *(Asc.)* satis bonae lectionis.

XVI. Aldina MDXXI., repetitio prioris Aldinae MDXIV. In hac incipit lectionis ante meam vulgatae constitutio. Tum e Cdd. vulgaribus, quales fere sunt mei deteriores, tum ex ingenio videtur emendasse lectionem aliquam similem Venetae MCCCCLXXXV.

XVII. Iuntina, repetitio Aldinae. *(Iu.)*

XVIII. Ascensiana altera; *(Ab.)* In perpaucis abit ab Aldina.

XIX. Cratandrina *(C.)* in hoc libro duobus tribusve locis exceptis mera est repetitio Ascensianae secundae. Cratandrinam rursus sequitur Hervagiana prima, cuius propterea mentio nulla facta est.

XX. Victoriana Veneta. *(V.)* Lectio Aldina s. vulgata; in nonnullis tamen e Cdd. emendata.

XXI. Manutiana. *(Man.* vel *M.)*

XXII. Ed. Goveani (MDXLV.) In eius *Operibus* ed. *I. van Vaassen* Roterodami 1766. Nullum fere praebet usum criticum; interpretationis adiumenta nonnulla.

XXIII. Ed. Caroli Stephani, qui Manutianam aliquam videtur secutus esse. *(S.)*

XXIV. Lambiniana MDLXVI. Egregiae insunt emendationes, a sequentibus Edd. neglectae.

XXV. Margo Lambinianae MDLXXXIV. cum novis coniecturis.

XXVI. Boëthii Opera. Basilea MDLXX. fol. Ex Veneta et hac olim excerpseram Eclogas Boëthianas in hac Ed. auctiores. *(BC.)*

XXVII. Ed. Io. Mich Bruti. Lugduni MDLXX. maximi momenti propter excerpta Cd. Gryphiani.

XXVIII. Gruteriana Gronovii MDCXCII.

XXIX. Ernestiana (*Ern.* 1. sive 1. simpliciter.)

XXX. Wetzeliana.

XXXI. Schuetziana maior.

XXXII. Schuetziana minor. (*Sch.* 2. sive 2. simpliciter.) Praeterea, ubi opus erat, inspexi Edd. Rob. Stephani MDXXXIX. fol. et MDXLIV. 8., quae habet aliquot varias lectiones in calce, Ed. cum Boëthii, Visorii, Latomi, Hegendorphini, Goveani commentariis. Parisiis Th. Richard. MDLIV. 4. Edd. Aldi Nepotis, Sylburgii, Gothofredi, Verburgii, Oliveti, Lallemandi et Nobbii. In his autem Edd. lectionibus enotandis hoc temperamentum secutus sum, ut Vallae, Ed. Norimbergensis, Boëthii Veneti, Asc. Ald. Ab. C. S. lectiones tantum non omnes darem, omissis dumtaxat iis, quae nimis manifesto vitiosa sunt nulliusque omnino usus critici. Integram vero dedi lectionem Victorianae, Lambinianae MDLXVI., Marginis Lambinianae MDLXXXIV. omissis tantummodo erroribus typographicis et orthographicis quibusdam, veluti *parteis* pro *partes:* Ernestianae, Schuetzianae minoris: selectam Norimbergensis, Iuntinae, Manutianae, Goveani, contextus in Boëthio Basileensi, contextus Brutini, Ed. Gruterianae et Wetzelianae. Signa critica haec sunt:

= Varietas ad scripturam spectans veluti: *bipertito* = *bipartito:* diversa verborum collocatio, ubi externa tantum ex auctoritate iudicari poterat, utra in contextu esset sequenda. — Lectio receptae postponenda. ∞ Lectio memorabilis, de qua in utramque partem disputari potest; eius generis lectio, quae pertinet ad quaestiones Grammaticorum, nostro etiam tempore agitatas, nec adeo iam explicatas, ut nullum omnino de veritate dubium remaneat; lectio a magnis Criticis probata; eius omnino generis, ut novum aliorum examen mereatur; non tamen mihi adeo probata, ut recipienda videretur, nisi ubi additum est: „Placet." Qua ratione ibi praesertim usus sum, ubi coniectura aliqua vel varietas per se spectata admodum veri similis videretur, audacius tamen acturum me fuisse putarem, si recepissem. Singulis autem lectionibus sua additur auctoritas, nisi ubi varietas est unius duorumve Codicum vel Editorum a ceteris omnibus reiecta veluti statim primae duae: [*ingressos*] — *aggressos* O1x. (U.) — [*libris explicata*] = *explicata libris* f. BV., ubi nihil attinebat dicere ceteros meos omnes libros et manu scriptos et typis excusos tueri lectionem a me retentam. Rursus ubi testimonia dividuntur veluti in tertia lectione: [*librorum eorum*] = *eorum librorum* utriusque auctores enumerati sunt. In margine autem interiore enotavi lectionem Ernestii, uno conspectu ut perspiceretur, quid novatum esset post illum. (Lambini lectio integra, ut praedixi, est in Annotationibus.) Id autem mihi propositum erat, ut sequerer vel consensum sex Cdd. optimorum, vel veritatem ex uno pluribusve eorum prodeuntem; quo factum est, ut recensio mea longe similior evaderet Vallae, Venetae cum Boëthio et Ascensianae primae, quam recentiorum omnium post Aldum avum. Eclogas autem Boëthii sedulo nunc emendavi tum e Cd. Einsiedlensi N. 324. Sec. X., *(A.)* tum e Sangallensibus N. 854. *(B.)* Sex. X. et N. 831. sine Topicis Tullii, membr. Sec. IX. *(C.)*; quibus omnibus desunt ea, quae Hase, V. Cl., e Codice Regio primus publici iuris fecit. Mirum est, quod in fine Lib. IV. legitur in Cdd. A. B. CONDITOR OPERIS EMENDAVI. Non habet hoc Cd. C.

M. TULLII CICERONIS

T O P I C A.

---

1 Maiores nos res scribere ingressos, C. Trebati, et iis
1 libris, quos brevi tempore satis multos edidimus, dignio-
res e cursu ipso revocavit voluntas tua. Quum enim
mecum in Tusculano esses et in bibliotheca separatim
uterque nostrûm ad suum studium libellos, quos vellet,
evolveret, incidisti in Aristotelis Topica quaedam, quae
sunt ab illo pluribus libris explicata. Qua inscriptione
commotus continuo a me librorum eorum[1] sententiam
2 requisisti; quumque tibi[2] exposuissem disciplinam inve-

Ern. 1) eorum librorum 2) quam tibi cum

§. 1. [*ingressos*] — *aggressos* O1x. (U.); quod per se spectatum rectum est (cfr. *Orator* §. 2.) Sed *ingressos* significat inchoatas iamiam a se scriptiones, *aggressos* consilium dumtaxat denotat. (om. *scribere* c.) — [*C.*] — *Censor* e. Prorsus ut in Cd. Medic. *Epp. ad Famil.* saepe stultum in modum explicatae sunt notae praenominum et similium. „Per *c.* scribitur *gaius* praenomen, sed per *g* pronuntiatur." Glossa Einsiedl. — [*et iis*] Firmant hoc ade. — *et his* bcf. Valla. ex perpetuo librariorum errore. Multos locos Sallustii pron. *hic* alteri *is* substituto nuper rursus corrupit Kritzius (cfr. eius *Adnott. ad Catil.* p. 11.) — [*brevi tempore*] — *brevi iam temp.* bc. — [*multos*] — *multo* ae. — [*libellos*] — *libros* e. [*Aristotelis Topica quaedam*] — *quedam topica aristotilis* e. — [*quae sunt ab illo*] = *quae ab illo sunt* a. — om. *ab illo* f. In marg. addit manus secunda post *quae.* — [*libris explicata*] — *expl. libris* f. BV. — om. *libris* C2d. Lambini. — [*librorum eorum*] Sic abcde. Valla. BV. Asc. = *eorum librorum* N. Ald. Ab. C. V. S. L. 1. 2. — *librorum illorum* f. — [*sententiam*] — *summam* f.

§. 2. [*quumque tibi*] Sic dedi ex de. Nam in vulgata (N. Ald. Ab. C. V. S. L. 1. 2.) *quam tibi quum*, vel, ut habent abf. v. BV. Asc. *quam quum tibi*, hiat constructio et manifesto *quumque* a librariis sic immutatum est propter proximum voc. *disciplinam*, quod regi putabant a verbo *exposuissem* ideo-

niendorum argumentorum, ut sine ullo errore ad eam ratione et via[1] perveniremus ab Aristotele inventa, illis libris[2] contineri, verecunde tu quidem ut omnia, sed tamen facile ut[3] cernerem te ardere studio, mecum, ut tibi [illa][4] traderem, egisti. Quum autem ego te non tam vitandi laboris mei causa, quam quia tua id[5] interesse arbitrarer, vel ut eos per te ipse legeres vel ut totam

1) rationem via 2) libris illis 3) ut facile 4) illam 5) quam quod id tua

que requiri *quam.* — [*ratione et via*] Sic ex constanti usu Cic. L. coni. et Ursinus: firmatur a BC.: „Ut sine ullo errore ad argumentorum inventionem via quadam et recto filo atque artificio veniretur." et paullo post: „ut - - ad ea mens non casu, sed quadam *via et ratione* perveniat." (Sic Ed. Bas. 1570. = *via ac ratione* Eins. — *viae ductione* corrupte Veneta.) — *rationem via* Cett. cum Cdd. etiam meis omnibus. Defendit hoc Ern. affirmans Lambinum *ratione et via* „sine necessitate" correxisse. Scilicet haud raro, melioribus inventis, in peioribus nimis facile acquiescimus. Quod autem v. *rationem* omittunt C2d. Lambini, ex eadem sententia, quam secutus est Lamb., profectum est, sed minus recte explicatâ: nimirum videbant illi quoque post v. *disciplinam* male inculcari accusativum voc. homonymi. — *rationem* vero in Cdd. plerisque ad v. *ad eam* (scil. disciplinam) male accommodatum est, ut statim peius etiam *inventam* in abc. (Memorabilis praeterea, nec tamen vera est lectio Marg. Gothofredi: — *ad ea* [scil. argumenta] *ratione et via.*) — [*illis libris*] Sic abcdef. v. BV. Asc. = *libris illis* N. Ald. Ab. C. V. S. L. 1. 2. — [*facile ut*] Elegantiorem hunc ordinem restitui ex a. (a sec. manu) bcdef. v. BV. Asc. L. Solet sic Cicero: *vix ut*, *nihil ut* ac similia. — *ut facile* a. (a prima m.) N. Ald. Ab. C. V. S. Grut. 1. 2. — [*illa traderem*] Sic def. v. Asc. Ald. Ab. S. L. Grut. = *traderem illa* bc. ∞ om. *illa* c. Propter quam omissionem et transpositionem in Cdd. bc. repertam, ego [ ]. („*ut ei Topica traderet*" BC. — *illam traderem* Veneta Ernestii. N. 1. 2.) — [*laboris mei causa*] ∞ om. *causa* c. Cd. Hittorpianus. Item f. a pr. manu. Inepte transponunt bc.: *laboris mei quam causa tua id int.* Non improbat omissionem v. *causa* Krarup *Spec.* 2. pag. 30. Certa tamen exempla huius usus apud Cic. haud reperiuntur et excidit fere in Cdd., quia in archetypis per compendium *CA* scriptum erat. (— *mei laboris* e.) — [*quam quia tua id*] Optimum factu videbatur ita reponere ex af. v. BV. Asc. L., quum praesertim etiam Cdd. de. (*quam quia ut tua*) habeant *quia*, non *quod.* Corrupti, ut dixi, sunt bc. — *quam quid int. tua* N. — *quam quod int. tua* Ald. Ab. C. V. S. — *quam quod id tua int.* e suis Cdd. Grut. 1. 2. — [*vel ut eos*] — om. *vel* f. — om. *eos* e. — [*ipse*] — *ipsum* e. — [*vel ut totam*] — om. *ut* f.

rationem a doctissimo quodam rhetore acciperes, hortatus essem: utrumque, ut ex te audiebam, es expertus.
3 Sed a libris te obscuritas reiecit. Rhetor autem ille magnus haec, ut opinor, Aristotelia[1] se ignorare respondit. Quod quidem minime sum admiratus eum philosophum rhetori non esse cognitum, qui ab ipsis philosophis praeter admodum paucos ignoraretur. Quibus eo minus ignoscendum est, quod non modo rebus iis, quae ab illo dictae et inventae sunt, allici debuerunt, sed dicendi quoque incredibili quadam quum copia, tum etiam
4 suavitate. Non potui igitur tibi saepius hoc roganti et

1) Aristotelica

— [*ex te*] — *a te* Ald. Iu. Ab. C. V. M. S. — [*es expertus*] — *exp. es* e.

§. 3. [*a libris te*] Sic cum Edd. praeter L. omnes mei, excepto c., qui a prima manu: *a libris obs. te.* = *te a libris* L. (— *eiecit* f.) — [*magnus haec, ut opinor*] Sic constanter mei et Gruteri. v. BV. Asc. Grut. 1. — om. *haec* Ven. N. Ald. Iu. Ab. C. V. M. Gov. S. L., non improb. Ern. — *magnus, ut opinor, haec Arist.* tamquam e Victorio Sch. 2. Sed neutra Victoriana, nec Veneta nec Rob. Stephani repetitio sic habet. Quamquam per se spectata placere potest Sch. lectio, tenendum est tamen verbis *ut opinor* affici totam sententiam, non v. *haec Aristotelia* dumtaxat; prorsus ut §. 36. *in quo Servius noster, ut opinor, nihil putat esse novandum;* ubi ex grammatica ratione recte, ex logica perquam absurde v. *ut opinor* referrentur ad v. *noster* tantummodo. — [*Aristotelia*] Sic, ut fere in similibus optimi quique Cdd. praebent, v. c. *Democritii, Isocratio* vel *Isocrateo more* (cfr. Meyerum ad *Oratorem* §. 235.) dedi ex antiquiss. b. et Gryph. Aeque recte: = *Aristotelea* Margo 1584. — *Aristotelica* Cett., etiam a c d. — [*admiratus*] — *demiratus* vel *miratus* L. susp., ut solebat in hac v. *admirari* significatione. (*sich verwundern, maravigliarsi*: cfr. *ad Famil.* 10, 31, 6.) — [*ignoraretur*] Bonam hanc Ern. coni. firmant a b c. (a. tamen a sec. m.) O1x. (B.) — *ignoratur* e. — *ignoretur* d f. et Edd. omnium ante Ern. 1. Sch. 2. lectionem defendit Wetzel. Sane utrumque locum habet; sed magis videtur ex usu Ciceronis, ut *esse cognitum* habeatur pro verbi perfecto, quam pro participio adiectivo *cognitum*, quemadmodum volebat Wetzel. — [*ignosc. est*] — *est ignosc.* e. — [*rebus iis*] — *r. his* b c f. — *r. illis* e. — [*debuerunt*] — *debuerint* a b. (a sec. manu uterque.) c. — [*quum copia*] „Al. *tum c.*" superscr. in c. — [*tum etiam suav.*] — om. *etiam* BV. contra Cdd. meos; et requiritur ab aurium iudicio.

§. 4. [*saepius hoc*] — *hoc saepius* b c. — [*et tamen*] L.

tamen verenti, ne mihi gravis esses, (facile enim id cernebam,) debere diutius, ne ipsi iuris interpreti fieri videretur iniuria. Etenim quum tu mihi meisque multa saepe scripsisses, veritus sum, ne, si ego gravarer, aut ingratum id aut superbum videretur. Sed, dum fuimus una, tu optimus es testis, quam fuerim occupatus: ut autem a te discessi, in Graeciam proficiscens, quum opera mea nec res publica nec amici uterentur nec honeste inter arma versari possem, ne si tuto quidem id[1] mihi liceret: ut veni Veliam tuaque et tuos vidi, admonitus huius aeris alieni nolui deesse ne tacitae quidem flagitationi tuae. Itaque haec, quum mecum libros non haberem, memoria repetita in ipsa navigatione conscripsi tibique ex itinere misi, ut mea diligentia mandatorum tuorum te quoque, etsi admonitore non eges, ad memoriam nostrarum rerum

1) id quidem

nescio cur delevit *et* h. l. prorsus necessarium; nisi forte merus est error typogr. — [*enim id cernebam*] — om. *id* b. (a pr. m.) c. — [*debere diutius*] = *diutius debere* L. Unde autem fluxerit in BV. gloss. *negare* pro *debere* videmus nunc ex a.: *debere diutius*, in margine additur: *denegare*. — *debere diutius denegare* bc. Cfr. *Tuscul.* 2. §. 67. — [*fieri videretur iniuria*] = *ini. fieri videretur* Margo 1584. — *fieri videremur iniurii* f. correctum: *iniuria*. — [*scripsisses*] Sic abcd. B. ϱ. Cd. Brissonii. Cd. Victorii (*ad Div.* 7, 14. *quod si scribere oblitus es*, *minus multi iam te* (Trebatio) *advocato causa cadent.*) L. 1. 2. — *cavisses* ef. U. ψ., recentiores igitur ac peiores. Porro Edd. meae omnes ante Lamb. sicque omnino legit BC.: „quod vel ipsi vel iis, quos ipse defenderit, plura *cavisset*." Est igitur antiquiss. gloss., quo tamen omnis huius loci perit venustas, ut scite annotavit Ern. — [*veritus sum ne si*] — *v. s. nisi* a. a pr. m. — *v. s. si* f. a pr. m. — [*ego gravarer*] — *eo gr.* de Goveani susp. L. — [*aut ingratum id*] — *aut id ingr.* c. — *aut id ingratum fuisse* b.; sed *fuisse* punctis notatum. — [*fuimus una*] — *f. uni* f. a pr. m. — [*occupatus*] — *saepe occupatus* contextus Ed. 1584.

§. 5. [*possem*] — *possemus* d. — [*ne si tuto quidem id*] Sic abcf. Valla. Nor. BV. Asc. Recte, puto. Etenim vv. *ne - - - quidem* afficitur v. *tuto* dumtaxat, non v. *id*. — *ne si tuto id quidem* d. Ald. Ab. C. V. S. L. 1. 2. Tum notanda omissio v. *mihi* in de. (— *nisi* pro *ne si* ad.) — [*vidi*] — *vidi amicos* e gloss. f. — [*tacitae*] — *tacite* f. (*nec tacitae* e.) — [*haec*] — *hoc* f. — [*mecum libros*] = *lib. mec.* Valla. — [*memoria repetita*] — *rep. mem.* c. — [*admonitore*] (Sic abcf.

excitarem. Sed iam tempus est ad id, quod instituimus, accedere.

2 Quum omnis ratio diligens disserendi duas habeat
6 partes, unam inveniendi, alteram iudicandi, utriusque
princeps, ut mihi quidem videtur, Aristoteles fuit.
Stoici autem in altera elaboraverunt: iudicandi enim vias
diligenter persecuti sunt ea scientia, quam διαλεκτικὴν[1]
appellant; inveniendi[2] artem, quae τοπικὴ dicitur,
quae et[3] ad usum potior erat et ordine naturae certe
7 prior, totam reliquerunt. Nos autem, quoniam in utraque summa utilitas est et utramque, si erit otium, persequi cogitamus, ab ea, quae prior est, ordiemur. Ut
igitur earum rerum, quae absconditae sunt, demonstrato
et notato loco, facilis inventio est: sic, quum pervesti-

1) dialecticen - - topice 2) inveniendi vero 3) quaeque

Edd. meae omnes.) — *monitore* de. — [*excitarem*] — *excitaremus* de.

§. 6. [*ratio diligens*] — *oratio diligens* b. — *diligens ratio* d. — om. *diligens* U. Valla. — [*partes*] — *artes* a. — [*princeps ut mihi*] — *particeps mihi* a. a pr. m. — [*mihi quidem*] — om. *quidem* ce. — [*elaboraverunt*] (Sic quattuor mei.) = *elaborarunt* L. in m. 1584., non 1566. — [*iudicandi enim*] — *i. autem* c. [*ea scientia, quam*] Sic bd. U. V. 1. — *eam scientiam, quam* ae. O3x. Ven. Valla. N. BV. Asc. Ald. Iu. Ab. C. S.; quae lectio orta est ex falsa accommodatione ad v. *persecuti sunt*. Praeterea quum in ea v. *scientiam* per compendium *SCIA* cum lin. scriptum esset, excidit in d. Utramque autem lect. ae. et d. confundens, *eam quam* probavit Ern. Vidit Sch. eam tolerari omnino non posse, nisi si *vias* mutaretur in *viam*, itaque fecit: — *iud. e. viam dil. p. sunt, eam, quam d.* Alio modo, eoque meliore lectionem ae. correxit L.: — *eamque scientiam dial.* Optima tamen est vulgata satis nunc firmata a Cdd. bd. Ceterum e Cdd. vestigiis Graece scripsi disciplinarum nomina. = *dialecticen - - topice* Cett. — [*inveniendi artem*] Sic adfe. B. ρ. — *inveniendi autem artem* c. — *inveniendi vero artem* b. In d. suppletum a sec. m. Edd. meae. Saepissime vero particulae et adversativae et causales in hoc praesertim libello intrusae sunt ab interpolatoribus. (Mox: — *topice dicunt* f. a pr. m. — *topicen dicunt* f. a sec. m.) — [*quae et ad*] Sic optime abcde. B. Respondet *et ordine*. — *quae ad* Ald. Ab. C. — *quaeque ad* f. Cett. meae Edd. Sed *que - - et* pro *et - - et* Livii et Taciti potius est quam Ciceronis. — [*reliquerunt*] — *reliquerint* f. a pr. m.

§. 7. [*ordiemur*] — *ordiamur* e. — [*earum rerum*] = *rerum earum* e. — [*sic, quum*] — *si cum* f. — [*appellatae ab Ar.*

gare argumentum aliquod volumus, locos nosse debemus:
sic enim appellatae ab Aristotele sunt eae[1] quasi sedes,
e quibus argumenta promuntur. Itaque licet definire, 8
locum esse argumenti sedem: argumentum autem, orationem[2], quae rei dubiae faciat fidem. Sed ex iis[3] locis,
in quibus argumenta inclusa sunt, alii in eo ipso, de
quo agitur, haerent: alii assumuntur extrinsecus. In ipso
tum ex toto, tum ex partibus eius, tum ex nota, tum ex
iis[4] rebus, quae quodam modo affectae sunt ad id, de
quo quaeritur. Extrinsecus autem ea ducuntur[5], quae
absunt longeque disiuncta sunt. Sed ad id totum, de 9
quo disseritur, tum definitio adhibetur, quae quasi in-

1) hae 2) rationem 3) his 4) his 5) dicuntur

sunt] = *ab Ar. app. sunt* f. BV. — [*eae quasi*] af. (d.) L. (— *sunt eae res quasi* d.) — *hae quasi* Cett. Saepius observavi in Inscrippt. et in Cdd. antiquioribus praestantioribusque accurate utrumque pronomen distingui, quod nunc recentiorum nonnulli depravata posteriorum seculorum scriptura decepti denuo confundere coeperunt.

§. 8. [*definire*] — *diffinire* af. (Semel noto malam scripturam saepe in Cdd. obviam.) — [*locum esse*] ∞ om. *esse* a. a pr. manu. — [*orationem*] Codex Einsiedlensis Boëthii. bc. cfr. *Oratorem* §. 116. et *Topic.* §. 36. *Definitio est oratio.* — *rationem* Cett. („Definit Tullius argumentum hoc modo: *Argumentum est oratio quae rei dubiae faciat fidem.* Sumpsit igitur orationem ut genus. Omnes enim iniuriosi sunt, qui orationis virtutem a sapientiae ratione seiungunt, aliamque esse dicendi artem volunt, aliam intelligendi." BC. e Cd. Einsiedl. — [*ex iis locis*] Quod suspicatus eram in priore Ed., exhibent nunc ad. (*hiis.*) — *his* Cett. — [*de quo agitur*] Sic omnes, etiam BC. Sed §. 38. et 72. est *de quo ambigitur* vel *ambigetur.* — [*ex partibus eius*] — om. *eius* Valla solus. — [*ex nota*] — *ex notatione* L., ut §. 10. BC. tamen h. l. constanter habet *nota.* — [*ex iis*] Sic d. Ald. Ab. C. V. M. S. L. — *ex his* Cett. — [*ducuntur*] Sic Asc. Rob. Steph. Richard. S. L., ut paullo ante *assumuntur;* §. 11. *ducuntur etiam argumenta.* §. 13. *a genere sic ducitur;* maximeque §. 24. *quae autem assumuntur extrinsecus, ea maxime ex auctoritate ducuntur.* — *dicuntur* Cett. meae Edd. cum Cdd. notis. Verum haud puto Cic. dicturum fuisse *extrinsecus ea dicuntur* pro *extrinsecus petita* vel *assumpta dicuntur.*

§. 9. [*quae quasi involutum evolvit id*] Sic Ald. Ab. C. V. S. L. 1. 2. Item N., sed om. *quasi.* ∞ *qua quasi involutum evolvitur id* abde. (c. f.) Gr. ρ. ψ. (sicque c., sed mance:

volutum evolvit id, de quo quaeritur; eius argumenti talis est formula: Ius civile est aequitas constituta iis, qui eiusdem civitatis sunt, ad res suas obtinendas: eius autem aequitatis utilis cognitio est[1]: utilis ergo est[2] iuris
10 civilis scientia: tum partium enumeratio, quae tractatur hoc modo: Si neque censu nec[3] vindicta nec testamento liber factus est, non est liber: neque ulla est[4] earum rerum: non est igitur liber: tum notatio, quum ex verbi vi[5] argumentum aliquod elicitur, hoc modo: Quum lex[6]

1) est cognitio 2) est ergo 3) neque 4) est ulla 5) vi verbi 6) lex [Aelia Sentia]

quasi i. evolvitur id, om. scil. *qua*, ut paullo ante omittit vv. *tum definitio.* — *quum definitio adhibetur*, *quasi involutum evolvitur id* Valla. BV. Asc.) BC. tamen tribus locis nobiscum facit. — [*talis est formula*] — *t. e. forma* f. — *formula talis est* e. — [*iis*] — *his* c f. — [*ad res suas*] = *ad suas res* b. — [*cognitio est*] Sic a b c d. (f. a sec. m.) Valla. BV. Asc. V. = *est cognitio* N. Ald. Ab. C. S. L. 1. 2. — om. *est* f. a pr. manu, probb. Ern. et Sch. Scimus nunc istas omissiones et transpositiones v. *est* ortas esse ex antiqua scriptura *cognitiost.* — [*ergo est*] Sic a b c e f. BV. Valla. Asc. V. = *est ergo* d. N. Ald. Ab. C. S. L. 1. 2.

§. 10. [*nec vindicta*] Sic a c d. Valla. Asc. — *neque v.* b e f. Ald. Ab. C. V. S. L. 1. 2. Mox; = *neque testamento* BV. Margo 1584. „Faciendi liberi tres partes sunt: una quidem, ut censu liber fiat; censebantur enim antiquitus soli cives Romani. Si quis ergo consentiente vel iubente domino nomen detulisset in censum, civis Romanus fiebat et servitutis vinculo solvebatur, atque hoc erat censu fieri liberum, per consensum domini nomen in censum deferre et effici civem Romanum. Erat etiam pars altera adipiscendae libertatis, quae vindicta vocabatur. Vindicta vero est virgula quaedam, quam lictor manumittendi servi capiti imponens, eundem servum in libertatem vindicabat, (*servum libertati v.* A. a sec. m. B.) dicens quaedam verba sollemnia, atque ideo illa virgula vindicta vocabatur. Illa etiam pars faciendi liberi est, si quis suprema voluntate in testamenti serie servum suum liberum scripserit." BC. — [*neque ulla est*] Sic a b c d f. Valla. N. BV. Asc. = *neque est ulla* e. Ald. Ab. C. V. S. L. 1. 2. (— *non est autem ulla* Margo 1584. — *Atqui nulla est earum r.*, quasi e BC. Sch. in Ed. mai.) — [*verbi vi*] Sic a b c d f. Valla. BV. Asc. V. = *vi verbi* e. N. Ald. Ab. C. L. 1. 2. — [*quum lex*] Sic a. B. U. Varietas Rob. Steph. Cd. Ranconeti apud Goveanum, qui ipse quoque probabat. L. Sch. 2. prob. Dirksen. — *lex Aelia Sentia* a. in margine. b d e f. (scil. d.: *elia sentia lex.* — f e: *lex elia saencia* [f.] *sancia* e.) Cdd. Gruteri. N. V. M. S. Grut. — *lex Aelia Sanctia* BC. Valla.

assiduo vindicem assiduum esse iubeat, locupletem iubet locupleti: locuples enim est *assiduus*, ut ait Aelius, appellatus ab *aere*[1] *dando*. Ducuntur etiam argumenta 3
ex iis rebus, quae quodam modo affectae sunt ad id, de 11
quo quaeritur. Sed hoc genus in plures partes distributum est. Nam alia coniugata appellamus, alia ex genere, alia ex forma[2], alia ex similitudine, alia ex differentia, alia ex contrario, alia ex adiunctis[3], alia ex anteceden-

1) asse 2) formula 3) *Exciderunt err. typogr. vv.:* alia ex diff. - - adiunctis

BV. Ald. Iu. Ab. C. — *lex Aelia* Norisius. — *lex Aelia Sextia* Iac. Gothofred. — *lex apud Aelium Sextium* Cannegieter. — *quum ex Aelii sententia* Funccius. Vide Dirksen *XII. Tafeln* p. 160. E Boëthio apparet antiquissimum esse gloss. — [*assiduo vindicem*] — *iudicem assiduo* f. — [*iubeat*] — *iubet* U. L. — [*locupletem iubet locupleti: locuples enim est assiduus*] Sic L. 1. 2. Item Valla. BV. Asc. Ald. Ab. C. V. S.; sed hi: *locuples enim assiduus* om. *est*. — *locupletem iubet locuples. is est ass.* a. Sed a sec. manu superscr. *locupleti*. (*is est assiduus* etiam e Gr. affert Brutus.) — *locupletem* (rasura) *iubet locuples is est ass.* b. — *locupletem iubet locuples esse ass.* c. — *locupletem iubet locuples est ass.* de. (— *iubeat locupleti esse ass.* f.) (— *locuples assiduus* Varietas Rob. Stephani.) Vides a Cdd. potius *enim* omitti quam *est*. — [*ut ait Aelius*] — *ut ait Laelius* ad.; unde facili opera scribi posset: — *L. Aelius* (Stilo); sed intelligitur potius Sex. Aelius Catus (*Legg*. 2, 23, 59.) et *Laelius* solita illius nominis est corruptela. — om: haec f. a pr. m. Habet in marg. — [*ab aere dando*] ab. (hic Cd. b. a pr. m.) cde. Gr. Valla. N. BV. Ald. Iu. Ab. C. V. M. S. idque retinendum videbatur propter l. *de Rep.* 2, 22. *quum locupletes assiduos appellasset ab aere dando.* ∞ *ab asse* ψ. bf. uterque a sec. m. (f. a pr. m.: — *ab asce.*) Asc. Lamb. 1. 2. prob. Lallem. et Dirksen l. l. „Vindex est, qui alterius causam suscipit vindicandam, quos nunc procuratores (*praedicatores* A. *praedictores* B.) vocamus. — Quid est *assiduus* aliud, nisi *assem dans?* Assem vero dare nisi locuples non poterat (*sic* A. C. *poterit* B. — *potest* Bas.) assiduus igitur locuples est. Quum igitur lex Aelia Sentia assiduo vindicem assiduum esse constituat, locupletem iubet locupleti; assiduus quippe est locuples, a dando aere nominatus." BC.

§. 11. [*ex iis*] — *ex his* cf. — [*quae quodam modo affectae sunt*] = *quae sunt qu. m. aff.* Victorius solus. — [*in plures partes*] — *plures in partes* f. — [*ex forma*] Sic abcdef. Gr. C1d. Lamb. O4x. BC. Valla. N. BV. Asc. Ald. Iu. Ab. L. 2. — *ex formula* V. M. S. 1. In Cd. a. exciderunt vv. *nam alia coni. - - - similitudine alia;* in marg. sunt reposita, ubi itidem *forma*. Verba *alia ex diff. - - adiunctis*, quae exciderunt ex Ern., habent omnes. — [*ex adiunctis*] Sic e. U.

tibus, alia ex consequentibus, alia ex repugnantibus,
alia ex causis, alia ex effectis, alia ex comparatione
12 maiorum aut parium aut minorum. Coniugata dicuntur,
quae sunt ex verbis generis eiusdem. Eiusdem autem
generis verba sunt, quae orta ab uno varie commutantur,
ut *sapiens*, *sapienter*, *sapientia*. Haec verborum coniugatio συζυγία dicitur, ex qua huiusmodi est argumen-
13 tum: Si compascuus ager est, ius est compascere. A
genere sic ducitur: Quoniam argentum[1] omne mulieri
legatum est, non potest ea pecunia, quae numerata domi
relicta est, non esse legata; forma enim a genere, quoad
suum nomen retinet, nunquam seiungitur: numerata autem
pecunia nomen argenti retinet: legata igitur videtur.
14 A forma generis, quam interdum, quo planius accipiatur,
partem licet nominare, hoc modo: Si ita Fabiae pecunia
legata est a viro, si ei viro materfamilias[2] esset: si ea

1) argumentum *err. typogr.* 2) si ea uxor materfamilias

Valla. Cett. meae Edd. praeter Nor. et BV. ∞ *ex coniunctis* abcdf. N. BC. BV., ut §. 54. et 87. Difficillima profecto quaestio est, utrum in hoc v. variarit Cic. ipse, an alterum utrum librariis debeatur. Certum tamen videtur *ab adiunctis* §. 18. et §. 50. Item *de Invent.* 2, §. 41.

§. 12. [*verba sunt*] = *sunt verba a.* — [*commutantur*] — *mutantur* c. — *permutantur* e. — [*coniugatio*] — *iugatio* Gr. a. a pr. manu. — [*συζυγία*] *ΣΤΝΖΙΓΙΑ* c. *CINZIΓIA* a. *συνζυγία* f. — om. d. — *συστοιχία* volebat vir doctus apud Victor. *Var. Lectt.* 24, 10. — [*huiusmodi*] — *huiuscemodi* Ald. Ab. C. V. S. L. — [*est argumentum*] ∞ *fit arg.* a. — [*ager est*] = *est ager* bc.

§. 13. [*ducitur*] — *dicitur* a. a pr. m. — *ducuntur* c. — *ducitur argumentum* f. Valla. BV. Asc. e gloss. — [*argentum omne*] = *omne arg.* bc. Valla. Asc. — [*ea pecunia*] — *ei pec.* ρ. Nor. Ald. Iu. Ab. C. — *et pecunia* Asc. contra Cdd. meos, Vallam, BV. V. S. L. 1. 2. — [*quoad*] In a. superscr. *donec.* — [*retinet*] — *habet* e. Verba *numerata - - - videtur* d. habet in marg. duntaxat a manu rec.

§. 14. [*quo planius accipiatur*] Omittunt haec Goveanus, Richard. L. cum Cd. in marg. 1584. Habent Cdd. mei, Gr. et Edd. cett. — [*si ei viro materfamilias*] Sic abcde. O3x. Valla. BV. Asc. V. M. S. L. Grut.; et firmare videtur Quintilianus 5, 10, 62. *si quis, quum legatum sit ei, quae viro materfamilias esset, neget deberi ei, quae in manum non convenerit;* atque omnino formularum sermonem magis refert: etsi in manum non convenerat, nihil debetur. Genus [enim][1] est, uxor: eius duae formae; una matrumfamilias, eae sunt, quae[2] in manum convenerunt; altera earum, quae tantummodo uxores habentur. Qua in parte quum fuerit

1. enim *sine* [ ] 2) earum, quae

erunt fortasse, qui leg. censeant: *si ei materfamilias* deleto v. *viro*, me non probante. — *si ei uxor materf.* f. a pr. m. — *si ea uxor materf.* f. a sec. m. Ven. N. Ald. Iu. Ab. C. Ern. 1. — [*in manum*] Sic omnes mei. ρ. Quintil. l. l. Valla. BV. Asc. V. M. 1. 2. — *in manum viri* O3x. (?) N. Ald. Iu. Ab. C. S. L. Oliv. e Gloss. — [*genus* [*enim*] *est*] ∾ *genus est enim* Asc. Ald. Ab. C. Gov. Margo 1584. ∾ om. *enim* Victor. S. Recte, puto; cfr. §. 39.; quocirca ego [ ]. — [*formae*] — *formae sunt* Asc. — [*eae sunt*, *quae*] Sic a. a pr. m. et d. Gr. L. Brutus. Dicitur, ut *id est*, *id erat*; sed in num. plur. saepius corrumpitur. — *hae sunt quae* b. a sec. m. et e. ρ. ψ. Mss. Voss. apud Oudend. *Appul.* T. 1. p. 508. (qui tamen utrumque et *hae* (s. potius *eae*) *sunt* et *earum* pro gloss. immerito habebat:) item Valla. N. BV. Asc. Ald. Iu. Ab. — *haec sunt quae* U. C. — *ut sunt quae* cb. a pr. m. c. a sec. m. — *earum*, *quae* d. B. V. M. S. 1. 2. — [*convenerunt*] — *convenere* BV. quae forma apud Cic. repudianda, frequentius, quantum equidem observavi, reperitur in Cdd. Sec. XV. et in Edd. eiusdem Sec., interdum etiam Victoriana, quam in antiquioribus Cdd. „Uxoris species sunt duae, una matrumfamilias, altera usu; sed communi generis nomine uxores vocantur. — Materfamilias vero esse non poterat, nisi quae convenisset in manum. Haec autem certa erat species nuptiarum. Tribus enim modis uxor habebatur: usu, farreo (*sic C3d. mei.* — *farre* Ven. — *ferreatione* (sic) Bas. 1570.) coëmptione: sed confarreatio (*sic* C. — *farreatio* AB.) solis pontificibus conveniebat. Quae autem in manum per coëmptionem convenerant, eae matresfamilias vocabantur. Quae vero usu vel farreo (*sic C3d. mei.* — *farre* Ven. *farreatione* Bas.) minime. Coëmptio vero certis sollemnitatibus peragebatur; et sese in coëmendo invicem interrogabant, vir ita: an mulier sibi materfamilias esse vellet? Illa repondebat, velle. Item mulier interrogabat, an vir sibi paterfamilias esse vellet? Ille respondebat, velle. Itaque mulier viri conveniebat in manum, et vocabantur hae nuptiae per coëmptionem; et erat mulier materfamilias viro loco filiae. Quam sollemnitatem in suis institutis Ulpianus exponit. Quidam igitur extremo iudicio omne Fabiae uxori legavit argentum: si quidem Fabia ei non uxor tantum, verum etiam certa species uxoris, id est, materfamilias esset; quaeritur, an uxori Fabiae legatum sit argentum." BC. Cfr. Hotomanum *Obss.* 1. 24. ap. Sch. in Ed. mai., qui tamen lectionem a nobis

15 Fabia, legatum ei non videtur. A similitudine, hoc
modo: Si aedes eae corruerunt vitiumve fecerunt, quarum
usus fructus legatus est, heres restituere non debet
nec reficere, non magis quam servum restituere, si is,
16 cuius ususfructus legatus esset[1], deperisset. A differentia: Non, si uxori vir legavit argentum omne[2], quod
suum esset, idcirco, quae in nominibus fuerunt, legata
sunt. Multum enim differt, in arcane positum sit argen-
17 tum, an in tabulis debeatur. Ex contrario autem, sic:
Non debet ea mulier, cui vir bonorum suorum usumfructum legavit, cellis vinariis et oleariis plenis relictis,
putare id ad se pertinere. Usus enim, non abusus, lega-
4 tus est. Ea sunt inter se contraria. Ab adiunctis: Si
18 ea mulier testamentum fecit, quae se capite nunquam
deminuit[3], non videtur ex edicto praetoris secundum eas

1) est 2) omne argentum 3) diminuit *et sic semper*.

denuo reiectam secutus est: *si ea uxor materfamilias esset.* — [*leg. ei*] — *l. illi* e.

§. 15. [*aedes eae*] — *aedes hae* c e. — *aedes ese* f. Hinc: — *aedes exesae* Valla. BV. Ald. Iu. Ab. C. — *aedes ex se* N. Asc. Rectam lect. habent a b d. V. Seqq. — [*fecerunt*] ∾ *faciunt* a c d f. Gr. B. ϱ. Valla. BV. (BC. tamen habuit potius *fecerunt.*) In formulis saepe iungitur utrumque tempus; unde et hic fortasse fuit: *fecerunt faciunt.* — [*cuius usus fructus*] — om. *usus* a c f. a pr. m. propter ductuum similitudinem cum v. *cuius.* — [*legatus esset*] Sic a b c d e f. Gr. B. Valla. BV. Asc. — *leg. est* O3x. (?) Ald. Ab. C. V. S. L. 1. 2.; sed hoc requireret potius *deperiit.*

§. 16. [*differentia*] — *differentia sic* d e. — [*argentum omne*] Sic a b c d f. Valla. BV. Asc. Et videtur veluti ex formulae usu; ut §. 13., etsi ibi quoque b: = *omne arg.;* ut h. l. e. Ald. Ab. C. V. S. L. 1. 2. — [*fuerunt*] — *fuere* Valla. — [*in arcane*] — *in archa* f. — [*debeatur*] Gloss. videbatur Hotomano *Obss.* 1, 25. p. 31. Satis firmatur a Boëthio. — *debeat* Nor. — *pateat* L. coni.

§. 17. [*Ex contrario*] Sic Cdd. mei. Nor. Ald. Ab. C. V. S. L. 1. 2. ∾ *A contrario* ϱ. Valla. BV. Asc.; cfr. tamen §. 11. — [*non abusus*] „Utimur iis, quae nobis utentibus permanent; iis vero abutimur, quae nobis utentibus pereunt." BC. — [*inter se contraria*] = *contr. inter se* c. — *ea autem inter se sunt* c. e.

§. 18. [*testam. fecit*] — *t. facit* f. — [*se capite nunquam*] — *se nunq. cap.* d. — [*deminuit*] Sic in hac formula ubique scripsi cum optt. Cdd. (h. l. scil. c b d.) item Lamb. et Sch. pro ceterorum, etiam Ern.: — *diminuit.* — [*ex edicto praetoris*] —

tabulas possessio dari. Adiungitur enim, ut secundum
servorum, secundum exulum, secundum puerulorum tabulas
possessio videatur ex edicto dari. Ab antecedentibus 19
autem et consequentibus et repugnantibus hoc modo: Ab
antecedentibus: Si viri culpa factum est divortium, etsi
mulier nuntium remisit, tamen pro liberis manere nihil
oportet. A consequentibus: Si mulier, quum fuisset nupta 20
cum eo, quicum connubium non esset, nuntium remisit;
quoniam, qui nati sunt, patrem non sequuntur, pro libe-

ex ed. populi Romani acde. — *ex dito p. r.* f. Error ortus ex nota *PR.* confusa cum *P. R.* — [*servorum*] — *servulorum* a. a sec. m. bc. Ortum videtur e seq. *puerulorum*, pro quo: — *puerorum* f. Cdd. Lambini. Item Victorius. — [*ex edicto dari*] „Capitis deminutio est prioris status permutatio. Id multis fieri modis solet, vel maxima vel media vel minima. Maxima est, quum et libertas et civitas amittitur, retinetur libertas, ut in Latinas colonias transmigratio. Minima, quum nec civitas nec libertas amittitur, sed status prioris qualitatis immutatur (*imminuitur* ABC. Bas.) velut adoptatione, aut quibuslibet aliis modis prior status retenta civitate potuerit immutari. Mulieres vero antiquo iure tutela perpetua continebat. Recedebant vero a tutoris potestate, quae in manum viri convenissent, itaque fiebat eis prioris status permutatio, et erat capite deminuta, quae viri convenisset in manum. Quaedam igitur, quae se nunquam capite deminuisset, id est, quae in manum viri minime convenisset, sine tutoris auctoritate testamentum fecit cet." BC. v. Savigny *Zeitschrift* T. 3. p. 309. seqq.

§. 19. [*factum est*] Sic N. Ab. C. V. S. L. 1. 2. — *factum sit* abcdef. O2x. (B. ρ.) Valla. BV. Asc. Videtur tamen ortum e scriptura *factumst.* — [*divortium*] — *devortium* L. in m. 1584. non 1566. — [*etsi*] ∾ *etiam si* superscr: in a. Idem: = *secuntur.* — [*manere nihil*] = *nihil manere* b. — *nihil remanere* O1x. (ρ.) Post *nihil* v. *dotis* excidisse suspicatur Sch. „Civitatis Romanae iure liberi retinentur in patris (sic AB. *patrum* C. Bas.) arbitrio, usquedum tertia mancipatione solvantur: ergo si quando divortium intercessisset mulieris culpa, parte quadam dotis pro liberorum numero multabatur. De qua re Paulus Institutorum libri secundi (sic C. Bas. *libro V.* AB.), titulo de dotibus, ita disseruit: Si divortium est matrimonii et hoc sine culpa mulieris factum est, dos integra repetetur. Quod si culpa mulieris factum est divortium, in singulos liberos sexta pars dotis a marito retinetur, usque ad dimidiam partem dumtaxat dotis. Quare, quoniam quod ev dote conquiritur, liberorum est, qui liberi in patris sunt potestate, id apud virum necesse est permanere." BC.

§. 20. [*connubium*] Sic mei O1x. (ρ.) BV. V. 1. 2. — *connu-*

21 ris manere nihil oportet. A repugnantibus: Si paterfamilias uxori ancillarum usumfructum legavit a filio neque
a secundo herede legavit, mortuo filio mulier usumfructum non amittit. Quod enim semel testamento alicui
datum est, id ab eo invito, cui datum est, auferri non
potest. Repugnat enim recte accipere, et invitum red-
22 dere. Ab efficientibus [causis][1], hoc modo. Omnibus
est ius parietem directum ad parietem communem adiungere vel solidum vel fornicatum. Sed qui[2] in pariete
communi demoliendo damni infecti promiserit, non debebit praestare, quod fornix vitii fecerit. Non enim eius
parietis[3] vitio, qui demolitus est, damnum factum est,
sed eius operis vitio, quod ita aedificatum est, ut sus-
23 pendi non posset. Ab effectis rebus, hoc modo: Quum

1) causis *sine* [ ]. 2) At si quis 3) *Abest* parietis

bius O1x. (B.) — *connubii ius* O2x. (U. ψ.) Valla. N. Asc. Ald. Ab. C. S. L. Oliv. (— *qui connubium* f. Omittit hanc §. c.)

§. 21. [*herede legavit*] — om. *legavit* BV. — [*alicui*] ∞ *cui* a. Gr. In a. superscr. *ali.* Hinc: — *alii* f. — [*repugnat*] Sic b. O2x. (U. ψ.) N. Ald. Ab. C. M. S. 1. 2. — *repugnant* L. ∞ *pugnat* acdef. B. ϱ. Valla. BV. Asc. V. Nolui tamen recipere, propterea quod refertur ad v. *A repugnantibus.*

§. 22. [*Ab efficientibus causis*] Sic f. Ven. BV. Edd. inde ab Aldo. ∞ om. *causis* b. a pr. m. A sec. habet *rebus* sicque (*rebus*) acde. Gr. B. Transponunt BC. Valla. Asc.: *A causis eff.* Ego [ ]. — [*omnibus est* cet.] (= *ius est* b.) Lectio absurda, quam Lambino tribuit Verburg.: *parietem solidum ad p. communem adiungere vel directum vel fornicatum* non est nec in Ed. 1566. nec in marg. 1584., sed in marg. Gothofrediana. — [*Sed qui*] Sic abde. O2x. (B. ϱ.) ∞ *At si quis* d. Edd. meae omnes: id quod videtur ab iis profectum, qui oppositionem magis perspicuam desiderarent. Quae tamen ideo minus placet, quod haud dubie in omnibus parietibus communibus demoliendis locum habebat damni infecti promissio. Ideo minime scribendum erat *At si quis*, id est, „ut interdum, sed raro, fit;" sed: *si qui*, id est: „ut fieri solet, ut inter omnes receptum est." Et sic: ∞ *si qui* habet re vera c. — [*demoliendo*] — om. h. v. de. — [*debebit*] — *debet* e. — [*vitii fecerit*] — *v. fuerit* f. — [*eius parietis vitio*] Sic abcd. O1x. (B.) prorsus ex legum ac formularum sermone, ita ut pro gloss. haberi nequeat. — om. *parietis* Cett. cum f. — [*quod ita aedif.*] — *quam quod ita ae.* f. — [*posset*] cum abcdef. BC. L. 1. 2. — *possit* f. Valla. N. Asc. Ald. Ab. C. V. S. „Ius autem est parieti communi parietem alium

mulier viro in manum convenit, omnia, quae mulieris fuerunt, viri fiunt dotis nomine. Ex comparatione autem omnia valent, quae sunt huiusmodi[1]: Quod in re maiore valet, valeat in minore: ut, Si in urbe fines non regun-

1) eiusmodi

vel fornicatum, id est, arcum habentem, vel directum continuumque coniungere. Quidam igitur ad parietem communem alium extrinsecus parietem iunxit deditque satis damni infecti. Communis autem paries fornicatus fuit, id est, arcum habens vel signinam fabricam sustinens: adiungente igitur eo, qui satis dederat, et ut adiungeret demoliente partem parietis, quo iunctura cohaeresceret, vitium communis paries fecit. Quaeritur, an damni infecti promissio cogat eum, qui promiserat, damnum restituere. Subiectus terminus, damni infecti promissio; praedicatus, vitii restitutio. Sumimus igitur argumentum a causis hoc modo: Si enim is, qui damni infecti promisit [restitutionem], eius vitii causa fuit, restituere debet vitium, quod eius accidit culpa, quod, si ea natura parietis fuit, ut suspendi sustinerique non posset (fornicati enim parietis non ea natura est, ut suspendi queat) parietis potius forma, quam demolientis culpa vitium fecisse videbitur: atque ita non cogitur praestare (*restaurare* Bas.) vitium, qui se damni infecti promissione obstrinxerit. Fiet igitur argumentatio hoc modo: Si penes parietis formam constitit, ut eo adiungente parietem, qni damni infecti promiserat, vitium fieret, id vitium, qui promisit, praestare non cogitur. Fuit autem causa paries, ut vitium fieret, qui ea fuit natura, ut suspendi sustinerique non posset. Non igitur quod fornix vitium fecerit, praestare debet, qui damni promisit infecti. Argumentum ab eo, quod in ipso est, de quo agitur, id est, in vitii restitutione, ex affecto, id est, [ex] causa. Causa enim vitii forma est parietis, non culpa iungentis parietem. Itaque factum est, ut fornix vitium faceret, quae causa vitii, quum absit ab eo, qui parietem iunxit, abest etiam eiusdem vitii restitutio. Maxima propositio: Unam quamque rem ex causis spectari oportere." BC.

§. 23. [*mulier viro*] — *mulier vitio* a., sed correctum *viro.* — [*fuerunt*] — *fuerint* BV. — [*huiusmodi*] Sic bc. BV. — *eiusmodi* Cett. Attamen tutius videbatur et Cdd. illos perantiquos et rationem ipsam sequi; semper est enim in praecedd. *hoc modo.* — *quod in re maiore non valet* (— *valeat* d.), *valeat in minore*]. Sic etiam BC. cum omnibus meis et Cdd. et Edd. praeter Asc. — *quod in re maiore non valet*, *non valeat in minore* O1x. (ψ.) correctus h. l. ex eorum sententia, quibus accedebat etiam Hotomanus *Obss.* 2, 2. p. 33. Notandum Asc. habere prorsus falso: — *quod in re maiore valet*, *non valeat in minore.* (— *maiori* et *minori* h. l. et infra d.) — [*ut si in*] — om. *si* f. a pr. m. — [*reguntur*] — *regantur* abcdf.

tur, nec aqua in urbe arceatur. Item contra: Quod in minore valet, valeat in maiore. Licet idem exemplum convertere. Item: Quod in re pari valet, valeat in hac, quae par est: ut, Quoniam usus auctoritas fundi biennium est, sit etiam aedium. At in lege aedes non appellantur, et sunt ceterarum rerum omnium, quarum

B. ρ. (N.) BV. — [*nec*] Sic Cdd. mei. Valla. N. BV. Asc. 1. 2. — *neque* Ald. Iu. Ab. C. V. S. L. — [*Item contra*] — *etiam* a sec. m. interpositum in f. — [*quod in minore*] — *quod in re minore* Valla. — [*ut quoniam*] — *ut quoniam ut quando* f.; sed *ut quando* punctis notata. — [*usus auctoritas*] — *usu-auctoritas* L. (sicque revera habet in BC. Cd. Einsiedl.) — *auctoritas usus* f. BV. (Ernestio suspectum erat v. *auctoritas.* Pro Caecina Cap. 19. *usum et auctoritatem* Cdd. Graevii. Hic vero nullus novem Cdd. accuratius nunc exploratorum nec ulla Ed. vet. habet *et.*) — [*biennium*] — *biennis* Hotomani susp. — [*ceterarum rerum omnium, quarum*] Sic b. Item f. a sec. m. Ern. 1. — *ceterarum omnium, quarum* a c d e. Item f. a pr. m. O4x. Valla. N. Asc. Ald. Iu. Ab. C. V. M. S. Grut. — *ceterarum rerum, quarum* (del. *omnium*) L. Sch. 2. (Hic de Ern. suspic.) — *ceterorum omnium, quorum* BV.; qua in lect. facile agnoscimus scitum interpolatorem: etsi haec fortasse fuit Boëthii lectio vel saltem interpretatio; (v. infra lectionem Boëthii Venetam.) Firmatur nunc a Cd. Sangallensi antiquiss. b. v. *rerum.* Hic autem e plerisque Cdd. excidit propter syllabas praecedd. *rarum.* Aeque certum est a Cdd. v. *omnium*, sive id ex Ciceronis consuetudine adiectum est (si quidem nihil apud eum frequentius, quam *ceteri omnes;*) sive legis ipsius id verbum fuit. Hoc autem ipsum longe probabilius mihi videtur, comparanti verba Plinii *Epp, Lib.* 8, 14. „*QVI ALIA OMNIA: animadvertis, ut non contenta lex dicere ALIA, addiderit OMNIA.*" Ut hic *alia omnia*, sic in lege XII. *ceterae res omnes.* Cicero autem ex usu et suo (cfr. ad Brut. §. 23.) et aequalium verbis legitimis substituit, ut opinor, *ceterarum rerum omnium.* Cur autem non in lege ipsa, ut erat in lege s. formula a Plinio allata *Qui haec sentitis, in hanc partem; qui alia omnia* cet., sic hic quoque apud Cic., ut est in BV. genus neutrum *et ceterorum omnium?* Idcirco opinor, quod in formula Pliniana de sententiis sermo est, de rebus igitur quae non sunt, sed intelliguntur," in lege duodecim, de rebus, „quae sunt." *Topica* §. 26. et 27. De his autem, *quae sunt*, i. e. corporeis, consentaneum est in lege expressum fuisse verbum *rerum.* Aliam rationem sequitur eruditissimus Dirksen *XII. Tafeln* p. 415., qui legendum censet *et sunt ceterarum rerum, id est omnium, quarum* vel *et sunt ceterarum rerum, quarum omnium:* neutrum probabiliter. — *nec sunt ceterarum rerum, quarum* Sch. suspicio, ut ipse ait, e Gothofredo ad *XII.* ducta. Sed haec omnia *At*

annuus est usus. Valeat aequitas, quae paribus in causis paria iura desiderat. Quae autem assumuntur extrinsecus[1], 24 ea maxime ex auctoritate ducuntur. Itaque Graeci tales argumentationes ἀτέχνους vocant, id est, artis expertes: ut si ita respondeas: Quoniam P. Scaevola id solum esse

1) extrinsecus assumuntur

in lege - - annuus est usus tribuuntur veluti adversario; et nostrûm aliquis fortasse sic scripsisset: „At, quoniam in lege aedes non appellantur, ideo sunt ceterarum rerum omnium" cet. Iam suo nomine respondet Cicero: *Valeat aequitas* cet., consulto, ut solet, omissa particula adversativa. — [*annuus*] — *annus* a. a pr. manu. Lambinus, quem secuti sunt Marcilius et Rittershusius apud Dirksenium. Alii apud Lamb.: — *quorum annus est* om. v. *usus*." Usucapio est adeptio dominii per continuationem iustae possessionis biennii aut alicuius temporis. (Habet haec Cd. B. non AC.) Plurimarum igitur rerum usucapio annua est, ut, si quis eis anno continuo fuerit usus, eas firma iuris auctoritate possideat, velut rem mobilem. Fundi vero usucapio biennii temporis spatio continetur; de aedibus in lege nihil adscriptum est. Quaeritur ergo, usus aedium unone anno, an biennio capiatur? Faciemus a paribus argumentationem, et quoniam immobilium aequa possessio est, aedes vero immobiles sunt, ut biennio fundus usucapitur, ita etiam oportet aedes usucapere biennio possidentem. — Ita namque, ait, ut, quoniam usus auctoritas (*usuauctoritas* A.) fundi biennium est, sit etiam aedium. Hic igitur aedium usus auctoritatem (sic C3d. mei. Bas. *auctoritate* BV. Dirksen p. 415.) biennio fieri sentit, sed adiungit: At in lege aedes non appellantur, et sunt (*et sic sunt* BV.) ceterorum omnium, quorum (*ceterarum omnium*, *quarum* Bas. — *ceterarum omnium quorum* soloece AC. — *ceterum omnium*, *quorum* B.) annuus est usus. Hic rursus aedes in iis videtur ponere, quae annuo usu capiuntur, et concludit nihil definiens nisi, valeat aequitas, quae paribus in causis paria iura desiderat. Sed videtur ita dictum, quoniam immobiles sunt aedes, ut fundus, biennio vero fundus usucapitur, aedes quoque biennio usucapientur; et sibi ipsi rursus opponit: sed in lege XII. Tabularum de aedibus nihil adscriptum est, et inter eas relictae sunt res taciturnitate legis, quarum est usus annuus. Nam quum de fundo praescriberet lex biennii usucapionem, tacuit aedes, et iis potius hac taciturnitate eas iunxit, quarum annuus est usus." BC. — [*paribus in*] = *in par.* b c.

§. 24. [*assumuntur extrinsecus*] Sic a b c d. Valla. BV. Asc. V. (Item f. sed: — *sumuntur extrinsecus*). = *extr. assumuntur* N. Ab. C. S. L. 1. 2. cum e. — [*Scaevola*] (— *Scaevolam* a.) = *Scaevula* L. sicque scribebat etiam Beier. — [*ambitus*

ambitus aedium dixerit, quo[1] parietis communis tegendi causa tectum proiiceretur, ex quo tecto in eius[2] aedes, qui protexisset, aqua deflueret, id tibi ius videri.

1) quod 2) in tectum eius

- - *quo parietis*] Sic b. Dictum est, ut *quo progredi possent* Orator. §. 5. ac similia. Quod si non placeat, legendum erit cum Valla, Hotomano, Lamb.: ∞ *quoad*, id quod, ut sexcenties corruptum est in: —' *quod* a b. O3x. V. M. S. Grut. 1. 2. Defendit hoc Ern., sed, quomodo hoc coëat h. l. cum v. *tectum*, equidem haud intelligo. Immo nulla inest in hac lect. recta constructio. — *quia* f. (Sic scil. legit Beier. Sed Ern. refert Cd. Vit. habere compendium *q* cum lin. et accentu.) — *quantum* bene ad sententiam, sed parum probabiliter, e Boëthii Comment. e. O1x. (ψ.) N. BV. Asc. Ald. Iu. Ab. C. — [*tectum proiiceretur*] — om. h. l. *tectum* f., ut Ern. falso refert voluisse Hotomanum. Pro *proiiceretur* f. a pr. m.: — *porrigeretur* e gloss. — [*ex quo tecto in eius aedes qui*] Sic BV. et Boëthius ipse in Commentario ex lectione scil. Cd. Einsiedl. Antiqua igitur nititur auctoritate haec lectio. Et ita volebat Caelius Secundus Curio, rursusque in idem incidit Lamb., qui sic edendum curavit, nisi uterque sumpsit e Boëthii aliquo Codice simili Einsiedlensis. (— *ex quo tecto in eius qui* om. *aedes* habet Camerar. in *Adnott.*) Nostra autem lectio et sententiae satisfacit, et formularum sermonem egregie refert. — *ex quo in tectum eius aedes* (s. *aedis* a c f. Valla. V.) *qui* Cdd. noti. BC. (Edit. scil. vulgatae.) Valla. Iu. Ab. C. V. M. Gov. S. 1. 2.; quod equidem non magis intelligo, quam Lamb., etsi explicare studuit Turnebus *Adv.* 22, 5. — *ex quo in tectum eius aedis quam* Nor. Asc. — *tectum* h. l. delendum censebat Hotomanus *Obss.* 2, 3. p. 36. — *ex quo in eius aedes qui proiecisset* Ern. susp. — *quoad p. c. t. c. t. p.*, *ex quo ante eius aedes*, *qui* Sch. susp. — [„Huius exemplum est, ut si ita respondeas: quoniam P. Scaevola id solum ambitus aedium dixit, quantum parietis communis tegendi causa tectum proiiceretur, ex quo tecto in eius aedes, qui protexisset, aqua deflueret, id tibi ius videri. *Haec desumpta e Cd. Einsiedl. absunt ab Edd.*] Solum ambitus aedium est, quantum soli (*solum* B.) aedium ambitus claudit. Scaevola igitur dixit id esse ambitus aedium solum, quod tecti diffusione tegeretur. Manifestum est enim tecta latius fundi nec parietibus adaequari, ut stillicidium longius cadat. Quae quum ita sint, quidam parietem communem tegere nitebatur. Quaeritur, an sit aliquod ius tegendi? Respondeas tu, inquit, Trebati, id ius esse tegendi parietis communis, ut in eius, qui tegit (sic C3d. mei. *tegat* Bas. — *tegit non in aliud q.* Cd. C. *non aliud* Bas.) aliud quodlibet tectum, stillicidii aqua fundatur; alias non esse iuris, ut tegat quis parietem stillicidio in vicini tecta defluente. Haec enim stillicidii servitus nova, nisi consentiente vicino, nihil iuris

His igitur locis, qui sunt expositi ad omne argumen- 25
tum, tamquam elementis quibusdam significatio et demonstratio ad reperiendum datur[1]. Utrum igitur hactenus satis est? Tibi quidem tam acuto et tam occupato, puto. Sed, quoniam avidum hominem ad has discendi epulas recepi, sic accipiam, ut reliquiarum sit potius aliquid, quam te hinc patiar non satiatum discedere. Quando 26
ergo unusquisque eorum locorum, quos exposui, sua

1) expositi, ad omne argumentum reperiendum t. e. q. significatio et demonstratio datur

habet. Sed si huic responso opponatur, ne sic quidem ut tegat esse iuris, quoniam quidem aedium solum tantum est, quantum cuiusque parietes claudunt, qui vero tegit tectum (*tectis* A.) longius mittit, tu, inquit, responsum tuum Scaevolae auctoritate firmabis, dicens Scaevolam respondisse hoc (*huius* AB. et B. om. *solum.*) esse solum ambitus aedium, quantum tectum proiiceretur, non quantum parietes ambirent. Ius est igitur proiicere tectum, qui (sic C. — *quia* AB.) ambitum adhuc suarum aedium tegit, sed ita, ut in suum tectum aqua defluat, ne (sic ABC. — *nec* Bas.) vicino nova noceat servitute." BC.

§. 25. [*expositi ad o. argumentum*, *tamquam - - demonstratio ad reperiendum datur*] Sic abcd. (f. O2x. B. ρ.) Valla. BV. Asc. Est: „qui docendi causa sunt propositi apte ad omne argumentum" cet.; eâdem constructione, qua *Topic.* §. 41. *omnes loci sunt omnium disputationum ad argumenta suppeditanda. Philipp.* 2. §. 114. *factum expositum - - ad imitandum.* Item *Offic.* 2, §. 58. *quae proposita sunt ad gloriam.* — *expositi ad omne argumentum reperiendum - - - demonstratio datur.* e. Ab. C. V. S. L. 1. 2. (— *exp. ad omne arg. reperiendum - - demonstratio ad reperiendum datur* Nor.) — [*puto*] om. de. — [*discendi epulas*] = *ep. disc.* b. (Etiam Boëthius hoc ordine: *doctrinarum epulas.*)

§. 26. [*Quando ergo*] = *Quando igitur* BV. ∾ *Quoniam ergo* f. O1x. (U.) Nor. Hoc illico etiam contra antiquiss. Cdd. abcd. recepissem, nisi obstitisset dubium, annon consulto in hac quoque levicula re Tullius imitatus sit ICtorum sermonem, ut saepe fècit in hoc libello. Simile *Quando* est etiamnunc *de Nat. Deor.* 3, §. 43. *Quando enim me in hunc locum deduxit oratio.* ubi C1d. Moseri *Quoniam.* — *Offic.* 2, §. 58. *nec turpi iactura*, *quando erat aedilis*, ubi *quando* non tam temporis est particula, quam rationem indicat, ea iactura cur turpis non fuerit aedili, quippe quae licita esset aedili. Praeterea in utroque loco, et *de Nat. Deor.* l. l. et h. l. in Topicis paucis ante suspectum hoc *quando* versibus praecedit *quoniam*; unde suspicio mihi subnata est, utrobique consulto variandi causa ab ipso Cicerone positum esse *quando*, alias

quaedam habet membra[1], ea quam subtilissime persequamur: et primum de ipsa definitione dicatur. Definitio est oratio, quae id, quod definitur, explicat, quid sit. Definitionum autem duo[2] genera prima: unum earum re-
27 rum, quae sunt: alterum earum, quae intelliguntur. Esse ea dico, quae cerni tangive possunt, ut fundum aedes, parietem stillicidium, mancipium pecudem, suppellectilem penus, cetera; quo ex genere quaedam interdum vobis[3] definienda sunt. Non esse rursus ea dico, quae tangi

1) membra habet 2) duo sunt 3) nobis

ab eodem devitatum. Minime tamen obloquar, si alius h. l. ediderit *quoniam.* — [*habet membra*] Sic a b c f. (— *habeat membra* Nor.) = *membra habet* Cett. (— om. *membra* d.) — [*duo sunt*] ∞ om. *sunt* a c. Gryph. O1x. (B.) Brutus; quos secutus sum. Transponunt d. et Valla; ut infra aliquoties in hoc docendi genere videbimus omitti ab optt. Cdd. verbum substantivum. — [*genera prima*] — *prima* superscr. *s* eum lin. i. e. *sunt.* a. cfr. *de Oratore* 3, §. 116. *consecutionis* — *duo* prima *quaestionum genera ponuntur.* Et sic aliquoties *primus homo* pro *primarius* Cicero. Minus laudandum, quod v. *prima* del. censuit Sch.; etsi eius suspicio firmatur ab O1x. (ρ.) — *genera primum* f. Habet *prima* etiam Boëthii Commentarius in tribus meis codicibus, non in Edd. Scil. AC.: *duo genera prima.* B.: *duo sunt genera prima.* Nimirum opponuntur haec *genera prima* s. *primaria* illis *aliis generibus definitionum* §. 28. — [*quae intelliguntur*] Propter seqq. *non esse rursus ea dico* facile exspectabas: *quae non sunt, sed intelliguntur.* Nullum tamen eius lectionis vestigium in Cdd. et BC. nisi in gloss. mox commemorando *Earum autem rerum, quae non sunt.*

§. 27. [*esse ea dico*] — *Earum rerum quae sunt ea dico* Mediol. Ald. 1. referente Ern. Idem reperi in Asc.; sicque habere dicit Ern. etiam Cd. Viteb. (nobis f.), e quo tamen h. l. nihil notavit Beier. — [*tangive*] Retinendum hoc videbatur cum O3x. et Edd. meis praeter BV. propter seqq. *tangi demonstrarive.* ∞ *tangique* a b c d e. (f.) O1x. (B.) Nor. BV. et Codd. mei tres Boëthii. — [*aedes*] = *aedis* a. — *aedem* e. Tum: *parietes* a. — [*penus, cetera*] ∞ *penus et cetera* b c d e. In a. *et* superscr.; sicque sine varietate est §. 48., aliter §. 52. Valla. BV. Asc. Ab. C. Hoc l. omittunt *et* f. V. S. L. 1. 2. — [*vobis*] Scil. iure consultis. Sic egregie Cd. a. et L. in marg. 1584. ex perpetuo usu Cic. in hoc libro. — *nobis* Ceteri. — [*definienda sunt. Non esse*] — *definienda sunt. Earum autem rerum quae non sunt non esse* a b c d e f. Valla. N. BV. Asc. Sic miro casu in meos omnes et O2x. (B. ρ.) irrepsit h. l. altera adnotatio in marg. olim posita, altera

demonstrarive non possunt, cerni tamen animo atque intelligi possunt: ut si usucapionem, si tutelam, si gentem, si agnationem definias: quarum rerum nullum subest quasi corpus, est tamen quaedam conformatio insignita et impressa in[1] intelligentia, quam notionem voco. Ea saepe in argumentando definitione explicanda est[2]. Atque etiam 28
definitiones aliae sunt partitionum, aliae divisionum: partitionum, quum res ea, quae proposita est, quasi in membra discerpitur; ut si quis ius civile dicat id esse, quod in legibus, senatus consultis, rebus iudicatis, iurisperito-

1) *Abest* in 2) sunt

non. — [*cerni tamen*] — *c. autem* bc. — *c. enim* f. — [*usucapionem*] = *usus capionem* acde. — [*agnationem*] — *agnitionem* e. — om. vv. *si gentem, si agn.* f. — [*nullum subest*] — *nullum substet* Valla. Asc. Gesner in *Thesauro* v. *substo.* Est tamen apertus error. — [*conformatio*] — *confirmatio* af. — [*insignita*] ∞ *insita* Sch. 2. E., ut §. 31. Eadem tamen notio *insignita* quoque, id est, „signata (*de Fato* §. 43.) in animo" dici poterat. — [*impressa in intelligentia*] Sic Vict. M. S. Oliv., ut plurimis locis est apud Cic. *imprimere in aliqua re.* Rectum erat etiam: ∞ *impressa intelligentiae* O1x. (ψ.) BV. L., ut *Acadd.* 2, §. 21. *nobis notitiae rerum imprimuntur.* Illud nunc praetuli (etiam cum Turnebo *Advers.* 22, 5. „Conformatio insignita in intelligentia est species et forma in animo impressa et quoddam simulacrum.") quia Cdd. mei et O3x. constanter: *impressa intelligentia* (*in* absorpto a litt. seqq.) sicque Valla. N. Ald. Iu. Ab. C. Grut. 1. 2. Schuetzius quidem v. *intelligentia* (quasi h. l. esset nominativus) — „ut alibi, inquit — de ipsa *notione* accepit. Sed apud Cic. ubique fere *intelligentia* est „vis intelligendi, s. intellectus." Vide Lexica. — „Idem Cicero in Timaeo Platonis ait: Quid est, quod semper sit nec ullum habeat ortum, et quod gignatur, nec unquam sit? Quorum alterum *intelligentia* et ratione (*intelligentiae ratione* ABC.) comprehenditur, alterum offert opinioni sensus (sic scil. Cdd. mei tres et BV. — *opinionem sensui* Basil., perverse: cfr. *Timaei* C. 2.) rationis expers." BC. — [*in argumentando*] — *in argumentandi* O1x. (ψ.) Valla. Ascens. Steph. L. 1566. (Nobiscum facit margo 1584.) Simili errore f.: — *in argumentationum.* Recta lectio est in ceteris nostris et Cdd. et Edd., etiam Norimb. — [*explicanda est*] Sic abcdef. O2x. (B. ρ.) N. BV. et Bas. Asc. Ald. Ab. C. ut infra §. 31. *notio enodationis indigens* et §. 83. *notio explicanda est.* — *explicanda sunt* Cd. a. in marg. Valla. V. S. L. 1. 2.

§. 28. [*atque etiam*] — om. *etiam* bc. — [*partitionum quum*] — *partitio est quum* e. — [*legibus*] — *leg. est* e. — [*iurispe-*

rum auctoritate, edictis magistratuum, more, aequitate
consistat: divisionum autem definitio formas omnes complectitur, quae sub eo genere sunt, quod definitur, hoc
modo: Abalienatio est eius rei, quae mancipi est, aut
traditio alteri nexu aut in iure cessio, inter quos ea
6 iure civili fieri possunt. Sunt etiam[1] alia genera definitionum; sed ad huius libri institutum illa nihil pertinent:
29 tantum est dicendum, qui sit definitionis modus. Sic
igitur veteres praecipiunt: quum sumpseris ea, quae sint
ei rei, quam definire velis, cum aliis communia, usque
eo persequi, dum proprium efficiatur, quod nullum in
aliam rem transferri possit. Ut hoc, Hereditas est pecunia. Commune adhuc: multa enim genera [sunt][2] pecuniae. Adde quod sequitur: quae morte alicuius ad
quempiam pervenit. Nondum est definitio: multis enim
modis sine hereditate teneri mortuorum pecuniae possunt.
Unum adde verbum: iure; iam a communitate res disiun-

1) et 2) sunt *sine* []

ritorum] — *peritorum* a. a pr. m. def. — [*more*] *morum* a. „Res iudicatae sunt, quae inter eos, qui super aliqua re ambigunt, sententia iudicum fuerint constitutae; quarum exemplo ceterae quoque iudicantur. Iuris peritorum auctoritas est eorum, qui ex XII. tabulis vel edictis magistratuum ius civile interpretati sunt, probatae civium iudiciis creditaeque sententiae. Edicta magistratuum sunt, quae pratores urbani vel peregrini vel aediles curules iura dixerunt." BC. — [*omnes*] — *omnis* af. — [*Abalienatio*] — *Alienatio* f. — [*est eius rei*] — om. *eius* de. — [*mancipi*] — *mancipii* f. — [*sub eo genere*] — *sub eodem g.* a. — [*nexu*] — *nexo* Marg. 1584. — [*fieri possunt*] „Iure civili fieri aliquid non inter alios, nisi inter cives Romanos potest, quorum est etiam ius civile, quod duodecim tabulis continetur. Omnes vero res, quae abalienari possunt, id est, quae a nostro ad alterius transire dominium possunt, mancipi dictae sunt." BC. — [*Sunt etiam*] Sic abcde. O2x. (B. U.) Valla. N. BV. — *Sunt et* f. Asc. Ald. Ab. C. V. S. L. 1. 2. — [*illa nihil*] — *alia nihil* b. a pr. m. A sec.: — *ea nihil.* — [*qui sit*] *quid sit* ef.

§. 29. [*quae sint*] Sic omnes mei. O1x. (B.) Valla. BV. BC. Asc. 1. — *quae sunt* O3x. N. Iu. Ald. Ab. C. V. S. L. Grut. 2. — [*ut hoc*] — *ut haec* a. — [*Commune*] — *In commune* f. — [*genera sunt*] ∞ om. *sunt* abcdf. O1x. (B.), quocirca []. — [*teneri mortuorum pecuniae*] Notabiles sunt transpositiones h. vv. ∞ *pecuniae teneri mort.* bc. ∞ *teneri pec. mort.* adf. Valla. — [*communitate*] — *communione* f. Nor.

cta videbitur, ut sit explicata definitio sic: Hereditas est
pecunia, quae morte alicuius ad quempiam pervenit iure.
Nondum est satis: adde, nec ea aut legata testamento aut
possessione retenta; confectum est. Itemque, ut illud:
Gentiles sunt, inter se qui[1] eodem nomine sunt. Non
est satis. Qui ab ingenuis oriundi sunt. Ne id quidem
satis est. Quorum maiorum nemo servitutem servivit.
Abest etiam nunc. Qui capite non sunt deminuti. Hoc
fortasse satis est. Nihil enim video Scaevolam pontificem
ad hanc definitionem addidisse. Atque haec ratio
valet in utroque genere definitionum, sive id, quod est,
sive id, quod intelligitur, definiendum est. Partitionum 30
[autem][2] et divisionum genus quale esset, ostendimus,
sed quid inter se differant, planius dicendum est. In

1) qui inter se 2) autem *sine uncis*

BV. In comm. Boëthius habet *communitate.* — [*disiuncta*] = *diiuncta* ad. — *distincta* e. — [*confectum*] — *confecta* Valla. Asc. — [*Itemque, ut illud*] ∾ om. *ut* BV. Richard. Turbant etiam Cdd. = *uti illud* a. — *itemque aliud* cb. Hic a sec. m. — *item quod ut illud* f. — [*inter se qui*] Sic abcdf. = *qui inter se* Edd. meae cum e. nisi quod Nor.: — *qui eodem nomine sunt inter se.* — [*ne id quidem*] — *nec id quidem* f., ut fere semper deteriores Cdd.; in quo nunc mire argutantur Grammatici. — [*eodem nomine sunt*] = *sunt eodem nomine* Vict. „Gentiles sunt, qui eodem nomine inter se sunt, ut Scipiones, Bruti et ceteri. Quid? si servi sint? num ulla gentilitas servorum esse potest? Minime. Adiiciendum igitur: qui ab ingenuis oriundi sunt. Quid? si libertinorum nepotes civium Romanorum eodem nomine nuncupentur? num gentilitas ulla est? Ne id quidem; quoniam ab antiquitate ingenuorum gentilitas ducitur. Addatur igitur: quorum maiorum nemo servitutem servivit. Quid? si per adoptionem in alterius familiam transeat? Tum etiam si eius gentis, ad quam migravit, nomine nuncupetur, licet ab ingenuis et ab iis ortus parentibus sit, qui nunquam servitutem servierint, tamen quoniam in familia gentis suae non manet, ne in gentilitate quidem manere potest; addendum igitur est: neque capite sunt deminuti." BC. — [*servitutem*] — *servitute* f. Pro *deminuti* — *diminuti* ef., quam scripturam praefert Hugo *Diar. Gottingens.* 1829. p. 698. Alteram *deminutio* cet. Schilling *Bemerkungen* p. 43. Et recte, puto. — [*quod intelligitur*] — *quod non est, sed intelligitur* e.

§. 30. [*Partitionum autem*] ∾ Recte L. del. *autem.* Ego saltem [ ]. — [*quid inter se differant*] — *quid interest differant* f.

partitione quasi membra sunt: ut corporis, caput hu-
7 meri, manus latera, crura pedes, cetera[1]: in divisione formae [sunt][2], quas Graeci εἴδη[3] vocant: nostri, si qui haec forte tractant, *species* appellant; non pessime id quidem, sed inutiliter ad mutandos casus in dicendo. Nolim enim, ne si Latine possit quidem dici[4], *specierum* et *speciebus* dicere; et saepe iis[5] casibus utendum est: at *formis* et *formarum* velim. Quum autem utroque verbo idem significetur, commoditatem in dicendo non arbitror
51 negligendam. Genus et formam definiunt hoc modo: genus est notio ad plures differentias pertinens: forma est notio, cuius differentia ad caput generis et quasi fontem referri potest. Notionem appello, quam Graeci tum ἔννοιαν, tum πρόληψιν[6]. Ea est insita et praecepta[7] cuiusque cognitio[8] enodationis indigens. Formae sunt

1) et cetera 2) sunt *sine uncis* 3) ἰδέας 4) quidem dici possit 5) his 6) πρόληψιν dicunt 7) et ante percepta 8) cuiusque formae cognitio

— [*cetera*] Sic O3x. Oliv. — *et cetera* Cett. cum omnibus meis. — [*formae sunt*] ∾ om. *sunt* a c e. — *sunt formae* f. — [*εἴδη*] Sic Asc., ut volebat Sch. Errorem autem manifestum cur h. l. tribuamus Ciceroni? Et proxime ad verum accedere vides seqq. tres lectiones: — *ΕΙΔΗΑC* a. — *εἰδαίας* Ald. Iu. V. — *εἰδέας* Ab. C. — *ideas* vel *ἰδέας* Cett. — [*in dicendo*] — *in docendo* h. l. et rursus infra Cd. in m. 1584. — [*possit quidem dici*] Rectior hic videbatur ordo, quem praebet antiquiss. b. vulgato: — *quidem dici possit* Cett. Cdd. et Edd. (— *nisi Latine possit* mance e. *nisi* etiam a f e.) — [*iis*] Sic a d. — *his* Cett. — [*velim. Quum autem utroque*] — *velim tum utroque* f. — [*verbo*] ∾ om. Cd. a. Et est fortasse e gloss.

§. 31. [*ad caput*] — *quasi ad caput* d e. — [*fontem*] — *ad fontem* d e. — [*referri*] — *inferri* a. — [*quam*] Sic b. firmans Ern. €. 1. 2. — *quod* Cett. — [*πρόληψιν*] Sic a b c d f. Gryph. O1x. (B.) Valla. BV. — *πρόληψιν dicunt* Cett. — [*et praecepta*] Sic b. firmans Sch. lectionem ex f. derivatam. — *et ante percepta* a c d. Gryph. N. Valla. Asc. Ald. Iu. Ab. C. V. M. S. L. 1. — *ex ante percepta* e. O1x. (ρ.) BV. in contextu et in Comment. — *et ex ante praecepta* f. — [*cuiusque cognitio*] Sic b f. O1x. (B.) Item a c d. Gryph.; sed in his ex v. *cognitio enodationis* factum est *cognitionis*. Idem voluit Sch. €. 2.; — *cuiusque rei cognitio*; sed nostra lectio certam habet auctoritatem. — *cuiusque formae cognitio* e falso gloss. e. O2x. Valla. N. Asc. Ald. Iu. Ab. C. V. M. S. 1. — *cuiusque forma cognitio* O1x. (ρ.) BV. — *cuiusque formae cognitione* L. —

[igitur][1] eae[2], in quas genus sine ullius praetermissione
dividitur: ut si quis ius in legem, morem, aequitatem dividat.
Formas qui putat idem esse, quod partes, confundit artem et similitudine quadam conturbatus non satis acute,
quae sunt secernenda, distinguit. Saepe etiam definiunt
et oratores et poëtae per translationem verbi ex simili- 32
tudine cum aliqua[3] suavitate. Sed ego a vestris exemplis nisi necessario non recedam. Solebat igitur Aquilius, collega et familiaris meus, quum de litoribus ageretur, quae omnia publica esse vultis, quaerentibus iis,
ad quos id pertinebat, quid esset litus, ita definire, qua
fluctus eluderet: hoc est, quasi qui adolescentiam florem

1) igitur sunt, *et* igitur *sine* [] 2) hae 3) quadam

[*formae sunt igitur*] Sic a d. Valla. BV. Asc. = *f. igitur sunt* Cett. Edd. cum b c e. ∾ om. *igitur* f. prob. Ern. Defendit Sch. Verum in hoc scripto, ubi artium rhetoricarum genus dicendi mere διδακτικόν consulto secutus est Cic., ubique ab interpolatoribus inculcatas videmus particulas *igitur*, *enim autem.* Sic h. quoque l. *igitur* glossatori deberi videtur. — [*eae*] Sic a. (f.) — *hae* Cett., nisi quod Cd. d. omittit hoc v. — [*genus*] om. f. — [*dividitur*] — *dividetur* c. — [*partes, confundit artem et*] — *partes artes confundit et* f.

§. 32. [*et oratores*] om. *et* f. — [*per translationem*] Sic d e. Boëth. BV. V. S. L. 1. 2. — *per translationes* N. Ald. Ab. C. — *translatione* cum lin. super *e* omisso *per* b. id est, *translationem*, ut habent O1x. B. Valla. Asc. ∾ *translatione* om. *per* a b c. Gryph. Quod minime displiceret, nisi obstaret Boëthii auctoritas. — [*cum aliqua*] Sic a c d f e. Gryph. O2x. (B. ρ.) Valla. BV. Asc. Significat fere „cum magna quadam suavitate." Quem significatum quum non agnoscerent, mutarunt in vulgarius: ∾ *cum quadam* b. N. Ab. V. S. L. 1. 2. — [*Aquilius*] = *Aquillius* L. 1. 2., quam scripturam a Cdd. tamen reiectam probat Heinrich *de Rep.* p. 158. — [*quaerentibus*] — *quaerentique* a. (a pr. m.) c. — *quaerentibusque* a. (a sec. m.) d. — [*id*] — om. *id* f. — *quos ad id* a b c d e. Reponendum videtur *quos ad pertinebat;* nam hoc sibi vult Cdd. lectio. — [*quid esset*] — *quod esset* e. — [*qua fl.*] — *quia fl.* c. — *quo fl.* O1x. (ψ.) Valla. — *quod fl.* N. — [*eluderet*] Sic omnes mei. N. Ald. Ab. C. V. S. 1. 2. (Item tres mei Cdd. Boëthii.) „Hoc *eludere* ab iis translatum est, qui agitatione aliqua lusus causa moventur." BC. Et cfr. Lucani *Phars.* 1, 420. e lectione Cortiana *qua litore curvo Molliter admissum* eludit *Tarbellius aequor;* inversione metaphorae poëticâ; sed quae tamen satis demonstrat *eludere* hac in re verum esse vocabulum. — *eli-*

aetatis, senectutem occasum vitae velit definire: translatione enim[1] utens discedebat a verbis propriis rerum
8 ac suis. Quod ad definitiones attinet, hactenus: reliqua videamus.

33 Partitione[2] sic utendum est, nullam ut partem relinquas: ut, si partiri velis tutelas, inscienter facias, si ullam praetermittas. At si stipulationum aut iudiciorum formulas partiare, non est vitiosum in re infinita praetermittere aliquid. Quod idem in divisione vitiosum est. Formarum enim certus est numerus, quae cuique generi subiiciantur: partium distributio saepe est infinitior, tam-
34 quam rivorum a fonte deductio. Itaque in oratoriis artibus, quaestionis genere proposito, quot eius formae sint, subiungitur absolute. At quum de ornamentis ver-

1) *Abest* enim 2) Partitione autem

deret O1x. (ψ.) Valla. Asc. (Hic: *id quod fl. elideret.)* Verbo *elideret* favebat Gesnerus ad *Columellam* 4, 20, 2. et in Thesauro. — *alluderet* Passerat. (non Turnebus, qui *eluderet* recte explicat *Advv.* 22, 5.) Lamb. Urs., qui in Mss. sic esse affirmat. probb. Colero in *Parergis* p. 358. Lallem. et Heindorf ad *Nat. Deor.* p. 213. Vide cett. Interprett. ad *Nat. Deor.* 2, §. 103. et Spalding ad *Quintil.* 5, 14, 34. Item Sch. in Ed. mai. — [*quasi qui*] ∾ *quasi si qui* e. Quod tamen Plauti magis est, quam Ciceronis. — [*translatione enim*] Sic a b c d e f. O2x. (U. ϱ.) Valla. N. BV. Asc. Ald. Iu. Ab. C. S. L. — om. *enim* O2x. V. M. 1. 2. (= *tralatione* d. — *quasi qui - - discedat* Wetzelii susp.) — [*propriis rerum ac suis*] — *rerum propriis rerum ac suis* d.

§. 33. [*Partitione*] Sic b. a pr. m. f e. O1x. (ϱ.) Valla. BV. Asc. — *Partitione tum* b. a sec. m. a c d. Gryph. O1x. (B.) — *part. autem* N. Ald. Ab. C. V. S. L. 1. 2. — [*partiri velis tutelas*] — *partiri et tutelas* f. — [*tutelas*] „Tutela quattuor fere modis est: aut enim consanguinitatis gradu *(Sic C3d. mei.* — aut enim per consanguinitatis gradum est *Bas.)* aut patronatus iure defertur, aut testamento patris tutor eligitur, aut urbani praetoris iurisdictione formatur." BC. — [*at si*] — *ac si* f. — [*formulas*] — *formas* e. — [*partiare*] — *partire* c. — [*Quod idem*] — *quod item* Valla. — [*divisione*] — *diffinitione* e. — [*quae cuique g. subiiciantur*] — *qui cuique g. subiiciatur* Valla. — om. *generi* f. — [*partium distr.*] — *p. enim* d. f. — [*saepe*] — *semper* Valla. N. — [*est infinitior*] — om. *est* e.

§. 34. [*artibus*] — *partibus* Valla. Item Passeratii susp. non intelligentis sermonem hic esse de rhetorum τέχναις. —

borum sententiarumve[1] praecipitur, quae vocant[2] σχήματα, non fit idem. Res est enim[3] infinitior; ut ex hoc
quoque intelligatur, quid velimus inter partitionem et
divisionem interesse. Quamquam enim vocabula prope
idem valere videbantur[4], tamen quia res differebant, nomina rerum distare voluerunt.

Multa etiam ex notatione sumuntur. Ea est autem, 35
quum ex vi nominis argumentum elicitur: quam Graeci
ἐτυμολογίαν vocant, id est, verbum ex verbo, *veriloquium:* nos autem novitatem verbi non satis apti fugien-
tes, genus hoc *notationem* appellamus, quia sunt verba
rerum notae. Itaque hoc idem Aristoteles σύμβολον
appellat, quod Latine est *nota.* Sed quum intelligitur,
quid significetur, minus laborandum est de nomine.
Multa igitur in disputando notatione eliciuntur ex verbo: 36
ut quum quaeritur *postliminium* quid sit — non dico,
quae sint postliminii: nam id caderet in divisionem,
quae talis est: Postliminio redeunt haec, homo, navis,
mulus clitellarius, equus, equa, quae frenos[5] recipere

1) sentenliarumque 3) vocantur 3) enim est 4) videantur 5) frena

[*sententiarumve*] Sic abcdef. O1x. (ρ.) Valla. Asc. — *sen-tentiarumque* N. BV. Ald. Ab. C. V. S. L. 1. 2. — [*vocant*] Sic acfe. Gryph. prob. Bruto. — *vocantur* Ceteri. — [*res est enim*] Sic acde. BV. — *res enim est* b. N. Ald. Ab. C. V. S. L. 1. 2. = *res enim infinitior est* f. ∞ om. *est* Asc. — [*quid velimus*] Sic abcdf. BV. L. 1. 2. — *quod v.* e. Valla. Ald. Iu. Ab. C. V. M. S. Grut. — [*videbantur*] Tum scilicet, quum nomina rerum distare voluerunt. Sic scripsi necessaria €. cfr. *Orator.* §. 172. Coniunctivus cum partic. *quamquam* in recta oratione soloecismi instar est apud Cic. — *videantur* Omnes.

§. 35. [*etiam ex not.*] — *et ex n.* f. — [*ἐτυμολογίαν vocant*] ∞ *ἐτ. appellant* ace. O1x. (B.) Unde suspectum fit verbum utrumque. cfr. §. 31. Mox a. simili variatione: ∞ *Latine dicitur nota* pro *Latine est nota.* — [*veriloquium*] Anteponit *Latine* b. in marg. ab eadem manu. — *Latini veriloquium* e. — [*genus hoc*] = *hoc genus* bc. — [*notae*] — *nota* f. — [*quia sunt verba*] — *quia verba sunt* Margo 1584.

§. 36. [*quae sint postliminii*] — *quae postliminii* b. a pr. m. A sec. suppletum *sint.* Omittit f. verba: *quid sit - - - sint postliminii.* — [*frenos*] Sic acde. Gryph. O2x. (B. ρ.) BC. Nor. Sane ex usu Cic.; etsi dubitari potest an Cett. lectio *frena* fuerit in formula ipsa. Interea Boëthium et antiquissi-

solet; — sed quum ipsius postliminii vis quaeritur et verbum ipsum notatur. In quo Servius noster (ut opinor) nihil putat esse notandum, nisi *post;* et *liminium* illud productionem esse verbi vult, ut in *finitimo*, *legitimo*, *aeditimo* non plus inesse *timum*, quam in *meditullio*
37 *Tullium:* Scaevola autem, P. F., iunctum esse putat[1] verbum, ut sit in eo et *post* et *limen:* ut, quae a nobis alienata[2], quum ad hostem pervenerint, ex[3] suo tamquam limine exierint, quum[4] redierint post ad idem limen,

1) putat esse 2) alienata sunt 3) et ex 4) dein quum

mos meorum secutus sum. — [*et liminium*] — *eliminium et* c. — del. *et* L. — [*inesse*] Sic abcdf. O4x. Edd. meae ante Ern. — *esse* e. firmans €. Ern. 1. 2. Minus tamen placet. Scil. sententia est: „non plus, non magis inesse in istis verbis verbum aliquod *timum*, quam in *meditullio* nomen proprium *Tullium*. Nullum enim est verbum *timum*. „Neutiquam vero: „non plus valere s. significare *timum* quam *Tullium*." Antiquam scripturam: *finitumo*, *legitumo*, *aeditumo* servarunt h. l. Cdd. ad. et Gryph. *tumum* de. (— *inesse aeditumo aeditumo aeditumum quam* a. Sed in v. *aeditumum* syll. *aedi* et altera lineola lit. sunt erasae, ita ut nunc legatur *timum*. Ceterum *Tullium* scripsi; *tullium*, quod per se nihil est, Ceteri.)

§. 37. [*iunctum*] — *iunctura* f. — [*esse putat*] Sic ab., ut solet variare Tullius; h. l. post illa *putat esse* §. 36. — *esse putat esse* d. — *putat esse* Cett. praeter BV., qui: — *esse putavit*. — [*et post*] — om. *et* d. O1x. (B.) BV. — [*ut quae a nobis alienata*, *quum ad hostem pervenerint*, *ex suo t. limine exierint*, *et ea quum*] In toto hoc loco secutus sum optimos Cdd. et Brutum, qui prorsus sic edidit. Vulgo: *alienata sunt - - et ex suo - - dein quum*. Sed v. *sunt* omittunt abc. Gryph. O1x. (B.) (— *et suo* c.) — *exierunt* b. a pr. m. — *et ea quum* habent abde. Gryph. O1x. (B.) — *ut ea quum* c. Hinc: ∞ *ea quum* Norimb. una ex meis, quod fuit quum praeferendum putarem, ut esset: *ut quae a nobis alienata sunt*, *quum ad hostem pervenerint et ex suo tamquam limine exierint*, *ea quum* cet. Sed vicit et auctoritas librorum et ratio. Falsa enim est interpolatio v. *sunt;* quum res v. c. iacturâ a nobis alienari possint, ita tamen ut ad hostem non perveniant. Pro v. *et ea quum:* — *ea hinc quum* Valla. „Id vero nomen, quod est *postliminium*, Scaevola, Publii filius, ex adverbio *post* et e *limine* putat esse compositum. Namque ad idem limen, quod reliquit, post revertitur is qui postliminio redit. Idcirco ex utrisque significationibus arbitratur nomen esse coniunctum. Quaecunque enim a nobis abalienata ad hostem perveniunt, quum a nostro limine exierint, si post ad idem

postliminio redisse videantur[1]. Quo genere[2] etiam Mancini causa defendi potest, postliminio redisse[3]: deditum non esse, quoniam non sit receptus: nam neque deditionem neque donationem sine acceptione intelligi posse.

Sequitur is locus, qui constat ex iis rebus, quae 9
quodam modo affectae sunt ad id, de quo ambigitur; 38
quem modo dixi in plures partes distributum. Cuius est
primus[4] locus ex coniugatione, quam [Graeci][5] σνζυγίαν
vocant, finitimus notationi, de qua modo dictum est: ut,
si aquam pluviam eam modo intelligeremus, quam imbri
collectam videremus, veniret Mucius, qui, quia coniugata verba essent *pluvia* et *pluendo*, diceret omnem
aquam oportere arceri, quae pluendo crevisset. Quum 39
autem a genere ducetur argumentum, non erit necesse
id usque a capite arcessere. Saepe etiam citra licet,
dummodo supra sit, quod sumitur, quam id, ad quod
sumitur; ut aqua pluvia ultimo genere ea est, quae de

1) videantur rediisse 2) Quo in genere 3) rediisse 4) primus est 5) Graeci *sine* [].

limen revertantur, postliminio redeunt." BC. — *ea huc quum* Asc. — *hinc quum* d. O1x. (ρ.) BV. Ab. C. — *dein quum* V. S. L. 1. 2. — *dein red.* L. in m. 1584. — [*redisse videantur*] Sic abcde. Gryph. Brutus. = *videantur redisse* vel: — *rediisse* Edd. meae cum f. — [*Quo genere etiam*] Sic abde. B. ρ. Valla. N. BV. Asc. = *Quo etiam genere* c. — *Quo in genere etiam* f. Ald. Ab. C. V. S. L. 1. 2. — [*defendi potest postl.*] — om. *potest* f. — [*redisse*] Sic abce. O2x. N. V. S. L. = *rediisse* 1. 2. — [*acceptione*] — *acceptatione* Valla. N. Asc.

§. 38. [*iis*] — *his* bcf. — [*quem modo*] — *quemadmodum* b. — [*est primus*] Sic acdf. Valla. BV. Asc. = *primus est* Cett. praeter Nor. quae: ∞ *primus locus est.* Alii fortasse, nec sine probabilitate delebunt verbum substant. — [*coniugatione*] — *coniunctione* abc. — [*Graeci*] ∞ om. abcde. Valla. BV. Asc. Hinc [ ]. — [*συζυγίαν*] — *συστοιχίαν* rursus volebat Vir D. apud Victorium *Var. Lectt.* 10, 24., prob. h. l. Ern. — *dictum est*] om. c. Est in marg. ab alia manu. — [*coniugata*] ∞ *iugata* abcde. (b. tamen a sec. m. *coniugata.*) Gryph. O1x. (ρ.) — [*et pluendo*] ∞ om. *et* Valla.

§. 39. [*ducetur*] — *ducitur* bce. O3x. (B. U. ρ.) Valla. Asc. — [*arcessere*] Sic omnes mei praeter f., qui *acersire.* (sic.) — [*supra*] — *superius* f. BV. Sch. 2. *citra* tamen potius *supra* requirit. (— *sit et supra* d.) — [*ad quod sumitur*] — *ad quod*

caelo veniens crescit imbri; sed propiore [loco][1], in quo quasi ius arcendi continetur, genus est aqua pluvia nocens; eius generis formae, loci vitio et manu nocens; quorum alterum[2] iubetur ab arbitro coërceri, alterum[3]
40 non iubetur. Commode etiam tractatur haec argumentatio, quae ex genere sumitur, quum ex toto partes persequare[4] hoc modo: Si dolus malus est, quum aliud agitur, aliud simulatur, enumerare licet, quibus id modis fiat: deinde in eorum aliquem id, quod arguas dolo malo factum, includere: quod genus argumenti in primis firmum videri solet.

10 Similitudo sequitur; quae late patet, sed oratoribus
41 et philosophis magis quam vobis. Etsi enim omnes loci

1) loco *sine* [ ]. 2) quarum altera 3) altera 4) persequare partes

assûmitur c. — [*propiore*] — *propriore* cd. Valla. N. BV. Asc. (Ab.) C. V. S. — [*loco*] ∞ om. abc. Gryph. O1x. (B.) „ita ut dictio *propiore* a superiore verbo *genere* pendeat. Inde alterius clausulae principium: *Genus est.* Vulgatam tamen lectionem non muto, quam praesertim video viris doctis probari." Brutus. In Cd. b. *loco* est superscr. Mihi videtur gloss. Hinc [ ]. Ceterum totum locum sic exhibet f.: — *sed propius est genus aqua pluvia nocens, in quasi* (sic) *ius arcendi continetur.* Cd. e. autem sic: *sed prius est et propius genus aqua pluvia nocens, in quo ius arcendi continetur* (om. v. *quasi.*) — [*manu nocens*] „Aqua pluvia manu nocens est, quae ita loco aliquo excipitur, ut inde profluens vicino noceat, si locus is non sit naturaliter talis, sed manu hominis excipiendae aquae fuerit apparatus." BC. — [*quorum alterum - - alterum*] Sic abcde. O2x. (B. ρ.) Valla. — *quarum altera - - altera* f. N. BV. Ald. Ab. C. V. S. L. 1. 2. (— *quorum alterum - - altera* Asc.) Nostram lectionem habuit iam BC.: „Hoc enim arcere quis cogitur quod manu fit noxium; quod vero loci forma vel vitio incommoditatis aliquid apportat, arcere non cogitur." — [*ab arbitro*] — *ab arbitrio* af. — *arbitrio* om. *ab* c.

§. 40. [*ex genere*] ∞ *ex forma* f. Recepit Wetzel. Cfr. utique §. 14. 31. et 71. Est scilicet *genere* h. l. vel ex Ciceronis ipsius negligentia (quod quum fieri potuerit, unum Cd. recentiorem sequi ausus non sum;) vel ex falsa rhetorum antiquorum correctione. Sane per se spectata Cd. Viteb. lectio rectior est. — [*partes persequare*] Sic abcdf. Valla. (Asc.) = *persequare partes* N. Ald. Ab. C. Seqq. cum e. — *partes persequere* BV. — [*dolo malo factum*] — om. *factum* O1x. (ψ.) Valla. Asc. — [*includere*] — *incidere* a. a sec. m. bc.

§. 41. [*oratoribus et philosophis*] — *orat. et poëtis* vel *orat.*

sunt omnium disputationum ad argumenta suppeditanda, tamen aliis disputationibus abundantius occurrunt, aliis angustius. Itaque genera tibi nota sint: ubi autem iis[1]
utare, quaestiones ipsae te admonebunt. Sunt enim simi- 42
litudines, quae ex pluribus collationibus perveniunt quo volunt, hoc modo: Si tutor fidem praestare debet, si socius, si, cui mandaris, si, qui fiduciam acceperit, debet etiam procurator. Haec ex pluribus perveniens quo vult, appellatur inductio: quae Graece ἐπαγωγὴ nominatur; qua plurimum est usus in sermonibus Socrates. Al- 43
terum similitudinis genus collatione sumitur, quum una res uni, par pari comparatur, hoc modo: Quemadmodum, si in urbe de finibus controversia est, quia fines magis agrorum videntur esse quam urbis, finibus regundis

1) his

et poëtis et philosophis Lamb. suspicc. — [*omnes loci*] — *omnia loca* f. — [*ubi autem*] ∾ om. *autem* b. a pr. m. — [*iis*] Sic a d. — *his* Cett. — [*ipsae te admonebunt*] — *ipse te non movebunt* f.

§. 42. [*si, cui*] — *si is, cui* e. — [*mandaris*] = *mandaveris* f. — [*fiduciam acceperit*] — *fidem accepit* f. „Fiduciam accepit, cuicunque res aliqua mancipatur, ut eam mancipanti remancipet; velut si quis tempus dubium timens amico potentiori fundum mancipet, ut ei, quum tempus, quod suspectum est, praeterierit, reddat. Haec mancipatio fiduciaria nominatur, idcirco quod restituendi fides interponitur." BC. — [*appellatur*] ∾ *appelletur* a c. et b. a sec. m. — [ἐπαγωγή] Sic a b c f e. Valla. V. S. L. Boëth. Ed. Bas. 1. 2. (cfr. Turneb. *Adv.* 22, 5. p. 710.) — *ΑΝΑΓΟΓΕ* d. — παραγωγή Asc. Ald. Ab. C. (— *quam Graeci paragogen nominant* BV.) — [*in sermonibus*] omittit haec f.

§. 43. [*similit. genus*] = *genus sim.* a. — [*sumitur*] — *sumuntur* f. — [*quum una res uni, par pari*] — om. *par* a. N. — *quum res par pari* Valla. Asc. Locum seq. sic exhibent a b c d. B. Valla: *Quemadmodum fines, qui magis agrorum videntur esse* (= *esse vid.* b.) *quam urbis, si in urbe de finibus controversia est, adicere* (sic) *arbitrum non possis: ex eodem similitudinis loco sic: si aqua pluvia in urbe non nocet* cet. Manifesto vitiosa est constructio; sed turbae omnes ortae ex male inserto gloss. marg. *Ex eodem similitudinis loco.* Cd. e. autem sic: *quemadmodum fines, qui magis agrorum videntur esse quam urbis, si in urbe de finibus controversia est, finibus regendis adicere arbitrum non possis.* Erfurt. igitur non habet emblema Cdd. a b c d. *ex eodem s. l.;* quae verba ab iisdem retinentur etiam §. 44.; nec *non nocet*, sed *nocet.* (Altero loco a. in

adigere arbitrum non possis: sic, si aqua pluvia in urbe nocet, quoniam res tota magis agrorum est, aquae plu-
44 viae arcendae adigere non possis arbitrum. Ex eodem similitudinis loco etiam exempla sumuntur, ut Crassus in causa Curiana[1] exemplis plurimis usus est, qui testamento sic heredes instituti, si filius natus esset in decem mensibus, isque mortuus prius, quam in suum tutelam venisset, hereditatem obtinuissent[2]. Quae commemoratio exem-

1) in Curiana causa 2) exemplis plurimis usus est, agens de eo, qui testamento] sic heredem instituisset, ut si filius - - venisset, secundus heres hereditatem obtineret.

marg. b d. in contextu habent *adigere.)* — [*adigere*] Sic V. S. L. 1. 2. — *adicere* a b c d. O1x., antiquâ scripturâ *c* pro *g*. Hinc: — *addicere* Nor. — *adiicere* O1x. Valla. Asc. Ald. Iu. Ab. C. — [*non possis arbitrum*] ∞ *arbitrum non possis* abcdef. Valla. BV. Asc. Solet tamen in talibus variare Cic. „Regendorum finium arbitri esse dicuntur, qui finalia litigia discernunt, ut, si fuerit de finibus orta contentio, eorum dirimatur arbitrio. Sed fines in agrorum tantum limitibus esse dicuntur: arbitri autem finium regendorum in civitate esse non possunt. Item arceri aquam in agris tantum dici solet, ubi si ex aliquo loco aqua pluvia colligatur et defluens in campos vicini pascua frugesve corrumpat, arbitri arcendae aquae a magistratibus statuebantur." BC.

§. 44. [*loco*] — *genere* e. — [*etiam exempla*] — *etiam et ex.* d. — [*causa Curiana*] Sic a b c d f. Valla. BV. Asc. Vict. = *Cur. causa* e. N. Ald. Ab. C. S. L. 1. 2. — [*usus est* - - *obtinuissent*] Sic constitui locum e Cdd. meis, Boëthii Comment. Valla. Nor. Asc. — *usus est*, *agens de eo*, *qui t. sic heredem instituisset*, *ut* - - *venisset*, *secundus heres hereditatem obtineret* Man. Grut. 1. 2. Item L., sed: — *mortuus esset.* Item BV. Ald. Ab. C. S. V., sed hi cum d.: *obtinuisset* pro *obtineret*. Primum glossema *agens de eo* (quod habent f. O2x. BV. sed f. et haec Ed. *aiens:* Ald. Ab. Seqq.) abest ab a b c d e. O2x. (B. U.) Valla. Nor. Asc. — *heredes* pro *heredem* praebent a b c e. O1x. (B.) — *instituti* omisso *ut* est coni. mea, propter constructionem necessaria et adiuta a BC. in fine. Potuissem etiam sic: *instituti essent*, *si* cet., sed tum ante vv. *hereditatem obtinuissent* inserendum esset: *et.* (Vide statim.) Alterum gloss. *secundus heres* (quod habent f. O1x. (ψ.) BV. Ald. Ab. C. Seqq.) abest ab a b c d e. O3x. (B. U. ρ.) Valla. Nor. Asc. — *obtinuissent* habent a c d. — *obtinuisset* b f e. O4x. Nor. Cett. Edd. ante Man.; adeo, ut nullus Cd. nunc notus habeat *obtineret* Manutii, Seqq. (Varia lectio in marg. Cd. a.: — *quidam testamento sic heredes instituit* desumpta, ut videtur, e Boëthii Comment. nihil iuvat ad totum locum expediendum. — *veniret* pro *venisset* habet Sch. in Ed. mai.,

plorum valuit; eaque vos in respondendo uti multum soletis. Ficta etiam exempla similitudinis habent vim: sed 45
ea oratoria magis sunt quam vestra: quamquam uti etiam vos soletis, sed hoc modo: Finge mancipio aliquem dedisse id, quod mancipio dari non potest. Num idcirco id eius factum est, qui accepit? aut num is, qui mancipio dedit, ob eam rem se ulla re obligavit? In hoc genere oratoribus et philosophis concessum est, ut muta etiam loquantur, ut mortui ab inferis excitentur, ut[1] aliquid, quod fieri nullo modo possit, augendae rei gratia dicatur aut minuendae, quae ὑπερβολὴ dicitur, multa

1) aut

nulla auctoritate.) „Causa Curiana fuit huiusmodi. Quidam praegnantem uxorem relinquens, scripsit heredem postumum, eique alium substituit secundum, qui Curius vocabatur, ea conditione, ut si postumus, qui intra menses decem proximos nasceretur, ante moreretur, quam in suam tutelam pervenisset, id est, ante obiret diem, quam testamentum iure facere posset, secundus heres succederet: quod si ad id tempus pervenisset, quo iam firmo iudicio in suam tutelam receptus, iure civili instituto posset herede defungi, secundus heres, id est, Curius, non succederet, quae vocatur substitutio pupillaris: quaesitum est, an valeret ita instituta ratio. Crassus igitur plurima protulit exempla, quibus ita institutus heres obtinuisset hereditatem, quae exemplorum commemoratio iudices movit." BC. — [*vos*] om. f.

§. 45. [*oratoria magis*] = *magis or.* bc. — [*quam vestra*] — *qua vestra* L. err. typogr. — [*mancipio*] — *mancupio* L. in m. 1584. — [*uti*] ∾ *hiis* (*his* e.) *uti* de. ∾ *uti eis* BV. — (*etiam uti vos* cf. — om. *etiam* b. a pr. m.) — [*idcirco id eius*] — om. *id* bc. — [*aut num*] — om. *aut* f. — [*eius factum est*] = *factum est eius* d. — [*et philosophis*] ∾ *et poëtis* Cd. Leodeg. a Quercu apud Lamb., qui probavit, non tamen recepit. — Sch. 2. [] v. *et philosophis*, neque ea tangit BC. Sed cfr. §. 41. 65. et 66. (— *orationis et philosophis* Verburgii susp.) Quod si *philosophis* his locis recte se habet, neque, ut fere ubique placebat Lambino, leg. est *poëtis*, quod exstat §. 32., cogitandum v. c. de Ere Armenio apud Platonem ac similibus in scriptis philosophorum exotericis. — [*muta*] — *multa* abc. — *muti* N. — [*mortui*] ∾ om. b. a pr. m. acd. O1x. (B.) cfr. tamen *Orator.* §. 85. — *mortuis* f. (A sec. m. b. *mortui* ponit post vv. *ab inferis*.) — [*ut aliquid*] Sic abce, O2x. (B. U.) Nor. Tria membra etiam h. l. placent. — *aut aliquid* Cett. — [*quod fieri*] ∾ *fieri quod* b. — [*quae ὑπερβολὴ dicitur*] — *quod* (spatium) *Graece dicitur* f. — *quod dicitur* Valla.; Graecis literis scripsi cum abc. BV. = *hyperbole*

alia mirabilia[1]. Sed latior est campus illorum. Eisdem tamen ex locis (ut ante dixi) et maximis et minimis in quaestionibus[2] argumenta ducuntur.

11 Sequitur similitudinem differentia rei, maxime con-
46 traria superiori: sed est eiusdem dissimile et simile invenire. Eius generis haec sunt: Non, quemadmodum quod mulieri debeas, recte ipsi mulieri sine tutore auctore solvas, item[3], quod pupillo aut pupillae[4] debeas, recte
47 possis eodem modo solvere. Deinceps locus est, qui e contrario[5] dicitur. Contrariorum [autem][6] genera plura[7]: unum eorum, quae in eodem genere plurimum differunt, ut sapientia, stultitia[8]. Eodem autem genere dicuntur,

1) et multa mirabilia alia 2) et in max. et in min. q. 3) ita 4) quod aut pupillae aut pupillo 5) qui a contr. 6) autem *sine* []. 7) sunt plura 8) et stultitia

Cett. — [*multa*] Sic a c. O1x. (B.) — *multa etiam* d. — *et multa* Edd. meae cum b e f. O3x. — [*alia mirabilia*] Sic abcdf. Valla. BV. = *mirab. alia* e. N. Asc. Ald. Ab. C. V. S. L. 1. — Haec *et multa mirab. alia* vulgatae Sch. 2. []. — [*latior*] — *latius* f. — [*et maximis et min. in quaest.*] Sic a b c d e. Valla. Asc. — *et in max. et in min. q.* f. N. BV. Ald. Ab. C. V. Seqq.

§. 46. [*rei*] — *res* f. BV. — del. *rei* Margo 1584. — [*eiusdem*] — *eiusdem facultatis* f. BV. gloss. e BC. — [*dissimile et simile*] — *simile et dissimile* b c. — *haec sunt*] — *sunt haec* f. — [*tutore auctore*] — *t. ac auctore* e. Alterum utrum vel *tutore* vel *auctore* e gloss. videbatur Ernestio. — *actore* b. a pr. m. Male. Ulpian. 11, 1. *Pupillorum pupillarumque tutores et negotia gerunt et auctoritatem interponunt; mulierum autem tutores auctoritatem dumtaxat interponunt.* — „Mulieres antiquitus perpetua tutela tenebantur; pupilli item sub tutoribus agunt, sed mulieribus si quid debitum fuisset, sine tutoris auctoritate poterat solvi, pupillis vero minime." BC. — [*solvas*] — *solves* b c. — [*item*] Sic a b c d e. Gryph. O2x. (B. ρ.) Valla. Asc. — *ita* f. N. Ald. Ab. C. V. Seqq. — [*quod pupillo aut pupillae*] Sic a b c d f. Valla. BV. Asc. Wetzel. Sch. 2. — *quod pupillae aut pupillo* e. N. — *quod aut pupillae aut pupillo* Ald. Iu. Ab. C. V. M. S. L. 1. — [*solvere*] — *persolvere* e.

§. 47. [*Deinceps*] — *Dein* a. — [*e contrario*] Sic a b c. O2x. (B. ρ.) Valla. Asc. = *ex contr.* f e., ut est §. 11. et 17. — *a contr.* d. N. BV. Ald. Ab. C. V. Seqq. — [*dicitur*] Sic omnes mei et Gryph. (nisi quod f.: — *dicatur*) Valla. N. BV. Asc. Ald. Iu. Ab. C. V. 1. 2. — *ducitur* M. S. L. Grut. — [*autem*] om. a. a pr. m. Ego []. — [*plura*] Sic a b c d e. Gryph. O2x. (B. U.) Valla. Nor. Asc. — *sunt plura* f. Ab. C. V. Seqq. — [*stultitia*] Sic a b c d e f. O3x. Valla. N. BV.

quibus propositis occurrunt tamquam e regione quaedam
contraria, ut celeritati tarditas, non debilitas. Ex quibus contrariis argumenta talia exsistunt: Si stultitiam fugimus, sapientiam sequamur: et bonitatem, si malitiam.
Haec, quae ex eodem genere contraria sunt, appellantur
adversa. Sunt etiam[1] alia contraria, quae privantia licet 48
appellemus Latine, Graeci appellant στερητικά. Praeposito enim IN privatur[2] verbum ea vi, quam haberet,
si IN praepositum non fuisset, [ut][3] *dignitas indignitas*,
humanitas inhumanitas, et cetera generis eiusdem: quorum tractatio est eadem, quae superiorum, quae adversa
dixi. Nam alia quoque sunt contrariorum genera, velut 49
ea, quae cum aliquo[4] conferuntur: ut duplum simplum,
multa pauca, longum breve, maius minus. Sunt etiam
illa valde contraria, quae appellantur negantia[5]. Ea

1) Sunt enim 2) Praepositio enim IN privat 3) ut *sine* []. 4) alio *err. typogr.* 5) negotia *err. typogr.*

BV. Asc. Ald. Ab. C. V. S. L. — *et stultitia* O1x. (ψ.) Grut. 1. 2. — [*genere dicuntur*] ∾ om. *dicuntur* Valla. — [*propositis*] — *praepositis* f. — *positis* Nor. Margo 1581. — [*e regione quaedam*] — *e reg. quadam* f. N. BV. Ald. Iu. V. — [*non debilitas*] Haec suspecta Ern. recte defendit Sch. — [*contrariis*] Hoc v. habent omnes mei. — Ern. 1. [ ]. — Del. Sch. 2. Recte defendit Wetzel. — [*sequamur*] — *quaeramus* f. — [*Haec*] — om. f. — [*adversa*] Sic b. a sec. m. f. BC. BV. Ald. Iu. Ab. C. V. M. S. L. 1. 2. *Orat.* §. 64. *adversa contrariis* sine varietate et cfr. in primis Garat. ad Caelianam p. 401. — *diversa* h. l. et infra b. a pr. m. a c d e. (a. saltem hic.) O4x.? Valla. Nor. Asc. Infra habet *adversa* Nor.

§. 48. [*Sunt etiam*] Sic b c. firmantes Ern. susp. ∾ *Sunt* omissa particula BV. — *Sunt enim* Cett. — [*alia contraria*] — *aliena contr.* f. — *valde contr.* Victorius solus; qui sine dubio desumpsit singularem hanc lect. e Cd. aliquo, sed metuo ne interpolato e §. 49. V. — [*Graeci appellant*] Sic a b c d e. Hittorp. Bellaq. Valla. Asc. Ern. 1. 2. — *Graece appellantur* f. N. BV. Ald. Iu. Ab. V. M. S. L. Grut. — [*Praeposito* cet.] Sic a d. Gryph. — *praepositione - - privatur* O1x. (ρ.) BV. Asc. Contra b c f e. Valla. Ald. Ab. Seqq.: *praepositio enim in privat*; quod nimis redolet Grammaticum. — [*fuisset*] — *esset* e. — [*ut*] ∾ om. a b c e. Gryph. Hinc ego []. — [*eiusdem*] — *huiusdem* a. a pr. m. — [*adversa*] ∾ *diversa* a c d e. et b. a pr. m.

§. 49. [*velut ea*] — *vel ea* a. Gryph. — [*aliquo*] — *alio* in Ern. Ed. mai. est err. typogr., ut mox *negotia*. Habuit *aliquo* iam Boëthius. — [*illa*] — *alia* f e. O1x. (U.) Valla.

ἀποφατικὰ Graeci, e contrario[1] aientibus: [ut][2], Si hoc est, illud non est. Quid enim opus exemplo est? Tantum intelligatur, in[3] argumento quaerendo contrariis omnibus contraria non convenire.

50 Ab adiunctis autem posui equidem exemplum paullo ante, multa[4] adiungi, quae suscipienda essent, si statuissemus ex edicto praetoris[5] secundum eas tabulas possessionem dari, quas is instituisset, cui testamenti factio nulla esset. Sed locus hic magis ad coniecturales causas, quae versantur in iudiciis, valet; quum quaeritur, quid aut sit aut evenerit aut futurum sit aut quid omnino
12 fieri possit. Ac[6] loci quidem ipsius forma talis est. Ad-
51 monet autem hic locus, ut quaeratur, quid ante rem, quid cum re, quid post rem evenerit. „Nihil hoc ad

1) Graeci, contraria 2) ut *sine* []. 3) *Abest* in. 4) multa scilicet 5) *Abest* praetoris. 6) At

BV. Asc. — *sunt etiam valde contr. alia* Ald. Iu. Ab. C. V. M. S. L. Ut nos, abcd. O3x. Hittorp. Grut. 1. 2. — [*Graeci*] — *Graeci vocant* de. BC. — *Graeci* „scil. *appellant*" superscr. in a. — *Graecis* BV. — *Graece* f. Ven. Nor. Asc. — [*e contrario*] Sic Boëth. in Comm. O1x. (ψ.) Valla. Asc. Verae huius lectionis vestigia latent etiam in *Graece* orto ex *Graeci e*, et in *Graecis* orto ex *Graeci ex*. — *contraria* Cett. cum Cdd. meis; quod non sine causa suspectum erat Wetzelio. Mox: ∾ om. *ut* abcde. Hinc ego []. — [*intelligatur*] ∾ *intelligantur* acd. — [*in argumento*] Sic abcdef. O1x. (B.) Valla. BV. Asc. — om. *in* O3x.? N. Ald. Ab. C. V. S. L. 1. 2. Tum notabilis ordo verb. in bc.: ∾ *contraria contrariis omnibus*.

§. 50. [*autem*] ∾ om. de. — [*multa*] Sic abcdef. Gryph. O3x. Valla. BV. Asc. — *multa scilicet* e gloss. O1x. (U.) N. Ald. Ab. C. V. S. L. 1. 2. — [*ex edicto praetoris*] Sic O1x. (U.) Nor. Ald. Ab. C. S. L. — *ex edicto populi Romani* de. Scil. *PR.* corruptum in *P. R.* Hoc autem quum absurdum esse viderent, delere maluerunt quam corrigere Cdd. cett. mei. V. Grut. 1. 2. — [*quas is*] — om. *is* b. a pr. m. — [*locus hic*] — *l. is* BV. — [*aut evenerit*] — *aut quid ev.* bc. — [*aut futurum*] — *aut factum* f.

§. 51. [*Ac*] Sic abcde. Valla. N. BV. Asc. Ald. Ab. C. V. S. L. 2. — *At* f. Grut. 1. — [*admonet autem*] — om. *autem* c. Item b. a pr. manu. — [*ad nos*] Sic b. a sec. m. BC. (Lamb. susp.) 2. — *ad ius* Cett. et Cdd. et Edd. — *ad vos* altera Lamb. susp., quam ipse praeferebat. Manifestum tamen est haec esse Galli verba. Idem Lamb. pro *noster* volebat *vester* haud recordatus §. 52. Boëthii autem verba

nos[1]; ad Ciceronem," inquiebat[2] Gallus noster, si quis
ad eum quid tale[3] retulerat, ut de facto quaereretur.
Tu tamen patiere nullum a me artis institutae locum
praeteriri; ne, si nihil, nisi quod ad te pertineat, scribendum putaris, nimium te amare videare. Est igitur
magna ex parte locus hic oratorius non modo non iuris
consultorum, sed ne philosophorum quidem. Ante rem 52
enim quaeruntur, quae talia sunt: apparatus, colloquia,
locus, constitutum, convivium; cum re autem: pedum
crepitus, strepitus hominum, corporum umbrae, si[4]
quid eiusmodi. At post rem: pallor, rubor[5], titubatio,
si[6] qua alia signa conturbationis et conscientiae, praeterea restinctus ignis, gladius cruentus, cetera[7], quae
suspicionem facti possunt movere.

1) ad ius 2) inquibat 3) tale quid 4) et si 5) rubor, pallor 6) et si 7) ceteraque

haec sunt: „Iuris peritus de facti qualitate, non etiam de ipsius facti veritate respondet. Idcirco quoties ad Gallum peritum iuris facti quaestio deferebatur, „Nihil ad nos," inquiebat, et ad Ciceronem potius consulentes, id est, ad rhetorem remittebat." — [*ad Ciceronem*] ∾ *vade ad Cic.* de. Videtur tamen gloss. — [*inquiebat*] Sic abcdef. Valla. Asc. — *inquibat* N. BV. Ald. Ab. C. V. S. L. 1. 2. — [*quid tale*] Sic bc. (Et assentiunt af., ut d., hoc loco corrupti, in: — *quis tale* af. — *si quis ad eum talem rem tulerat* d.) Valla. Nor. BV. Asc. Ald. Ab. C. V. S. L. = *tale quid* e. Grut. 1. 2. — [*retulerat*] = *rettulerat* c. — [*artis inst. locum*] = *locum artis inst.* b. (— om. *a me* e.) — [*nisi quod*] — *nisi quid* f. — [*putaris*] — *putabis* abcdf. — [*videare*] — *videar* b. e correctione. BC. BV. V. prob. Camerario. (— *putarim* - - *videar* Valla.) — [*magna ex parte*] = *ex magna parte* bc. Sed hic quoque leg. ∾ *magnam partem:* cfr. *Orator* §. 139. ubi pro *magnam enim partem* Dresd.: *magna enim parte.* — [*oratorius*] — *orationis* f. — [*non modo*] — *nec modo* L. — [*sed ne*] — *sed neque* bc.

§. 52. [*colloquia*] — *colloquium* e. — [*locus*] — om. c. Item b. a pr. m. — [*constitutum, convivium*] Male BC. et Edd. meae ante L. iungunt *constitutum convivium.* — [*si quid*] Sic abc. Nor. — *et si q.* Cett. — [*eiusmodi*] — *eiusmodi est* d. BV. — [*pallor, rubor*] Sic abcdf. Valla. BV. Asc. = *rubor, pallor* e. N. Ald. Ab. C. V. S. L. 1. 2. — [*si*] Sic abcd. O2x. (B. U.) Nor. Vict. — *et si* e. Cett. Edd. (— *scilicet qualia* f.) — [*conturbationis*] — *perturbationis* e. — [*cetera*] Sic abc. O1x. (ϱ.) — *et cetera* de. (b. a sec. m.) — *ceteraque* f. Edd. meae. Cfr. §. 27. et 59. — [*possunt*] — *possint* f. O2x. (B. ϱ.)

53 Deinceps est locus dialecticorum proprius ex consequentibus et antecedentibus et repugnantibus[1]. Nam coniuncta[2], de quibus paullo ante dictum est, non semper eveniunt: consequentia autem semper. Ea enim dico consequentia, quae rem necessario consequuntur: itemque et antecedentia et repugnantia. Quidquid enim sequitur[3] quamque rem, id cohaeret cum re necessario: et quidquid repugnat, id eiusmodi est, ut cohaerere nunquam
13 possit. Quum tripertito[4] igitur distribuatur locus hic, in consecutionem, antecessionem, repugnantiam, reperiendi argumenti simplex locus est[5], tractandi triplex. Nam quid interest, quum hoc sumpseris, pecuniam numeratam mulieri deberi, cui sit argentum omne[6] legatum, utrum hoc modo concludas argumentum: Si pecunia signata argentum est, legata est mulieri. Est autem pecunia signata argentum. Legata igitur est[7]; an illo modo: Si numerata pecunia non est legata, non est nu-

1) repugnantibus, qui etiam ab adjunctis longe diversus est. 2) adiuncta 3) antecedit 4) tripartito 5) locus simplex est 6) omne argentum 7) *Abest* est.

§. 53. [*ex consequentibus*] — *a cons.* e. — om. *ex* f. — [*repugnantibus*] Sic abcdf. O2x. (B. ϱ.) Valla. BV. — *repugnantibus, qui etiam ab adiunctis longe diversus est.* e. O2x. Nor. Ab. C. V. S. L. 1. 2. Glossema (quod corruptum sic exhibet Asc.: — *qui locus* (om. *etiam*) *large ab adiunctis dictus* (sic) *est*:) hoc esse apparet vel ex v. *qui etiam*. Explicaturi scil. erant sequens *Nam*. — [*coniuncta*] Sic abdef. O2x. (B. ϱ.) Valla. N. BV. Asc. ∞ *adiuncta* c. O2x. Ald. Ab. C. V. S. L. 1. 2. Videtur tamen correctio ex §. 50. petita. Certe §. 54. et 87. *coniuncta* est sine varietate, et §. 11. plerique idem v. habent. — [*necessario*] — *necessariam* c. — [*itemque*] — *itaque* f. — *item* e. — [*sequitur*] Sic abcdef. Gryph. O3x. (B. U. ϱ.) Valla. — *antecedit* O1x. (ψ) N. BV. Asc. Ald. Ab. C. Seqq. Sed haec quoque est correctio ad proxime praecedens *antecedentia* accommodata; Cicero retulerat ad primariam illam *consequendi* notionem initio paragraphi. — [*necessario*] — *necessaria* c. — [*tripertito*] = *tripartito* Plerique. — *tripartite* N. — [*locus hic*] — *locus hic conditionalis* f. (Est gloss. e BC. petitum.) — [*simplex locus est*] Sic abc. = *locus est simplex* Valla. BV. — *locus simplex est* e. N. Asc. Ald. Ab. C. V. Seqq. — *rep. locus est arg. simplex* f. — [*argentum omne*] Sic abcd. BV. cfr. §. 13. et 15. = *omne arg.* ef. Valla. N. Asc. Ald. Ab. C. V. Seqq. — [*legata igi-*

merata pecunia argentum. Est autem numerata pecunia
argentum. Legata igitur est; an illo modo: Non et
legatum argentum est, et non est legata numerata pecunia. Legatum autem argentum est. Legata igitur numerata pecunia est —? Appellant autem dialectici eam 54
conclusionem argumenti, in qua, quum primum assumpseris, consequitur id, quod annexum est, primum conclusionis modum; quum id, quod annexum est, negaris,
ut id quoque, cui fuerit annexum, negandum sit, secundus is[1] appellatur concludendi modus: quum autem aliqua
coniuncta negaris[2] et ex iis unum aut plura sumpseris[3],
ut, quod relinquitur, tollendum sit, is tertius appellatur
conclusionis modus. Ex hoc illa rhetorum[4] ex contrariis 55

1) *Abest* is. 2) negaris, et his alia negatio rursus adiungitur 3) ex his primum sumpseris 4) rhetorum sunt

tur est] Sic b. Nor. L. — om. *est* Cett. Sed cfr. statim. — [*est autem*] — om. *autem* L. — *Argentum est autem numerata pecunia* d. — [*et non est legata*] — *et non legata est* f. — *et non est numerata pecunia legata* e. — [*legata igitur numerata*] — *leg. autem num.* a.

§. 54. [*assumpseris*] Sic omnes sex mei. Gryph. O4x. BC. Valla. BV. Asc. M. 1. ∾ *sumpseris* Nor. Ald. Iu. Ab. C. V. S. L. 2. — [*negaris*] — *everteris* L. — [*negandum*] — *tollendum* L. Sed etiam Boëth. firmat Cdd. lectionem. — [*secundus is*] Sic ac. (b. a pr. manu.) O1x. (B.) Valla. N. Asc. — om. *is* Cett. — [*concl. modus*] — *modus concl.* f. — [*coniuncta*] — *coniugata* c. Item b. a pr. manu. — [*negaris*] = *negaveris* L. Post hoc v. in f. aliisque Cdd. (v. c. O1x. ψ.) Nor. BV. Ald. Ab. C. V. S. L. 1. inculcatum est falsum gloss. ex Boëthii Comment.: — *et his* (*is* f.) *alia negatio rursus adiungitur* (*adiungatur* L.); quod acutâ coni. delevit Sch. 2. Omittunt autem abcde. O2x. (B. ϱ.) Valla. Asc. — [*ex iis*] Sic ad. — *ex his* Cett. — [*unum aut plura*] Sic abcde. O3x. (B. ϱ. ψ.) Valla. Asc. — *unum an plura* BV. — *primum* f. O1x. (U.) N. Ald. Ab. C. V. Seqq. — [*ut quod*] — *aut quod* ac. — [*relinquitur*] — *relinquetur* c. „Tertius modus est, quum inter partes connexae atque ex duabus affirmationibus copulatae propositionis negatio interponitur, eaque ipsa negatio denegatur, quae propositio ὑπεραποφατική Graeco sermone appellatur." BC. (Latine eam postmodo *superabnegativam* vocat.)

§. 55. [*Ex hoc*] — *Ex his* Asc. — [*rhetorum*] Sic abcdef. Gryph. O2x. (B. ϱ.) Valla. Nor. BV, Asc. — *rhetorum sunt* O2x. Ald. Ab. C. V. Seqq. — [*ex contrariis conclusa*] —

conclusa, quae ipsi ἐνθυμήματα[1] appellant: non quin omnis[2] sententia proprio nomine ἐνθύμημα dicatur: sed, ut Homerus propter excellentiam commune poëtarum nomen efficit apud Graecos suum; sic, quum omnis sententia ἐνθύμημα dicatur, quia videtur ea, quae ex contrariis conficitur[3], acutissima, sola proprie nomen commune possedit[4]. Eius generis haec sunt:

Hoc[5] metuere, alterum in metu non ponere!
Eam, quam nihil accusas, damnas; bene quam meritam esse autumas,
Dicis male mereri.
Id, quod scis, prodest nihil; id, quod nescis, obest.

14 Hoc disserendi genus attingit omnino vestras quoque in
56 respondendo disputationes: sed philosophorum magis est[6], quibus est cum oratoribus illa ex repugnantibus senten-

1) enthymemata *cet.* 2) non quod non omnis 3) conficiatur 4) possidet 5) Hunc 6) *Abest* est.

conclusa ex contrariis b. — om. *ex contrariis* c. — [ἐνθυμήματα] Sic abcd. Valla: et sic semper. Semel noto. — *enthymemata* Cett. — [*non quin*] Sic abc. — *non quod non* de, Valla. Asc. Ald. Ab. C. V. S. L. 1. 2. (— *non quod o. s. p. n. e. non dicatur* f. BV.. — *non quod o. s. p. n. dicatur* Nor.) — [*efficit*] — *effecit* Sch. coni. in Ed. mai. — [*possedit*] i. e. κέκτηται. Sic abcdef. O3x. Valla. BV. Asc. — *possidet* O1x. (ψ.) N. Ald. Ab. C. V. S. L. 1. 2. — [*conficitur*] Sic bce. Item a. ex correctione. — *conficiatur* Cett. — [*Hoc metuere*] Sic aef. Alius Cd. apud Lamb., ipso et Wetzelio probb. Etsi in utraque Boëthii editione legitur *hunc metuere*, ut habent Cic. Edd. mihi notae cum cd. (b. a sec. manu; a prima: — *hinc.*) et O4x., ita tamen explicat: „ita hoc metuis, illud non metuis." et in Cod. Einsiedl. etiam in Boëthii Comm. est *hoc*. Litem vero dirimit *ad Attic.* 12, 51. et 14, 21. — [*obest*] Versiculos distinxi cum Nobbio et Beiero ad *Orat.* C. 49. Interrog. signa Ern. posuit post v. *ponere*, *mereri* et *obest*. Ceterum memorabile est ab omnibus meis, O2x. (B. ϱ.) Boëthio, Valla, N. BV. Asc. abesse v. *dicis;* quod tamen satis firmatur ex *Oratore* l. l. (Scil.: — *aestumas mala* (sic) *mereri* a. — *aestimas male m.* bcde. — *existimas male m.* f.) Prave distinguunt N. Ab. C. V. S.: — *Id quod scis* - - *prodest: nihil id*, *quod nescis*, *obest*.

§. 56. [*in respondendo*] — om. haec e. — [*magis est*] Sic O1x. (B. optimus.) — om. *est* Ceteri omnes et Edd. Sed parum commode suppletur „*magis attingit philosophorum disputationes*. — [*oratoribus*] — *oratoriis* b. a pr. m. — [*repugnan-*

tiis communis conclusio, quae a dialecticis tertius modus,
a rhetoribus ἐνθύμημα nuncupatur. Reliqui dialecticorum
modi plures sunt, qui ex disiunctionibus constant: Aut hoc,
aut illud: hoc autem: non igitur illud. Itemque, Aut hoc[1],
aut illud: non autem hoc: illud igitur. Quae conclusiones idcirco ratae sunt, quod in disiunctione plus uno verum esse non potest. Atque ex iis conclusionibus, quas 57
supra scripsi, prior, quartus; posterior, quintus a dialecticis modus appellatur. Deinde addunt coniunctionum
negantiam, sic: Non et hoc[2], et illud: hoc autem: non
igitur illud. Hic modus est sextus. Septimus autem:
Non et hoc, et illud: non autem hoc: illud igitur. Ex
iis[3] modis conclusiones innumerabiles nascuntur, in quo
est tota fere[4] διαλεκτική[5]. Sed ne eae quidem, quas exposui, ad hanc institutionem[6] necessariae.

1) hoc aut *err. typogr.* 2) et hoc est 3) ex his 4) fere tota 5) dialectica 6) institutionem sunt

tibus] — *pugnantibus* Nor. Sch. 2. contra Cdd. notos et cfr. §. 72. — [*conclusio*] — *inclusio* b. — [*nuncupatur*] Toleravi hoc v. inde a Valla receptum: sed a b c d e. Gryph. O1x. (ϱ.) = *dicitur;* f.: = *appellatur;* unde v. *nuncupatur* fit suspectissimum. Fuit probabiliter sic: ∾ *quae dialecticis t. modus, rhetoribus* ἐνθύμημα: sine verbo. — [*disiunctionibus*] = *diiunct.* a. — [*itemque*] — *item* f. — [*non autem*] — *non est autem* L. — [*illud igitur*] — *igitur illud* d. — [*disiunctione*] = *diiunct.* d.

§. 57. [*Atque*] — *At* e. — [*ex iis*] — *ex his* f. — [*coniunctionum negantiam*] Sic inter meos a e. — *c. negantia* b c d. Gryph. (prob. Bruto.) In b. tamen a manu sec. lineola est posita supra lit. *a.* Hoc ἅπαξ λεγόμενον *negantiam* agnoscit iam Boëth. — *coniunctionem negativam* f. Asc. — [*et hoc*] Sic a b c e. O1x. (B.) Valla. Asc. V. S. L. — *et hoc est* d f. N. BV. Ab. C. Grut. 1. 2. (— *non hoc est et illud* f.) — [*hoc autem*] — *hoc autem est* O1x. (ϱ.) BV. — [*illud igitur*] — *Igitur illud* d. — [*ex iis*] Sic a d. — *ex his* Cett. — [*conclusiones innum.*] = *inn. concl.* d. — [*nascuntur*] — *fiunt* e. ∾ om. *nascuntur* d. E quo suspicio oriri possit et *nascuntur* et *fiunt* aeque interpolatoribus deberi. Attamen Boëthius agnoscit v. *nascuntur.* — [*in quo*] — *in quibus* f. O1x. (ϱ.) BV. „Atque in his, inquit, omnis fere est dialectica." BC. — [*tota fere*] Sic a b c f. = *fere tota* Cett. — [διαλεκτικη] Graece scripsi e vestigiis Cdd. — *dialectice* vel *dialectica* Cett. — [*ne eae*] — *ne hae* a b c e. O2x. Valla. BV. Asc. — *ne haec* f. — [*hanc*] = *hanc quidem* e. — [*institutionem*] Sic a b c d e f. Valla. N.

58 **Proximus est locus rerum efficientium, quae causae appellantur: deinde rerum effectarum ab efficientibus causis. Harum exempla, ut reliquorum locorum, paullo ante posui, et quidem ex iure civili: sed haec patent**
15 latius. Causarum [igitur][1] genera duo sunt: unum quod vi sua id, quod sub eam vim subiectum[2] est, certe[3] efficit, ut, Ignis accendit: alterum, quod naturam efficiendi non habet, sed sine quo effici non possit: ut si quis aes causam statuae velit dicere, quod sine eo non possit
59 **effici. Huius generis causarum, sine quo non efficitur, alia sunt quieta, nihil agentia, stolida quodammodo; ut locus, tempus, materia[4], ferramenta, cetera[5] generis eiusdem; alia autem praecursionem quandam adhibent ad efficiendum et quaedam afferunt per se adiuvantia, etsi**

1) igitur *sine* []. 2) sub ea subiectum 3) certo 4) materiae 5) et cetera

BV. Asc. Iu. Ald. Ab. C. V. M. S. — *institutionem sunt* O4x. (?) L. 1. 2. Sed cfr. §. 62. in fine.

§. 58. [*rerum effic.*] = *effic. rerum* f. Valla. Asc. — [*et quidem*] — *equidem* f. Valla. Asc. — [*Causarum igitur*] Sic f. Valla. N. Asc. Ald. Ab. C. V. S. L. 1. 2. — *causarum enim* a b c d e. Gryph. O2x. (B. ϱ.) BV. Particula videtur insititia. Hinc []. — [*sub eam vim*] Sic a b c d e. prorsus ex usu Cic. cfr. *Tuscul.* 4, §. 16. *Lib.* 5, §. 2. — *sub ea vi* O1x. (B.) Valla. Asc. — *sub ea* O3x. N. BV. Ald. Ab. C. V. S. L. 1. 2. (quod ortum videtur e corruptela f.: — *sub ea insubiectum.*) — [*certe*] Sic Cdd. noti. Edd. meae ante Ern. 1., qui cum Sch. 2. coni.: — *certo*; sed hoc nunc recipio ante v. *scire* dumtaxat. cfr. Schelleri *Observv.* pag. 39. — [*habet*] Sic omnes mei et O2x. (B. ϱ.) Edd. vett. Ernestii. Nor. BV. L. in m. 1584. 1. 2. — *habeat* O2x. Ald. Ab. C. V. M. S. L. 1566. (— *efficiendi habet*, *et sine quo* a b c d. Valla. Asc. — *et sine* etiam e.) — [*non possit*] ∞ *non potest* e. — [*causam statuae*] = *statuae causam* b c.

§. 59. [*nihil*] = *nil* a. — [*stolida quodammodo*] Fateor me saepe in his haesisse miratumque esse, cur non scripserit *bruta*; adeo ut v. *stolida* ex antiquiss. gloss. aliquando substitutum putarem alteri *bruta*. Certe nihil mutandum; id tamen animadvertendum, quod habet Acro ad *Horatii Carm.* 1, 34, 9. *quo bruta tellus*, ubi haec adnotat: „*sine sensu, tarda, vel stolida; quod terrae epitheton est.* — [*materia*] Sic abcdef. O2x. (B. ϱ.) BC. Valla. BV. Asc. L. — *materiae* O2x. Ald. Ab. C. V. S. Grut. 1. 2. — om. *materia* Nor. — [*cetera*] Sic a b c d. O1x. (B.) — *et cetera* Edd. meae cum f e. — [*afferunt*] — *efferunt* f. — [*adiuvantia*] Sic a b c d e. O1x. (ϱ.) V. S. L.

non necessaria, ut, Amori congressio causam attulerat[1],
amor flagitio. Ex hoc genere causarum ex aeternitate
pendentium fatum a Stoicis nectitur. Atque ut earum
causarum, sine quibus effici non potest, genera divisi,
sic etiam efficientium dividi possunt. Sunt enim aliae
causae, quae plane efficiant, nulla re adiuvante: aliae,
quae adiuvari velint: ut, Sapientia efficit sapientes sola
per se: beatos efficiat, necne sola per se, quaestio est.
Quare quum in disputationem inciderit causa efficiens 60
aliquid necessario, sine dubitatione licebit id[2], quod efficitur ab ea causa, concludere. Quum autem erit talis 16
causa, ut in ea non sit efficiendi necessitas, necessario[3]
conclusio non sequitur. Atque illud quidem genus causarum, quod habet vim efficiendi necessariam, errorem afferre
non fere solet: hoc autem, sine quo non efficitur, saepe
conturbat. Non enim, si sine parentibus filii esse non
possunt, propterea causa fuit in parentibus gignendi necessaria. Hoc igitur, sine quo non fit, ab eo, quo[4] 61
certe[5] fit, diligenter est separandum. Illud enim est
tamquam,

Utinam ne in nemore Pelio[6] . . . ,

1) attulerit 2) *Abest* id. 3) necessaria 4) ab eo, a quo 5) certo
6) *Pelio securibus Caesa cecidisset abiegna ad terram trabes!*

1. 2. — *adiumenta* b. a sec. m. f. O3x. Valla. Nor. BV. Asc. Ald. Ab. C. — [*attulerat*] Sic BV. Firmat Boëthius in Comm.: „Idcirco amabat, quod saepe fuerat ante congressus." Scil. non pendet e partic. *ut*, sed est exemplum per se positum, quemadmodum supra: *ut*, *Ignis accendit*. — *attulerit* Ceteri omnes. — [*Sunt enim*] — *Sunt etiam* bc. In b. superscr. *enim*. — [*sola per se*, *quaestio*] ∾ *s. per sese*, *q.* abc. Valla. Asc.

§. 60. [*licebit id*] Sic a. a pr. m. in rasura. e. — om. *id* Cett. — [*erit talis causa*] — *non erit t. c.* d. — *talis causa erit* BV. — [*necessario*] Sic b. Asc. — *necessaria* Cett. — [*sequitur*] — *sequetur* Margo 1584. — [*non fere*] — *fere non* c. — [*propterea* cet.] = *propterea in parentibus causa fuit* bc.

§. 61. [*quo*] Sic Ox. ϱ. — *in quo* O3x. Valla. BV. Asc. Ald. Iu. Ab. C. V. S. ∾ *a quo* C2d. Lambini. Ven. Nor. L. 1. 2. — *per quod* f. Scil. varie suppleta est praepositio, quam excidisse falso opinabantur. — [*certe*] Sic rursus mei Cdd. Edd. ante Ern. — *certo* 1. €. 2. et fortasse e. e Wnnderi collatione. — [*Illud enim est*] — *Illud e* (*e* cum lineola) f. — [*Pelio*] Sic abcdf. Gryph. O2x. (B. ϱ.) Valla. Item Victor.,

Nisi enim accidissent abiegnae[1] ad terram trabes, Argo illa facta non esset, nec tamen fuit in iis[2] trabibus efficiendi vis necessaria. At quum in Aiacis navem[3] *crispisulcans igneum fulmen* iniectum est, inflammatur navis necessario.
62 Atque etiam est causarum dissimilitudo, quod aliae sunt, ut sine ulla appetitioue animi, sine voluntate, sine opinione suum quasi opus efficiant, velut, ut omne intereat, quod ortum est: aliae [autem][4] aut voluntate efficiunt[5] aut perturbatione animi aut habitu aut natura aut arte aut casu: voluntate, ut tu, quum hunc

1) cecidisset abiegna 2) in his 3) navim 4) autem *sine* []. 5) efficiuntur

nisi quod retinet v. *securibus.* — om. *securibus caesa* dumtaxat e. Scil. quae deesse putabant, sed in notissima ῥήσει h. l. consulto a Cic. omissa sunt, ut rectissime vidit iam Brutus, praesertim propter sequentia, suppleverunt ex l. *ad Herenn.* 2, C. 22. *de Inv.* 1, 49. *de Fato* C. 15.: *Pelio securibus Caesa cecidisset* (*accidisset* melius Sch. 2.) *abiegna ad terram trabes* b. in margine. O2x. U. ψ. recentiores. Nor. Asc. Ald. Ab. C. M. S. L. 1. 2. (numero quidem plurali, peius etiam Nor. Ald. Ab. C. S.) — [*accidissent abiegnae*] Sic optime a. et Gryph. Verba scil. haec sunt ipsius Ennii, in eo tantum mutata, quod Cic. propter sequentia praetulit numernm pluralem, retento tamen ipso verbo poëtae *accidere.* — *cecidissent abiegnae* b c e f. Valla. Nor. BV. Ald. In. Ab. C. V. S. 2. — *cecidisset abiegna* d. L. 1. Singularis autem numerus in Ennio ipso rectus, h. l. propter seqq. *in iis trabibus* tolerari nequit. — [*in iis*] Sic a. BV. — *in his* Cett. — [*navem*] Sic a., ut ubique Cdd. Cic. meliores. Nor. = *navim* Cett. — [*crispisulcans*] — *crispi sulcans* divise a f. Valla. BV., non improbb. Ern. et Wetz. Est tamen absurda lectio. Appellare poterant BC. Ed. Venetam: „quum in Aiacis crispi navim igneum fulmen sulcans iniectum est." (in Ed. Bas. „quum in Aiacis navem igneum Crispisulcanis *(sic)* fulmen iniectum est.") Sed litem omnem dirimit optimus Boëthii Codex Einsiedlensis, qui sic habet: „quum in Aiacis navim igneum crispisulcans fulmen iniectum est."

§. 62. [*Atque etiam*] ∞ *Atque haec etiam* a. — [*quod aliae sunt*] — *quod aliae eiusmodi sunt* L. — [*appetitione*] — *petitione* b. — [*velut ut omne*] Sic (O2x.?) L. 1. 2. — om. *ut* a b c d e f. O2x. (B. ϱ.) Valla. N. BV. Ald. Asc. Ab. C. V. S. — [*ortum est*] Firmatur a Cd. d. ∞ *o. sit* a b c f e. O2x. (B. ϱ.) Nor. Videtur tamen ortum ex scriptura *ortumst.* — [*aliae autem*] ∞ om. *autem* d. ∞ del. *autem* L. in m. 1584. non 1566. — [*efficiunt*] Sic O3x? (B. U. ψ.) Valla. BV. L. prob. Bruto. 2. — *efficiuntur* a b c d e f. Gryph. O1x. (ϱ.) Nor.

libellum legis: perturbatione, ut si quis eventum horum
temporum timeat: habitu, ut qui facile[1] et cito irascatur; natura, ut vitium in dies crescat; arte, ut bene pin-
gat; casu, ut prospere naviget. Nihil horum sine causa,
nec quidquam omnino; sed huiusmodi causae non necessariae. Omnium autem causarum in aliis inest constantia, 63
in aliis non inest. In natura et in arte constantia est,
in ceteris nulla. Sed tamen earum causarum, quae non 17
sunt constantes, aliae sunt perspicuae, aliae latent. Perspicuae sunt, quae appetitionem animi iudiciumque tan-
gunt: latent, quae subiectae sunt fortunae. Quum enim
nihil sine causa fiat, hoc ipsum est fortunae eventus: ob-

1) ut facile

Asc. Ald. Iu. Ab. C. V. M. S. 1. (— *alia - - efficiuntur* Purgoldi susp.) — [*libellum*] — *librum* e. — [*perturbatione*] — *perturbatione animi* e gloss. f. prob. Wetzelio. — [*ut qui facile*] Sic a b c d e f. O1x. (ρ.) Valla. BV. Asc. — *ut facile* O3x.? Nor. Ald. Ab. C. V. S. L. 1. 2. — [*irascatur*] — *irascaris* c. et b. a pr. m. — [*et cito*] — om. haec d e. — [*non necessariae*] — *non nec. sunt* e. — *non sunt necessariae* Margo 1584.

§. 63. [*et in arte*] — *et arte* b c. Item a. ex correctione. — [*constantia est*] ∾ *constantia inest* e. — [*in ceteris nulla*] — *in aliis nulla est* b c. — [*subiectae*] — *subiecta* a. — [*hoc ipsum cet.*] „Eventum latentibus causis Cicero casum esse ita concludit: Quum omnia certis de causis fiant, quorum ratio cognoscitur, eorum eventus casu fieri non posse monstratur (non putatur Bas.), sed putatur aliquid fieri casu eorum, quorum causa nulla ratione cognoscitur. Ex quo evenit, ut fortunae sit eventus, qui latentibus causis efficitur.“ BC. Ego secutus sum quattuor Cdd. antiquiss. a b c. Gryph. (item ψ.) Vallam et Boëthii Ed. Bas. Item Ascens.; sed hic omittit *est*, ut, (neque vero male) sic distinguatur: ∾ *hoc ipsum*, *fortunae eventus*, *obscurâ causâ et latenter efficitur.* In eadem lectione *latente* nullus exhibet Cd. praeter eum, quem laudat Commentator anonymus in Ed. Richard. fol. 101., etsi Boëth. ita legisse videri potest. Proxime, quod ad probabilitatem attinet, accedit lectio Cd. d.: ∾ *obscura causa et latens*, *qua efficitur* (scil. id, quod fortunae eventum nuncupamus.) Tertia, de qua ambigi potest, annon praeferri debeat, est O2x. (ut videtur:) Man. Richard. S. Lamb.: ∾ *obscura causa*, *quae latenter efficit.* Passivam quidem formam habuit iam Boëthius; sed eandem §. 62. in antiquiss. Cdd. itidem activae, quae ibi unice vera est, substitutam videmus. In nostra fortasse magis placeret insertum *quod:* ∾ *hoc ipsum est fortunae eventus*, *quod obscurâ causa et latenter (latente) efficitur.* Etenim de adv. *latenter*

scurâ causâ et latenter efficitur[1]. Etiam ea, quae fiunt, partim sunt ignorata, partim voluntaria: ignorata, quae
64 necessitate effecta sunt; voluntaria, quae consilio. Quae autem fortuna, vel ignorata vel voluntaria. Nam iacere telum voluntatis est: ferire, quem nolueris, fortunae.

1) obscura causa (*nominat.*), quae latenter efficitur.

apud Cic. dubitari potest. Iam manifesto falsa est lectio Ald. Iu. Ab. Crat. Victor. (varia distinctione; cfr. etiam Turnebi *Adv.* 25, 23. p. 896.) Grut. Ern. 1.: — *obscura causa, quae latenter efficitur.* — (— *fortunae, eventus obsc. c.* distinguunt V. S. L. 1566. In m. 1584. L. volebat: *hoc ipsum est fortuna, eventus obsc. c.* — *hoc ipsum obscurâ causâ latenter efficitur*: recepit Wetzel hanc Ern. susp. ortam ex seqq. lectionibus interpolatis: — *hoc ipsum scilicet fortunae eventus obscura causa latenter efficitur* (f.) BV. — *hoc ipsum fortunae eventus o. causa latenter efficitur* Ven. Nor. Prorsusque sic volebat Grut., quum a Palat. abesset *est*, sicque, ut praedixi, Asc., sed retinet *et* ante *latenter.* — *hoc ipsum est fortunae eventum, causa quòd latente efficitur* Sch. 2. €. (Si huic fides, Ed. Omnib. om. *obscura causa*; sed, quum Omniboni Ed. is soleat nominare Kobergerianam *Norimb.* 1497., ea de re valde dubito. Haec enim habet *obsc. c.*) Nusquam alibi reperi lectionem Marg. Gothofredi: *hoc ipsum est fortuna, eventûs obscura causa, qui* (sic certe Ed. Genev. 1660.) *latenter efficitur.* — [*Etiam*] — *Atque etiam* (f.) BV., ut §. 62. Error autem Cdd. abcde. Gryph. Vallae, Asc. Ald. Iu. Ab. C. Vict. Grut.: — *etiam ut ea - - sint* ortus est ex eo, quod haec pendere crederent e v. *efficitur*; unde Man.: — *efficit. Efficitur etiam ut ea - - - sint.* Rectiorem lect. praebent f. Palat. Bellaquensis. Ven. N. (BV.) S. L. 1. 2.; a qua L. in marg. 1584. rursus descivit, proponens: *ut etiam ea - - sint*; nec improbavit Goveani suspicionem a C2d. Memmii et Brissonii firmatam: *efficit, ut - - sint* om. *etiam.* In Nor., casu, ut opinor, plura exciderunt. Habet scil.: — *Etiam ea quae fiunt partim sunt ignorata, partim voluntaria. Nam iacere* cet. — [*necessitate*] — *fortuna* Sch. 2. €. Sed BC.: „Ignoratas ait, in quibus necessitas domina est; id est, in quibus aut omnino non volumus, aut, ne si velimus quidem, aliter facere possumus, ut in natura atque casu." — [*necessitate effecta sunt*] — *ex necessitate fiunt* de.

§. 64. [*Quae autem fortuna*] — *Quae fort. autem* a. a pr. manu. Haec *Quae autem - - voluntaria* del. Sch. 2. €. Sed BC.: „Voluntatem vero a fortuitis eventibus uno eodemque aptissimo secrevit exemplo cet." — [*nolueris*] — *volueris* a c. Valla. Med. Asc. pr. Ald. S. Boëthii Ed. Bas. Correctus est error iam in Asc. sec. Crat. L. Et *nolueris*, uti consentaneum est, habuit BC.: „si telum manu iaciat nolensque fe-

Ex quo ARIES SVBIICITVR ille[1] in vestris actionibus, SI TELVM MANV FVGIT MAGIS, QVAM IECIT. Cadunt etiam in ignorationem atque in imprudentiam perturbationes animi: quae, quamquam sunt voluntariae (obiurgatione enim et admonitione deiiciuntur,) tamen habent tantos

1) ille subiicitur

riat." — [*subiicitur ille*] Sic abc. = *ille subiicitur* Cett. „Quidam libri (Cd. Hittorp. prob. Grutero:) non habent *subiicitur;* sed verbum elegantius est, quam pro glossatoris ingenio." ERN. Immo necessarium, quia legitimum: SEI QVIS HOMINEM LIBERVM IMPRVDENS SE DOLO MALO OCCESIT, PRO CAPITE OCCISE ET NATEIS EIVS IN CONCIONE ARIETEM SVBICITO, Servius P. Danielis apud Schottum *Nod. Cic. Lib.* 1. *C.* 22. pag. 304.; nisi potius verba Servii ad *Bucol.* 4, 43. sic in formulam redegit Scaliger. cfr. Dirksen *Versuche zur Kritik.* p. 338. „Voluntatem a fortuitis eventibus uno eodemque aptissimo secrevit exemplo. Veluti si telum manu iaciat nolensque feriat praetereuntem: nam iecisse ex voluntatis principio nascitur: idcirco enim iecit, quia voluit. Ignoravit vero quid percuteret: neque enim iaceret, si se percussurum providere potuisset: neque enim iecit, quia voluit percutere. Si autem non ignorasset, non percutere potuisset. Unde etiam machinamentum quoddam atque defensio in iuris peritorum defensionibus invenitur haec: „Si telum manu fugit magis quam iecit:" nam si quis caedis accusatur, optima solet esse defensio, si alia non suppetit, fugisse manu telum magis quam voluerit iecisse: ut non voluntati, quae condemnatur in culpis, sed ignorationi factum tribuatur." BC. Certatim hanc Boëthii interpretationem refutarunt Schottus l. l. Lobeck *de praeceptis mysticis* P. 2. p. 9. *Regiomonti* 1822. 4. „Ille aries intelligitur in legibus regiis nominatus, quo ὑποφονίων loco caedes inconsulte facta lueretur." Huschkius in *Analectis literariis* p. 173. Cum Boëthio potius facere videtur Dirksen *XII. Tafeln.* p. 616. subobscure tamen ea de re locutus. Verum manifesto falsa est Boëthii explicatio, quum ariete bellico non nos defendere soleamus, sed hostes impugnemus; nec *subiicitur* eiusmodi aries, sed *admovetur*, *impingitur.* — [*manu*] — *manum* Valla. Mediol. Asc. prob. Lamb. — *manus* C2d. Lambini. — [*Cadunt etiam*] Sic omnes mei. Gryph. Valla. Ven. Nor. BV. Grut. e C2d. 1. 2. — *c. enim* Man. L. — om. *etiam* Ald. Iu. Ab. C. Victor. Mox *in* ante v. *imprudentiam* om. abcdf. BV. Asc. Ald. Ab. C. Habent e. Valla. Victor. Seqq. — [*quae quamquam*] — om. *quae* abcef. — [*quamquam sunt*] Sic a. Valla. BV. Rursus coni. Ern. 1. 2. — *q. sint* bcdef. Ald. Ab. C. V. S. L. Grut. — *tamquam sint* N. Asc. — [*obiurgatione* cet.] ∞ *obi. et adm. enim* abcd. Valla. (b. a sec. manu, ut nos.) — om. *enim* f. — [*ea, quae*] — om. *ea* e.

motus, ut ea, quae voluntaria sunt, aut necessaria inter-
65 dum aut certe ignorata videantur. Toto igitur loco causarum explicato, ex earum differentia in magnis quidem causis vel oratorum vel philosophorum magna argumentorum suppetit copia; in vestris autem, si non uberior, at fortasse subtilior. Privata enim iudicia maximarum quidem rerum in iuris consultorum mihi videntur esse prudentia. Nam et adsunt multum et adhibentur in consilia[1] et patronis diligentibus ad eorum prudentiam con-
66 fugientibus hastas ministrant. In omnibus igitur iis iudiciis, in quibus EX FIDE BONA est additum, ubi vero etiam, VT INTER BONOS BENE AGIER; in primisque in arbitrio rei uxoriae, in quo est, QVOD EIVS MELIVS AEQVIVS[2],

1) in consilio 2) QVID AEQVIVS MELIVS

§. 65. [*loco causarum*] — *caus. loco* a. a pr. m. — [*explicato*] — *explicito* f. — [*in consilia*] Sic ex usu loquendi abcde. Gryph. O1x. (ρ.) Valla. BV. Asc. L. in m. 1584. — *in consilio* f. O3x. N. Ald. Ab. C. V. S. L. 1566. 1. 2. — *in consilium* Margo 1584. prob. Sch.

§. 66. [*iis*] om. de. O1x. (ρ.) BV. — *his* abcf. — [*additum*] Sic Cdd. mei. Gryph. O3x. Valla. N. Asc. Ald. V. Grut. 1. 2. — *additum, primus causarum usus est* O1x. (ρ.) BV. — *additum, plurimus earum* (*eorum* L.) *usus est* Ab. C. S. L. 1566. Est e BC. Ipse Lamb. postea improbavit hanc interpol. — [*ut inter*] Sic omnes praeter Sch. 2., qui de Heusing. opinione delevit *ut*. — *oportet* addunt post *agier* abcdf. O2x. (B. U.) Valla Nor. BV. Asc. Ald. In. Ab. C. V. M. S. Omittunt *oportet* e. Cdd. Lambini. L. 1. 2. (Praeterea: — *agi oportet* BC. O1x. (ρ.) Ald. Ab. C. V. S.) cfr. omnino *Offic.* 3, C. 15. et 17. — [*in primisque*] — *in primis quidem* f. — [*quod eius melius aequius*] Sic abcd.; integrâ formula. *Eius* quia non intelligebant, recentiores omiserunt. — *quod melius aequius* BC. ef. — *quid eius melius aequius* Valla. — *qd eius melius aequiusve* Nor. (haec: *eis*) Asc. — *quid aequius melius* Ald. Ab. C. V. S. Grut. 1. — *aequius melius* deleto *quod* L. (Heusing.) Sch. 2. Cfr. *Offic.* 3, C. 15. (qui tamen locus nunc ex nostra ratione hic proposita corrigendus erit:) et Plinii *Epp.* 9, 39. itidem, ni magno opere fallor, ex ipsa haruspicum formula: *in melius, in maius.* Sic tribus nunc locis praeponitur alteri adverb. *melius.* „Est enim iurisconsultorum provinciae (sic Cdd. mei. — provincia BV. — prudentiae *Bas.*) privatarum quaestio causarum maximeque in illis negotiis hic causarum locus examinabitur, in quibus bonae fidei iudicia nectuntur. In his enim qui fuerit animus contrahentium quaeri solet, qui deprehendi vix poterit, nisi

parati esse debent. Illi[1] dolum malum, illi fidem bonam,
illi aequum bonum, illi, quid socium socio, quid eum,
qui negotia aliena curasset, ei, cuius ea negotia fuissent:
quid eum, qui mandasset, eumve, cui mandatum esset,
alterum alteri praestare oporteret: quid virum uxori,
quid uxorem viro, tradiderunt. Licebit igitur, diligenter
cognitis argumentorum locis, non modo oratoribus et
philosophis, sed iuris etiam peritis copiose de consulta-
tionibus suis disputare. Coniunctus huic causarum loco 18
ille locus[2] est, qui efficitur ex causis. Ut enim causa 67
quid sit effectum[3] indicat, sic, quod effectum est, quae
fuerit causa, demonstrat. Hic locus suppeditare solet

1) Illi enim 2) locus ille 6) causa effectum

praecedentibus causis intelligatur. In iis igitur iudiciis, in quibus additur, ut EX BONA FIDE iudicent, id est, ubi ita iudices dantur, ut non strictas inter litigantes stipulationes, sed bonam fidem quaerant, plurimus causarum usus est. Additur VT INTER BONOS BENE AGIER [OPORTET]: (*agier* Cdd. AC. — *agi* B. Edd. om. *oportet* Cdd. C. considerantur mores, inquiruntur consilia; statuitur, quibus quidque (*quodque* A.) de causis administratum sit. In primisque in iudicio uxoriae rei uberrimus causarum tractatus est. Est autem iudicium uxoriae rei, quotiens post divortium de dote contentio est. Dos enim licet matrimonio constante in bonis viri sit, est tamen in uxoris iure et post divortium velut res uxoria peti potest. Quae quidem dos interdum iis conditionibus dari solebat, ut si inter virum uxoremque divortium contigisset, QVOD MELIVS AEQVIVS ESSET apud virum remanere, reliquum dotis restitueretur uxori, id est, ut, quod ex dote iudicatum fuisset melius aequius esse apud virum maneret, id vir sibi retineret; quod vero non esset melius aequius apud virum manere, id uxor post divortium reciperet. In quo iudicio non tantum boni natura spectari solet, verum etiam comparatio bonorum fit, ut non tam quod bonum, sed quod melius aequiusque est, id sequendum sit. Quae omnia ex praecedentibus causis investigari solent; nam si viri culpa divortium factum est, aequius melius est nihil apud virum manere; si mulieris, aequius melius est sextans retineri." BC. — [*parati*] — *periti* de. — [*Illi*] Sic abcdef. O2x. (B. ρ.) Valla. BV. Asc. V. L. — *Illi enim* O2x. N. Ald. Ab. C. S. Grut. 1. 2. — [*quid virum* cet.] = *quid uxorem viro*, *quid virum uxori* bc.

§. 67. [*ille locus est*] Sic ad. Item bc., nisi quod: ∞ om. *est.* = *locus ille est* Edd. meae cum fe. — [*est*, *qui efficitur*] — *est rerum*, *quae efficiuntur* Sch. 2. coni. — [*quid sit effectum*] Sic abcde. O4x. Valla. BV. Asc. Ab. C. S. L.

oratoribus et poëtis, saepe etiam philosophis, sed iis, qui ornate et copiose eloqui[1] possunt, mirabilem copiam dicendi, quum denuntiant, quid ex quaque re sit futurum. Causarum enim cognitio cognitionem eventorum facit.

68 Reliquus est comparationis locus, cuius genus et exemplum supra positum est, ut ceterorum nunc explicanda tractatio est. Comparantur igitur ea, quae aut maiora aut paria dicuntur: in quibus spectantur haec, numerus,
69 species, vis, quaedam etiam ad res aliquas affectio. Numero sic comparabuntur, plura bona ut paucioribus bonis anteponantur, pauciora mala malis pluribus, diuturniora bona brevioribus, longe et late pervagata angustis; ex quibus plura bona propagentur, quaeque plures imitentur et faciant. Specie autem comparantur, ut anteponantur, quae propter se expetenda sunt, iis, quae propter aliud; et ut innata atque insita assumptis et adventiciis, integra contaminatis, iucunda minus iucundis, honesta ipsis etiam utilibus, proclivia laboriosis, necessaria non necessariis, sua alienis, rara vulgaribus, desiderabilia iis, quibus facile carere possis, perfecta inchoatis, tota partibus, ratione utentia rationis expertibus, voluntaria necessariis, animata inanimis[2], naturalia non naturalibus, arti-
70 ficiosa non artificiosis. Vis autem in comparatione sic

E. 1) loqui 2) inanimatis

Oliv. — om. *quid sit* f. Nor. Ald. Vict. Grut. 1. 2. — [*sed iis*] — *sed his* a b c f. — [*eloqui*] Sic de constanti Cic. usu scripsi ex lect. BV. *et loqui.* — *loqui* Cett. quae vv. ubivis confunduntur. Cfr. Meyerum ad *Oratorem* §. 55. et 61. — [*ex quaque re*] — *ex qua re* d.

§. 68. [*genus*] — *generis* f. ex accommodatione. — [*positum est*] — *posuimus* e. — [*tractatio*] — *traditio* b. — [*vis*] — *visus* e. — [*quaedam etiam*] — *etiam* expunctum in f. — [*affectio*] — *affecta sunt* O1x. (ϱ.)

§. 69. [*plura bona ut*] Sic a b c d e. O2x. (ϱ. ψ.) Valla. Asc. 1. 2. — *ut plura b.* f. O2x. BV. Ald. Iu. Ab. C. V. M. S. L. Grut. — [*bonis*] — om. L. — [*malis*] — om. L. — [*pervagata angustis*] — om. *angustis* h. l. L. — [*faciant*] — *faciant*, *angustis* L. 1566. — *faciant*, *contrariis* e marg. 1584. Sch. 2. (— *imitentur ut faciant* BC.) — [*et adventiciis*] ∾ *atque adv.* b c. — [*utentia*] — *vigentia* f. — [*inanimis*] Sic a. L. in m. 1584. non 1566. cfr. Beier ad *Lael.* §. 68. *Verr.* 5, §. 171. — *inanimatis* Cett.

cernitur: efficiens causa gravior, quam non efficiens: quae se ipsis contenta sunt, meliora, quam quae egent aliis: quae in nostra, quam quae in aliorum potestate sunt: stabilia incertis: quae eripi non possunt, iis, quae possunt. Affectio autem ad res aliquas est huiusmodi: principum commoda maiora quam reliquorum; itemque, quae iucundiora, quae pluribus probata, quae ab optimo quoque laudata. Atque, ut haec in comparatione meliora, sic deteriora, quae iis sunt contraria.
Parium autem comparatio nec elationem habet nec sub- 71
missionem; est enim aequalis. Multa autem sunt, quae aequalitate ipsa comparentur; quae ita fere concluduntur: Si consilio iuvare cives et auxilio aequa in laude ponendum est, pari gloria debent esse ii, qui consulunt, et ii, qui defendunt. Atqui primum est[1]: quod sequitur igitur. Perfecta est omnis argumentorum inveniendorum praeceptio: ut, quum profectus sis a definitione, a partitione, a notatione, a coniugatis, a genere, a forma, a similitudine, a differentia, a contrariis, ab adiunctis, a consequentibus, ab antecedentibus, a repugnantibus, a causis, ab effectis, a comparatione maiorum, minorum, parium, nulla praeterea sedes argumenti quaerenda sit.

E. 1) At, quod primum, est

§. 70. [*se ipsis*] — *se ipsa* abcd. Gryph. prob. Bruto. O1x. (B.) (Valla cum ψ.: — *si ipsa.*) — [*aliis*] — *alienis* e. — [*quae possunt*] — *quae eripi possunt* Asc. — [*probata*] — om. c., qui desinit in vv. *atque ut haec in comparatione.* — [*iis sunt*] — *his s.* f. O1x. (B.) Valla. BV. Asc.

§. 71. [*habet*] — *habeat* Ven. Nor. non improb. Ern. (In marg. Gothofred. meae Lambino tribuitur: *immissionem;* sed in marg. 1584. est *summissionem.*) — [*comparentur*] Sic ade. O1x. (ρ.) Ven. Valla. Nor. BV. 1., ut meliores Cdd. infra §. 73. *multa sunt, quae afferant.* ∞ *comparantur* bf. O3x. Asc. Ald. Iu. Ab. C. V. M. S. L. 2. — [*consulunt*] — *consuluntur* ad. — [*Atqui primum*] Sic BC. Bas. — *At, quod primum* edunt inde a Valla cum O3x. (?) Proxime inter meos accedit: — *At quod primum est. Igitur id quod sequitur* e. Reliqui turbas habent, e quibus nihil extricari potest; scilicet: *Et ita fit, quod primum est, par id quod sequitur. Igitur perfecta* abd. Gryph. In vulgata *quod* suspectum Ern. — [*a forma*] — *a formis* abef. O2x. (B. ρ.) Nor. — [*argumenti*] — *ullius argumenti* d.

19 Sed quoniam ita a principio divisimus, ut alios locos
72 diceremus in eo ipso, de quo ambigitur, haerere, de
quibus satis est dictum, alios assumi extrinsecus; de iis
pauca dicamus: etsi ea nihil omnino ad vestras disputationes pertinent; sed tamen totam rem efficiamus[1],
quando quidem coepimus. Neque enim tu is es, quem
nihil nisi ius civile delectet: et quoniam haec ita ad te[2]
scribuntur, ut etiam in aliorum manus sint ventura, detur
opera, ut quam plurimum iis, quos recta studia delectant,
73 prodesse possimus. Haec ergo argumentatio, quae dicitur artis expers, in testimonio posita est. Testimonium
autem nunc dicimus omne, quod ab aliqua re externa sumitur ad faciendam fidem. Persona autem non, qualiscunque est[3], testimonii pondus habet: ad fidem enim faciendam[4] auctoritas quaeritur: sed auctoritatem aut natura
aut tempus affert. Naturae auctoritas in virtute inest

1) perficiamus 2) ad te haec ita 3) *Abest* est 4) ad faciendam enim fidem

§. 72. [*ambigitur*] ∞ *ambigetur* ab. Ceterum cfr. §. 8., ubi nunc est: *de quo agitur.* — [*est dictum*] = *dictum est* d. Nor. BV. L. — [*de iis*] — *de his* Valla. Nor. BV. Asc. Sch. 2. — [*nihil omnino*] = *omnino nihil* f. — [*pertinent*] — *pertineant* e. — [*efficiamus*] Sic abdf. Gryph. O2x. (B. ϱ.) Nor. — *perficiamus* e. O2x. Cett. Edd. meae praeter Nor. Scil. verbum in hac re frequentius substitutum est rariori. cfr. Plin. *Epp.* 8, 4. *respondebis non posse - - - perinde inchoata placere, ut effecta.* — [*et quoniam*] — om. *et* abef. — [*haec ita ad te*] Sic abdf. = *ad te haec ita* Cett. — [*iis quos*] — om. *iis* adef. Item b. a pr. manu. A secunda habet: *eis.* — [*possimus*] — *possumus* f.

§. 73. [*Haec ergo*] — *Haec igitur* e. ∞ om. *ergo* Valla. — [*artis*] — *rationis* e. — [*dicitur*] — *ducitur* f. — [*autem nunc*] — om. *nunc* b. — [*dicimus omne*] — *dic. esse* BV. — [*re externa*] = *ext. re* BV. V. S. L. — [*faciendam*] — *faciendum* V. M. cfr. *Partitt.* §. 5. extr. — [*qualiscunque est*] Sic abdef. O1x. (ϱ.) N. BV. Victor. ex usu Cic. — om. *est* O3x. (?) Valla. Asc. Ald. Ab. C. S. L. 1. 2. — [*ad fidem enim faciendam*] Sic abdf. BV. Vict. S. L. — *ad faciendam enim fidem* e. Valla. N. Ald. Asc. Ab. C. Grut. 1. 2. Sed amat istiusmodi inversiones Cic. — [*inest maxime*] ∞ *inest maxima* abd. O1x. (B.) C2d. Gruteri, ipso et Ern. probb. (— om. *inest* Palat.) — *est maxime* f. — *est maxima* Boëthius Hasii in Ioanne Lydo *de ostentis* p. 344. O1x. (ϱ.) BV. Ut nos, e. O2x. Valla. N. Asc. Seqq. et cfr. 78. *In homine virtutis opinio*

maxime: in tempore autem multa sunt, quae afferant
auctoritatem, ingenium, opes, aetas, fortuna, ars, usus,
necessitas, concursio etiam nonnunquam rerum fortuitarum.
Nam et ingeniosos et opulentos et aetatis spatio probatos
dignos, quibus credatur, putant: non recte fortasse, sed
vulgi opinio mutari vix potest, ad eamque omnia dirigunt
et qui iudicant et qui existimant. Qui enim rebus iis[1],
quas dixi, excellunt, ipsa virtute videntur excellere.

Sed reliquis quoque rebus, quas modo enumeravi, 74
quamquam in iis nulla species virtutis est, tamen interdum
confirmatur fides, si aut ars quaedam adhibetur; (magna
est enim[2] vis ad persuadendum scientiae:) aut usus; plerumque enim creditur iis, qui experti sunt. Facit etiam 20
necessitas fidem, quae tum[3] a corporibus, tum ab animis
nascitur. Nam et verberibus, tormentis, igni fatigati
quae dicunt, ea videtur veritas ipsa dicere, et, quae perturbationibus animi[4], dolore, cupiditate, iracundia, metu,
quia necessitatis vim habent, afferunt auctoritatem et fidem.

1) his rebus 2) magna enim est 3) quum 4) et quae a perturbationibus animi sunt

valet plurimum. — [*in tempore*] — *e temp.* d. Gryph. — *ex tempore* b. a pr. manu. A sec. *et tempore.* Cd. a. a pr. manu *tempore;* superscr. *e:* sed haec omnia orta videntur e διττογραφίᾳ *maxima*, *maxime.* Scil. *e* superscr. significabant, qui *maxima* habebant, legi etiam *maxime;* e autem veram praepos. *in* extrusit. — [*afferant*] — *afferunt* f. Valla. Asc. — [*rerum fort.*] — *fort. rerum* f. BV. — [*rebus iis*] Sic a d. — *rebus his* bf. Valla. BV. Asc. V. — *his rebus* Ald. Ab. C. S. L. 1. 2. cum e.

§. 74. [*in iis*] — *in his* f. — [*confirmatur fides*] — om. *fides* L. „vel legendum *tamen interdum fit fides.*" Idem. — [*si aut ars*] — *si usus aut ars* Valla. Nor. — *si fortuna aut ars* BV. — [*magna est enim*] Sic a d e f. BV. = *magna enim est* Nor. Asc. Ald. Ab. C. V. S. L. 1. 2. (— *magna vis est enim* b.) — [*sunt*] — *sint* f. — [*tum a corp.*] Sic a b d f. Valla. N. BV. Asc. Ald. Ab. C. Sch. 2. — *quum* e. V. S. L. 1. — [*igni*] — *in igni* S. Vide Lamb. *Adnott.* (— *verberibus torti*, *igni fat.* Aldus ap. Brutum. Margo Gothofred.) — [*et quae perturbationibus animi*] scil. „fatigati dicunt." — *et quae a perturbationibus animi sunt* O3x? BV. Ald. Ab. C. V. S. L. 1. 2. Sed *a* abest ab a b d e f. Gryph. O1x. (B.) Valla. Asc. et *sunt* ab a b d. Gryph. O1x. (B.) Valla. Nor. Asc. Ut nos, edidit etiam Brutus. — [*iracundia*] — *ira* L.

75 Cuius generis etiam illa sunt, ex quibus verum nonnunquam[1] invenitur, pueritia, somnus, imprudentia, vinolentia, insania. Nam et parvi[2] saepe indicaverunt aliquid, quo id[3] pertineret, ignari et per somnum, vinum, insaniam multa saepe patefacta sunt. Multi etiam in res odiosas imprudentes inciderunt, ut Staieno[4] nuper accidit: qui ea locutus est, bonis viris subauscultantibus, pariete interposito, quibus patefactis in iudiciumque prolatis ille[5] rei capitalis iure damnatus est. Huic simile
76 quiddam de Lacedaemonio Pausania accepimus. Concursio autem fortuitorum talis est, ut, si interventum est casu, quum aut ageretur aliquid, quod proferendum non esset, aut diceretur. In hoc genere etiam illa est in Palamedem coniecta suspicionum proditionis multitudo;

1) nonnunquam verum 2) pueri 3) ad quod 4) Staleno 5) *Abest* ille

§. 75. [*generis etiam*] = *etiam generis* Vict. (= *generis illa etiam* f. BV.) — [*verum nonnunquam*] Sic abdf. Valla. BV. Vict. = *nonn. verum* e. N. Ab. C. S. 1. 2. — [*parvi*] Sic abdef. Gryph. Valla. BV. cfr. *de Finibus* 5, §. 42. *parvi enim primo ortu sic iacent.* — *pueri* e gloss. O4x. Asc. Ald. Ab. C. V. S. L. 1. 2. (*et saepe parvi* b.) — *per vim* Nor. — [*quo id*] Sic abde. Gryph. O1x. (B.) — *quod* f. O1x. (ρ.) Valla. N. BV. Asc. — *ad quod* Ald. Ab. C. V. S. L. 1. 2. — [*imprudentes*] — *imprudenter* be. — *impudenter* f. — [*Staieno*] Sic bde. Hittorp. Cd. Eins. in Boëthio. Grut. cfr. Niebuhr *Fragmm. Cic.* p. 57. — *Staleno* a. Gryph. Rivius *Castigg.* p. 50. Turnebus *Adv.* 20, 5. p. 628. Man. L. 1. 2. — *Statenio* f. — *Stalerio* Nor. Ald. Iu. V. S. — Ceteri varie corrupti. — [*ille rei c.*] Sic abdef. O1x. (ρ.) Valla. BV. Asc. — om. *ille* N. Ald. Ab. C. V. S. L. 1. 2.

§. 76. [*Concursio* cet.] — Haec: *Concursio - - - dicerentur* Sch. 2. coni. transposuit ante v. *Cuius generis etiam*, haud animadvertens illa, quae de Staieno et Pausania memorantur, non casu, sed certo quodam consilio bonorum virorum facta esse, quibus a senatu atque ab ephoris negotium datum erat, ut subauscultarent. Ac plerumque eiusmodi transpositiones, coniecturâ factae, exiguam merentur fidem aut nullam. — [*in Palamedem*] „Concursio etiam rerum fortuitarum facit fidem, quae quum aliquoties falsa designet, tamen ita est vehemens, ut se ab ea veritas explicare vix possit. Quale est, quod de Palamede narratur: Phryx exstinctus, qui quasi a Priamo missus videretur; repertae Priami literae, Phrygiam manum imitatae, quae concurrentia fidem facerent proditionis." BC. = [*genere etiam*] = *etiam genere* b. = [*est generis*] Sic

quod genus refutare interdum veritas vix potest. Huius etiam est generis[1] fama vulgi, quoddam multitudinis testimonium. Quae autem virtute fidem faciunt, ea bipertita sunt: ex quibus alterum natura valet, alterum industria. Deorum enim virtus natura excellit: hominum autem industria. Divina haec fere sunt testimonia: primum ora- 77
tionis; (oracula enim ex eo ipso appellata sunt, quod inest in iis[2] deorum oratio;) deinde rerum, in quibus insunt quasi quaedam opera divina[3]: primum ipse mundus

1) generis est 2) in his 3) opera divina quaedam

abdf. = *generis est* e. Edd. meae, praeter Nor., quae nostro ordini favens: — *et generis.* Ista transpositio rursus orta est ex non intellecta scriptura *etiamst.* Ordo autem a nobis receptus variat aliquanto orationem a proxime praecedd. *in hoc genere etiam illa est*, prorsus ex usu Cic. — [*bipertita*] Hanc scripturam nunc ubique praefero, ut est in *expers;* h. l. etiam cum Cdd. meis. Asc. Ab. C. L. 1584.; qui sic scrib. esse aliquoties monuit. = *bipartita* Valla. BV. Ald. V. S. L. 1566. 1, 2. — [*virtute*] ∞ *a virtute* a. a pr. manu. b.; id est barbare, „a parte virtutis." — [*fidem faciunt*] = *faciunt fidem* b. — [*deorum enim*] — *d. autem* e. — [*excellit*] — *excellet* a. a pr. m. df. O1x. (B.) — [*autem*] ∞ om. *autem* a. Agnoscit tamen iam Boëthius Hasii. — [*autem industria*] ∞ om. *autem* b. „Videtur quibusdam haec sententia - - - ex libris M. Varronis, hominis acutissimi, De humanis et divinis rebus, ubi de theologiae divisione agitur, succincte per transitum mutuata. Fuit enim Tullius eidem M. Varroni coauditor et condiscipulus sub doctore Antiocho partim Stoico partim Academico." Boëthius Hasii. Subiungit his Varronis doctrinam de triplici genere theologiae mythico, physico, civili; non ex ipsius Varronis libris, sed ex Augustino *de civ. Dei.* 7, 4., quem suo more παραφράζει.

§. 77. [*orationis*] „Per orationem significasse videtur M. Tullius quaedam consultorum numinum responsa, quae quandoque vario intellectu perplexa, quandoque perspicua, quibusdam ex adytis specuum spumantibus buccis rapidoque discursu oris furiatorum ructabat insania; quibus veluti vivae atque expertissimae deorum voci pro fidei testimonio innitebatur antiquitas." Boëthius Hasii. — [*in iis*] — *iis* dedi cum ad. Nor. — *his* Cett. Deinde omittunt *in* abdef. O1x. (B.) Boëthius Hasii. Valla. BV. Asc. Ald. Ab. C. Satis tamen firmant usum Cic. O3x. (ut videtur.) Nor. Victor. Seqq. omnes. — [*quaedam opera divina*] Sic abdf. Boëth. Hasii. Valla. BV. Asc. Vict. — *op. divina quaedam* e. Ald. Ab. C. S. L. 1. 2. (— *ora* f. — *oracula* Goveani mala susp.) cfr. Plinii *Epp.* 8, 20. *me nihil aeque ac naturae opera delectant.* —

eiusque omnis ordo et ornatus; deinceps aërii[1] volatus
avium atque cantus; deinde eiusdèm aëris sonitus et ardo-
res, multarumque rerum in terra portenta: atque etiam
per exta inventa praesensio. A dormientibus quoque multa
significata visis, quibus ex locis sumi interdum solent
78 ad fidem faciendam testimonia deorum. In homine virtutis opinio valet plurimum. Opinio est autem[2] non
modo eos virtutem habere, qui habeant, sed eos etiam,
qui habere videantur. Itaque, quos ingenio, quos studio, quos doctrina praeditos vident, quorumque vitam
constantem et probatam, ut Catonis, Laelii, Scipionis
aliorumque plurium, rentur eos esse, quales se ipsi velint. Nec solum eos censent esse tales[3], qui in honoribus

1) aërei 2) antem est 3) tales esse

[*aërii*] Sic a. Valla. Nor. L. = *aërei* Cett. (— *aetheris* f.) — [*atque*] — *et* Boëth. Hasii. „In hac caelesti vertigine si quando aliquid insuetum rarumque et extraordinarium suspicitur, eventus imminens mortalibus in utramlibet partem quasi quodam caeli testimonio a mathematicis praedicatur. Insuetum rarumque, inquam, quia, ut ait Plato, quae longo intervallo rursus apparent, metus et quaedam portenta significant vel mox futura vel serius. Ex quo intelligi datur sidera infrequenter orta non facere quae proveniunt, sed futura praenuntiare; ait enim, *significant.* Alioquin, qui has stellas putant habere hanc potestatem, ut volentes nociva decernant, magnam caelo faciant iniuriam, in cuius velut clarissimo senatu ac splendidissima curia opinantur scelera facienda decerni, qualia si aliqua civitas terrena decrevisset, genere humano decernente fuerat evertenda. In huiusmodi vero tractatu Posidonii atque Iulii Firmici sive reliquorum mathematicorum regnat oratio; aruspices etiam, variorum aucupes eventuum, ab aërio avium volatu sive cantu quandam futurorum πρόγνωσιν manere dixerunt." Boëthius Hasii. — [*significata visis*] — *significantia visa* e. — [*deorum*] „Alii *celorum*" (sic) f.

§. 78. [*est autem*] Sic a d f. Valla. BV. Asc. — *autem est* b e. N. Ald. Ab. C. V. S. L. 1. 2. — [*habeant*] — *habent* f. — [*eos etiam*] om. haec e. — [*rentur eos esse*] Certa haec videtur lectio Cd. e. O3x. Vallae. Asc. Ald. Ab. C. V. S. L. 1. 2.; etsi pro *rentur:* — *viderentur eos* a b d. Gryph. O1x. (B.) — (unde Bruti suspic.: — *videlicet rentur.*) — *videntur eis* f. Nor. BV. „Alii" apud Lamb. — [*quales se ipsi*] ∞ *quales esse se ipsi* L. contra Cdd. notos. Sed facillime h. l. *esse* poterat excidere. — om. *se* e. — [*esse tales*] Sic a b d f. Valla. BV. BV. Asc. = *tales esse* e. N. Ald. Ab. C. V. S. L. 1. 2. —

populi reque publica versantur, sed et oratores et philosophos et poëtas et historicos: ex quorum et dictis et
scriptis saepe auctoritas petitur ad faciendam fidem. Ex- 21
positis omnibus argumentandi locis, illud primum intelli- 79
gendum est, nec ullam esse disputationem, in quam non
aliquis locus incurrat, nec fere omnes locos incidere in
omnem quaestionem et quibusdam quaestionibus alios, quibusdam alios esse aptiores [locos][1]. Quaestionum duo [sunt][2]
genera; alterum infinitum, definitum alterum[3]. Definitum est,
quod ὑπόϑεσιν Graeci, nos causam: infinitum, quod
ϑέσιν illi appellant, nos propositum possumus nominare:
causa certis personis, locis, temporibus, actionibus, ne- 80

1) sed quibusdam quaestionibus alios esse aptiores locos. 2) sunt sine [].
3) alterum definitum

[*populi*] — *P. R.* f. — [*reque publica*] Sic Cdd. nostri. (O1x. B.?) Nor. BV. Grut. 1. 2. — *atque in rep.* O3x. Valla. Asc. Ald. Iu. Ab. C. V. M. S. L. (cfr. Liv. 22, 11, 1. *de bello reque de publica* ibique Drakenb.) — [*et poëtas*] — om. *et* e. — [*historicos*] — *ystoriographos* f. — [*et dictis*] — om. haec f. — om. *et* e.

§. 79. [*inquam*] — *in qua* a d. — *in quo* e. — [*non aliquis*] — *is aliquis* d. — [*nec fere omnes locos*] i. e. „nec plerumque solere omnes locos incidere." — *nec temere o. l.* vel del. *fere* Lamb. suspicc. Pro *fere*, *temere* habet in *Sestianae* §. 51. Iunta, prob. Ern. Sed neutro loco de v. *fere* dubitandum. — [*quaestionem*, *et quibusdam* cet.] Ut nos, omnes ante Ern., nisi quod b., ut volebat L. in m. 1584. ∾ omittit v. *locos* post v. *aptiores*, quo v. sane facile caremus; propter consensum tamen reliquorum nolui id prorsus delere. Praeterea Ald. Ab. C. V. M. S. L. Grut. habent peiorem v. ordinem: — *esse alios aptiores* et *sed quibusdam* pro *et q.* Nor. Iam vero Ern. 1., quem sequitur Sch. 2., sic edidit: — *omnem quaestionem*, *sed quibusdam quaestionibus alios esse aptiores locos.* Haec autem adnotavit: „*Sed quibusdam qu. alios esse aptiores locos*] Sic eleganter Ms. Viteb. (nobis f.), quod secutus sum. Vulg. *quibusd. qu. alios*, *quibusdam esse alios apt. l.*; quod est frigidissimum. (Cur tandem?) *Sed* pro *et* dedimus ex ed. Ven." — Iam vero ex accuratissima collatione Cd. Viteb. (f.) a Beiero instituta, compertum habeo, ab eo omnibus literis exhiberi ipsam nostram ceterorumque lectionem. *sed* autem Ed. Ven. ortum est ex ignorata constructione *nec - - et*; in qua nunc nemo iam haeret. — [*sunt*] ∾ om. a b d e. O1x. (B.) Transponit f. Quocirca [ ]. — [*definitum alterum*] Sic a d f. = *alterum def.* Cett. — [*Graeci*] — *Graeci vocant* e.

§. 80. [*certis*] ∾ *in certis* L. *in* tamen facilius excidere poterat post v. *certis*. Nec tamen est necessarium, quum seqq.

gotiis cernitur, aut in omnibus aut in plerisque eorum: propositum autem in aliquo eorum aut in pluribus, nec tamen in maximis. Itaque propositum pars est causae[1]. Sed omnis quaestio eorum[2] aliqua de re est, quibus causae continentur, aut una aut pluribus aut nonnunquam
81 omnibus. Quaestionum autem, quacunque de re sint, duo [sunt][3] genera: unum cognitionis, alterum actionis.
82 Cognitionis sunt eae[4], quarum est finis[5] scientia: ut, si quaeratur, a naturane ius profectum sit, an ab aliqua quasi condictione[6] hominum et pactione? Actionis autem huiusmodi exempla sunt: Sitne sapientis ad rem publicam accedere? Cognitionis quaestiones tripertitae sunt: aut

1) causae est 2) earum 3) sunt *sine* []. 4) hae 5) finis est 6) conditione

in, a Cdd. satis firmata contra Lamb. ad hoc quoque v. referri debeant. — [*locis*, *temporibus*] — *temp.*, *locis* f. — [*aut in omnibus*] — om. *in* O1x. (B.) L. — [*aut in plerisque*] — om. *in* L. — [*aliquo*] Sic f. N. BV. Ald. Ab. C. V. Seqq. — *aliqu.* (sic) b. a pr. m. — *aliquos* d f. O1x. (B.) ∞ *aliquibus* b. a sec. m. e. Valla. Asc. — [*aut in pluribus*] — om. *in* a d e. — [*nec tamen in maximis*] — *nec tamen certis* Lamb. susp. — [*est causae*] Sic a b d f. BV. = *causae est* e. Valla. Asc. Ald. Ab. C. V. Seqq. — *propositum est pars causae* Nor. — [*eorum*] Sic a b. Valla. Refertur scil. ad superiora *personis - - negotiis*, et recte ante est his *in plerisque eorum*, *in aliquo eorum*. — *earum* d e f. O1x. Edd. meae praeter Vallam. (— *earum de aliqua rerum* Nescio qui apud Lamb.)

§. 81. [*Quaestionum autem*] ∞ om. *autem* b. Sch. 2. coni. addidit: — *propositarum*. — [*quacunque de re sint*] Ex certo usu Cic. legendum *sunt*. Cfr. Heusing. *Praef. ad Offic.* p. LV. Meyerum *ad Orat.* §. 130. Proxime v. *sunt* transpositum ab a b. et omissum ab Asc. rursus est suspectum. Quocirca [ ].

§. 82. [*sunt eae*] Sic a d. — *s. hae* Cett. — [*est finis*] Sic a b d f. Valla. BV. Asc. = *finis est* e. N. Ald. Ab. C. V. Seqq. — [*a naturane*] — om. *a* Cdd. mei. Nor. — *an a natura* BV. — [*an ab*] — *aut ab* f., ut solent Cdd. peiores. — [*condictione*] Sic Forcellinus in v. *condictio*, favetque Norimb. corruptela: — *contradictione*, Cfr. nunc, quae adnotavi ad *Offic.* 3, §. 108. et Gell. *N. A.* 20, 1. *pactum atque condictum cum rege populi Romani*. — *conditione* Cett. omnes. — [*tripertitae*] Sic b. Asc. Ab. C. L. in m. 1584. = *tripartitae* Cett. — [*sunt*, *aut sitne*] Sic a b d e. BV. (cfr. Zumpt in *Jahn Jahrbücher* 2, 1, 2. p. 111.) — *sunt aut sit* f. ∞ *sunt aut sit necne* Valla; quod sane congruit cum seqq. *sit necne sit*. — *sunt quum aut sit necne* Asc. — *sunt*, *quum an sit* Nor. Ald. Ab. C. V. S. L. 1. 2. Sed part. *quum* hic locus non est,

sitne[1], aut quid sit, aut quale sit, quaeritur. Horum primum coniectura, secundum definitione, tertium iuris et iniuriae distinctione explicatur. Coniecturae ratio in quattuor partes distributa est, quarum una est, quum quaeritur, sitne aliquid: altera, unde ortum sit; tertia, quae id causa effecerit; quarta, in qua de mutatione rei quaeritur. Sit, necne sit: ecquidnam sit honestum[2]: ecquid aequum re vera; an haec tantum in opinione sint? Unde autem sit ortum: ut, quum quaeritur, natura an doctrina possit effici virtus? Causa autem efficiens sic: quaeritur[3], quibus rebus eloquentia efficiatur. De commutatione sic: Possitne eloquentia commutatione aliqua
converti in infantiam? Quum autem, quid sit, quaeritur, 22
notio explicanda est et proprietas et divisio et partitio. 83
Haec enim sunt definitioni attributa: additur etiam descriptio, quam χαρακτῆρα Graeci[4] vocant. Notio sic quaeritur: sitne id aequum, quod ei, qui plus potest, utile est? Proprietas sic: in hominemne solum cadat, an etiam in beluas aegritudo? Divisio et eodem pacto

1) sunt, quum an sit 2) honestum sit 3) sic, ut quum quaeritur 4) Graeci χαρακτῆρα

quum sit omnium partium enumeratio; alia res est, ubi, ut in seqq., singulae recensentur. — [*Horum - - tertium*] Sic abde. Edd. meae praeter BV. et L. — *Harum* f. BV. L. in marg. 1584., non 1566. — - - *prima - - secunda - - tertia* f. O1x. (U.) BV. L. — [*quattuor partes*] — om. *partes* a. — [*sit necne sit*] ∾ *sit necne*, *sic* S. L. Haud displicet. — [*ecquidnam*] — *aut quidnam* f. — *ut quidnam* N. BV. Asc. — *ut quod nam* e. — *ut*, *ecquidnam* Sch. susp. — [*sit honestum*] Sic abdf. Valla. BV. Asc. = *hon. sit* e. N. Ab. C. V. Seqq. — [*an haec*] — *aut haec* f. — [*tantum in opinione*] — *sunt* (a pr. m.; a sec. correctum *sint*) *tantum in opinione* b. — [*Unde autem*] ∾ om. *autem* b. — [*virtus*] — *iustus* Margo Crat. — [*sic quaeritur*] Sic abde. O2x. (B. ρ.) Valla.; ut statim: *Notio sic quaeritur*, et ante est simpliciter *ut quum quaeritur*, non: — *sic*, *ut quum quaeritur*, ut habent h. l. f. (*sit* pro *sic*) Asc. Ald. Ab. V. Seqq. — [*de commutatione*] — *de mutatione* Margo 1584.

§. 83. [*quam*] ∾ *quem* Sch. 2. coni. — [*χαρακτῆρα Graeci*] Sic abd. = *Graeci χαρ.* V. Seqq. — *Gr. ὑπογραφικήν* Valla. — *Gr. ὑπογραφήν* BV. — *Gr. διαγραφήν* Asc. — *Gr. καταγραφήν* Ald. Iu. Ab. (haec cum varia lect. *ὑπογραφήν*) Margo Crat. — [*eodem pacto*] — *e. modo* be. Nor. — [*partitio: Triane*]

partitio[1]: Triane genera bonorum sint? Descriptio:
Qualis sit avarus, qualis assentator, ceteraque eiusdem
84 generis, in quibus natura et vita describitur. Quum autem
quaeritur, quale quid sit; aut simpliciter quaeritur aut
comparate: simpliciter, Expetendane sit gloria? comparate,
Praeponendane sit divitiis gloria? Simplicium
tria genera sunt: de expetendo fugiendoque: de aequo et
iniquo: de honesto et turpi. Comparationum autem duo,
unum de eodem et alio: alterum de maiore et minore.
De expetendo et fugiendo huiusmodi: Si expetendae divitiae,
si fugienda paupertas? De aequo et iniquo:
Aequumne sit ulcisci, a quocunque iniuriam acceperis?
De honesto et turpi: Honestumne sit pro patria mori?
85 Ex altero autem genere, quod erat bipertitum[2], unum
est de eodem et alio: Quid[3] intersit inter amicum et assentatorem?
regem et tyrannum? Alterum de maiore et
minore: ut, si quaeratur, eloquentiane pluris sit, an iuris
civilis scientia? De cognitionis quaestionibus hactenus.
86 Actionis reliquae sunt, quarum duo[4] genera: unum ad
officium, alterum ad motum animi vel gignendum vel sedandum
planeve tollendum. Ad officium sic: quaeritur[5],

1) partitio sic 2) bipartitum 3) et alio: ut si quaeratur, Quid 4) duo sunt 5) sic: ut quum quaeritur

Sic a. Gryph. — *partitio sic: Triane* Cett. — [*bonorum sint*] = *sint bon.* b. — [*qualis assentator*] — *qualis sit ass.* f. — [*ceteraque eiusdem*] — *cetera eiusdemque* b. a pr. m. Unde fortasse leg.: ∾ *cetera eiusdem.*

§. 84. [*praeponendane*] — *praeponenda* a. — [*divitiis gloria*] — *gloria div.* f. — [*simplicium*] — *simplicum* a. — [*tria genera sunt*] ∾ om. *sunt* BV. — [*si expetendae*] — *sintne expetendae* L. coni. — [*si fugienda*] — om. *si* Valla. BV. — *sitne fug.* L. coni.

§. 85. [*bipertitum*] Sic a. Ab. C. L. in m. 1584. = *bipartitum* Cett. — [*unum est*] — om. *est* d. — [*et alio: Quid*] Sic abde. O1x. (B.) Valla. — *et alio: ut si quaeratur, quid* f. O3x. Asc. Ald. Ab. C. V. Seqq. — [*regem*] — *inter regem* f. Valla. Asc. — [*si quaeratur*] ∾ om. haec e. — [*eloquentiane*] — *eloquentia* e.

§. 86. [*Actionis*] — *Actiones* ab. — [*quarum duo*] Sic abde. O2x. (B. ρ.) Valla. BV. Asc. — *q. duo sunt* f. O2x. Ald. Ab. C. V. Seqq. — [*vel gignendum*] — om. *vel* de. Vict. — [*sedandum*] — *ad sedandum* d. — [*sic: quaeritur*] Sic

suscipiendine sint liberi? Ad movendos animos, [quum fiunt][1] cohortationes ad defendendam rem publicam, ad laudem, ad gloriam[2]: quo ex genere sunt querelae, incitationes miserationesque flebiles, rursusque oratio tum[3] iracundiam restinguens, tum metum eripiens, tum exsultantem laetitiam comprimens, tum aegritudinem abstergens. Haec quum in propositis quaestionibus genera sint, eadem in causas transferuntur.

Loci autem qui ad quasque quaestiones accommodati 23
sint[4] deinceps est videndum. Omnes illi quidem[5] ad 87
plerasque[6], sed alii ad alias, ut dixi, aptiores. Ad coniecturam igitur maxime apta, quae ex causis, quae ex effectis, quae ex coniunctis sumi possunt. Ad definitionem autem pertinet ratio et scientia definiendi. Atque huic generi finitimum est illud, quod appellari de eodem et alio[7] diximus: quod genus forma quaedam definitionis est. Si enim quaeratur, idemne sit pertinacia

1) quum fiunt *sine* []. 2) ad gloriam et ad laudem 3) quum 4) sunt 5) quidem illi, quos supra diximus 6) ad plerasque sunt 7) altero

abde. Gryph. — *sic, ut quum quaeritur* Cett. cum f. O2x. (Ox. quartus, ϱ.: — *sic quum q.*) — [*quum fiunt*] ∾ om. haec ade. Gryph. Hinc []. — *ut quum fiunt* f. — *tum fiunt* Vict. — [*ad laudem, ad gloriam*] Sic abde. BV. — *ad gloriam, ad laudem* Valla. Asc. — *ad gloriam et ad laudem* f. N. Ald. Ab. C. V. S. L. 1. 2. — [*ex genere sunt*] — *ex genere querendae* (sic) *sunt* b. — [*tum irac.*] Sic abdef. Valla. BV. Asc. Ald. Ab. C. Sch. 2. — *quum i.* V. S. L. 1. — [*iracundiam*] — *iram* L. — [*restinguens*] — *restringens* Nor. Asc. Margo Crat., perpetua et vix iam notanda varietate. Sic *Orator* §. 2. pro *restinxit* multi habent *restrinxit*.

§. 87. [*sint*] Sic ad. O1x. (B.) L. — *sunt* Cett. — [*illi quidem*] Sic abdf. Valla. BV. Asc. V. S. L. — *quidem illi* e. N. Ald. Ab. C. Grut. 1. 2. Post haec inserunt gloss. *quos supra diximus* bd. O3x. N. Ald. Ab. C. S. L. 1. 2. Omittunt haec afe. O1x. (B.) Varietas Rob. Steph. Valla. BV. Asc. Vict. Recte: *omnes illi, quos supra diximus* significaret alios praeterea esse. Attamen *omnes* nullo excepto ibi enumeraverat. — [*ad plerasque*] Sic adef. Varietas Rob. Steph. Valla. BV. Asc. Vict. — *ad plerasque sunt* (b.) O4x. (?) N. Ald. Ab. C. S. L. 1. 2. — [*ut dixi*] — *ut diximus* f.. — [*illud quod*] — om. *illud* f. — [*alio*] Sic b. a pr. m. de. ut §. 84. — *altero* b. a sec. m. O3x. N. Ab. C. V. S. L. 1. 2. — *de altero* a. O1x. (B.) — *et de altero* f. Valla. BV. Asc. — [*definitionis est*] = *est def.* b. Valla.

88 et perseverantia, definitionibus iudicandum est. Loci
autem convenient[1] in eius generis quaestionem consequentis, antecedentis, repugnantis[2], adiuncti; etiam ii, qui
sumuntur[3] ex causis, et effectis. Nam si hanc rem illa
sequitur, hanc autem non sequitur: aut si huic rei illa
antecedit, huic non antecedit; aut si huic rei repugnat,
illi non repugnat: aut, si huius rei haec, illius alia causa
est: aut si ex alio hoc, ex alio illud effectum est: ex
quovis horum id, de quo quaeritur, idemne, an aliud
89 sit, inveniri potest. Ad tertium genus quaestionis, in
quo, quale sit, quaeritur, in comparationem ea cadunt,
quae paullo ante in comparationis loco enumerata sunt.
In illud autem genus, in quo de expetendo fugiendoque

1) conveniunt 2) consequentes, antecedentes, repugnantes 3) adiunctis etiam duobus iis, qui sumuntur

§. 88. [*convenient*] Sic a b d. Edd. meae ante Ern. maior. Item Ern. minor. Sch. min. — *conveniunt* fe. Ern. 1. Ed. mai. Sch. Ed. mai. — [*consequentis*, *antecedentis*, *repugnantis*] Sic BV. (et *consequentis* saltem O1x. B.) quod equidem habeo pro genitivis singul. gen. neutr., ut §. 53. est neutrum plurale: *consequentia* - - *antecedentia* - - *repugnantia.* — *consequentes*, *antecedentes*, *repugnantes* Cett. praeter f. (qui: *consequentem*, *antecedentem*, *repugnantem.*) Quod de locis ipsis dictum absurdum est. Hinc: — *consequens*, *antecedens*, *repugnans* C1d. Lambini, ipso non improb. Malebat tamen: — *a consequentibus*, *ab antecedentibus*, *a repugnantibus.* — [*adiuncti; etiam ii, qui*] Sic a. O1x. (B.) nisi quod hi duo *iique.* Item e f. BV., nisi quod: *hi qui.* Nec multum differunt b.: = *adiuncti etiam hiq' s.* — d.: *adiuncti etiam hique qui s.* — *adiuncti etiam duo quoque qui* Valla. — *adiunctis etiam duobus iis*, *qui* O3x. (?) N. Asc. Ald. Ab. C. V. S. L. 1. 2.; in qua tamen lectione *etiam* supervacaneum esse apparet. Scil. pronomen *II* habitum est pro nota numerali; tum mutata constructio a librariis. Ceterum *adiuncti* rursus est genitiv. sing. neutr., τοῦ προσθέτου. — [*huic rei*] — *hanc rem* f. Nor. L. — [*illa antecedit*] ∞ *res illa ant.* Valla. BV. Asc. — [*huic non*] — *hanc non* Nor. L. — *hanc autem non* f. — [*huic rei repugnat*] O2x. Ald. Ab. V. S. L. 1. 2. — om. *rei* a b d e f. O2x. (B. ϱ.) Valla. N. Asc. C. (h. l. recedens ab Asc. sec.) — [*huius rei haec*] — *huic rei haec* a b d e f. O1x. (B.) Valla. N. BV. Asc. Ald. Ab. C. Omnes tamen retinent *illius.* — [*illius alia*] — *alia illius* b. — [*causa est*] — om. *est* a. — [*si ex alio hoc*, *ex alio illud*] — *si ex hoc aliud*, *ex illo aliud* f. — [*an aliud sit*] — *an illud sit* a d. — [*inveniri*] — *videri* e.

§. 89. [*Ad tertium*] — *At tertium* d. — [*In illud*] ∞ *In id* Valla. Asc. Ald. Ab. C. S. L. — [*fugiendoque*] — *fugiendove* f. O1x. (ϱ.) Sed cfr. §. 84., ubi est sine varietate *fugiendoque*,

quaeritur, adhibentur ea, quae sunt aut animi aut corporis
aut externa vel commoda vel incommoda. Itemque quum
de honesto turpique quaeritur, ad animi bona aut[1] mala
omnis oratio dirigenda[2] est. Quum autem de aequo et 90
iniquo disseritur, aequitatis loci colligentur[3]. Hi cernun-
tur bipertito, et natura et instituto. Natura partes habet
duas, tuitionem sui et ulciscendi ius. Instituto autem
aequitas tripertita[4] est: una pars, legitima est, altera
conveniens, tertia moris vetustate firmata[5]. Atque etiam
rursus aequitas tripertita dicitur esse: una ad superos
deos, altera ad manes, tertia ad homines pertinere. Prima
pietas, secunda sanctitas, tertia iustitia aut aequitas nominatur. De proposito satis multa, deinceps de causa 24
pauciora dicenda sunt. Pleraque enim sunt ei cum proposito communia.

1) vel 2) dirigenda oratio 3) colliguntur 4) Institutio autem aequitatis tripartita 5) confirmata

item *turpique*. — [*Itemque*] — *Item* f. — [*turpique*] — *turpive* f. — [*aut mala*] Sic adf. O1x. (B.) Valla. BV. Asc. — *vel mala* be. Ald. Ab. C. V. Seqq. — [*omnis*] — *tota* e. — [*oratio dirigenda*] Sic abdf. Valla. BV. Asc. V. = *dirig. oratio* Ald. Ab. C. S. L. 1. 2. cum e. = *dirig. est oratio* Nor.

§. 90. [*colligentur*] Sic abd. Gryph. O1x. (B.) BV. — *colliguntur* Cett. cum ef. — [*tuitionem*] — *tributionem* abd. — [*ius*] — *vis* f. — *vim* Nor. Sch. in Ed. mai. — [*Instituto autem aequitas*] Sic Sch. 2. E. et ex Beieri testimonio f. habet *instituto autem aequitatis* neque aliter supra in BV. corrupte est *institutio* pro *instituto*. Paullo post *aequitatis* rursus multi Cdd. pro *aequitas*. Itaque recepi contra Cdd. notos et Edd. Vulgata autem lectio: *Institutio a. aequitatis* explicanda esset sic: „aequitas, quatenus institutio s. institutum est." Et agnoscit Gesner in *Thesauro*. Adversatur tamen reliquae Cic. consuetudini. (— *Institutum autem aequitatis tripertitum est* L. susp.) — [*altera conveniens*] — *altera aequitati conveniens* L. coni. 1566. Postea malebat: — *altera aequo et bono conveniens*. — [*firmata*] Sic abde. Gryph. O1x. (B.) Nor. cfr. *de Divin.* 1, 1, 1.: *opinio - - omnium gentium firmata consensu*. = *confirmata* f. Edd. meae omnes praeter Nor., ut *Tuscul.* 3, 2. *opinioni confirmatae* cet. — [*Atque etiam - - - nominatur*] Haec tamquam absurda del. Sch. in Ed. mai. In Ed. min. 2. []. Sed v. *aut aequitas* explica: „quae κατ' ἐξοχήν sic dicitur." Et cfr. *de N. Deor.* 1, 41. *Est pietas iustitia adversum deos*. Notandum *etiam* omitti a Cd. f. *rursus* autem ab abde. Gryph. O2x. (B. ρ.) Vict., nec tamen facile eo v. caremus. Tum *aequitatis* abd. — [*deinceps*] — om. de. — [*pleraque*] — *pluraque* f. — [*enim sunt*] = *sunt enim* f. solus.

91 Tria sunt igitur genera causarum; iudicii, deliberationis, laudationis. Quarum fines ipsi declarant, quibus
utendum locis sit. Nam iudicii finis est ius: ex quo etiam
nomen. Iuris autem partes tum expositae, quum aequitatis[1]. Deliberandi finis utilitas: cuius eae[2] partes, quae
modo expositae, rerum expetendarum. Laudationis [finis][3]
92 honestas: de qua item est ante dictum. Sed definitae
quaestiones a suis quaeque locis quasi propriis instruuntur[4], quae[5] in accusationem defensionemque par-
titae. In quibus exsistunt haec genera, ut accusator
personam arguat facti: defensor aliquid opponat de
tribus: aut non esse factum, aut, si sit factum, aliud
eius facti nomen esse, aut iure esse factum. Itaque aut
infitialis aut coniecturalis prima appelletur; definitiva,
altera: tertia, quamvis molestum nomen hoc sit, iuridi-

1) tum aequitatis 2) hae 3) finis *sine* []. 4) instituuntur 5) *Abest* quae

§. 91. [*genera*] om. b. — [*fines ipsi*] = *ipsi fines* b. — [*declarant*] om. e. — [*est ius*] = *ius est* Nor. S. L. — [*etiam nomen*] — om. *etiam* f. — [*quum aequitatis*] Sic af. Ven. BV. Ald. Iu. V. M. S. L. Grut. Sch. in Ed. mai. Recte. Est: „tum expositae sunt, quum aequitatis partes expositae sunt." scil. §. 90. = *tunc e. quum ae.* Nor. id quod in primis placeret in alio quovis scriptore bonae aetatis v. c. Liv. 22, 25, 12. *tunc, quum hostem verbis extolleret;* sed nostri certe Cdd. Tullii particulae *tunc* ubique fere adversantur, sive id casu factum est sive delectu ipsius scriptoris. Servatum est v. c. in *Sestiana* §. 69. — *tum aequitatis* bde. Ern. 1. 2. (— *tum expositio, tum aequitas* corrupte Valla. Asc. Ab. C.) — [*eae*] Sic adf. Vict. — *hae* Cett. — [*modo expositae*] — *m. expositae sunt* f. — *m. sunt expositae* Valla. Asc. — [*Laudationis finis*] — *Locus laudationis* b.; unde v. *finis*, a me []. h. l. fit suspectissimum. Repeti debebat post v. *deliberationis*, quia intercesserant ista: *Iuris - - aequitatis.* Hic nihil attinebat. — [*item est*] — om. *est* e.

§. 92. [*quasi propriis*] — om. *quasi* f. — om. *quasi propriis* e. — [*instruuntur*] Sic O1x. (ρ.) Dictum est, ut *instruere actionem, litem;* eademque constructione, quae frequentior est in participio *instructus ab aliqua re.* — *instiuntur* (sic) a. — *instituuntur* bdef. Edd. meae omnes. — [*quae in*] Sic ade. O2x. (B. ρ.) Valla. BV. Prorsus ex more Cic. in hoc libello. — om. *quae* b. O1x. (ψ. nam U. in fine mutilus.) Asc. Ald. Ab. C. V. Seqq., (— *instituuntur; sunt in* f.) — [*appelletur*] — *appellatur* f. — [*definitiva*] — *sed definitiva* b. — [*molestum no-*

cialis vocetur. Harum causarum propria argumenta ex 25
iis sumpta locis, quos exposuimus, in praeceptis oratoriis explicata sunt. Refutatio autem accusationis, in qua 93
est depulsio criminis, quoniam[1] Graece *στάσις* dicitur,
appelletur Latine[2] status: in quo primum insistit quasi
ad repugnandum congressa defensio. Atque etiam in
deliberationibus et laudationibus iidem exsistunt status.
Nam et negantur saepe ea futura, quae ab aliquo in sententia dicta sunt fore, si aut omnino fieri non possunt
aut sine summa difficultate non possunt. In qua argumentatione status coniecturalis exsistit. At, quum aliquid 94
de utilitate, honestate, aequitate disseritur deque iis rebus,
quae his[3] sunt contrariae, incurrunt status aut iuris aut
nominis: quod idem contingit in laudationibus. Nam aut
negari potest id factum esse, quod laudetur, aut non
eo nomine afficiendum, quo laudator affecerit, aut omnino
non esse laudabile, quod non recte, non iure factum sit.
Quibus omnibus generibus usus est nimis impudenter

1) quae 2) Latine appelletur 3) iis

men hoc sit] = *sit mol. n. hoc* Valla. Asc. — [*ex iis*] — *ex his* f. — [*oratoriis*] — *orationis* f.

§. 93. [*Refutatio autem*] ∾ *autem* in O1x. (B.) deleri iubetur. — [*in qua*] — *in quo* b. — [*quoniam Graece*] Sic abde. Gryph. BV. BC. — *quae Gr.* f. Valla. Asc. V. Seqq. ∾ om. vel particulam vel pronomen Nor. Ald. Ab. C. sic: *criminis, Graece.* — [*appelletur Latine*] Sic ad. (f.) Valla. BV. Asc. = *Lat. appellatur* be. Ald. Ab. C. V. Seqq. — *Latine appellatur* Nor. (— *appellatur Latine* f.) — [*in quo*] — *in qua* a. — [*insistit*] — *exsistit* Valla. N. Asc. Margo Crat. — [*defensio*] — *dissensio* f. — [*Atque etiam* cet.] Sic e. Nor. Ald. Ab. C. V. Seqq. ∾ om. *etiam* b. ∾ *Atque in delib. etiam* ad. (f.) Valla. BV. Asc. Non mutavi vulgatam, quia saepe in hoc libro incipit clausulas a v. *Atque etiam.* — [*negantur*] — *negatur* f. — [*saepe ea*] — om. *ea* ab. — [*in sententia*] — om. haec e. — [*aut sine*] ∾ *aut si sine* Valla. Asc. — [*non possunt - - non possunt*] Sic bef. Valla. N. Asc. Ald. Ab. C. S. L. 1. 2. ∾ *non possint* ad. O1x. (B.) Vict. — - - *non possint* ad. O1x. (B.) BV. Vict. — [*exsistit*] — *exsistet* Valla. Asc.

§. 94. [*At, quum*] — *aut quum* abde. — [*aequitate*] — *aequalitate* a. — [*deque iis*] — *deque his* f. — [*quae his*] f. Valla. N. BV. Asc. Ald. Ab. C. V. S. — *quae iis* abcd. L. 1. 2. — [*contingit*] — *continet* b. — [*laudetur*] — *laudatur* ef. — [*non iure*] — *nec iure* BV. — [*omnibus*] — om. BV. — [*usus est* cet.] — *usus nimis impudenter est* f.

95 Caesar contra Catonem meum. Sed, quae ex statu contentio efficitur, eam Graeci *κρινόμενον* vocant. Mihi
placet id, quoniam quidem ad te scribo, QVA DE RE AGI-
TVR vocari. Quibus autem hoc qua de re agitur continetur, ea[1] continentia vocentur, quasi firmamenta defensionis, quibus sublatis defensio nulla sit. Sed, quoniam
lege firmius in controversiis disceptandis esse nihil debet,
danda est opera, ut legem adiutricem et testem adhibeamus. In qua re alii quasi status exsistunt novi, sed ap-
96 pellentur[2] legitimae disceptationes. Tum enim defendetur[3] non id legem dicere, quod adversarius velit, sed
aliud. Id autem contingit, quum scriptum ambiguum est,
ut duae sententiae differentes[4] accipi possint. Tum opponitur scripto voluntas scriptoris, ut quaeratur, ver-
bane plus, an[5] sententia valere debeat. Tum legi lex
contraria affertur. Ita sunt tria genera, quae controversiam in omni scripto facere possint[6], ambiguum, discre-
26 pantia scripti et voluntatis, scripta[7] contraria. Iam hoc
perspicuum est, non magis in legibus, quam in testamen-

1) eae 2) qui appellantur 3) defenditur 4) differentes sententiae 5) aut 6) possunt 7) et scripta

§. 95. [*agitur, vocari*] — *agetur, voc.* a. O1x. (B.) — [*ea continentia*] Sic bf. O1x. (ϱ.) Nor. — *eae cont.* ad. Grut. 1. 2. — *hae cont.* e. — *haec cont.* Valla. BV. Asc. Ald. Ab. C. V. M. S. L. — [*vocentur*] — *vocantur* e. — [*adhibeamus*] — *adhibeant* BV. — [*exsistunt*] — *exsistant* a. — [*sed appellentur*] Sic ade. Vict. — *sed appellantur* b. O1x. (ϱ.) Valla. BV. Asc. Man. — *sed qui appellantur* f. — *qui appellantur* N. Ald. Ab. C. S. L. 1. 2. cum O2x. — [*legitimae*] = *legitumae* a.

§. 96. [*defendetur*] Sic ad. Nor. — *defendentur* b. — *defenditur* Edd. meae praeter Nor. — *defendunt* d. — [*amb. est*] — *amb. sit* Vict. — [*sententiae differentes*] Sic adf. = *diff. sent.* Cett. — [*ut duae - - possunt*] Sic O1x. Vict. Seqq. — *et duae - - possunt* Ald. Ab. C. — *aut duae - - possint* a. — *aut duae - - possint* bde. (f.) O2x. (B. ϱ.) Valla. N. BV. Asc. — [*tum opponitur*] = *tunc opp.* b. — [*an sententia*] Sic abdef. O3x. Valla. N. BV. Asc. Ald. Iu. Ab. C. V. M. S. L. Oliv. Santenius ad *Terentianum* p. 16. — *aut sent.* soloece Grut. 1. 2. — [*debeat*] Sic f. O2x. Ald. Ab. C. V. Seqq. ∾ *debeant* abde. O1x. (B.) Valla. N. BV. Asc. — [*Ita*] — *Ista* Valla. Asc. — [*possint*] Sic abd. O1x. (B.) — *possunt* ef. O2x. Edd. meae. — [*scripta*] Sic abdef. (Valla. Hic: *et voluntas scripto contraria.*) Vict. S. L. — *et scripta* Grut. 1. 2.

tis, in stipulationibus, in reliquis rebus, quae ex scripto
aguntur, posse controversias easdem exsistere. Horum
tractationes in aliis libris explicantur. Nec solum per- 97
petuae actiones, sed etiam partes orationis iisdem locis
adiuvantur, partim propriis, partim communibus: ut in
principiis, quibus ut benevoli, ut dociles, ut attenti sint,
qui audiant, efficiendum est propriis locis. Itemque narrationes ut ad suos fines spectent, id est, ut planae sint,
ut breves, ut evidentes, ut credibiles, ut moratae[1], ut
cum dignitate. Quae quamquam in tota oratione esse
debent, magis tamen sunt propria narrandi[2]. Quae autem 98
consequitur narrationem fides, ea persuadendo quoniam
efficitur, qui ad persuadendum loci maxime valeant, dictum
est in iis, in quibus de omni ratione dicendi. Peroratio
autem et alia quaedam habet et maxime amplificationem:
cuius effectus hic[3] debet esse, ut aut perturbentur animi
aut tranquillentur: et, si ita iam affecti ante sint[4], ut
augeat eorum motus aut sedet oratio. Huic generi, in 99

1) moderatae 2) narranti 3) is 4) sunt

(— *et scriptura* Asc. — *scriptura* sine *et* O1x. (ρ.) N. BV. Ald. Ab. C.) — [*in stipulationibus*] — *quam in stip.* f. — [*ex scripto*] — *ex scriptis* e.

§. 97. [*qui audiant*] — *qui audiunt* e. Margo 1584. Sch. in Ed. mai. Nemo habet: ∞ *qui audient*; cfr. *ad Oratorem* §. 192. — [*propriis locis*] = *locis pr.* V. — [*ut ad suos*] — *ut suos* b. — [*moratae*] Sic Gryph. C1d. Lambini. O3x. (?) Valla. Nor. Asc. Vict. M. L. Oliv. 2. — *moderatae* Cdd. mei. BV. Ald. Iu. Ab. C. S. Grut. 1. — [*debent*] — *debeant* ef. — [*sunt propria*] = *propria sunt* b. — [*narrandi*] Sic abdf. O3x. Edd. ante Ern. Id est: „propria artis narrandi s. narrationis;" ut recte contra Ern. observavit Wetzel. Et: — *narrationis* re vera habet Margo 1584. quae recta interpretatio potius censenda est, quam probabilis emendatio. — *narranti* Ern. €. 1. 2. (sicque, Wundero teste, e.) Cicero autem v. *proprius* construere solet cum genitivo.

§. 98. [*consequitur*] ∞ *sequitur* abde. Gryph. O1x. (B.) Nor. — [*ad persuadendum*] — *ad persuasum* b. — [*valeant*] — *valent* f. — [*in iis*] — *in his* f. — [*dicendi*] — *dicendi diximus* e gloss. Asc. Ald. Ab. C. S. L. — *diximus discendi* (sic) Nor. — [*hic debet*] Sic abde. O2x. (B. ρ.) Valla. N. BV. Asc. Ald. Iu. Ab. C. S. L. ∞ *is debet* f. O1x. Vict. Man. 1. 2. — [*sint*] Sic ad. O1x. (B.) BV. — *sunt* Cett. — [*ut augeat*] — *ut aut augeat* f.

quo et misericordia et iracundia et odium et invidia et ceterae animi affectiones perturbantur, praecepta suppeditantur aliis in libris, quos poteris mecum legere, quum voles. Ad id autem, quod te velle senseram, cumulate
100 satisfactum esse debet voluntati tuae. Nam, ne praeterirem aliquid, quod ad argumentum in omni ratione reperiendum pertineret, plura quam a te desiderata erant, sum complexus, fecique quod saepe liberales venditores solent, ut, quum aedes fundumve vendiderint, rutis caesis receptis, concedant tamen aliquid emptori, quod ornandi causa apte et loco positum esse videatur. Sic tibi nos ad id, quod quasi mancipio dare debuimus, ornamenta quaedam voluimus non debita accedere.

§. 99. [*iracundia*] — *ira* Margo 1584. — [*et ceterae*] — *etiam ceterae* f. — [*perturbantur*] In hoc v. desinit e., quum proximum folium perierit. — *concitantur* L. contra Cdd. notos. Utique *perturbantur* h. l. est „perturbate concitantur." Proxime ad nostrum locum accedit *Tuscul.* 3, §. 25. *Ergo haec duo genera, voluptas gestiens et libido bonorum opinione turbantur;* ubi pariter haeserunt Critici: sane alibi *perturbantur* animi *et concitantur.* (Orat. §. 128.) Cfr. etiam Acadd. 2, 28, 89. *incitato furore.* Alius fortasse utetur audaci remedio verbum molestum resecandi. (— *et cetera. ea in affectione perturbantur* Valla.) — [*aliis in libris*] so om. *in* abdf. O2x. (B. ρ.) Nor. BV. Ald. Ab. C. Contextus Goveani. Habent *in* Valla. Asc. V. S. L. 1. 2. et cfr. §. 96. — [*tuae*] — om. f.

§. 100. [*ratione*] — *oratione* f. — [*fundumve*] — *fundum* f. — [*quasi mancipio*] — om. *quasi* b. — [*debuimus*] — *debemus* f. — [*voluimus*] — *volumus* f.

M. TULLII CICERONIS LIBELLUS DE OPTIMO GENERE ORATORUM.

PRAEFATIO.

Codices huius opusculi collati adhuc sunt tres dumtaxat:

I. Sangallensis N. 818. Sec. XI. optimus et pulcherrimus, idem qui in Topicis nobis fuit *d.* Continet praeterea Organi Aristotelei Epitomen Latinam cum versione Theotisca. (Nobis: *a.*) Integram dedi lectionem huius codicis, eamque, ubicunque fieri poterat, religiose secutus sum.

II. Oxoniensis U. adeo negligenter excussus, ut ex eo undecim tantum lectiones sint enotatae. *(U.)*

III. Vitebergensis anni 1432., quo negligenter usus est Ernestius; diligens eius collatio cum Schuetzii Ed. mai. exstat in Seebode *Archiv.* 1829. N. 37. *(Viteb.)* Collatus praeterea est ab Heusingero Gud. 38. „At hic libelli codex nihil aliud afferebat praeter vitiosas negligentissimi librarii scripturas, quarum nullam prorsus rationem habendam duxi." Schuetz.

Praeterea habui, praeter lectiones Iuntinae et Manutianae ex priore mea editione repetitas:

IV. Ed. Norimbergensem 1497. *(N. sive Nor.)*

V. Aldinam anni 1521. repetitionem Ed. 1514. *(A.)*

VI. Ascensianam primam. *(Asc.)*

VII. Ascensianam alteram. *(Ab.)*

VIII. Cratandrinam. *(Crat.)*

IX. Hervagianam primam. *(Hervag.)*

X. Victorianam. (*Vict.*)

XI. Ed. Caroli Stephani. (*S.*)

XII. Ed. Io. Antonii Viperani: Antverpiae 1581. 8. (*Viper.*)

Iam Norimbergensis et Ascensiana prima referunt, quantum intellexi ex Ernestii annotatione, Venetam 1485. et Mediolanensem. Utraque in omnibus fere consentiunt, ita ut, ubi N. simpliciter additum est, pro certo habeas, ab Ascensiana prima eandem lectionem exhiberi; ubi Asc. abit a Norimb., studiose significavi. Horribiles insunt corruptelae in Norimb.; sed veritatis etiam et reliquiae et vestigia.

Lectionem prorsus diversam, quae fundamenti instar est vulgatae sive Ernestianae, exhibent Ascensiana altera, ceteraequae, quas enumeravi, usque ad Viperanianam. Ubi igitur *Ab.* simpliciter apposui, intelligas licet has sex eandem praebere lectionem. Manutiana habet quaedam sua propria. Sequuntur

XIII. Lambiniana 1566. (*L.*) et

XIV. Margo Ed. 1584. (quae eadem est ac margo Gothofredi et Verburgii.) Nova recensio, in multis egregia, in aliis interpolata.

XV. Ed. Io. Mich. Bruti. Lugduni 1570. 12. sequitur Lambinum; quae propria habet enotavi.

XVI. Gruteriana (*Grut.*) et Verburgiana.

XVII. Edd. Oliveti, Lallemandi, Oxoniensis, quae plura adsciverunt ex Lambino.

XVIII. Neapolitana in syntagmate Garatoniano. (*Neap.*)

XIX. Ernestiana. (*Ern.* 1. sive 1. simpliciter.)

XX. Wetzeliana.

XXI. Schuetziana Ed. maior.

XXII. Schuetziana minor. (*Sch.* 2. sive 2. simpliciter.)

XXIII. Nobbiana inter Ern. et Sch. semper fluctuans.

Maxime memorabile illud est, quod tradit Lagomarsinius in *Bandinii Codd. Latt. Bibl. Med. Laur. Tom.* 2. p. 494.: („Brutum, et libellum *de opt. gen. Or.*:) hosce ambos (*libros*) profecto non nisi in codicibus seculo XV.

scriptis et ego reperi et reperisse Victorium facile credo: si quidem non nisi eo seculo Brutus, et, ut arbitror, alter ille libellus primum describi coeptus est ex antiquissimo exemplari, quod diu occultatum, tunc e tenebris emersit et in manus hominum venit; ex quo eodem integer Orator et item integri tres de Oratore libri descripti sunt." — At in Flavii Blondi ea de re narratione, quam exscripsimus in praefatione ad Oratorem, nulla certe huiusce opusculi mentio fit. Id tamen verum est Cdd. antea notos omnes Seculi esse XV., ut v. c. praeter Florentinos Bandinii, uno fortasse excepto, sunt etiam Viteberg. Paris. N. 7704. Oxon. et Ambrosiani duo. (*Partis sup.* L. 61. 86.) Quae quum ita sint, vide etiam atque etiam, ne ii omnes ducti sint ex ipso illo Cd. Sangallensi nuper a me excusso; qui Codex vel propter Aristotelea illa Theotisca, ut de ipsa scriptura taceamus, manifesto Seculo undecimo est exaratus. Quidni Poggius primus ex eodem descripserit hoc paucarum paginarum opusculum? etsi nulla eius rei memoria exstat. Certe inter eos, quos novimus, omnium est longe antiquissimus. Nam quod attinet ad Mediceum *Plut. L. Cd.* I. scriptum partim Sec. XIII. partim Sec. XV. (l. l. p. 487.) e Bandinii narratione non satis apparet, utrius seculi in eo sit scriptura huius libelli. Quod si est Sec. XIII., tum sane diversae eius lectio est originis ab Sangallensi sic quoque duobus seculis vetustiore. Accuratius nunc innotuit ex Seebodii collatione Cd. Vitebergensis, qui ipse quoque inter permultas corruptelas, omissiones et interpolationes servat vestigia nonnulla lectionis verioris in Sangallensi conservatae. In fine integram collationem adiecimus, quia propter incredibilem pravitatem non tota in annotationibus dari poterat.

M. TULLII CICERONIS
LIBELLUS
DE
OPTIMO GENERE ORATORUM.

1 Oratorum genera esse dicuntur tamquam poëtarum.
1 Id secus est: nam alterum est multiplex. Poëmatis enim tragici, comici, epici, melici etiam ac dithyrambici, quo magis[1] est tractatum a Latinis, suum cuiusque[2] est di-

1) quod magis 2) suum quodvis

§. 1. [*genera esse dicuntur*] — *genera duo dic.* Vit. — [*Id secus*] — *sed id secus* Vit. — *hoc s.* N. — [*nam alterum est multiplex*] ∞ *nam alterum est simplex*, *alterum multiplex* L. Placet; sive e Cd. id desumptum est, sive e sagacissima coniectura. Prorsus enim est ex usu Ciceronis; facillimeque ea, quae Lamb. supplevit, hic poterant excidere. — [*quo magis est tractatum a Latinis*, *suum cuiusque est diversum a reliquis*] Sic scripsi. Scil. *quo magis* habent a. U. Cd. Turnebi *Advers.* 1, 4. Nor. *suum cuiusque* dedi cum Manutio apud Oliv., quod idem corruptum exstat in scripturis: — *suum quoius* a. omisso, ut fit, *que*. — *suumque ius* Vit. — *suum quo cuiusque* (i. e. *quoiusque*) Nor. Sententia autem Manutianae nostraeque lectionis haec est: „quo quodque magis est tractatum a Latinis, eo suum cuiusque genus magis est diversum a reliquis; eo magis enitet generum diversitas. — *quod magis* Vit. Iu. A. Ab. M. Grut. 1. — *suum quodvis* U. A. Ab. Seqq. Quod h. l. ne Latinum quidem videtur. Longe praeferendum est *cuiusque* ex usu Ciceronis. cfr. *Orat.* §. 5. *tanta in suo cuiusque genere laus.* Similiter dicebant *suum quisque opus*, cet. *Offic.* 1, C. 41. *suum quisque negotium* cet. Sall. *Catil.* 43. Recte iam observavit Ern.: „*quo magis* nihil habet, quod ei respondeat," Nimirum si retineas *quodvis;* sin mecum legas *cuiusque*, optime ex hoc elicitur *quodque.* Praeterea si legas *cuiusque*, facilius etiam intelligitur, cur in seqq. vel variandi causa leg. sit etiam cum a. *suus est cuique.* Amat enim tales mutationes Cicero. Iam, quum absurdum esse viderent: *poëmatis dithyrambici*, *quod magis est tractatum a Latinis*, dithyrambici poëmatis haud nimiis cultoribus, Romuli Amasaei coni. Lamb. et Nobbe secuti dederunt: — *quod minus est* cet., id quod etiam Ernestio in mentem vene-

versum a reliquis. Itaque et in tragoedia comicum vitiosum est et in comoedia turpe tragicum: et in ceteris suus est cuique certus[1] et quaedam intelligentibus nota
vox. Oratorum autem si quis ita numerat plura genera, 2
ut alios grandes aut graves aut copiosos, alios tenues aut subtiles aut breves, alios eis interiectos et tamquam medios putet: de hominibus dicit[2] aliquid, de re parum. In re enim, quod optimum sit, quaeritur: in homine dicitur, quod est. Itaque licet dicere et Ennium summum epicum poëtam, si cui ita videtur; et Pacuvium
tragicum et Caecilium fortasse comicum. Oratorem ge- 3
nere non divido; perfectum enim quaero. Unum est autem genus perfecti, a quo qui absunt, non genere differunt, ut Terentius ab Accio[3]; sed in eodem genere[4] non sunt pares. Optimus est enim orator, qui dicendo

1) *Abest* certus 2) dicet 3) ut ab Attio Terentius 4) *Abest* genere

rat, nisi desumpsit e Lambino vel Turnebo, qui eam coni. memorat. Sed haec sententia h. l. prorsus otiosa. — *dithyr. etiam ac iambici, quod magis est tr.* Ursini susp. — *quod magis est tr. a Graecis, quam a Latinis* Mureti susp. — Verba *quod magis est tr. a Lat.* de Ern. suspic. []. Wetzel. — del. Sch. 2. Ceterum post v. *a reliquis* Neap. ex marg. Gothofredi addidit *genus.* — [*Itaque et in tr.*] — *Itaque in tr.* Vit. et mox: *in ceteris* om. *et.* — [*turpe tragicum*] = *trag. turpe* N. — [*suus est cuique certus sonus*] Sic a. — *suus est cuique sonus* ex Viteb. 1. 2. Sed *certus* sane e gloss. non est. — *est suus cuiusque certus sonus* N. — *suus est cuiusque certus s.* Iu. A. Ab. Seqq. ante Ern.

§. 2. [*numerat*] — *numeret* Ern. susp. (— *enumerat genera* Vit.) — [*plura*] — del. h. v. cum Viteb. Sch. 2. — *de hominibus dicit*] — *hominibus* (om. *de*) *deicit* a. Hinc recepi *dicit.* — *dicet* Cett. Ceterum memoratu dignum est in corruptiss. script. Viteb.: — *medio putet hominis* deiecit *aliquid de re ipsa parum*, exstare etiamnunc vestigia scripturae Sangall. *deicit.* — [*parum*] — *parum ipsa* Viteb. — [*quod opt.*] — *quid opt.* Viteb. — [*in homine dicitur quod est*] (— *quid est* Vit.) — *in homine autem quod dicitur* N. — [*et Ennium*] om. *et* N. Scil. Viteb.: *Itaque diceret Ennium.*

§. 3. [*Oratorem genere*] — *Oratorum genera* N. — [*est autem*] — *autem est* N. (— om. *est* Vitebb.) — [*ut Terentius ab Accio*] Sic a. Viteb. = *ut ab Accio* (*Attio* Vit. Grut. Seqq.) *Terentius.* Cett. — [*in eodem genere*] Sic a. Viteb. N. repetitione h. l. vere Tulliana. — om. *genere* Cett. — [*est enim*] — *enim est* Vit. Tum idem: — *et docere.*

animos audientium et docet et delectat et permovet. Docere, debitum est: delectare, honorarium: permovere,
4 necessarium. Haec ut alius melius quam alius, concedendum est: verum id fit non genere, sed gradu. Optimum quidem unum est; et proximum, quod ei simillimum.
Ex quo perspicuum est, quod optimo dissimillimum sit,
2 id esse deterrimum. Nam quoniam eloquentia constat ex
verbis et ex[1] sententiis, perficiendum est, ut pure et
emendate loquentes, quod est Latine, verborum praeterea et propriorum et tralatorum[2] elegantiam persequamur: in propriis, ut lautissima[3] eligamus: in tralatis,
5 ut similitudinem secuti verecunde utamur alienis. Sententiarum autem totidem genera sunt, quot dixi[4] esse laudum. Sunt enim docendi, acutae, delectandi, quasi ar-
gutae, commovendi, graves. Sed et verborum est structura quaedam, duas res efficiens, numerum et lêvitatem[5]:

1) *Abest* ex 2) translatorum 3) aptissima 4) diximus 5) lenitatem

§. 4. [*Haec ut*] — *Hoc ut* N. — [*melius quam alius*] — *magis quam alius faciat* N. — [*concedendum est; verum*] — *concedendum vere* N. — [*Optimum quidem*] — *opt. enim* N. (— *unum extat* Vit.) — [*proximum, quod ei*] — *prox. quidem ei* Viteb. N. — [*ex sententiis*] Sic a. — om. *ex* Cett. — [*perficiendum*] — *efficiendum* Viper. — [*quod est Latine*] Cur non *hoc* vel *id est Latine?* — [*praeterea*] — om. h. v. N. — *tralatorum*] Sic a. Charis. *Lib.* 2. p. 179. *Putsch.* Margo 1584. = *translatorum* Cett. et mox: *translatis.* (— *prosequamur* Viteb.) — [*lautissima*] Sic a. Vit. Recte etiam ad sententiam; nam h. l. commendat elegantiam potius, quam κυριότητα. Atque adeo est exquisita lectio, ut vix pro corruptela haberi possit. Contra: — *aptissima* Ceterorum, est ab iis, qui illud parum intelligerent. Ubivis autem *lautus*, *laute* corrupta sunt a librariis: v. c. *ad Attic.* 2, 18. *laute* in *caute*, *recte.* Vide quae notavi ad Taciti *dial. de Oratt.* C. 22. — [*verecunde*] — om. N. (— *verecunda* a. — *sicut verecunde* Vit.)

§. 5. [*totidem genera sunt*] — *tot genera s.* N. — [*dixi*] Sic a. Viteb. N. = *diximus* Cett. — [*esse laudum*] — *esse gradus oratorum* de amici coni. L. 1566. Ipse postea improbavit. — *esse oratorum* Brutus coni. Cfr. mox: *quod omnes laudes habet.* — [*graves*] — *etiam graves* N. (— *docendo* - - *delectando* - - *commovendo* Sch. in Ed. mai. tacite.) — [*structura*] — *constructura* Vit. Sic *instructura* pro *structura* in Cd. Frontonis p. 34. *Ed. Rom.* — [*lêvitatem*] Sic a. U. L. Sch. 2. cfr. Santenium ad *Terentianum* p. 242. — *lenitatem* Vit. Cett. —

et sententiae suam compositionem habent, ad probandam rem[1] accommodatum ordinem. Sed earum omnium rerum, ut aedificiorum, memoria est quasi fundamentum, lumen actio. Ea igitur omnia in quo erunt[2] summa, 6
erit perfectissimus orator[3]; in quo media, mediocris: in quo minima, deterrimus: et appellabuntur omnes ora-

1) et ad pr. rem 2) *Abest* erunt 3) orator peritissimus

[*ad prob. rem*] Sic a. A. Ab. V. S. Viper. (= *ad rem prob.* omisso *et* N.) — *et ad prob. rem* L. Grut. 1. 2. Sed in his inest velut explicatio praecedentium; etenim *sententiarum compositio* ipsa constat in *ordine* earum *ad probandum accommodato*. Recentiorum igitur plerique sic scripsissent: *sententiae suam compositionem habent*, *videlicet ad pr. r. a. ordinem.* — v. *probandam* suspectum Lamb. (Ceterum corruptissime Viteb.: *lenitatem et habet suam composit. hanc ad comprobandum et adcommodatum ordinem.*) — [*ut aedificiorum*] — *ut in aedif.* N. Haec *ut aedif.* del. censebant Lamb. et Nagel. prob. Beiero. Sed est βραχυλογία: „idem quod in aedificiis fundamentum, in eloquentia est memoria."

§. 6. [*omnia in quo erunt summa*] Sic U. L. ∞ *omnia in quo summa erunt* Sch. 2. tacite. — *omnia in quorum summa* Vit. idemque simili errore bis in seqq. *in quorum* (pro *in quo*) ortum ex *in quo erunt.* — *in quo omnia erunt summa* N. — *omnia in quo summa* — om. *erunt* a. A. Ab. Seqq. praeter L. et 2. — [*erit*] — *is erit* de Ern. susp. 2. — [*peritissimus orator*] Sic scripsi, ordinem Cdd. a. et Viteb. tum Nor. secutus. qui: *peritissimus or.* — *or. peritissimus* A. Ab. V. S. Grut. 1. Sed recte iam Lamb. 1566., rursus Ruhnk. ad *Rutil.* p. 200. ubi pro *perfectissimis* summus criticus vere coniecit *peritissimis*, senserunt *peritissimus* h. l. falsum esse. Ideo L. 1566. edidit: — *orator perfectissimus*, rursusque sic l. l. coniecit Ruhnk., quem secutus est Sch. 2. Quid? quod Viteb. videtur habere *perfectissimus orator*, si fides collatori. Iam etsi fuerunt, qui dubitarent, an recte diceretur *perfectior*, *perfectissimus* (cfr. Pompeium Lindemanni p. 124.) apud Ciceronem ipsum, nedum apud alios scriptores saepius reperitur et comparativus et superlativus. *Brut.* §. 76. *Sit Ennius sane - - perfectior.* — Ibid. §. 132. *nisi quid fieri potest perfectius.* — *Ad Q. fratrem* 1, 1, §. 46. *tertius actus perfectissimus atque ornatissimus.* — *Acadd.* 2, 6, 15. *reliquit perfectissimam disciplinam.* — *Orat.* §. 3. *summum et perfectissimum.* — Ibid. §. 47. *doctissimum et perfectissimum quaerimus.* — *Brutus* §. 118. *in quo perfectissimo Stoico.* Minus recte Lamb. in Curis sec. (Marg. 1584.) proposuit: *orator praestantissimus.* — [*appellabuntur*] Sic a. Vit. L. Viper. Grut. 1. 2. = *appellabantur* A. V. S. — *appellantur* N.

tores, ut pictores appellantur etiam mali: nec generibus inter sese, sed facultatibus different. Itaque nemo est orator, qui se Demostheni[1] similem nolit esse[2]: at Menander Homeri noluit; genus enim erat aliud. Id non est in oratoribus: aut etiam[3] si est, ut alius gravitatem sequens subtilitatem fugiat, contra alius acutiorem se quam ornatiorem velit: etiam si est in genere tolerabili, certe non est in optimo; si quidem, quod omnes laudes habet, id est optimum.

3 Haec autem dixi brevius quidem[4], quam res petebat:
7 sed ad id, quod agimus, non fuit dicendum pluribus; unum enim quum sit genus, id quale sit, quaerimus. Est autem tale, quale floruit Athenis: ex quo Atticorum oratorum ipsa vis ignota est, nota gloria. Nam alterum multi viderunt, vitiosi nihil apud eos esse[5]: alterum pauci, laudabilia esse multa. Est enim vitiosum in sententia, si quid absurdum aut alienum aut non acutum aut sub-

1) Demosthenis 2) esse nolit 3) *Abest* etiam 4) Haec dixi brevius equidem 5) *Abest* esse

Ab. — [*ut pictores*] — *quasi pict. omnes* N. — [*inter sese*] — *inter se* Viper. — [*different*] — *differunt* Viteb. N. Ab. — [*qui se Demosthenis similem esse nolit*] Sic edunt inde ab A. Ab. Cett. Sed: — *qui Demostheni* (genitivus antiquus potius quam dativ. eumque praetuli, etiam propter auctoritatem Cd. a. in §. 14.) *similem nolit esse* omisso *se* a. et Viteb. — *qui Demosthenis similem se esse nolit* N., ita ut positio v. *se* incertissima sit. Ex auctoritate Cd. a. fortasse leg.: ∞ *qui Demostheni se similem nolit esse.* — [*genus enim*] — *genus autem* N. — *nolit esse* dedi ex a. Viteb. (Hic: — *Homero.*) — [*Id non*] — *At id non* N. — [*aut etiam si est*] Sic a. Vit. U. N. A. Ab. V. S. L. — *aut si est* nescio qua auctoritate Ed. 1584. in contextu. Grut. 1. 2. — [*velit*] — *esse velit* L. — *malit* U. N. Nostram lectionem firmat a. et Viteb. (hic corrupte: *alius accusatorem se q. oratorem velit.* Idem: *qui omnes - - idem quidem optimus.*) — [*etiam si est*] Sic etiam a. Vit. et Ald. — *etiam si inest* Ab., quam vides aliquoties, ut hic, abire ab Aldina. — [*certe non est*] — *non est certe* N.

§. 7. [*Haec autem dixi brevius quidem*] Sic a. Viteb. (Hic videtur habere *equidem*; non a.) — *Haec autem brevius dixi quidem* N. — *Haec dixi brevius equidem* A. Seqq. Positione v. *equidem* vix Tulliana. — [*Atticorum*] om. N. — [*apud eos esse*] Sic a. N. — *apud aliquos esse* Vit. — om. *esse* Cett. — [*esse multa*] — *multa esse* N.

insulsum est: in verbis, si inquinatum, si abiectum, si
non aptum, si durum, si longe petitum. Haec vitaverunt 8
fere omnes, qui aut Attici numerantur aut dicunt Attice.
Sed, qui eatenus[1] valuerunt, sani et sicci dumtaxat[2] habeantur, sed ita, ut palaestritae: spatiari in xysto ut
liceat[3], non ab Olympiis coronam petant. Qui, quum[4]
careant omni vitio, non sunt contenti quasi bona valetudine, sed vires, lacertos, sanguinem quaerunt, quandam
etiam suavitatem coloris, eos imitemur, si possumus: sin
minus, illos potius, qui incorrupta sanitate sunt, (quod
est proprium Atticorum,) quam eos, quorum vitiosa
abundantia est, quales Asia multos tulit. Quod quum 9

1) sed quatenus 2) sani dumtaxat et sicci 3) ut palaestrice spatiari in xysto iis liceat 4) Qui quamvis

§. 8. [*dicunt*] — *dictum* N. Emendatum hoc in Asc. (— *numerant aut dicant* a.) — [*qui eatenus valuerunt*] Hoc Gulielm. commendarat; recte receperunt Lallem. et Neap. — *quatenus valuerunt* a. Viteb. Cett. praeter Man., qui: — *quatenus voluerunt* et L. in m. 1584. (non 1566.): — *qui hactenus valuerunt*. — [*sani et sicci dumtaxat*] Sic a. Viteb. A. Ab. Seqq. ante Ern. = *sani dumtaxat et sicci* 1. 2. tamquam ex Ven. Mediol. Sed hae probabiliter habent ut Nor. Asc.: — *sani dumtaxat sicci*. Noster autem ordo et aeque rectus est atque Ernestianus, et fortasse magis etiam Tullianus. Is enim part. *dumtaxat* verbis, ad quae pertinet, fere postponit. — [*sed ita*] — del. *sed* L. — [*ut palaestritae; spatiari in x. ut liceat*] Sic antiquiss. Cd. a., ut fere voluerat Paschalius *de coronis* p. 342. — *ut palaestrice* (— *palaestrae* N. — *palaestra* Asc.) *sp. in x. ut liceat* N. Asc. Iu. A. Ab. V. S. — om. in hac lect. *ut* ante v. *liceat* Hervag. In eiusdem locum ab interpolatore substitutum: *iis* in Ed. 1584. Grut. 1. 2. ita ut sit: — *ut palaestrice sp. in x. iis liceat*. — *ut eis palaestrice sp. in x. liceat* L. — [*non ab Ol.*] — *non ut ab Ol.* L. (— *habentur. Sed ita palestrice sp. in sixto ut licet non Olympiis c. petant qui etiam omni vitio non s.* corrupte Viteb.) — [*Qui, quum careant*] Sic a. A. Ab. Seqq. ante Ern. — *qui quomodo et quamvis careant* Ven. N. Scil. ex antiqua scriptura *quom* factum est *quomodo;* ut mox pro *Quod quum faciemus* Nor. habet: *Quod quomodo fac.;* tum quia absurdum hoc esse videbant, inculcarunt *et quamvis*. Hinc tamen Ern. 1. côni. Sch. 2.: — *qui quamvis car.* Laborabat praeterea hic locus falsa distinctione iam in Cd. a. reperienda: — *petant; qui - - coloris. Eos* cet. — [*non sunt*] ∞ *non sint* a. N. — [*quaerunt*] ∞ *quaerant* a. Praetuli tamen cum ceteris indicativum etiam propter seqq. *qui incorrupta sanitate sunt*. (— *petant* Viteb.) — [*si possumus*] — *si possimus* Viper. solus. — [*sin minus*] ∞ *si minus* a. N.

faciemus, (si modo id ipsum assequemur: est enim permagnum;) imitemur, si potuerimus[1], Lysiam, et eius quidem tenuitatem potissimum: est enim multis [in][2] locis grandior: sed quia et privatas ille plerasque et eas ipsas aliis et parvarum rerum causulas scripsit, videtur esse ieiunior, quum[3] se ipse consulto ad minutarum causarum
4 genera[4] limaverit. Quod qui ita faciet, ut, si cupiat uberior esse, non possit, habeatur sane orator, sed de minoribus; magno autem oratori etiam illo modo saepe
10 dicendum est in tali genere causarum. Ita fit, ut Demosthenes certe possit summisse dicere: elate Lysias fortasse non possit. Sed si eodem modo putant, exercitu in foro et in omnibus templis, quae circum forum sunt, collocato, dici pro Milone decuisse, ut si de re privata ad unum iudicem diceremus; vim eloquentiae sua facul-
11 tate, non rei natura, metiuntur. Quare quoniam nonnullorum sermo iam increbuit partim se ipsos Attice dicere, partim neminem nostrûm dicere: alteros negligamus;

1) poterimus 2) in *sine* []. 3) quoniam 4) genera causarum

§. 9. [*est enim perm.*] — *est quidem p.* N. — [*si potuerimus*] Sic a. — *si poterimus* Cett. praeter N.: — *si possumus.* — [*est enim*] — om. *enim* N. — [*multis in locis*] ∾ *multis locis* a. — *tristis locis* Viteb. Hinc *in* []. — [*plerasque*] — *et plerasque* N. — [*ipsas aliis*] — *ipsas et alias* a. Viteb. N. Hinc vide ne leg. sit: ∾ *ipsas et aliis.* — [*causulas*] — *clausulas* Vit. N. Viper. — [*quum*] Sic a. (scil.: — *cum se ipso.*) — *quoniam* Cett. ortum ex scriptura *quom.* Sed sententia potius est: „quum tamen, quamvis se - - limaverit"; quam: „ideo quia se - - limaverat." Vitium loci manifestum falso in verbo *limaverit* quaesiverunt Man. — *limaverat* edens, cum Viteb. et Sch. *limavit* suspicatus. — [*causarum genera*] Sic a. Vit.; isque ordo ideo videbatur praeferendus, quia sequitur *genere causarum.* Solet enim in talibus alternari Cic. = *genera causarum* Cett. — [*ut, si cupiat*] — om. *ut* a. N. — [*magno autem oratori etiam illo*] — *magno etiam or. illo* N.

§. 10. [*Sed si*] — *Sed si qui* vel *Sed qui* Ern. suspp. Priorem *Sed si qui* recepit Sch. in Ed. mai. Sed ubivis h. l. subiectum est: „falsi illi Attici nostrates." — [*decuisse*] — *debuisse* L. susp. non recepta. — *docuisse* Viteb. — *potuisse* N. — [*ad unum*] — *ad nimium* N.

§. 11. [*Quare quoniam*] — om. *quoniam* N. — [*increbuit*] Sic A. Ab. V. S. 1. cfr. Heindorf ad *Horatii Sat.* 2, 5, 93.

satis enim iis[1] res ipsa respondet, quum aut non adhibeantur ad causas aut adhibiti derideantur: nam si riderentur[2], esset id ipsum Atticorum. Sed qui dici a nobis Attico more nolunt, ipsi autem se non oratores esse profitentur; si teretes aures habent intelligensque iudicium, tamquam ad picturam probandam adhibentur etiam inscii faciendi cum aliqua sollertia iudicandi: sin 12
autem intelligentiam ponunt in audiendi fastidio neque eos quidquam excelsum magnificumque delectat; dicant se quiddam subtile[3] et politum velle, grande[4] ornatumque contemnere: id vero desinant dicere, qui subtiliter dicant,

1) his 2) arriderentur 3) subtile quiddam 4) grave

= *increbruit* a. L. Sch. 2. — *increbuerit* N. — [*enim iis*] Sic a. — *e. his* Cett. (— *enim hic* Viper.) — [*riderentur*] Sic a., idemque sibi vult Vit. *ridentur* (addito *etiam*, ut in toto h. l. est corruptissimus.) Iam haec est salsissima dilogia, quum significet et: „si facetiis suis risus auditorum excitarent" et: „si eos ipsos loquentes lenius saltem irriderent auditores, ipsi ita se consolari possent, ut dicerent arrideri sibi, non se derideri; illud autem ipsum esse Atticorum." — *arriderentur* L. Rursus coni. Ern. 1. 2. Peius etiam: — *arrideantur* A. Ab. C. V. S. Grut. (— *adhibeantur* N.) Sed primum hoc *si arriderentur* est contra omnem Tullii consuetudinem, unde Manut. volebat: *si iis arrideatur (arrideretur)*; unumque habet exemplum, atque id ipsum dubium in Valerii Catonis *Diris* v. 108. *vos nunc arridet ocellis*, ubi Iuntina *vobis arridet ocellis*. Deinde ipsa sententia sale caret; sic enim languidam h. l. continet laudem generis vere Attici, nullam Pseudoatticorum irrisionem. — [*nolunt*] — *volunt* a. — [*se non oratores esse profit.*] Sic a. A. Seqq. — *se orat. non esse prof.* Vit. — *or. se esse non prof.* N. — *or. se non esse prof.* Asc. — del. *esse* vel leg.: — *se non or. esse confitentur* Ern. suspicc. — [*habent*] — *haberent* Victorius solus, qui praeterea in hoc libello nusquam habet suas et proprias lectiones. Merus videtur error typogr.: ceteroquin hoc requireret *adhiberentur*. Sed nihil mutandum est. — [*adhibentur*] ∾ *adhibeantur* de Manutii et Ern. susp. Sch. 2. Sed, quum h. l. grata quadam negligentia imago cum re ipsa misceatur, ἀνακόλουθον hoc indicativi rectius se habet; nisi tamen fuit: ∾ *adhibebuntur*. Sane propter sequens *dicant* minime hoc quoque loco recipiendus erat coniunctivus. Immo unice rectum est vel praesens indicativi, vel, quo inclinat animus, futurum, saepissime corruptum; nulla est enim oppositio inter verba ipsa *adhibentur* sive *adhibebuntur*, et *dicant*, sed inter totas propositiones.

§. 12. [*quiddam subtile*] Sic a. Vit. N. = *subtile quiddam* Cett. — [*grande*] Sic a. Viteb. — *grave* Cett. — [*dicant*] Sic

eos solos Attice dicere, id est, quasi sicce et integre. Et ample[1] et ornate et copiose cum eadem integritate Atticorum est. Quid? dubium est, utrum orationem nostram tolerabilem tantum, an etiam admirabilem esse cupiamus? Non enim iam quaerimus, quid sit Attice,
13 sed quid sit optime dicere. Ex quo intelligitur, quoniam Graecorum oratorum praestantissimi sint[2] ii, qui fuerunt Athenis, eorum autem princeps facile Demosthenes, hunc si qui[3] imitetur, eum et Attice dicturum et optime: ut, quoniam Attici nobis propositi sunt ad imitandum, bene dicere, id sit Attice dicere.

5 Sed quum in eo magnus error esset, quale esset id dicendi genus: putavi mihi suscipiendum laborem, utilem
14 studiosis, mihi quidem ipsi non necessarium. Converti enim ex Atticis duorum eloquentissimorum nobilissimas orationes inter seque[4] contrarias, Aeschini et Demostheni[5]:

1) At ample 2) sunt 3) quis 4) inter se 5) Aeschinis Demosthenisque

a. Vit. Ern. 1. 2. — *dicunt* Priores. — [*quasi s. et integre. Et ample*] Sic a. Viteb. U. N. Iu. A. Asc. Ab. V. S.; sed prava distinctione. Sententia haec est: „Sed non solum subtiliter, verum etiam et ample et ornate et copiose cet. dicere Atticorum est." — *quasi sicce et integre. At ample* C1d. Lamb. Man. Ern. 1. Neap. Sch. 2. — *q. s. et integre. At si ample* L. Oliv. — *Attice dicere. Idcirco si sicce et integre et ample* Fred. Morellus. — *q. sicce. At integre et ample* Grut. — [*est. Quid?*] — *est*, *cui* L. — [*tantum*] — om. Viper. — [*iam quaerimus*] = *quaer. iam* N. — om. *iam* Viteb.

§. 13. [*sint ii*] Sic a. Quod ad constructionem attinet partic. *quoniam* cum coni. in oratione obliqua cfr. *de Orat.* 1, §. 218. *quoniam - - non debeat.* — *sint. s. hi* (sic: *.s.*, id est *scilicet.*) Nor. — *sunt hi* Asc. — *sunt ii* A. Seqq. — [*fuerunt*] — *fuerint* a. — [*si qui*] Sic a. = *si quis* Cett. — [*et Attice*] — om. *et* Viper. — [*ut quoniam*] — *utrusquo* (sic) cum lin. supra lit. *o.* a. — *et Attice dicet et optime. Verum quoniam* Vit. — *ut in quoniam* N. ∞ *ut. s. quoniam* (id est: *ut scilicet q.*) Asc. In lect. a. fortasse latet: *ut rursus*, *quoniam.* — [*Sed quum* cet.] — *Sed non in eo m. e. inest et quale.* Viteb. Volebat *inesset;* qud tamen huic l. non convenit. — [*quidem ipsi*] = *ipsi quidem* N. — om. *ipsi* Viper.

§. 14. [*Converti* cet.] Haec *Converti - - appendere* habet Hieronymus *ad Pammachium* Tom. 4. P. 2. p. 250. Ed. Bened. nulla varietate inter hanc et Erasmianam. — [*inter seque*] Hieron. et Cd. a. Duplici igitur auctoritate firmatur haec lectio elegantissima, significans: et (quod maius est) etiam inter se contrarias. — *inter se* omisso *que* Cett. — [*Aeschini*

nec converti ut interpres, sed ut orator, sententiis iisdem et earum formis tamquam figuris, verbis ad nostram consuetudinem aptis: in quibus non verbum pro verbo necesse habui reddere, sed genus omne[1] verborum vimque servavi. Non enim ea me annumerare lectori putavi
oportere, sed tamquam appendere. Hic labor meus hoc 15
assequetur, ut nostri homines, quid ab illis exigant, qui se Atticos volunt, et ad quam eos quasi formulam dicendi revocent, intelligant. Sed exoritur[2] Thucydides. Eius enim quidam eloquentiam admirantur. Id quidem recte: sed nihil ad eum oratorem, quem quaerimus. Aliud est enim explicare res gestas narrando, aliud argumentando criminari crimenve dissolvere: aliud narratione tenere auditorem, aliud concitare. At loquitur pulchre. Num me- 16
lius, quam Plato? Necesse est tamen[3] oratori, quem quaerimus, controversias explicare forenses dicendi genere apto ad docendum, ad delectandum, ad permoven-
dum. Quare si quis erit, qui [se] Thucydidio genere 6

1) omnium 2) exorietur 3) tamen est

et Demostheni] Sic scripsi. — *Aeschini. Demostheni. nec* (sic) a. Saepe autem in Cdd. inter duo nomina propria omittitur *et*. = *Aeschini et Demosthenis* N. = *Aeschinis et Demosthenis* Vit. Hier. Asc. — *Aeschinis Demosthenisque* A. Ab. Seqq. — [*sententiis iisdem*] = *iisdem sent.* N. — [*tamquam figuris, verbis*] — *tam figuris quam verbis* Hier. — [*pro verbo*] — del. *pro* L. Habent iam Hier. et Cdd. noti. — [*genus omne*] i. e. universum, totum. Sic optime Hier., prob. etiam Gutmanno meo, egregio Taciti interprete. — *genus omnium v.* Cett. — [*non enim ea*] — *non tamen ea* N. (= *me enum. ea* Hier.)

§. 15. [*labor meus*] = *meus labor* N. — [*assequetur*] — *assequitur* a. N. (non Asc.) — *assequatur* Hervag. — [*qui se Atticos*] ∾ *qui se esse Atticos* L. — [*exoritur*] Sic N. Man.; ut in similibus Cic. locis est praesens. — *exorietur* a. Cett. Fortasse: *Sed ecce exoritur*. — [*admirantur*] — *admiratur* a. — [*sed nihil*] = *sed nil* N. — [*est enim*] = *enim est* N. — om. *est* Viteb. — [*dissolvere*] — *solvere* N. — [*narratione*] Sic A. Ab. Seqq. ∾ *narrando* Vit. — *narrantem* a. N.; quod h. l. nimis ambiguum est. — [*concitare*] Sic Ab. Seqq. — *concitantem* a. Viteb. — *concionantem* N.

§. 16. [*Num melius*] — *Non melius* N. (non Asc.) — [*est tamen*] Sic a. Viteb. N. = *tamen est* Cett. — [*explicare*] Sic (Viteb.) A. Seqq. — *explicantem* a. — *explicanti* N. — [*ad docendum* cet.] — *ad docendum, delectandum, permovendum* Viteb. — [*qui se Thuc.* cet.] Secutus sum auctoritatem optimi

causas in foro dicturum esse profiteatur[1], is abhorrebit[2]
etiam a suspicione eius, quod[3] versatur in re civili et
forensi: qui Thucydidem laudabit[4], adscribat suae nostram
17 sententiam[5]. Quin ipsum Isocratem, quem divinus auctor
Plato suum fere aequalem admirabiliter in Phaedro laudari fecit ab[6] Socrate quemque omnes docti summum
oratorem esse dixerunt, tamen hunc in numerum[7] non

1) qui Th. g. c. in f. d. se esse profiteatur 2) abhorreat 3) quae 4) laudavit 5) suae nostram adscribat sententiam. 6) a 7) numero

Cd. a. et Viteb., ita tamen ut pronomen *se* dubium esse significarem. cfr. Hand ad *Wopkens* pag. 12. Recte fortasse id omittunt Iu. A. Ab. C. Hervag. Vict. Man. S. Aute v. *esse* idem posuerunt Lamb. Grut. 1. 2. Norimb. autem et Asc., id est, antiquior editio Sec. XV., sic: — *se dicturum profiteatur* om. v. *esse*. Pro *Thucydidio*: — *Thucydidis* N. — [*abhorrebit*] Sic a. (Antiquissima nunc saltem auctoritas.) Item Viteb. N. Rursus Sch. 2. coniectura. — *abhorreat* A. Seqq. ante Sch. — [*etiam a suspicione*] — *etiam sumptione* omisso *a* N. itemque Asc.; unde dubium fit, quod dicit Ern.: Ed. Med.: *a sumptione et suspicione*. — om. *etiam* Viteb. — [*quod versatur*] Scil. genus; ut *de Invent.* 1, §. 96. *hoc genus in deliberationibus maxime versabitur*. Sic scil. de optima Ern. susp. Sch. 2. — *quae vers.* Cett. Sed de *causa* id vix potest dici. Miro consilio Nobbe *quae* [ ] inclusit, nihil substituens. — [*in re civili*] — *in civili iure* N. Asc. Ern. affert ex Mediol.: *in iure civili*: de qua lectione nunc dubitare licet. — [*qui Thucydidem*] — *Inthycididem* (sic) a. In quo latet fortasse: ∞ *sin Thucydidem*. — *et qui Thuc.* Viteb. — [*laudabit*] Gulielmii, non Lambini, ut ait Schuetzius, haec est rectissima suspicio. Receperunt Wetzel et Schuetz.; idemque nunc feci, quum id requirere videantur praecedentia *si quis erit* cet. — *laudavit* Cett. omnes, solita confusione. Nam aoristus *laudavit* pro *laudere solet*, nunc minus placet. — [*adscribat suae nostram sententiam*] Sic Iu. A. Ab. Seqq. ante Ern., qui ordo nunc firmatur ab antiquiss. a. = *suae nostram adscribat sententiam* Mediol. Ascens. (item Nor., sed om. *adscribat*) Ernest. 1. 2. (— *ascribat sue*. [spatium vacuum] *nostram sententiam* Viteb.)

§. 17. [*auctor*] — *orator* Vit. — om. N. — [*ab*] Sic a. = *a* Cett. — [*omnes docti summum*] — *omnes doctissimum* cet. a. — *isocratem quem doctissimum* Vit. (— *omnes dicebant esse doctissimum oratorem* N. prorsus corrupte.) — [*tamen*] — om. Viper. — *tum* Ox. U. — [*hunc in numerum non repono*] Secutus sum auctoritatem Cdd. Sangallensis a. et Ox. U. — *hunc in numero non r.* Viteb., ut videtur. Edd. meae omnes praeter Lamb.; qua in lect. duo sunt reprehendenda; primum idque maximum, quod *hunc* positum est pro *eum* contra rectum usum Cic., quatenus de eo ex optimis quibusque Cdd. singulis locis constat. Nam, si vulgatam retineas, *hunc* manifesto

repono. Non enim in acie versatur et ferro, sed[1] quasi rudibus eius eludit oratio. A me autem (ut cum maximis

1) *Abest* sed

refertur ad *ipsum Isocratem;* sed vitiose in eiusmodi ἐπαναφορᾷ. Deinde quod absolute dicitur *in numero non repono;* quamquam id, posthabitis Terentii et Lucretii locis minus apte a Gulielmio allatis, defendi potest ex l. *de Invent.* 1, §. 97. *hanc partem in numero reponi;* quae vulgata est lectio, quum optimi Cdd., Turicensis, duo Sangallenses, Oudendorpii omnes aliique, atque ipse Lamb. eo loco habeant *numerum.* Iam accedit *de Invent.* 1, §. 39. *et iam in fabularum numero reponantur*, ubi rursus boni Cdd. habent *numerum* idque approbarunt et Lamb. et Oudend. Tertius est locus *de Nat. Deor.* 3. *Cap.* 19. ubi Cdd. plerique *numerum* prae se ferunt, etiam tres Leidd. vetustissimi Oudendorpii. Similis est varietas et lectionis et opinionum in Livii 29, 19, 7. et 31, 13, 1., ubi controversia est de v. *in thesauros*, alii *in thesauris reponere.* Accusativum post I. Fr. Gronovium utrobique praetulerunt Drakenb. et Kreyssig. Aliter res cecidit in Tullio. Nam quum Davisius, non satis considerate, ut egomet fateor, sed sua, non rei ipsius culpa, probasset accusativum, castigatus est a Wopkensio Handii p. 301., cui recentiores, etiam Moserus sunt obsecuti. Ego ipse aliquando quum animadvertissem in optimo Cd. Turicensi *de Invent.* 1, §. 33. vitiose sane esse *ponas in eandem partitionem*, quumque nunc constet Cd. Sangall. utrumque *de Invent.* 1, §. 39. habere *numero*, dubius etiamnunc haereo, ita tamen ut faciam cum Lindemanno, qui ad eum l. haec annotavit: „In his praeter meliores Cdd. nemo arbiter erit, quamquam usitatiorem ablativum esse negari nequeat." Festinantius Hand ad Wopkens p. 302.: „De constructionibus verborum *ponere* et *reponere* apud Cic. nunc non dubitatur." Hoc igitur loco Cdd. unice notorum testimonium audiendum erat, adiutum a pronomine *hunc*, quod ab omnibus etiam Edd. praeter L. firmatur. Quod si ablativum *numero* praeferas, necessario, nisi omnia me fallunt, cum Lamb. 1566. (non Gulielmio, ut aiunt Ern. et Sch.) scrib. erit: *hoc in numero;* felicior enim fuit prior haec illius coniectura eâ, quae proposita est in marg. 1584.: — *hunc hoc in numero.* Iam si rem ipsam per se spectes, equidem cum Gronovio minime dubito de veritate formulae *in thesauros, in numerum reponere;* significat enim *reponere in numero, in thesauris* aliquid aliunde veluti motum, eo videlicet consilio, ibi ut maneat. — [*versatur et ferro*] — *v. et foro* Viteb. — *vers. cum ferro* de Purgoldi susp. Sch. in Ed. mai. — *versatur ferro* Idem coni. in Ed. min. Ern. excidisse putabat *pugnat.* — v. *et ferro* del. censebat Wetzel. — [*sed quasi*] Sic Nor. Man. L. Neap. — *sed et quasi* U. — *et quasi* a. Viteb. — om. particulam *sed* A. Ab. V. S. Grut. 1. 2., quia *et* esse vitiosum videbant. Nec tamen h. l. probari potest eiusmodi ἀσύνδετον. — [*eludit*] (Sic a. Viteb.) —

minima conferam) gladiatorum par nobilissimum inducitur. Aeschines, tamquam Aeserninus, ut ait Lucilius, non

erudit N. — *erudita* Asc. — *ludit* Sch. coni. 2. Sed *eludere* h. l. optima est metaphora a gladiatorum artificiis in batuendo desumpta. — [*Aeschines* cet.] Lucilii versus quibus h. l. utitur Cic., exstant apud Nonium in v. *componere* p. 257. et *spurcum* p. 393. *Aeserninu' fuit Flaccorum munere quidam* ‖ *Samnis, spurcus homo, vita illa dignu' locoque:* ‖ *Cum Pacideiano componitur, optimu' multo* ‖ *Post homines natos gladiator qui fuit unus.* Iam inde ab A. Ab. (excepto Sch. 2.) sic editur: *Aeschines tamquam Aeserninus, ut ait Lucilius:*

— non spurcus homo, sed doctus et acer,
Cum Pacideiano hic componitur, optimu' longe
Post homines natos —

Quae ratio fortasse profecta est a P. Crinito *de hon. disc. L.* 19. *C.* 9. *p.* 292. *Ed. Bas.* 1532.: „Quo loco de Aeschine, oratore Attico et Aesernino Romano habetur mentio, verba quaedam corrupta alicubi sunt et obscure involuta. Quod ut facilius existimari atque iudicari possit, ascripsimus, veluti etiamnum leguntur in omnibus fere exemplaribus: — *Aeschines tamquam Aeserninus non spurcus homo sed acer et doctus, quomodo a Pacidiano hoc componitur optimus longe post homines natos.* (Haec scil. est lectio Nor. Asc.) Hactenus Cicero; in quibus tamen verbis nullus prope sensus elicitur, nulla carminis Luciliani effigies apparet. Nos autem non indignum prorsus operae pretium fore arbitramur, si et Cic. verba exponemus et ipsum Lucilii carmen restituamus. Eleganter enim Cic. inter nobilissimos gladiatores, hoc est, inter eos qui in foro velut in acie et arena certantes dimicent, Aeschinem connumeravit collata cum Aesernino similitudine ex Luciliana satira. Facile autem Cic. verba intellexeris, si Lucilii versus ascribamus, sicuti adhuc integri servantur in commentariis Nonianis ad filium:

Aeserninus fuit flacco ore aequeque sannis (sic)
Spurcus homo, vita fuit illa dignus locoque
Cum doctus tum acer componier optimus multo
Post homines natos gladiator qui fuit unus.

Ex his plane constat, quo pacto Cic. locus et interpretandus sit et emendandus." Hactenus Crinitus; emendationem ipsam lectori perficiendam relinquens. Iam vides ab eo Lucilianis versiculis inculcata esse v. *Cum doctus tum acer*, quorum nullum vestigium exstat in Nonio Aldi et Merceri. — Iam in vulgata lectione complura insunt vitia manifesta. Falso enim et contra morem Tullii in afferendis poëtarum locis, ipsis Lucilii verbis alia Ciceronis ipsius, ad metrum tamen conformata intruduntur: Aeserninus enim, qui Lucilio *spurcus homo* est, *non spurcus* est Ciceroni; inseritur etiam *sed doctus et acer*, idque contra auctoritatem Cd. Sangallensis, Nor. Asc.; qui habent: *sed acer et doctus*, et Viteb., qui corrupte:

spurcus homo, sed acer et doctus, *cum Pacideiano* hîc *componitur - - optimu' longe Post homines natos*[1] — *sed arte doctus*, e quo ordine statim deprehenditur solutam hanc esse ipsius Cic. orationem, non ligatam Lucilii. Rursus intruditur *hic* post v. *Pacideiano;* et v. *optimu' longe* in hac conformatione idem est, qui *non spurcus homo*, *sed doctus et acer*, Aeschines igitur et Aeserninus, prorsus contra mentem et Lucilii et Ciceronis, quibus Pacideianus et Demosthenes *optimu' longe* est *post homines natos.* Nam etiam si interpretando vulgatam lectionem detorqueas *optimu' longe* ad v. *Pacideiano*, ineptam tamen esse collocationem fatearis necesse est. Vitium inesse suspicatus quidem est Ernestius, sed parum prospere ei cessit emendandi conatus: haec scil. annotat: *Nihil enim illo oratore*] An ergo solo Aeschine? Immo hoc potius de Demosthene dixerit. Nempe *par gladiatorum*, quod inducit Cicero, est *Aeschines et Demosthenes.* — Excidisse videtur nomen Demosthenis: *Aeschines - - - natos*, *et Demosthenes.* Sed Demosthenes indicatur nomine *Pacidiani.* Videtur leg. *illo pari.*" — „aut potius *illo pari oratorum*" addit Wetzel. — Aliam rationem ingressus est Sch. partim in Ed. minore, ubi edidit *Aeschines enim cum Demosthene tamquam Aeserninus* cet. In mai. autem haec annotat: „Haec verba (vulgatae) sic potius constituenda videntur: *Aeschines tamquam Aeserninus non*, *ut ait Lucilius* spurcus homo, *sed doctus et acer* Cum Pacidiano hic *cet.* Ac statim: *optimu' longe Post homines natos gladiator qui fuit unus* — Vulgo ultimus hic versiculus dimidius tantum scribitur *post homines natos* omissis sequentibus *gladiator qui fuit unus.* Verum ita constructionis lege *optimus* ad Aeschinem referretur contra mentem Ciceronis, qui palmam summae perfectionis Demostheni, non Aeschini tribuit. Itaque statim subdit: *Nihil enim illo oratore* (scil. Demosthene) *arbitror c. p. d.* Vitium sensit Ernestius, sed aliam h. l. medelam circumspexit, qua iam nihil egemus. Nostram rationem praeivit Ianus Parrhasius Ep. LX." Scil. in Gruteri *Lampade* Vol. 1. p. 813. „Aesernini mentio fit a Cic. *de opt. gen. or.* per haec: — *A me*, *quo maximis minima* (sic om. *ut:* an hoc e Cd.? Certe a. corrupte sic: *ut quo maxumis:) conferam gl. p. n. i.*, *Aeschines tamquam Aeserninus*, *non*, *ut ait Lucilius*, *spurcus homo*, *sed acer et doctus*, *cum Pacidiano*, *hoc est*, *Demosthene componitur: Optimus longe post homines natos gladiator qui fuit unus.* Ubi M. Tullius ait, ita a se Aeschinem Demostheni comparatum, quemadmodum *Samnis Aeserninus* componitur cum *Pacidiano*, optimo gladiatorum. Neque vero duo illa verba *acer et doctus* a Lucilio sumpta sunt, sed addita a Cicerone per colasin, ne nimis

1) ut ait Lucilius:
— non spurcus homo, sed doctus et acer
Cum Pacidiano hic componitur, optimu' longe
Post homines natos —

Nihil enim illo oratore arbitror cogitari posse divinius.
48 Huic labori nostro duo genera reprehensorum opponun-

contemptim fastidioseque de Aeschine loqueretur, ut sit sensus: „Aeschines Aesernini personam sustinet, Demosthenes Pacidiani; ita tamen ut Aeschines n[illegible] sit, ut de Aesernino canit Lucilius, spurcus homo, sed acer et doctus." — Egregia sane et unice recta interpretatio; sed id male nos habet, quod ignoramus, utrum Parrhasius memoriter dumtaxat locum sic attulerit, an in Codice aliquo, utique interpolato, repererit ista *hoc est Demosthene* et *gladiator qui fuit unus*, an ipse sic consulto locum constituerit, an denique tantummodo explicationis causa ea inseruerit. Hoc saltem recte, quod ordinem retinuit v. *sed acer et doctus.* — Iam Beierus in Schedis nunc meis haec habet: „*hoc est cum Demosthene*] Sic pro volg. *hic* scripsimus cum Parrhasio l. l. et Cic. verba *non - - - sed doctus et acer* a Lucilii verbis distinximus. Schuetzius post *Aeschinis* nomen inseruit *enim cum Demosthene*." Alias (inquit; haud dubie pro *alioqui*. Beier.) ita sonarent verba ac si Demosthenes cum Pacidiano compararetur (Haec scil. habet in Ed. min.) Sed nonne propter hanc ipsam comparationem addidit postremi versiculi verba *gladiator qui fuit unus* vulgo omissa? Fortasse tamen Cic. poëtae verba immutavit hoc modo: *optimo longe post homines natos.* „Hactenus amicus meus. Is igitur, ut video etiam ex eius exemplari Ernestiano hoc uno loco in nostro libello correcto, sic erat editurus: *Aeschines tamquam* Aeserninus *ut ait Lucilius*, *non*
spurcus homo —
sed doctus et acer
Cum Pacideiano *hic (vel: hoc est cum Demosthene)* componitur optimu' (*vel:* optimo) longe
Post homines natos [gladiator qui fuit unus.]
Nihil enim cet. — Verum ut fatear, et Parrhasii transpositio *non ut ait Lucilius*, *spurcus homo* et Beieri emendatio *optimo* admodum placent. In *optimu'* vel *optimus* tamen conspirant omnes, nisi quod sola Hervag. habet *optimum*, male explicata Crat. scriptura: *optimu'*. Retineri tamen potest *optimu' longe*, ita, ut hoc unum membrum in versus modum scribatur, cetera non. Est autem solita Cic. reticentia in versiculis tunc temporis cuivis notissimis: omnes enim lectores tacite quum supplerent *gladiator qui fuit unus*, Ciceroni verendum non erat, ne inepte ad Aeserninum s. Aeschinem referrent v. *optimus.* Nec vero addi debent ista *gladiator qui fuit unus*; quae nimis putida essent h. l. post ipsius Cic. verba *gladiatorum par nobilissimum*, Minime tamen praetereundum v. *longe* ipsius Cic. potius esse quam Lucilii, e quo Nonius utrobique affert *multo*. Quod si est, veri similior etiam fit Beieri *optimo*, Denique de scriptura *Pacideiano* notandum est, sic habere Crat. Herv. Nonium Merceri, Wolfium *Tuscul.* 4, 21. et quod maius est Cd. Mediceum, Oxonn. Q. ψ. Vict.

tur. Unum hoc: „Verum melius Graeci": a quo quaeratur, ecquid possint ipsi melius Latine? Alterum: „Quid istas potius legam quam Graecas?" Iidem Andriam et Synephebos, nec minus Terentium et Caecilium quam Menandrum legunt; nec Andromacham aut Antiopam aut Epigonos Latinos reiiciunt[1]: sed tamen . . .!

1) recipiant

Man. in *Epp. ad Q. Fr.* 3, 4, 2. — *Pacidiano* a. N. Asc. Iu. Ab. Man. Ern. 1. 2. Nonius Aldi. — *Placideiano* Lamb. Douza. Lallem. Neap. ex Horatii *Serm.* 2, 7, 97. in plerisque Edd. — *Pacuviano* Viteb. Ceterum cfr. de toto h. l. etiam Gerh. Vossium *de rhetoricae natura ac constitutione* Opp. Tom. 3. p. 337.

§. 18. [*reprehensorum opponuntur*] ∞ *reprehensionum opp.* a. Viteb. — *reprehensionum apponuntur* N. — [*Verum*] — *verbum* a. Vit. N. — [*ecquid*] — *et quid* a. Vit. N. Viper. — [*ipsi*] — *illi* a. (— *possit ipse* Manut. apud Oliv.) — [*melius Latine*] — *melius quam Latine* N. — [*Iidem*] — *Id est* a. — *At iidem* Ern. susp. — [*Menandrum legunt*] — *M. legant* N. — [*reiiciunt*] Sic Sch. in Ed. mai. de Ernest. susp. — *recipiunt* a. Viteb. Med. N. Asc. — *recipiant* A. Ab. Seqq. etiam 2. Ceterum Lamb., quem secuti sunt Brutus, Oliv. Lall. Sch. 2., coniectura locum sic constituit: — *quam Graecas? Nec Andromacham igitur* (hoc v. de suo addidit) *aut Antiopam aut Epigonos Latinos recipiant. Sed tamen Ennium et Pacuvium et Attium potius quam Euripidem et Sophoclem legunt. Iidem Andriam et Synephebos, nec minus Terentium et Caecilium quam Menandrum legunt. Quod igitur* cet. Et quod mirum est nulla varietas affertur e Cd. Oxon. U., ne omissio quidem part. *igitur.* Sed minime propterea probabile fit ab eo firmari lect. Lambinianam. Verum omnes istiusmodi transpositiones perquam lubricae sunt et incertae; atque haec praeterea intolerabilis propter clausulas nimis aequales, quae sese excipiunt: *Sed tamen - - legunt. Iidem - - legunt.* Contra negari non potest vulgatam quoque, praesertim nisi emendes cum Ern. *reiiciunt*, pro *recipiunt* Cdd. vel Lambini *recipiant*, valde ineptam esse. Similiter in oratione D. Claudii ex archetypo Lugdunensi in Brotierii Ed. nunc correctum est *REICIENDOS* pro *RECIPIENDOS*. Nec sine causa Wetzelius interrogavit: „At quid facies particulis *sed tamen?* pro quibus exspectabas *quid? quod.*" — Hinc equidem del. censeo verba a me [ ]. — Scilicet *sed tamen* est aposiopesis illa ironica, quae saepissime foedarum interpolationum causa exstitit. cfr. *de Offic.* 3, §. 118. alibi etiam parum agnita ab editoribus. cfr. *ad Famil.* 15, 17, 1. *ad Famil.* 16. Ep. 22 et 23. Hic cogitatione suppleas licet: „Sed tamen quantum intercedit discrimen inter pulcherrimas illas tragoedias Graecas et earum imitationes Latinas! longe maius certe, quam inter Demosthe-

[Ennium et Pacuvium et Accium potius quam Euripidem et Sophoclem legunt.][1] Quod igitur est eorum in orationibus e Graeco conversis fastidium, nullum quum sit in versibus?

7 Sed aggrediamur iam, quod suscepimus, si prius ex-
19 posuerimus, quae causa in iudicium deducta sit. Quum esset lex Athenis, NE QVIS POPVLI SCITVM FACERET, VT QVISQVAM CORONA DONARETVR IN MAGISTRATV PRIVS, QVAM RATIONES RETVLISSET: et altera lex, EOS, QVI A POPVLO DONARENTVR, IN CONCIONE DONARI DEBERE: QVI A SENATV, IN SENATV: Demosthenes[2] curator muris reficiendis fuit eosque refecit pecunia sua: de hoc igitur Ctesiphon scitum fecit, nullis ab illo[3] rationibus relatis, ut corona aurea donaretur eaque donatio fieret in theatro, populo convocato; qui locus non est concionis legitimae:

1) *Haec sine* [ ]. 2) quia in senatu: Demosthenes 3) ab ipso

nem measque orationes. „Putide autem supplevit iam antiquitus magister aliquis: *Sed tamen Ennium et Pacuvium et Accium potius quam Euripidem et Sophoclem legunt.* Putide, inquam; quis enim ista ferat post superiora illa *nec minus - - legunt?* Ceterum Sch. in Ed. mai. sic dedit: *nec Andromacham aut Antiopam aut Epigonos reiiciunt; sed tamen Ennium et Pacuvium et Accium, Latinos potius, quam Euripidem et Sophoclem legunt.* — (— *potius Euripidem* om. *quam* a.) Ad sententiam ipsam confer simillimum locum *de Finn.* 1, §. 4. — [*e Graeco*] Sic L. Grut. 1. 2. — *a Graeco* a. Edd. meae ante Lamb. — *Graeco* om. praepos. Viteb., qui sic habet: *est in eorum oratorum orationibus Graeco.* — [*aggrediamur*] ∞ *aggrediemur* N. — [*exposuerimus*] — *exposuerim* Viteb. N. — [*in iudicium deducta sit*] = *sit ded. in iud.* N. — *in iud. deducta est* Viteb.

§. 19. [*Quum esset*] — *Quoniam esset* N. (non Asc.) — [*scitum faceret*] = *fac. scitum* N. — [*rationes*] — *orationem* N. — *rationem* Asc. — [*retulisset*] ∞ *detulisset* Vict. S. sed mox iidem cum cett. *relatis.* — [*qui a populo donarentur*] — *qui donarentur populo* om. *a* N. — [*qui a senatu, in senatu*] Sic Muretus, Petrus Faber, Fr. Morellius, Oliv. Lall. Sch. 2. — *quia in senatu Dem.* a. Viteb. N. Iu. A. Ab. C. V. S. M. L. 1. Neap. — *quia Dem.* om. v. *in senatu.* Ox. U., ut videtur. Mediol. Asc. (— *quia in sua tribu Dem.* Lamb. susp.) — [*eosque*] — *deosque* a. — [*refecit pec. sua*] = *sua ref. pec.* N. (— *erexit* pro *refecit* Viteb.) — [*ab illo*] Sic a. N. — *ab eo* Vit. — *ab ipso* A. Cett. — [*fieret*] Sic, ut videtur, Vit. A. Seqq. — *fuerit* a. — *fuit* N. — [*legitimae*] — *legitimus*

atque ita praedicaretur, EVM DONARI VIRTVTIS ERGO BENE-
VOLENTIAEQVE, QVAM IS[1] ERGA POPVLVM ATHENIENSEM
HABERET. Hunc igitur Ctesiphontem in iudicium adduxit 20
Aeschines, quod contra leges scripsisset, ut et rationibus
non relatis corona donaretur et ut in theatro, et quod
de virtute eius et benevolentia falsa scripsisset; quoniam
Demosthenes nec vir bonus esset nec bene meritus de civitate. Causa ipsa abhorret illa quidem a formula consuetudinis nostrae: sed est magna. Habet enim et legum
interpretationem satis acutam in utramque partem et me-
ritorum in rem publicam contentionem sane gravem.
Itaque causa fuit[2] Aeschini, quum[3] ipse a Demosthene 21
esset capitis accusatus, quod legationem ementitus esset,
ut ulciscendi inimici causa nomine Ctesiphontis iudicium
fieret de factis famaque Demosthenis. Non enim tam
multa dixit de rationibus non relatis, quam de eo, quod
civis improbus ut optimus laudatus esset. Hanc multam 22
Aeschines a Ctesiphonte petivit[4] quadriennio ante Philippi
Macedonis mortem: sed iudicium factum est aliquot annis
post, Alexandro iam Asiam tenente: ad quod iudicium
concursus dicitur e tota Graecia factus esse. Quid enim
tam aut[5] visendum aut audiendum fuit, quam summorum

1) *Abest* is 3) *Abest* fuit 3) quoniam 4) petiit 5) aut tam

Viteb., lectio memorabilis, nec tamen vera. — [*ergo*] — om. Vit. — *gratia* N. — [*quam is erga*] Sic a. N. ex sermone formularum. — om. *is* Viteb. A. Ab. Seqq.

§. 20. [*adduxit*] — *adducit* N. — [*ut et rat.*] — *et ut rat.* Viteb. L. in marg. 1584., non 1566. — [*scripsisset; quoniam*] — *scripsisset et cum* a. Hinc fort. leg.: *scripsisset; quum.* — [*a formula*] Sic L. Seqq. — om. *a* a. et Edd. meae ante L. (— *causa ipsa abhorret ab illa quidem formula* Asc.)

§. 21. [*Itaque causa*] ∾ *Eaque causa* Brutus coni. — [*causa fuit*] Sic a. Viteb. Omnes meae Edd. praeter L. Grut. 1. 2. — *Causa autem fuit accusandi Ctesiphontis Aeschini* L. — om. *fuit* Grut. 1. 2. err. typogr. — [*quum ipse a D.*] Sic a. — *quod a D.* N. Asc. — *quoniam ipse a D.* Ab. Seqq. — [*ementitus*] — *mentitus* N. — [*dixit*] — om. a.

§. 22. [*multam*] Sic a. Plerique *mulctam.* — [*petivit*] Sic a. Viteb. = *petiit* Cett. — [*Asiam tenente*] = *tenente Asiam* (N.) Asc. — [*factus esse*] = *esse factus* N. — [*tam aut*] Sic a. — *aut tam* Cett. (— *quod enim aut vis.* Viteb.) — [*aut aud.*] —

**oratorum in gravissima causa accurata et inimicitiis in-
23 censa contentio? Quorum ego orationes si, ut spero,
ita expressero, virtutibus utens illorum omnibus, id est,
sententiis et earum figuris et rerum ordine, verba persequens eatenus, ut ea non abhorreant a more nostro:
(quae si e Graecis omnia conversa non erunt, tamen ut
generis eiusdem sint elaboravimus:) erit regula, ad quam
eorum dirigantur orationes, qui Attice volent dicere.
Sed de nobis satis. Aliquando enim Aeschinem ipsum
Latine dicentem audiamus.**

aut tam aud. L. — [*quam summorum*] — *quam duorum summorum* Viteb. — [*incensa*] — *intensa* N. — *accensa* Viper.

§. 23. Affert haec Hieronymus ad *Pammachium* l. l. — [*Quorum ego orat.*] — *Quorum orat.* om. *ego* Viteb. — *Eorum ergo orationes ut spero* N. (— *ergo* etiam a.) — [*si ut*] — *sicut* Hieron. Cd. a. — [*illorum omnibus*] — om. *omnibus* N. — [*ut ea non*] om. *ea* N. — [*si e Graecis omnia conv.*] — *si Graecis omnia omnia conv.* Cd. a. In quo si quid latet, hoc erit: *si e Graecis omnibus* vel *omnino omnia conv.* Sed fortasse merus est error librarii. — *si egregie omnia conv.* N. — [*eiusdem sint*] = *sint eiusdem* N. — [*elaboravimus*] Sic A. Ab. Seqq. quam lect. firmat Hieron. ∞ *elaborabimus* a. Viteb. Mediol. N. Asc., ut volebat Gulielm. — [*volent*] Sic a. Viteb. 1. 2. — *volunt* Ceteri. — [*Lat. dic. audiamus*] = *aud. Latine dicentem* N.

G. Seebode's *neues Archiv für Philologie und Pädagogik.* 1829. N. 37. pag. 148.

[Var. Lectt. e Cod. *Cicer. de opt. gen. dic. Viteb.* enot.] Ed. *Schuetz.* Opp. Rhet. *Cap.* 1. genera duo dicuntur — Sed id secus est — melici ac dithyrambici quod magis est tractat. a latinis. Suumque ius est diversum a reliq. Itaque in tragoed. — tragicum in ceteris — ita enumerat genera — grandis . . gravis . . tenuis . . subtilis . . brevis — medio putet hominis deiecit aliquid de re ipsa par. — quid optimum — quid est. Itaque diceret ennium — et celium fort. — Unum autem genus — terrent. ab Attio — in eodem genere n. s. — optimus enim est — et docere debit. — unum extat: prox. quidem ei — — *Cap.* 2. prosequamur — ut lautissima elig. — sicut verec. — dixi esse l. — docendi acutae delectandi q. arg. commovendi gr. — verborum constructura q. — lenitatem et habet suam composit. hanc ad comprobandum et adcommodatum ordinem — in quorum summa e. perfect. orat. In quorum media m. In quorum m. — appellabuntur — app. et in tali nec — differunt — qui demosth. sim. nolit esse — homero nol. — aut etiam si est — alius accusatorem se q. oratorem velit — tollerabile — qui omnOs — idem quidem optimus — — *Cap.* 3. Haec autem dixi — si genus id — apud aliquos esse — in gloria si q. abs. — aut non aut subinsulsum in verbis si non aptum si durum: si longe p. — attice numer. — sani et sicci dumtax. habentur. Sed ita palestrice sp. in sixto ut licet non olymp. c. petant qui etiam omni vitio non s. c. — sanguin. petant — et si eos im. — quam incorr. — q. est tam proprium att. quasi eorum quorum vit. — modo etiam id ipsum — E. enim tristis locis grand. — privatus ille pl. aetates ipsas et alias — clausulas inscripsit — consulto minutarum caus. gen. limaverat. — — *Cap.* 4. Quod ita faciet — habet sane or. s. de moribus — dem. certe suavissime dic, — forte non poss. Sed si eod. — exercitum in foro et omnib. — collocata d. — docuisse — dicemus — non regi naturam m. quam etiam quoniam nonnull. s, i. incipit p. se ipsa dicere part. etiam est nostrorum dic. altius intelligamus. Scite enim h. — adhibeantur aut adh. — Nam si ridentur etiam esset — Sed quoniam iudicia nobis att. n. volunt: ipsi — non esse orat. — profit. si , . . . , *(lacuna)* intelligesque solertia iudicandi sui autem intelligentiam ponunt in audiendi fastidio. Nam eos quemcunque excelsum magnificum delect. — quiddam subtile — grande ornatumque contemnerem. id vero i. [*id est*] dicere — et ample — quod eadem integritas — dubium ut in — cupimus. Non enim quaer. — optimum dic. —

intelligitur graec. or. — hi qui f. — imitetur et attice dicet et optime. Verum quoniam — n. praepositi — — *Cap.* 5. Sed non in eo m. e. inest et quale — putavit nunc suscipere . . . laborem et studiosis quid ipsi n. — et attice duorum — et demosthenis — verba pro verbo —.undique servavi — in ea me antevenire putavi sed tamq. append. — volunt quam eos q̃ formula dic.' — aliud enim expl. — narrando ten. — concitatẽ alloqui pulchre — necesse est tam. — genus apto ad doc. delect. permov. — — *Cap.* 6. q. se tycytidio gn' c. — d. esse profit. — abhorr. a suspic. e. q̃. vers. — for. et qui th. lauduvit ascribat sue . . . *(lacuna)* nostr. sent. quoniam ipsum — divin. orator — fec. et isocratem q. doctissimum orat. — verss. et foro et quasi rud. cor. elud. or. — ut quo . . . *(laç.)* conferat gladiatorum . . . *(lac.)* nobilissimus ind. eschines eximius ut ait l. — sed arte doctus. quõ pacuviano hic compon. optimus longe — natos. nihil enim i. or. — reprehensionum — verbum melius: graecia conquaeratur et quid possit — in andria et synephebis — epigones recipiunt — et actium potius quam — est in eorum oratorum orationibus graeco — — *Cap.* 7. exposuerim — deducta est quõ est lex. — Quia in senatu demost. — eosque erexit — Cthesiphon nullis ab eo rat. — legiptimus atque — virtutis benivolent. — et ut ration. — donar. ut in th. — benivol. palam (in marg. *vel „plura"*) scrips. — vir bonus nec b. m. de virtute. C. — illa quidem consuetud. n. — in utraque parte — causa fuit eschini — a demost. enim cap. — legationes m. ess. ulcisc. — ethesifontis — esset ac multa esch. ethesifontem petivit — morte — alexandrum asiam iam tenentem — concursum d. — factum esse — quod enim aut viscendum — quam duorum summorum — quorum orationes — et earum ordine — elaborabimus.

Glossae Theotiscae Seculi XI. e Codice Einsiedlensi Sallustii antiquissimo N. 303. desumptae.

— venando] — *iagende* — salute] *eruuolda* — causa] — *sculdi* — aruspices] — *lugenare* — inducias] — *dagodinge* — incendia] — *brunsti* — facinora] — *sculdi* — gratiam] — *huldi* — si deprehensi forent] *seb si aeruarent uuarent* — condemnatos] — *eruarenun* — assentiebantur] — *midiahon* — vectigalibus] — *zollun* — magnificum] — *uiuohere* — increpantes] — *scheldande* — fornicibus] — *suibogun* — acutas sudes] — *geherstida steccun* — sparos] — *sper* — appellat] — *benamon* — virtutis] — *deganheide* — versari] — *uuandalon* — ferire] — *anestehchon* — aggreditur] — *nidersluoc* — disiecerat] — *nidarstach* — vultu] — *rodeda* — laetam aut incruentam victoriam] His superscriptum: *sianamonserensigo* — volventes] — *uuendonde* — queritur] — *clagot* — rerum publicarum] — *urano* — otio] — *muozo* — atrox] — *grim* — post magnitudinem] — *sitthero héri* — dedit] — *zegibo* — domi] — *heime* — equitare] — *ridan* — iaculari] — *schiezan* — ferox] — *ghrimme* — despiciens] — *ferscimfende* — fatigatus] — *gemugit* — transductus est] — *gischaldon uuarth* — claves adulterinas] — *afdersluzzila* — scrutari] — *ersuchdon* — clausa] — *sloz* — tugurio] — *hutto* — profugit] — *endran* — senatus] — *daz herduom* — domi militiaeque] — *heime undenhere* — nepotem] — *neuen* — consedit] — *erbeizda* — paciscatur] — *gadinga* — deditione] — *gedinga* — pudet] — *scamot* — audacissimos] — *chuoneston* — 'dedecus] — *unbera* — dediticius est] — *ergeban ist* — impunitas] — *unengoltim* — peculatus] — *scazdiuba* — manifestus tanti sceleris] — *ezuarener* — comitia] — *herdiandago dingen* — lixae] — *uuazzer deregila;* paullo post iterum: *uuazzer dregila.* — mutare] — *uuehselan* — transversis] — *tuerehun* — vallo] — *heggo* — fossa] — *grabun* — (vitam) peterent] — *gedineden.* — commeatum] — *geuazi* — funditorum] — *slengelaro* — sagittariorum] — *schuzzono* — invadere] — *anaschreccan* — manipulos] — *uaneren* — hortatus] — *gruozende* — transversis principiis] — *tuarehen deggen* — alae equitum] — *uanen* — invadit] *anascracda* — ludificati] — *bedrogana* — insolentia] — *ungeuuoni* — signa] — *uanun* — vesper] — *duncal* — consedisse] — *erbeizan* — explorare] — *spiehan.*

INDEX ANNOTATIONUM.

ADDE.

Orator. §. 234. Cd. Einsied. Rufini *de comp. et metris orat.* N. 338. Sec. XI. habet: *in alienis insanisti:* firmans Beieri coni. et amoto molesto v. *insanus.*

OPERA PHILOLOGICA

CURA

IO. CASP. ORELLII.

M. TULLII CICERONIS OPERA QUAE SUPERSUNT OMNIA *ac deperditorum fragmenta recognovit et singulis libris ad optimam quamque recensionem castigatis* cum varietate Lambiniana MDLXVI, Graevio-Garatoniana, Ernestiana, Beckiana, Schuetziana, ac praestantissimarum cuiusque libri editionum integra, reliquae vero accurato delectu brevique adnotatione critica edid. Io. Casp. Orellius. IV Volum. in 7 partibus. Lexicon 8°. Turici. 1828-30. 15 Rthlr. 8 gr. = 20 fl. Charta script. 20 Rthlr. = 30 fl.

M. TULLII CICERONIS ORATIONES PHILIPPICAE IN M. ANTONIUM accurate emendatae e cod. Vaticano cum integra varietate edd. Mureti, Faërni, Lambini, Graevii, Ernestii, Schuetzii et Wernsdorfii reliquaque selecta edid. Io. Casp. Orellius. Accedunt epistolae post Caesaris interitum scriptae cum variis lectionibus. Lex. 8°. Turici. 1 Rthlr. 8. gr. = 2 fl.

M. TULLII CICERONIS ACADEMICORUM LIBRI DUO et DE FINIBUS BONORUM ET MALORUM LIBRI QUINQUE, cum integra varietate Victoriana, Lambiniana, Davisiana, Lallemandiana, Ernestiana, Bremiana, Goerenziana et Schuetziana reliquaeque accurato delectu edid. Io. Casp. Orellius. Accedunt Aurelii Augustini adversus Academicos libri tres. Petri Valentiae Academica. Durandi curae posteriores ineditae. Morelii adnotationes criticae in libros de Finibus. Lexicon 8°. Turici. 1 Rthlr 16 gr. = 2 fl. 30 kr.

M. TULLII CICERONIS TUSCULANARUM DISPUTATIONUM LIBRI QUINQUE, ad fidem potissimum cod. Regii denuo collati, Gryphiani et Bernensis cum integra varietate Victoriana, Manutiana, Lambiniana, Davisiana, Lallemandiana, Ernestiana, Wolfiana et Schuetziana reliquaeque accurato delectu recognovit Io. Casp. Orellius. Accedunt Paradoxa. Francisci Fabricii adnotationes. Richardi Bentleii emendationes curis secundis auctae. Io. Iac. Reiske libellus variantium lectionum. Io. Iac. Hottingeri spicilegium. Fr. Aug. Wolfii scholarum excerpta cum additamentis editoris et selecta varietate codd. Duisburg. Gud. sec. Rehdigeriani. Vind. utriusque. Lex. 8°. Turici. 2 Rthlr. = 3 fl.

INSCRIPTIONUM LATINARUM SELECTARUM AMPLISSIMA COLLECTIO *ad illustrandam Romanae antiquitatis disciplinam accommodata* ac magnarum collectionum supplementa complura emendationesque exhibens. Cum ineditis *Io. Casp. Hagenbuchii* suisque adnotationibus edidit Io. Casp. Orellius. Insunt lapides Helvetiae omnes; accedunt praeter Fogginii Kalendaria antiqua, Hagenbuchii, Maffei, Ernestii, Reiskii, Seguierii, Steinbrüchelii epistolae aliquot epigraphicae nunc primum editae. II Vol. Lexic. 8°. Turici. 8 Rthlr. = 12 fl. Charta script. 10 Rthlr. = 15 fl.

ISOCRATIS ORATIO DE PERMUTATIONE ex Codd. Msstis. suppleta ab Andrea Mustoxyde rec. et var. lect. adi. Io. Casp. Orellius. 8°. 3 Rthlr. 8 gr. = 5 fl. Charta script. 4 R. = 6 fl.

Ferner sind in unserm Verlage erschienen:

ALEXANDRI APHRODISIENSIS, Hermiae filii, Plotini, Bard. Syri, et G. Gem. Plethonis, de Fato quae supersunt graece; ed. J. Conr. Orellius: insertae sunt animadvers. J. Casp. Orellii. med. 8°. 1824. Chart. ord. 2 Rthlr. = 3 fl. — Charta script. 3 Rthlr. = 4 fl. 30 kr. Charta velin. britt. 3 Rthlr. 16 gr. = 5 fl. 30 kr.

BALDE, Jac., Carmina selecta, ed. et notis illustr. J. Conr. Orellius. med. 8°. 1805. 2 Rthlr. = 3 fl.

ELEMENTA grammaticae latinae exemplis et praeceptis tradenda tironibus. Edit. 5a. 8°. 1825. 20 gr. = 1 fl. 15 kr.

PLUTARCHI Consolatio ad Apollonium. Recognov. et commentariis illustravit L. Usterius. Accedit varietas lectionis et J. Casp. Orellii spicilegium criticum. med. 8°. 1830. 1 Rthlr. = 1 fl. 30 kr.

SALLUSTII, C. C., Philosophi libellus de Diis et Mundo graece et latine emendat. edid. J. Conr. Orellius. med. 8°. 1821. 1 Rthlr. 8 gr. = 2 fl.

USTERII, L., Commentatio critica, in qua Joannis evangelium genuinum esse, ex comparatis IV. evangeliorum de coena ultima et de passione J. Chr. narration. ostenditur. med. 8⁰. 20 gr. = 1 fl. 15 kr.

Orelli, Conrad von, alt-französische Grammatik, worin die Conjugation vorzugsweise berücksichtigt ist. Nebst einem Anhang von alten *Fabliaux et Contes*; welche Schiller's Gang nach dem Eisenhammer, Wieland's Wasserkufe, Bürger's Lied von Treue, Langbein's Kirschbaum entsprechen, und einigen Bruchstücken aus dem *Roman du Renart*. gr. 8⁰. 1830. 1 Rthlr. 16 gr. = 2 fl. 30 kr.

Platon's Gorgias; ein Gespräch von der Redekunst, aus dem Griechischen, von J. G. Schulthefs. 8⁰ 1775. 8 gr. = 30 kr.

— — Gastmahl, oder von der Liebe; übersetzt von G. Schulthefs, mit F. A. Wolfs Einleitung. Zweyte vermehrte und durch J. Caspar von Orelli berichtigte Auflage. 12⁰. 1828. 12 gr. = 45 kr.

Plutarch's auserlesene moralische Schriften; aus dem Griechischen, von F. Nüscheler. 4 Bände. gr. 8⁰. 1768—1774. 2 Rthlr. 4 gr. = 3 fl. 15 kr.

Tacitus, C. C., Geschichtbücher, übersetzt von H. Gutmann. Mit philologischen und historischen Anmerkungen. gr. 8⁰. 1824. 1 Rthlr. 12 gr. = 2 fl. 15 kr.

Usteri, L., Entwickelung des Paulinischen Lehrbegriffes, mit Hinsicht auf die übrigen Schriften des neuen Testaments. Dritte vermehrte und verbesserte Auflage. gr. 8⁰. 1830. 1 Rthlr. 4 gr. = 1 fl. 45 kr.

Milton Keynes UK
Ingram Content Group UK Ltd.
UKHW020817110823
426718UK00006B/303